中大哲学文库

盈科后进

中国孟学史丛论

杨海文 著

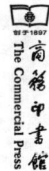
商务印书馆
The Commercial Press

本书为国家社会科学基金重点项目"汉唐孟子思想解释史研究"（批准号18AZX011）结项成果。

中大哲学文库编委会

主　编　张　伟
编　委（按姓氏笔画排序）
　　　　　　马天俊　方向红　冯达文　朱　刚　吴重庆
　　　　　　陈少明　陈立胜　周春健　赵希顺　黄　敏
　　　　　　龚　隽　熊　卫　鞠实儿

总　序

中山大学哲学系创办于1924年,是中山大学创建之初最早培植的学系之一,黄希声、冯友兰、傅斯年、吴康、朱谦之等著名学者曾执掌哲学系。1952年全国高校院系调整撤销建制,1960年复办至今,先后由杨荣国、刘嵘、李锦全、胡景钊、林铭钧、章海山、黎红雷、鞠实儿、张伟教授担任系主任。

早期的中山大学哲学系名家云集,奠立了极为深厚的学术根基。其中,冯友兰的中国哲学研究、吴康的西方哲学研究、何思敬的马克思主义哲学研究、朱谦之的比较哲学研究、马采的美学研究等,均在学界产生了重要影响,也奠定了中大哲学系在全国的领先地位。

近百年来,中山大学哲学系同仁勠力同心,继往开来,各项事业蓬勃发展,取得了长足进步。目前,我系是教育部确定的国家基础学科人才培养和科学研究基地之一,具有一级学科博士学位授予权。拥有"国家重点学科"2个、"全国高校人文社会科学重点研究基地"2个、"国家重点培育学科"1个,另设各类省市级研究基地及学术机构若干。

自2002年教育部实行学科评估以来,我系一直稳居全国高校前列。2017年,中大哲学学科入选"双一流"建设名单,并于2022年顺利进入新一轮建设名单;2021年,哲学学科在国际哲学学科排名中位列全球前50;哲学和逻辑学两个本科专业先后获批国家级一流本科专业建设点,2021年获批基础学科拔尖学生培养计划2.0基地。中山大学哲学系正迎来跨越式发展的重大机遇。

近年来,中大哲学系队伍不断壮大,而且呈现出年轻化、国际化的特色。

哲学系同仁研精覃思，深造自得，在各自研究领域取得了丰硕的成果，不少著述产生了国际性的影响，中大哲学系已发展成为哲学研究的重镇。

"旧学商量加邃密，新知涵养转深沉"，为了向学界集中展示中大哲学学科的学术成果，我们正式推出这套《中大哲学文库》。《文库》主要收录哲学系现任教师的代表性学术著作，亦适量收录本系退休前辈的学术论著，目的是更好地向学界请益，共同推进哲学研究走向深入。

承蒙百年名社商务印书馆的大力支持，《中大哲学文库》将由商务印书馆陆续推出。我们愿秉承中山先生手订"博学、审问、慎思、明辨、笃行"的校训和"尊德问学"的系风，与商务印书馆联手打造一批学术精品，展示"中大气象"，并谨以此向 2024 年中山大学百年校庆献礼！

中山大学哲学系
2022 年 5 月 18 日

目 录

序　孟子思想文化的多维阐发　/李宗桂 …………………… 1

引言　《孟子》极简史：历史、思想与读法 ………………… 7
孟子与"孔孟之道"的形成 ………………………………… 26
《孟子》首章与儒家义利之辨 ……………………………… 56
"本心之明"的遮蔽与唤醒
　　——夷子逃墨归儒的伦理学解读 ……………………… 69
相似文本・思想亲缘・曾思孟关系
　　——《孟子・思诚章》的三大论域 …………………… 86
从尧舜到孔孟：《孟子》末章与儒家道统论 ……………… 102
《孟子》引论《诗》《书》的文献地图
　　——兼评陈澧《东塾读书记》考释的得失 …………… 121
汤武放伐与王霸之辨
　　——《荀子・议兵》的孟荀相似度问题 ……………… 140
中国思想史上的"引用"：以《新语》引孔孟荀为例 …… 163
贾谊《新书》对孟荀的显性—匿名引用 ………………… 182
《孟子》传记博士问题的学术史考察 …………………… 207
司马迁对"孟荀齐号"语法的确立 ……………………… 233
孔孟一体：扬雄《法言》的文化守成主义 ……………… 268
孟母教子：从故事到传统 ………………………………… 278

《孟子》与《古今人表》的理想人格论
　　——以圣、仁、智为中心 ………………………………… 284
孟子与汉代思想史的散点透视 …………………………………… 298
中国佛教史上第一篇孟子学文献
　　——《牟子理惑论》新探 ………………………………… 314
刘熙与交州孟子学 ………………………………………………… 332
"孟轲敦素"：南朝孟学史的点睛之笔 …………………………… 341
孟子与"初唐四杰" ………………………………………………… 363
"宋太祖誓碑"的文献地图 ………………………………………… 370
李泰伯疑孟公案的客观审视 ……………………………………… 415
李觏与"骂孟诗"的思想史深意 …………………………………… 450
朱熹《读论语孟子法》溯源 ……………………………………… 459
子程子曰・程子云・连用"程子曰"・程子又曰
　　——《四书章句集注》表述"程子曰"的四种变例 ……… 472
重订曲阜孔庙元代加封孔子碑两通 ……………………………… 498
朱元璋时期的《孟子节文》事件 ………………………………… 516
一篇罕见地高度评价滕文公的孟子学文献
　　——湛若水佚文《吊文公词》考释 ……………………… 553
阳明"四句教"出处辑考 …………………………………………… 561
朱子学与朝鲜王朝的未发之辨 …………………………………… 587
戴震对孟子性善论的重构 ………………………………………… 598
"程氏《读史偶见》谓"与清代孟荀关系 ………………………… 615
"庄生传颜氏之儒"：章太炎与"庄子即儒家"议题 ……………… 622
李泰棻《庄孟互不相及问题斟酌》引文溯源 …………………… 649
《论》《孟》一根而发：牟宗三的儒家道统观 ………………… 664
试论郭齐勇教授的中国古代儒学研究
　　——以孟子为中心 ………………………………………… 679

孟子研究的史学进路
　　——兼评刘培桂著《孟子与孟子故里》·················· 700
结语　孟子思想研究与孟学史研究如何相得益彰？·················· 712

参考文献·················· 728
后记·················· 758

序 孟子思想文化的多维阐发

李宗桂

孟子是中国历史上极为重要的思想家，是中国传统文化的重要代表。没有孟子，"孔孟之道"则不成立。从学术研究的角度看，孟子是中国传统文化研究的重要对象；从中国优秀传统文化的传承和弘扬看，孟子是重要的精神标识和价值载体。

自从1978年十一届三中全会实行改革开放以来，随着拨乱反正进程的延伸，孟子研究逐渐成为中国哲学史、中国思想史、中国文化史的重点。经过学术界四十多年来的努力，特别是随着新世纪以来弘扬中国优秀传统文化的时代需求的增强，孟子研究已经成为一门显学，孟子思想研究和孟学史研究成为贯通中国文化发展进程、统合不同学科研究的综合性研究枢纽。迄今为止，海峡两岸的孟学史研究成果丰硕，蔚为大观。孟学史研究的方法也是百花齐放，各擅胜场。哲学的方法、史学的方法、文学的方法、政治学的方法、社会学的方法、管理学的方法，都有人在研究实践中运用。从抽象到具体的方法、理论分析的方法、史料辨析的方法、范畴研究的方法、思潮研究的方法、专题研究的方法、专人专书的研究方法、社会史研究的方法、史论结合的方法、社会史与思想史相结合的方法等等，都在孟学研究中展现了各自的风采。在这个意义上，最近四十来年的孟学研究，可谓视野开阔、思路开放、方法多元、观点丰富。

从中国传统思想文化史看，孟子是一位个性鲜明、思想卓越、富有创造性的大思想家。孟子对天人合一思想做了创发性的阐释，把孔子仁学创造性转化并创新性发展为仁政，肯定汤武革命而倡扬正义精神，主张养浩然之气而培育仁义礼智，倡导富贵不能淫、贫贱不能移、威武不能屈的"大丈夫"精神，革命性地建构民贵君轻的观念而为传统民本思想张本，主张见利思义、舍生取义而为道义优先的传统价值观奠立基石，王霸之辨、人禽之辨所倡导的价值取向成为传统主流价值观的依凭。要而言之，孟子一身正气，追求崇高；作为思想家、哲学家的孟子，体大思精，深邃细密，影响深远。一般而言，哲学界的学者可以从哲学史、思想史、文化史的角度展开研究，甚至可以从哲学史、思想史、文化史交融渗透的综观视域进行探讨。就改革开放后中国哲学史方法论的探讨及其实践而言，我十分赞成"以哲学史为中心的思想史研究"的思路。

早在1980年代初期，冯友兰先生即在其《中国哲学史新编·自序》中说过："一个哲学家的政治社会环境对于他的哲学思想的发展、变化，有很大的影响。我本人就是一个例子，因此在《新编》里边，除了说明一个哲学家的哲学体系外，也讲了一些他所处的政治社会环境。这样作可能失于芜杂。但如果作得比较好，这部《新编》也可能成为一部以哲学史为中心而又对于中国文化有所阐述的历史。如果真是那样，那倒是我求之不得的。"[①] 通观全套《中国哲学史新编》，应该说冯先生确实达到了他的预期目标。在最近四十来年的大陆中国哲学史界，冯先生这种研究思路和方法论得到比较广泛的认同。武汉大学李维武教授明确提出开展"以哲学史为中心的思想史研究"[②]，便是颇具代表性的声音。我赞同李维武教授的见解。根据我对改

---

① 冯友兰：《中国哲学史新编》（1980年修订本）第1册，北京：人民出版社，1982年，第2—3页。
② 参见李维武：《拓展20世纪中国哲学研究的思维空间》，《学术月刊》2004年第9期。

革开放后大陆中国哲学史研究的实际情况的观察，特别是对 1980 年代中期出现的传统文化热、1990 年代出现的国学热、新世纪以来出现的弘扬中华优秀传统文化热的观察与思考，我觉得，中国哲学的研究，就方法论层面而言，可以是"以哲学史为中心的思想文化史研究"。当然，这需要论证。其中涉及的问题很复杂，限于序言的体例和篇幅，容当另写专文论述，此处从略。

从思想文化传承创新的角度看，无论是"以哲学史为中心的思想史研究"，还是"以哲学史为中心的思想文化史研究"，其实质都是如何在守成创新的思维框架中拓展、深化中国哲学的研究。熊十力称《新唯识论》是"黄冈熊十力造"，一个"造"字凸显了其特立独行的风格和创造性追求。近年来中国哲学界倡导"重写中国哲学史"，不少同行高度重视"做"中国哲学。这实际上是如何守成创新的问题，亦即如何挺立、增强中国哲学、中国文化的主体性。从复兴伟大的中华文明，彰显中国精神、中国价值这一更为宏阔的视野审视，这实际上又是如何看待中国传统文化、如何阐扬中国优秀传统文化的现代性和精神标识的问题。以孟子思想研究和孟学史研究为轴心的孟学研究，无论在理论思维的层面，还是在现实运用的层面，都逻辑地涵摄了这些问题。为此，孟学研究需要挺立、增强研究的主体性。其重要的路径和方法，是践行"两创"的原则，即根据时代要求，对于中国优秀传统文化进行创造性转化和创新性发展，使其与当代文化相协调，与现代社会相适应。

海文这部题为《盈科后进——中国孟学史丛论》的论著，正是以哲学史为中心的思想文化史研究的范例。作者明确表示在很长一段时间里，想从文、史、哲三个角度，各写一本讲孟子的书。实际上，他已经出版的《浩然正气——孟子》（江西教育出版社 2008 年版）及其修订版《我善养吾浩然之气——孟子的世界》（齐鲁书社 2017 年版），便是文学类的孟子研究；而《文以载道：孟子文化精神研究》（中国社会科学出版社 2022 年版）则是哲学类的孟子研究，是他在博士学位论文基础上拓展深化的成果。至于史学类的孟子研究，他已经发表了不少有分量的文章，这次结集为《盈科后进——中国孟学史丛论》一书,由商务印书馆出版。

　　作者在这本论文集中认为,孟子研究主要有孟子思想研究和孟学史研究两大类。以汉唐孟学史研究为例,需要梳理三类思想史关系:一是孟子与先秦诸子的思想史关系,二是孟子与文、史、哲的思想史关系,三是孟子与道、佛的思想史关系。以此为基础,最终方能写成史料翔实、考释精当、问题意识鲜明的论文。作者认为,孟子既是具有革命性的思想家,又是面向大建设的设计师,孟子的社会政治思想在新的时代条件下需要予以重新审视。一方面,历史上那些仁人志士能够挺立自己的大丈夫气概,孟子刚直的思想个性起到了很大的作用。另一方面,孟子提出父子有亲、君臣有义、夫妇有别、长幼有序、朋友有信的五种伦常,倡扬仁义礼智四种美德。这些思考都是以哲学史为中心的思想文化史研究的体现。

　　海文这部著作,从孟学史的研究视角,对若干重要问题做了阐释。我们从其题目便可窥见一斑:《〈孟子〉首章与儒家义利之辨》《从尧舜到孔孟:〈孟子〉末章与儒家道统论》《〈孟子〉引论〈诗〉〈书〉的文献地图——兼评陈澧〈东塾读书记〉考释的得失》《中国思想史上的"引用":以〈新语〉引孔孟荀为例》《贾谊〈新书〉对孟荀的显性—匿名引用》《〈孟子〉传记博士问题的学术史考察》《孔孟一体:扬雄〈法言〉的文化守成主义》《孟母教子:从故事到传统》《〈孟子〉与〈古今人表〉的理想人格论——以圣、仁、智为中心》《孟子与汉代思想史的散点透视》《中国佛教史上第一篇孟子学文献——〈牟子理惑论〉新探》《孟子与"初唐四杰"》《李觏与"骂孟诗"的思想史深意》《朱熹〈读论语孟子法〉溯源》《朱元璋时期的〈孟子节文〉事件》《戴震对孟子性善论的重构》《"庄生传颜氏之儒":章太炎与"庄子即儒家"议题》《〈论〉〈孟〉一根而发:牟宗三的儒家道统观》。由此可见,作者开显的并不是从范畴到范畴、从理论到理论的抽象玄思,而是结合了社会史、思想史、文献考辨的气韵生动的思想文化图景。

　　海文本科毕业于武汉大学哲学系,硕士、博士都毕业于中山大学哲学系,是典型的哲学科班出身。博士毕业后,他先是在中山大学中国古文献研究所工作,从事中国古代文献的整理与研究;继而在《中山大学学报》从事哲学编辑工作,同时兼任《现代哲学》杂志的中国哲学学科编辑;然后回到哲学系,担任专任教师。这一从业经历使得他逐渐形成了一个以哲学研究为重心而能兼及文学、文献、史学的多元知识结构,并且由此形成为开放多元的思维方式。当然,海文长期坚持不懈地学术努力,为适应当代学术研究要求而自觉构建合理的知识结构和理论素养,这是最为重要的。如果要说海文在中青年学者中有何特色,我觉得首要的就是他具有以哲学为重心,自觉兼顾文史,力图文史哲贯通的知识结构、理论素养和思维方式。在某种意义上,海文的学养既传统又现代,既守成又创新。如果要说海文这部著作有何特色,那就是贯通文史哲,史论结合,义理、考据、辞章相结合,在继承传统治学方法的基础上,用现代观念、现代方法、现代语言去书写以哲学史为中心的传统思想文化史。

《孟子·离娄下》记载:"孟子曰:'原泉混混,不舍昼夜,盈科而后进,放乎四海。'"海文的学思历程正是一个"盈科而后进"的过程。如何回应孟子思想的现代意义之问?他认为孟子思想对于现代人生有很大的意义,具体体现在心态、世态、生态三方面,亦即心态要审美化,世态要道德化,生态要自然化。我觉得这是切中肯綮的。多年来,我一直跟我指导的学生们讲,无论是博士生还是硕士生,都要有自强不息的精神,都要力争上游。做人做事,要尽力而为,量力而行,顺应自然。不要脱离个人实际和社会实际去做虚幻的人生设想,不要把博士点、硕士点当作职业介绍所、户口中转站,不要把读硕、读博的目标看成基本上甚至仅仅是找工作;如若那样,至少是情趣不高,格调不雅。读博、读硕,最根本的是变化气质,提升素养。要有"两心":对学术有敬畏之心,对社会、对人生有感恩之心。要做到"三健":健康的心理,健全的人格,强健的体魄。要做到"三放":放开眼界,放下包袱,放松情绪。如此,才会是合格的博士、硕士毕业生。我想,这些基本要求与海文关于孟子思想现代意义的"三态"追求(心态审美化,世态道德化,生态自然化)能够相互呼应,相互发明。盈科而后进,不仅是我们学习文化理论知识的正确指引,而且更为适合我们学习如何做人。学以成人,不亦善乎!

  海文在书中表达了一个愿望,就是通过长期的努力,争取在孟学研究方面取得更进一步的成就。我觉得这是有志气、有担当的表现,值得鼓励,值得支持。这也让我想起今年8月中旬在孟子故里召开的国家社会科学基金重大项目"新编孟子正义"开题论证会。海文是这个项目的首席专家,清华大学陈来教授与我一起担任开题论证专家小组组长。我觉得海文对于自己的孟子研究已经有了"辞旧迎新"的构想与践履:一方面,将以《盈科后进——中国孟学史丛论》为代表的孟学史研究,当作先前一个阶段暂时结束的见证;另一方面,将以"新编孟子正义"为代表的《孟子》单章研究,当作未来一个阶段正式开启的标志。孟学史研究,难!全面覆盖《孟子》260章的单章研究,更难!但是,对于海文来说,只要目标明确,方法得当,坚持守正创新之道,踏踏实实,持之以恒,盈科而后进,最终一定会取得应有的成绩。我乐观其成。

  是为序。

2023年11月10日凌晨6点写毕于广州中山大学南校园西北区寓所

引言 《孟子》极简史：历史、思想与读法*

以极简的方式了解《孟子》，可从五个方面入手：一是从地位看，《孟子》是儒学高地上的高原、儒学高原上的高峰；二是从历史看，《孟子》曾从普通的先秦诸子著作跃升为中国古代的"圣经"，今天则是人们解读中国优秀传统文化的经典；三是从思想看，《孟子》涉及人生所有的基本关系，充满思辨的张力与哲学的魅力；四是从文体看，《孟子》的史学性最弱、文学性居中、哲学性最强，是一部"形散而神聚"的哲学作品；五是从读法看，先读《孟子译注》，再读《孟子集注》，有助于人们循序渐进地迈入孟子的思想世界。质言之，读《孟子》就是与时俱进地深度敞开孟子博大精深的思想体系及其薪火相传的历史演变。

一、"的确没有写得同样好的书"

《孟子》成为经典，既取决于自身的思想内涵，又得力于外在的社会传播。套用胡乔木（1912—1992）评价《中国共产党七十年》的话，《孟子》也是一部堪称"在这以前，如果不是完全没有同样的书，的确没有写得同样好的书"。[1] 提问、答问都比别人好，这是《孟子》成为经典的内涵性标准。"所

---

* 原载《中共宁波市委党校学报》2020年第5期，第42—51页。
[1] 参见《胡乔木文集》第2卷，北京：人民出版社，1993年，第323页。

谓伟大的书是从丰富而充实的人生中摘取出来而填入字里行间的……你在不同的时日和不同的心情下阅读，你仍可感受到它成书时的气息和命脉。"①百读不厌而又常读常新，这是《孟子》成为经典的传播学标准。

在以儒学为主干的中国传统文化中，《孟子》占有极其重要的地位。譬如，孔子、孟子、荀子是先秦三大儒，《论语》《孟子》《荀子》分别代表孔子、孟子、荀子的思想。如果说孔子建构了仁与礼相统一的人学，那么，孟子发展了仁的一面，荀子发展了礼的一面。又如，《四书》是宋、元以后中国知识分子的必读之书。朱熹（1130—1200）曾说："某要人先读《大学》，以定其规模；次读《论语》，以立其根本；次读《孟子》，以观其发越；次读《中庸》，以求古人之微妙处。"（《朱子语类》卷一四）②《大学》帮助人们框定"格物、致知、诚意、正心、修身、齐家、治国、平天下"的人生格局，《论语》帮助人们确立"克己复礼为仁"的做人之本，《孟子》帮助人们反观"我善养吾浩然之气"的奋发与超越，《中庸》帮助人们求证"天命之谓性，率性之谓道，修道之谓教"的深邃哲理。再如，人们常用"孔孟之道"指代儒学，由此可见《孟子》与《论语》都是儒学高地上的高原、儒学高原上的高峰。程颐（1033—1107）曾说："学者当以《论语》《孟子》为本。《论语》《孟子》既治，则《六经》可不治而明矣。"③

任何人既是独立的个体，又生存于群体与社会之中。如何成为大写的人？人如何既与群体、社会相和谐，又能有尊严地活着？问题是哲学的灵魂，提问并答问是思想家的本职与天命。在孟子看来，正因在道德形上学层面挚信性善，人类才成为区别于禽兽的万物之灵，每个人都是大写的人；正因在实践伦理学层面倡导五伦，人们才在群体中拥有各自恰如其分的位置，既能成

---

① 美国学者谢尔曼语，转引自单纯：《中国现代知识分子的心路历程》，《读书》1997年第2期，第105页。
② ［宋］黎靖德编，王星贤点校：《朱子语类》第1册，北京：中华书局，1986年，第249页。
③ 《河南程氏遗书》卷二五《伊川先生语十一》，［宋］程颢、程颐著，王孝鱼点校：《二程集》第1册，北京：中华书局，1981年，第322页。

就自我，又能成就他人；正因在王道政治学层面分辨义利，物质的获得感与精神的幸福感相得益彰，人才真正成为社会性的存在。"以德行仁"(《孟子》3·3①)，成为一个本性善良、呵护良知的人，过上一种充满温情、相互信任的生活，拥有一个崇尚道义、以民为本的社会，这是孟子思想的核心诉求。

人生有限，有些课程只管几年，有时效50年的课程吗？所有不朽的大经典都是能管50年的博雅课程，《孟子》亦然。《孟子》不仅是传统的经典，更是现代的智库。梁启超(1873—1929)指出："《孟子》为修养最适当之书，于今日青年尤为相宜。学者宜摘取其中精要语熟诵，或抄出常常阅览，使其精神深入我之'下意识'中，则一生做人基础可以稳固，而且日日向上，至老不衰矣。"②打通孟子的世界与当下的世界，就是要用我们切身的体验去证实孟子提供的答案，拿孟子提出的问题来唤醒我们这个时代的良知，凝聚伦理共识，夯实文化认同，共创文明未来。读《孟子》，实质就是时时处处浸泡在孟子"以德行仁"的精神与智慧之中。

二、《孟子》极简史：由子升经，终成经典

孟子是邹国(今山东省邹城市)人，生于公元前372年，卒于公元前289年。民间常将孔子的寿数73岁、孟子的寿数84岁视作人生大限，流传着"七十三、八十四，阎王不请自己去"的谚语。作为战国中期著名的思想家，孟子也像其他诸子一样，周游列国、游说诸侯；但他竭力推行仁义之道，以救世为己任，近乎迂腐，所以运气不佳、到处碰壁，与呼风唤雨、撒豆成兵的禄仕派邹衍、苏秦不可同日而语。

---

① 此种序号注释，以杨伯峻译注《孟子译注》(北京：中华书局，2010年)、《论语译注》(北京：中华书局，1980年)为据，全书以下同。
② 梁启超：《要籍解题及其读法·〈论语〉〈孟子〉(附论〈大学〉〈中庸〉〈孝经〉及其他)·〈读《孟子》法〉》，陈引弛编校：《梁启超国学讲录二种》，北京：中国社会科学出版社，1997年，第12页。

司马迁(约前145—约前87)曾用十分简洁的语言刻画孟子复杂而又坎坷的一生,这就是《史记·孟子荀卿列传》所说的:"孟轲,驺人也。受业子思之门人。道既通,游事齐宣王,宣王不能用。适梁,梁惠王不果所言,则见以为迂远而阔于事情。当是之时,秦用商君,富国强兵;楚、魏用吴起,战胜弱敌;齐威王、宣王用孙子、田忌之徒,而诸侯东面朝齐。天下方务于合从连衡,以攻伐为贤,而孟轲乃述唐、虞、三代之德,是以所如者不合。退而与万章之徒序《诗》《书》,述仲尼之意,作《孟子》七篇。"[1] 孟子从"立功"的政治领域退回"立言"的文化领域,看似被迫,实则皈依。否则,孟子不会成为伟大的思想家,《孟子》不会成为不朽的大经典。

《孟子》成书于孟子的晚年或者死后不久。有关《孟子》的作者,则有不同的说法。东汉赵岐(?—201)的《孟子题辞》主张孟子自著[2],唐代韩愈(768—824)的《答张籍书》主张弟子追著[3],清代魏源(1794—1857)的《孟子年表考第五(生卒著书)》主张师生共著[4]。其中,师生共著之说比较合情合理。具体而言,以公孙丑、万章两位弟子为主力,学生们协助孟子写作了《孟子》。《孟子》第2篇叫《公孙丑》、第5篇叫《万章》,但其他弟子并未获得这一名垂青史的命名权;公孙丑、万章在《孟子》中出现的章数都是15章,但其他弟子并不拥有这一频频露面的上镜率。最简单的东西往往最真实,由此可以推测,公孙丑、万章在《孟子》的"编辑性版权"中是绝对控股的,而孟子在《孟子》的"思想性版权"中是绝对控股的。

从传世典籍看,最早传播孟子思想的是《荀子》,而且是以批评的方式进行传播。《荀子》没有提过《孟子》这本书,但传播孟子思想其实就是传播《孟子》一书。荀子确实抓住了孟子的"三寸之辖":既有《非十二子篇》批

---

[1] [汉]司马迁撰,[宋]裴骃集解,[唐]司马贞索隐,[唐]张守节正义:《史记》第7册,北京:中华书局,1959年,第2343页。
[2] 参见[清]焦循撰,沈文倬点校:《孟子正义》上册,北京:中华书局,1987年,第3页。
[3] 参见[唐]韩愈著,钱仲联、马茂元校点:《韩愈全集》,上海:上海古籍出版社,1997年,第162页。
[4] 参见[清]魏源:《魏源集》上册,北京:中华书局,1976年,第313—314页。

评子思、孟子的五行说,又有《性恶篇》用自己的性恶论批评孟子的性善论,更有《解蔽篇》批评"孟子恶败而出妻"。这些批评对于后世的影响极大①。以孟子休妻为例,西汉的《韩诗外传》《列女传》将它扭转为离婚未遂事件,并且演绎出一组"孟母教子"的故事,为今天倡议以孟母为母亲的代表、以孟子诞辰日为"中华母亲节"积累了源远流长的传统资源②。郭沫若(1892—1978)写过《孟夫子出妻》的小说,认为孟子担心夫妻生活损害"浩然之气",所以决定休妻。③

西汉的司马迁、东汉的班固(32—92)都提过《孟子》。《史记·孟子荀卿列传》说:"余读《孟子书》,至梁惠王问'何以利吾国',未尝不废书而叹也。曰:嗟乎,利诚乱之始也!"④《汉书·艺文志》说:"《孟子》十一篇。(名轲,邹人,子思弟子,有《列传》。)"⑤《汉书·古今人表》对先秦七大家的定级是:孔子,第一等;孟子、荀子,第二等;老子、墨子、韩非,第四等;庄子(写作"严周"),第六等⑥。《史记》《汉书》是写得最好的两部正史,司马迁、班固对孟子其人、《孟子》其书定下了高度评价的历史基调。

以汉武帝(前156—前87,在位时间为前141—前87)"罢黜百家,独尊儒术"为分水岭,前此是子学时代,后此是经学时代。《论语》早在西汉就已成为国家意识形态认定的经典,而《孟子》由子升经是唐宋时期的事情,韩愈、王安石(1021—1086)、朱熹对于这一"孟子升格运动"起到了至关重要的作用。

确立孟子在儒家道统传授中的独特地位是《孟子》由子升经的第一步,

---

① 参见杨海文:《汤武放伐与王霸之辨——从〈荀子·议兵〉看孟荀思想的相似性》,《哲学研究》2014年第10期,第41—47页。
② 参见杨海文:《孟母教子:从故事到传统》,《光明日报》2017年6月17日,第11版《国学》。
③ 郭沫若:《豕蹄·孟夫子出妻》,郭沫若著作编辑出版委员会编:《郭沫若全集》文学编第10卷,北京:人民文学出版社,1985年,第175—182页。
④ [汉]司马迁撰,[宋]裴骃集解,[唐]司马贞索隐,[唐]张守节正义:《史记》第7册,第2343页。
⑤ [汉]班固撰,[唐]颜师古注:《汉书》第6册,北京:中华书局,1962年,第1725页。
⑥ 参见[汉]班固撰,[唐]颜师古注:《汉书》第3册,第924、942、950、926、938、951、947页。

韩愈的功劳最大。基于儒佛之争的历史大背景，韩愈的《原道》认为："尧以是传之舜，舜以是传之禹，禹以是传之汤，汤以是传之文、武、周公，文、武、周公传之孔子，孔子传之孟轲。轲之死，不得其传焉。"①他的《送王秀才序》说道："故求观圣人之道，必自孟子始。"②在韩愈看来，正因儒家道统在孟子死后就被中断，所以佛教乘虚而入；唯有从孟子这里再出发，儒家才能战胜佛教。这一观点为唐宋时期的新儒学思潮提供了指导思想。

落实孟子在国家意识形态中的至尊名分是《孟子》由子升经的第二步，王安石的功劳最大。王安石一生推崇孟子，他的名诗《孟子》写道："沉魄浮魂不可招，遗编一读想风标。何妨举世嫌迂阔，故有斯人慰寂寥。"③正因王安石的鼎力推动，年轻的宋神宗（1048—1085，在位时间为1067—1085）先后将孟子封为邹国公（1083）、配食文宣王（1084）、配享孔子庙庭（1085）④，孟子获得了史无前例的至尊名分。朱熹并不喜欢王安石，但仍客观地指出："孟子配享，乃荆公请之。"（《朱子语类》卷九〇）⑤

衡定孟子在儒家经典体系中的核心价值是《孟子》由子升经的第三步，朱熹的功劳最大。朱熹力挫宋代疑孟的风气，秉承二程尊孟的旨趣，将《孟子》与《论语》《大学》《中庸》合为《四书》，并将自身的思想建构寄寓于《四书章句集注》之中。他还说："《语》《孟》工夫少，得效多；《六经》工夫多，得效少。"⑥（《朱子语类》卷一九）元朝皇庆二年（1313）规定：科举考试须在《四书》之内出题，发挥题意须以《四书章句集注》为根据⑦。明、清相沿不改，孟子仁义之道的核心价值观得到广泛的传播。

---

① ［唐］韩愈著，钱仲联、马茂元校点：《韩愈全集》，第122页。
② 同上书，第212页。
③ ［宋］王安石著，唐武标校：《王文公文集》（卷七三），下册，上海：上海人民出版社，1974年，第775页。
④ 参见［元］脱脱等：《宋史》，北京：中华书局，1977年，第2册，第311、312、318页。
⑤ ［宋］黎靖德编，王星贤点校：《朱子语类》第6册，第2294页。
⑥ ［宋］黎靖德编，王星贤点校：《朱子语类》第2册，第428页。
⑦ 参见［明］宋濂等：《元史》第7册，北京：中华书局，1976年，第2019页。

人们都知道孟子被尊为亚圣,其实这是元代的赐封。至顺元年(1330),颜子、曾子、子思、孟子分别被封为兖国复圣公、郕国宗圣公、沂国述圣公、邹国亚圣公①。文庙的"四配",至此沿袭宋末咸淳三年(1267)的配享名单而形成定制②。唐、宋跨出三大步,元代踢出临门一脚,历史上的"孟子升格运动"得以基本完成。

尽管孟子其人、《孟子》其书越来越受到尊崇,但其间也不乏疑孟之声、诋孟之举。疑孟最风行的是宋代。金庸(1924—2018)的武侠小说《射雕英雄传》第30回写道:"那书生怒道:'孟夫子是大圣大贤,他的话怎么信不得?'黄蓉笑吟道:'乞丐何曾有二妻?邻家焉得许多鸡?当时尚有周天子,何事纷纷说魏齐?'那书生越想越对,呆在当地,半晌说不出话来。"③这是对于宋人疑孟的形象表达。更有趣的是:司马光(1019—1086)疑孟,竟然是因为政敌王安石尊孟④,但他的继子司马康(1050—1090)却是尊孟的⑤。诋孟最过分的是朱元璋(1328—1398,在位时间为1368—1398)。明末的朱国祯(?—1632)记述:"太祖欲黜孟子配享,固因钱唐等力谏而止,然其时风雷示异,太祖业心动,所谓岩岩气象者,亦真可畏也。至《孟子节文》,乃刘昆孙等奉旨所为。后昆孙以科场事坐死,说者谓《节文》报应,岂孟

---

① 参见[明]宋濂等:《元史》第6册,第1893页。
② 参见《宋史》卷一〇五《志第五十八·礼·吉礼八》"文宣王庙"条指出:"其序:兖国公、郕国公、沂国公、邹国公,居正位之东面,西向北上,为配位。"([元]脱脱等:《宋史》第8册,第2554页)
③ 金庸:《射雕英雄传》第3册,北京:生活·读书·新知三联书店,1995年,第1092页。
④ 《湛渊静语》卷二写道:"或问文节倪公思曰:'司马温公乃著《疑孟》,何也?'答曰:'盖有为也。当是时,王安石假《孟子》"大有为"之说,欲人主师尊之,变乱法度。是以温公致疑于《孟子》,以为安石之言未可尽信也。'元丰末,封孟子邹国公,建庙兖州邹县。至政和五年,安石之党蔡京等当国诏乐正子克配享,后奏罢。"([元]白珽:《湛渊静语》,《景印文渊阁四库全书》第866册,台北:台湾商务印书馆,1986年,第309页)
⑤ 《宋元学案》卷八《涑水学案下》"涑水家学·谏议司马先生康"条写道:"姚福曰:温公平生不喜《孟子》,以为伪书,出于东汉,因作《疑孟论》。而其子公休乃曰:'《孟子》为书最善,直陈王道,尤所宜观。'及疾甚革,犹为《孟子解》二卷。司马父子同在馆阁,而其好尚不同乃如此。然以父子至亲而不为苟同,亦异乎阿其所好者矣。"([清]黄宗羲原著,[清]全祖望补修,陈金生、梁运华点校:《宋元学案》第1册,北京:中华书局,1986年,第354页)

乃迁怒而然？"① 朱元璋觉得孟子说了很多冒犯专制统治的话，所以先将孟子赶出文庙，不让他享受吃冷猪头肉的待遇；然后命人删改《孟子》，搞出了一本《孟子节文》②。

真正的经典都具有三大品质：既能承受无上的荣光，又不惧怕任何质疑，更能在新的时代浪尖上展示自身的不朽。一部《孟子》极简史表明：过去，《孟子》从普通的诸子成为令人敬畏的"圣经"，风风雨雨，饱经沧桑；今天，《孟子》已经走下"圣经"的神坛，人们将《孟子》当作"经典"而不是"经"来读。这既是时代赋予的新使命、新要求，又是《孟子》在平凡中再现伟大的必由之路。

三、孟子思想中的十组关系

《孟子》仅有三四万字，但博大精深，几乎涉及人生所有的基本关系。这些关系或者相反而相成，或者相辅而相成，经意、不经意地流淌着思辨的张力与哲学的魅力。下面通过对十组关系的梳理，彰显孟子思想的平易与深邃。

第一组是人类与禽兽的关系。《孟子》8·19说："人之所以异于禽兽者几希，庶民去之，君子存之。"这是孟子为其全部思想预设的逻辑起点。周作人（1885—1967）的《梦想之一》写道："我很喜欢《孟子》里的一句话，即是，人之所以异于禽兽者几希。这一句话向来也为道学家们所传道，可是解说截不相同。他们以为人禽之辨只在一点儿上，但是二者之间距离极远，人若逾此一线堕入禽界，有如从三十三天落到十八层地狱，这远才真叫得

---

① ［明］朱国祯撰，王根林校点：《涌幢小品》上册，上海：上海古籍出版社，2012年，第305页。
② 关于《孟子节文》的详细研究，参见杨海文：《〈孟子节文〉的文化省思》，《中国哲学史》2002年第2期，第112—118页；杨海文：《朱元璋时期的〈孟子节文〉事件》，刘小枫、陈少明主编：《经典与解释》第2辑《柏拉图的哲学戏剧》，上海：上海三联书店，2003年，第259—296页。

是远。我也承认人禽之辨只在一点儿上,不过二者之间距离却很近,仿佛是窗户里外只隔着一张纸,实在乃是近似远也。"①在孟子看来,人禽之间的本质差异很细小,但具体到每个人身上,说远就远,说近就近。像人一样活着,它就近;不像人一样活着,它就远。那么,人类究竟是一种什么样的类存在呢?

第二组是性本善与性向善的关系。《三字经》开篇说的"人之初,性本善"②,就是指孟子面对"人是什么"这个人生哲学总题目而独创的性善论。《孟子》3·6说的"今人乍见孺子将入于井,皆有怵惕恻隐之心"那个故事,情节结构异常简单,人性震撼无与伦比,是孟子证立性善论的经典案例,堪称中外人性论史上的现象级教科书。在此基础上,孟子以心善言性善,认为性善论包括两层含义:一是性本善,肯定心性之善是"天所与我、我固有之、人皆有之"的,解答了道德实践所以可能的超越客观的根据;二是性向善,肯定人人都可以在生活行为上自觉自主地呈现内在的心性本体,解答了道德实践所以可能的内在主观的根据③。不论性,孟子在哲学上走不进他那个时代;不谈心,孟子在哲学上走不出他那个时代。"圣人与我同类者"(《孟子》11·7)、"人皆可以为尧、舜"(《孟子》12·2)这些激动人心的哲学格言,铲平了普通人与圣贤之间原本不可逾越的鸿沟,鞭策人们努力地践履心性修养、不懈地成就理想人格。

第三组是仁智双彰与大丈夫气概的关系。《孟子》两次提到"仁且智"(《孟子》3·2,4·9),牟宗三(1909—1995)的《中国哲学的特质》第5讲指出:"仁与智并讲,显出仁智的双成。"④仁是道德,智是科学,仁智双彰是孟子给理想人格做出的哲学界定。与此相应,大丈夫是孟子给理想人格

---

① 周作人著,止庵校订:《苦口甘口》,石家庄:河北教育出版社,2002年,第15页。
② [宋]王应麟著,[明]赵南星注:《明刻三字经》,《三字经》修订工程编审委员会修订,傅璇琮主编:《三字经》(修订版),北京:人民教育出版社,2008年,第114页。
③ 参见蔡仁厚:《儒学的常与变》,台北:东大图书,1990年,第14—15页。
④ 牟宗三:《中国哲学的特质》,上海:上海古籍出版社,1997年,第27页。

做出的社会学界定。《孟子》6·2认为：大丈夫不是指"一怒而诸侯惧，安居而天下熄"，而是指"富贵不能淫，贫贱不能移，威武不能屈"。吴晗（1909—1969）的《谈骨气》一文说道："……高官厚禄收买不了，贫穷困苦折磨不了，强暴武力威胁不了，这样的人才是了不起的人。这种人古时候叫大丈夫，我们今天呢，叫作英雄气概，也叫作有骨气。"① 有道德、有文化、有骨气，即是孟子对于理想人格的殷殷期盼。

第四组是原则性与灵活性的关系。中国传统社会是侧重熟人交往的五伦社会，认为做人的基本原则是"父子有亲，君臣有义，夫妇有别，长幼有叙，朋友有信"（《孟子》5·4），意即父子之间有骨肉之亲、君臣之间有礼义之道、夫妻之间有内外之别、老少之间有尊卑之序、朋友之间有诚信之德，它们的目的是规范社会行为、调节社会关系、维护社会秩序。真理从来都是具体的，原则性总是离不开灵活性。譬如古代讲究"男女授受不亲"的原则，但嫂子掉进水里，生命危在旦夕，孟子认为小叔子再拘泥于礼节就不是人，而是必须伸手救大嫂。此处孟子通过灵活的权变，展示了人之为人、生命至上的真谛（《孟子》7·17）。一般情形下要讲原则性，特殊情形下要讲灵活性；为人处世要经权互动，做到原则性与灵活性的有机统一。

第五组是民生与仁政的关系。战国时期，诸侯攻伐，生灵涂炭。孟子一语道破它的出路："养生丧死无憾，王道之始也。"（《孟子》1·3）老百姓如何才能有体面地活在人世，然后有尊严地辞别人间呢？过了五十岁就能穿上丝绵，过了七十岁就能吃上肉食（《孟子》1·3,1·7），这既是看似轻而易举的最低要求，但又是孟子时代以及整个古代中国难以实现的社会理想。《孟子》13·22写道："五亩之宅，树墙下以桑，匹妇蚕之，则老者足以衣帛矣。五母鸡，二母彘，无失其时，老者足以无失肉矣。"太平天国运动1853年制订的《天朝田亩制度》写道："凡天下树墙下以桑，凡妇蚕绩缝衣裳。凡天

---

① 吴晗著，常君实编：《吴晗全集》第8卷，北京：中国人民大学出版社，2009年，第14页。

下每家五母鸡,二母彘,无失其时。"①历史如此惊人地相似,人们竟然用几千年的时间为家家户户能够养上五只母鸡、两头母猪而奋斗,让人顿生"时间过得好快,理想走得好慢"的沧桑与无奈。目睹老百姓苦苦挣扎在生死存亡线上,孟子必然反对霸道、力倡仁政。但是,"以德行仁者王"与"以力假仁者霸"(《孟子》3·3)这两条不同的治国路线又将如何过招呢?

第六组是道义与功利的关系。在霸道横行的时代背景下推行仁政,势必高擎义利之辨的旗帜。《孟子》首章开宗明义,认为义利之辨包括三大要点:一是从"何必曰利?亦有仁义而已矣"看,孟子提出义以为上,这是讲原则,将道义当作最高原则;二是从"苟为后义而先利,不夺不餍"看,孟子提出先义后利,这是讲次序,将道义放在第一位,而将利益放在第二位;三是从"未有仁而遗其亲者也,未有义而后其君者也"看,孟子提出义利双成,这是讲目的,不能因为讲道义就完全排斥利益,而是要在生活当中最终实现道德与利益的统一。有人认为孟子轻视功利,这一看法是不全面的。孟子如此关心民生疾苦,岂能不对物质利益得以充分实现念兹在兹?"义利之说乃儒者第一义"②,孟子的义利之辨至今依然具有借鉴意义。

第七组是君与民的关系。《孟子》14·14说:"民为贵,社稷次之,君为轻。"民贵君轻是孟子王道政治学的核心价值观。萧公权(1897—1981)的《中国政治思想史》认为:它使得"孟子之政治思想遂成为针对虐政之永久抗议"③。但是,正如徐复观(1903—1982)的《中国的治道——读陆宣公传集书后》所说:"政治的理念,民才是主体;而政治的现实,则君又是主体。这种二重的主体性,便是无可调和的对立。"④所以,孟子一方面强调国家是

---

① 广东省太平天国研究会、广州市社会科学研究所编:《洪秀全集》,广州:广东人民出版社,1985年,第168页。
② 参见《晦庵先生朱文公文集》卷二四《与延平李先生书》,[宋]朱熹撰,朱杰人、严佐之、刘永翔主编:《朱子全书》(修订本)第21册,上海:上海古籍出版社、合肥:安徽教育出版社,2010年,第1082页。
③ 参见萧公权:《中国政治思想史》,北京:新星出版社,2005年,第62页。
④ 徐复观:《中国思想史论集续篇》,北京:九州出版社,2014年,第504页。

为人民而设立的，但人民不是为国家而生存的；另一方面不遗余力地"格君心之非"，认为只要纠正了君主内心的错误，整个国家就能得到治理，"一正君而国定"（《孟子》7·20）。孟子对于君民关系的思考显然具有时代局限性，但它在中国古代的历史影响不啻于振聋发聩的空谷足音。

第八组是独善其身与兼善天下的关系。统治者忙于争城掠地，老百姓陷入水深火热。孟子将救世的使命寄托给"士之仕也，犹农夫之耕也"的知识分子，但又痛恨"不由其道而往者"，期望知识分子成为铁肩担道义的义仕派（《孟子》6·3）。这就涉及从政的态度问题。《孟子》13·9说："古之人，得志，泽加于民；不得志，修身见于世。穷则独善其身，达则兼善天下。"能够实现志向，就将各种恩惠施加给人民，这是兼善天下；不能实现志向，就去修养自身展现给世间，这是独善其身。这里的"穷"不是指经济贫困，"达"不是指官运亨通，而是如同马一浮（1883—1967）所说："穷达皆以道言，道隐为穷，道通为达。"①孟子心中的"士"是正道直行、为百姓鼓与呼的道德理想主义者，而不是像公孙衍、张仪那样唯利是图、通吃天下的蝇营狗苟之徒。白居易（772—846）的《与元九书》曾说："古人云：'穷则独善其身，达则兼济天下。'仆虽不肖，常师此语。"②这是将"兼善天下"改为"兼济天下"的出处，同时是传统士大夫引孟子为知音的生动写照。

第九组是真理与谬误的关系。我们读《孟子》6·9，可知"杨墨之道不息，孔子之道不著"这句话最能概括孟子对于真理与谬误关系的认识。孟子将孔子之道视作真理，而将杨墨之道视作谬误，是因为"杨氏为我，是无君也；墨氏兼爱，是无父也。无父无君，是禽兽也"。杨朱主张"为我"，意即无条件地爱自己、一切都要有利于自己，实质是"无君"——目无君上；墨子主张"兼爱"，意即无差等地爱别人、毫无差等地爱所有人，实质是"无父"——

---

① 马一浮：《蠲戏斋杂著·希言》，吴光主编：《马一浮全集》第4册，杭州：浙江古籍出版社，2013年，第96页。
② 顾学颉校点：《白居易集》第3册，北京：中华书局，1979年，第3册，第964页。

目无父母。孟子对于杨墨之道的批判，是先秦儒家捍卫、传承孔子之道的重要举措，历史影响极大。韩愈的《与孟尚书书》就说：孟子距杨墨，"功不在禹下"①。到了近现代，吴虞（1872—1949）的《辨孟子辟杨墨之非》指出："天下有二大患焉：曰君主之专制，曰教主之专制。君主之专制，钤束人之言论；教主之专制，禁锢人之思想。君主之专制，极于秦始皇之焚书坑儒，汉武帝之罢黜百家；教主之专制，极于孔子之诛少正卯，孟子之距杨、墨。"②贺麟（1902—1992）的《杨墨的新评价》甚至提出"以杨子的为我为出发点，而以墨子的兼爱为归宿点（梁任公称费希特语），以维护个人权益为出发点，以造福于人类社会为归宿点"的调和方案③。这些批评意见有助于我们深刻反思孟子距杨墨的时代合理性与历史片面性之所在，进而辩证把握思想多元与守正创新的复杂关联。

第十组是读书与自得的关系。孟子能在先秦诸子中脱颖而出，有一个很重要的原因就是既不迷信经典，但又善于读书。孟子熟稔当时的两大经典《诗》《书》，同时认为"尽信《书》，则不如无《书》"（《孟子》14·3）。包括经典在内，任何书本既不能不相信它，也不能完全相信它。王阳明（1472—1529）道出了个中缘由："圣贤垂训，固有书不尽言、言不尽意者。"④不迷信经典，不做书本的奴仆，这是读者获得自我解放的第一步。孟子又说："故说诗者，不以文害辞，不以辞害志。以意逆志，是为得之。"（《孟子》9·4）对于这句话的含义，朱熹指出："言说诗之法，不可以一字而害一句之义，不可以一句而害设辞之志，当以己意迎取作者之志，乃可得之。"⑤朱自清

---

① ［唐］韩愈著，钱仲联、马茂元校点：《韩愈全集》，第195页。
② 赵清、郑城编：《吴虞集》，成都：四川人民出版社，1985年，第13页。
③ 贺麟：《文化与人生》，北京：商务印书馆，1988年，第205页。梁启超没有说过"以杨朱之为我为出发，以墨子之兼爱为归宿"。参见杨海文：《贺麟与"梁任公称费希特语"问题》，《现代哲学》2013年第5期，第110—111页。
④ ［明］王守仁撰，吴光、钱明、董平、姚延福编校：《王阳明全集》（2卷本）上册，上海：上海古籍出版社，1992年，第214页。
⑤ ［宋］朱熹：《四书章句集注》，北京：中华书局，1983年，第306页。

（1898—1948）指出："'以意逆志'是以己意己志推作诗之志；而所谓'志'都是献诗陈志的'志'，是全篇的意义，不是断章的意义。"[①]意是读者的自我意识，志是作者的思想建构，逆是读者像迎接客人那样真切地把握作品已经或者试图表达的意义。善于读书，做书本的主人，这是读者获得自我解放的第二步。孟子告诉我们：贵疑、自得不仅是读书的方法，而且是读书的境界。唯其如此，思想才能在承传中得以创新，文化才能在继承中得以创造。

以上用十组关系勾勒孟子思想，其实只是方便的说法。《孟子》包含无数隽永的格言、精彩的故事。要读懂它们，就得让格言"下乡"，使格言的普适性反复经受实践世界的检验；就得让故事"上山"，使故事的规律性不断接受思想视界的考量。《孟子》中的故事，有的十分简单，有的相对复杂。我们务必知道：故事越真实、复杂，它对于人生的意义越大；故事越抽象、简单，它对于哲学的作用越大。我们走进孟子的思想世界，先要曲径通幽，然后才能柳暗花明。

四、"形散而神聚"：诗化编码与文以载道

《论语》既有传世的20篇定本，又有南昌海昏侯墓新近出土的《齐论语·问道篇》，版本情形比较复杂。历代《孟子》的版本情形较为简单，只有传世本，未见相关出土文献。但是，这里仍有三类情况需要交待。

一是个别用字不一样。例如，《孟子》10·1、14·17说的"接淅而行"，东汉许慎（约58—约147）的《说文解字》卷一一上《水部·渍》引作"渍淅而行"[②]，人们认为"接"以前写作"渍"；《孟子》14·3说的"尽信《书》，则不如无《书》"，北宋王元泽（1044—1076，王安石之子）引用的古本《孟子》

---

① 朱自清：《诗言志辨》，上海：华东师范大学出版社，1996年，第24页。
② ［汉］许慎：《说文解字（附检字）》，北京：中华书局，1963年，第235页下栏。

写作"尽信书，不如无为书"①，两者存在"无"与"无为"的明显区别；《孟子》5·4说的"长幼有叙"，南宋朱熹的《孟子集注》写作"长幼有序"②，这说明"叙""序"通用。

二是总字数的统计结果不同。古人不用标点符号，《孟子》究竟有多少字呢？东汉赵岐的《孟子题辞》说是34 685字③，明代陈士元（1516—1597）的《孟子杂记》卷一说是35 410字④，清代焦循（1763—1820）的《孟子正义》卷一说是35 226字⑤。三种统计结果均不相同。如果计空格、包括标点符号，那么我们今天读的《孟子》约有4.5万字。

三是《孟子外书》的真伪问题。东汉赵岐的《孟子题辞》曾提出两大孟学史疑案：一是西汉文帝（前202—前157，在位时间为前180—前157）将《孟子》与《论语》《孝经》《尔雅》一并设为传记博士，一是《孟子》七篇之外另有题为《性善》《辩文》《说孝经》《为政》的外书四篇⑥。有意思的是，他肯定传记博士为真，认定外书四篇为伪。后来，人们大多认为《孟子外书》是伪书，几乎无人将它与《孟子》做对比性的思想研究。《续修四库全书》收有《孟子外书》，四篇题为《性善辨》《文说》《孝经》《为正》⑦，值得有兴趣的读者参阅。

从文本结构看，《孟子》有篇有章，篇下为章，由7篇（14卷）、260章（或261章）构成。首先看"篇（卷）"。人们常以"七篇"指代《孟子》，是说它包括《梁惠王》《公孙丑》《滕文公》《离娄》《万章》《告子》《尽心》。各篇

---

① 《西溪丛语》卷下"古本孟子无为书之论不可取"条写道："《孟子》云：'尽信书，不如无书。'王元泽引古本《孟子》云：'尽信书，不如无为书。'书安可无也？学者慎所取而已。不知慎所取，则不如勿学而已矣。"（［宋］姚宽撰，孔凡礼点校：《西溪丛语》，北京：中华书局，1993年，第96页；该书与《家世旧闻》合为一册，并连署页码。）
② 参见［宋］朱熹：《四书章句集注》，第259页。
③ 参见［清］焦循撰，沈文倬点校：《孟子正义》上册，第12页。
④ 参见［明］陈士元：《孟子杂记》，《景印文渊阁四库全书》第207册，第297页下栏。
⑤ 参见［清］焦循撰，沈文倬点校：《孟子正义》上册，第12—13页。
⑥ 同上书，第17、15页。
⑦ 参见［宋］熙时子注：《孟子外书》，《续修四库全书》第932册，上海：上海古籍出版社，2002年，第375—384页。

又分上、下两卷，如《梁惠王上》《梁惠王下》，共有14卷。这些篇名取自每篇首章的开头两三个字，并无实际意义。其次看"章"。各篇由若干章组成，有十多章为一篇的，也有八十多章为一篇的。各章的字数不一，短者仅有一句话，长者多达上千字。朱熹的《孟子集注》、杨伯峻（1909—1992）的《孟子译注》分作260章，孙奭（962—1033）的《孟子注疏》、焦循的《孟子正义》分作261章。最后看"篇（卷）+章"。举例来说，如何一目了然地表述《梁惠王上》第1章、《尽心下》第38章呢？依据《孟子译注》的序号注释，前者写作《孟子》1·1，后者写作《孟子》14·38。杨伯峻的这种序号注释方式很实用，能够以此快速找到并复核《孟子》原文。

《孟子》在高校中的课程设置，有放在哲学系的（如中国大陆），有放在文学系的（如中国台湾），有放在东亚历史系的（如欧美）。这是《孟子》具有文体多样性的鲜明体现。《孟子》有35次引用文学经典《诗经》，有19次引用历史经典《尚书》，有5章讨论这两部大经典[①]，可见文学、历史在孟子那里是不分家的。"孟子道性善，言必称尧、舜"（《孟子》5·1），可见道德、政治的哲学问题是孟子关注的重心。《孟子》既是文学书、历史书，更是哲学书。孟子亦文亦史，更是哲人。

现代读者未必十分清楚《孟子》在文体上的史学特征、文学特征，这里举几个例子。对于《孟子》1·1讲的"孟子见梁惠王"一事，司马迁的《史记·六国年表》认为发生在公元前335年[②]，司马光的《资治通鉴·周纪二》认为发生在公元前336年[③]，两者相差一年，但都肯定《孟子》应有的史学价值。鲁迅（1881—1936）的《汉文学史纲要·老庄》（中山大学讲稿）说："《孟子》七篇，不特推言义理，广大而精微。其文法极可观，如齐人乞墦一

---

① 参见杨海文：《〈孟子〉引论〈诗〉〈书〉的文献地图——兼评陈澧〈东塾读书记〉考释的得失》，《现代哲学》2011年第4期，第100—109页。
② 参见［汉］司马迁撰，［宋］裴骃集解，［唐］司马贞索隐，［唐］张守节正义：《史记》第2册，第727页。按：此事系于魏惠王（梁惠王）三十五年（前335年）条下。
③ 参见《周纪二·显王三十三年（乙酉、前三三六）》（卷二），［宋］司马光编著，［元］胡三省音注，"标点资治通鉴小组"标点：《资治通鉴》第1册，北京：中华书局，1956年，第64页。

段尤妙。唐人杂说之类,盖仿于此。"①郭沫若的《十批判书·荀子的批判》说:"孟文的犀利,庄文的恣肆,荀文的浑厚,韩文的峻峭,单拿文章来讲,实在是各有千秋。"②这都是肯定《孟子》应有的文学价值。

　　用今天的眼光看,《孟子》的史学性最弱,文学性居中,哲学性最强。但是,作为一本哲学书,《孟子》也像其他先秦诸子著作一样"形散而神聚"。所谓"形散",是说《孟子》不是用"逻辑编码"而是用"诗化编码"编撰的,随处可见点睛之笔,但各篇之间、各章之间又显得很松散。所谓"神聚",是说有一种叫作"文以载道"的文化基本精神贯串于《孟子》的字里行间:道德理想主义是"道",文化守成主义是"文",经由文化守成主义达致道德理想主义就是"文以载道"。

　　置身于"后国学时代",要将《孟子》读好,需要狠下两种功夫。第一种功夫是笨功夫——背诵。不少人觉得背古文比起记外文单词难多了。这里提供一个方法:以句为单位,尽量译到每个字,用白话文精准地翻译每一章。译完的时候,大致就能背下这一章。第二种功夫是活功夫——理解。具体地说,就是树立八个角度:一是从单章看,二是从上下文看,三是从全书看,四是从思想家的思想体系,五是从具体时代背景看,六是从儒家思想史看,七是从中国传统文化看,八是从现代生活看。我们读《孟子》这部"形散而神聚"的经典,如果既有背诵的笨功夫、又有理解的活功夫,就能八面来风、生生不息。

五、案头常备《孟子集注》《孟子译注》

　　中国古代有着源远流长的经典注疏传统,经典总是借助注疏而薪火相传。《孟子》也不例外。东汉赵岐的《孟子注》、南宋朱熹的《孟子集注》、清

---

① 参见鲁迅:《汉文学史纲要》,北京:人民文学出版社,1973年,第16页。
② 郭沫若:《十批判书》,北京:东方出版社,1996年,第219页。

代焦循的《孟子正义》是古代《孟子》注疏的三大名著,而且分别是汉学、宋学、清学的代表作。

一是赵岐撰写的《孟子注》(又名《孟子章句》),时代最久远。尽管朱熹批评它"做得絮气闷人""拙而不明"(《朱子语类》卷五一)①,但四库馆臣认为它"开辟荒芜,俾后来得循途而深造,其功要不可泯也"②。

二是朱熹撰写、并被收入《四书章句集注》的《孟子集注》,影响最巨大。它言简意赅,详略得当,体例谨严,致思缜密,因注大经典而成为新经典。它作为儒学史与经学史上的标志性著作,元代以降被悬为科举取士之功令,引领了数百年的中国思想史风气。《孟子》之注疏,迄今无出《孟子集注》其右者。

三是焦循撰写的《孟子正义》,考证最精当。梁启超的《清代学术概论·十四》指出:"清学自当以经学为中坚。其最有功于经学者,则诸经殆皆有新疏也……其在《孟子》,有焦循之《孟子正义》。"③

"五四"新文化运动以来,特别是1949年以后,孟子思想在学术研究、普及推广两方面与时俱进,取得长足进展。这里从通俗讲解、学理研究、人文感悟等三个角度推荐五本书。

一是杨伯峻撰写的通俗讲解类作品《孟子译注》(中华书局1960年初版)。这本书对于现代人读《孟子》产生的重大影响,鲜有其他书能够望其项背。它具有四大特点:一是以序号标识各章,便于检索;二是用新式标点断句,便于阅读;三是将原文翻译为现代汉语,便于理解;四是注释简明扼要,便于释疑。

二是陈来、王志民主编的通俗讲解类作品《〈孟子〉七篇解读》(共7册,齐鲁书社2018年初版)。这套书由中国孟子研究院组编,以团队方式逐章

---

① [宋]黎靖德编,王星贤点校:《朱子语类》第4册,第1218页。
② [清]永瑢等:《四库全书总目》上册,北京:中华书局,1965年,第289页下栏。
③ 梁启超:《清代学术概论》,北京:东方出版社,1996年,第45—46、46页。

逐句、系统详细地解读《孟子》七篇，开创了当代学者面向社会、面向时代解读《孟子》一书的先例，是讲好中国故事、增强文化自信的重要体现。

三是杨泽波撰写的学理研究类作品《孟子性善论研究》（中国社会科学出版社1995年初版）。这本书侧重从哲学—观念史进路研究孟子思想，提出用"生命体验"契悟自身的"伦理心境"，试图破译孟子那个令人费解的性善论之谜，促使人们善待自己的生命。

四是黄俊杰撰写的学理研究类作品《中国孟学诠释史论》（社会科学文献出版社2004年初版）。这本书侧重从历史—思想史进路研究孟学史，探讨了中国历代思想家对于孟子思想所做的解释、批判、争辩、推衍、发挥及其隐含的思想史意义与解释学内涵。

五是杨海文撰写的人文感悟类作品《我善养吾浩然之气——孟子的世界》（齐鲁书社2017年初版）。这本书二三处笔带个人遐思、三四处添加历史掌故、四五处借用民间话语，呼唤人们在"我善养吾浩然之气"的精神成长之路上，真切地完成从阅读《孟子》到悦读《孟子》的转折。

在以上几本书中，朱熹的《孟子集注》、杨伯峻的《孟子译注》又最重要，值得常备于案头。初学者先读《孟子译注》，再读《孟子集注》，就能渐渐步入古与今沟通的视界，慢慢融入俗与雅汇通的境界。

孟子与"孔孟之道"的形成*

孟子与"孔孟之道"的形成,牵扯思想理论与历史文化方方面面的问题。本文拟从四个方面进行解读:第一,"孔孟""孔孟之道"这两个固定说法是从什么时候出现的?第二,孟子为"孔孟之道"做出了哪些理论贡献?第三,后代如何确认孟子与"孔孟之道"的思想关联?第四,"孔孟之道"有哪些精神内涵?

一、固定说法"孔孟""孔孟之道"的首次出现

今天谈起"孔孟""孔孟之道",仿佛它们作为固定说法古已有之,而且是一种强大的历史文化传统。这么想,自然是有道理的。假定我们按照学术研究的理路看这个问题,那就值得进一步深思。

20世纪90年代,《文献》先后刊过两篇文章①,考证"孔孟""孔孟之道"这两个固定说法究竟何时开始出现。笔者读了这两篇文章后有一些想法,这里将纠正其中某些不准确的地方,或者说是与其商榷。

我们讲"孔孟"作为固定说法究竟何时出现,意思是说"孔孟"两字直

---

* 原载《社会科学战线》2022年第4期,第1—13页。
① 参见曲文军:《"孔孟之道"语源小考》,《文献》1996年第1期,第181页;马固钢:《"孔孟"并称考源》,《文献》1998年第2期,第245—251页。

接连在一块究竟是从什么时候开始的。孔子生于公元前6世纪,孟子生于公元前4世纪。"孔孟"最先连在一块,不是在战国、西汉,而是在东汉。东汉经学家马融(79—166)写有《长笛赋》,说道:"温直扰毅,孔孟之方也。"①意思是说:温厚、正直、安扰(和顺)、刚毅,就是孔子、孟子的方式。这是最早将"孔孟"连在一块的说法。将"孔孟"连在一块,还有另一种形式。孔子字仲尼,孟子名轲,所以另一种形式是"尼轲",也是东汉开始出现的。东汉思想家崔寔(103—170,一说生卒年不详)的《正论》写道:"世主莫不愿得尼、轲以辅佐,及得之,未必珍也。必待题其面曰'鲁仲尼''邹子舆',不可得也。"②意思是说:国君都希望得到孔子、孟子那类能够辅佐自己的人才,一旦得到,却未必珍惜。因为没有得到之前,觉得他们很神秘;一旦见到他们,就觉得不神秘了。这是崔寔对于"孔孟"连称的历史价值的认识。

所谓东汉已经出现"孔孟"这个固定说法,不是泛泛而谈孔子与孟子、《论语》与《孟子》如何并称;其角度应该是狭义的,而不是广义的。如果从广义的角度看,这类材料很多,而且有许多文献远远早于东汉,甚至可以直接追溯到《孟子》。在我们看来,就孔子、孟子成为中国文化最具象征意义的精神价值符号而言,广义的角度比不上狭义的角度。就像说起"李杜",我们都知道是指李白(701—762)、杜甫(712—770);但说"赵钱孙李",谁也不知道具体指谁,只知道它们是《百家姓》的一部分。这就是狭义、广义两个角度的区别。《文献》的第二篇文章恰恰是广义的考证,也没有提到马融、崔寔③。广义的角度为狭义的角度打下深厚的基础,狭义的角度是对广义的角度进行固化、形式化的结晶,这是两者的辩证关系。

---

① [南朝梁]萧统编,[唐]李善注:《文选》第2册,上海:上海古籍出版社,1986年,第817页。
② [唐]马总编撰,王天海、王韧校释:《意林校释》下册,北京:中华书局,2014年,第375页。又,《政论校注·阙题一》指出:"且世主莫不愿得尼、轲之伦以为辅佐,卒然获之,未必珍也。自非题榜其面曰'鲁孔丘''邹孟轲',殆必不见敬信。"([汉]崔寔、仲长统撰,孙启治校注:《政论校注·昌言校注》,北京:中华书局,2012年,第49—50页)
③ 参见马固钢:《"孔孟"并称考源》,《文献》1998年第2期,第245—251页。

"孔孟"连在一块,作为固定说法,已在东汉出现。"孔孟之道"作为固定说法,出现的时间很晚。东汉末年是公元 2 至 3 世纪,但其后过了八百多年,才出现"孔孟之道"这个概念①。很多人对于它的第一次出现并不清楚。

这里以《文献》的第一篇文章为例。这篇文章很短,只是半页的补白。作者认为"孔孟之道"作为固定说法,首先出现于南宋思想家胡宏(1105—1161)的《知言》②。胡宏说:佛教徒对于心体很了解,他们的思想讨论无所不至,但缺少最终的皈依,因为佛教否定伦理道德而肆意妄行。因此,胡宏认为佛教徒"不足与言孔孟之道也"③。胡宏是南宋人,"孔孟之道"会出现得这么晚吗?北宋的二程(程颢[1032—1085],又称大程;程颐[1033—1107],又称小程)是不是早就讲过呢?笔者觉得"孔孟之道"作为固定的说法不应晚到胡宏的时代才出现,然后查阅《二程集》,果然发现二程提到"孔孟之道"。

第一次提到"孔孟之道"的是小程。《河南程氏经说》卷六《论语解·述而》指出:"孔孟之道一也,其教人则异。孔子常俯而就之,孟子则推而高之。孔子不俯就,则人不亲;孟子不推高,则人不尊。圣贤之分也。"④小程认为:孔子、孟子之道是同样的,只是教人的方式不一样。孔子喜欢往下推,孟子喜欢往上提。孔子往下推,是为了让一般人亲近;孟子往上提,是为了显示人之为人的高贵。小程这里使用了"孔孟之道"的固定说法。《二程集》有很多文章,但"孔孟之道"仅仅出现这一次,意味着什么呢?它包含了很

---

① 《南齐书》卷四七《列传第二十八·王融》指出:"窃习战阵攻守之术,农桑牧艺之书,申、商、韩、墨之权,伊、周、孔、孟之道。"([南朝梁]萧子显:《南齐书》第 3 册,北京:中华书局,2017 年,第 908—909 页)作为固定说法的"孔孟之道",既不能有前缀(例如"伊、周"),亦不能有后缀(例如"荀、扬")。因此,本文不将这里所谓的"伊、周、孔、孟之道"当作"孔孟之道"的首次出现,但它在南朝的孟学史价值自然毋庸置疑。
② 参见曲文军:《"孔孟之道"语源小考》,《文献》1996 年第 1 期,第 181 页。
③ 《知言·事物》指出:"释氏窥见心体,故言为无不周遍。然未知止于其所,故外伦理而妄行,不足与言孔孟之道也。"又,《知言·义理》指出:"学之道,则莫过乎绎孔子、孟轲之遗文。"([宋]胡宏著,吴仁华点校:《胡宏集》,北京:中华书局,1987 年,第 22、29 页)
④ [宋]程颢、程颐著,王孝鱼点校:《二程集》第 4 册,第 1146 页。

多可让我们思考的问题，后文慢慢将它涉及的思想史真相揭示出来。小程第一次提到"孔孟之道"，对于后世学者产生了很大影响。

胡宏的父亲胡安国（1074—1138）是湖湘学派的代表人物。胡安国给小程写的《奏状》指出："士大夫之学，宜以孔、孟为师，庶几言行相称，可济时用。此亦不可易之至论也。然孔孟之道不传久矣，自颐兄弟始发明之，而后其道可学而至也。"又说："羽翼《六经》，以推尊仲尼、孟子之道，使邪说者不得乘间而作，而天下之道术定，岂曰小补之哉？"① 由此可以想到：一方面，胡安国看过小程的文章，知道"孔孟之道"这个固定说法，因此给小程写行状，就用了这个词；另一方面，胡宏子承父业，使用"孔孟之道"一词，自然不奇怪。我们的分析只是从固定说法的含义而谈，像是抠字眼，但这样做是有必要的。既然"孔孟""孔孟之道"作为固定说法仿佛天经地义，那么，我们总得搞清它是什么时候以及由哪个思想家第一次提出的。这是我们从学理上必须解决的问题，而且还应当注意以下两点。

第一，"孔孟""孔孟之道"作为固定说法，它的思想意义是有局限性的。尽管马融第一次提出"孔孟"，小程第一次提出"孔孟之道"，但这并不是说马融之前的思想家或小程之前的思想家就没有在思想意识上将孔子与孟子连在一块。事实上，我们阅读秦汉以来的思想史文献，看到很多思想家总是提到孔子怎么样、孟子怎么样。他们先说孔子讲得好，再说孟子讲得好，孔孟并提的这类现象比比皆是。唐晏（1857—1920）的《两汉三国学案》卷一〇《孟子》曾说："然王充《论衡·问孔》之后，即继之以《刺孟》，知汉代固已孔孟并称矣。"② 可见孔孟并称的现象相当普遍，但"孔孟""孔孟之道"作为固定说法则是相对晚出的。

第二，"孔孟"在东汉已经形成，"孔孟之道"直到公元11世纪左右的北宋才形成，中间隔了八百多年，这意味着什么呢？从"孔孟"到"孔孟之道"

---

① 《河南程氏遗书·附录》，[宋]程颢、程颐著，王孝鱼点校：《二程集》第1册，第349页。
② [清]唐晏著，吴东民点校：《两汉三国学案》，北京：中华书局，1986年，第530页。

这两个固定说法的形成，表明一个思想史过程正在悄悄发生，就是孟子的地位是如何不断提升的。孔子的地位历来很高，但孟子的地位开始并不高，所以这八百多年显示了孟子的地位正在慢慢、不断地提升。

二、孟子为"孔孟之道"做出的四大理论贡献

既然孟子与孔子连在一块，形成了"孔孟""孔孟之道"的固定说法，那么，孟子对于孔子与儒家思想的承传和发展究竟做出过哪些贡献呢？这个问题看似简单，但真正讲起来，难度极大。这里先用四个众所周知的语词，简单概括一下孟子对于"孔孟之道"做出的贡献：第一个是"温故知新"，第二个是"推陈出新"，第三个是"破旧立新"，第四个是"综合创新"。这四个语词的最后一字都是"新"，就是创新；而前面的"故""陈""旧"均与"新"相对，揭示了继承与创新的关系。对于任何思想家而言，继承前人是本分，自我创新是本怀。继承是家常便饭，创新是可遇不可求之事。人们常说创新特别重要，但从思想史角度看，假设没有扎扎实实的继承，那是根本谈不上创新的。我们讲孟子对于"孔孟之道"做出了哪些理论贡献，虽然侧重创新的角度，但心里话则是：假设孟子不对孔子的思想进行扎扎实实的继承，哪里谈得上有真正的创新？！

下面逐一分析孟子对于"孔孟之道"做出的四大贡献。

（一）温故知新

据《论语》12·1记载：颜子询问孔子什么叫作仁，孔子回答说"克己复礼为仁"。这里先埋下一个伏笔，即孔子与颜子的关系——它是"孔孟之道"形成过程中极为重要的一组关系。"克己复礼为仁"代表了孔子的思想，即将仁与礼结合在一块的人学，或者叫作人际关系学。对于孔子讲的"克己复礼为仁"，孟子、荀子都有发挥。孟子发挥的是仁的一面，荀子发挥的是礼的

一面，这就是"温故知新"。孟子与荀子的关系也是"孔孟之道"形成过程中的重要关系。当然，我们还要追问：难道孟子不研究礼、不讲求礼吗？只有荀子研究礼、讲求礼吗？不是的。孟子同样研究礼、讲求礼。《孟子》5·4说："使契为司徒，教以人伦：父子有亲，君臣有义，夫妇有别，长幼有叙，朋友有信。"这就是五伦。五伦是人与人之间的五种关系，是孟子讲求礼的突出体现。"五伦"与《中庸》第20章的"五达道"十分相似。孔子说："君臣也，父子也，夫妇也，昆弟也，朋友之交也。"① 这是天下的五种达道。为什么将孔子讲的"五达道"与孟子讲的"五伦"做对照呢？因为它们在内涵上是一样的，但其微妙的区别在于：孔子将君臣关系摆在五种关系的第一位，而孟子将父子关系摆在五种关系的第一位。

（二）推陈出新

孔子、孟子是有区别的。这意味着孟子对于孔子的思想，不仅要温故知新，而且要推陈出新。温故而知新，重在一个"仁"字；推陈而出新，重在"仁义"二字。我们不要小看"仁""义"这两个概念，它们在儒学从孔子到孟子的思想传承过程中大有一番故事可讲。孔子讲过"君子喻于义，小人喻于利"（《论语》4·16），孔子也是讲义的。但是，《论语》谈仁不谈义，谈义不谈仁；谈仁就不同时谈义，谈义就不同时谈仁。《孟子》则不一样。翻开《孟子》，首章是《孟子见梁惠王》。梁惠王说：你不远千里而来，能给我们国家带来哪些利益？孟子的回答是："何必曰利？亦有仁义而已矣。"孟子还说："未有仁而遗其亲者，未有义而后其君者。"（《孟子》1·1）意思是说：你遗弃父母、怠慢君主，肯定是因为你不仁不义。假设你有仁，就不会遗弃父母；假设你有义，就不会怠慢国君。

《孟子》开篇出现的"仁义"二字，就是孟子对于孔子思想、对于"孔孟

---

① ［清］阮元校刻：《十三经注疏（附校勘记）》下册，北京：中华书局，1980年，第1629页中栏。

之道"的推陈出新。这在"孔孟之道"的形成过程中极具思想史意义。我们看看二程的评价。小程对于孔子、孟子的思想有很多了解。二程说,孔子经常谈仁,但很少既谈仁、又谈义,只是讲《周易》"立人之道曰仁与义"的时候,将"仁义"连在一块①。小程还说:"孟子有功于圣门不可言。如仲尼只说一个仁义('立人之道曰仁与义'),孟子开口便说仁义;仲尼只说一个志,孟子便说许多养气出来。"②孔子仅有一次连用"仁义",而这一用法及其背后的思想经由孟子得以发扬光大,可见孟子对于儒家的贡献极大。如果我们只是依据二程尚且无法区分孔子、孟子关于仁义的侧重,那就不妨看看民族英雄文天祥(1236—1283)临终的说法。文天祥47岁慷慨就义,妻子收拾遗体,看到他的袖里写有一首小诗:"孔曰成仁,孟曰取义,惟其义尽,所以仁至。读圣贤书,所学何事?而今而后,庶几无愧。"③(《宋史》卷四一八)文天祥明确认为孔子成就了仁,而孟子强调了义。孟子通过"仁义"二字的联袂使用,极大地推进了孔子的仁论,这就是推陈出新。

(三)破旧立新

讲了"温故知新""推陈出新"之后,现在看"破旧立新"。我们探讨孟子对"孔孟之道"做出了哪些理论贡献,还必须讲清他有哪些地方不同于孔子。施德操(生卒年不详,约1131年前后在世)指出:"然私窃论之,孟子有

---

① 《河南程氏遗书》卷四《二先生语四·游定夫所录》指出:"仲尼言仁,未尝兼义,独于《易》曰:'立人之道曰仁与义。'而孟子言仁必以义配。盖仁者体也,义者用也,知义之为用而不外焉者,可与语道矣。世之所论于义者多外之,不然则混而无别,非知仁义之说者也。"([宋]程颢、程颐著,王孝鱼点校:《二程集》第1册,第74页)
② 《河南程氏遗书》卷一八《伊川先生语四·刘元承手编》,[宋]程颢、程颐著,王孝鱼点校:《二程集》第1册,第221页。点校者注"仲尼只说一个仁义":"吕本、徐本'义'作'字',句作'只说一个仁字',义较长。"(同上书,第221页)明清两代的《二程全书》,以清同治十年(1871)涂宗瀛刻本较善,中华书局标点本《二程集》即以此作为底本,并校之以清康熙吕留良刻本(简称吕本)、明万历徐必达刻本(简称徐本)(同上书,第2页,"出版说明")。
③ [元]脱脱等:《宋史》第36册,第12539—12540页。

大功四。孰谓大功四？道性善，一也；明浩然之气，二也；辟杨、墨，三也；黜五霸而尊三王，四也。是四者，发孔氏之所未谈，述《六经》之所不载，遏邪说于横流，启人心于方惑。"①我们在这里也想讲四点。

第一是性善论。《三字经》开篇的四句话是："人之初，性本善。性相近，习相远。"②前两句是孟子讲的大意，后两句是孔子讲的原文。孔子讲"性相近，习相远"（《论语》17·2），是说我们的人性差不多，只是因为后天的习惯，导致我们做人做事变得不一样。"性相近，习相远"不直接包含人性本善的思想内涵。但是，孟子讲的是性善论，"孟子道性善，言必称尧、舜"（《孟子》5·1）是众所周知的名言。孟子讲性善，为中国思想史奠定了人性论的基本传统。孟子究竟怎么讲性善呢？如果抠字眼，"性善"作为固定词组，在《孟子》中只出现过三次：一次是《孟子》5·1说的"滕文公为世子，将之楚，过宋而见孟子。孟子道性善，言必称尧、舜"，另外就是《孟子》11·6有两次提到"性善"。《孟子》5·1、11·6这两章也是我们了解孟子性善论的基础文本。真正了解孟子的性善论，更离不开《孟子》3·6，也就是《公孙丑上篇》第6章。这一章没有出现"性善"二字，但人性善最基本的内涵得到淋漓尽致的表达。

《孟子》3·6讲的是"小孩即将掉进井里，你该怎么办"的故事。孟子说："所以谓人皆有不忍人之心者，今人乍见孺子将入于井，皆有怵惕恻隐之心——非所以内交于孺子之父母也，非所以要誉于乡党朋友也，非恶其声而然也。"为什么说每个人都有不忍人之心、不想害他人的心呢？现在有个小孩即将掉进井里，孟子并没有在文字上直接说人们会不假思索地救他，但用了三个"非"字，力图表明你已经毫不犹豫地、不假思索地救了这个小孩。因为只有这样，你才能证明你"有怵惕恻隐之心"。这三个"非"是什么？你

---

① ［宋］施德操：《施先生孟子发题》，《四库全书存目丛书》经部第154册，济南：齐鲁书社，1997年，第134页下栏。
② ［宋］王应麟著，［明］赵南星注：《明刻三字经》，《三字经》修订工程编审委员会修订，傅璇琮主编：《三字经》（修订版），第114页。

救这个小孩的当下、瞬间、片刻,一不是为了讨好小孩的父母("内交于孺子之父母"),二不是为了在乡里乡亲那里讨得好名声("要誉于乡党朋友"),三不是因为讨厌小孩的哭声("非恶其声而然")。孟子通过救小孩这个简单而又经典的故事,认定恻隐之心、羞恶之心、辞让之心、是非之心"人皆有之"。假使你没有恻隐之心,没有羞恶之心,没有辞让之心,没有是非之心,那你就不是人。孟子也正是从这里看到:恻隐、羞恶、辞让、是非是仁、义、礼、智的端芽。所以,我们说《孟子》3·6通过小孩马上掉进井里这个故事,淋漓尽致地体现了人性是本善的,人性是向善。提出性善论是孟子在"破旧立新"方面不同于孔子的第一点,后人的评价极高。程子说:"孟子有大功于世,以其言性善也。"① 朱熹的《孟子集注》解释《孟子》5·1说:"性善"一词虽然直到这一章才出现,但《孟子》通篇260章都是围绕这个主题展开的;"其所以扩前圣之未发,而有功于圣人之门,程子之言信矣",十分认可程子对于孟子性善论的评价。②

第二是养浩然之气。这是《孟子·公孙丑上篇》第2章的主题。孟子自称:"我知言,我善养吾浩然之气。"公孙丑问道:"敢问何谓浩然之气?"孟子回答:浩然之气很难讲得清楚,"其为气也,至大至刚,以直养而无害,则塞于天地之间。其为气也,配义与道;无是,馁也。是集义所生者,非义袭而取之也。行有不慊于心,则馁矣。我故曰:告子未尝知义,以其外之也。必有事焉而勿正,心勿忘,勿助长也"(《孟子》3·2)。浩然之气是一股道德正气,非常伟大,但要通过不断积累道德修为才能形成。浩然之气的内涵相当丰富,这里不详细展开,我们只看后人是怎么评价的。朱熹引了小程的一句话,亦即小程说孟子讲浩然之气的这一章是"扩前圣所未发"③,以前的圣人没有讲过。我们讲"孔孟之道"的形成,要时刻注意大程与小程的区分。

---

① 转引自[宋]朱熹:《四书章句集注》,第199页。
② [宋]朱熹:《四书章句集注》,第252页。
③ 同上书,第235页。

小程认为孟子讲浩然之气是"扩前圣之所未发",是说孟子有极大的创新、极大的创造。

第三是首倡"孔子作《春秋》"。以前有六经《诗》《书》《礼》《乐》《易》《春秋》,因为《乐经》亡佚,变成了五经。《诗经》《尚书》《三礼》《周易》都没有确定的作者。《春秋》一开始也没有确定的作者,但到了孟子这里,认为《春秋》就是孔子写的,孔子就是《春秋》的作者。《孟子》对于孔子作《春秋》有过很多解释,而基本的解释是:"世衰道微,邪说暴行有作,臣弑其君者有之,子弑其父者有之。孔子惧,作《春秋》。《春秋》,天子之事也。是故孔子曰:'知我者其惟《春秋》乎!罪我者其惟《春秋》乎!'"(《孟子》6·9)孔子写了《春秋》这本历史书,对历史人物有所赞扬与指责。写《春秋》本是天子的职权,而孔子是一介匹夫,不得已做了天子该做的事,因此说"知我者其惟《春秋》乎!罪我者其惟《春秋》乎"。孔子究竟如何写《春秋》呢?孔子说:我只是在义理上做了改动。事情还是那些事情,但我用我的笔法进行了改动;通过这些改动,我将我的思想放进了《春秋》。这就是孔子说的"其义则丘窃取之矣"(《孟子》8·21)。

孟子有史以来第一次提出"孔子作《春秋》"的说法,虽然得到后世史学家的普遍认可,但也有人觉得它不严谨。"五四"新文化运动时期,古史辨学派有两大健将,一位是钱玄同(1887—1939),一位是顾颉刚(1893—1980)。钱玄同认为孟子借重孔子,所以杜撰了"孔子作《春秋》"的说法。他说:"孟轲因为要借重孔丘,于是造出'《诗》亡然后《春秋》作','孔子成《春秋》而乱臣贼子惧'的话,就这部断烂朝报,硬说它有'义',硬说它是'天子之事'。""从实际上说,'六经'之中最不成东西的是《春秋》。但《春秋》因为经孟轲底特别表彰,所以二千年中,除了刘知幾以外,没有人敢对它怀疑的。"[①] 顾颉刚说:"在《论语》上,我们绝没有看见《春秋》二字。在

---

① 钱玄同:《答顾颉刚先生书》(1923年5月25日),顾颉刚编著:《古史辨》第1册,上海:上海古籍出版社,1982年,第78页。

《左传》上，我们也没有看见孔子作《春秋》的事。"① 孟子偏偏说孔子作《春秋》，理由到底在哪里？它关乎人文思想的根本问题。从孟子对于"孔孟之道"的破旧立新看，这个根本问题又涉及距杨墨。

第四是距杨墨。孔子说："攻乎异端，斯害也已。"(《论语》2·16)孔子虽然认为异端值得批判，但这里并没有拿具体的人、事、物，去指称什么是异端、什么不是异端。到了孟子这里，异端被具体化，直接指向杨朱、墨子。杨朱、墨子是有名的思想家，墨子与孔子的关系尤其密切。先秦两汉文献常常先讲孔子、再讲墨子，叫作孔墨并称。孟子说："圣王不作，诸侯放恣，处士横议，杨朱、墨翟之言盈天下。天下之言不归杨，则归墨。"(《孟子》6·9)那些流行的言论不是讲杨朱就是讲墨子，杨朱、墨子的思想充满天下，这种情况很不好。为什么不好？因为杨朱、墨子的思想将导致社会走向"无父无君"的混乱局面："杨氏取为我"，杨朱是无条件地爱自己，一切都要有利于自己，"拔一毛而利天下，不为也"，这是杨朱学派的做派；"墨氏兼爱"，墨子是无差等地爱别人，毫无差等地爱所有人，"摩顶放踵利天下，为之"，这是墨子学派的做派(《孟子》13·26)。孟子认为这两种做派都不好：杨朱是没有国家意识，墨子是没有家庭意识；杨朱的"为我"是无君，墨子的"兼爱"是无父，而"无父无君"就是禽兽(《孟子》6·9)。孟子批判杨朱、墨子的思想，原因在于"杨墨之道不息，孔子之道不著"(《孟子》6·9)，他坚信如果不彻底消灭杨墨之道，孔子的思想就得不到发扬光大。孟子也将距杨墨看得很高，认为有史以来的四件事具有划时代的意义：第一件事是"禹抑洪水而天下平"，第二件事是"周公兼夷狄、驱猛兽而天下宁"，第三件事是"孔子成《春秋》而乱臣贼子惧"，第四件事是自己距杨墨(《孟子》6·9)。孟子将自己距杨墨跟大禹治水、周公兼夷狄、孔子作《春秋》相提并论，表明距杨墨是其思想文化活动当中十分重要的一件事。

---

① 顾颉刚：《春秋时的孔子和汉代的孔子》(1926年10月2日)，顾颉刚编著：《古史辨》第2册，第136页。

我们不能说孟子距杨墨毫无负面作用，但其主要方面是对儒家思想的历史发展起到了正面作用。这里举两个皇帝的评价，一个是南宋的理宗（1205—1264），另一个是清代的康熙皇帝（1654—1722），他们写过同题的文章《孟子赞》。宋理宗写道："道术分裂，诸子为书。既极而合，笃生真儒。诋诃杨墨，皇极是扶。校功论德，三圣之徒。"① 康熙皇帝写道："哲人既萎，杨墨昌炽。子舆辟之，曰仁曰义。性善独阐，知言养气。道称尧舜，学屏功利。煌煌七篇，并垂六艺。孔学攸传，禹功作配。"② 两位帝王对于孟子距杨墨的评价很高。所以，孟子对"孔孟之道"做出的贡献——破旧立新，不仅体现为性善论、养浩然之气、首倡孔子作《春秋》，而且体现为距杨墨。

（四）综合创新

综合创新涉及道统论。孟子如何看待前圣？这也是同时代人对于孟子的追问。孔子的前面有很多圣人，比如伯夷、伊尹、柳下惠，但孟子的回答是"乃所愿，则学孔子也"（《孟子》3·2）。他还说："君子之泽五世而斩，小人之泽五世而斩。予未得为孔子徒也，予私淑诸人也。"（《孟子》8·22）我虽然没有做成孔子的学生，但私下将孔子的学生认作我的老师。在孟子看来，相比伯夷、伊尹、柳下惠来说，孔子是集大成者（《孟子》10·1）。《孟子》最后一章（14·38）说："由尧、舜至于汤，五百有余岁，若禹、皋陶，则见而知之；若汤，则闻而知之。由汤至于文王，五百有余岁，若伊尹、莱朱，则见而知之；若文王，则闻而知之。由文王至于孔子，五百有余岁，若太公望、散宜生，则见而知之；若孔子，则闻而知之。"从尧、舜到汤，再到文王，再到孔子，都是相隔五百多年；就尧舜之道来说，汤、文王、孔子都是闻而知之者，不是见而知之者。讲完尧、舜传到汤，汤传到文王，文王传到孔子，孟子接着说："由孔子而来至于今，百有余岁，去圣人之世若此其未远也，近圣人之居

---

① 刘培桂编：《孟子林庙历代题咏集》，济南：齐鲁书社，2001年，第5页。
② 同上书，第195页。

若此其甚也,然而无有乎尔,则亦无有乎尔。"孟子觉得自己如此接近孔子的时代,如此靠近孔子的家乡,所以立志像孔子那样传承尧舜之道。这段话历来被视作儒家道统论的先声。尽管道统论是后来由韩愈明确提出的,但陈寅恪(1890—1969)的《论韩愈》一文认为韩愈自述道统的传授渊源"固由孟子卒章所启发"[1]。康有为(1858—1927)认为孟子一生的学问体现为六个字,"道性善"是三个字,"称尧舜"是另三个字[2]。"称尧舜"就是作为综合创新的道统论。

综上所述,孟子对于"孔孟之道"做出了四大贡献:一是温故知新,重在"仁"的发挥;二是推陈出新,重在"仁义"的发展;三是破旧立新,重在性善论、养浩然之气、首倡孔子作《春秋》、距杨墨的发明;四是综合创新,重在道统论的发端。所谓孟子对于"孔孟之道"做了哪些理论贡献,是立足于创新角度来谈的。但是,我们还要看到:一方面,对于任何思想家来说,他必须充分继承前人的思想,才能有所创新;不充分继承前人的思想,是谈不上创新的。另一方面,对于一般人来说,继承前人的思想是家常便饭,是人生本分;而创新应当是内心的愿望,可遇而不可求,所以不可轻言创新。

三、后世如何确认孟子与"孔孟之道"的思想关联?

既然孟子为"孔孟之道"做了这么多的贡献,那么后代的思想家究竟如何看待孟子与孔子以及孟子与"孔孟之道"的思想关联呢?这是下面重点探讨的话题:第一,汉唐诸子是怎么推崇孟子的?第二,唐、宋、元、明、清的孟子升格运动究竟是怎么回事?第三,现在一般认为孔子是至圣、孟子是亚圣,而唐代的时候颜子是亚圣。颜子与孟子的"亚圣"位置是怎么换过来

---

[1] 陈美延编:《陈寅恪集·金明馆丛稿初编》,北京:生活·读书·新知三联书店,2001年,第320页;按:"孟子卒章"当作"《孟子》卒章"。
[2] 参见康有为:《孟子微》卷一《总论》,楼宇烈整理:《孟子微 礼运注 中庸注》,北京:中华书局,1987年,第7页。

的？孟子在整个儒家思想系统中的地位是怎么一步步上升的？

（一）五位汉唐诸子对于孟子的推崇

孟子以继承、创新的方式推进并发展孔子之道、"孔孟之道"，这一思想史现象得到汉唐时期很多思想家的推崇。汉代有三个人值得重视，就是司马迁、扬雄（前53—18）、赵岐；唐代有两个人值得重视，就是韩愈、皮日休（约834—约883？）。

一是司马迁。《史记》有一个很有趣的现象：第47卷写孔子，叫作《孔子世家》；"47"倒过来，第74卷写孟子，叫作《孟子荀卿列传》。司马迁的时代其实离孟子过世已经一两百年，但司马迁是第一个为孟子写传记的人。司马迁为孟子写传记，说"天下方务于合从连衡，以攻伐为贤"。战国时代合纵连横，将打打杀杀、能打胜仗当作最大的本事。这个时候，孟子特别强调唐虞三代之德，跟政治不合拍，所以退而与学生万章等人"序《诗》《书》，述仲尼之意，作《孟子》七篇"。① 司马迁将孟子、荀子写进同一列传，对他们都很推崇。但是，清代史学家赵翼（1727—1814）更看重《孟子荀卿列传》将孔子、孟子并称起来，认为推崇孟子是从司马迁开始的②。

二是扬雄。扬雄是西汉末年的大文学家、大思想家，他模仿《论语》《周易》写过两部有名的作品——《法言》《太玄》。《法言·吾子》指出："古者，（扬）[杨]、墨塞路。孟子辞而辟之，廓如也。后之塞路者有矣，窃自比于孟子。"③ 扬雄说：古代杨墨之言阻塞儒家正道，孟子距杨墨为儒家思想发展

---

① ［汉］司马迁撰，［宋］裴骃集解，［唐］司马贞索隐，［唐］张守节正义：《史记》第7册，第2343页。
② 《陔余丛考》卷五 "史记三" 条指出："孔子无公侯之位，而《史记》独列于《世家》，尊孔子也。凡列国《世家》与孔子毫无相涉者，亦皆书'是岁孔子相鲁''孔子卒'，以其系天下之重轻也。其传孟子，虽与荀卿、邹忌同列，然叙忌等尊宠处，即云：'岂与仲尼菜色陈、蔡，孟轲困于齐、梁同乎哉？'又云：'卫灵公问阵，孔子不答；梁惠王谋攻赵，孟子称太王去邠。岂有意阿世苟合而已哉？'皆以孔子、孟子并称，是尊孟子亦自史迁始也。"（［清］赵翼撰，栾保群点校：《陔余丛考》（新校本）上册，北京：中华书局，2019年，第115页）
③ ［汉］扬雄撰，韩敬注：《法言注》，北京：中华书局，1992年，第45页。

扫清了障碍；今天同样有人阻塞儒家正道，所以我自比于孟子，要成为像孟子那样的勇者。

三是赵岐。两汉、魏晋时期，很多人为《孟子》做过注解。这些注解后来大都残缺不全，乃至佚亡，只有赵岐写的《孟子章句》完整流传下来。《孟子章句》中的《孟子题辞》有五个观点很重要。第一，孟子"长师孔子之孙子思，治儒术之道，通《五经》，尤长于《诗》《书》"①，孟子的老师是孔子的孙子子思。第二，孟子游说诸侯，得不到认可，所以返回祖国，"述尧舜之道而著作焉"，完成了《孟子》，"此大贤拟圣而作者也"②。第三，孟子有"命世亚圣之大才者也"③，"亚圣"这个称呼最早是由赵岐给予孟子的。第四，将《论语》《孟子》联系在一块，《论语》是"《五经》之辖辖，《六艺》之喉衿"，《孟子》是模仿《论语》而写；儒家有那么多经典，唯有《孟子》写得最好④。第五，《孟子》曾被设立传记博士，受到朝廷推崇（"汉兴，除秦虐禁，开延道德，孝文皇帝欲广游学之路，《论语》《孝经》《孟子》《尔雅》皆置博士。后罢传记博士，独立《五经》而已。"⑤）。汉文帝将《论语》《孝经》《孟子》《尔雅》列为传记博士，这件事是真还是假？我们宁可信其有，不可信其无。后来汉武帝设立五经博士，所以传记博士被取消。赵岐留下的这个记载，对于我们了解孟子在汉文帝时期的历史地位很有帮助。赵岐高度评价孟子其人、《孟子》其书，一言以蔽之，他认为《孟子》是一本伟大的书，孟子是一个伟大的人。

四是韩愈。《孟子集注·孟子序说》抄有前贤高度评价孟子的语录12条，其中司马迁1条、韩愈4条、程子6条、杨时（1053—1135）1条⑥。由此可见韩愈与孟子在思想史上的关系相当深切。韩愈对于孟子的评价，有

---

① ［清］焦循撰，沈文倬点校：《孟子正义》上册，第7页。
② 同上书，第13页。
③ 同上书，第13页。
④ 同上书，第13页。《孟子正义》卷一录赵岐《孟子题辞》指出："儒家惟有《孟子》，闳远微妙，缊奥难见，宜在条理之科。"（同书，第25页）
⑤ 同上书，第17页。
⑥ 参见［宋］朱熹：《四书章句集注》，第197—200页。

两段话最关键。第一段话是《原道》:"尧以是传之舜,舜以是传之禹,禹以是传之汤,汤以是传之文、武、周公,文、武、周公传之孔子,孔子传之孟轲。轲之死,不得其传焉。"① 这里,韩愈确定了"尧—舜—禹—汤—文—武—周公—孔—孟"这条尧舜之道的传承线索。第二段话是《送王秀才序》指出:"孟轲师子思,子思之学盖出曾子。自孔子没,群弟子莫不有书,独孟轲氏之传得其宗。故吾少而乐观焉……故求观圣人之道,必自孟子始。"② 这里,韩愈确定了"孔子—曾子—子思—孟子"这条孔子之道的传承线索。在这两条线索中,孟子始终处在终点的位置,是终点性的人物。韩愈钩沉的"尧—舜—禹—汤—文—武—周公—孔—孟"与"孔子—曾子—子思—孟子"这两条线索,以及凸显孟子在其中占据的重要地位,对于整个儒家思想发展史的影响之大,可谓无与伦比。

五是皮日休。 皮日休是唐末的大思想家,与陆龟蒙(?—约881)并称"皮陆"。他认为《孟子》应当进入科举教育系统,为此写了《请孟子为学科书》③。尽管此前也有人提过类似的建议,但皮日休这篇文章在孟子思想发展史上对于后代的影响巨大。

(二)孟子升格运动中的"大事记"

孟子具有独特的人格魅力与深邃的思想魅力,所以倍受汉唐诸子推崇。所谓孟子升格运动,旨在将对孟子其人、《孟子》其书的推崇落实到国家制度层面。"孟子升格运动"这个概念是经学史家周予同(1898—1981)首先提出的④,惜乎没有进行全面的论证。徐洪兴教授发表在《中国社会科学》的专题论文,列举了北宋时期孟子升格运动的几个有代表性事件:"熙宁四年

---

① [唐]韩愈著,钱仲联、马茂元校点:《韩愈全集》,第122页。
② 同上书,第212页。
③ 参见[唐]皮日休著,萧涤非、郑庆笃整理:《皮子文薮》,上海:上海古籍出版社,1981年,第89页。
④ 参见朱维铮编:《周予同经学史论著选集》(增订本),上海:上海人民出版社,1996年,第289—290页。

(1071)二月,《孟子》首次被列入科举;熙宁七年(1074),判国子监常秩请立孟轲像于朝廷;元丰六年(1083)十月,孟子首次受封,诏封邹国公;元丰七年(1084)五月,孟子首次被允许配享孔庙;政和五年(1115),政府承认兖州邹县孟庙,诏以乐正子配享,公孙丑以下17人从祀;宣和年间(1119—1125),《孟子》首次被刻,成为实际的'十三经'之一。"① 概括而言,孟子升格运动具有三方面内涵:第一,要将孟子变成圣人,此即孟子升圣,我们称之为孟子人格的圣人化;第二,要将《孟子》变成圣经,此即《孟子》升经,我们称之为《孟子》文本的圣经化;第三,要将邹县变成圣地,此即三孟升级,我们称之为孟子故里的圣地化。具体而言,尽管某个事件未必能够直接归属于某一方面的名下,但我们还是不妨遵循历史演进的时间线索,借助人格圣人化、文本圣经化、故里圣地化的"大事记",尽力展示孟子升格运动的丰富内涵及其复杂面貌。

  颇有意味的是,孟子升格运动始于故里圣地化。1037年,孔子第45代孙孔道辅(985—1039)任兖州知府。他在邹县四基山找到了孟子墓,然后在墓旁建起了孟庙②。这是孟庙的始建,堪称孟子升格运动的标志性事件。孔道辅还在曲阜孔庙旁建了五贤祠,专门祭祀孟子、荀子、扬雄、王通(584—617)、韩愈③。如果将四基山的"四"、五贤祠的"五"与孔子第45代孙的"四五"联系起来,仿佛预示着孟子将在整个北宋吉星高照、好事连连。更何况,"四""五"本身就是《孟子》的关键词。"四"是四心、四德:恻隐之心、羞恶之心、辞让之心、是非之心,以及仁、义、礼、智。"五"是五伦:父子

---

① 徐洪兴:《唐宋间的孟子升格运动》,《中国社会科学》1993年第5期,第106—107页;按:文中的公元纪年系引者所加。
② 《重纂三迁志》卷四《祀典·林庙》指出:"孟子墓在邹县东北三十里四基山之阳,岁久不祀,渐即湮没。宋景祐四年,孔道辅知兖州,始访而表之,立庙于墓之东南。泰山孙复为之记。"([清]孟广均原纂,[清]陈锦、孙葆田重纂:《重纂三迁志》,济南:山东友谊出版社,1989年,第212页)
③ 《重纂三迁志》卷四《祀典·爵享》指出:"宋仁宗朝,孔道辅知兖州时,以孟子并扬、荀、王、韩,设像祀于孔庙西偏,名五贤祠,仍为之记。"(同上书,第203页)

有亲,君臣有义,夫妇有别,长幼有叙,朋友有信。

1071年,有人建议科举考试加进《孟子》,而且是与《论语》同时加进,从而与《五经》一起作为科举考试的教材①。这个"5+2"的考试方案,"5"是考《诗》《书》《易》《周礼》《礼记》五经,"2"是考《论语》《孟子》。《孟子》进入科举教育系统,这是宋神宗的功劳,更是孟子升格运动的标志性事件。

1083年孟子被封为邹国公②,同样是宋神宗的功劳。1084年,宋神宗再次下诏:"以孟轲配食文宣王,封荀况、杨雄、韩愈为伯,并从祀。"(《宋史》卷一六)③这两件事历经曲折,正如《宋史》卷一〇五的记载:

> 诏封孟轲邹国公。晋州州学教授陆长愈请春秋释奠,孟子宜与颜子并配。议者以谓凡配享、从祀,皆孔子同时之人;今以孟轲并配,非是。礼官言:"唐贞观以汉伏胜、高堂生,晋杜预、范宁之徒与颜子俱配享,至今从祀,岂必同时? 孟子于孔门当在颜子之列。至于荀况、扬雄、韩愈,皆发明先圣之道,有益学者,久未配食,诚阙典也。请自今春秋释奠,以孟子配食,荀况、扬雄、韩愈并加封爵,以世次先后,从祀于左丘明二十一贤之间。自国子监及天下学庙,皆塑邹国公像,冠服同兖国公。仍绘荀况等像于从祀:荀况,左丘明下;扬雄,刘向下;韩愈,范宁下。冠服各从封爵。"诏如礼部议,荀况封兰陵伯,扬雄封成都伯,韩愈封昌黎伯,令学士院撰赞文。又诏太常寺修四孟释菜仪。④

---

① 《续资治通鉴长编》卷二二〇《熙宁四年(辛亥)》指出:"今定贡举新制,进士罢诗赋、帖经、墨义,各占治《诗》《书》《易》《周礼》《礼记》一经,兼以《论语》《孟子》。每试四场,初本经,次兼经并大义十道,务通义理,不须尽用注疏。"([宋]李焘:《续资治通鉴长编》,《景印文渊阁四库全书》第317册,第622页)
② 《宋史》卷一六《本纪第十六·神宗三》指出:"元丰六年冬十月戊子,封孟轲为邹国公。"([元]脱脱等:《宋史》第2册,第311页)
③ 同上书,第312页;按:"杨雄"通作"扬雄"。
④ [元]脱脱等:《宋史》第8册,第2549页。

文庙（孔庙）主祭孔子一人，另有若干人配享、从祀。宋神宗诏封孟子为邹国公，钦定孟子在文庙中具有与颜子同等的配享地位；同时被封的还有荀子、扬雄、韩愈，但他们在文庙中只是从祀。配享（配食）是其塑像立在孔子像的两旁，从祀是其塑像立在殿下的两庑。所以，孟子的地位远远高于荀子、扬雄、韩愈。

1085年，刚刚继位的宋哲宗（1077—1100）下诏将颜子、孟子配享孔庙[①]。如果孟子排在颜子之后配享孔庙，那又如何安排曾子、子思呢？据《邵氏闻见后录》卷三记载，时贤就讨论过这个问题[②]。人们先是引用《孟子》12·2说的："徐行后长者，谓之弟；疾行先长者，谓之不弟。"判断一个人是否孝悌，可以看他如何在长辈面前走路。跟在长辈后面慢慢走，就是孝悌；越过长者往前赶，就是不孝悌。人们想用这段话讽刺孟子：你坐在颜子的下座，而坐在你下座的是曾子，子思甚至坐在再下面的走廊中间，可曾子、子思是你的老师啊！你居然跨越你的两位老师，一下子坐到颜子的下面，这怎能叫作"徐行后长"呢？这不是"疾行先长"吗？不正是不孝悌吗？《邵氏闻见后录》认为：这其实不是孟子的本意，因为若是上天有灵，他肯定不喜欢这种做法。

孟子究竟该不该与颜子一起配享呢？即使到了南宋，人们依然存疑。这次不再是私下发点牢骚，而是搬上了戏台。故事发生在南宋高宗绍兴年间（1131—1162）的中期：

> 绍兴中，李椿年行经界量田法。方事之初，郡邑奉命严急，当其职者颇困苦之。优者为先圣、先师鼎足而坐，有弟子从末席起，咨叩

[①] 《宋史》卷一七《本纪第十七·哲宗一》指出："（元丰八年三月辛酉）诏颜子、孟子配享孔子庙庭。"（[元]脱脱等：《宋史》第2册，第318页）按：元丰八年为1085年，二月哲宗即位，沿用神宗年号。

[②] 参见[宋]邵博撰，刘德权、李剑雄点校：《邵氏闻见后录》，北京：中华书局，1983年，第25页。

所疑。孟子奋曰:"仁政必自经界始。吾下世千五百年,其言乃为圣世所施用。三千之徒,皆不如我!"颜子默默无语。或于傍笑曰:"使汝在世非短命而死,也须做出一场害人事。"时秦主李议,闻者畏获罪,不待此段之毕,即以谤亵圣贤,叱执送狱,明日杖而逐出境。①

始于唐代,唱戏、看戏成了喜闻乐见的消遣休闲方式。秦桧(1090—1155)当政,想实行经界量田法,但有人反对。这件事就被搬上了戏台,孟子、颜子成了戏中的主角。孟子说:"我一千五百多年前就提出'仁政必自经界始',现在终于有了实践的时机。不是说孔子有三千弟子吗?他们都不如我!"一旁的颜子默默不语。有人对颜子说:"如果你不是短命而死,大概也会做出一场害人的事情。"由此可以看出,对于孟子被封为邹国公,尤其是他在文庙的配享排在颜子之后,宋人是有一些微词的。我们做孟学史研究,不妨多注意一下有关孟子与戏剧的这些材料。

王安石与孟子的关系值得特别一讲。无论是《孟子》进入科举教育系统,还是孟子被封为邹国公并在文庙配享,宋神宗的功劳都是表面的,背后的推手其实是王安石。北宋一朝,王安石可谓极尽殊荣:宋神宗十分信任王安石,王安石过世后被封为至高荣誉的谥号——"文";1104 年,宋徽宗下诏王安石配享文庙,排在颜子、孟子之后,又追封他为舒王②。但是,王安石更是天字号的"问题人物",是是非非不绝。譬如,针对蔡卞(1048—1117)等人"欲升安石于孟子之右",有出戏就进行了无情的嘲讽。

---

① 《夷坚支志乙》卷四"优伶箴戏"条,[宋]洪迈撰,何卓点校:《夷坚志》第 2 册,北京:中华书局,2006 年,第 824 页。
② 《宋史》卷三二七《列传第八十六·王安石》指出:"元祐元年,卒,年六十六,赠太傅。绍圣中,谥曰文,配享神宗庙庭。崇宁三年,又配食文宣王庙,列于颜、孟之次,追封舒王。钦宗时,杨时以为言,诏停之。高宗用赵鼎、吕聪问言,停宗庙配享,削其王封。"[元]脱脱等:《宋史》第 30 册,第 10550 页)

据《夷坚志》记载①,这出戏的剧情是这样的:孔子先坐在主位,颜子、孟子、王安石进场,孔子示意他们就座。王安石请孟子坐上座,孟子推辞说:"天下达尊,爵居其一。轲仅蒙公爵,相公贵为真王,何必谦光如此?"王安石接着请颜子坐上座,颜子推辞说:"回也陋巷匹夫,平生无分毫事业,公为名世真儒,位号有间,辞之过矣。"王安石于是坐了上座。孔子很不高兴,准备拂袖而去。王安石不好意思,忙着与孔子谦让。见此情形,子路相当愤慨,径直从祀堂挽着公冶长而出,说道:"你怎么就不护着你的老丈人呢?你看看人家是如何做女婿的!"子路为什么这么说?因为公冶长是孔子的女婿,蔡卞是王安石的女婿,蔡卞正在谋划将王安石的配享排在孟子之前,公冶长为孔子居然啥也没有做。

思想史不仅有常人看得见的大处,而且有常人不关注的细节。王安石是北宋孟子升格运动的中流砥柱,这是大处;他为人情世故所裹挟,以致与孟子相颉颃,这是细节。既能着眼大处,又能辨析细节,我们才会真正理清王安石与孟子在思想史上的复杂关联。

1115 年,朝廷给邹县孟庙加封了一批孟门弟子:"兖州邹县孟子庙,诏以乐正子配享,公孙丑以下从祀,皆拟定其封爵:乐正子克利国侯,公孙丑寿光伯,万章博兴伯,告子不害东阿伯,孟仲子新泰伯,陈臻蓬莱伯,充虞昌乐伯,屋庐连奉符伯,徐辟仙源伯,陈代沂水伯,彭更雷泽伯,公都子平阴伯,咸丘蒙须城伯,高子泗水伯,桃应胶水伯,盆成括莱阳伯,季孙丰城伯,子叔承阳伯。"②此时下隔南渡仅有 12 年,而孟门弟子首次加封及其故里圣地化不由让人唏嘘慨叹。

北宋末年,另有石刻《孟子》及其文本圣经化之事令人耳目一新。我们知道:《孟子》既位列《四书》,又厕身《十三经》。今天所见的《十三经注疏》

---

① 《夷坚支志乙》卷四"优伶箴戏"条,[宋]洪迈撰,何卓点校:《夷坚志》第 2 册,第 823—824 页。
② [元]脱脱等:《宋史》第 8 册,第 2551 页。

刻于明代，《孟子》究竟何时进入经部呢？这个问题牵扯儒学史的方方面面。简而言之，五代已有蜀刻的儒家石经，但《孟子》未被石刻。宣和年间，席旦（生卒年不详）出任成都知府，完成了石刻《孟子》之事①。王国维（1877—1927）的《蜀石经残拓本跋》认为石刻《孟子》成于宣和六年（1124）②。既云石经，表明《孟子》已被当作儒家圣经看待，即使认为石经《孟子》乃是《孟子》进入经部之始，也未尝不可。

一旦入经，《孟子》的地位就高大上了。目录学家为此开辟了新的部类——"语孟类"，"语"是《论语》，"孟"是《孟子》。陈振孙（1181—1262）的《直斋书录解题》卷三《语孟类》指出："前志《孟子》本列于儒家，然赵岐固尝以为则象《论语》矣。自韩文公称'孔子传之孟轲。轲死，不得其传'，天下学者咸曰孔、孟。孟子之书，固非荀、扬以降所可同日语也。今国家设科取士，《语》《孟》并列为经，而程氏诸儒训解二书常相表里，故今合为一类。"③以前，《孟子》被列入儒家。到了北宋，《论语》《孟子》并列为经，成为国家科举教育科目。将《论语》《孟子》并作一类，是宋代目录学家审时度势、与时俱变的结果。

宋祚南移，并未阻挡孟子升格运动的历史步履。1172年李元纲（生卒年不详）的《圣门事业图》提出"道统"概念，认为大程、小程是孟子的传人。④放眼整个南宋，无论是从重建儒家道统看，还是从孟子与"孔孟之道"的形

---

① 《郡斋读书志》卷一〇"石经孟子十四卷（袁本前志、后志未收）"条指出："右皇朝席旦宣和中知成都，刊石置于成都学宫，云伪蜀时刻《六经》于石，而独无《孟子经》，为未备。夫经大成于孔氏，岂有阙邪？其论既谬，又多误字，如以'频颛'为'类'，不可胜记。"（［宋］晁公武撰，孙猛校证：《郡斋读书志校证》上册，上海：上海古籍出版社，2011年，第417—418页）
② 参见《观堂集林》卷二〇，王国维：《观堂集林（附别集）》下册，北京：中华书局，1959年，第979页。
③ ［宋］陈振孙撰，徐小蛮、顾美华点校：《直斋书录解题》上册，上海：上海古籍出版社，2015年，第72页。
④ 《十驾斋养新录》卷一八"道统"条指出："'道统'二字，始见于李元纲《圣门事业图》。其第一图曰《传道正统》，以明道、伊川承孟子。其书成于乾道壬辰，与朱文公同时。"（［清］钱大昕著，杨勇军整理：《十驾斋养新录》，上海：上海书店出版社，2011年，第355页）

成过程看，举足轻重的不二人选必定是朱熹。朱熹经过毕生努力，写成《四书章句集注》。1190年《四书章句集注》首次在福建漳州刊印，朱熹时年61岁。《四书章句集注》确立的文本是《论语》《大学》《中庸》《孟子》，确立的人物是孔子、曾子、子思、孟子，历史影响世罕其匹。从孟子升格运动看，《四书章句集注》中的《孟子集注》堪称巅峰之作，朱熹可谓百代之师。

以南宋为例，尽管朱熹生前屡遭构陷，但身后屡获表彰。1212年，国子司业刘爚（1131—1216）建议刊行《四书章句集注》①。1227年，前文提过的宋理宗极度褒扬《四书章句集注》，特赠朱熹为太师，并追封为信国公。②1241年，宋理宗下诏说："朕惟孔子之道，自孟轲后不得其传，至我朝周惇颐、张载、程颢、程颐，真见实践，深探圣域，千载绝学，始有指归。中兴以来，又得朱熹精思明辨，表里浑融，使《大学》《论》《孟》《中庸》之书，本末洞彻，孔子之道，益以大明于世。朕每观五臣论著，启沃良多。今视学有日，其令学官列诸从祀，以示崇奖之意。"（《宋史》卷四二）③这是正式承认程、朱上接孔孟之道的道统谱系。

1267年，因颜子已封兖国公、孟子已封邹国公，而曾子、子思尚无封号，朝廷追封曾子为郕国公、子思为沂国公；同时，颁定颜子、曾子、子思、孟子为文庙四配，主位孔子之下的四配依次为颜子、曾子、子思、孟子（《宋史》卷一〇五）④。"四配"始于南宋之末的1267年，是孟子地位越来越高的体现。

其实，《孟子》真正进入科举教育系统，不是在宋朝，而是在元朝；孟子地位得到最大提升，亦不是在宋朝，而是在元朝。我们看以下几件事。

---

① 《宋史》卷四〇一《列传第一百六十·刘爚》指出："请以熹所著《论语》《中庸》《大学》《孟子》之说以备劝讲，正君定国，慰天下学士大夫之心……又请以熹《白鹿洞规》颁示太学，取熹《四书集注》刊行之。"（［元］脱脱等：《宋史》第35册，第12171页）
② 《宋史》卷四一《本纪第四十一·理宗一》指出：宝庆三年春正月"己巳，诏：'朕观朱熹集注《大学》《论语》《孟子》《中庸》，发挥圣贤蕴奥，有补治道。朕励志讲学，缅怀典刑，可特赠熹太师，追封信国公。'"（［元］脱脱等：《宋史》第3册，第789页）
③ 同上书，第821页。
④ 参见［元］脱脱等：《宋史》第8册，第2554页。

1287年，元世祖忽必烈（1215—1294）下诏说道："凡读书必先《孝经》《小学》《论语》《孟子》《大学》《中庸》，次及《诗》《书》《礼记》《周礼》《春秋》《易》。"（《元史》卷八一）① 先读《四书》再读《五经》是朱熹的理念，为忽必烈所继承。

1313年，元朝规定科举考试课目必须在《四书》中出题，发挥题意以朱熹的《四书章句集注》为根据。正如《元史》卷八一所说：

> 考试程式：蒙古、色目人，第一场经问五条，《大学》《论语》《孟子》《中庸》内设问，用朱氏《章句集注》。其义理精明，文辞典雅者为中选。第二场策一道，以时务出题，限五百字以上。汉人、南人，第一场明经经疑二问，《大学》《论语》《孟子》《中庸》内出题，并用朱氏《章句集注》，复以已意结之，限三百字以上；经义一道，各治一经，《诗》以朱氏为主，《尚书》以蔡氏为主，《周易》以程氏、朱氏为主，已上三经，兼用古注疏，《春秋》许用《三传》及胡氏《传》，《礼记》用古注疏，限五百字以上，不拘格律。第二场古赋诏诰章表内科一道，古赋诏诰用古体，章表四六，参用古体。第三场策一道，经史时务内出题，不矜浮藻，惟务直述，限一千字以上成。蒙古、色目人，愿试汉人、南人科目，中选者加一等注授。蒙古、色目人作一榜，汉人、南人作一榜。第一名赐进士及第，从六品；第二名以下及第二甲，皆正七品；第三甲以下，皆正八品。两榜并同。②

1313年《四书章句集注》正式进入元朝的科举教育系统。这在孟子升格运动中是一个大得不能再大的事件。原因在于：尽管文庙祭祀系统与科举教育系统并行不悖，但真正能够产生长久影响的还是科举教育系统。

---

① ［明］宋濂等：《元史》第7册，第2029页。
② 同上书，第2019页。

元朝对于孟子的父母也有追封,而且是先封父母、后封孟子。1316年,元朝封孟母为邾国宣献夫人,封孟父为邾国公(《元史》卷二五)①。先封父母,表明孟子提倡的"父子有亲"及五伦秩序同样有利于元朝的国家治理。前文提及的赵岐说过"孟子有命世亚圣之才",认为孟子是亚圣,但这只是思想家的一家之言,并未得到朝廷认可。1330年,元朝对于文庙四配做了重新追封:"颜子,兖国复圣公;曾子,郕国宗圣公;子思,沂国述圣公;孟子,邹国亚圣公……"(《元史》卷七六)②这是尊称孟子为"亚圣"的第一个官方版本。作为文庙四配的颜子、曾子、子思、孟子,1267年被南宋分别封为兖国公、郕国公、沂国公、邹国公,1330年被元朝分别封为兖国复圣公、郕国宗圣公、沂国述圣公、邹国亚圣公。元朝的加封比南宋多了意味深长的两个字,而至关重要的一字是"圣"。

就封号的字数多少而言,从南宋到元朝是做加法,但从元朝到明、清是做减法。1530年,明朝议定将孔子的神位改为"至圣先师孔子",将四配改为"复圣颜子、宗圣曾子、述圣子思子、亚圣孟子"(《明史》卷五〇)③。1645年,清朝延续明朝的做法:"正中祀先师孔子,南向。四配:复圣颜子,宗圣曾子,述圣子思子,亚圣孟子。"(《清史稿》卷八四)④封号的字数多少并非小事,其背后翻涌着文化与政治相互博弈的惊涛骇浪。

(三)亚圣易位:从颜子到孟子

孟子升格运动的具体内涵包括孟子其人圣人化、《孟子》其书圣经化、孟子故里圣地化,精神实质在于孟子地位的提升、"孔孟之道"的形成。思想史是由若干组关系构成的。比如,孔子与周公相连,形成周孔关系;孔子与老子相连,形成孔老关系;孔子与墨子相连,形成孔墨关系;孔子与颜子相连,

---

① 参见[明]宋濂等:《元史》第2册,第573页。
② [明]宋濂等:《元史》第6册,第1893页。
③ [清]张廷玉等:《明史》第5册,北京:中华书局,1974年,第1299页。
④ 赵尔巽等:《清史稿》第10册,北京:中华书局,1977年,第2533页。

形成孔颜关系。孟子也是如此：孟子与颜子相连，形成颜孟关系；孟子与子思相连，形成思孟关系；孟子与庄子相连，形成孟庄关系；孟子与荀子相连，形成孟荀关系。重访孟子与"孔孟之道"的形成过程，有三个不断变化的关系值得重视：一是周孔关系，一是孔颜关系，一是孔孟关系。正因从周孔关系到孔颜关系、再到孔孟关系与时俱进的变化，"孔孟之道"得以形成。这是因为：孟子1330年正式成为亚圣之前，官方意识形态认可的亚圣是颜子；颜子720年正式成为亚圣，则是周孔关系变成孔颜关系使然。

唐初讲究周孔关系，几经反复，最终变成孔颜关系。具体而言，624年，"高祖释奠焉，以周公为先圣，孔子配"（《新唐书》卷一五）①，注重古已有之的周孔关系；628年，"停以周公为先圣，始立孔子庙堂于国学，以宣父为先圣，颜子为先师"（《旧唐书》卷一八九上）②，周孔关系开始变成孔颜关系；650—655年，"复以周公为先圣，孔子为先师，颜回、左丘明以降皆从祀"（《新唐书》卷一五）③，从孔颜关系退回到周孔关系；657年又被恢复，"乃以周公配武王，而孔子为先圣"（《新唐书》卷一五）④，从此孔颜关系在唐代得以确立；668年，"皇太子弘释奠于国学，赠颜回太子少师，曾参太子少保"（《旧唐书》卷五）⑤；712年，"加赠颜回太子太师，曾参太子太保，皆配享"（《新唐书》卷一五）⑥；720年，先是"先圣孔宣父庙，先师颜子配座，今其像立侍，配享合坐"，后是"以颜子亚圣，上亲为之赞，以书于石"（《旧唐书》卷二四）⑦，颜子被正式称为亚圣；739年，"颜子渊既云亚圣，须优其秩，可赠兖公"（《旧唐书》卷二四）⑧。总而言之，唐代以前，先圣是周公，先师是

---

① ［宋］欧阳修、宋祁：《新唐书》第2册，北京：中华书局，1975年，第373页。
② ［后晋］刘昫等：《旧唐书》第15册，北京：中华书局，1975年，第4941页。
③ ［宋］欧阳修、宋祁：《新唐书》第2册，第374页。
④ 同上书，第374页。
⑤ ［后晋］刘昫等：《旧唐书》第1册，第91页。
⑥ ［宋］欧阳修、宋祁：《新唐书》第2册，第375页。
⑦ ［后晋］刘昫等：《旧唐书》第3册，第919、920页。
⑧ 同上书，第921页。

孔子。到了唐代，始而孔子成了先圣，颜子成了先师；继而孔子成了先圣，颜子成了亚圣。随着周孔关系变成孔颜关系，颜子在唐代的地位得以提升。

在周孔关系变成孔颜关系之后，颜子成为亚圣。尽管人们津津乐道于"孔颜乐处"，但并不存在能与"孔孟之道"相提并论的"孔颜之道"。与之相比，在孔颜关系变成孔孟关系之后，孟子成为亚圣，"孔孟之道"逐渐形成。现在的问题是：孟子取代颜子成为亚圣之后，颜孟关系是如何具体展开的？假如颜子依然具有冲击乃至凌驾于孟子之上的精神力量，那么这一思想史现象背后的本质是什么？

周敦颐（1017—1073）的《通书·颜子》曾说："颜子'一箪食，一瓢饮，在陋巷，人不堪其忧，而不改其乐'。夫富贵，人所爱也。颜子不爱不求，而乐乎贫者，独何心哉？天地间有至贵至爱可求，而异乎彼者，见其大而忘其小焉尔。见其大则心泰，心泰则无不足，无不足则富贵贫贱处之一也，处之一则能化而齐。故颜子亚圣。"①孟子升格运动在周敦颐的时代只是揭开了序幕，所以这里既延续了颜子自720年起被称为亚圣的说法，又高度评价了"孔颜乐处"，一点也不奇怪。

二程是周敦颐的学生，"昔受学于周茂叔，每令寻颜子、仲尼乐处，所乐何事"②。二程也是孟子升格运动有力的推动者，但他们眼里的颜孟关系颇为意味深长。二程说："仲尼，元气也；颜子，春生也；孟子，并秋杀尽见。仲尼，无所不包；颜子示'不违如愚'之学于后世，有自然之和气，不言而化者也；孟子则露其才，盖亦时然（一作'焉'）而已。仲尼，天地也；颜子，和风庆云也；孟子，泰山岩岩之气象也。观其言，皆可以见之矣。仲尼无迹，颜子微有迹，孟子其迹著。"③孔子的境界之高自不待言，颜子的气象又高于孟子。

---

① ［宋］周敦颐著，陈克明点校：《周敦颐集》，北京：中华书局，2009年，第32—33页。
② 《河南程氏遗书》卷二上《二先生语二上》，［宋］程颢、程颐著，王孝鱼点校：《二程集》第1册，第16页。
③ 《河南程氏遗书》卷五《二先生语五》，［宋］程颢、程颐著，王孝鱼点校：《二程集》第1册，第76页。

假如只是将"孔孟之道"简单地理解为"孔子是至圣、孟子是亚圣"的核心价值观,二程这类观点就会大大出乎人们的意料。

人们常说阳明心学的底子是孟子学。殊不知王阳明的《别湛甘泉序(壬申)》甚至认为:"颜子没而圣人之学亡。曾子唯一贯之旨传之孟轲,终又二千余年而周、程续。自是而后,言益详,道益晦;析理益精,学益支离无本,而事于外者益繁以难。"① 颜子死后,孔子之道灭绝。曾子不过得了"一贯之旨",将它传给孟子。对于后面的儒家,王阳明的评价都不高。王阳明那个时代,孟子早已被称作亚圣,"孔孟之道"已经众所周知。王阳明为何还对颜子评价如此之高?

孟子升格运动置身其间的宋、元、明、清儒家思想史,其实是错综复杂的。仅以颜子当作参照,我们就绝不能大而化之地理解孟子与"孔孟之道"的形成。一部儒家思想史,诸子之间言孔墨、孔老,圣人之列曰周孔,孔门之内称孔颜,道统之下云孔孟,儒学之中论思孟、孟荀,可谓比比皆是。这些关系显然值得我们深入思考。否则,孟子与"孔孟之道"的形成,只会徒有其表,而不是生动活泼的。

四、"孔孟之道"的精神内涵

作为通俗并深入人心的理解,我们可以说"孔孟之道"就是至圣孔子、亚圣孟子之道,就是以孔孟思想为核心的价值观。与此同时,我们也需要将"孔孟之道"置入两个系统予以观察:第一个系统是文庙祭祀系统,其中有颜子、曾子、子思、孟子的"四配";第二个系统是科举教育系统,其中有《论语》《大学》《中庸》《孟子》的"四书"。这两个系统相互呼应,但有主次之分。从相互呼应看,假如认为"孔孟之道"只是孔子与孟子之道,就会忽略

---

① [明]王守仁撰,吴光、钱明、董平、姚延福编校:《王阳明全集》(2卷本)上册,第230页。

颜子、曾子、子思的思想与贡献。以文庙祭祀系统补充科举教育系统，目的是为了让颜子、曾子、子思——尤其是颜子——能够与"孔孟之道"始终保持牢固的精神联系。从主次之分看，文庙祭祀系统涉及四位配享，科举教育系统涉及四本经典，但以文庙祭祀系统为辅、以科举教育系统为主，目的是为了让以"孔孟之道"为纲领的《四书》通过社会化的教育制度及其考试机制得以代代相传。

今天，"孔孟之道"已经成为儒学的代名词。儒学的代名词为何不是涉及颜子、二程、朱熹、王阳明的"孔颜之道""孔程之道""孔朱之道""孔王之道"，而是独独选择了"孔孟之道"呢？历史的选择自然有其理由，这些理由有可能是：

第一，从先秦儒学的传播过程看。孔子传给曾子，曾子传给子思，子思传给孟子，到孟子这里绝传。如果讲一头一尾，就是从孔子开始、到孟子终结，所以将孔子与孟子连在一块，有了"孔孟之道"的说法。

第二，从儒家道统的以心传心看。《孟子》末章讲"见而知之""闻而知之"。唯有圣人能够闻而知之，闻而知之尧舜之道的是汤、文王、孔子，闻而知之就是以心传心。孔子之后有颜子，有曾子，有子思。他们见过孔子，所以是见而知之者。孟子说："由孔子而来至于今，百有余岁，去圣人之世若此其未远也，近圣人之居若此其甚也，然而无有乎尔，则亦无有乎尔。"（《孟子》14·38）孟子没有见过孔子，属于闻而知之者。基于以心传心，将孔子与孟子连在一块而形成"孔孟之道"，这是一种体例，而且是一种大体例。

第三，从《四书》作者的确切程度看。颜子没有作品，或者说没有留下作品。所谓《大学》代表曾子的思想、《中庸》代表子思的思想，历来存有异议。从司马迁开始，有了子思写《中庸》之说（《史记·孔子世家》）[①]。曾子

---

① 参见[汉]司马迁撰，[宋]裴骃集解，[唐]司马贞索隐，[唐]张守节正义：《史记》第6册，第1946页。

写《大学》之说,肇始于二程,定调于朱熹①。这两个说法都是慢慢形成的。《论语》代表孔子的思想,《孟子》代表孟子的思想,古已有之,毫无疑义。从这个角度看,将孔子与孟子连在一块而形成"孔孟之道",可谓水到渠成、自然而然。

"孔孟之道"最大的精神内涵是内在超越。内在超越是相对外在超越而言的。外在超越有两种形式:第一种是依靠宗教信仰,这是一种高阶位的外在超越;第二种是依靠物质财富,这是一种低阶位的外在超越。依靠宗教的高阶位的外在超越,是神文;依靠物质的低阶位的外在超越,是物文。"孔孟之道"是真实无妄的内在超越,代表了人文的方向。这种人文主义通过道德理想主义与文化守成主义相结合的方式得以实现。"孔孟之道"一方面是道德理想主义,一方面是文化守成主义,旨在通过文化守成主义实现并达成道德理想主义。时至今日,"孔孟之道"仍有其举足轻重的现实意义与时代价值,就在于它是内在超越的,是人文主义的内在超越,是一种将道德理想主义、文化守成主义集于一身的理想,因而真正契合于当代社会的人文文化建设。

---

① 参见[宋]朱熹:《四书章句集注》,第4页。

《孟子》首章与儒家义利之辨*

《孟子》1·1是《孟子》全书260章的首章。传世本《孟子》有七篇，首篇为何叫作《梁惠王篇》？通常认为：因为"孟子见梁惠王"六字出现在《孟子》一书的第一章，所以《孟子》首篇叫作《梁惠王篇》。另有赵岐认为："孔子时，诸侯问疑质礼，若弟子之问师也。鲁、卫之君，皆尊事焉。故《论语》或以弟子名篇，而有《卫灵公》《季氏》之篇。孟子亦以大儒为诸侯所师，是以《梁惠王》《滕文公》题篇，与《公孙丑》等而为一例也。"（《孟子正义》卷二）① 人们常说"万事开头难"，又说"好的开头意味着成功了一半"。《孟子》首章劈头抛出惊天地、泣鬼神的义利之辨，其丰富的内涵与博大的格局令人期待。

《孟子》首章只有两个人物：一个是孟子，另一个是梁惠王。孟子是众所周知的先秦儒家，向孟子提问的梁惠王是什么样的人物呢？班固的《汉书·古今人表》将古往今来的近两千人分作三六九等，譬如孔子（仲尼）是第一等，孟子、荀子（孙卿）是第二等②。为了推行自己的王道主张，孟子曾经周游列国、游说诸侯。孟子见过不少诸侯，最有名的三位是梁惠王、齐宣王、滕文公。《古今人表》将默默无闻的滕文公排在第三等，却将赫赫有名的梁

---

* 原载《中国哲学史》2021年第6期，第25—29页。
① ［清］焦循撰，沈文倬点校：《孟子正义》上册，第31页。
② 参见［汉］班固撰，［唐］颜师古注：《汉书》第3册，第924、942、950页。

惠王（魏惠王）、齐宣王排在第六等①，可谓意味深长。大名鼎鼎的梁惠王、齐宣王竟然被排在第六等，这表明孟子是在战国中期极其复杂的政治生态中与一群诸侯打交道。道义与功利的义利之辨是那个时代突出的伦理政治学议题，个中关键又是充满理想追求的知识分子与充满功利追求的诸侯如何相互博弈。如果我们带着这样的眼光读《孟子》首章，就有可能慢慢敞开它特有的内涵与格局。

一、梁惠王之问：政治资本对道德资本的傲慢

《孟子》首章的开篇写道："孟子见梁惠王。王曰：'叟！不远千里而来，亦将有以利吾国乎？'"梁惠王对前来见他的孟子说道："老头！你不远千里而来，会给我们国家带来什么样的利益？"这段话有两个问题值得思考：一是梁惠王为什么称呼孟子为老头（"叟"）？孟子当时的年龄到底有多大？二是梁惠王讲的利益（"利"）究竟指什么？是指物质利益还是指其他事物？

关于孟子当时的年龄，我们先看两种史学文献。《孟子》首章既被《史记·六国年表》部分采纳，又被《资治通鉴·周纪二》全文引用。司马迁、司马光这两位伟大的史学家，都将《孟子》首章当作信史看待。司马迁认为孟子见梁惠王，时在公元前335年②；司马光推前一年，认为时在公元前336年③。民谚说"七十三、八十四，阎王不请自己到"，是说孔子活了73岁、孟子活了84岁。按照孟子享年84岁的说法，人们一般认为孟子生于公元前372年、卒于公元前289年。比照司马迁、司马光的记载，见梁惠王之时的孟子

---

① 参见［汉］班固撰，［唐］颜师古注：《汉书》第3册，第948、942、944页。
② 参见［汉］司马迁撰，［宋］裴骃集解，［唐］司马贞索隐，［唐］张守节正义：《史记》第2册，第727页。
③ 参见［宋］司马光编著，［元］胡三省音注，"标点资治通鉴小组"标点：《资治通鉴》第1册，第64页。

只是三十七八岁,还不到40岁。这个岁数大致符合古人"四十而仕"、出外做官的年龄要求。

但是,三十七八岁就被称作老头("叟"),似乎有违常识。我们再看两种说法。其一,钱穆(1895—1990)的《诸子生卒年世约数》认为孟子生于公元前390年、卒于公元前305年,享年86岁[①]。据此比照司马迁、司马光的记载,梁惠王将五十六七岁的孟子唤作老头("叟"),就算得上名副其实。其二,南怀瑾(1918—2012)讲《梁惠王篇》的《孟子旁通》认为"叟"是不敬之词。他说:

> 这一段的文字记载,无论是孟子本人或是门人们的记述,措辞用意都很妙,而且也很坦率,不加故意的掩饰,直截了当描述当时孟子见梁惠王一段不太愉快的谈话。尤其我们了解了梁惠王后来对驺衍的接待,再来一看他对孟子满不在乎的样子,很显然的,大有厚薄轻重之分了。
>
> 而且最不可耐的,便是梁惠王对孟子的称呼,既没有像春秋时代诸侯对孔子的敬重,尊称一声"夫子";也没有像战国当时诸侯们礼贤下士的作风,尊称一声"先生"。他却干干脆脆地称呼一声"叟"。这个"叟"字,好听一点来讲,便是老先生的意思;不礼貌一点,便是老头儿的意思。当然,梁惠王当时的一声"叟",究竟是代表老先生呢?或是老头儿呢?无法考查。这要看他当场的礼貌态度,和称呼的声调来决定它的涵义了。可惜当时没有电视录影(一笑)。但无论如何,这一声"叟",并不表示尊重,大概是没有疑问的。
>
> 而且本章的记述,描写这一段不太愉快的谈话,在文字的气势上,表达得很明白。如此直接记载这一个"叟"字的称呼,对孟子的

[①] 参见钱穆:《先秦诸子系年》,北京:商务印书馆,2015年,第695页。

伟大倒没有什么损失，反而衬托出梁惠王始终不成器的风格，一副吊儿郎当、不庄重的浮躁相。①

仅从年岁的角度看，"叟"有可能名不副实，也有可能名副其实，但孰是孰非，难有定论。所以，权宜之计是将"叟"当作不敬之词看待。梁惠王对孟子不尊重，实质是权贵与财富对人文知识分子的傲慢，政治资本对道德资本的傲慢。梁惠王那时的处境如何呢？他真有傲慢对待孟子的本钱吗？

梁惠王公元前369年登基，公元前319年死亡，做了五十多年的诸侯；其中，公元前369年至公元前335年属于前一阶段，公元前334年至公元前319年属于后一阶段（称作"后元"）②。以公元前335年为分界岭，前一阶段的梁惠王顺风顺水，后一阶段的梁惠王步履维艰。孟子见梁惠王，无论时在公元前336年还是时在公元前335年，均可视作梁惠王执政生涯的转折点。以往，很少有人将孟子见梁惠王的时间与梁惠王执政生涯的转折点关联起来③。一旦这种关联被建立，我们就能更深切地体会到《孟子》首章不同凡响的思想史意义。

正在走下坡路的梁惠王，其实根本不具备对孟子傲慢的本钱！这从他急迫地追问"不远千里而来，亦将有以利吾国乎"，就可略见一斑。这个"利"字到底指什么？东汉思想家王充（27—96）的《论衡·刺孟》曾说："夫利有二：有货财之利，有安吉之利。惠王曰：'何以利吾国？'何以知不欲安吉之利，而孟子径难以货财之利也？"④通俗而言，货财之利是指具体、有形的利益，可以用一串串数字来标识；安吉之利是指抽象、无形的利益，只能用一颗颗人心来表示。如果说货财之利是"1"，安吉之利是"0"，那么，

---

① 南怀瑾讲述：《孟子旁通》，北京：东方出版社，2014年，第60—61页。
② 参见方诗铭编：《中国历史纪年表》，上海：上海辞书出版社，1980年，第26、28页。
③ 笔者对此已有阐述。参见杨海文：《为〈孟子〉首章鼓与呼》，《中华读书报》2018年3月28日，第15版《国学》；杨海文：《义利之辨与做大丈夫——孟子对于国君、士人的道德劝谕》，《广西大学学报（哲学社会科学版）》2019年第4期，第31页。
④ 黄晖：《论衡校释（附刘盼遂集解）》第2册，北京：中华书局，1990年，第450页。

"1"后面的"0"越多越好,一颗颗人心是一串串数字的切实保障。深入而言,货财之利是指物质利益,关涉财富的多与少、权力的大与小,属于利益政治;安吉之利是指理念利益,关涉拥有理想的信念、拥有正确的价值观,属于原则政治。只有以理念利益统帅并带动物质利益,利益政治与原则政治才能相得益彰、齐头并进。"货财之利""安吉之利"这对范畴有助于人们全面理解梁惠王脱口而出的"利"字,但王充显然误读了孟子不得不发的良苦用心。

二、孟子之答:"仁义"乃守正创新之结晶

孟子来到满目疮痍的魏国,焦头烂额的梁惠王最想从他那里得到立竿见影的社会治理方案。因此,"亦将有以利吾国乎"的"利"字,虽然含有安吉之利的成分,但更是赤裸裸的货财之利。针对政治资本的傲慢无礼,道德资本必然予以回击。孟子的回击是《孟子》首章的文字主体与思想主题之所在。

(一)孟子回答梁惠王的第一番话

先看孟子回答梁惠王的第一番话:"王!何必曰利?亦有仁义而已矣。"李贽(1527—1602)的《四书评·孟子卷之一》指出:"劈头初见,便拦截他,也只为其根气劣耳。"[1] 唐文治(1865—1954)的《孟子大义》卷一指出:"此节一句辟惠王之言利,一句即提出仁义,语意斩钉截铁。"[2] 我们也不要小看这番话,因为它不仅设置了道义与功利的义利之辨,而且隐含了仁义乃守正创新之结晶的思想史命题。

---

[1] [明]李贽:《四书评》,上海:上海人民出版社,1975年,第165页。
[2] 唐文治:《唐文治四书大义·孟子大义》,上海:上海人民出版社,2018年,第1页。

对于这番话，朱熹的《孟子集注》卷一指出："仁者，心之德、爱之理；义者，心之制、事之宜也。"①从整个儒学史看，这是"仁义"二字最经典的解释。此前此后，无出其右者。仁是心的品德、爱的道理，义是心的裁制、事的适宜。以心爱说仁，敞开了爱情，仁在爱情之中；以心事说义，呈现了事情，义在事情之中。仁敞开了心爱者的爱情，义呈现了心事者的事情。谁无心爱？谁无心事？谁无爱情？谁无事情？这就是仁义带给人们的亲切！朱熹的《孟子集注》卷一还指出："此二句乃一章之大指，下文乃详言之。后多放此。"②梁惠王用毫不掩饰的"货财之利"提问，孟子的回答则是坚定不移的"安吉之利"，两者的鲜明反差和盘托出《孟子》首章的义利之辨，所以"何必曰利？亦有仁义而已矣"是"一章之大指"。

朱熹经由《孟子》首章提出了"仁义"最经典的解释，《孟子》与"仁义"又是什么关系呢？程颢、程颐曾说："仲尼言仁，未尝兼义，独于《易》曰：'立人之道曰仁与义。'而孟子言仁必以义配。盖仁者体也，义者用也，知义之为用而不外焉者，可与语道矣。世之所论于义者多外之，不然则混而无别，非知仁义之说者也。"③从先秦思想史看，《老子》《墨子》先于《孟子》并举"仁义"。从宋代兴起的《四书》看，二程的说法是有文献依据的，盖因其中仅有《孟子》出现"仁义"一词。程颐曾说"孟子有功于圣门不可言"，例证之一即是"孟子开口便说仁义"④。《孟子》先于《论语》并举"仁义"，这不是简单的语言现象，而是孟子守正创新先秦儒家集体智慧并且水到渠成的理论结晶。《孟子》首章迫不及待地亮出"仁义"的大旗，足见孟子对于这一守正创新的道路自信、文化自信。

---

① ［宋］朱熹：《四书章句集注》，第201页。
② 同上。
③ 《河南程氏遗书》卷四《二先生语四》，［宋］程颢、程颐著，王孝鱼点校：《二程集》第1册，第74页。
④ 《河南程氏遗书》卷一八《伊川先生语四》，［宋］程颢、程颐著，王孝鱼点校：《二程集》第1册，第221页。

（二）孟子回答梁惠王的第二番话

确定义利之辨的主题后，孟子回答梁惠王的第二番话是："王曰：'何以利吾国？'大夫曰：'何以利吾家？'士庶人曰：'何以利吾身？'上下交征利而国危矣。"这里设定三类角色，揭示了只谈各自的物质利益是不对的，粗暴的利益政治是充满危险的。每个人都有属于自己的位置，所有人加在一起就构成了家国天下。如果诸侯只是希望有利于自己的国家，大夫只是希望有利于自己的城邦，士庶人只是希望有利于自己，亦即每个人都只是站在自身的立场追逐物质利益，上上下下都只是一门心思追逐各自的物质利益，那么，整个国家就会陷入危险的境地，家国同构的人类命运共同体就将分崩离析。

《史记·孟子荀卿列传》的"太史公曰"为："余读《孟子书》，至梁惠王问'何以利吾国'，未尝不废书而叹也。曰：嗟乎，利诚乱之始也！夫子罕言利者，常防其原也，故曰'放于利而行，多怨'。自天子至于庶人，好利之弊，何以异哉！"①人们通常认为：司马迁从《孟子》首章的"何以利吾国"讲到《论语》4·12 的"放于利而行，多怨"，不仅旨在显示孔孟义利观的高度一致，而且旨在彰显义利之辨是《孟子》首章的思想主题。大道理之外，小问题同样有意思：司马迁究竟读了多大篇幅的《孟子》，就放下书简、不再阅读，而是喟然兴叹呢？先做统计：不计标点符号，《孟子》首章仅有 152 字，第 42—46 字是"何以利吾国"。再说疑惑：对于三万四千多字的《孟子》，如果司马迁只读了不到 50 字就感慨万端，这是否有囫囵吞枣之嫌？

清代学者周广业（1730—1798）的《孟子四考》认为《孟子》一书：

> 其体依仿《论语》，不似诸子自立篇目。大率起《齐宣王》至《滕

---

① ［汉］司马迁撰，［宋］裴骃集解，［唐］司马贞索隐，［唐］张守节正义：《史记》第 7 册，第 2343 页。

文公》三册,记仕宦出处;《离娄》以下四册,记师弟问答杂事。迨归自梁,而孟子已老,于行文既绝少,又暮年所述,故仅与鲁事,分附诸牍末。其后门人论次遗文,分篇列目。以齐宣旧君,不可用以名篇。而"仁义"两言为全书纲领,孟子所谓愿学孔子,以直接尧、舜、禹、汤、文、武、周公之心法治法,无出乎此。因割其六章冠首,而以《梁惠王》题篇。又特变文曰"孟子见梁惠王",以尊其师。今《尽心》卷下尚有"梁惠王"一章,可证也。①

在周广业看来,《孟子》先有原稿本、后有传世本,两个本子有所不同。以首篇为例,原稿本题为《齐宣王篇》,传世本题为《梁惠王篇》。为何如此改动? 因为孟子曾是齐宣王的旧臣,而旧君之名不能作为篇名,又因"仁义"是全书纲领,所以原稿本的《齐宣王篇》被传世本改为《梁惠王篇》。以首章为例,传世本《梁惠王上篇》的 1·1 乃至前六章,位于原稿本《尽心下篇》之前(亦即位于传世本的 14·1 之前)。为了服从新篇名《梁惠王篇》的需要,原稿本《尽心下篇》的前六章被移至传世本《梁惠王上篇》之首;传世本同时在《孟子》首章的开头增加"孟子见梁惠王"六字,借以表达尊师之意。现在的问题是:传世本出自何人之手? 周广业的解释为:"其后门人论次遗文,分篇列目。"这里的"门人"不宜狭义地理解为公孙丑、万章等孟门弟子,而应广义地理解为以东汉赵岐为代表的孟学史人物。若作如是观,则可认为:《孟子》的原稿本曾经长期流传,其中包括司马迁所处的西汉中期;《孟子》的传世本直到东汉(最早可为西汉末期)才得以确定,亦即我们今天所见的本子。

如果认可周广业以上的猜测,为司马迁洗冤的时刻就到了。既然司马迁读的是《孟子》原稿本,而"何以利吾国"位于原稿本《尽心下篇》之首,那么,司马迁对于《孟子》废书而叹,就不是只读了不到 50 字,而是差不多

---

① 《孟子四考》卷四《出处时地考》"右论篇第大指"条,[清]周广业:《孟子四考》,《续修四库全书》第 158 册,第 131 页下栏。

快要读完的时候。伟大的历史学家司马迁是不会囫囵吞枣的!从孟学史的角度看,周广业这一大胆的猜测鲜为人知,所以我们借为司马迁洗冤的机会广而告之,期待人们予以小心的求证。

(三)孟子回答梁惠王的第三番话

顺接"上下交征利而国危矣",孟子回答梁惠王的第三番话是:"万乘之国,弑其君者,必千乘之家;千乘之国,弑其君者,必百乘之家。万取千焉,千取百焉,不为不多矣。苟为后义而先利,不夺不餍。"第二番话的重点是"国危",这番话的重点是"国亡"。孟子从口气严肃地指出国家陷入危险到直言不讳地断言国家必定灭亡,分明是要警告梁惠王:一味地追逐功利,那它带来的后果将越来越不堪设想。

国家有万乘之国,它拥有一万辆兵车;有千乘之国,它拥有一千辆兵车;有百乘之家,它拥有一百辆兵车。兵车越多,国家就越安全吗?事实恰恰相反:杀死万乘之国的国君的,居然是千乘之国;杀死千乘之国的国君的,居然是百乘之家。这是"万""千""百"的第一次倒叙。为什么百乘之家能够杀死千乘之国的国君,千乘之国能够杀死万乘之国的国君?就像人们有一万元,你夺取了一千元;就像人们有一千元,你夺取了一百元。这是"万""千""百"的第二次倒叙。"不为不多"——人们已经足够心疼了,但你认为还远远不够——"不夺不餍"。人们被夺取了一千元,不是还剩下九千元吗?人们被夺取了一百元,不是还剩下九百元吗?如果不将人们剩下的九千元再夺取过来,不将人们剩下的九百元再夺取过来,你那贪婪的欲望哪会止步呢?"上不夺不餍,决求利之势所必至。"[①]这是倒叙"万""千""百"的真正目的。

第三番话的关键语句是:"苟为后义而先利,不夺不餍。"假使怠慢道义

---

① 《四书遇·孟子·梁惠王上·梁惠章》,[明]张岱著,朱宏达点校:《四书遇》,杭州:浙江古籍出版社,2014年,第371页。

而优先利益,将道义抛诸脑后而将利益置于首位,那么,再多再大的利益也会觉得又少又小,不将人们的利益全部夺走就决不罢休。黄宗羲(1610—1695)的《孟子师说》指出:"及至战国,人心机智横生,人主之所讲求,策士之所揣摩,只在'利害'二字,而仁义反为客矣。举世尽在利欲胶漆之中,孟子出来取日于虞渊而整顿之。"① 人心为何贪得无厌?世道为何动荡不安?根源就是道义与功利固有的主客关系被颠倒。崔述(1740—1816)指出:"孟子先义后利之旨深切战国时人之病,要亦古今之通患也。"② 孟子的时代如此,所有的时代皆然。

(四)孟子回答梁惠王的第四番话

直面"臣弑其君者有之,子弑其父者有之"(《孟子》6·9)的时代乱局,如何确保伦理政治的家国一体?孟子回答梁惠王的第四番话是:"未有仁而遗其亲者也,未有义而后其君者也。王亦曰仁义而已矣,何必曰利?"这番话的前一句讲仁义是真正的利益,仁义是最大的利益;后一句讲理念利益高于物质利益,原则政治先于利益政治。

先看前一句。仁爱者会遗弃自己的父母吗?从未有过!道义者会怠慢自己的君主吗?从未有过!"两'未有'字,决仁义之理所必至。"③ 孟子的义利之辨不是相反相对地讲义利,而是相辅相成地讲义利。梁惠王将"利"简单地理解为货财之利、物质利益,义利相反而相对;孟子将"利"全面地理解为安吉之利、理念利益,义利相辅而相成。司马光认为:孟子"对梁王直以仁义而不及利",原因是"唯仁者为知仁义之为利,不仁者不知也"④。黄

---

① [清]黄宗羲:《孟子师说》卷一《"孟子见梁惠王"章》,吴光执行主编:《黄宗羲全集》第1册,杭州:浙江古籍出版社,2012年,第49页。
② 《孟子事实录》卷上"孟子救时之旨"条,[清]崔述撰著,顾颉刚编订:《崔东壁遗书》,上海:上海古籍出版社,1983年,第412页上栏。
③ 《孟子·梁惠王上·梁惠章》,[明]张岱著,朱宏达点校:《四书遇》,第371页。
④ 参见[宋]司马光编著,[元]胡三省音注,"标点资治通鉴小组"标点:《资治通鉴》,第1册,第64页。

宗羲认为:"未有仁而遗其亲者也,未有义而后其君者也"一句,"七篇以此为头脑"。①

再看后一句。仁义就是利益本身,仁义就是安吉之利、理念利益。人君以仁义治国理政而国泰民安,何愁货财之利、物质利益不滚滚而来?前有"何必曰利?亦有仁义而已矣"一句,此有"王亦曰仁义而已矣,何必曰利"一句。为何如此前呼后应?从"绝惠王利端"(《史记·太史公自序》)②看,赵岐指出:"孟子复申此者,重嗟叹其祸。"(《孟子正义》卷二)③张岱(1597—1685?)指出:"何必曰利是正说仁义,未尝不利是权说。一部《孟子》告人君,都是将机就机,只是大主意不肯放手。"④

三、通观《孟子》:义利观与道统论的首尾呼应

孔孟之间有曾子、子思,《论语》《孟子》之间有《大学》《中庸》。唐文治的《大学大义序》写道:"是以《大学》一书以辨义利终,《孟子》一书以辨义利始。《大学》曰:'未有上好仁,而下不好义者也;未有好义,其事不终者也。'《孟子》曰:'未有仁而遗其亲者也,未有义而后其君者也。'遥遥相印证,盖学说如此,师法如此也。"⑤这是讲《大学》与《孟子》的关系,同时是讲曾子与孟子的关系。《孔丛子·杂训》写道:"孟轲问牧民何先,子思曰:'先利之。'曰:'君子之所以教民,亦仁义,固所以利之乎?'子思曰:'上不仁则下不得其所,上不义则下乐为乱也,此为不利大矣。故《易》曰:"利者,义之

---

① [清]黄宗羲:《孟子师说》卷一《"孟子见梁惠王"章,吴光执行主编:《黄宗羲全集》第1册,第49页。
② 参见[汉]司马迁撰,[宋]裴骃集解,[唐]司马贞索隐,[唐]张守节正义:《史记》,第10册,第3314页。
③ [清]焦循撰,沈文倬点校:《孟子正义》上册,第43页。
④ 《孟子·梁惠王上·梁惠章》,[明]张岱著,朱宏达点校:《四书遇》,第371页。
⑤ 唐文治:《唐文治四书大义·大学大义 中庸大义》,上海:上海人民出版社,2018年,第4页。

和也。"又曰:"利用安身,以崇德也。"此皆利之大者也。'"①这是讲子思与孟子的关系,同时是讲《中庸》与《孟子》的关系。正因先秦儒家的义利观渊源有自、一脉相承,孟子得以守正创新、集其大成。

孟子义利观的重要篇章有《孟子》1·1、6·1、12·4、13·35、14·10,集中体现是《孟子》首章。《孟子》首章的义利观包括三个要点:第一个要点是"何必曰利?亦有仁义而已矣",实质是义以为上,这是讲原则;第二个要点是反对"后义而先利",实质是先义后利,这是讲次序;第三个要点是"未有仁而遗其亲者也,未有义而后其君者也",实质是义利双成,这是讲目的。这三个要点是逻辑依次递进、含义逐渐展开的:讲原则,就要义以为上,将道义当作最高原则;讲次序,就要先义后利,将道义放在第一位,将利益放在第二位;讲目的,就要义利双成,不因道义而排斥利益,最终实现道义与利益的统一②。《孟子》首章仅有152字,可谓言简;其义利观层次分明、格局高远,可谓意赅。《孟子》一书能够成为代表中国文化基本精神的大经典,是与"好的开头意味着成功了一半"以及《庄子·人世间》所谓"其作始也简,其将毕也必巨"③密不可分的。

传统儒家的义利之辨以道义论而不是功利论为特质,以原则政治而不是利益政治为皈依,以理念利益而不是物质利益为关切,但它大致不出《孟子》首章的范围。两宋的儒家学者特别看重、恪守义利之辨。程颢指出:"天下之事,惟义利而已。"④程颐指出:"义与利,只是个公与私也。"⑤朱熹认为

---

① 傅亚庶:《孔丛子校释》,北京:中华书局,2011年,第114页。
② 参见杨海文:《义利之辨与做大丈夫——孟子对于国君、士人的道德劝谕》,《广西大学学报(哲学社会科学版)》2019年第4期,第33页;杨海文:《〈孟子〉极简史:历史、思想与读法》,《中共宁波市委党校学报》2020年第5期,第46页。
③ 参见[清]郭庆藩辑,王孝鱼整理:《庄子集释》第1册,北京:中华书局,1961年,第158—159页。
④ 《河南程氏遗书》卷一一《明道先生语一》,[宋]程颢、程颐著,王孝鱼点校:《二程集》第1册,第124页。
⑤ 《河南程氏遗书》卷一七《伊川先生语三》,[宋]程颢、程颐著,王孝鱼点校:《二程集》第1册,第176页。

"义利之说乃儒者第一义"①。张栻(1133—1180)指出:"学者潜心孔、孟,必得其门而入,愚以为莫先于义利之辨。"②陆九渊(1139—1193)将义利之辨当作人们高尚其志的不二法门③。传统儒家这一义利之辨将增强民众的获得感、幸福感、安全感放在首位,坚决捍卫国家核心利益与人民根本利益,原则问题绝不妥协。它曾经使得中华民族屹立于世界民族之林而不倒,今天也必将在构建人类命运共同体的伟大实践中造福于全人类。

"义利之辨"的"义",既要广义地解读为道义,这是从中国思想史看;更要狭义地解读为仁义,这是从《孟子》首章看。与"利"对言的"仁义",是孟子守正创新先秦儒家集体智慧并且水到渠成的理论结晶。它既关涉《孟子》首章(1·1)的义利观、义利之辨,又关涉《孟子》末章(14·38)的道统论、道统之传④。仁义即道,道即仁义。基于道统论的"道"就是义利观的"仁义",义利之辨的"仁义"就是道统之传的"道"。《孟子》一书得以匠心独运、首尾呼应。换句话说,正因《孟子》首章是功利与道义相互博弈的开局之篇,《孟子》末章是仁义之道世代相传的收官之作,所以义利观与道统论成为孟子思想的两大核心理念。回到周广业那个大胆的猜测,这两章曾经位于原稿本《尽心下篇》的一头一尾,传世本则将它们调整为《孟子》的一首一末。尽管这个思想史秘密不可能得到验证,但它将永远温暖并激励着《孟子》承前启后、继往开来的一代代读者——尤其在对《孟子》首章掩卷遐思之际。

---

① 《晦庵先生朱文公文集》卷二四《与延平李先生书》,[宋]朱熹撰,朱杰人、严佐之、刘永翔主编:《朱子全书》(修订本)第21册,第1082页。
② 《南轩集》卷一四《孟子讲义序》,[宋]张栻著,杨世文、王蓉贵校点:《张栻全集》中册,长春:长春出版社,1999年,第753页。
③ 《陆九渊集》卷三四《语录上》记述:"傅子渊自此归其家,陈正己问之曰:'陆先生教人何先?'对曰:'辨志。'正己复问曰:'何辨?'对曰:'义利之辨。'若子渊之对,可谓切要。"([宋]陆九渊著,钟哲点校:《陆九渊集》,北京:中华书局,1980年,第398页)
④ 参见杨海文:《〈孟子〉末章与儒家道统论》,《国学学刊》2012年第2期,第66—73页。

"本心之明"的遮蔽与唤醒*
——夷子逃墨归儒的伦理学解读

《孟子·滕文公上篇》第5章(《孟子》5·5)包含深邃而又难于清晰地认知的义理,值得我们从"本心之明"的角度予以进一步探讨①。"本心"(《孟子》11·10)、"良心"(《孟子》11·8)都是孟子提出的。我们常说"摸一摸自己的良心""问一问自己的本心",足见良心、本心在人的思想意识当中占有很大的分量。"本心之明"是朱熹用过的词汇,但《孟子集注》乃至《四书章句集注》只用了两次,而且都是用来解释《孟子》5·5的孟夷之辨,所以极具思想史意味。

孟夷之辨是指墨家信徒夷子与孟子进行的辩论。辩论之前的夷子难道没有本心吗?他的本心之明就不存在吗?我们只能说他的本心之明被遮蔽了,因为他讲"爱无差等";然而他的本心之明是真实存在的,证据就是他相信"施由亲始",并厚葬了自己的父母。辩论之后,夷子的本心之明从被遮蔽的状态中被唤醒。他体认到"施由亲始"是真实切己的,而"爱无差等"

---

* 原载《哲学研究》2019年第9期,第37—44页;题为《"本心之明"的遮蔽与唤醒——夷子在"亲亲"等问题上"逃墨归儒"的伦理学解读》。

① 前期研究,参见杨海文:《爱"无"差等与爱"有"差等的较量——〈孟子·滕文公上篇〉第五章解读》,《学术评论》2017年第2期,第64—69页。

是错的，两者不能相提并论①。夷子从墨家信徒归向儒家，这个逃墨归儒的过程是如何实现的呢？

一、对于性善普遍性的挑战

有一个事实必须承认：在与孟子辩论之前，夷子做了一件大事——"葬其亲厚"。虽然《孟子》5·5首先说"墨者夷之因徐辟而求见孟子"，接着又说"他日，又求见孟子"，但这件大事显然不是发生在夷子两次求见孟子之间，而是早就发生了。夷子作为墨家的信徒却厚葬自己的父母，这在儒家看来不是一件小事，而是一件大事。换句话说，夷子在与孟子辩论之前，他的父母过世了，而他以厚葬的方式对待父母。抓住这一点，我们才能慢慢进入孟子与夷子的辩论。

夷子第一次通过徐辟求见孟子，孟子推脱了。孟子觉得你既然想见我，就要有点诚意。所谓有诚意，是朱熹的说法："孟子称疾，疑亦托辞以观其意之诚否。"（《孟子集注》卷五）② 赵岐的说法则是："求见孟子，欲以辩道也。"（《孟子正义》卷一一）③ 夷子想与孟子见面，是要辩论儒家与墨家的主张孰对孰错。赵岐与朱熹的解释都有道理，可以并行不悖。

对于夷子第一次提出见面，孟子说"今吾尚病，病愈，我且往见"（《孟子》5·5）。他是真的病了，还是托病？朱熹怀疑他是托病。不管是不是托病，它至少为孟子留下了一块时间。孟子利用这块时间，足够好好了解一番夷子其人其事。因为孟子有一个重要的解诗读书方法论，就是知人论世（《孟子》10·8）。不知人论世，不知己知彼，你在任何事情上都不可能有取胜的把握。

---

① 2018年8月16日、2019年7月17日，梁涛教授分别于在北京召开的第24届世界哲学大会孟子论坛、在邹城召开的儒墨对话高端论坛发表主旨演讲，认为夷子是宋儒"理一分殊"的理论先驱，"爱无差等"是"理一"，"施由亲始"是"分殊"。在笔者看来，这一理解可资商榷。盖因"爱无差等"是墨家的兼爱，"施由亲始"是儒家的仁爱，两者难以统合在一起。
② [宋]朱熹：《四书章句集注》，第262页。
③ [清]焦循撰，沈文倬点校：《孟子正义》上册，第401页。

这一时期，孟子了解到夷子是墨家，而且他作为墨家，居然"葬其亲厚"。信墨家之表、行儒家之实，正是夷子的短板。抓住这个自相矛盾的短板后，夷子第二次提出要见孟子，孟子就说："吾今则可以见矣。不直，则道不见。我且直之。"（《孟子》5·5）我可以见你，但说话不直截了当，道理就体现不出来，因此我要对你实话实说。孟子决定见夷子，而且将丑话说在前头。

令人意料不到的是：夷子与孟子并没有直接见面，他们的对话都是通过孟门弟子徐辟转告的。是否由人转告不要紧，关键在于："吾闻夷子墨者。墨之治丧也，以薄为其道。夷子思以易天下，岂以为非是而不贵也？然而夷子葬其亲厚，则是以所贱事亲也。"（《孟子》5·5）这段话的要点有四：第一，夷子是墨家信徒；第二，墨家办理丧事的原则是薄葬；第三，夷子认为只有薄葬是对的，其他的都不对；第四，夷子厚葬父母，而厚葬属于他看不起的儒家理论。以上是孟子对于夷子的基本判断。

这个判断通过徐辟转告给了夷子。孟子本来想让夷子回答：你为什么厚葬自己的父母，但又相信薄葬的原则？薄葬与厚葬哪个好，哪个不好？这是孟子设定的问题。夷子却搬出了另一个问题——兼爱与仁爱，他的依据是："儒者之道，古之人若保赤子。此言何谓也？之则以为爱无差等，施由亲始。"（《孟子》5·5）因为夷子有了兼爱、仁爱的问题意识，又认为兼爱高于仁爱，致使这次论辩骤然变得复杂起来。

夷子暗引了儒家经典说的"古之人若保赤子"[①]，而孟子的回应讲了"赤子匍匐将入井，非赤子之罪也"（《孟子》5·5）。"井"这个意向很直观，"小孩掉进井里"这个意向更加直观。一般人看《孟子》5·5，至此总会停下来，心里打着闷鼓，情不自禁地想起《孟子》3·6说的："所以谓人皆有不忍人之心者，今人乍见孺子将入于井，皆有怵惕恻隐之心"——为什么说每个人

---

① 《尚书·康诰》的原文为："若保赤子，惟民其康乂。"（[清]阮元校刻：《十三经注疏（附校勘记）》上册，第204页上栏）

都有不忍人之心？孟子举的例子是：现在有人突然看到小孩即将掉进井里，内心为之一震，怵惕恻隐之心油然而生，必定当机立断、不假思索、毫不犹豫地救小孩。这样做，"非所以内交于孺子之父母也，非所以要誉于乡党朋友也，非恶其声而然也"（《孟子》3·6），一不是为了讨好孩子的父母，二不是为了在乡里乡亲那里得到好名声，三不是因为厌恶孩子的哭声。《孟子》3·6是孟子对于性善论最经典的证明。

关于孟子的性善论，笔者曾以"三""二"架构做过解读①。所谓"三"是指：一是"人皆有之"（《孟子》11·6），每个人都有；二是"我固有之"（《孟子》11·6），我本来就有；三是"天之所与"（《孟子》11·15），上天给我的。所谓"二"是指：一是性本善，从本体论角度设定人性是善良的；二是性向善，从存在论角度承认人性沿着善良的方向不断发展。但是，性善在人性结构中是一股强大得不能再强大的力量吗？是不是像很多人想当然的那样，只要有了性善论，就万事大吉呢？

合观《孟子》5·5、3·6，则会提出这样的问题：性善的普遍性与亲亲的特殊性是否存有矛盾？如果你认为性善是普遍的，而且由此推出我爱你的父母要与我爱我的父母一样，岂不表明夷子讲的"爱无差等"是成立的？这就对性善的普遍性提出了严峻挑战。可从我们的切身经验看，我爱我的父母绝对与我爱你的父母不一样。我深深地爱我的父母，但以同等程度、同类方式爱你的父母，其可能性微乎其微，其难度可想而知，而这是一个铁定的事实。否则，夷子哪会逃墨归儒？归结起来，儒家既讲性善的普遍性，又讲亲亲的特殊性，道理何在？儒家一方面以性善为体、以亲亲为用，另一方面以亲亲为体、以厚葬为用，而亲亲既是体、又为用，缘由何在？

---

① 参见杨海文：《孟子心性论的逻辑架构》，《南昌大学学报（人文社会科学版）》2002年第3期，第6—11页。

二、如何证成亲亲的特殊性？

形象地说，性善是一个圆点。我们说它是一个圆点，但不能用任何物理学的范畴界定它，比如说它有多大、有多重。我们倒是可以用生物学的概念激活它，认定这个圆点就是一粒种子。既然它是一粒种子，它就能够而且必须生长。性善如何从圆点、种子慢慢地推扩并充实为普遍性的存在呢？一旦要让性善嵌入真实的伦理生活，就需找到突破口。我们是从父母那里来的，这不仅是最大的人情，而且是确凿无疑的事实。由此突破口进入，爱自己的父母就是"天之经，地之义，民之行"的孝道①。

孟子曾说："人之所以异于禽兽者几希……"（《孟子》8·19）人与禽兽的差别只有一点点，它就是性善。孟子又说："可欲之谓善，有诸己之谓信，充实之谓美，充实而有光辉之谓大，大而化之之谓圣，圣而不可知之之谓神。"（《孟子》14·25）值得追求叫作善，存在于自身叫作信，充盈实在叫作美，充盈实在而又放射光芒叫作大，发扬光大而又化育天下叫作圣，圣德神妙不可测度叫作神。在人类的优良品质当中，善居于最底端。人们通常认为"几希"与性善密不可分，其实"可欲之谓善"与性善的内在关联同样需要凸显。问题则是：既然只有一点点，又居于最底端，性善如何得以推扩并充实为普遍性的存在呢？

面对这个问题，人们会想起孟子说过："凡有四端于我者，知皆扩而充之矣，若火之始然，泉之始达。"（《孟子》3·6）就像星星之火可以燎原、涓涓细流汇成大海一样，人们务必知道恻隐之心、羞恶之心、辞让之心、是非之心是自身固有的东西，但它们需要得到推扩并充实。"扩而充之"就是"言举斯心加诸彼而已"，就是"老吾老，以及人之老；幼吾幼，以及人之幼"（《孟子》1·7）。

---

① 《孝经·三才章》指出："夫孝，天之经，地之义，民之行也。"（［清］阮元校刻：《十三经注疏（附校勘记）》下册，第2549页下栏）

"斯心"是我在自己家里尊老爱幼,"加诸彼"是我将尊老爱幼之心推扩到别人家的老人与小孩身上。"古之人所以大过人者,无他焉,善推其所为而已矣。"(《孟子》1·7)唯有善于推扩自己的所作所为,方能成就他人而又成就自我。

孟子说的"老吾老,以及人之老;幼吾幼,以及人之幼",是对性善从一个圆点、一粒种子推扩并充实到伦理生活的精辟概括。其中的"施由亲始"之义不言自明,但它能够规避"爱无差等"之义的理论风险吗?先秦儒家伦理将"爱有差等"视作题中之义,但它规避风险、证成自身是如何做到的?为何亲亲、爱自己的父母具有特殊性?

因其内含生长的本性,外有水、土、阳光的支撑,一粒种子必将生根发芽、春华秋实。这既是理论设定,更是生活常识。性善具有内在(性本善)、定向(性向善)的成长本性,这一成长最需要哪些类似水、土、阳光的东西呢?儒家伦理认为最需要的就是父母,最需要在亲亲、爱父母上面做文章。

孟子指出:"夫物之不齐,物之情也。"(《孟子》5·4)万物参差不齐,这是事物的客观规律。《礼记·大学》指出:"物有本末,事有终始,知所先后,则近道矣。"[①] 正因一物有本有末、一事有始有终,所以必须知道事物发展变化的先后关系,这样才能接近大道。如何理解"知所先后"?要让性善从一个圆点、一粒种子推扩并充实到伦理生活,人们就必须从先后关系的角度思考:父母没有生你之前,你既无身、亦无心,一切都根本无从谈起。你之所以为你,根源、本源即是你的父母。孟子说的"不齐"以及《大学》说的"先后",旨在促使人们透过现象看本质,果断有力地将亲亲的特殊性提上伦理生活的议事日程。

性善与亲亲的关系亦可称作仁与孝的关系。有论者认为仁孝之间存在

---

① [清]阮元校刻:《十三经注疏(附校勘记)》下册,第 1673 页上栏。

深度悖论①。在我们看来,即使仁孝之间存在悖论,这一悖论也是积极的。所谓悖论是说:一方面,性善具有普遍性,但它居于优良品质的最低层级,可谓力量之弱;另一方面,亲亲具有特殊性,但它限于爱自己的父母,可谓范围之小。所谓积极是说:只要人人都爱自己的父母,亲亲的范围就会由小变大;与之相应,以亲亲推扩并充实性善,性善的力量就会由弱变强。更具体地说,救小孩只是偶然事件,性善是思想家推理出来的结论;事奉父母则是日常行为,亲亲是每个人的切身体会。因而,以性善为体,以亲亲为用,以亲亲推扩并充实性善,能够促使性善的虚功实做②。由此可见,"事上磨练,性上收获"绝非虚言,性善与亲亲之间的普遍性与特殊性存在着积极的相互转换关系,这一关系迫切需要人们予以辩证而不是诡辩、历史而不是虚无、同情而不是恶意的理解。

正是从"事上磨练,性上收获"看,《礼记·中庸》指出:"仁者人也,亲亲为大;义者宜也,尊贤为大。亲亲之杀,尊贤之等,礼所生也。"③仁是人与人之间的相亲相爱,而以亲爱自己的亲人最重要;义是人与人之间的关系得当,而以尊重贤人最重要。被亲爱的亲人有亲疏之分,被尊重的贤人有等级

---

① 参见刘清平:《论孟子心性理论的深度悖论》,《江苏行政学院学报》2008年第1期,第37—42页。
② 小程对此有过精辟的解释。一是《河南程氏遗书》卷一八《伊川先生语四·刘元承手编》指出:"盖仁是性(一作'本')也,孝弟是用也。"([宋]程颢、程颐著,王孝鱼点校:《二程集》第1册,第183页)二是《河南程氏经说》卷六《伊川先生论语解·学而》指出:"孝弟于其家,而后仁爱之及于物,所谓亲亲而仁民也,故为仁以孝弟为本。论性,则仁为孝弟之本。"(同上书第4册,第1133页)《朱子语类》卷二〇《论语二·学而篇上·有子曰其为人也孝弟章》一脉相承地认为:"仁是性,孝弟是用。用便是情,情是发出来底。论性,则以仁为孝弟之本;论行仁,则孝弟为仁之本。如亲亲、仁民、爱物,皆是行仁底事,但须先从孝弟做起,舍此便不是本。""仁是性,发出来是情,便是孝弟。孝弟仁之用,以至仁民、爱物,只是这个仁。'行仁自孝弟始',便是从里面行将去,这只是一个物事。"([宋]黎靖德编,王星贤点校:《朱子语类》第2册,第471—472、473页)综上,从实践伦理学看,齐家(用)以孝悌为本(体);于此有所行,即是行仁。从道德形上学看,孝悌(用)以仁德为本(体);于此有所思,即是论性。孝悌在实践伦理学中是本体,而在道德形上学中是发用,可知孝悌既是齐家的道理(理),又是仁德的体现(事)。这一方面彰显了儒家对于孝悌的高度重视,另一方面凸显了儒家具有"体用互置,即体即用,体用一源"的致思路径。
③ [清]阮元校刻:《十三经注疏(附校勘记)》下册,第1629页中栏。

之分，这就产生了礼。简单地说，《中庸》确立的观点是：亲亲就是爱自己的父母，最大的仁德于此可见，礼义的起源于此可见。

孟子同样看重亲亲的特殊性，将它当作性善得以推扩并充实为普遍性存在的突破口。孟子曾说："孩提之童无不知爱其亲者，及其长也，无不知敬其兄也。"（《孟子》13·15）两三岁的小孩都知道亲爱自己的父母，等到长大了，都知道敬重自己的兄长。"亲亲，仁也；敬长，义也。无他，达之天下也。"（《孟子》13·15）亲爱父母是仁，敬重兄长是义。做人没有别的，就是将仁义推行于天下。孟子又说："仁之实，事亲是也……"（《孟子》7·27）"事，孰为大？事亲为大。"（《孟子》7·19）事奉父母不仅是仁德的实质，而且是做事的根本。孟子还说："亲亲而仁民，仁民而爱物。"（《孟子》13·45）必先亲爱亲人，然后仁爱百姓；必先仁爱百姓，然后爱惜万物。这是"知所先后"的鲜明体现，亲亲是性善得以推扩并充实为普遍性存在的突破口。

爱父母不是空洞的口号，必须形诸实事，落实到具体的事情上面。国家有哪些事情？《左传·成公十三年》指出："国之大事，在祀与戎。"① 国家只有两件大事：一件是打仗，一件是祭祀。孟子也说："养生丧死无憾，王道之始也。"（《孟子》1·3）父母在，要好好事奉；父母过世了，要好好丧葬。父母生无缺憾、死无缺憾，就是王道的开端、本始。孟子又说："养生者不足以当大事，惟送死可以当大事。"（《孟子》8·13）养生还不是大事，只有送死是大事。在孟子看来，"君子不以天下俭其亲"（《孟子》4·7），无论职位大小、财产多寡，你在父母的丧葬上面都不能小气。厚葬不是铺张浪费、不自量力，而是要量力而行，符合自己的身份与地位。孟子将爱父母归结到丧葬，即是以亲亲为体、以厚葬为用，这与《孟子》5·5构成了理论的呼应与呼应的逻辑。

---

① ［清］阮元校刻：《十三经注疏（附校勘记）》下册，第1911页中栏。

亲亲的完整含义是爱自己的父母,但父亲、母亲似乎不具有完全同等的地位。《孝经·圣治章》指出:"孝莫大于严父。"① 最大的孝道莫过于敬重父亲。《孝经·士章》强调:"资于事父以事母,而爱同;资于事父以事君,而敬同。故母取其爱,而君取其敬,兼之者父也。"② 士人的孝道包括爱、敬。依据事奉父亲的态度以事奉母亲,爱是一样的;依据事奉父亲的态度以事奉君主,敬是一样的。对于母亲,偏重在爱;对于君主,偏重在敬;对于父亲,爱、敬并重。孟子也将"父子有亲"列为五伦之首(《孟子》5·4),判定"墨氏兼爱,是无父也"(《孟子》6·9)。凸显父亲这一角色的独特,同样是在表达并证成亲亲的特殊性。

三、"本心之明"的两轮照耀

你爱自己的父母与爱老王家的父母是同等程度、同类方式吗?假如有人硬着头皮承认,我们可以再问:你能将这种亲亲之爱推广到老李、老张、老陈、老杨……家的父母吗?答案显然是推广不了。换句话说,爱自己的父母永远是最真切、最本质的,你爱自己的父母必定胜过你爱其他任何人的父母。所以,对于夷子将"爱无差等"解释为"我爱我的父母,我也会以同等程度、同类方式爱他人的父母",孟子深知仁爱与兼爱这一矛盾要通过厚葬与薄葬之辨予以解决。

仁爱与兼爱的矛盾如何体现?孟子指出:"且天之生物也,使之一本,而夷子二本故也。"(《孟子》5·5)这段话很难解释,直译是:"况且上天生育万物,主使它们一个本源,然而夷子主使两个本源,缘故就是这样。"通俗地说,任何人只有"一个"父母,这是"一本";而夷子认为人有"两个"父母,这是"二本"。从古往今来的人类繁衍方式看,人只有"一个"父母,这是常

---

① [清]阮元校刻:《十三经注疏(附校勘记)》下册,第 2553 页上栏。
② 同上书,第 2548 页中栏。

情常理；而夷子认为人有"两个"父母，这不是常情常理。至于未来随着人工智能、生物技术的发展，人是不是会有"两个"父母，另当别论。至少有史以来，没有人有过"两个"父母，任何人都只有"一个"父母。孟子讲完这段话后，朱熹的注释第一次提到"本心之明"。

朱熹写道："且人物之生，必各本于父母而无二，乃自然之理，若天使之然也。故其爱由此立，而推以及人，自有差等。今如夷子之言，则是视其父母本无异于路人，但其施之之序，姑自此始耳。非二本而何哉？然其于先后之间，犹知所择，则又其本心之明有终不得而息者，此其所以卒能受命而自觉其非也。"（《孟子集注》卷五）① 夷子在哪个地方体现了本心之明呢？就是"施由亲始"。夷子虽然在理论上坚持墨家的兼爱主张，但他认为落实这个主张要从自己的父母开始。因其"知所先后"，在朱熹看来，这就是本心之明对于夷子的照耀。

朱熹曾说：每个人都是本于自己的父母而生，父母对于任何人来说都是独一无二的，这是"自然之理"，上天让你如此而已。然后，朱熹进一步解释：正因"且天之生物也，使之一本"，所以人类对于亲生父母的亲亲之情由此成立；每个人确立了对于父母的亲亲之情以后，就会推己及人。在推扩并充实的过程中，肯定会出现差等之爱②。简而言之，爱的差等表现为：在家人当中，你最爱自己的父母；从直系亲属到旁系亲属、乡里乡亲，其爱转换为不同的类型，爱的程度不断降低；对于不认识的人，自然也有爱心，但它不可能与亲亲之情同日而语。

在朱熹看来，夷子说的"爱无差等"是将自己的父母当作路人甲、路人

---

① ［宋］朱熹：《四书章句集注》，第262—263页。
② 譬如，儒家为体现"爱有差等"，在服丧方面制订了相关规定，但爱父母且为父母服三年之丧之理，从上至下、从天子到庶民绝无区分。《礼记·中庸》指出："期之丧，达乎大夫；三年之丧，达乎天子；父母之丧，无贵贱一也。"（［清］阮元校刻：《十三经注疏（附校勘记）》下册，第1628页下栏）意思是说：一年的服丧，通行到大夫；三年的服丧，通行到天子；为父母服丧，没有贵贱之分，都是一样的。笔者对此做过详细解读。参见陈来、王志民主编：《中庸解读》，济南：齐鲁书社，2019年，第159—160页。

乙对待。父母怎么与路人甲、路人乙毫无差别呢？如果认为自己的父母无异于路人，这就是"二本"。朱熹批判"二本"之后，接着讲到夷子在先后次序上的选择。夷子尽管认为"爱无差等"，但其行动是"施由亲始"。夷子为什么讲究先后次序？他为什么理论上相信墨家的兼爱，实际对待自己的父母又是按照儒家的仁爱呢？朱熹认为原因就是"本心之明有终不得而息者"：夷子的本心之明一直都在那里生生不息，任何事物都不可能熄灭夷子身上固有的本心之明。无论是十恶不赦者还是道德楷模，本心之明都真实地存在于人身之上。本心之明有时会被异端邪说、感情用事遮蔽，但它始终在那里，如其所是地在那里，只是未被唤醒罢了。朱熹认为：正因夷子身上真真切切地存在本心之明，所以"卒能受命而自觉其非"，最终在孟子的教导下意识到了自己的错误。

人为什么会埋葬自己的父母？孟子指出："盖上世尝有不葬其亲者。其亲死，则举而委之于壑。他日过之，狐狸食之，蝇蚋姑嘬之。其颡有泚，睨而不视。夫泚也，非为人泚，中心达于面目。盖归反虆梩而掩之。"（《孟子》5·5）远古的时候，有人不埋葬自己的父母。父母死了，就抬着尸体扔进山沟。过了一些日子，他路过那里，看到狐狸在吃尸体，苍蝇、蚊子在吸尸体。他的额头冒汗了，斜着眼睛，不敢正视。这汗不是为别人冒出来的，而是内心的悔恨表露到了自己的脸上。他回家拿来畚箕、锄头，掩埋了尸体。

对于这个故事，朱熹指出："不能不视，而又不忍正视，哀痛迫切，不能为心之甚也。非为人泚，言非为他人见之而然也。所谓一本者，于此见之，尤为亲切。盖惟至亲，故如此。在他人，则虽有不忍之心，而其哀痛迫切，不至若此之甚矣。"（《孟子集注》卷五）① 以"不能不视，而又不忍正视"解读"睨而不视"，就是为了让那颗再也不能自已的哀痛迫切之心显豁出来。眼泪不是被人看见后流下的，而是因为内心已经十分懊悔。心有所思、面有所

---

① ［宋］朱熹：《四书章句集注》，第263页。

示,诚于中、形于外,这就叫作"中心达于面目"。朱熹警醒人们:"一本"难道不让人觉得无比亲切吗?唯有关涉至亲至爱的父母,你才会这样做!你对待其他人,即使有不忍之心,但那颗哀痛迫切之心,哪会像对待自己的父母那样势不可挡呢?

假如走进山沟的不是孝子而是其他人,情形又会如何?他看到人家父母的尸体被狐狸、苍蝇、蚊子又吃又吸,会不会额头冒汗、心头懊悔呢?这里不会有唯一的答案。但是,孟子将孝子而不是其他人设定为故事中的主角,就是因为他深知亲亲的特殊性在于:无论人们对于他人父母的感情有多深,也肯定没有对于自己父母的感情深。所以,夷子施由亲始、葬其亲厚,针对的是自己的父母而不是其他人的父母。

孟子讲完人为什么埋葬父母的故事,徐辟将它转告给了夷子。夷子听了以后,怅然若失,沉思良久,终于说道:"我受教了。"这就是《孟子》5·5的最后一段话:"夷子怃然为间曰:'命之矣。'"夷子由墨家的信徒变成否定者,由儒家的否定者变成信徒,"命之矣"三字是画龙点睛之笔。朱熹在此第二次提到"本心之明"。

朱熹写道:"盖因其本心之明,以攻其所学之蔽,是以吾之言易入,而彼之惑易解也。"(《孟子集注》卷五)① 逃墨归儒堪称夷子的思想大转变,这个转变是如何实现的?正因内有本心之明,外有孟子的教导,夷子得以知道自己以前接受的"爱无差等"存有内在的缺陷。唯其意识到墨家理论存在缺陷,他才会接受"爱有差等"的儒家理论。换句话说,墨家理论的不实,儒家理论的切己,这个时候形成了鲜明的对照。一经本心之明的照耀,夷子以前的困惑一扫而光,固有的本心之明真正明亮地呈现出来。经过孟子的点醒,夷子的本心之明不再处于遮蔽状态,而是被唤醒并进入到一种自由自在地展现、敞开自身的境域,正所谓"则近道矣"。

---

① [宋]朱熹:《四书章句集注》,第263页。

本心之明就是"不学而能"的良能、"不虑而知"的良知(《孟子》13·15)。《孟子集注》只用过两次"本心之明",而且都用在墨家信徒夷子身上,这是意味深长的。夷子的本心之明以前为什么会被遮蔽,现在为什么会被唤醒?本心之明以前被遮蔽,关键在于夷子是墨家信徒,既相信墨家的薄葬理论,又相信墨家的兼爱理论。但是,知与行、理论信仰与伦理实践在夷子身上存有内在的漏洞,而且这个漏洞是根本性的。这个根本性漏洞就是:夷子在理论上相信墨家的薄葬理论,而在实践中按照儒家的厚葬理论对待他的父母。正因实践高于理论,亲亲的特殊性是人所不能自已的实然实事,所以本心之明虽然在夷子求见孟子之前一直处于被遮蔽的状态,但其真实存在是毋庸置疑的,而且恰恰隐藏于这个根本性漏洞之中。经过与孟子的辩论,夷子的本心之明完全为儒家的仁爱之道所唤醒。旧的夷子已死,新的夷子站在了人们面前。从此,本心之明将在夷子的人生中如其所是地安定下来、推扩开来、充实起来。

四、夷子逃墨归儒的价值与意义

在先秦儒学史上,孟子最先点明"儒"作为儒家的学派含义,且以"距杨墨"为己任[①]。他说:"能言距杨、墨者,圣人之徒也。"(《孟子》6·9)能够义正词严地拒斥杨朱、墨翟,就是圣人的门徒。他又说:"逃墨必归于杨,逃杨必归于儒。"(《孟子》14·26)逃离墨家必定归向杨朱,逃离杨朱必定归向儒家。如果夷子没有与孟子进行辩论,而孟子又不是义正词严地与夷子辩论,夷子能够逃墨归儒吗?有鉴于此,朱熹因为夷子接受过本心之明的两轮

---

① 参见杨海文:《"儒"为学派义钩沉》,《中华读书报》2014年5月7日,第13版《思想》;杨海文:《"距杨墨"与孟子的异端批判意识》,《北京师范大学学报(社会科学版)》2014年第2期,第78—89页。

照耀，又将他视作孟子所说"私淑艾者"①的唯一例子。虽然这个例子是唯一的，但它对于我们确证夷子逃墨归儒具有重要作用。

《孟子》5·5说的"命之矣"，是否确指夷子已经逃墨归儒呢？赵岐注云："以直正枉，怃然改容，盖其理也。"（《孟子集注》卷一一）②孙奭疏曰："……夷子乃怃然而觉悟其己之罪，故顷然为间，曰：我今受孟子之教命，而不敢逆矣。"③从传统的三大注疏看，赵注、孙疏之意实则朱熹《孟子集注》说的夷子因其本心之明"所以卒能受命而自觉其非"。但《孟子》5·5涉及的大问题太多，以致历史上几乎无人关注并追问夷子"自觉其非"之后究竟如何安顿自己的本心之明。与朱熹同时代的张栻甚至认为：夷子的结局是"而其陷溺之深，终无以自拔"④。

朱熹通过注释"私淑艾者"说道："人或不能及门受业，但闻君子之道于人，而窃以善治其身，是亦君子教诲之所及，若孔、孟之于陈亢、夷之是也。"（《孟子集注》卷一三）⑤这里的"私淑艾"亦即孟子所说"予未得为孔子徒也，予私淑诸人也"（《孟子》8·22）的"私淑"。唯有认同儒家，方能称作"私淑""私淑艾"。《论语》有三章涉及陈亢（字子禽）其人其事（1·10，16·13，19·25）。《孔子家语·七十二弟子解》指出："陈亢，陈人，字子亢，一字子禽，少孔子四十岁。"⑥众所周知，陈亢最初未能及门受业，但最终成了服膺儒家的孔门弟子。朱熹借助陈亢与孔子的关系，是要揭明夷子与孟的关系，尤其是夷子"自觉其非"之后业已逃墨归儒，只是表述有点含蓄。如果夷子最后不是逃墨归儒，朱熹从道德自信、道路自信的儒学高度，唯独

---

① 《孟子》13·40指出："君子之所以教者五：有如时雨化之者，有成德者，有达财者，有答问者，有私淑艾者。"
② ［清］焦循撰，沈文倬点校：《孟子正义》上册，第408页。
③ ［汉］赵岐注，［宋］孙奭疏：《孟子注疏》卷五下《滕文公章句上》，［清］阮元校刻：《十三经注疏（附校勘记）》下册，第2708页上栏。
④ 参见《孟子说》卷三《滕文公上》，［宋］张栻著，杨世文、王蓉贵校点：《张栻全集》上册，第329页。
⑤ ［宋］朱熹：《四书章句集注》，第362页。
⑥ 杨朝明、宋立林主编：《孔子家语通解》，济南：齐鲁书社，2013年，第446页。

拿夷子当作本心之明从遮蔽走向唤醒的例子，就会变得不好理解。

除了夷子，还有其他的墨家信徒皈依儒家吗？这里讲一个源自《孟子外书·孝经》的故事："孟母之丧，门弟子各治其事：陈臻治货，季孙郊治车，咸丘蒙治器，万章治缞，充虞治槥，公都或治馈，陈代治牲，乐正克治仪，公孙丑治宾客。孟子三日不食，哭不止。门弟子请曰：'古者五十不毁。'孟子曰：'五十也乎哉！吾母死，吾犹孺子也。'鼽子吊，见之，流涕自责曰：'今而知圣人之道。'遂弃墨而归儒。"①孟子的母亲死了，很多学生参与丧事。孟子三天没有吃任何东西，哭得很伤心。有学生对孟子说："您五十岁了，不要伤了自己的身体。"孟子答道："五十岁了，又怎么样？母亲死了，我成了无家可归的孩子。"墨家信徒鼽子前来吊唁，目睹孟子为母亲治丧尽孝，感动得泪流满面，十分懊悔以前的所作所为，说道："我今天终于知道什么是圣人之道了。"鼽子于是背弃墨家立场，皈依了儒家。

人们一般将《孟子外书》视作伪书，也从未有人将鼽子与夷子联系起来。《孟子》5·4提到许行，《吕氏春秋·当染》提到许犯②，钱穆指出："要之许犯即许行，为墨徒，则似可无疑耳。"③既然《孟子》5·5提到夷子，《孟子外书》提到鼽子，我们是否也可以说鼽子即是夷子呢？此一猜测，仅供参考。更重要的是，笔者认为鼽子的"弃墨而归儒"可与夷子的经历嵌入同一思想史图景之中。鼽子观看孟子为母亲举办的丧礼以后，何以觉得圣人之道就该如此？唯有儒家的仁爱之道征服了鼽子，他才会自觉地抛弃墨家的兼爱之道。

回到儒墨之争的关键问题：究竟仁爱好，还是兼爱好？"仁爱"是一个很好的词，"兼爱"也是一个很好的词。仅从字面意思看，人们无法判断两者的优劣，也不忍心将这么好的"兼爱"一词打入贬义之列。所以，判定仁爱

---

① ［宋］熙时子注：《孟子外书》，《续修四库全书》第932册，第380页下栏。
② 参见陈奇猷校释：《吕氏春秋校释》上册，上海：学林出版社，1984年，第96页。
③ 钱穆：《先秦诸子系年》，北京：商务印书馆，2015年，第409页。

与兼爱的优劣，突破口在于：最能彰显亲亲的特殊性，并且由此推扩并充实性善的普遍性，究竟是厚葬还是薄葬？

黄宗羲曾经一语破的："墨子著书，有《尚同》《兼爱》《非乐》《尚俭》《薄葬》。孟子置其余者，单就'薄葬'一节，发其恻隐之心，所谓攻其瑕则坚者自破。"[1] 孟子批判墨子，不向其他问题开火，而是将火力集中对准薄葬。他认定薄葬是不对的，亲亲就得厚葬，借此唤醒了夷子的恻隐之心，其本心之明得以从遮蔽状态走向自身澄明。在黄宗羲看来，孟子独拿墨家的薄葬开炮，这个点抓得相当好；拿下这个堡垒，墨家的其他思想就会不攻自破。夷子逃墨归儒即是厚葬胜过薄葬、仁爱高于兼爱的有力证明，这也正是孟夷之辨最重大的思想史价值。

所有的思想史都是复杂、多面的。夷子并不是彻底的墨家信徒，这意味着什么呢？朱熹说过："夷子学于墨氏而不从其教，其心必有所不安者，故孟子因以诘之。"（《孟子集注》卷五）[2] 又说："夷之云'爱无差等，施由亲始'，不是他本意。只为被孟子勘破，其词穷，遂为此说，是遁也。"（《朱子语类》卷五二）[3] 既然不是彻底的墨家信徒，夷子怎么可能真正了解墨子的兼爱主张呢？在墨子那里，兼爱原本只是上层路线中的圣王之事，而不是下层路线中的百姓之事；它主要是讲国家治理，而不是讲伦理践履[4]。对于百姓来说，兼爱是力不从心的，而不是力所能及的；是外在于自身的，而不是内在于自身的；是高调伦理，而不是底线伦理。像夷子这样的平头百姓，能有几人里里外外、自始至终都是墨家信徒？既然如此，兼爱就不可能推而广之。相反，我对我的父母比对别人的父母好，人人都是这么做的，这是人之常情，是

---

[1] [清]黄宗羲：《孟子师说》卷三《"墨者夷之"章》，吴光执行主编：《黄宗羲全集》第1册，第82页。
[2] [宋]朱熹：《四书章句集注》，第262页。
[3] [宋]黎靖德编，王星贤点校：《朱子语类》第4册，第1273—1274页。
[4] 《墨子·兼爱下》指出："子墨子曰：夫挈泰山以超江、河，自古之及今，生民而来未尝有也。今若夫兼相爱、交相利，此自先圣六王者亲行之。"（吴毓江撰，孙启治点校：《墨子校注》上册，北京：中华书局，1993年，第178页）

任何人都改变不了的事实。从现实性、可推广性看，儒家的仁爱绝对不是墨家的兼爱所能望其项背的。汉代以降，墨学中绝，儒学成为中国传统文化的主干。历史已经反反复复证实：以性善为体，以亲亲为用，经由亲亲的特殊性推扩并充实性善的普遍性，修身齐家而后治国平天下，这是中国哲学最能通向世界的地方性知识，是中华文化自成体系而且延续至今的最大公约数。

《孟子》5·5包含的伦理学意义亟待得到现实的敞开。设想一下，我试图推广我的观点，通过什么人传播是最好的？其实不是盟友，而是对手。如果连对手都认为你的观点对，其传播效果就会事半功倍。孟子在传播仁爱之道的过程中，最初就是将夷子当作对手看待。如果误入歧途而不迷途知返、好高骛远而不反求诸己，那么人人都会是夷子，每个人都将是自己的对手。但是，夷子因其本心之明而逃墨归儒，不仅真切地验证了亲亲的特殊性，而且切己地体证了性善的普遍性。很多时候，我们何尝不是夷子？又该如何战胜作为对手的自我？孟夷之辨给予的启发是：我们必须回到生活本身，唤醒被遮蔽了的本心之明，将它召唤回家。平常心是道，本心之明就是爱父母、尽孝道，以亲亲为体，以尽孝为用。这是我们过一种道德人生的必由之路。夷子逃墨归儒最切要的伦理学意义，莫过于此。

相似文本·思想亲缘·曾思孟关系[*]

——《孟子·思诚章》的三大论域

《孟子》有不少单章充盈着深邃的哲学内涵，《孟子·离娄上·思诚章》（以下简称《孟子》7·12）即是其一。这一哲学内涵需要通过思想史解读，方能得到全面而深切的敞开。包括《孟子》7·12在内的四个相似文本，其似曾相识的字句同异值得分辨，其环环相扣的思想关联值得分析，其薪火相传的学脉传承值得分疏。与传统的解读相比，我们增加了比较研究的文本数量，彰显了思想发展的亲缘属性，理顺了曾子、子思、孟子的演变历程，旨在经由《孟子》单章达成《孟子》深度解读及其思想研究的学术使命。

一、四个相似文本的字句同异

《孟子》7·12的全文为："孟子曰：'居下位而不获于上，民不可得而治也。获于上有道：不信于友，弗获于上矣。信于友有道：事亲弗悦，弗信于友矣。悦亲有道：反身不诚，不悦于亲矣。诚身有道：不明乎善，不诚其身矣。是故诚者，天之道也；思诚者，人之道也。至诚而不动者，未之有也；不诚，未有能动者也。'"译文可作："孟子说：'居于下级的职位而不让上级获信，

---

[*] 原载《中原文化研究》2021 年第 5 期，第 49—56 页；题为《相似文本·思想亲缘·曾思孟关系——〈孟子〉"思诚"章的三大论域》。

人民不可以得到治理。让上级获信有方法：不让朋友信任，不会让上级获信。让朋友信任有方法：事奉父母而他们不愉悦，不会让朋友信任。愉悦父母有方法：反省自身而不实诚，不会让父母愉悦。实诚自身有方法：不明辨良善，不会实诚自身。所以实诚是上天的法则，追求实诚是人类的法则。至极的实诚而不感动人们的，未曾有过；不实诚，未曾有过能够感动人们的。'"

从先秦至西汉，有三个文本与《孟子》此章相似。其一见于《孔子家语·哀公问政》："在下位不获于上，民弗可得而治矣。获于上有道：不信于友，不获于上矣。信于友有道：不顺于亲，不信于友矣。顺于亲有道：反诸身不诚，不顺于亲矣。诚身有道：不明于善，不诚于身矣。诚者，天之至道也；诚之者，人之道也。夫诚，弗勉而中，不思而得，从容中道，圣人之所以体定也；诚之者，择善而固执之者也。"① 此段冠以"孔子曰"，亦即孔子之言。

其二见于《礼记·中庸》（以下一般简称《中庸》）："在下位不获乎上，民不可得而治矣。获乎上有道：不信乎朋友，不获乎上矣。信乎朋友有道：不顺乎亲，不信乎朋友矣。顺乎亲有道：反诸身不诚，不顺乎亲矣。诚身有道：不明乎善，不诚乎身矣。诚者，天之道也；诚之者，人之道也。诚者不勉而中，不思而得，从容中道，圣人也。诚之者，择善而固执之者也。"② 此段未冠以"孔子曰"，实亦孔子之言（下文详论）。

其三见于《淮南子·主术训》："国有以存，人有以生。国之所以存者，仁义是也；人之所以生者，行善是也。国无义，虽大必亡；人无善志，虽勇必伤。治国上使不得与焉；孝于父母，弟于兄嫂，信于朋友，不得上令而可得为也。释己之所得为，而责于其所不得制，悖矣！士处卑隐，欲上达，必先反诸己。上达有道：名誉不起，而不能上达矣。取誉有道：不信于友，不能得誉。信于友有道：事亲不说，不信于友。说亲有道：修身不诚，不能事亲矣。诚身有道：心不专一，不能专诚。道在易而求之难，验在近而求之远，故弗得

---

① 杨朝明、宋立林主编：《孔子家语通解》，第212—213页。
② ［清］阮元校刻：《十三经注疏（附校勘记）》下册，第1632页上栏。

也。"① 此段未标识说话人身份,当与《淮南子》以道家杂糅百家有关。

以上四个相似文本,其思想发生影响的年代先后当为《孔子家语》《中庸》《孟子》《淮南子》。从思想史角度看,《中庸》与《孟子》的关联众所周知,《孔子家语》与《中庸》《孟子》的关联举足轻重。

现将《孟子》此章分作四段,借以区分这四个文本在文字表述、语句组成上的同异。其中,从文字表述看第一段,《孔子家语》《中庸》《孟子》大致相同,《淮南子》与前三者差异较大;从文字表述看第二段,《孔子家语》《中庸》《孟子》大致相同,《淮南子》与前三者差异较大;《孔子家语》《中庸》《孟子》第三段的文字表述大致相同,《淮南子》无此段;《孔子家语》《中庸》第四段的文字表述大致相同,《孟子》与它们的差异较大,但《淮南子》无此段。以上所述的同异,如下表所示:

	《孟子》7·12	《孔子家语·哀公问政》	《礼记·中庸》	《淮南子·主术训》
第一段	居下位而不获于上,民不可得而治也。	在下位不获于上,民弗可得而治矣。	在下位不获乎上,民弗可得而治矣。	士处卑隐,欲上达,必先反诸己。
第二段	获于上有道:不信于友,弗获于上矣。信于友有道:事亲弗悦,弗信于友矣。悦亲有道:反身不诚,不悦于亲矣。诚身有道:不明乎善,不诚其身矣。	获于上有道:不信于友,不获于上矣。信友有道:不顺于亲,不信于友矣。顺于亲有道:反诸身不诚,不顺于亲矣。诚身有道:不明于善,不诚于身矣。	获乎上有道:不信乎朋友,不获乎上矣。信乎朋友有道:不顺乎亲,不信乎朋友矣。顺乎亲有道:反诸身不诚,不顺乎亲矣。诚身有道:不明乎善,不诚乎身矣。	上达有道:名誉不起,而不能上达矣。取誉有道:不信于友,不能得誉。信于友有道:事亲不说,不信于友。说亲有道:修身不诚,不能事亲矣。诚身有道:心不专一,不能专诚。
第三段	是故诚者,天之道也;思诚者,人之道也。	诚者,天之至道也;诚之者,人之道也。	诚者,天之道也;诚之者,人之道也。	
第四段	至诚而不动者,未之有也;不诚,未有能动也。	夫诚,弗勉而中,不思而得,从容中道,圣人之所以体定也;诚之者,择善而固执之者也。	诚者不勉而中,不思而得,从容中道,圣人也。诚之者,择善而固执之者也。	

---

① 刘文典撰,冯逸、乔华点校:《淮南鸿烈集解》上册,北京:中华书局,1989年,第316—317页。

综上可知，其一，《孔子家语》《中庸》《孟子》的文字表述、语句组成大致相同，但《淮南子》的文字表述差异较大，语句组成少了两段；其二，从"不""弗"二字用于"获上→信友→悦亲→诚身→明善"系列看，《孟子》五用"不"、三用"弗"而不工整，《孔子家语》《中庸》《淮南子》均八用"不"字而工整；其三，尽管语句有多寡、文字有同异，但四者"明善→诚身→悦亲→信友→获上"的思想旨趣基本一致；其四，《孟子》《淮南子》对《孔子家语》《中庸》的孔子之言予以继承并创新，此乃思想史的不争之实；其五，《淮南子》的涉案部分与《孟子》7·12相似，而其紧接的"道在易而求之难，验在近而求之远，故弗得也"又与《孟子》7·11的"道在迩而求诸远，事在易而求诸难"相似，此乃《淮南子》继承并创新《孟子》的例证。

二、《孟子》与《中庸》的思想亲缘

秦末汉初出现了很多典籍。所谓"出现"是笼统的说法，文献学者力图确定其作品具体成书的年代，思想史家企图界定其思想发生影响的年代。这两种思考方式经常充满矛盾，所以文献学家认定为的典籍为伪书，而思想史家未必这样看。《孔子家语》在历史上就常被文献学者以及受此影响的思想史家当作伪书，我们如何看待这一问题呢？

庞朴（1928—2015）指出："以前我们多相信，《家语》乃王肃伪作，杂抄自《礼记》等书。《礼记》乃汉儒纂辑，非先秦旧籍，去圣久远，不足凭信。具体到'民之父母'一节，则认为，其五至三无之说，特别是'三无'之无，明显属于道家思想，绝非儒家者言，可以一望而知。现在上博藏简《民之父母》篇的再世，轰然打破了我们这个成见。对照竹简，冷静地重读《孔子家语·礼论》和《礼记·孔子闲居》，不能不承认，它们确系孟子以前遗物，绝非后人伪造所成。"①

---

① 庞朴：《话说"五至三无"》，《文史哲》2004年第1期，第71页；按：已做并行处理。

杨朝明指出:"《家语》不仅是专门的孔子儒学的记录,而且在规模上也超过了儒家'四书'中的任何一部。与《论语》的简略相比,《家语》有完整的场面;与《大学》《中庸》作为专题论文相比,《家语》中的思想更为全面;《史记》记录了孔子事迹,但《家语》的记录时代更早,内容更多,更加准确。孔子的思想博大精深。要准确地理解孔子,要真正走近孔子,决不能舍弃《家语》。《家语》可以当之无愧地被称为'孔子研究第一书'!"①

既然《孔子家语》"确系孟子以前遗物",又是"孔子研究第一书",大致可断孟子受其思想影响。古往今来,罕见有人专门研究《孟子》7·12与《孔子家语》的思想关联,问题意识匮乏;但人们对《孟子》7·12与《中庸》的思想关联津津乐道,问题意识鲜明。从权宜之计看本文的研究,我们认为:讲清了后者,可以视作讲清了前者。

从单章与单章的关联看,《孟子》7·12既可与前此的7·9贯通,又可与后此的13·4贯通。先看基于"有道"而贯通。《孟子》7·9指出:"桀、纣之失天下也,失其民也;失其民者,失其心也。得天下有道:得其民,斯得天下矣;得其民有道:得其心,斯得民矣;得其心有道:所欲与之聚之,所恶勿施尔也。"这里的"有道"侧重主体之君,"求道"的次序是天下←民←心(好恶),以及心(好恶)→民→天下。《孟子》7·12指出:"居下位而不获于上,民不可得而治也。获于上有道:不信于友,弗获于上矣。信于友有道:事亲弗悦,弗信于友矣。悦亲有道:反身不诚,不悦于亲矣。诚身有道:不明乎善,不诚其身矣。"这里的"有道"侧重主体之臣,"求道"的次序是获上←信友←悦亲←诚身←明善,以及明善→诚身→悦亲→信友→获上。再看基于"反身"而贯通。《孟子》7·12指出:"悦亲有道:反身不诚,不悦于亲矣。"这里侧重不实诚就不能"反身"。《孟子》13·4指出:"反身而诚,乐莫大焉。"这里侧重实诚就能"反身"。以上所述,《孟子》7·12基于"有道"而

---

① 杨朝明:《代前言:〈孔子家语〉的成书与可靠性研究》,杨朝明、宋立林主编:《孔子家语通解》,第40页。

与 7·9 贯通，认为王道政治学包括君、臣两类主体，但其治世目标则一；它又基于"反身"而与 13·4 贯通，认为实践伦理学面临不做工夫、做工夫两类情形，但其修身旨趣无二。

宋元孟学史曾就《孟子》7·12 的"明善""思诚""修身"关系引发争论。正题出自《孟子集注》卷七《离娄章句上》："此章述《中庸》孔子之言，见思诚为修身之本，而明善又为思诚之本。"①朱熹认为：修身本于思诚，思诚本于明善。反题出自《饶双峰讲义》卷一三《孟子三·居下位章》："《集注》'明善又为思诚之本'，似'明善'之外又有个'思诚'，恐非本文之意，盖'明善'即是'思诚'。"②饶鲁（1193—1264）与朱熹针锋相对，认为思诚即是明善、明善即是思诚。合题出自《孟子通七·离娄章句上》："《通》曰：饶氏疑《集注》'明善又为思诚之本'，似'明善'之外又有个'思诚'，恐非本文之意，盖'明善'即是'思诚'。余就《集注》观之，无可疑者。其释'思诚'云：'欲此理之在我者，皆真实而无伪。'释'明善'云：'即事以穷理。'学者未有不能即事以穷理，而可使理之在我者皆实而无伪也。况孟子言所谓'思诚'，即《中庸》所谓'诚之'，其功夫皆兼知行而言。《集注》所谓'思诚者修身之本'，是修身以知行为先；'明善又为思诚之本'，是知行之中又当以知为先也。饶氏疑之过矣。"③胡炳文（1250—1333）抑饶申朱，认为：修身本于思诚，是言修身以知行为先；思诚本于明善，是言知行之中又当以知为先。

从《孟子》7·12 "明善→诚身→悦亲→信友→获上"的次序看，可见明善既是一根而发的砥柱、又是贞下起元的枢纽，不明善就不足以思诚，不思诚就不足以修身。唐文治的《孟子大义》卷七《离娄上·第十二章》指出："明善者，吾心之良知也。家庭、社会之暗塞，由吾心之良知以光明之；世界

---

① ［宋］朱熹：《四书章句集注》，第 282 页。
② ［清］王朝璩辑：《饶双峰讲义》，《四库未收书辑刊》第 2 辑第 15 册，北京：北京出版社，2000 年，第 455 页下栏。
③ ［元］胡炳文著，宋健点校：《孟子通》，上海：华东师范大学出版社，2020 年，第 230 页。

之晻昧，亦由吾心之良知以光明之。然而此良知者，不免为气质所锢，物欲所蔽，最易于汩没者也。故必居敬、穷理以涵养之，读书、取友以磨砻之，博学、审问、慎思、明辨、笃行以固守之。如是而吾身乃可以诚，反是则为暗塞，为晻昧。故曰：'不明乎善，不诚其身矣。'此孟子传孔子、子思子之学说也。"①

《孟子》7·12两言"动"字："至诚而不动者，未之有也；不诚，未有能动者也。"诚与动有何关联？先看杨时。朱熹的《孟子集注》卷七《离娄章句上》指出："杨氏曰：'动便是验处，若获乎上、信乎友、悦于亲之类是也。'"②经复核，杨时此语不见于《杨时集》。《杨时集》卷一一《语录二·余杭所闻一》第7条指出："今之君子欲行道以成天下之务，反不知诚其身。岂知一不诚，它日舟中之人尽为敌国乎？故曰：'不诚，未有能动者也。'夫以事上则上疑，以交朋友则朋友疑，至于无往而不为人所疑，道何可行哉？盖忘机，则非其类可亲；机心一萌，鸥鸟舞而不下矣，则其所能所为可谓高矣。"③以上文字专释《孟子》7·12"获于上有道"至"不悦于亲矣"，可与朱注引杨时语互参。再看饶鲁。《饶双峰讲义》卷一三《孟子三·居下位章》指出："人要为君取信，必须朋友称誉荐进。然朋友所以称誉，必能修身、齐家，方有可称者。若是不悦于亲，则何可称之？有能悦亲，必出于诚心乃可。这是推原诚身，效验如此。若说诚身工夫，则无间于事亲、取友、事君、治民之际。诚到至处自能动物，则以之事亲而亲悦，以之取友而友信，以之事君而君用，以之治民而民从，初无先后之分矣。"④

由此可见，动即是效验，旨在昭示"获上←信友←悦亲←诚身←明善"与"明善→诚身→悦亲→信友→获上"的密不可分、浑然一体。因此，何漱霖（生卒年不详）的《孟子文法研究·行为哲学编·对己篇》指出："本章系

---

① 唐文治：《唐文治四书大义·孟子大义》，第218页。
② ［宋］朱熹：《四书章句集注》，第282页。
③ ［宋］杨时撰，林海权校理：《杨时集》第2册，北京：中华书局，2018年，第304页。
④ ［清］王朝璩辑：《饶双峰讲义》，《四库未收书辑刊》第2辑第15册，第455页上栏—下栏。

孟子示人以诚身之方及其所收之效也。盖事上得君,乃可临民;信友悦亲,全在本身。是以曾子三省,大雅矜矜,以诚为贵也。"①《孟子文法读本》卷四《离娄》录吴闿生(1877—1950)眉批:"'至诚'二句,拍合章首,振荡作收,矫健屈挐如蛟龙,欲去而迴其首。"②

《孟子》7·12七言"诚"字(先后为"反身不诚""诚身有道""不诚其身矣""是故诚者""思诚者""至诚而不动者""不诚"),是该章最重要的关键词。从《中庸》《孟子》的涉案文本看,何谓"诚""诚者""诚之者(思诚者)"?《中庸章句》第20章指出:"诚者,真实无妄之谓,天理之本然也。诚之者,未能真实无妄,而欲其真实无妄之谓,人事之当然也。"③《孟子集注》卷七《离娄章句上》指出:"诚,实也。""诚者,理之在我者皆实而无伪,天道之本然也;思诚者,欲此理之在我者皆实而无伪,人道之当然也。"④朱熹以"实"解"诚",以"真实无妄之谓""理之在我者皆实而无伪"解"诚者",以"未能真实无妄,而欲其真实无妄之谓""欲此理之在我者皆实而无伪"解"诚之者(思诚者)",又以"天理之本然""人事(道)之当然"区分并勾连"诚者""诚之者(思诚者)",高屋建瓴,前后相续,奠定了四书学"诚论"的义理架构。其中,《孟子集注》的"诚论"又比《中庸章句》更能彰明道德实践之"理"与"我"的主体间性。《中庸章句》篇首指出:"此篇乃孔门传授心法,子思恐其久而差也,故笔之于书,以授孟子。其书始言一理,中散为万事,末复合为一理,'放之则弥六合,卷之则退藏于密',其味无穷,皆实学也。"⑤依据此一共识,思孟关系借助《中庸》《孟子》的涉案文本得以敞开,"实学"成为《中庸》《孟子》"诚论"的本质概括。

从《孟子集注》先于《中庸章句》撰著并成书看,《孟子集注》以"实而

---

① 何澍霜:《孟子文法研究》,长沙:商务印书馆,1941年,第25页。
② 高步瀛:《孟子文法读本》,香港:香港中文大学新亚书院中文系,1979年,第6页a;按:各卷分署页码。
③ [宋]朱熹:《四书章句集注》,第31页。
④ 同上书,第282页。
⑤ 同上书,第17页。

无伪"释"诚",而《中庸章句》以"真实无妄"释"诚",既是守正创新,又是兼容并蓄。一方面,《中庸章句》以"真实无妄"释"诚",本于《河南程氏遗书》卷六《二先生语六》:"无妄之谓诚,不欺其次矣。"又本于同书卷二一下《伊川先生语七下》:"真近诚,诚者无妄之谓。"①合此二条,可知朱熹借"真实无妄"以守正创新程颐所说的"真诚无妄"。另一方面,顾炎武(1613—1682)的《日知录》卷一八"破题用庄子"条指出:"《五经》无'真'字,始见于老、庄之书。"②《四书》亦无"真"字。字词无学派之分,观念有党性之别。从"实而无伪"到"真实无妄",可知朱熹沿袭程颐借"真实"以兼容并蓄道家之"真"。

《朱子语类》卷一四《大学一·纲领》指出:"某要人先读《大学》,以定其规模;次读《论语》,以立其根本;次读《孟子》,以观其发越;次读《中庸》,以求古人之微妙处。"③俞樾(1821—1907)的《九九销夏录》卷三"四书名次"条指出:"朱子所定《四书》,本以《大学》《论语》《孟子》《中庸》为次。"④从朱子四书学的心路历程看,《孟子集注》借"实而无伪"而观其发越,其"诚论"旨在彰明道德实践之"理"与"我"互涵互摄的主体间性;《中庸章句》借"真实无妄"而求其微妙,其"诚论"旨在辨析本体建构之"真"与"妄"泾渭分明的哲学本性。前者可谓侧重实践理性,后者可谓侧重纯粹理性,二者承前启后、前赴后继,此亦不可不辨。

前引与《孟子》7·12相似的《淮南子·主术训》涉案文本指出:"诚身有道:心不专一,不能专诚。"张九成(1092—1159)的《孟子传》卷一五指出:"诚之为用,无所不动之意也。然世之论诚者,多错认专为诚。夫至诚无息,息非诚也。倘以专为诚,则是语言寝处、应对酬酢皆离本位矣。故世之

---

① [宋]程颢、程颐著,王孝鱼点校:《二程集》第1册,第92、274页。
② [清]顾炎武著,[清]黄汝成集释,栾保群、吕宗力校点:《日知录集释》(全校本)中册,上海:上海古籍出版社,2006年,第1056页。
③ [宋]黎靖德编,王星贤点校:《朱子语类》第1册,第249页。
④ [清]俞樾著,崔高维点校:《九九销夏录》,北京:中华书局,1995年,第21页。

行诚者,类皆不知通变。其弊至欲诵《孝经》以御至剧之贼,读《仁王》以消侯景之灾,此岂不取天下笑、为后世之戒哉?夫诚,难知也,难言也。惟子思一语深见诚之本体,特学者语之不详、择之不精,不能深体圣贤之意,以至如是之弊也。其语安在?其曰'不明乎善'是也。夫人性皆善,特吾学非其道,而世无师友指示之耳。使吾知格物知至之学,内而一念,外而万事,无不穷其源流、穷其终始,穷之又穷之,至于极尽之地,人欲都尽,一旦廓然,则性善昭昭,无可疑矣。此所谓'一日克己复礼,天下归仁'也。使吾事其大夫之贤者,友其士之仁者,闻其善言而心有所省,见其善行而心有所感,一旦廓然,则性善昭然,亦无可疑矣。此孟子指文公以性善而能力行三年之丧,使百官族人称其为知,而四方来观者皆大悦而归者是也。呜呼!诚如此其大,而乃竟指专以为诚。使专谓之诚,则农夫、樵叟皆圣人矣。吁!可怪也。"① 以上批评如若针对《淮南子》而发,则又旨在辟异端。

《中庸》《孟子》的"诚论"是中国哲学史的重要议题,南宋陈淳(1159—1223)的《北溪字义》卷上《诚》、清代戴震(1723—1777)的《孟子字义疏证》卷下《诚(二条)》对此做过深入探讨。前者指出:"孟子又谓'思诚者,人之道',正是得子思此理传授处。""'诚'字后世都说差了。到伊川方云'无妄之谓诚',字义始明。至晦翁又增两字,曰'真实无妄之谓诚',道理尤见分晓。""诚在人言,则圣人之诚,天之道也;贤人之诚,人之道也。""诚与信相对论,则诚是自然,信是用力;诚是理,信是心;诚是天道,信是人道。诚是以命言,信是以性言。诚是以道言,信是以德言。"② 后者指出:"诚,实也。据《中庸》言之,所实者,智、仁、勇也;实之者,仁也,义也,礼也。""质言之,曰人伦日用;精言之,曰仁、曰义、曰礼。所谓'明善',明此者也;所谓'诚身',诚此者也。质言之,曰血气心知;精言之,曰

---

① [宋]张九成著,杨新勋整理:《张九成集》第3册,杭州:浙江古籍出版社,2013年,第894—895页。
② [宋]陈淳著,熊国祯、高流水点校:《北溪字义》,北京:中华书局,1983年,第34、32—33、34、34页。

智、曰仁、曰勇。所谓'致曲',致此者也;所谓'有诚',有此者也。""言乎其尽道,莫大于仁,而兼及义,兼及礼;言乎其能尽道,莫大于智,而兼及仁,兼及勇。是故善之端不可胜数,举仁、义、礼三者而善备矣;德性之美不可胜数,举智、仁、勇三者而德备矣。曰善,曰德,尽其实之谓诚。"① 两者的不同在于:《北溪字义》尊朱,《中庸》《孟子》的"诚论"得以还原并深化,这是以"做哲学史"的方式系统地展开四书学视域中的"诚论";《孟子字义疏证》驳朱,《中庸》《孟子》的"诚论"得以继承并超越,这是以"做哲学"的方式创新地建构新孟学视域中的"诚论"。

从《孟子》7·12与《中庸》涉案文本的思想亲缘关系看,前者说的"至诚而不动者,未之有也;不诚,未有能动者也",对应于后者说的"诚者不勉而中,不思而得,从容中道,圣人也。诚之者,择善而固执之者也"。前者可以译作:"至极的实诚而不感动人们的,未曾有过;不实诚,未曾有过能够感动人们的。"后者可以译作:"实诚的人不用勉强就能符合,不用思考就能得到,不慌不忙就能符合法则,这是圣人。让自身实诚的人,就是选择良善而牢固地把握它。"

尽管两者的含义各自不同,但并不表明《孟子》没有传承《中庸》这一思想。其一,《孟子》8·19指出:"舜明于庶物,察于人伦,由仁义行,非行仁义也。"译文可作:"舜明辨众物的道理,洞察人类的伦常,率由仁义而自然实行,不是勉强实行仁义。""由仁义行"与"行仁义"即是"从容中道"与"择善固执"之意。其二,《孟子》13·15指出:"人之所不学而能者,其良能也;所不虑而知者,其良知也。"译文可作:"人们不经学习就有的能力,是自身至善的能力;不经思虑就有的知识,是自身至善的知识。""不学而能"与"不虑而知"即是"不勉而中"与"不思而得"之意。其三,《孟子》13·30指出:"尧、舜,性之也;汤、武,身之也;五霸,假之也。"译文可作:"尧、舜是本

---

① [清]戴震撰,汤志钧校点:《戴震集》,上海:上海古籍出版社,1980年,第319、320、320页。

性仁义,商汤、武王是亲身仁义,五霸是借用仁义。"又,《孟子》14·33:"尧、舜,性者也;汤、武,反之也。"译文可作:"尧、舜是本性仁义,商汤、武王是返归仁义。""性之也"与"身之也"("性者也"与"反之也")即是"诚者"与"诚之者"之意。所以,《中庸》涉案文本的最后一段,已被《孟子》8·19、13·15、13·30、14·33予以认同并创新;经由《孟子》7·12的深度解读,这些思想史线索得以豁然敞开。

三、从思孟关系到曾孟关系

明代王祎(1321—1373)的《王忠文集》卷四《四子论》指出:"《四子》,《论语》《大学》《中庸》《孟子》也。《论语》,孔子及门人问答之微言,而记于曾子、有子之门人。《大学》,亦孔氏遗书。其《经》一章,孔子之言而曾子所记;《传》十章,则曾子之言而门人记之。《中庸》三十三章,子思之所作。《孟子》七篇,孟子所著,或曰其门人之所述也。"① 所谓"《中庸》三十三章,子思之所作"只是一般说法,但不能说《中庸》所有的文字都是子思之言,"子思之作"与"子思之言"是有区别的。如果抹煞这一区别,结果就会导致人们将与《孟子》7·12相似的《中庸》涉案文本直接当作子思之言。它究竟是孔子之言还是子思之言呢?南宋学者的相关探讨值得重视,盖因既有视作孔子之言者,亦有视作子思之言者。

一是张九成的《孟子传》卷一五指出:"此一章乃子思中庸之学,而孟子于其中又扩大。"② 此说将《中庸》涉案文本视作子思之言。

二是朱熹的《孟子集注》卷七《离娄章句上》指出:"此章述《中庸》孔子之言,见思诚为修身之本,而明善又为思诚之本。乃子思所闻于曾子,而

---

① [明]王祎撰,[明]刘杰、刘同编:《王忠文集》,《景印文渊阁四库全书》第1226册,第68页上栏。
② [宋]张九成著,杨新勋整理:《张九成集》第3册,第894页。

孟子所受乎子思者,亦与《大学》相表里,学者宜潜心焉。"①此说将《中庸》涉案文本视作孔子之言。所谓"此章述《中庸》孔子之言",本于《孔子家语·哀公问政》:"公曰:'为之奈何？'孔子曰:'齐洁盛服,非礼不动,所以修身也;去谗远色,贱财而贵德,所以尊贤也;爵其能,重其禄,同其好恶,所以笃亲亲也;官盛任使,所以敬大臣也;忠信重禄,所以劝士也;时使薄敛,所以子百姓也;日省月考,既廪称事,所以来百工也;送往迎来,嘉善而矜不能,所以绥远人也;继绝世,举废邦,治乱持危,朝聘以时,厚往而薄来,所以怀诸侯也。治天下国家有九经,其所以行之者一也。凡事豫则立,不豫则废。言前定则不跲,事前定则不困,行前定则不疚,道前定则不穷。在下位不获于上,民弗可得而治矣。获于上有道:不信于友,不获于上矣。信于友有道:不顺于亲,不信于友矣。顺于亲有道:反诸身不诚,不顺于亲矣。诚身有道:不明于善,不诚于身矣。诚者,天之至道也;诚之者,人之道也。夫诚,弗勉而中,不思而得,从容中道,圣人之所以体定也;诚之者,择善而固执之者也。'"②另可参见朱熹的《中庸章句》:"右第二十章。此引孔子之言,以继大舜、文、武、周公之绪,明其所传之一致,举而措之,亦犹是耳。盖包费隐、兼小大,以终十二章之意。章内语诚始详,而所谓诚者,实此篇之枢纽也。又按:《孔子家语》亦载此章,而其文尤详。'成功一也'之下有'公曰:子之言美矣至矣,寡人实固,不足以成之也',故其下复以'子曰'起答辞。今无此问辞,而犹有'子曰'二字。盖子思删其繁文以附于篇,而所删有不尽者,今当为衍文也。'博学之'以下,《家语》无之,意彼有阙文,抑此或子思所补也欤？"③

三是张栻的《孟子说》卷四《离娄上》指出:"此说见于子思子《中庸》之书。子思述孔子之意,而孟子传乎子思者也。"④此说将《中庸》涉案文本视作孔子之言。

---

① [宋]朱熹:《四书章句集注》,第282页。
② 杨朝明、宋立林主编:《孔子家语通解》,第212—213页。
③ [宋]朱熹:《四书章句集注》,第32页。
④ [宋]张栻著,杨世文、王蓉贵校点:《张栻全集》上册,第355页。

四是饶鲁的《饶双峰讲义》卷一三《孟子三·居下位章》指出:"《中庸》自'天下之达道五'以下,恐只是子思之言。子思当来只为学者说,所以说'居下位'起。若孔子告哀公,则未必说居下位及取友等事。如修身、事亲、知人、知天之说,却是孔子告哀公之言。按:此段因《总注》'此章述《中庸》孔子之言'而发,故附著于此。"①此说商榷朱注,将《中庸》涉案文本视作子思之言。

总结上文,一方面,从《中庸》涉案文本与孔子、子思的关系看,基于《孔子家语·哀公问政》明确冠以"孔子曰",可知它是经由子思传述的孔子之言,不宜径直视作子思之言;另一方面,从《中庸》涉案文本与子思、孟子的关系看,《孟子》7·12作为思孟学派的重要文献,它是孟子通过子思及其《中庸》而弘扬孔子之道的典型体现。

一般认为《孟子》7·12与《中庸》、子思相关,它是否也与《大学》、曾子有关呢？早在东汉末期,赵岐已经萌生此一问题意识。《孟子正义》卷一五《离娄上·十二章》录赵岐注:"《章指》言:事上得君,乃可临民;信友悦亲,本在于身。是以曾子三省,大雅矜矜,以诚为贵也。"②这里借助《论语》1·4的"吾日三省吾身"勾连了曾子与孟子的关系,但未涉及《大学》。

作为四书学的集大成者,朱熹开始凸显此一问题。《孟子集注》卷七《离娄章句上》指出:"此章述《中庸》孔子之言,见思诚为修身之本,而明善又为思诚之本。乃子思所闻于曾子,而孟子所受乎子思者,亦与《大学》相表里,学者宜潜心焉。"③至于《孟子》7·12如何"与《大学》相表里",朱熹未作具体说明。《论语》4·18记孔子曰:"事父母几谏,见志不从,又敬不违,劳而不怨。"《论语集注》卷二《里仁》指出:"此章与《内则》之言相表里。几,微也。微谏,所谓'父母有过,下气怡色,柔声以谏'也。见志不从,

---

① [清]王朝璩辑:《饶双峰讲义》,《四库未收书辑刊》第2辑第15册,第455页下栏;按:已做并行处理。
② [清]焦循撰,沈文倬点校:《孟子正义》上册,第511—512页。
③ [宋]朱熹:《四书章句集注》,第282页。

又敬不违,所谓'谏若不入,起敬起孝,悦则复谏'也。劳而不怨,所谓'与其得罪于乡、党、州、闾,宁熟谏。父母怒、不悦,而挞之流血,不敢疾怨,起敬起孝'也。"①仿此体例,《大学》借"物有本末,事有终始,知所先后,则近道矣"以彰明先后的重要性,借"意诚而后心正,心正而后身修,身修而后家齐,家齐而后国治,国治而后天下平"以夯实次序的条理性,借"自天子以至于庶人,壹是皆以修身为本"以凸显修身的根本性,即它是与《孟子》7·12相表里的荦荦大者。

受朱熹影响,后世学者逐渐关注此一问题。一是张居正(1525—1582)的《四书直解》卷二〇《孟子卷七·离娄章句上》指出:"按:此章论诚明之学,实渊源于孔子,乃子思所闻于曾子,而孟子所受于子思者。学者宜究心焉。"②据此,《孟子》7·12借助诚明之学,和盘托出孔子→曾子→子思→孟子的传承谱系。二是唐文治的《孟子大义》卷七《离娄上·第十二章》指出:"《大学》言格物、致知、诚意、正心、修身,以达乎齐家、治国、平天下,此言治天下之本末也。《中庸》言明善、诚身,以达乎悦亲、交友、获上,此言治一身之本末也。"③据此,《孟子》7·12基于"治一身之本末"而与《中庸》相表里,基于"治天下之本末"而与《大学》相表里。

从《孟子》7·12的单章研究看,人们大多关注其中的思孟关系,很少有人关注其中的曾孟关系。所谓从思孟关系到曾孟关系,意在提醒我们不仅要重视思孟关系的视角,而且也要重视曾孟关系的视角,这两个视角都是不可或缺的。四书学离不开孟子与曾子、《孟子》与《大学》相互关系的探讨,而经由《孟子》7·12的单章研究是扩展并深化此一问题意识的必由之路。

综上所述,《孟子》7·12包括三大论域:一是它与《孔子家语》《中庸》

---

① [宋]朱熹:《四书章句集注》,第73页。
② [明]张居正撰,王岚、英巍整理:《四书直解》,北京:九州出版社,2017年,第397页。
③ 唐文治:《唐文治四书大义·孟子大义》,第218页。

《淮南子》的字句同异值得分辨,二是它与《中庸》的思想关联值得分析,三是它与曾子、子思的学脉传承值得分疏。张岱的《四书遇·孟子·离娄上·思诚章》指出:"此章全与《中庸》同。《中庸》于'诚之者'处,犹有择善、固执、博学、笃行等功夫。而此但以'思诚'二字尽之,尤为简切。"[①]"诚而思诚"的思想义理是《孟子》7·12 的重中之重。如果再进一步说清楚它与《孔子家语》、曾子的里里外外,我们就能基于思想义理而统筹兼顾,将这一单章研究做得更好,使它真正成为孟子研究与孟学史研究新的学术增长点。

---

① [明]张岱著,朱宏达点校:《四书遇》,杭州:浙江古籍出版社,2014 年,第 446 页。

从尧舜到孔孟:《孟子》末章与儒家道统论*

《尽心下》是《孟子》最后一篇,以下是《尽心下》最后一章:

> 孟子曰:"由尧、舜至于汤,五百有余岁,若禹、皋陶,则见而知之;若汤,则闻而知之。由汤至于文王,五百有余岁,若伊尹、莱朱,则见而知之;若文王,则闻而知之。由文王至于孔子,五百有余岁,若太公望、散宜生,则见而知之;若孔子,则闻而知之。由孔子而来至于今,百有余岁,去圣人之世若此其未远也,近圣人之居若此其甚也,然而无有乎尔,则亦无有乎尔。"(《孟子》14·38)

王应麟(1223—1296)的《困学纪闻》卷八《孟子》指出:"《论语》终于《尧曰篇》,《孟子》终于'尧、舜、汤、文、孔子',而《荀子》亦终《尧问》,其意一也。"① 这里的"一"实即道统。陈寅恪的《论韩愈》一文指出:韩愈自述道统的传授渊源固由《孟子》卒章所启发②。有论者认为:"就孟子发展丰富了孔子的思想,尤其是他较为明确地提出圣人之道传授的统绪而言,孟子实开道统说之端绪。"③

---

* 原载《国学学刊》2012年第2期,第66—73页;题为《〈孟子〉末章与儒家道统论》。
① [宋]王应麟著,[清]翁元圻等注,栾保群、田松青、吕宗力校点:《困学纪闻》(全校本)中册,上海:上海古籍出版社,2008年,第1017—1018页。
② 参见陈美延编:《陈寅恪集·金明馆丛稿初编》,北京:生活·读书·新知三联书店,2001年,第320页。
③ 蔡方鹿:《中华道统思想发展史》,成都:四川人民出版社,2003年,第195页。

"见而知之""闻而知之"是《孟子》末章最重要的关键词。见而知之者有三组六人：第一组是禹、皋陶，第二组是伊尹、莱朱，第三组是太公望、散宜生。闻而知之者有三组三人：第一组是汤，第二组是文王，第三组是孔子。如下表所示：

《孟子》末章人物谱系

	见而知之者	闻而知之者
第一组	禹、皋陶	汤
第二组	伊尹、莱朱	文王
第三组	太公望、散宜生	孔子

对于这组关键词，赵岐注云："见而知之，谓辅佐也。通于大贤次圣者，亦得与在其间，亲见圣人之道而佐行之，言易也。闻而知之者，圣人相去卓远，数百岁之间变故众多，逾闻前圣所行，追而遵之，以致其道，言难也。"①见而知之易，闻而知之难，由此可断汤、文王、孔子比禹等六人难能可贵。但是，以《孟子》末章为中心，并结合《孟子》全书来看，孔子与道统的关系问题实则比较复杂，值得我们详加思考。

一、外王与内圣：尧舜之道的两重内涵

见而知之，闻而知之，皆知尧、舜。孟子没有提过早于尧、舜的历史人物，其（中国）人类史观以尧、舜为起点。尧、舜以前已有人类存在，因而这一起点不是历史性的，纯然是文化性的。"孟子道性善，言必称尧、舜。"（《孟子》5·1）《孟子》书中，"尧"字出现60次，"舜"字出现100次。②康

---

① ［清］焦循撰，沈文倬点校：《孟子正义》下册，第1034—1035页。《文子·道德》载老子之言："闻而知之，圣也。见而知之，智也。"（王利器：《文子疏义》，北京：中华书局，2000年，第229页）《孟子》末章论"闻而知之""见而知之"以及《孟子》10·1论"圣""智"，是否受过文子（老子弟子）的影响，值得人们深究。
② 《孟子词典》统计"尧""舜"分别为58、97次（参见杨伯峻译注：《孟子译注》，第408、415页），且未收"尧舜之道"一词。

有为的《孟子微》卷一《总论》指出:"孟子一生学术,皆在'道性善''称尧、舜'二语,为《孟子》总括,即为七篇总提。"①孟子从道德理想主义立场反复论说尧、舜,关键词是思想史上众所周知的"尧舜之道"。

《孟子》出现"尧舜之道"一词计有10次,均为孟子所言:

> 我非尧舜之道,不敢以陈于王前,故齐人莫如我敬王也。(《孟子》4·2)

> 尧舜之道,不以仁政,不能平治天下。(《孟子》7·1)

> 孟子曰:"否,不然。伊尹耕于有莘之野,而乐尧舜之道焉。非其义也,非其道也,禄之以天下,弗顾也;系马千驷,弗视也。非其义也,非其道也,一介不以与人,一介不以取诸人。汤使人以币聘之,嚣嚣然曰:'我何以汤之聘币为哉?我岂若处畎亩之中,由是以乐尧舜之道哉?'汤三使往聘之,既而幡然改曰:'与我处畎亩之中,由是以乐尧舜之道,吾岂若使是君为尧舜之君哉?吾岂若使是民为尧舜之民哉?吾岂若于吾身亲见之哉?天之生此民也,使先知觉后知,使先觉觉后觉也。予,天民之先觉者也。予将以斯道觉斯民也。非予觉之,而谁也?'思天下之民匹夫匹妇有不被尧舜之泽者,若己推而内之沟中。其自任以天下之重如此,故就汤而说之以伐夏救民。吾未闻枉己而正人者也,况辱己以正天下者乎?圣人之行不同也,或远或近,或去或不去,归洁其身而已矣。吾闻其以尧舜之道要汤,未闻以割烹也。《伊训》曰:'天诛造攻自牧宫,朕载自亳。'"(《孟子》9·7)

> 尧舜之道,孝弟而已矣。(《孟子》12·2)

> 欲轻之于尧舜之道者,大貉、小貉也;欲重之于尧舜之道者,大桀、小桀也。(《孟子》12·10)

---

① 楼宇烈整理:《孟子微 礼运注 中庸注》,北京:中华书局,1987年,第7页。

非之无举也，刺之无刺也；同乎流俗，合乎污世；居之似忠信，行之似廉洁。众皆悦之，自以为是，而不可与入尧舜之道。故曰德之贼也。(《孟子》14·37)

足以概括儒学精髓的"内圣外王之道"一语，首见于《庄子·天下》①。孟子说的尧舜之道有内圣、外王两重内涵：外王多就尧而言，内圣多就舜而言②。

尧为天子，以舜为相，并任用益烈火山泽、禹疏治洪水、后稷教民稼穑、契教以人伦，试图解决客观自然性、政治经济性、伦理道德性的人类生存困境，最后取得巨大成绩(《孟子》5·4，另见《孟子》6·9)。孔子高度评价："巍巍乎！舜、禹之有天下也而不与焉。"(《论语》8·18)"大哉！尧之为君也。巍巍乎！唯天为大，唯尧则之。荡荡乎！民无能名焉。巍巍乎！其有成功也。焕乎！其有文章。"(《论语》8·19)"大哉！尧之为君。惟天为大，惟尧则之。荡荡乎！民无能名焉。君哉！舜也。巍巍乎！有天下而不与焉。"(《孟子》5·4)③老百姓简直不知如何赞誉天下平治的幸福生活("民无能名焉")，贵为天子者却一点不为巨大的治国成就而沾沾自喜("有天下而不与焉")。

尧得以成就外王事业，有两大政治学原因。一是君臣伦理以友为特质。孟子指出："舜尚见帝，帝馆甥于贰室，亦飨舜，迭为宾主，是天子而友匹夫也。"(《孟子》10·3)"欲为君，尽君道；欲为臣，尽臣道。二者皆法尧、舜而已矣。不以舜之所以事尧事君，不敬其君者也；不以尧之所以治民治民，贼其民者也。"(《孟子》7·2)二是王权传授以禅让为机制。帝尧年迈，舜

---

① 参见[清]郭庆藩辑，王孝鱼整理：《庄子集释》第4册，第1069页。
② 与尧舜之道相对应，文王之道、武王之道合称文武之道。"文武之道"两见于《论语》19·22。《孟子》虽无此词，但同样重视并弘扬文武之道。一般而言，文武之道亦有以下区分：文王之道侧重柔性的文德教化，武王之道侧重刚性的武力征服。
③ 《孟子》此语是将前述《论语》两章合二为一，但文字略有差异。

代理天子,行事为天、民所接受。尧死,舜让尧的儿子继位,但朝觐者、讴歌者心向于舜,舜最终只得践天子位(《孟子》9·4,9·5)。

友匹夫、让天下,作为尧的外王体现,有两点值得申论:其一,尧首先也是内圣的。以此为凭借,他才能以友德待匹夫,禅让其天下。没有真切的内圣,就绝对朗现不出广大的外王。正如《中庸》第25章所言:"诚者非自成己而已也,所以成物也。成己,仁也;成物,知也。性之德也,合外内之道也,故时措之宜也。"① 其二,尧之友匹夫、让天下,对象皆为舜。孟子认为"尧舜之道,孝弟而已矣"(《孟子》12·2),但侧重于舜。舜以深厚的内圣工夫,得到尧的高度认可,这是外王由内圣奠基的价值诉求使然。《中庸》第17章录孔子曰:"舜其大孝也与!德为圣人,尊为天子,富有四海之内,宗庙飨之,子孙保之。故大德必得其位,必得其禄,必得其名,必得其寿。"②

《孟子》论尧多就外王而言,并不是说尧不内圣;论舜多就内圣而言,也不是说舜不外王。在孟子看来,舜之内圣突出表现为大孝至孝③、善与人同两个方面。齐家竭尽事亲之道,交际乐取于人以为善,这一"几希"的修身工夫贯穿舜的一生。

---

① [宋]朱熹:《四书章句集注》,第34页。
② 同上书,第25页。
③ 梁涛认为:在曾子的影响下,先秦儒家内部形成了由子思到孟子的重仁派以及由乐正子春到《孝经》的重孝派;孟子早期受到重孝派影响,后来转向重仁派(参见氏著:《郭店竹简与思孟学派》,北京:中国人民大学出版社,2008年,第496—507页)。另外,徐复观的有关看法值得重视。其《中国孝道思想的形成、演变及其在历史中的诸问题》指出:"一般的说法,孔门以曾子最能传孝道。子思是曾子的学生,而孟子又曾学于子思的门人,所以孝特为孟子所重视,这大概是可靠的说法。""但是,若因此而说孟子乃至曾子、子思是孝治派,而孝治派即是专制主义的维护者,这便是不应当有的错误。""总之,一直到荀子为止,先秦儒家中,没有孝治思想。"(氏著:《中国思想史论集》,北京:九州出版社,2014年,第192、195、199页)黄开国指出,孝道派与孝治派是有重大区别的不同学派:前者以曾子为始祖,但真正的代表人物不是作为孔子弟子的曾子,而是被曾子弟子乐正子春等人改扮过的曾子;后者的代表作是《孝经》,它成书于孝道派之后(参见氏著:《论儒家的孝道学派——兼论儒家孝道派与孝治派的区别》,《哲学研究》2003年第3期,第46页)。但是,秦汉以降,出于王权政治的需要,君臣之纲有压过父子之纲的趋势,忠孝之间更强调忠的一面,忠与孝的冲突显得格外突出。

大孝至孝，是齐家的品德。孟子引孔子之语："舜其至孝矣，五十而慕。"（《孟子》12·3）舜的父亲瞽瞍、继母、同父异母之弟象百般刁难他，甚至欲置其于死地（《孟子》9·2），但舜做了天子以后，"人悦之、好色、富、贵，无足以解忧者，惟顺于父母可以解忧"（《孟子》9·1）。父子是人之大伦（《孟子》4·2），舜"大孝终身慕父母"（《孟子》9·1），成为移风易俗的楷模。孟子说："舜尽事亲之道而瞽瞍厎豫，瞽瞍厎豫而天下化，瞽瞍厎豫而天下之为父子者定，此之谓大孝。"（《孟子》7·28）赵岐注云："厎，致也。豫，乐也。"①《万章上》引《尚书》逸篇："祗载见瞽瞍，夔夔齐栗，瞽瞍亦允若。"（《孟子》9·4）"允若"与"厎豫"的意思相近。舜竭尽心力侍奉父母，顽劣的瞽瞍终于高兴了；瞽瞍高兴，天下的风俗就变好了；瞽瞍高兴，天下父子应有的纲常就确立了。三个"瞽瞍厎豫"连用，反衬了舜的大孝至孝。

善与人同，是交际的操守。舜与人交往，虚怀若谷，舍己从人，善于吸取他人的优点，并与他人一道行善。这种襟怀与气度是君子、圣贤人格应有的道德品质。孟子指出：

> 舜之居深山之中，与木石居，与鹿豕游，其所以异于深山之野人者几希。及其闻一善言，见一善行，若决江河，沛然莫之能御也。（《孟子》13·16）
>
> 大舜有大焉，善与人同，舍己从人，乐取于人以为善。自耕稼、陶、渔以至为帝，无非取于人者。取诸人以为善，是与人为善者也。故君子莫大乎与人为善。（《孟子》3·8）

先于孟子，郭店简也认为尧舜之道是内圣、外王相统一的完美典范。《唐虞之道》指出：

---

① ［清］焦循撰，沈文倬点校：《孟子正义》上册，第535页。

> 唐虞之道,(禅)而不传。尧舜之王,利天下而弗利也。(禅)而不传,圣之盛也。利天下而弗利也,仁之至也。故昔贤仁圣者如此……正其身,然后正世,圣道备嘻。①
>
> 尧舜之行,爱亲尊贤。爱亲故孝,尊贤故(禅)……孝,仁之冕也。(禅),义之至也。六帝兴于古,成由此也。爱亲忘贤,仁而未义也。尊贤遗亲,义而未仁也。古者虞舜笃事(瞽瞍),乃弋其孝;忠事帝尧,乃弋其臣。爱亲尊贤,虞舜其人也。②

郭店简认为:尧将帝位禅让于舜,这是最高统治者之尊贤,是"尧舜之王"的鲜明表征;舜竭尽心力孝顺父亲,这是道德实践主体之爱亲,是"尧舜之行"的典型体现。郭店简、孟子理解尧舜之道的惊人相似,表明先秦儒学发展史有其一脉相承的内在逻辑。

"尧舜之道,不以仁政,不能平治天下"(《孟子》7·1)、"我非尧舜之道,不敢以陈于王前"(《孟子》4·2),这是外王的诉求。相比之下,孟子更重内圣。曾子弟子公明仪说:"舜,何人也?予,何人也?有为者亦若是。"(《孟子》5·1)孟子也说:"乃若所忧,则有之。舜,人也;我,亦人也。舜为法于天下,可传于后世;我由未免为乡人也,是则可忧也。忧之如何?如舜而已矣。"(《孟子》8·28)孟子执着地相信"人皆可以为尧、舜"(《孟子》12·2),强调"舜明于庶物,察于人伦,由仁义行,非行仁义也"(《孟子》8·19)。"行仁义"是行为合乎义务,"由仁义行"是出于义务而行为③。尽管每个人都有可能成就理想人格,但尧、舜由仁义行而成为圣人,却是孟子认定的当然之实。

---

① 荆州市博物馆编:《郭店楚墓竹简》,北京:文物出版社,1998年,第157页。
② 同上书,第157页。
③ 参见李明辉:《孟子与康德的自律伦理学》,氏著:《儒家与康德》,台北:联经出版事业公司,1990年,第53页。

二、尧舜、孔子的紧张与武王、周公被省略问题

《孟子》末章将孔子当作尧舜之道的闻而知之者,但从《滕文公上》第2章看,孔子与尧、舜的关系显得有点复杂:

> 子贡曰:"见其礼而知其政,闻其乐而知其德。由百世之后,等百世之王,莫之能违也。自生民以来,未有夫子也。"(《孟子》3·2)
>
> 有若曰:"岂惟民哉?麒麟之于走兽,凤凰之于飞鸟,太山之于丘垤,河海之于行潦,类也。圣人之于民,亦类也。出于其类,拔乎其萃。自生民以来,未有盛于孔子也。"(《孟子》3·2)
>
> 宰我曰:"以予观于夫子,贤于尧、舜远矣。"(《孟子》3·2)

孔门弟子子贡、有若、宰我盛赞孔子的这些话,均被孟子援引(《孟子》3·2)。其中,"自生民以来,未有夫子也""自生民以来,未有盛于孔子也""贤于尧、舜远矣",隐含了孔子与尧、舜之间的某种紧张。这些话并不见于《论语》,因而,孔子与尧、舜之间的这种紧张关系显然出于孟子自己的思想。

孔子何以贤于尧、舜?且看古人的诠释:

> 以孔子但为圣,不王天下,而能制作素王之道,故美之。如使当尧、舜之处,贤之远矣。(《孟子正义》卷六录赵岐注)①
>
> 语圣则不异,事功则有异。夫子贤于尧、舜,语事功也。盖尧、

---

① [清]焦循撰,沈文倬点校:《孟子正义》上册,第217页。

舜治天下，夫子又推其道以垂教万世。尧舜之道，非得孔子，则后世亦何所据哉？（《孟子集注》卷三引程子）①

赵岐认为：孔子有德无位，但他如果有尧、舜那样的地位，就会远远贤于尧、舜。朱熹援引小程的观点认为：孔子将尧舜之道发扬光大，垂教万世，事功更大。综合两家的看法，如果说周公是"道行"时代中最后一个有德无位者，孔子就是"道不行"时代中第一个有德无位者；始于孔子，素王成为最大的事功，否则道不足以下传。赵岐、小程的诠释，大体反映了孟子的理念。孟子引子贡、有若、宰我之前，即已声明"乃所愿，则学孔子也"，并且断言"自有生民以来，未有孔子也"（《孟子》3·2）。孟子借宰我之口说出孔子"贤于尧、舜远矣"，这是道德决定政治、内圣统摄外王的思想理路使然。

《孟子》末章虽然消弭了尧、舜与孔子之间的这一种紧张②，但令人意外地留下对于周公、武王的另两大省略。孔子崇敬周公，曾说："甚矣吾衰也！久矣吾不复梦见周公！"（《论语》7·5）孟子并称周、孔（"悦周公、仲尼之道"，《孟子》5·4），认为周公思兼夏、商、周三代圣王，力图成就禹、汤、文、武勋业（《孟子》8·20），还将禹抑洪水、周公兼夷狄、孔子成《春秋》（《孟子》6·9）相提并论，但《孟子》末章却没有提及周公。武王、周公皆文王之子，为兄弟关系。孟子不相信《武成篇》说武王伐纣血流漂杵（《孟子》14·3），因

---

① ［宋］朱熹：《四书章句集注》，第234页。朱熹引程子之语，出自《河南程氏遗书》卷二二上《伊川先生语八上》："用休问：'夫子贤于尧、舜，如何？'子曰：'此是说功。尧、舜治天下，孔子又推尧舜之道而垂教万世。门人推尊，不得不然。'伯温又问：'尧、舜，非孔子，其道能传后世否？'曰：'无孔子，有甚凭据处？'"（［宋］程颢、程颐著，王孝鱼点校：《二程集》第1册，第279页）又，《中庸章句序》云："若吾夫子，则虽不得其位，而所以继往圣、开来学，其功反有贤于尧、舜者。"（［宋］朱熹：《四书章句集注》，第14—15页）
② 《四书疑节》卷八《孟子》"孟子尝曰'乃所愿，则学孔子也'，及于性善、孝弟之论，乃皆专举尧、舜，何耶"条指出："若以圣人之道言之，则孔子之道即尧舜之道，尧舜之道即孔子之道。仲尼祖述尧、舜，其道岂有二哉？谓予不信，请质《孟子》篇末尧、舜、汤、文、孔子见知、闻知之论，斯得之矣。"（［元］袁俊翁：《四书疑节》，《景印文渊阁四库全书》第203册，第835页上栏）

为他深信武王伐纣"丕承哉，武王烈"（《孟子》6·9），是闻诛一夫、非敌百姓的正义行为（《孟子》2·8，14·4），但《孟子》末章同样没有提及武王。

检索《孟子词典》，"莱朱""散宜生"仅仅见诸末章，"太公望"或"太公"出现4次，而"武王"出现10次，"周公"出现18次。①《孟子》末章提到莱朱、太公望、散宜生这些儒家思想史上并不重要的人物②，那它省略周公、武王，自然会引起后人的质疑。与武王相比，《孟子》末章省略周公在儒家思想史上受到了更多的关注。

著名的儒学批判者蔡尚思（1905—2008）曾说："最可惜的是这位始倡道统说的孟轲，竟却不知孔丘连能梦见周公都觉得有无上的光荣而又好过，不但未把周公列入'闻而知之'的圣者，而且连'见而知之'的贤者也没得份。既然这样不了解孔丘，怎样够得上做孔丘的继承者？"③《孟子》末章对周公的省略确实发人深思，由此断定孟子因不了解周公而误解孔子，也未尝没有道理。

《文史通义·原道上》指出："周公集羲、轩、尧、舜以来之大成。周公固学于历圣而集之，无历圣之道法，则固无以成其周公也。孔子非集伯夷、尹、惠之大成。孔子固未尝学于伯夷、尹、惠，且无伯夷、尹、惠之行事，岂将无以成其孔子乎？夫孟子之言，各有所当而已矣，岂可以文害意乎？"④章学诚（1738—1801）认为集大成的是周公而不是孔子，明确反对孟子说的"孔子之谓集大成"（《孟子》10·1），但未关注《孟子》末章对周公的省略，可以视作回避了问题本身。

---

① 参见杨伯峻译注：《孟子译注》，第416、410、334、370、364页。
② 《孟子正义》卷二九指出："在尧、舜时举一禹、皋陶，则稷、契、益等二十二人括之矣。在汤时举一伊尹、莱朱，则当时贤臣如女鸠、女房、义伯、仲伯、咎单等括之矣。在文王时举一太公望、散宜生，则虢叔、泰颠、闳夭、召公、毕公、荣公等括之矣。非谓见知者仅此一二人也。"（[清]焦循撰，沈文倬点校：《孟子正义》下册，第1037页）
③ 蔡尚思撰，李妙根导读：《中国传统思想总批判（附补编）》，上海：上海古籍出版社，2006年，第152页。
④ [清]章学诚著，叶瑛校注：《文史通义校注》上册，北京：中华书局，1994年，第121页。

与以上观点相比，清代岭南学者屈大均（1630—1696）认为"周公得亚圣以为孙，孟子得圣人以为祖"，周公是孟子心中的大圣人。他说：

> 孟子者，孟孙氏之后也。于周公为適①，所著七篇，称引周公不一而足。盖序列禹、孔子，而中之以周公焉；序列禹、汤、文、武，而终之以周公焉；序列益、伊尹，而又终之以周公焉。孟子去周公七百余岁，而念念不忘，其神明相接，或当如孔子所尝梦见之耶！则孟子者，岂非周公之慈孙也耶？昔汉以梅福、匡衡之言封孔子后后殷，则欲立周公之后，舍孟氏复可求耶！嗟夫！自孟子卒，至汉之初，如司马迁者尚未知，所以尊之而以与荀卿同传；至扬雄，而始以孔孟并称；至韩愈，始以孟氏配孔子。孟子之见知于世，一何晚耶？今以之后周公，而配享于周公之庙。俾二千年以来，周公得亚圣以为孙，孟子得圣人以为祖。而世无梅福、匡衡之徒为之昌言，则有周之不幸，而岂惟周公之不幸，孟子之不幸也耶！（《翁山文外》卷一二《孟子列传赞》）②

屈大均说的禹→周公→孔子、禹→汤→文王→武王→周公、益→伊尹→周公，见诸孟子下面的叙述：

> 昔者禹抑洪水而天下平，周公兼夷狄、驱猛兽而百姓宁，孔子成《春秋》而乱臣贼子惧。（《孟子》6·9）
>
> 禹恶旨酒而好善言。汤执中，立贤无方。文王视民如伤，望道而未之见。武王不泄迩，不忘远。周公思兼三王，以施四事。其有不合者，仰而思之，夜以继日；幸而得之，坐以待旦。（《孟子》8·20）

---

① 按："適"同"嫡"，不能简化为"适"。
② 欧初、王贵忱主编：《屈大均全集》第3册，北京：人民文学出版社，1996年，第207页。

继世以有天下，天之所废，必若桀、纣者也，故益、伊尹、周公不有天下。(《孟子》9·6)

《孟子》末章对于周公的省略，可拿东汉末期陈元方(129—199) 11岁说的一席话来形容："周公、孔子，异世而出，周旋动静，万里如一。周公不师孔子，孔子亦不师周公。"(《世说新语·政事》)① 元人袁俊翁(生卒年不详)的提问更为直接："见知、闻知之论在文王时，见而知者何以言太公望、散宜生而不及周公？"其《四书疑节》卷八《孟子》的同名条目做过细腻的分析：

甚矣，尚论古人之为难也！尚论古人，意各有在，焉得人人而及之？且当时措辞立论，姑举其概耳。议者或曰：孟子自言"欲承三圣"，而篇末见知、闻知之论，在文王时乃及太公望、散宜生而不及周公，何欤？愚尝即《孟子》而观之：其上举尧、舜、禹②、汤、文、孔子，则"由"某"至于"某，曰由，曰尝至，皆专指之辞也；其下历举禹、皋陶、伊尹、莱朱、太公望、散宜生之属，则皆以"若"言之云者，泛指之辞，初不仅此二人而止也。或曰：若泛指之辞言之可也，然当时试举其概，在文王时举周公亦奚不可；今乃舍周公而言太公望、散宜生，岂无故乎？吁！《孟子》篇末乃历叙前后群圣道统相承而言也。凡所谓闻而知之者，皆间于五百余岁之后，道统盖有所属。其论见而知之者，尧、舜时举禹、皋陶，汤时举伊尹、莱朱，文王时举太公望、散宜生，盖皆就当时略举一二人，以示其概耳。且如文王时，岂止略于周公而不言哉？圣如武王亦不之及，盖以武王、周公皆文

---

① [南朝宋]刘义庆著，[南朝梁]刘孝标注，余嘉锡笺疏，周祖谟、余淑宜、周士琦整理：《世说新语笺疏》，北京：中华书局，2011年，第145页。
② 按：此字是四库抄手误植，属衍文。

王之子也。先儒论《易》,尝谓世历三古、人三圣。三圣指羲、文、孔子,而不及周公。盖亦以父文王而子周公,父统子业,故不及。此章维历叙群圣前后道统相承。文王、周公父子一家,此孟子宁舍武王、周公而举太公望、散宜生也。不然,以武王、周公之盛德,岂不及于太公望、散宜生哉?要之,当时立言,意各有在。试举泛指之辞言之,凡同时之知道者殆皆在列,虽不言犹言也。况《孟子》之于《尽心》虽不及周公,然于《离娄篇》历举舜、禹、汤、文、武、周、孔之事。记者乃取此三章相属,而以"予私淑诸人"一章继其下,正以见古今道统相传之有在是。则《孟子》之于《离娄》,明举周公于数圣人之间。则周公之圣德,其于道统之授受固昭如也。孟子所谓"欲承三圣"者,即此证之而益信。①

在袁俊翁看来,孟子举见而知之者,是泛指之辞;举闻而知之者,是专指之辞。所谓泛指之辞,"盖皆就当时略举一二人,以示其概耳","凡同时之知道者殆皆在列,虽不言犹言也"。这一辨析较好地解答了《孟子》末章为何省略武王、周公的问题。更重要的是,《孟子》末章不是孤立的篇章,而是与孟子思想体系唇齿相依、互相印证。所以,从儒家思想史的宏大叙事看,《孟子》末章的两大省略从未激起轩然大波,人们更熟悉以下的叙述:

  尧以是传之舜,舜以是传之禹,禹以是传之汤,汤以是传之文、武、周公,文、武、周公传之孔子,孔子传之孟轲。轲之死,不得其传焉。(《韩愈全集》文集卷一《原道》)②
  夫尧、舜、禹、汤、文王、武王、周、孔之道,万世常行不可易之道也。(《徂徕石先生文集》卷五《怪说下》)③

---

① [元]袁俊翁:《四书疑节》,《景印文渊阁四库全书》第 203 册,第 837 页。
② [唐]韩愈著,钱仲联、马茂元校点:《韩愈全集》,第 122 页。
③ [宋]石介著,陈植锷点校:《徂徕石先生文集》,北京:中华书局,1984 年,第 63 页。

夫尧、舜、禹，天下之大圣也……自是以来，圣圣相承。若成汤、文、武之为君，皋陶、伊、傅、周、召之为臣，既皆以此而接夫道统之传。若吾夫子，则虽不得其位，而所以继往圣、开来学，其功反有贤于尧、舜者。然当是时，见而知之者，惟颜氏、曾氏之传得其宗。及曾氏之再传，而复得夫子之孙子思，则去圣远而异端起矣。子思惧夫愈久而愈失其真也，于是推本尧、舜以来相传之意，质以平日所闻父师之言，更互演绎，作为此书，以诏后之学者……自是而又再传以得孟氏，为能推明是书，以承先圣之统，及其没而遂失其传焉。（《中庸章句序》）①

文王、周公既没，孔子有德无位，既不能使是道之用渐被斯世，退而与其徒定礼乐，明宪章，删《诗》，修《春秋》，赞《易象》，讨论《坟》《典》，期使五三圣人之道昭明于无穷。故曰："夫子贤于尧、舜远矣。"孔子没，曾子独得其传，传之子思，以及孟子。孟子没而无传。（《宋史·道学传一》）②

这些叙述编织了尧→舜→禹→汤→文、武、周公→孔子（→曾子→子思）→孟子的先秦道统传授谱系，并成为儒家道统思想史的共识。立足孟子思想体系看，《孟子》末章对于武王、周公的两大省略，其实只是表面现象，而不是根本性的问题。

三、孟子"无有乎尔"的道统担当

圣人是"仁也者，人也。合而言之，道也"（《孟子》14·16）的承载者。从闻而知之者看，尧、舜至汤是五百多年，汤至文王是五百多年，文王至孔子

---

① ［宋］朱熹：《四书章句集注》，第14—15页。
② ［元］脱脱等：《宋史》第36册，第12709页。

是五百多年(《孟子》14·38)。基于这一经验事实,孟子深信"五百年必有王者兴,其间必有名世者"(《孟子》4·13)。他深切地感喟:

> 由周而来,七百有余岁矣。以其数,则过矣;以其时考之,则可矣。夫天未欲平治天下也。如欲平治天下,当今之世,舍我其谁也?(《孟子》4·13)

> 由孔子而来至于今,百有余岁,去圣人之世若此其未远也,近圣人之居若此其甚也,然而无有乎尔,则亦无有乎尔。(《孟子》14·38)

"当今之世,舍我其谁"与"然而无有乎尔,则亦无有乎尔"同是悲情叙说,但恰成鲜明对照:前者豪放、直率,后者婉约、含蓄;孟子以内圣外王的原始综合构造直面由周而来"七百有余岁"以及三个"五百有余岁"叠加的长时段,以内圣统摄外王的儒家进路审察由孔子而来"百有余岁"的短时段,将孔子当作尧舜之道由内圣外王的原始综合构造转向内圣统摄外王的分水岭,经由"无有乎尔"宣示了自己"愿学孔子"的道统担当。

"然而无有乎尔,则亦无有乎尔"素称难解[①]。杨伯峻译作:"但是没有承继的人,也竟然没有承继的人了。"[②]黄侃(1886—1935)批注王引之(1769—1834)的《经传释词》卷四"乎"条说道:"'乎'为'于'之借。"[③]《经传释词》卷七"尔爾"条指出:"爾,犹'此'也。"[④]若训"乎尔"为"于此",重言训为"于彼",并转换为"然而无有于此,则亦无有于彼",这句话可以译作:"要是现在(于此)没有人继承,以后(于彼)就不会有人继承了。"

孟学阐释史上一直认为"乎尔"既是"叹而不怨之辞",又于"决绝之

---

① 《孟子注疏校勘记》卷一四下《尽心章句下》指出:"《音义》:'陆本作:"然而无乎尔,则亦有乎尔。"'"([清]阮元校刻:《十三经注疏(附校勘记)》下册,第2782页上栏)
② 杨伯峻译注:《孟子译注》,第320页。
③ [清]王引之:《经传释词》,长沙:岳麓书社,1984年,第93页。
④ 同上书,第160页。

中,尚有余望"。且看下面的说法:

> 然而世谓之"无有",此乃天不欲使我行道也,故重言之,知天意之审也。言"则亦"者,非实无有也。"则亦"当使为无有也乎?[乎]①尔者,叹而不怨之辞也。(《孟子正义》卷二九录赵岐注)②
>
> 孟子去孔子之生未远,邹、鲁又相近,言庶几私淑其人得闻而知之也。然而尧、舜、汤、文不复见于世,则此闻而知者,无有措于天下,盖自孔子时已无有见而知之者矣。况生百年后,则亦无有见而知之者矣。尔者,辞之终也。乎尔者,决绝之中,尚有余望也。此孟子思王者之不作,而不欲徒托诸空言,其辞逊,其悁婉。(《孟子正义》卷二九)③

孟子于"决绝之中,尚有余望",是见而知之、闻而知之的内在关联使然。郭店简也讨论过这组关键词,如《五行》说:

> 未尝闻君子道,谓之不聪。未尝见贤人,谓之不明。闻君子道而不知其君子道也,谓之不圣。见贤人而不知其有德也,谓之不智。见而知之,智也。闻而知之,圣也。明明,智也。赫赫,圣也。"明明在下,赫赫在上",此之谓也。闻君子道,聪也。闻而知之,圣也。④

智是看见贤人,知道他是有德之人,这是见而知之;圣是听到君子之道,知道它是君子之道,这是闻而知之。郭店简《五行》又引《诗经》的诗句"明

---

① 此字据阮刻本增补(参见[清]阮元校刻:《十三经注疏(附校勘记)》下册,第2780页下栏)。
② [清]焦循撰,沈文倬点校:《孟子正义》下册,第1037页。
③ 同上书,第1038—1039页。
④ 荆州市博物馆编:《郭店楚墓竹简》,第150页。

明在下,虩虩在上"①,明确指出圣高于智、闻而知之高于见而知之。它还认为:"德之行五,和谓之德;四行和,谓之善。善,人道也。德,天道也。"②仁义礼智圣"五行和"是德的表征,仁义礼智"四行和"是善的表征。德之所以高于善,关键在于圣。

郭店本《五行》与马王堆本《五行》是同一作品的不同传本,后者被当作《荀子·非十二子》将五行与思孟学派连在一起的有力证据,可见孟子的"见而知之""闻而知之"这一论说受过子思甚至郭店简的影响。孟子对智圣关系的分析与判定,也接近郭店简《五行》。孟子说:

> 伯夷,圣之清者也;伊尹,圣之任者也;柳下惠,圣之和者也;孔子,圣之时者也。孔子之谓集大成。集大成也者,金声而玉振之也。金声也者,始条理也;玉振之也者,终条理也。始条理者,智之事也;终条理者,圣之事也。智,譬则巧也;圣,譬则力也。由射于百步之外也,其至,尔力也;其中,非尔力也。(《孟子》10·1)

《孟子》末章将孔子当作闻而知之者、伊尹当作见而知之者,这里将孔子当作相对于伯夷、伊尹、柳下惠而言的集大成者,理由是孟子认为圣高于智、闻而知之高于见而知之。见是直接的,闻是间接的,见在实践维度上一般高于闻,如《荀子·儒效》说:"不闻不若闻之,闻之不若见之,见之不若知之,知之不若行之。学至于行之而止矣。"③但是,孟子走的不是知识的进路,而是体证的进路:"君子之泽五世而斩,小人之泽五世而斩。予未得为孔子徒也,予私淑诸人也。"(《孟子》8·22)"乃所愿,则学孔子也。"(《孟子》

---

① 《诗经·大雅·大明》的原文为:"明明在下,赫赫在上。"([清]阮元校刻:《十三经注疏(附校勘记)》上册,第506页下栏)
② 荆州市博物馆编:《郭店楚墓竹简》,第149页。
③ [清]王先谦撰,沈啸寰、王星贤点校:《荀子集解》上册,北京:中华书局,1988年,第142页。

3·2)"私淑诸人"是见而知之,"学孔子"是闻而知之;两者不相冲突,而是昭示了以心传心的不二法门:"人心惟危,道心惟微,惟精惟一,允执厥中。"(《尚书·大禹谟》)①

对于《孟子》末章的中心思想,赵岐、朱熹分别指出:

> 天地剖判,开元建始,三皇以来,人伦攸叙。宏析道德,班垂文采,莫贵乎圣人。圣人不出,名世承间,虽有此限,盖有遇有不遇焉。是以仲尼至"获麟"而止笔,孟子以"无有乎尔"终其篇章,斯亦一契之趣也。(《孟子正义》卷二九录赵岐《章指》)②

> 此言,虽若不敢自谓已得其传,而忧后世遂失其传,然乃所以自见其有不得辞者,而又以见夫天理民彝不可泯灭,百世之下,必将有神会而心得之者耳。故于篇终,历序群圣之统,而终之以此,所以明其传之有在,而又以俟后圣于无穷也,其指深哉!(《孟子集注》卷一四)③

没有"闻而知之"的神会心得,就不会达致"无有乎尔"的一契之趣。《孟子》末章历叙群圣之统,目的在于实现道统与孔子的内在性贯通,同时显豁了孟子具有闻而知之者的身份自觉与道统担当。孟子没有说过"道统"二字,以致有人认为:"或乃以孟子道统自居,夫道无所为统也。为道统之说者,失孟子之教矣。"④然而,韩愈以后的宋明儒家道统论者借助《孟子》末

---

① [清]阮元校刻:《十三经注疏(附校勘记)》上册,第136页上栏。
② [清]焦循撰,沈文倬点校:《孟子正义》下册,第1039页。
③ [宋]朱熹:《四书章句集注》,第377页。
④ [清]焦循撰,沈文倬点校:《孟子正义》下册,第1039页。《易余籥录》卷八指出:"《宋史》分《道学》于《儒林》,最精最善。《道学》乃宋儒特创一门户,异乎唐以前之儒,分之是也。且郑丙立'道学'之名,以斥诸儒,即用其名以为传,犹范史之有《党锢》也。惟蔡元定不入《道学》,则未画一。"([清]焦循著,刘建臻点校:《焦循诗文集》下册,扬州:广陵书社,2009年,第780页)

章,即道言统,即统言道①,既承认孟子是接续孔子的道统传人,又将自己当作接续孟子的道统传人,在复杂的思想史背景下不断强化"学孔子"的儒家一统取向,使得宋明理学成为儒家思想发展的又一个高峰。

《经学理窟·义理》有言:"孟子曰:'无有乎尔,则亦无有乎尔。'孔子曰:'天之未丧斯文也,匡人其如予何!'今欲功及天下,故必多栽培学[者],则道可传矣。"②《陆九渊集》卷三五《语录下》指出:"孟氏没,吾道不得其传。而老氏之学始于周末,盛于汉,迫晋而衰矣。老氏衰而佛氏之学出焉。佛氏始于梁达磨,盛于唐,至今而衰矣。有大贤者出,吾道其兴矣夫!"③《潜书·潜存》坦承:"甄虽不敏,愿学孟子焉。"④《孟子事实录自序》认为:"孟子之于孔子,犹周公之于文、武;文、武非周公则制作不详,孔子非孟子则流传多失。甚矣,孟子之有功于道者大也!"⑤业已客观展开的思想史进程深刻表明:道统与孔子的内在性贯通,正因一代代儒者满怀孟子那样"无有乎尔"的道统担当而得以实现⑥。

---

① 有论者认为:即道言统是狭义的道统观,将荀子排除在外;即统言道是广义的道统观,将荀子当作重要环节(参见梁涛:《儒家道统说新探》,上海:华东师范大学出版社,2013年,第70页)。我们这里遵从一般意义去理解即道言统、即统言道。
② [宋]张载著,章锡琛点校:《张载集》,北京:中华书局,1978年,第271页。
③ [宋]陆九渊著,钟哲点校:《陆九渊集》,北京:中华书局,1980年,第473页。
④ [清]唐甄著,吴泽民编校:《潜书(附诗文录)》,北京:中华书局,1963年,第205页。
⑤ [清]崔述撰著,顾颉刚编订:《崔东壁遗书》,上海:上海古籍出版社,1983年,第409页。
⑥ 《史记·太史公自序》指出:"先人有言:'自周公卒五百岁而有孔子。孔子卒后至于今五百岁,有能绍明世,正《易传》,继《春秋》,本《诗》《书》《礼》《乐》之际?'意在斯乎!意在斯乎!小子何敢让焉?"([汉]司马迁撰,[宋]裴骃集解,[唐]司马贞索隐,[唐]张守节正义:《史记》第10册,第3296页)"意在斯乎!意在斯乎"是与孟子"然而无有乎尔,则亦无有乎尔"相似的表述。

《孟子》引论《诗》《书》的文献地图*
——兼评陈澧《东塾读书记》考释的得失

一、与陈澧《东塾读书记》商榷

诗书文化在《孟子》中主要指《诗》《书》文化,《诗》《书》文化在孟子思想体系的形成与发展过程中起到重要作用。康有为的《万木草堂口说·荀子》指出:"荀子不甚言《易》。孟子亦不言《易》,亦不言《礼》。孟子全是《诗》《书》之学。"①《诗》《书》之学自然涉及《孟子》究竟如何引、论《诗》《书》。陈士元的《孟子杂记》卷一"七篇"条指出:"赵德云:'《孟子》言《书》凡二十九,援《诗》凡三十五。'今计七篇,数同。"②梁玉绳(1716?—1792?)的《史记志疑》卷二九指出:"孟子无序《诗》《书》之事,然七篇中言《书》凡二十九,援《诗》凡三十五,故称序《诗》《书》。赵岐亦曰:'孟子言《五经》,尤长于《诗》《书》。'"③焦循的《孟子正义》卷一指出:"赵氏以为'通《五经》',七篇中言《书》凡二十九,言《诗》凡

---

* 原载《现代哲学》2011年第4期,第100—109页。
① [清]康有为撰,姜义华、吴根樑编校:《康有为全集》第2集,上海:上海古籍出版社,1990年,第383页。
② [明]陈士元:《孟子杂记》,《景印文渊阁四库全书》第207册,第297页下栏;按:"赵德",原文作"赵悳"。
③ [清]梁玉绳:《史记志疑》第3册,北京:中华书局,1981年,第1269页。

三十五。"① 遗憾的是，陈士元、梁玉绳、焦循没有罗列"言《书》凡二十九，援《诗》凡三十五"的明细表。相比而言，清代岭南学者陈澧（1810—1882）对于《孟子》引、论《诗》《书》的具体情形及其思想意义，问题意识更为清晰，统计工作更为细致。其《东塾读书记》卷三《孟子》有言：

> 《史记·孟子列传》云："序《诗》《书》，述仲尼之意，作《孟子》七篇。"赵邠卿《孟子题辞》云："孟子通《五经》，尤长于《诗》《书》。"澧案：孟子引《诗》者三十，论《诗》者四，引《书》者十八，论《书》者一，又有似引《书》而不言"《书》曰"者。所谓尤长于《诗》《书》者，于此可以窥见矣。其引《烝民》之诗，以证性善，性理之学也；引"雨我公田"，以证周用助法，考据之学也。"《小弁》之怨，亲亲也。亲亲，仁也。"此由读经而推求性理，尤理学之圭臬也。盖性理之学，政治之学，皆出于《诗》《书》，是乃孟子之学也。②

《孟子》引、论《诗》《书》的具体情形何如？陈澧以内文夹注做了详细说明。为便于阅读，特将它们单列出来，如表1所示：

表1　陈澧注《孟子》引论《诗》《书》一览表

	类型	例句（编号为引者所加）
1	引《诗》者三十	1."经始灵台"；2."刑于寡妻"；3."畏天之威"；4."王赫斯怒"；5."哿矣富人"；6."乃积乃仓"；7."古公亶父"；8."自西自东"；9."迨天之未阴雨"；10—11."永言配命"（两引）；12."昼尔于茅"；13."雨我公田"；14."周虽旧邦"；15."出于幽谷"；16—17."戎、狄是膺"（两引）；18."不愆不忘"；19."天之方蹶"；20."殷鉴不远"；21."商之孙子"；22."谁能执热"；23."其何能淑"；24."周余黎民"；25."永言孝思"；26."周道如砥"；27."天生蒸民"；28."既醉以酒"；29."忧心悄悄"；30."肆不殄厥愠"。○"畜君何尤"，不在《三百篇》内。

---

① ［清］焦循撰，沈文倬点校：《孟子正义》上册，第9页。
② ［清］陈澧：《东塾读书记》，《续修四库全书》第1160册，第536—537页。又见［清］陈澧著，黄国声主编：《陈澧集》第2册，上海：上海古籍出版社，2008年，第53—54页；按：该书点校有若干错漏。

续表

	类型	例句（编号为引者所加）
2	论《诗》者四	1."普天之下"；2.《小弁》；3.《凯风》；4."不素餐兮"。○齐宣王引"他人有心"，王良引"不失其驰"，万章引"娶妻如之何"，孟子无论辩之语。
3	引《书》者十八	1.《汤誓》曰："时日害丧？"；2.《书》曰："天降下民。"；3.《书》曰："汤一征。"；4.又："汤始征。"；5—6.《书》曰："徯我后。"（两引）7—8.《太甲》曰："天作孽。"（两引）；9.《书》曰："若药不瞑眩。"；10.《书》曰："葛伯仇饷。"；11.《泰誓》曰："我武惟扬。"；12.《书》曰："丕显哉，文王谟！"；13.《尧典》曰："二十有八载。"；14.《书》曰："祗载见瞽瞍。"；15.《泰誓》曰："天视自我民视。"；16.《伊训》曰："天诛造攻自牧宫。"；17.《康诰》曰："杀越人于货。"；18.《书》曰："享多仪。"
4	论《书》者一	《武成》。
5	似引《书》而不言"《书》曰"者	如"放勋曰：'劳之来之'""有攸不惟臣"之类。

文献来源：[清]陈澧：《东塾读书记》，《续修四库全书》第1160册，上海：上海古籍出版社，2002年，第536—537页。

何谓引《诗》《书》？何谓论《诗》《书》？引、论的区别何在？笔者以为，陈澧的做法有商榷的余地。

第一，《诗》《书》之引的标准不统一。例如，"出于幽谷"。《小雅·鹿鸣之什·伐木》："伐木丁丁，鸟鸣嘤嘤。出自幽谷，迁于乔木。"①孟子云："吾闻出于幽谷、迁于乔木者，未闻下乔木而入于幽谷者。"（《孟子》5·4）它没有冠以"《诗》云"，陈澧视为孟子引《诗》。又如，"有攸不惟臣"。孟子曰："有攸不惟臣，东征，绥厥士女，篚厥玄黄，绍我周王见休，惟臣附于大邑周。"（《孟子》6·5）它出自《周书·武成》，赵岐注："从'有攸'以下，道周武王伐纣时也，皆《尚书》逸篇之文。"（《孟子正义》卷一二录）②陈澧则不视为孟子引《书》，而视为"似引《书》而不言'《书》曰'者"，实为误判。以上两例，前者视为孟子之引，后者反之，可见陈澧界定《诗》《书》之引，没有用同样的标准。

---

① [清]阮元校刻：《十三经注疏（附校勘记）》上册，第410页下栏。
② [清]焦循撰，沈文倬点校：《孟子正义》上册，第435页。

另外，"汤始征，自葛载"（《孟子》6·5）一句，杨伯峻标点本为："'汤始征，自葛载'，十一征而无敌于天下。东面而征，西夷怨；南面而征，北狄怨，曰：'奚为后我？'"①《孟子正义》标点本为："汤始征，自葛载，十一征而无敌于天下，东面而征西夷怨，南面而征北狄怨，曰'奚为后我'？"②《梁惠王下》亦有孟子曰："《书》曰：'汤一征，自葛始。'"（《孟子》2·11）《商书·仲虺之诰》作："初征自葛。"③陈澧视"汤始征"为孟子引《书》，实则当为"似引《书》而不言'《书》曰'者"。此例亦见陈澧所谓《诗》《书》之引的标准并不严谨。

又，孟子曰："景公悦，大戒于国，出舍于郊。于是始兴发、补不足。召大师曰：'为我作君臣相说之乐！'盖《徵招》《角招》是也。其诗曰：'畜君何尤？'畜君者，好君也。"（《孟子》2·4）陈澧以"畜君何尤"不在《三百篇》内，故作为"引《诗》者三十"的补充说明。从"似引《书》而不言'《书》曰'者"的体例看，陈澧亦当别为"似引《诗》而不言'《诗》曰'者"，"畜君何尤""出于幽谷"可归入此类。

第二，引、论的标准不一致。陈澧以"普天之下"（《孟子》9·4）为孟子论《诗》，却以"周余黎民"（《孟子》9·4）为孟子引《诗》。两者实则既不是单纯地引《诗》，也不是单纯地论《诗》，而是引、论兼具。

第三，过分强调引、论的区别。《小弁》《凯风》（《孟子》12·3）及《武成》（《孟子》14·3）专论《诗》《书》，但"普天之下"（《孟子》9·4）则引、论兼具，"不素餐兮"（《孟子》13·32）仅为引。陈澧见论则不说引，不考虑引、论兼具，因而难以统计孟子引、论《诗》《书》的准确次数。

第四，有遗漏者，亦有误判者。孟子引《书》曰："洚水警余。"（《孟子》6·9）《虞书·大禹谟》作："降水儆予。"④赵岐注："《尚书》逸篇也。"⑤此条

---

① 杨伯峻译注：《孟子译注》，第135页。
② [清]焦循撰，沈文倬点校：《孟子正义》上册，第434页。
③ [清]阮元校刻：《十三经注疏（附校勘记）》上册，第161页下栏。
④ 同上书，第136页上栏。
⑤ [清]焦循撰，沈文倬点校：《孟子正义》上册，第447页。

为陈澧所遗漏。"王者之迹熄而《诗》亡,《诗》亡然后《春秋》作"(《孟子》8·21)、"颂其诗,读其书,不知其人,可乎"(《孟子》10·8)两条,更为陈澧所遗漏。前面说过的"有攸不惟臣"(《孟子》6·5),则为误判。

第五,只统计孟子之引,而不是统计《孟子》之引。齐宣王引"他人有心"(《孟子》1·7),王良引"不失其驰"(《孟子》6·1),万章引"娶妻如之何"(《孟子》9·2),均未被陈澧统计进"引《诗》者三十",而是仅仅作为"论《诗》者四"的补充说明。陈澧不从《孟子》其书而只从孟子其人来统计,这一做法不能展示《孟子》引论《诗》《书》的全貌。所以,陈澧文中的"孟子引《诗》者三十",不能标点为"《孟子》引《诗》者三十"①。

受札记文体所限,《东塾读书记》述孟子引论《诗》《书》,难免有所不足。与陈澧同时代的黄云鹄(1819—1898)著有《群经引诗大旨》,该书卷六为《孟子引诗》,逐条抄录《孟子》书中的引《诗》文字,并略予义理解读②。但是,黄云鹄遗漏了齐宣王引"他人有心"一段(《孟子》1·7);而且引、论不分,将论《小弁》《凯风》的一章(《孟子》12·3)视为引《诗》;亦未统计出《孟子》引《诗》的具体条数或章数。

如何表述《孟子》引论《诗》《书》,才更为恰当呢?笔者以为,从体例看,需要注意到三个原则。一是全书原则。统计《孟子》全书而不是孟子一人的引论,并注明为何人所引。二是实名原则。统计对象为冠以书名、编名或篇名的引用情形。个别情况如"肆不殄厥愠,亦不殒厥问"(《孟子》14·19)、孟子继公孙丑后再引"不素餐兮"(《孟子》13·32),亦作为统计对象。似引《诗》《书》而不言《诗》《书》曰者,如"出于幽谷"(《孟子》5·4)、"汤始征,自葛载"(《孟子》6·5),则不予统计。三是分别原则。引乃具体引用,故以

---

① 参见[清]陈澧著,杨国强整理,熊月之、何泉达等审阅:《东塾读书记》,《传世藏书》子库文史笔记第2册,海口:海南国际新闻出版中心,未署出版年月,第16页。按:该书误将"孟子"点为书名号。

② 参见[清]黄云鹄:《群经引诗大旨》,《四库未收书辑刊》第10辑第1册,北京:北京出版社,2000年,第730—733页。

条计；论乃抽象论述，故以章计；如引、论兼具，亦分别统计。

以下我们从引《诗》、引《书》、论《诗》《书》三个方面，绘制出《孟子》引论《诗》《书》的文献地图，并对《孟子》引论之《诗》《书》与今本之《诗》《书》的文献来源及其文字差异做出相关说明。

二、引《诗》凡35条

《孟子》引《诗》35条，分布于22章之中。孟子共引32条（有1条为孟子引王良曰），不是陈澧说的孟子"引《诗》者三十"；另外3条，齐宣王、万章、咸丘蒙各引1条。《孟子》引《诗》，大多称"《诗》云"，共27条；偶尔称"《诗》曰"，共4条；称《鲁颂》《云汉》各1条；还有2条，既未称《诗》云"《诗》曰"，也未称编名或篇名，亦即表2第33、35条。另外，第11、21条引《诗》，以及第32、33条引《诗》，完全相同。各编之中，被引最多的是《大雅》，共20条；另《小雅》《国风》各6条，《颂》3条。《大雅》之中，《文王之什》被引最多，共11条；《文王之什》之中，《文王》一诗被引最多，共4条。《孟子》引《诗》基本上同于今本《诗经》，仅10条稍有个别文字上的差异。如表2所示：

表2 《孟子》引《诗》一览表

	出处	引者与引文	《诗经》出处
1	1·2	【孟子引】《诗》云："经始灵台，经之营之。庶民攻之，不日成之。经始勿亟，庶民子来。王在灵囿，麀鹿攸伏。麀鹿濯濯，白鸟鹤鹤。王在灵沼，於①牣鱼跃。"	《大雅·文王之什·灵台》（《十三经注疏》第524页下栏—525页上栏）。"白鸟鹤鹤"，《毛诗正义》卷一六作："白鸟翯翯。"

---

① 《孟子译注·孟子词典》有"於"字，其第二义为："音乌，无义，语首词（1次）：於牣鱼跃（1·2）。"（杨伯峻译注：《孟子译注》，第368页）又有"於陵"（同上书，第368页），地名，亦音乌，不能简化为"于"。《孟子词典》另有"于"字，凡四义（同上书，第325页）。《孟子译注》用繁体排，"於""于"之分，当明察。又，《孟子》引《诗》《书》，繁体字状态下，除"於牣鱼跃"外，其他均作"于"。

续表

	出处	引者与引文	《诗经》出处
2	1·7	【齐宣王引】《诗》云:"他人有心,予忖度之。"	《小雅·节南山之什·巧言》(《十三经注疏》第 454 页中栏)。
3	1·7	【孟子引】《诗》云:"刑于寡妻,至于兄弟,以御于家邦。"	《大雅·文王之什·思齐》(《十三经注疏》第 516 页下栏)。
4	2·3	【孟子引】《诗》云:"畏天之威,于时保之。"	《周颂·清庙之什·我将》(《十三经注疏》第 588 页下栏)。
5	2·3	【孟子引】《诗》云:"王赫斯怒,爰整其旅,以遏徂莒,以笃周祜,以对于天下。"	《大雅·文王之什·皇矣》(《十三经注疏》第 521 页上栏)。《毛诗正义》卷一六作:"王赫斯怒,爰整其旅,以按徂旅,以笃于周祜,以对于天下。"
6	2·5	【孟子引】《诗》云:"哿矣富人,哀此茕独。"	《小雅·节南山之什·正月》(《十三经注疏》第 443 页下栏)。"哀此茕独",《毛诗正义》卷一二作:"哀此惸独。"
7	2·5	【孟子引】《诗》云:"乃积乃仓,乃裹餱粮,于橐于囊。思戢用光,弓矢斯张,干戈戚扬,爰方启行。"	《大雅·生民之什·公刘》(《十三经注疏》第 541 页下栏)。
8	2·5	【孟子引】《诗》云:"古公亶父,来朝走马。率西水浒,至于岐下。爰及姜女,聿来胥宇。"	《大雅·文王之什·绵》(《十三经注疏》第 510 页上栏)。
9	3·3	【孟子引】《诗》云:"自西自东,自南自北,无思不服。"	《大雅·文王之什·文王有声》(《十三经注疏》第 527 页上栏)。
10	3·4	【孟子引】《诗》云:"迨天之未阴雨,彻彼桑土,绸缪牖户。今此下民,或敢侮予?"	《国风·豳风·鸱鸮》(《十三经注疏》第 395 页上栏—中栏)。"今此下民",《毛诗正义》卷八作:"今女下民。"
11	3·4	【孟子引】《诗》云:"永言配命,自求多福。"	《大雅·文王之什·文王》(《十三经注疏》第 505 页中栏)。
12	5·3	【孟子引】《诗》云:"昼尔于茅,宵尔索绹,亟其乘屋,其始播百谷。"	《国风·豳风·七月》(《十三经注疏》第 391 页下栏)。
13	5·3	【孟子引】《诗》云:"雨我公田,遂及我私。"	《小雅·莆田之什·大田》(《十三经注疏》第 477 页上栏)。
14	5·3	【孟子引】《诗》云:"周虽旧邦,其命惟新。"	《大雅·文王之什·文王》(《十三经注疏》第 503 页下栏)。"其命惟新",《毛诗正义》卷一六作:"其命维新。"
15	5·4	【孟子引】《鲁颂》曰:"戎、狄是膺,荆、舒是惩。"	《鲁颂·駉之什·閟宫》(《十三经注疏》第 617 页上栏)。
16	6·1	【孟子引王良曰】《诗》云:"不失其驰,舍矢如破。"	《小雅·南有嘉鱼之什·车攻》(《十三经注疏》第 429 页上栏)。

续表

	出处	引者与引文	《诗经》出处
17	6·9	【孟子引】《诗》云："戎、狄是膺，荆、舒是惩，则莫我敢承。"	《鲁颂·駉之什·閟宫》(《十三经注疏》第617页上栏)。
18	7·1	【孟子引】《诗》云："不愆不忘，率由旧章。"	《大雅·生民之什·假乐》(《十三经注疏》第540页下栏)。
19	7·1	【孟子引】《诗》曰："天之方蹶，无然泄泄。"	《大雅·生民之什·板》(《十三经注疏》第549页上栏)。
20	7·2	【孟子引】《诗》云："殷鉴不远，在夏后之世。"	《大雅·荡之什·荡》(《十三经注疏》第554页上栏)。
21	7·4	【孟子引】《诗》云："永言配命，自求多福。"	《大雅·文王之什·文王》(《十三经注疏》第505页中栏)。
22	7·7	【孟子引】《诗》云："商之孙子，其丽不亿。上帝既命，侯于周服。侯服于周，天命靡常。殷士肤敏，裸将于京。"	《大雅·文王之什·文王》(《十三经注疏》第504页下栏—505页上栏)。
23	7·7	【孟子引】《诗》云："谁能执热，逝不以濯？"	《大雅·荡之什·桑柔》(《十三经注疏》第559页上栏)。
24	7·9	【孟子引】《诗》云："其何能淑，载胥及溺。"	《大雅·荡之什·桑柔》(《十三经注疏》第559页上栏)。
25	9·2	【万章引】《诗》云："娶妻如之何？必告父母。"	《国风·齐风·南山》(《十三经注疏》第352页下栏)。"娶妻如之何"，《毛诗正义》卷五作："取妻如之何。"
26	9·4	【咸丘蒙引】《诗》云："普天之下，莫非王土；率土之滨，莫非王臣。"	《小雅·谷风之什·北山》(《十三经注疏》第463页中栏)。"普天之下"，《毛诗正义》卷一三作："溥天之下。"
27	9·4	【孟子引】《云汉》之诗曰："周余黎民，靡有孑遗。"	《大雅·荡之什·云汉》(《十三经注疏》第562页上栏)。
28	9·4	【孟子引】《诗》曰："永言孝思，孝思维则。"	《大雅·文王之什·下武》(《十三经注疏》第525页下栏)。
29	10·7	【孟子引】《诗》云："周道如底，其直如矢；君子所履，小人所视。"	《小雅·谷风之什·大东》(《十三经注疏》第460页中栏)。"周道如底"，《毛诗正义》卷一三作："周道如砥。"
30	11·6	【孟子引】《诗》曰："天生蒸民，有物有则。民之秉彝，好是懿德。"	《大雅·荡之什·烝民》(《十三经注疏》第568页上栏)。"天生蒸民"，《毛诗正义》卷一八作："天生烝民。"
31	11·17	【孟子引】《诗》云："既醉以酒，既饱以德。"	《大雅·生民之什·既醉》(《十三经注疏》第536页上栏)。
32	13·32	【公孙丑引】《诗》曰："不素餐兮。"	《国风·魏风·伐檀》(《十三经注疏》第358页下栏)。

续表

	出处	引者与引文	《诗经》出处
33	13·32	【孟子引】"不素餐兮。"	同上。
34	14·19	【孟子引】《诗》云:"忧心悄悄,愠于群小。"	《国风·邶风·柏舟》(《十三经注疏》第297页上栏)。
35	14·19	【孟子引】"肆不殄厥愠,亦不殒厥问。"	《大雅·文王之什·绵》(《十三经注疏》第511页下栏)。"亦不殒厥问",《毛诗正义》卷一六作:"亦不陨厥问。"

文献来源:1.杨伯峻译注:《孟子译注》,北京:中华书局,2010年;2.[汉]毛亨传,[汉]郑玄笺,[唐]孔颖达疏:《毛诗正义》,[清]阮元校刻:《十三经注疏(附校勘记)》上册,北京:中华书局,1980年。

三、引《书》凡19条

《孟子》似引《书》而不言"《书》曰"者较多。陈澧的两个举例,"有攸不惟臣"(《孟子》6·5)乃误判,"放勋曰:'劳之来之'"(《孟子》5·4)① 有可能属实。刘起釪(1917—2012)认为后者"当是《尧典》逸文",且为"汉今文二十八篇之见于先秦引用者"②。今本《尚书》则无明文。另,公孙丑曾引伊尹曰:"予不狎于不顺,放太甲于桐,民大悦。太甲贤,又反之,民大悦。"(《孟子》13·31)《孟子正义》卷二七引江声(1721—1799)《尚书集注音疏》:"自是《尚书》文,而不称'《书》曰'。"③ 其中,"予不狎于不顺,放太甲于桐"见今本《尚书·太甲上》,作"予弗狎弗不顺,营于桐宫",余者均不同。④ 墨者夷之有言"儒者之道,古之人若保赤子"(《孟子》5·5),"若保赤子"即出

---

① 这段文字,不同版本有"曰""日"的差异。杨伯峻作:"放勋曰:'劳之来之,匡之直之,辅之翼之,使自得之,又从而振德之。'"(氏著:《孟子译注》,第114页)焦循作:"放勋日劳之来之,匡之直之,辅之翼之,使自得之,又从而振德之。"([清]焦循撰,沈文倬点校:《孟子正义》上册,第389页)又,《孟子引《书》曰"傒",自述曰"奚"(《孟子》2·11,6·5)。这一差异亦值得注意。
② 参见刘起釪:《尚书学史》(订补本),北京:中华书局,1996年,第14—15页。
③ [清]焦循撰,沈文倬点校:《孟子正义》下册,第925页。
④ 参见[清]阮元校刻:《十三经注疏(附校勘记)》上册,第164页中栏。

自今本《尚书·康诰》①。我们对以上情形暂不考虑,甚至不涉及今、古文《尚书》之争②,而是主要考察《孟子》冠以《书》或篇名来引用的情形。

从实名原则看,《孟子》引《书》,不是陈澧所说的"引《书》者十八",而是共引19条,分布于12章之中,引者均为孟子。又多称"《书》曰",共10条;示直接称篇名,其中,《太甲》《太誓》各2条,《汤誓》《尧典》《伊训》《康诰》各1条;还有1条,既未称"《书》曰",也未称篇名,亦即表3第9条,它与第8条连在一起,无文字间隔。另外,第5、13条引《书》,完全相同。《孟子》所引之《书》后来均被采入今本《尚书》,但二者大都不同,仅有2条完全相同;赵岐径称《孟子》引《书》出自《尚书》逸篇的,多达11条。如表3所示:

表3 《孟子》引《书》一览表

	出处	引者与引文	今本《尚书》出处	备注
1	1·2	【孟子引】《汤誓》曰:"时日害丧?予及女偕亡。"	《商书·汤誓》。《尚书正义》卷八作:"时日曷丧?予及汝皆亡。"(《十三经注疏》第160页中栏)	
2	2·3	【孟子引】《书》曰:"天降下民,作之君,作之师,惟曰其助上帝宠之。四方有罪无罪惟我在,天下曷敢有越厥志?"	《周书·泰誓上》。《尚书正义》卷一一作:"天佑下民,作之君,作之师。惟其克相上帝,宠绥四方。有罪无罪,予曷敢有越厥志?"(《十三经注疏》第180页下栏)	《孟子正义》卷四录赵岐注:"《书》,《尚书》逸篇也。"(第115页)

---

① 参见[清]阮元校刻:《十三经注疏(附校勘记)》上册,第204页上栏。
② 刘起釪曾作《先秦文籍引用〈尚书〉篇数次数总表》,分为"今文二十八篇被引者""古文十六篇被引者""书序中余篇被引者""先秦逸书逸篇""引书、某书、逸句""某种特用称法所在不同篇数"等项,统计出《孟子》引用《书》38次7篇,另,《论语》引《书》为9次,《墨子》引《书》47次22篇,《荀子》引《书》22次3篇(参见氏著:《尚书学史》(订补本),第49页)。又,2008年7月15日入藏清华大学的2388枚战国楚竹简,李学勤认为其中有真正原本的古文《尚书》(氏著:《初识清华简》,《光明日报》2008年12月1日,第12版《国学》)。笔者以《保训》为例,以为清华简有文献学、编年史、思想史三方面的学术价值(参见杨海文:《清华简〈保训〉的学术价值》,《云梦学刊》2009年第4期,第34—38页;收入余三定主编:《当代学术史研究八年论坛》,南京:南京大学出版社,2012年,第355—361页)。

续表

	出处	引者与引文	今本《尚书》出处	备注
3	2·11	【孟子引】《书》曰："汤一征，自葛始。"	《商书·仲虺之诰》。《尚书正义》卷八作："初征自葛。"（《十三经注疏》第161页下栏）	《孟子正义》卷五录赵岐注："此二篇，皆《尚书》逸篇之文也。"（第152页）
4	2·11	【孟子引】《书》曰："徯我后，后来其苏。"	《商书·仲虺之诰》。《尚书正义》卷八作："徯予后，后来其苏。"（《十三经注疏》第161页下栏）	同上。
5	3·4	【孟子引】《太甲》曰："天作孽，犹可违；自作孽，不可活。"	《商书·太甲中》。《尚书正义》卷八作："天作孽，犹可违；自作孽，不可逭。"（《十三经注疏》第164页下栏）	《孟子正义》卷七："《尚书·太甲》三篇，今文、古文皆不传，不在逸《书》之列。故赵氏但云'殷王太甲言'，不言逸《书》也。"（第225页）
6	5·1	【孟子引】《书》曰："若药不瞑眩，厥疾不瘳。"	《商书·说命上》。《尚书正义》卷一〇作："若药弗瞑眩，厥疾弗瘳。"（《十三经注疏》第174页下栏）	《孟子正义》卷一〇录赵岐注："《书》，逸篇也。"（第321页）
7	6·5	【孟子引】《书》曰："葛伯仇饷。"	《商书·仲虺之诰》。《尚书正义》卷八同（《十三经注疏》第161页下栏）。	《孟子正义》卷一二录赵岐注："《书》，《尚书》逸篇也。"（第433页）
8	6·5	【孟子引】《书》曰："徯我后，后来其无罚！"	《商书·太甲中》。《尚书正义》卷八作："徯我后，后来无罚！"（《十三经注疏》第165页上栏）	《孟子正义》卷一二录赵岐注："《书》，逸篇也。"（第434页）
9	6·5	【孟子引】"有攸不惟臣，东征，绥厥士女，篚厥玄黄，绍我周王见休，惟臣附于大邑周。"	《周书·武成》。《尚书正义》卷一一作："华夏蛮貊，罔不率俾，恭天成命。肆予东征，绥厥士女。惟其士女，篚厥玄黄，昭我周王。天休震动，用附我大邑周。"（《十三经注疏》第185页上栏）	《孟子正义》卷一二录赵岐注："从'有攸'以下，道周武王伐纣时也，皆《尚书》逸篇之文。"（第435页）
10	6·5	【孟子引】《太誓》曰："我武惟扬，侵于之疆，则取于残，杀伐用张，于汤有光。"	《周书·泰誓中》。《尚书正义》卷一一作："我武惟扬，侵于之疆，取彼凶残。我伐用张，于汤有光。"（《十三经注疏》第181页下栏）	《孟子正义》卷一二录赵岐注："《太誓》，古《尚书》百二十篇之时《太誓》也……今之《尚书·太誓篇》，后得以充学，故不与古《太誓》同。诸传记引《太誓》，皆古《太誓》。"（第436页）

续表

	出处	引者与引文	今本《尚书》出处	备注
11	6·9	【孟子引】《书》曰："洚水警余。"	《虞书·大禹谟》。《尚书正义》卷四作："降水儆予。"（《十三经注疏》第136页上栏）	《孟子正义》卷一三录赵岐注："《尚书》逸篇也。"（第447页）
12	6·9	【孟子引】《书》曰："丕显哉，文王谟！丕承哉，武王烈！佑启我后人，咸以正无缺。"	《周书·君牙》。《尚书正义》卷一九作："丕显哉，文王谟！丕承哉，武王烈！启佑我后人，咸以正罔缺。"（《十三经注疏》第246页中栏）	《孟子正义》卷一三录赵岐注："《书》，《尚书》逸篇也。"（第451页）
13	7·8	【孟子引】《太甲》曰："天作孽，犹可违；自作孽，不可活。"	同本表第5条。	《孟子正义》卷一四录赵岐注："已见上篇，说同也。"（第500页）参见本表第5条备注。
14	9·4	【孟子引】《尧典》曰："二十有八载，放勋乃徂落。百姓如丧考妣，三年。四海遏密八音。"	《虞书·舜典》。《尚书正义》卷三作："二十有八载，帝乃殂落。百姓如丧考妣，三载。四海遏密八音。"（《十三经注疏》第129页下栏）	《孟子正义》卷一八录毛奇龄《四书剩言》："今所行《尚书》在《舜典》中。按：伏生《尚书》原只《尧典》一篇，无'粤若稽古帝舜'二十八字。以旧别有《舜典》，而其时已亡，故东晋梅赜献《尚书》。孔传亦无《舜典》。至齐建武年，吴兴姚方兴于大航头得孔氏传古文，始分《尧典》为二，以'慎徽五典'至末谓之《舜典》，而加二十八字于其中，此伪书也。"（第635页）
15	9·4	【孟子引】《书》曰："祇载见瞽瞍，夔夔齐栗。瞽瞍亦允若。"	《虞书·大禹谟》。《尚书正义》卷四作："祇载见瞽瞍，夔夔斋栗。瞽亦允若。"（《十三经注疏》第137页中栏）"瞽亦允若"当为"瞽瞍亦允若"。	《孟子正义》卷一八录赵岐注："《书》，《尚书》逸篇。"（第641页）
16	9·5	【孟子引】《太誓》曰："天视自我民视，天听自我民听。"	《周书·泰誓中》。《尚书正义》卷一一同（《十三经注疏》第181页下栏）。	《孟子正义》卷一九："《泰誓》，详见前。此二语，今文《尚书》无之。"（第646页）参见本表第10条备注。

续表

	出处	引者与引文	今本《尚书》出处	备注
17	9·7	【孟子引】《伊训》曰:"天诛造攻自牧宫,朕载自亳。"	《商书·伊训》。《尚书正义》卷八作:"造攻自鸣条,朕哉自亳。"(《十三经注疏》第163页上栏)有"哉""载"之异。	《孟子正义》卷一九录赵岐注:"《伊训》,《尚书》逸篇名。"(第655页)
18	10·4	【孟子引】《康诰》曰:"杀越人于货,闵不畏死,凡民罔不譈。"	《周书·康诰》。《尚书正义》卷一四作:"杀越人于货,暋不畏死,罔弗憝。"(《十三经注疏》第204页中栏)	
19	12·5	【孟子引】《书》曰:"享多仪,仪不及物曰不享,惟不役志于享。"	《周书·洛诰》。《尚书正义》卷一五作:"享多仪。仪不及物,惟曰不享。惟不役志于享。"(《十三经注疏》第215页中栏)	

文献来源:1.杨伯峻译注:《孟子译注》,北京:中华书局,2010年;2.[汉]孔安国传,[唐]孔颖达疏:《尚书正义》,[清]阮元校刻:《十三经注疏(附校勘记)》上册,北京:中华书局,1980年;3.[清]焦循撰,沈文倬点校:《孟子正义》,北京:中华书局,1987年。

以上19条,属于《孟子》对《尚书》的实名引用。相比之下,陈澧所谓"似引《书》而不言'《书》曰'者"可视作匿名引用。《孟子》对《尚书》有许多匿名引用,例如:

[1—1]天下信之,东面而征,西夷怨;南面而征,北狄怨。曰:"奚为后我?"(《孟子》2·11)

[1—2]东征,西夷怨;南征,北狄怨。曰:"奚独后予?"(《商书·仲虺之诰》)①

[2—1]儒者之道,古之人若保赤子……(《孟子》5·5)

---

① [清]阮元校刻:《十三经注疏(附校勘记)》上册,第161页下栏。

［2—2］若保赤子，惟民其康乂。(《周书·康诰》)①

［3—1］汤始征，自葛载。(《孟子》6·5)②
［3—2］初征自葛。(《商书·仲虺之诰》)③

［4—1］东面而征，西夷怨；南面而征，北狄怨。曰："奚为后我？"(《孟子》6·5)
［4—2］东征，西夷怨；南征，北狄怨。曰："奚独后予？"(《商书·仲虺之诰》)④

［5—1］舜流共工于幽州，放驩兜于崇山，杀三苗于三危，殛鲧于羽山，四罪而天下咸服，诛不仁也。(《孟子》9·3)
［5—2］流共工于幽洲，放驩兜于崇山，窜三苗于三危，殛鲧于羽山，四罪而天下咸服。(《虞书·尧典》)⑤

［6—1］非其君，不事；非其民，不使。(《孟子》10·1)
［6—2］后非民罔使，民非后罔事。(《商书·咸有一德》)⑥

［7—1］伊尹曰："予不狎于不顺，放太甲于桐，民大悦。太甲贤，又反之，民大悦。"(《孟子》13·31)

---

① ［清］阮元校刻：《十三经注疏（附校勘记）》上册，第204页上栏。
② 杨伯峻注："此六字恐仍是《尚书》之文……"（氏著：《孟子译注》，第137页⑦）
③ ［清］阮元校刻：《十三经注疏（附校勘记）》上册，第161页下栏。
④ 同上。
⑤ ［清］阮元校刻：《十三经注疏（附校勘记）》上册，第128页下栏。
⑥ 同上书，第166页中栏。

[7—2] 伊尹曰："……予弗狎于弗顺,营于桐宫,密迩先王其训,无俾世迷。"(《商书·太甲上》)①

[8—1] 南面而征,北狄怨;东面而征,西夷怨。曰："奚为后我?"(《孟子》14·4)

[8—2] 东征,西夷怨;南征,北狄怨。曰："奚独后予?"(《商书·仲虺之诰》)②

[9—1] 若崩厥角稽首。(《孟子》14·4)

[9—2] 百姓懔懔,若崩厥角。(《周书·泰誓中》)③

这些匿名引用,能从今本《尚书》找出相应的语源,又可视作显性—匿名引用。匿名引用还有另一种情形,亦即隐性—匿名引用,不能从今本《尚书》找出相应的语源。因今本《尚书》成书复杂,我们难以就《孟子》对《尚书》的隐性—匿名引用做出具体并准确的说明。这里仅录清代学者阎若璩(1636—1704)《尚书古文疏证》卷二《言赵岐不曾见古文》的一段话,提醒人们关注这一问题:

孟子时,《典》《谟》完具,篇次未乱,固的然可信。马迁亦亲从安国问古文,其言亦未为缪也。余尝妄意"舜往于田""祗载见瞽瞍"与"不及贡,以政接于有庳"等语,安知非《舜典》之文乎?又"父母使舜完廪"一段,文辞古崛,不类《孟子》本文。《史记·舜本

---

① [清]阮元校刻:《十三经注疏(附校勘记)》上册,第164页中栏。
② 同上书,第161页下栏。
③ 同上书,第182页上栏。

纪》亦载其事，而多所增窜，不及原文远甚。亦信文辞格制各有时代，不可强同。《孟子》此一段，其为《舜典》之文无疑，然要可为心知其意者道耳。①

四、论《诗》《书》凡5章

陈澧以"不素餐兮"（《孟子》13·32）及"他人有心"（《孟子》1·7）、"不失其驰"（《孟子》6·1）为论《诗》或其补充说明，笔者均视为《孟子》引《诗》，而不视为《孟子》论《诗》。从文献学角度看《孟子》抽象论述《诗》《书》的篇章，其情形较为简单，亦即3章论《诗》，1章论《书》，1章既论《诗》、又论《书》，凡5章。如表4所示：

表4 《孟子》论《诗》《书》一览表

	出处	引文	备注
1	8·21	孟子曰："王者之迹熄而《诗》亡，《诗》亡然后《春秋》作。晋之《乘》，楚之《梼杌》，鲁之《春秋》，一也。其事则齐桓、晋文，其文则史。孔子曰：'其义则丘窃取之矣。'"	此章论《诗》。
2	9·4	咸丘蒙曰："舜之不臣尧，则吾既得闻命矣。《诗》云：'普天之下，莫非王土；率土之滨，莫非王臣。'而舜既为天子矣，敢问瞽瞍之非臣，如何？" 曰："是诗也，非是之谓也，劳于王事而不得养父母也。曰：'此莫非王事，我独贤劳也。'故说诗者，不以文害辞，不以辞害志。以意逆志，是为得之。如以辞而已矣，《云汉》之诗曰：'周余黎民，靡有孑遗。'信斯言也，是周无遗民也。孝子之至，莫大乎尊亲；尊亲之至，莫大乎以天下养。为天子父，尊之至也；以天下养，养之至也。《诗》曰：'永言孝思，孝思维则。'此之谓也。《书》曰：'祗载见瞽瞍，夔夔齐栗。瞽瞍亦允若。'是为父不得而子也？"	1.此章（节选）论《诗》。 2."《诗》云"，见《小雅·谷风之什·北山》。 3.《云汉》见《大雅·荡之什》。

---

① ［清］阎若璩撰，黄怀信、吕翊欣校点：《尚书古文疏证（附：古文尚书冤词）》上册，上海：上海古籍出版社，2010年，第67页。

续表

	出处	引文	备注
3	10·8	孟子谓万章曰："一乡之善士斯友一乡之善士,一国之善士斯友一国之善士,天下之善士斯友天下之善士。以友天下之善士为未足,又尚论古之人。颂其诗,读其书,不知其人,可乎？是以论其世也。是尚友也。"	此章既论《诗》,又论《书》。
4	12·3	公孙丑问曰："高子曰：《小弁》,小人之诗也。" 孟子曰："何以言之？" 曰："怨。" 曰："固哉,高叟之为诗也！有人于此,越人关弓而射之,则己谈笑而道之,无他,疏之也；其兄关弓而射之,则己垂涕泣而道之,无他,戚之也。《小弁》之怨,亲亲也。亲亲,仁也。固矣夫,高叟之为诗也！" 曰："《凯风》,何以不怨？" 曰："《凯风》,亲之过小者也；《小弁》,亲之过大者也。亲之过大而不怨,是愈疏也；亲之过小而怨,是不可矶也。愈疏,不孝也；不可矶,亦不孝也。孔子曰：'舜其至孝矣,五十而慕。'"	1. 此章论《诗》。 2.《小弁》见《小雅·节南山之什》。 3.《凯风》见《国风·邶风》。
5	14·3	孟子曰："尽信《书》,则不如无《书》。吾于《武成》,取二三策而已矣。仁人无敌于天下,以至仁伐至不仁,而何其血之流杵也？"	1. 此章论《书》。 2.《武成》为《尚书》篇名。

文献来源：杨伯峻译注：《孟子译注》,北京：中华书局,2010年。

五、孟子"尤长于《诗》《书》"的意义

综上所述,《孟子》有22章引《诗》凡35条,有12章引《书》凡19条,其中5章同引《诗》《书》(《孟子》1·2,2·3,3·4,6·9,9·4),亦即有29章引《诗》《书》。另外,论《诗》《书》的5章之中,排除包含引《诗》《书》的1章,尚有4章；其中,《万章上》第4章(《孟子》9·4)既引《诗》《书》、又论《诗》,《万章下》第8章(《孟子》10·8)既论《诗》、又论《书》。《孟子》总计有33章引、论《诗》《书》,章数占全书260章①的12.7%。由此

---

① 朱熹《四书章句集注》本《孟子集注》、杨伯峻《孟子译注》为260章,本文以此为据。另,《十三经注疏》本《孟子注疏》及焦循《孟子正义》为261章。

可证司马迁说孟子"序《诗》《书》"①，赵岐说孟子"通《五经》，尤长于《诗》《书》"②，绝非虚言。

历史上的疑孟派也从不否认这个事实。据《经义考》卷二三一《孟子一》北宋写过《疑孟》的司马光曾说："荀子好《礼》，扬子好《易》，孟子好《诗》《书》。"③近代以尊荀抑孟著称的章太炎（1869—1936）认为："孟子讲《诗》《书》，的确好极。他的小学也很精，他所说'庠者，养也；洚水者，洪水也；畜君者，好君也'等等，真可冠绝当代！"④

据《经义考》卷二三一《孟子一》，明代经学家郝敬（1558—1639）甚至夸张地发扬了赵岐说的"孟子通《五经》"之说：

> 孟子言"四端"，即《易》之四德也；"仁义"，即《易》"立人之道"也；"性善"，即《易》"继善成性"也；"知性、知天"，即《易》"穷理尽性至于命"也。"兵贵人和"得诸《师》，"养大体"得诸《颐》，"圣人于天道"得诸《乾》，"收放心、养夜气"得诸《复》，"寡欲"得诸《无妄》。与王驩、稷下诸人处包荒，不失其正，得诸《否》。学孔子圣之时，得诸先、后天。他可类推。则是知《易》诚未有如孟子者矣。其于《书》也，曰"尽信《书》，不如无《书》"。其后张霸之《武成》、孔安国之《古文》，皆以鱼目乱珠，乃知孟子取二三策，其辨精矣。其言道德必称尧、舜，言征伐必称汤、武，则知《书》诚未有如孟子者矣。《诗》三百，古《序》其来已旧。后儒以辞害志，如咸丘蒙、高叟之辈。孟子教之不以文害辞，不以辞害志，以意逆志。此

---

① 参见［汉］司马迁撰，［宋］裴骃集解，［唐］司马贞索隐，［唐］张守节正义：《史记》第7册，第2343页。
② 参见［清］焦循撰，沈文倬点校：《孟子正义》上册，第7页。
③ ［清］朱彝尊撰，林庆彰、蒋秋华、杨晋龙、冯晓庭主编：《经义考新校》第8册，上海：上海古籍出版社，2010年，第4165页。
④ 章太炎讲演，曹聚仁整理：《国学概论》，北京：中华书局，2009年，第36页。

千古学《诗》心法，孟子①与赐、商言《诗》意正同②。然则知《诗》未有如孟子者矣。世儒说《春秋》，谓仲尼奖五霸，率诸侯事盟主。此无稽之言，诸传皆纷纷语梦。而独孟子谓"五霸，三王之罪人"，《春秋》与《梼杌》同。然则知《春秋》，孰有如孟子者乎！至于先王之礼，巡守、述职、班爵禄、井田、学校，皆治天下大经大法，其说明征典要，可信可传。其言曰："非礼之礼，大人弗为。"其论礼，惟恭敬辞让，入孝出弟。"礼之实，节文斯二者；乐之实，乐斯二者"云云。故达礼、乐之情，又孰有如孟子者乎？是故有《六经》，不可以无《孟子》也。③

《四库全书总目》提要《韩诗外传十卷》指出："王世贞称《外传》引《诗》以证事，非引事以明《诗》，其说至确。"④《孟子》不专门研究《诗》《书》，它既引《诗》《书》以证事，又引事以明《诗》《书》，两者兼容并包。对于孟子引论《诗》《书》，陈澧失之于考辨，但有得于义理，前引《东塾读书记》卷三《孟子》就精辟地指出："盖性理之学，政治之学，皆出于《诗》《书》，是乃孟子之学也。"⑤这对我们进一步研讨孟子思想体系与《诗》《书》文化传统的紧密关联极具启发意义。

---

① 此处"孟子"，当作"孔子"。
② 孔子与子夏（商）言《诗》，见《论语·八佾》（3·8）；与子贡（赐）言《诗》，见《论语·学而》（1·15）。
③ ［清］朱彝尊著，林庆彰、蒋秋华、杨晋龙、冯晓庭主编：《经义考新校》第8册，第4169—4170页。
④ ［清］永瑢等：《四库全书总目》上册，第136页。
⑤ ［清］陈澧：《东塾读书记》，《续修四库全书》第1160册，第537页。

汤武放伐与王霸之辨[*]

——《荀子·议兵》的孟荀相似度问题

孟荀思想关系包括相似度、相异度两个面相。传统的孟荀比较研究局限于相异度一面,相似度一面极少被关注。事实上,孟、荀同属先秦儒家,他们在理解并阐释大事件、大观念上的相似度有可能大于相异度。而且,随着研究视角由微观到中观再到宏观的逐级上升,孟荀相似度问题有可能更为明显。以《荀子·议兵》为例,孟荀相似度在汤武放伐的仁义论证明、王道高于霸道的价值定位两个方面得到充分的体现。借助若干个案研究,相似度一面有望成为孟荀比较研究以及孟学、荀学研究新的学术生长点。

一、孟荀思想关系的另一面相

从现存史料看,荀子是对孟子其言其行进行引述的第一人。依先后出现的次序,《荀子》全书共有四篇文章的七个地方实名提及孟子:

[1]略法先王而不知其统,犹然而材剧志大,闻见杂博。案往旧

---

[*] 原载《哲学研究》2014年第10期,第41—47页;题为《汤武放伐与王霸之辨——从〈荀子·议兵〉看孟荀思想的相似性》。

造说,谓之五行,甚僻违而无类,幽隐而无说,闭约而无解。案饰其辞而祗敬之曰:"此真先君子之言也。"子思唱之,孟轲和之。世俗之沟犹瞀儒,嚾嚾然不知其所非也,遂受而传之,以为仲尼、子游为兹厚于后世。是则子思、孟轲之罪也。(《非十二子》)①

[2]孟子恶败而出妻,可谓能自强矣……(《解蔽》)②

[3]孟子曰:"人之学者,其性善。"(《性恶》)③

[4]孟子曰:"今人之性善,将皆失丧其性故也。"(同上)④

[5]孟子曰:"人之性善。"(同上)⑤

[6]今孟子曰"人之性善",无辨合符验,坐而言之,起而不可设,张而不可施行,岂不过甚矣哉!(同上)⑥

[7]孟子三见宣王不言事。门人曰:"曷为三遇齐王而不言事?"孟子曰:"我先攻其邪心。"(《大略》)⑦

以上这些语句,均不见于今本《孟子》。有些语句曾被清代学者辑为《孟子》佚文,如周广业的《孟子四考》卷一《孟子逸文考》收有第3—5、7句⑧,李调元(1734—1803)辑录的《逸孟子》收有第7句⑨,黄奭(1809—1853)辑录的《逸孟子》收有第3、7句⑩。另外,《论衡·本性》指出:"孟子作《性善》之篇……""孙卿有反孟子,作《性恶》之篇……"⑪梁涛据此认为:

---

① [清]王先谦撰,沈啸寰、王星贤点校:《荀子集解》上册,第94—95页。
② [清]王先谦撰,沈啸寰、王星贤点校:《荀子集解》下册,第403页。
③ 同上书,第435页。
④ 同上书,第436页。
⑤ 同上书,第439页。
⑥ 同上书,第441页。
⑦ 同上书,第501页。
⑧ 参见[清]周广业:《孟子四考》,《续修四库全书》第158册,第71页上栏。
⑨ 参见[清]李调元辑:《逸孟子》,《续修四库全书》第158册,第156页下栏。
⑩ 参见[清]黄奭辑:《汉学堂知足斋丛书》下册,北京:书目文献出版社,1992年,第1874页下栏。
⑪ 黄晖:《论衡校释(附刘盼遂集解)》第1册,第133、138页。

《性恶》的三处"孟子曰"（第3—5句）出自《孟子外书·性善》，前者是对后者予以批判的结果①。此论颇具新意，但它需要解决的大问题是：赵岐所云的《孟子外书》与今日所见的《孟子外书》是否同一回事？② 如何确保荀子真的读过《孟子外书》？

历史上，大多数人从《荀子》看孟子，其实极少拘泥于上述语句是否出自《孟子》。举例而言，西汉作品《韩诗外传》卷九、《列女传·母仪传》"邹孟轲母"条对第2句有过发挥③，郭沫若1935年由此演绎出短篇小说《孟夫子出妻》④。第1句并提思孟、凸显五行，其于中国思想史的巨大影响更不待言，历史上甚至不乏同意荀子之批评的例子。如扬雄《法言·君子》转述时人的评论："孙卿非数家之书，俠也。至于子思、孟轲，诡哉！"⑤章太炎的《子思孟轲五行说》指出："耀世诬人，自子思始。宜哉荀卿以为讥也。"⑥

依据《荀子》对孟子的这些实名引述，荀子批判孟子的态度跃然纸上。众所周知者，又数荀子以其性恶论驳斥孟子的性善论。如紧接第6句，荀子指出："故性善则去圣王，息礼义矣；性恶则与圣王，贵礼义矣。故檃栝之生，为枸木也；绳墨之起，为不直也；立君上，明礼义，为性恶也。用此观之，然则人之性恶明矣，其善者伪也。"⑦相信人性善，就会去圣王、息礼义；承认人性恶，就得与圣王、贵礼义。两者果真如此势不两立吗？

---

① 参见梁涛：《〈荀子·性恶〉引"孟子曰"疏证》，《邯郸学院学报》2012年第4期《赵文化研究·荀子思想国际学术研讨会论文（上）》，第17—23页。
② 相关考释，参见杨海文：《浩然正气——孟子》，南昌：江西教育出版社，2008年，第58—67页。
③ 参见［汉］韩婴撰，许维遹集释：《韩诗外传集释》，北京：中华书局，1980年，第322页；［汉］刘向著，张涛译注：《列女传译注》，济南：山东大学出版社，1990年，第38—39页。
④ 参见郭沫若：《豕蹄·孟夫子出妻》，郭沫若著作编辑出版委员会编：《郭沫若全集》文学编第10卷，第175—182页。
⑤ ［汉］扬雄撰，韩敬注：《法言注》，第314页。
⑥ 章太炎：《太炎文录初编》文录卷一，本社编：《章太炎全集》第4册，上海：上海人民出版社，1985年，第19页。
⑦ ［清］王先谦撰，沈啸寰、王星贤点校：《荀子集解》下册，第441页。

《孟子·告子下》说过"人皆可以为尧、舜"（12·2），而荀子与此媲美的名言"涂之人可以为禹"恰恰出自《性恶》①。戴震的《孟子字义疏证》卷中《性》指出："此于性善之说不惟不相悖，而且若相发明。"② 陈澧的《东塾读书记》卷三《孟子》指出："澧谓'涂之人可以为禹'，即孟子所谓'人皆可以为尧、舜'，但改'尧、舜'为'禹'耳，如此则何必自立一说乎？"③ 从"若相发明"及"何必自立一说"看，荀子究竟从孟子那里吸取过多少有益的养分呢？孟荀思想关系的另一面相——相似度问题——该如何判定并表述呢？

本文以《荀子·议兵》为例，并侧重汤武放伐的仁义论证明、王道高于霸道的价值定位两个论域，试图力所能及地回答目前孟、荀研究界重视得十分不够的这一重要问题。

二、汤武放伐的仁义论证明

汤放桀，武王伐纣④，是中国上古史上两个著名的政治事件。对此，先秦诸子有弹者，有赞者。弹者可以庄子、韩非为代表。《庄子·盗跖》指出："尧、舜作，立群臣。汤放其主，武王杀纣。自是之后，以强凌弱，以众暴寡。汤、武以来，皆乱人之徒也。""尧不慈，舜不孝，禹偏枯，汤放其主，武王代纣，文王拘羑里。此六子者，世之所高也；孰论之，皆以利惑其真而强反其情性，其行乃甚可羞也。""尧杀长子，舜流母弟，疏戚有伦乎？汤放桀，武王杀纣，贵贱有义乎？"⑤《韩非子·说疑》指出："舜逼尧，禹逼舜，汤放桀，武王伐纣，此四王者，人臣弑其君者也，而天下誉之。"《忠孝》指出："尧、舜、

---

① ［清］王先谦撰，沈啸寰、王星贤点校：《荀子集解》下册，第 442 页。
② ［清］戴震撰，汤志钧校点：《戴震集》，第 299 页。
③ ［清］陈澧著，黄国声主编：《陈澧集》第 2 册，第 44 页。
④ 考古工作者"据碳十四测定年代数据拟合结果，判别武王克商事件最大可能发生的年代范围应在公元前 1050 年至前 1020 年之间"（参见仇士华、蔡莲珍：《夏商周断代工程中的碳十四年代框架》，《考古》2001 年第 1 期，第 94 页）。
⑤ ［清］郭庆藩辑，王孝鱼整理：《庄子集释》第 4 册，第 995、997、1005 页。

汤、武或反君臣之义,乱后世之教者也。尧为人君而君其臣,舜为人臣而臣其君,汤、武为人臣而弑其主、刑其尸,而天下誉之,此天下所以至今不治者也。"①赞者则是《庄子》说的"世之所高也"以及《韩非子》说的"而天下誉之",可以孟子、荀子为代表。

《论语》多次提到汤、武,但未涉及放、伐之事。《周易·革卦·彖传》说过:"天地革而四时成。汤武革命,顺乎天而应乎人。革之时大矣哉!"②不计《易传》,先秦三大儒里面,孟子最先对汤武放伐予以评论。《苏轼文集》卷五《论武王》曾说:"昔者,孔子盖罪汤、武。""伯夷、叔齐之于武王也,盖谓之弑君,至耻之,不食其粟。而孔子予之。其罪武王也,甚矣!此孔氏之家法也。""而孟轲始乱之,曰:'吾闻武王诛独夫纣,未闻弑君也。'自是学者,以汤、武为圣人之正。若当然者,皆孔氏之罪人也。使当时有良史如董狐者,南巢之事,必以'叛'书;牧野之事,必以'弑'书;而'汤、武,仁人也',必将为法受恶。"③孟子是否乱了孔氏家法,姑且不论。大致可以肯定的是:苏轼(1037—1101)说的"而孟轲始乱之"之"始",凸显了孟子论汤武放伐的原创性、前瞻性。

(一)"一夫纣"与"独夫纣"

所谓"孟轲始乱之",指的是下面这段有名的表述:

> 齐宣王问曰:"汤放桀,武王伐纣,有诸?"
> 孟子对曰:"于传有之。"
> 曰:"臣弑其君,可乎?"

---

① [清]王先慎撰,钟哲点校:《韩非子集解》,北京:中华书局,1998年,第406—407、465—466页。
② [清]阮元校刻:《十三经注疏(附校勘记)》上册,第60页下栏。
③ [宋]苏轼著,孔凡礼点校:《苏轼文集》第1册,北京:中华书局,1986年,第137页。按:《论武王》一文即《东坡志林》卷五的《武王非圣人》(参见[宋]苏轼撰,王松龄点校:《东坡志林》,北京:中华书局,1981年,第98—100页)。

曰:"贼仁者谓之贼,贼义者谓之残。残贼之人谓之一夫。闻诛一夫纣矣,未闻弑君也。"(《孟子》2·8)

回到本文的论题,荀子如何看汤武放伐呢?《议兵》指出:

汤、武之诛桀、纣也,拱挹指麾而强暴之国莫不趋使,诛桀、纣若诛独夫。故《泰誓》曰"独夫纣",此之谓也。①

今本《尚书·泰誓下》指出:"独夫受洪惟作威,乃汝世雠。"②"独夫受"者,《孟子》作"一夫纣",《荀子》作"独夫纣"。东汉马融《书序》指出:"《孙卿》引《泰誓》曰:'独夫受。'"③可知《荀子》的原文不是"独夫纣",而是"独夫受"。《书序》列举《春秋》《国语》《孟子》《孙卿》《礼记》引《泰誓》的五个例句,并云"今文《泰誓》,皆无此语"④。尽管今本《泰誓》三篇一般被当作伪古文,但以纣为独夫,必定见于孟、荀看过的《泰誓》篇中。

"独夫"或"一夫",实为贬义。孔安国(约前156年—前74年)注《尚书·泰誓下》指出:"言独夫,失君道也。"⑤在儒家看来,仁义是对"道"最周延的定义。孟子将贼仁者称为"贼",贼义者称为"残",残贼之人自然叫作"一夫"。《议兵》讲"独夫纣"之前,认为仁义足以指称汤、武:"故齐之技击不可以遇魏氏之武卒,魏氏之武卒不可以遇秦之锐士,秦之锐士不可以当桓、文之节制,桓、文之节制不可以敌汤、武之仁义。有遇之者,若以焦熬投石焉。"⑥《正论》另有"诛暴国之君若诛独夫"一语⑦。合孟、荀而言,汤、武仁

---

① [清]王先谦撰,沈啸寰、王星贤点校:《荀子集解》下册,第275页。
② [清]阮元校刻:《十三经注疏(附校勘记)》上册,第182页中栏。
③ 同上书,第180页上栏。
④ 同上书,第180页上栏。
⑤ 同上书,第182页中栏。
⑥ [清]王先谦撰,沈啸寰、王星贤点校:《荀子集解》下册,第274页。
⑦ 同上书,第324页。

义,桀、纣贼仁义,汤放桀、武王伐纣即是仁义之举。

(二)"王师"与"人师"

在孟、荀看来,由仁义者统帅的军队必然是"王师""人师"。孟子之时,有"齐人伐燕,胜之"一事。孟子指出:"取之而燕民悦,则取之。古之人有行之者,武王是也。取之而燕民不悦,则勿取。古之人有行之者,文王是也。以万乘之国伐万乘之国,箪食壶浆以迎王师,岂有他哉? 避水火也。如水益深,如火益热,亦运而已矣。"(《孟子》2·10)接着又以"汤一征,自葛始"为例,孟子强调:"今燕虐其民,王往而征之,民以为将拯己于水火之中也,箪食壶浆以迎王师。"(《孟子》2·11)"王师"仅两见于《孟子》,均与汤、武相关。《议兵》指出:"故近者歌讴而乐之,远者竭蹶而趋之,无幽闲辟陋之国莫不趋使而安乐之,四海之内若一家,通达之属莫不从服,夫是之谓人师。"① 此语亦见《儒效》②。荀子说"人师",跟汤、武并不直接相关,但可将它解释为"仁义之师"③,或者解释为《议兵》出现过两次的"仁义之兵"。《议兵》指出:"故汤之放桀也,非其逐之鸣条之时也;武王之诛纣也,非以甲子之朝而后胜之也。皆前行素修也,此所谓仁义之兵也。"④ "王师""人师"既由仁义者统帅,更是仁义长期熏陶的结果。

(三)"何其血之流杵"与"兵不血刃"

"王师""人师"这一仁义之师打起仗来,场面激烈、残酷吗? 对于武王伐纣,今本《尚书·武成》描述为:

---

① [清]王先谦撰,沈啸寰、王星贤点校:《荀子集解》下册,第279页。
② 《荀子·儒效》指出:"故近者歌讴而乐之,远者竭蹶而趋之,四海之内若一家,通达之属莫不从服,夫是之谓人师。"([清]王先谦撰,沈啸寰、王星贤点校:《荀子集解》上册,第121页)
③ 参见王天海:《名家讲解荀子》,长春:长春出版社,2009年,第239页。
④ [清]王先谦撰,沈啸寰、王星贤点校:《荀子集解》下册,第281页。

既戊午，师逾孟津。癸亥，陈于商郊，俟天休命。甲子昧爽，受率其旅若林，会于牧野，罔有敌于我师。前徒倒戈，攻于后以北，血流漂杵。一戎衣，天下大定。①

跟前引《泰誓》一样，《武成》也是人们常说的伪古文。由此积累的讨论文献汗牛充栋②。笔者以为，下面两种评论有助于我们切入孟荀相似度问题：

"罔有敌于我师"，言纣众虽多，皆无有敌我之心，故"自攻于后以北走"。自攻其后，必杀人不多，"血流漂舂杵，甚之言"也。《孟子》云："信《书》不如无《书》。吾于《武成》，取二三策而已。仁者无敌于天下，以至仁伐不仁，如何其血流漂杵也？"是言不实也。《易·系辞》云："断木为杵，掘地为臼。"是杵为臼器也。（《尚书正义》卷一一《武成》孔疏）③

此作伪者学诚博，智诚狡。见《荀子》有"厌旦于牧之野，鼓之而纣卒易乡，遂乘殷人而进诛纣，盖杀者非周人，因殷人也"，《淮南子》有"士皆倒戈而射"，《史记》有"皆倒兵以战"，遂兼取之成

---

① ［清］阮元校刻：《十三经注疏（附校勘记）》上册，第185页上栏。
② 陈成国的《尚书校注》有两篇《武成》，《武成一》即伪古文《武成》，《武成二》即《逸周书·世俘》（参见氏著：《尚书校注》，长沙：岳麓书社，2004年，第92—95、96—107页）。《世俘》原文见《逸周书汇校集注》卷四《世俘解第四十》（参见黄怀信、张懋镕、田旭东撰，黄怀信修订，李学勤审定：《逸周书汇校集注》（修订本）上册，上海：上海古籍出版社，2007年，第410—446页）。至于《逸周书·世俘》何以就是真古文《武成》，因论题所限，这里仅录顾颉刚《逸周书世俘篇校注、写定与评论》一文的说法："故今《世俘》即《武成》，乃一书而二名，犹《吕氏春秋》中，《功名》一作《由道》，《用众》一作《善学》，《序意》一作《廉孝》也。此篇所记，容有若干夸张成分，但其著作时代甚早，其所得周初史事之真相远过于战国而下所述，在史料中具有甚高价值……"（氏著：《顾颉刚古史论文集》第2册，北京：中华书局，1988年，第227页）李学勤有《〈世俘〉篇研究》一文（氏著：《古文献丛论》，上海：上海远东出版社，1996年，第69—80页），亦可资参考。
③ ［清］阮元校刻：《十三经注疏（附校勘记）》上册，第185页上栏。孔安国传为："纣众服周仁政，无有战心，前徒倒戈，自攻于后以北走。血流漂舂杵，甚之言。"（同书）

文,方续以血流杵,故曰学诚博。魏晋间视《孟子》不过诸子中之一耳,纵错会经文亦何损? 而武王之为仁人、为王者师甚著,岂不可力为回护,去其虐杀,以全吾经? 故曰智诚狡。噫! 抑知数百载后,由程、朱以迄于今,晚出之《书》日益败阙,输攻锋起,而《孟子》宛若金汤,无瑕可攻,有不必如斯枉用其心者哉? (《尚书古文疏证》卷八第一一九《言梅氏鹜〈尚书谱〉有未采者录于篇》))①

第一种评论中,孔颖达(574—648)援引《孟子》;第二种评论中,阎若璩援引《荀子》。孟、荀如何讨论汤武放伐? 两者有何交集? 借由《议兵》勘测孟荀相似度,不能不回答这些问题。

孟子论汤武放伐,尤其是武王伐纣,让人过目不忘的说法是"何其血之流杵"。《孟子·尽心下》有言:

> 孟子曰:"尽信《书》,则不如无《书》。吾于《武成》,取二三策而已矣。仁人无敌于天下,以至仁伐至不仁,而何其血之流杵也?"(《孟子》14·3)

> 孟子曰:"有人曰:'我善为陈,我善为战。'大罪也。国君好仁,天下无敌焉。南面而征,北狄怨;东面而征,西夷怨。曰:'奚为后我?'武王之伐殷也,革车三百两,虎贲三千人。王曰:'无畏! 宁尔也,非敌百姓也。'若崩厥角稽首。'征'之为言'正'也,各欲正己也,焉用战?"(《孟子》14·4)

《议兵》也有与孟子相近的说法,亦即"兵不血刃"。其辞云:

---

① [清]阎若璩撰,黄怀信、吕翊欣校点:《尚书古文疏证(附:古文尚书冤词)》下册,第631页。

是以尧伐驩兜，舜伐有苗，禹伐共工，汤伐有夏，文王伐崇，武王伐纣，此四帝两王，皆以仁义之兵行于天下也。故近者亲其善，远方慕其德，兵不血刃，远迩来服，德盛于此，施及四极。《诗》曰："淑人君子，其仪不忒。"此之谓也。①

为叙述方便，再抄下阎若璩提过的《荀子·儒效》那段话：

武王之诛纣也，行之日以兵忌，东面而迎太岁，至汜而汎，至怀而坏，至共头而山隧。霍叔惧曰："出三日而五灾至，无乃不可乎？"周公曰："刳比干而囚箕子，飞廉、恶来知政，夫又恶有不可焉？"遂选马而进，朝食于戚，暮宿于百泉，厌旦于牧之野，鼓之而纣卒易乡，遂乘殷人而诛纣。盖杀者非周人，因殷人也。故无首虏之获，无蹈难之赏，反而定三革，偃五兵，合天下，立声乐，于是《武》《象》起而《韶》《护》废矣。②

孟子笔下的"何其血之流杵"，并不是说滴血未流，而是认为"血流漂杵"说得太夸张。《议兵》所谓"兵不血刃"，辅之以《儒效》"盖杀者非周人，因殷人也。故无首虏之获，无蹈难之赏……"，意思也近似于孟子的"何其血之流杵"，被杀者并不多，而且是纣军自相残杀。根据孟、荀大致相近的批评，可断"血流漂杵"必为古说。阎若璩说作伪者"学诚博"，可见这批作者仔细揣摩过《孟》《荀》，今本《武成》才得以成篇。

"血流漂杵"既为古说，孟、荀为何否定它？于孟子，依据是"仁人无敌于天下"。因此，武王以"至仁"讨伐"至不仁"的商纣，绝对不可能血流漂杵。于荀子，依据是"以仁义之兵行于天下"。因此，四方咸服，兵器派不上用场。

---

① ［清］王先谦撰，沈啸寰、王星贤点校：《荀子集解》下册，第279—280页。
② ［清］王先谦撰，沈啸寰、王星贤点校：《荀子集解》上册，第134—136页。

（四）过化存神

以上所述，孟子说"一夫纣"，荀子说"独夫纣"，是说桀、纣罪大恶极；孟子说"王师"，荀子说"人师"，是说汤、武的军队既由仁义者统帅，又长期经受过仁义的熏陶；孟子说"何其血之流杵"，荀子说"兵不血刃"，是说汤、武的仁义之兵轻易就能置桀、纣之恶于万劫不复之地。初看起来，经由这些环节，《孟子》及《议兵》已经完成汤武放伐的仁义论证明。其实不然！盖因还有极大的一群人——桀、纣统治的人民与军队——尚未引起足够重视。试问：假如他们奋起反抗，血流漂杵难道不可能吗？

所以，孟子说的"若崩厥角稽首"，荀子说的"鼓之而纣卒易乡"，有必要深究其意。纣王的百姓为何叩谢武王？纣王的士兵为何反戈投诚？换句话说，桀、纣治下的人民与军队对于仁义是否具备感同身受的喜好，并具有趋之若鹜的追求？只有解答了这个问题，汤武放伐的仁义论证明才算最终完成。

孟子论民本，名言是"民为贵，社稷次之，君为轻"（《孟子》14·14）。在他看来，汤、武之所以放伐桀、纣，最根本的原因是桀、纣失去了民心，失去民心必然失去天下；汤、武因放伐桀、纣而得到天下，实质就是得到了民心。"为汤、武驱民者，桀与纣也"（《孟子》7·9）：桀、纣失天下，是咎由自取；汤、武得天下，是水到渠成。此失彼得，又是因为"民之归仁也，犹水之就下、兽之走圹也"（《孟子》7·9）。水往下面流，兽往旷野跑，而老百姓归附仁政，也是出于同一道理。孟子时常运用水之喻。梁襄王看起来不像人君，孟子感叹："今夫天下之人牧，未有不嗜杀人者也。如有不嗜杀人者，则天下之民皆引领而望之矣。诚如是也，民归之，由水之就下，沛然谁能御之？"（《孟子》1·6）又认为商汤征战："民望之，若大旱之望云霓也。归市者不止，耕者不变，诛其君而吊其民，若时雨降。民大悦。"（《孟子》2·11）

老百姓归附仁政，为何像水往下面流那样自然而然？按照孟子的逻辑，这是因为圣贤"所过者化,所存者神",人们不知不觉受到圣贤的影响。孟子说:"夫君子所过者化,所存者神,上下与天地同流,岂曰小补之哉?"(《孟子》13·13)用孟子的另一句话说,"所过者化,所存者神"就是"君子之德,风也;小人之德,草也。草尚之风,必偃"(《孟子》5·2)。

荀子论民本,名言是"君者,舟也;庶人者,水也。水则载舟,水则覆舟"(《王制》)①。同为古代民本思想的杰出代表,荀子也认为老百姓对于仁义具备感同身受的喜好并具有趋之若鹜的追求,而且《议兵》采用的甚至就是孟子那样的言说。《议兵》讲"四帝两王皆以仁义之兵行于天下"之前,有言:"故仁人之兵,所存者神,所过者化,若时雨之降,莫不说喜。"②《议兵》还说:"故民归之如流水,所存者神,所为者化。而顺暴悍勇力之属为之化而愿,旁辟曲私之属为之化而公,矜纠收缭之属为之化而调,夫是之谓大化至一。《诗》曰:'王犹允塞,徐方既来。'此之谓也。"③老百姓像水往下面流那样自然而然地归附仁政,根源就是圣贤统领的仁义之兵"所存者神,所过者化"④。

"所存者神,所过者化",最先见于《孟子》。赵岐注云:"君子通于圣人。圣人如天,过此世能化之,存在此国,其化如神,故言'与天地同流'也。"⑤《议兵》说的"所存者神,所过者化"及"所存者神,所为者化",属于《荀子》

---

① 参见[清]王先谦撰,沈啸寰、王星贤点校:《荀子集解》上册,第152—153页。《荀子·哀公》指出:"且丘闻之:君者,舟也;庶人者,水也。水则载舟,水则覆舟。君以此思危,则危将焉而不至矣!"([清]王先谦撰,沈啸寰、王星贤点校:《荀子集解》下册,第544页)
② [清]王先谦撰,沈啸寰、王星贤点校:《荀子集解》下册,第279页。
③ 同上书,第287—288页。
④ 《荀子·尧问》指出:"今之学者,得孙卿之遗言余教,足以为天下法式表仪,所存者神,所过者化。"([清]王先谦撰,沈啸寰、王星贤点校:《荀子集解》下册,第553页)因它与本文论题没有密切关联,这里不予讨论。合孟、荀而言,笔者以为,"所过者化"具活动义,"所存者神"具存有义,存神过化是既存有又活动、即存有即活动。另外,它对宋明理学工夫论产生过重要影响(参见翟奎凤:《"存神过化"与儒道"存神"工夫考论》,《中国哲学史》2015年第1期,第32—34页)。
⑤ [清]焦循撰,沈文倬点校:《孟子正义》下册,第895页。

对《孟子》的显性—匿名引用①。杨倞（生卒年不详）注云："所存止之处，畏之如神；所过往之国，无不从化。"②圣贤所过之处，必能感化人群；所在之处，人们敬若神明。圣贤化之、神之，老百姓被化之、被神之。圣贤以其仁义，而能过化存神；老百姓因其对于仁义具备感同身受的喜好并具有趋之若鹜的追求，而被过化存神。具体到汤武放伐的语境下，汤、武是仁义之兵，故能过化存神；桀、纣治下的人民与军队对于仁义"犹水之就下""归之如流水"，故能被过化存神。至此，孟、荀以"过化存神"完成了汤武放伐的仁义论证明。

从中国传统思想史看，孟、荀对汤武放伐的仁义论证明，其影响远远大于庄、韩的反仁义论解读。顾颉刚的《纣恶七十事的发生次第》说过："春秋战国时人说话，最喜欢举出极好的好人和极坏的坏人作议论的材料。极好的好人是尧、舜、禹、汤；极坏的坏人是桀、纣、盗跖。"③《汉书·古今人表》将汤、武列为上上等圣人，而将桀（癸）列入下中等，纣（辛）列入下下等。④《明夷待访录·原君》指出：

> 古者天下之人爱戴其君，比之如父，拟之如天，诚不为过也。今也天下之人怨恶其君，视之如寇仇，名之为独夫，固其所也。而小儒规规焉以君臣之义无所逃于天地之间，至桀、纣之暴，犹谓汤、武不当诛之，而妄传伯夷、叔齐无稽之事，使兆人万姓崩溃之血肉，曾不

---

① 关于实名引用、显性—匿名引用、隐性—匿名引用的初步定义，参见杨海文：《中国思想史上的"引用"：以〈新语〉引孔孟荀为例》，《福建论坛（人文社会科学版）》2012年第1期，第73—76页。《荀子·不苟》指出："诚心守仁则形，形则神，神则能化矣；诚心行义则理，理则明，明则能变矣。变化代兴，谓之天德。"（[清]王先谦撰，沈啸寰、王星贤点校：《荀子集解》上册，第46页）由守仁而神化，由行义而明变，仁义根源于心体之诚，可见荀子对汤武放伐的仁义论证明亦是本体论证明。
② [清]王先谦撰，沈啸寰、王星贤点校：《荀子集解》下册，第279页。
③ 顾颉刚：《顾颉刚古史论文集》第2册，第211页。又见顾颉刚：《纣恶七十事的发生次第》（1924年11月8日），顾颉刚编著：《古史辨》第2册，上海：上海古籍出版社，1982年，第82页。
④ 参见[汉]班固撰，[唐]颜师古注：《汉书》第3册，第884、892、883、889页。

异夫腐鼠。岂天地之大,于兆人万姓之中,独私其一人一姓乎?是故武王圣人也,孟子之言,圣人之言也。后世之君,欲以如父如天之空名禁人之窥伺者,皆不便于其言,至废孟子而不立,非导源于小儒乎!①

黄宗羲这里不点名地批评了苏轼的《论武王》。苏轼弹孟子,黄宗羲赞孟子,显示出孟子论汤武放伐的影响力大过荀子。荀子也对汤武放伐进行过仁义论证明,为何就没有进入苏轼、黄宗羲等人的视野?孟、荀思想的相似度问题历来极少有人关注,这是事实;借由《议兵》以勘测孟荀相似度问题,因而十分必要。

三、王道高于霸道的价值定位

《议兵》没有实名引用过《孟子》,但有不少文句及其含义,两者较为相近。例如,孟子说过:"故曰:域民不以封疆之界,固国不以山豀之险,威天下不以兵革之利。得道者多助,失道者寡助。"(《孟义》4·1)《议兵》有云:"故坚甲利兵不足以为胜,高城深池不足以为固,严令繁刑不足以为威。由其道则行,不由其道则废。"②在孟、荀看来,就治国、治世而言,道比势更为重要。

《尚书·康诰》指出:"若保赤子,惟民其康乂。"③其中的"若保赤子",同为《孟》《荀》引用。《孟子》引夷子曰:"儒者之道,古之人若保赤子。"(《孟子》5·5)又云:"大人者,不失其赤子之心者也。"(《孟子》8·12)《议兵》认为:"故厚德音以先之,明礼义以道之,致忠信以爱之,尚贤使能以次

---

① [清]黄宗羲:《明夷待访录》,吴光执行主编:《黄宗羲全集》第1册,杭州:浙江古籍出版社,2012年,第3页。
② [清]王先谦撰,沈啸寰、王星贤点校:《荀子集解》下册,第281页。
③ [清]阮元校刻:《十三经注疏(附校勘记)》上册,第204页上栏。

之,爵服庆赏以申之,时其事、轻其任以调齐之,长养之,如保赤子。"① 若保赤子,实质是保任儒家之道。

从《议兵》看《孟子》,孟子说"得道者多助,失道者寡助",荀子说"由其道则行,不由其道则废",这是对大道追求的坚守;孟子说"不失其赤子之心",荀子说"如保赤子",这是对赤子情怀的呵护。孟、荀论道、论赤子,均以仁义为基本含义。《孟子》全书不足四万字,"仁"凡158见,"义"凡108见,"仁义"凡27见;《议兵》一篇四千字左右,"仁"凡16见,"义"凡15见,"仁义"凡7见。西汉司马谈(？—前110)的《论六家之要指》指出:"夫阴阳、儒、墨、名、法、道德,此务为治者也……"② 孟、荀对于儒家的仁义之道如保赤子,"务为治"也是其重要目的。社会如何由乱而治、由治理而善治,对于孟、荀来说,关联着王霸之辨。

《孟子》书中,无"霸道"一词,"王道"亦仅一见(《孟子》1·3);无"王霸"一词,"霸王"亦仅一见(《孟子》3·2)。但是,一般认为孟子的政治学是王道政治学,它以王霸之辨为主题,以尊王贱霸为诉求。下面是孟子论王霸之辨最有名的两段话:

> 以力假仁者霸,霸必有大国;以德行仁者王,王不待大——汤以七十里,文王以百里。以力服人者,非心服也,力不赡也;以德服人者,中心悦而诚服也,如七十子之服孔子也。《诗》云:"自西自东,自南自北,无思不服。"此之谓也。(《孟子》3·3)

> 霸者之民驩虞如也,王者之民皞皞如也。杀之而不怨,利之而不庸,民日迁善而不知为之者。夫君子所过者化,所存者神,上下与天地同流,岂曰小补之哉?(《孟子》13·13)

---

① [清]王先谦撰,沈啸寰、王星贤点校:《荀子集解》下册,第286页。
② 《太史公自序》,[汉]司马迁撰,[宋]裴骃集解,[唐]司马贞索隐,[唐]张守节正义:《史记》第10册,第3288—3289页。

孟子认为王道、霸道是两种不同的国家—社会治理方式：以德服人，并且以德行仁，不必以强大的国家为基础，但人们由衷地信服，而且心情无比舒畅——此乃王道；以力服人，并且以力假仁，必须以强大的国家为基础，但人们因为自身弱小而不得不服从，或者因为实际利益而显得欢娱——此乃霸道。其中，"以德服人"与"以力服人"的鲜明差别，最能打动历史上那些儒家学者。《孟子集注》卷三引邹氏曰："以力服人者，有意于服人，而人不敢不服；以德服人者，无意于服人，而人不能不服。从古以来，论王霸者多矣，未有若此章之深切而著明也。"① 这里所谓的"深切著明"，加上孟子说过"五霸者，三王之罪人也；今之诸侯，五霸之罪人也；今之大夫，今之诸侯之罪人也"（《孟子》12·7），实际上将孟子打扮成了严王霸之辨、尊王贱霸的典型代表。

任剑涛曾经指出："今天论者谈王道政治和霸道政治，总是习惯于从两者对立的意义上切入问题，实际上忘记了战国后期到秦汉之间王霸之辨促成的交相辉映。王道政治在总体的德性取向基础上，吸取霸道政治的制度智慧，从而促使王道政治吸纳了霸道的制度安排成分，夯实了王道政治的制度建构基础。"② 受此启发，辅之以孟子说的"尧、舜，性之也；汤、武，身之也；五霸，假之也。久假而不归，恶知其非有也"（《孟子》13·30），我们可以对"以力假仁者霸"与"久假而不归"略作思考。

诸侯称霸，枪杆子里面出政权就够了，为何还得仰仗仁义呢？"以力假仁者霸"，已然表明霸道同样离不开仁义。你可以将"假"理解为假借、假装，但诸侯若是借去仁义而且再也不归还，难道不会变成自身的东西吗？"久假而不归"虽然是一种假设，却显示出仁义足以过化存神地感染、熏陶雄心勃勃的诸侯们。归结起来，孟子认为：霸道并不是纯粹地以力服人，而是

---

① [宋]朱熹：《四书章句集注》，第235页。按：邹氏即邹浩，著有《孟子解》十四卷（参见〔日〕大槻信良：《朱子四书集注典据考》，台北：台湾学生书局，1976年，第367页）。
② 彭永捷主持：《王道政治与天下主义》，《现代哲学》2013年第2期，第95页。

须将仁义注入霸道之中。遗憾的是，人们过去对于孟子王霸之辨的这层含义关注得十分不够。

我们暂时不对孟子的王霸之辨进行总体性评价，而是借由"以力假仁者霸"进入荀子的思想世界。《荀子》论王霸，集中于《王制》《王霸》《强国》诸篇。这些篇名质朴地告诉人们：荀子以王制为制度设计，以王、霸为治理方式，以强国为绩效目标。下面以《王霸》为例略作分析：

> 故用国者，义立而王，信立而霸，权谋立而亡。三者，明主之所谨择也，仁人之所务白也。①
>
> 故与积礼义之君子为之则王，与端诚信全之士为之则霸，与权谋倾覆之人为之则亡。三者，明主之所以谨择也，而仁人之所以务白也。②
>
> 粹而王，驳而霸，无一焉而亡。③

国家如何才能存在而不灭亡？在荀子看来，以权谋治国，国家必然灭亡；相反，以义治国可以称王，以信治国可以称霸，王、霸均能强国，国家不会灭亡。荀子虽然将权谋与义、信并列，但跟孟子一样，他只认可义、信两种治理方式，将权谋赶出了治道。义就是"与积礼义之君子为之"，信就是"与端诚信全之士为之"，加上以"粹"释"义"，以"驳"释"信"，可断荀子认为王道高于霸道。在这一价值定位之下，荀子的"信立而霸"可与孟子的"以力假仁者霸"相互发明。信在本质上不同于权谋，而是与义同类。"信立而

---

① ［清］王先谦撰，沈啸寰、王星贤点校：《荀子集解》上册，第202页。
② 同上书，第209页。
③ ［清］王先谦撰，沈啸寰、王星贤点校：《荀子集解》上册，第209页。《荀子·强国》指出："粹而王，驳而霸，无一焉而亡。"（［清］王先谦撰，沈啸寰、王星贤点校：《荀子集解》下册，第304页）《荀子·赋》指出："粹而王，驳而伯，无一焉而亡。"（同上书，第472页）

霸",用《强国》《天论》《大略》的话说,就是"重法爱民而霸"①。所以,以信治国,言出必行,赏罚必信,亦能凝聚人心。久而久之,习惯成自然,人们会心服口服。

落实到《议兵》,荀子用"以德兼人""以力兼人""以富兼人"论王霸之辨:

> 凡兼人者有三术:有以德兼人者,有以力兼人者,有以富兼人者。彼贵我名声,美我德行,欲为我民,故辟门除涂以迎吾入,因其民,袭其处,而百姓皆安,立法施令莫不顺比。是故得地而权弥重,兼人而兵俞强,是以德兼人者也。非贵我名声也,非美我德行也,彼畏我威,劫我势,故民虽有离心,不敢有畔虑,若是,则戎甲俞众,奉养必费。是故得地而权弥轻,兼人而兵俞弱,是以力兼人者也。非贵我名声也,非美我德行也,用贫求富,用饥求饱,虚腹张口来归我食,若是,则必发夫掌窌之粟以食之,委之财货以富之,立良有司以接之,已暮三年,然后民可信也。是故得地而权弥轻,兼人而国俞贫,是以富兼人者也。故曰:以德兼人者王,以力兼人者弱,以富兼人者贫,古今一也。②

战国时期,诸侯兼并,持续不断。荀子正视现实,但认为三种兼并的效果各自不同:"以德兼人者王,以力兼人者弱,以富兼人者贫。"其中,"以德兼人"近似于孟子的"以德服人","以力兼人"近似于孟子的"以力服人"。对于以力兼人,《议兵》举例:"齐桓、晋文、楚庄、吴阖闾、越句践,是皆和

---

① 《荀子·强国》指出:"人君者隆礼尊贤而王,重法爱民而霸,好利多诈而危,权谋、倾覆、幽险而亡。"([清]王先谦撰,沈啸寰、王星贤点校:《荀子集解》下册,第291页)《荀子·天论》指出:"君人者隆礼尊贤而王,重法爱民而霸,好利多诈而危,权谋、倾覆、幽险而尽亡矣。"(同上书,第317页)《荀子·大略》指出:"君人者隆礼尊贤而王,重法爱民而霸,好利多诈而危。"(同上书,第485页)
② 同上书,第289—290页。

齐之兵也,可谓入其域矣,然而未有本统也,故可以霸而不可以王。""秦四世有胜,諰諰然常恐天下之一合而轧已也,此所谓末世之兵,未有本统也。"① "本统"两见于《议兵》,并与汤武放伐的语境相关,意即王道,盖因"可以霸而不可以王"即是"未有本统"。"本统"一词值得人们多加关注,因为它与《孟子》末章(《孟子》14·38)昭示的儒家道统论或可构成某种呼应。《议兵》还认为:武力兼并容易,但会得而复失,唯独凝聚人心、稳定天下最难。"凝"高于"兼",汤、武又堪称典范:"古者汤以薄,武王以滈,皆百里之地也,天下为一,诸侯为臣,无它故焉,能凝之也。"② 荀子这里的举例及其背后的义理,实与孟子说的"以德行仁者王,王不待大""以德服人者,中心悦而诚服也"如出一辙。

《议兵》虽然只是呈现并敞开了王道高于霸道的一面,但这也是孟荀相似度问题在王霸之辨上最核心的体现。严王霸之辨,就是肯认王道高于霸道的价值定位。唯其如此,才能确保这一王霸之辨是儒家的,而不是法家或者其他流派的。更周延地看,孟、荀的王霸之辨,既有其积极-理想形态,亦即坚守王道高于霸道的价值定位,以王道规制霸道;又有其消极-操作形态,亦即"以力假仁者霸"或者"信立而霸",以霸道补充王道。回到孟、荀的时代,先讲消极-操作形态,时机成熟后再讲积极-理想形态,各路诸侯更有可能从无道步入霸道、再由霸道最终抵达王道。因此,就孟、荀的王霸之辨而言,可以"王主霸辅"之说取代传统的"尊王贱霸"之说③。

孟、荀的王霸之辨并未在战国时君那里真正派上过用场,原因很复杂。设想一下:让韩非讲霸道,他能不将权谋、财力加进去吗?荀子不然,他让这些东西即便在霸道的概念里面也无容身之地。不讲权谋,不讲财力,人格固然高洁,却实实在在地隔断了荀子与时君进一步交流并实质性合作的通道。

---

① [清]王先谦撰,沈啸寰、王星贤点校:《荀子集解》下册,第 276、280—281 页。
② 同上书,第 290 页。
③ 孟子论王霸,侧重战略;荀子论王霸,既重战略,亦重战术。这一区别值得注意。

直到西汉晚期,宣帝刘询(前91—前49)有言:"汉家自有制度,本以霸王道杂之……"(《汉书·元帝纪》)① 王霸并用,文武兼治,乃至儒表法里、孟皮荀骨,是汉代以降传统中国两千多年来最基本的国家—社会治理方式。在相当大的程度上,这与孟、荀王霸之辨自身的理论生命力和现实指导作用密不可分。有意味的是,人们谈王霸,更看重荀子而不是孟子实际发挥出的影响力。谭嗣同(1865—1898)的《仁学一·二十九》指出:"故常以为二千年来之政,秦政也,皆大盗也;二千年来之学,荀学也,皆乡愿也。"② 论汤武放伐,人们溢美孟子;论王霸并用,人们批评荀子。假如孟荀相似度问题早就得到应有的注意,大概不会出现这类一边倒的评判。

四、余论:相似与相异

本文选择《议兵》以勘定孟荀相似度问题,很大程度上是因为军事乃国家—社会治理的大事、要事,而《议兵》是先秦儒家唯一专门讨论军事问题的作品③。通过将《议兵》的孟荀相似度问题归结为汤武放伐的仁义论证明、王道高于霸道的价值定位,并因汤武放伐属于大事件、王霸之辨属于大观念,我们直观地感到:借助若干个案研究,相似度一面有望成为孟荀比较研究以及孟学、荀学研究新的学术生长点;而且,从大事件、大观念入手,有可能是勘测孟荀相似度问题较为可行、并且较有哲学思想史价值的路径依赖。

但是,《议兵》并不只是讲汤武放伐、王霸之辨,而是还有其他内容。

---

① [汉]班固撰,[唐]颜师古注:《汉书》第1册,第277页。
② 蔡尚思、方行编:《谭嗣同全集》(增订本)下册,北京:中华书局,1981年,第337页。
③ 章太炎的《后圣》指出:"其他《王制》之法,《富》《强》之论,《议兵》之略,得其枝叶,犹足以比成、康。"(汤志钧编:《章太炎政论选集》上册,北京:中华书局,1977年,第38页)《国学讲习会讲演记录》第4章《诸子略说》指出:"余谓《议兵》一篇,非孟子所能及。"(章太炎著,杨佩昌整理:《章太炎:在苏州国学讲习会的讲稿》,北京:中国画报出版社,2010年,第189页)

《议兵》讲到将帅要懂得"六术""五权""三至""五无圹"的战略—战术①，孟子没有讨论过这些话题。《议兵》篇中的四个提问者赵孝成王、临武君、陈嚣、李斯以及回答者孙卿子（荀子），更不可能出现于《孟子》书里。《孟子》未讲的而《荀子》讲了，《孟子》讲过的而《荀子》未讲，这类现象该如何看待？

因其相似度，孟、荀同属儒家一派；因其相异度，孟子不是荀子，荀子不是孟子，孟、荀各自成为历史影响深远的儒家思想家。谈相似度，自然不能回避相异度。所谓相异度，又得分为两类情形：一是歧异，亦即对于同样的问题，孟、荀给出不同的答案；二是无涉，例如《孟子》不可能讲到李斯、韩非，而《荀子》可以不提万章、公孙丑。显而易见，歧异是相异度问题的重中之重。正因此故，人们立足于大事件、大观念进行哲学思想史研究，包括进行相似度、相异度对举的同异之辨，而相异度一般指的是歧异一面，而不是无涉一面。笔者认可这一做法。

思想家之间的同异之辨，其实异常复杂。在宏观的维度上，人们比较古代中、西、印传统下的不同思想家，有可能将相异度看得比相似度重要。在中观的维度上，人们比较儒、道、佛传统下的不同思想家，也有可能更为重视相异度，但对相似度会有某种警觉。在微观的维度上，人们比较儒家传统下的孔、孟、荀，究竟着眼于相似度还是相异度，则因人因时而异。简单地说，孟荀思想关系的同异之辨，经历过两个历史发展阶段。汉唐时期，孟、荀同为诸子，人们多讲其同，而且流于泛泛而谈，学理性较弱。宋元明清时期，孟子升为圣人，荀子仍为诸子，人们大谈其异，学理性有所强化，但立场性更强，以尊孟贬荀为主流。期间，清代出现过一股尊荀思潮，可视为支流，但它尊荀而贬孟，立场性同样很强。

历史经验告诉我们：讨论孟荀思想关系的同异之辨，学理性必须是第一

---

① 参见［清］王先谦撰，沈啸寰、王星贤点校：《荀子集解》下册，第276—278页。

位的,同时还得适当地价值中立。目前,在孟学研究、荀学研究均为显学的前提下,孟荀比较研究方兴未艾,但也暴露出不少问题。有的问题还是过去遗留下来的。例如,谈异者多,相似度问题基本上未被关注;立场性较强,不能价值中立地看待孟荀思想关系。熊十力(1885—1968)的《论六经》有言:"荀卿曰'上下易位然后贞',与孟子'民为贵'同义。孟、荀皆善言礼,皆深于《春秋》也。""然两家各伸一端,要非不可和会。余尝欲为一书,详辨孟、荀同异,而后折衷于《大易》《春秋》,以见圣人之大,大则无偏,无偏乃可裁成天地、辅相万物。"① 梁涛有个构想,就是以《论语》《礼记》《孟子》《荀子》取代旧《四书》②。如何落实这些构想?孟荀相似度问题研究可谓突破口之一。不抱尊孟贬荀或者尊荀贬孟的狭隘立场,孟荀相似度问题才有可能逐渐得到学术界的重视;既有相似度研究,又有相异度研究,孟学研究、荀学研究本身才会更加深化并强化。

最后,特别说明两点。第一点,所谓多少问题。孟荀思想关系包括相似度、相异度两个面相,它们是否有多少之分乃至具体比例上的分配呢?尽管人们对相似度大凡习以为常,而对相异度倾向于津津乐道,但私意以为:既然孟、荀同属先秦儒家,他们在理解并阐释大事件、大观念上的相似度有可能大于相异度;而且,如果不仅仅是从先秦儒家,而是从儒、道、佛乃至中、西、印的视野看孟、荀,那么,随着研究视角由微观到中观再到宏观的逐级上升,孟荀相似度问题有可能更为明显;至于具体比例,原则上没有必要、事实上也不可能搞出百分比,但我们经过若干个案研究之后,似乎亦可形成相异度与相似度四六开或三七开之类笼统的提法。第二点,所谓大小问题。从

---

① 熊十力:《论六经(一九五一年)》,萧萐父主编,景海峰、郭齐勇整理:《熊十力全集》第5卷,武汉:湖北教育出版社,2001年,第676、680页。
② 参见梁涛:《郭店竹简与思孟学派》,北京:中国人民大学出版社,2008年,第536页;梁涛著,陈菁霞采访整理:《应将〈荀子〉纳入儒学的"新四书"》,《中华读书报》2011年3月2日,第10版《社科》;梁涛:《"新四书"与"新道统"——当代儒学思想体系的重建》,《中华读书报》2014年4月2日,第15版《国学》。

促进学术创新出发，研究孟荀相似度或相异度问题，首先应当着眼于大事件、大观念及其相互联系，夯实孟荀思想关系在基本理论体系、文化基本精神上的同异之辨。但是，小事件、小观念同样不能忽视，需要借助坚实的考证、睿智的解释，使之得到深入、全面的探讨，并汇入整个孟荀比较研究之中。

中国思想史上的"引用"：
以《新语》引孔孟荀为例*

一、《新语》为儒家作品

公元前206年，秦朝灭亡，汉朝建立。生于战国末期的楚国儒生陆贾（约前240—前170），亲历了汉灭强秦的历史剧变，并得以在新生的王朝中将满腹经纶转化为淑世的抱负。晚清学者唐晏的《陆子新语校注序》指出：

> 自始皇灭学，负大疢于天下，至今谈古籍之亡，必归其疢于始皇。然以史考之，始皇三十四年，李斯上言烧书，三十五年，坑儒于骊山，此后三年，二世之二年而秦亡，又后五年，汉高即位，其间不过八年耳。陆生以客从高祖，时已在学成之后。①

陆贾，本传见《史记》卷九七《郦生陆贾列传第三十七》②、《汉书》卷四三《郦陆朱刘叔孙传第十三》③。《新语》是陆贾的传世名作。徐复观认为：

---

* 原载《福建论坛（人文社会科学版）》2012年第1期，第73—76页。
① [汉]陆贾著，王利器校注：《新语校注》，北京：中华书局，1986年，第222页。
② 参见[汉]司马迁撰，[宋]裴骃集解，[唐]司马贞索隐，[唐]张守节正义：《史记》第8册，第2697—2701页。
③ 参见[汉]班固撰，[唐]颜师古注：《汉书》第7册，第2111—2116页。

"《新语》十二篇,本为陆贾适应刘邦的文化水准所编的教材。"① 没有汉高祖刘邦(前256—前195)就不会有《新语》,所以,《论衡·对作》指出:"高祖不辨得天下,马上之计未转,则陆贾之语不奏。"②《书解》指出:"高祖既得天下,马上之计未败,陆贾造《新语》,高祖粗纳采。"③《汉书·高帝纪下》指出:"天下既定,命萧何次律令,韩信申军法,张苍定章程,叔孙通制礼仪,陆贾造《新语》。"④

王充、班固皆是东汉人,司马迁的《史记》陆贾本传更是生动地描绘了《新语》的写作缘起:

> 陆生时时前说称《诗》《书》。高帝骂之曰:"乃公居马上而得之,安事《诗》《书》!"陆生曰:"居马上得之,宁可以马上治之乎?且汤、武逆取而以顺守之,文武并用,长久之术也。昔者吴王夫差、智伯极武而亡;秦任刑法不变,卒灭赵氏。乡使秦已并天下,行仁义,法先圣,陛下安得而有之?"高帝不怿而有惭色,乃谓陆生曰:"试为我著秦所以失天下,吾所以得之者何,及古成败之国。"陆生乃粗述存亡之征,凡著十二篇。每奏一篇,高帝未尝不称善,左右呼万岁,号其书曰"新语"。⑤

《史记·郦生陆贾列传》赞曰:"余读陆生《新语书》十二篇,固当世之辩士。"⑥ 清代学者严可均(1762—1843)的《新语叙》对此难以释怀:"史迁目

---

① 徐复观:《两汉思想史》第2册,北京:九州出版社,2014年,第86页。
② 黄晖:《论衡校释(附刘盼遂集解)》第4册,第1178页。
③ 同上书,第1156页。
④ [汉]班固撰,[唐]颜师古注:《汉书》第1册,第81页。
⑤ [汉]司马迁撰,[宋]裴骃集解,[唐]司马贞索隐,[唐]张守节正义:《史记》第8册,第2699页。按:《汉书》卷四三《郦陆朱刘叔孙传第十三》亦录这段文字,但文字稍异([汉]班固撰,[唐]颜师古注:《汉书》第7册,第2113页)。
⑥ [汉]司马迁撰,[宋]裴骃集解,[唐]司马贞索隐,[唐]张守节正义:《史记》第8册,第2705页。

为辨士,未足以尽之。"①戴彦升(生卒年不详)于道光六年(1826)写的《陆子新语序》亦云:"以辨士目生,何浅之乎读是书哉!"②其实,《孟子》3·2指出:"宰我、子贡善为说辞。"扬雄《法言·渊骞》指出:"言辞:娄敬、陆贾。"③《论语》11·3所说的"孔门四科",其二为"言语"。言辞乃儒者文以载道的必由之路,更是辩士置身于特定情景之下的思想道场。孟子就说过:"予岂好辩哉?予不得已也。"(《孟子》6·9)司马迁称陆贾为辩士,实亦高度评价。

《二十四史》之中,"艺文志"或"经籍志"首创于《汉书》。班固明知陆贾著有《新语》,但《汉书·艺文志·诸子略·儒家类》仅云:"《陆贾》二十三篇。"④《陆贾》包括《新语》于其间,今人王利器(1911—1998)业已明辨⑤。至于《新语》的真伪,《四库全书总目》卷九一《子部·儒家类一》提要《新语二卷》虽然有过不少质疑,但其折衷的态度可让人们接受:"流传既久,其真其赝,存而不论可矣。"⑥

历代书目大凡以陆贾为儒家,仅有北宋的《崇文总目》卷五将《新语》列入杂家类⑦,元修《宋史·艺文志四》列入子部杂家类⑧。对此,戴彦升的《陆子新语序》指出:

> 陆生书本列儒家,惟《崇文总目》移入杂家,《宋史·志》因之。彦升谓:杂家者,兼儒、墨,合名、法,本书惟《思务》一篇称"墨子之门多(下缺)",绝未道其学。《辅政》篇叹"商鞅显于西秦,世无贤

---

① [汉]陆贾著,王利器校注:《新语校注》,第215页。
② 同上书,第219页。
③ [汉]扬雄撰,韩敬注:《法言注》,第288页。
④ [汉]班固撰,[唐]颜师古注:《汉书》第6册,第1726页。
⑤ 参见[汉]陆贾著,王利器校注:《新语校注》,"前言",第5页。
⑥ [清]永瑢等:《四库全书总目》上册,第771页。
⑦ 参见[宋]王尧臣、王洙、欧阳修等:《崇文总目》,《景印文渊阁四库全书》674册,第62页。
⑧ 参见[元]脱脱等:《宋史》第15册,第5207页。

知之君,能别其形",盖于法家深疾之。独陈儒术,无所兼合,入之杂家,谬矣。①

戴彦升认为陆贾"独陈儒术,无所兼合",言过其实。"汉初之七十年(前200—135)是道家思想比较占优势的时代。"②刘邦执政期间(前206—前195),黄老之学的新道家也一度居于显要地位。《新语》第四篇《无为》,王利器解题:"此篇即阐发无为而不为之旨。汉初清静无为之治,盖陆氏为之导夫先路矣。"③陆贾还实名引用过《老子》,亦即《思务》指出:"老子曰:'上德不德。'"④引用《老子》,甚至标举无为而治,事实上完全不会改变《新语》儒道兼综、以儒为主的思想特质,更不会改变《新语》之为儒家作品的文本属性。四库馆臣提要《新语》指出:

今但据其书论之,则大旨皆崇王道,黜霸术,归本于修身用人。其称引《老子》者,惟《思务篇》引"上德不德"一语。余皆以孔氏为宗,所援据多《春秋》《论语》之文。汉儒自董仲舒外,未有如是之醇正也。⑤

二、对孔子的实名引用

与仅引老子语1次相比,万字左右的《新语》7次引孔子语。以下按照《新语》篇次的先后,梳理这些引语及其文献来源:

---

① [汉]陆贾著,王利器校注:《新语校注》,第217页。
② 胡适:《中国中古思想小史》,氏著:《中国中古思想史长编》,上海:华东师范大学出版社,1996年,第284页。按:"前200—135"当作"前206—135"。
③ [汉]陆贾著,王利器校注:《新语校注》,第59页。
④ 同上书,第168页。按:此语见《老子》第38章([魏]王弼注,楼宇烈校释:《老子道德经注校释》,北京:中华书局,2008年,第93页)。
⑤ [清]永瑢等:《四库全书总目》上册,第771页。

[1]《无为》:"故孔子曰:'移风易俗。'"① 语出《孝经·广要道章》②;又两见于《礼记·乐记》,且不言"子曰"③。引语同于原文。

[2]《辨惑》:"孔子叹曰:'君辱臣当死。'"④ 语出《春秋穀梁传·定公十年》:"孔子曰:'笑君者罪当死。'"⑤ 引语异于原文。

[3]《慎微》:"故孔子曰:'道之不行也。'"⑥ 语出《礼记·中庸》⑦。引语同于原文。

[4]《慎微》:"孔子曰:'有至德要道以顺天下。'"⑧ 语出《孝经·开宗明义章》⑨。引语同于原文。

[5]《本行》:"故曰:'不义而富且贵,于我如浮云。'"⑩ 语出《论语》7·16:"子曰:'……不义而富且贵,于我如浮云。'"引语同于原文,但未言"子曰"。

[6]《明诫》:"故曰:'则天之明,因地之利。'"⑪ 语出《孝经·三才章》:"子曰:'……则天之明,因地之利……'"⑫ 引语同于原文,但未言"子曰"。

[7]《思务》:"孔子曰:'行夏之时,乘殷之辂,服周之冕,乐则《韶》舞。放《郑》声,远佞人。'"⑬ 语出《论语》15·11。引语同于原文。

以上七例,"孔子曰"之下的实名引用有 5 次,亦即例 1—4、7;不言"孔子曰"的匿名引用有 2 次,亦即例 5—6。明言"孔子曰"或"××曰"者,即为实名引用;不明言"孔子曰"或"××曰"者,即为匿名引用。实名、

---

① [汉]陆贾著,王利器校注:《新语校注》,第 67 页。
② 参见[清]阮元校刻:《十三经注疏(附校勘记)》下册,第 2556 页。
③ 同上书,第 1534、1536 页。
④ [汉]陆贾著,王利器校注:《新语校注》,第 79 页。
⑤ [清]阮元校刻:《十三经注疏(附校勘记)》下册,第 2445 页。
⑥ [汉]陆贾著,王利器校注:《新语校注》,第 93 页。
⑦ 参见[清]阮元校刻:《十三经注疏(附校勘记)》下册,第 1625 页。
⑧ [汉]陆贾著,王利器校注:《新语校注》,第 98 页。
⑨ 参见[清]阮元校刻:《十三经注疏(附校勘记)》下册,第 2545 页。
⑩ [汉]陆贾著,王利器校注:《新语校注》,第 148 页。
⑪ 同上书,第 157 页。
⑫ [清]阮元校刻:《十三经注疏(附校勘记)》下册,第 2549 页。
⑬ [汉]陆贾著,王利器校注:《新语校注》,第 170 页。

匿名之所以均为引用，盖因所有引语一旦回溯原始文献，皆有案可稽或有迹可循（即便个别文献已经遗佚）。其中，引语与原始文献一模一样或大同小异，属于"有案可稽"；引语与原始文献只是似曾相识，属于"有迹可循"。稍后我们还将定义：有案可稽的匿名引用，乃"显性—匿名引用"；有迹可循的匿名引用，乃"隐性—匿名引用"。

任何思想者要华丽地转身为思想家，都离不开持续而又睿智地继承先前的文化传统和学术资源。最显明的继承方式，就是引用。考察《新语》引孔子、老子语的多寡，人们可以判定陆贾虽然有不少道家气，但其基本思想倾向则为儒家。从《新语》引孔子语看，尤其是从实名引用看，陆贾显然研读过《论语》《孝经》《礼记》《春秋穀梁传》，而且将它们视为代表孔子思想的文化元典。此外，《新语》还多次实名引用过《周易》《诗经》，时常《诗》《书》并称（凡4次）。《本行》有云："《诗》《书》《礼》《乐》，为得其所，乃天道之所立，大义之所行也。"① 针对《道基》所说的"于是后圣乃定《五经》，明《六艺》"②，徐复观指出：仅有《新语》"五经""六艺"两名并列，且为两名之最早出现。以意推之，以礼乐为主，则称"六艺"；去乐而以《诗》《书》为主，则称《五经》③。显而易见，陆贾情有独钟于孔孟孜孜以求的《诗》《书》文化与礼乐文明。

凡是服务于自身思想体系建构的引用，就不止是"照着讲"，更是"接着讲"。以《春秋穀梁传》为例，《新语》既有匿名引用，如前述例2；亦有实名引用，如《道基》指出："《穀梁传》曰：'仁者以治亲，义者以利尊。万世不乱，仁义之所治也。'"④《至德》指出："故《春秋穀》（缺）。"⑤ 这些引语大多不见于今本《春秋穀梁传》，但戴彦升的《陆子新语序》指出："《穀梁》

---

① ［汉］陆贾著，王利器校注：《新语校注》，第142—143页。
② 同上书，第18页。
③ 参见徐复观：《两汉思想史》第2册，第86页①。
④ ［汉］陆贾著，王利器校注：《新语校注》，第34页。
⑤ 同上书，第124页。

之著竹帛,虽不知何时,而出自后师,陆生乃亲受之浮邱伯者,实《穀梁》先师……或乃以《穀梁传》为贾所不及见,既昧乎授受之原,且亦不检今《传》文矣。《本传》言时时前说称《诗》《书》,而本书多说《春秋》,《穀梁》微学,借以存焉。"① 王利器注《道基》引唐晏曰:"陆生书引《春秋》,多本《穀梁》。"② 唐晏的《两汉三国学案》卷八《春秋》将陆贾列为传授《春秋穀梁传》最早的一位,并云:"按《汉书·儒林传》,《穀梁春秋》以申公为始,不知尚有陆生也。陆氏《新语》凡引《春秋》者四,其二明出《穀梁》,其一引夹谷之会,未云何《传》,当是《穀梁》语。然则陆生者,固《穀梁》大师也。而其年岁应长于申公,今列之《春秋》之首云。"③

三、对《荀子》的匿名引用

通过引语的来源分析,进而推定陆贾为《穀梁》先师,这种方法有助于研讨西汉之初那些思想家的学术渊源及其学派特征。在学术史上,讨论陆贾与荀子的关系问题,就是以引语来源分析法为基础逐步展开的。

荀子其名,《荀子》其书,不见于《新语》。陆贾从未以"荀子曰"的方式实名引用过《荀子》,但有不少匿名引用。例如,《新语》第一篇是《道基》,《道基》第一句话是:"传曰:'天生万物,以地养之,圣人成之。'"④《荀子·富国》指出:"故曰:'天地生之,圣人成之。'"⑤ 王利器注云:"荀子与陆贾俱引是文,盖皆有所本也。"⑥ 又如,《术事》为《新语》第二篇,该篇第一句话为:"善言古者合之于今,能述远者考之于近。"⑦《荀子·性恶》指出:"故

---

① [汉]陆贾著,王利器校注:《新语校注》,第219页。
② 同上书,第31页。
③ [清]唐晏著,吴东民点校:《两汉三国学案》,北京:中华书局,1986年,第405—406页。
④ [汉]陆贾著,王利器校注:《新语校注》,第1页。
⑤ [清]王先谦撰,沈啸寰、王星贤点校:《荀子集解》上册,第182页。
⑥ [汉]陆贾著,王利器校注:《新语校注》,第2页。
⑦ 同上书,第37页。

善言古者必有节于今,善言天者必有征于人。"① 以上两例属于显性—匿名引用。另外,《明诫》指出:"尧、舜不易日月而兴,纣、桀不易星辰而亡。"②《荀子·天论》指出:"天行有常,不为尧存,不为桀亡。"③ 此例属于隐性—匿名引用。

《新语》的荀学特色如何?《辅政》为《新语》第三篇,王利器解题:"《荀子·君道篇》:'卿相辅佐,人主之基杖也。'即此篇立论之旨。"④ 王利器注《术事》"世俗以为自古而传之者为重,以今之作者为轻",更直接断言:"陆氏之学之出于荀矣。"并引唐晏曰:"此论与荀卿'法后王'之说合,见陆生学出于荀也。"⑤《新语校注·前言》还以鲍丘师事荀子、陆贾与鲍丘相善,认为"陆贾之学,盖出于荀子"⑥。

人们推定"荀子→李斯→鲍丘→陆贾"的传承路线,其所依据的文献为:

> 鲍丘之德行,非不高于李斯、赵高也,然伏隐于蒿庐之下,而不录于世,利口之臣害之也。(《新语·资质》)⑦

> 昔李斯与包丘子俱事荀卿,既而李斯入秦,遂取三公,据万乘之权以制海内,功侔伊、望,名巨泰山;而包丘子不免于瓮牖蒿庐,如潦岁之蛙,口非不众也,卒死于沟壑而已。(《盐铁论·毁学》)⑧

> 李斯尝为弟子,已而相秦,及韩非号韩子,又浮丘伯,皆受业为名儒。(刘向《孙卿书录》)⑨

---

① [清]王先谦撰,沈啸寰、王星贤点校:《荀子集解》下册,第440页。
② [汉]陆贾著,王利器校注:《新语校注》,第152页。
③ [清]王先谦撰,沈啸寰、王星贤点校:《荀子集解》下册,第306—307页。
④ [汉]陆贾著,王利器校注:《新语校注》,第50页。《荀子·君道》指出:"卿相辅佐,人主之基杖也,不可不早具也。"([清]王先谦撰,沈啸寰、王星贤点校:《荀子集解》上册,第244页)
⑤ [汉]陆贾著,王利器校注:《新语校注》,第39页。
⑥ 参见[汉]陆贾著,王利器校注:《新语校注》,"前言",第7—8页。
⑦ [汉]陆贾著,王利器校注:《新语校注》,第112页。
⑧ 王利器校注:《盐铁论校注(定本)》上册,北京:中华书局,1992年,第229页。
⑨ [清]严可均辑:《全上古三代秦汉三国六朝文(附索引)》第1册,北京:中华书局,1958年,第333页。

> 楚元王……少时尝与鲁穆生、白生、申公俱受《诗》于浮丘伯。伯者,孙卿门人也。(《汉书·楚元王传》)①
>
> 高后时,浮丘伯在长安,元王遣子郢客与申公俱卒业。(《汉书·楚元王传》)②
>
> 申公,鲁人也。少与楚元王交俱事齐人浮丘伯受《诗》。(《汉书·儒林传》)③

鲍丘,又称包丘子、浮丘伯,或作浮邱伯。以上文献可以勾勒荀子→李斯→鲍丘的传承,但戴彦升的《陆子新语序》据《新语·资质》及《盐铁论·毁学》,称"陆生盖尝与浮邱伯游"④,实则不能建构鲍丘→陆贾的师承,盖因其间缺少足以证明陆贾师鲍丘的文献一环。王利器的"陆贾之学,盖出于荀子",又本于戴彦升、唐晏等清代学者。因而,即使退一步看,此说亦难免有夸张之嫌,可以视为清代尊荀思潮的产物。

胡适(1891—1962)的《中国中古思想史长编》第3章专列"陆贾"一节,认为"陆贾的历史见解有点像荀卿,又有点像韩非,大概是调和这两个人之间";还认为陆贾分古史为"先圣""中圣""后圣"三时期,"似乎"受了韩非的影响⑤。"似乎"二字很中肯,盖因陆贾的历史观迥异于韩非。

《韩非子·五蠹》有言:"上古竞于道德,中世逐于智谋,当今争于气力。"⑥以下则是《新语·道基》的相关言论(边框系引者所加):

> 于是<u>先圣</u>乃仰观天文,俯察地理,图画乾坤,以定人道,民始开

---

① [汉]班固撰,[唐]颜师古注:《汉书》第7册,第1921页。
② 同上书,第1922页。
③ 同上书,第3608页。
④ [汉]陆贾著,王利器校注:《新语校注》,第218页。
⑤ 参见胡适:《中国中古思想史长编》,第88、85页。
⑥ [清]王先慎撰,钟哲点校:《韩非子集解》,第445页。

悟,知有父子之亲,君臣之义,夫妇之别,长幼之序。于是百官立,王道乃生。①

民知畏法,而无礼义。于是 中圣 乃设辟雍庠序之教,以正上下之仪,明父子之礼,君臣之义,使强不凌弱,众不暴寡,弃贪鄙之心,兴清洁之行。②

礼义不行,纲纪不立,后世衰废。于是 后圣 乃定《五经》,明《六艺》,承天统地,穷事察微,原情立本,以绪人伦,宗诸天地,纂修篇章,垂诸来世,被诸鸟兽,以匡衰乱,天人合策,原道悉备,智者达其心,百工穷其巧,乃调之以管弦丝竹之音,设钟鼓歌舞之乐,以节奢侈,正风俗,通文雅。③

《新语》毋庸置疑地具有鲜明的荀学色彩,但**陆贾之学,自然不是全部地出自荀子,只可能是部分地出于荀子**。严可均的《新语叙》指出:"汉代子书,《新语》最纯最早,贵仁义,贱刑威,述《诗》《书》《春秋》《论语》,绍孟、荀而开贾、董,卓然儒者之言……"④ 这段话从两个层面勾勒了陆贾之为儒家的学术渊源:一是有口皆碑的经典,亦即与孔子密切相关的《五经》及《论语》;二是众所周知的诸子,亦即《孟子》与《荀子》等。

四、对《孟子》的隐性—匿名引用

其实,《新语》既"绍荀",亦"绍孟"。上引《术事》第一语出自《荀子·性恶》,《性恶》乃先秦最为重要的孟学史文献,可证陆贾知道孟子及其思想。孟子其名、《孟子》其书,亦不见于《新语》。《新语》没有实名引用

---

① [汉]陆贾著,王利器校注:《新语校注》,第9页。
② 同上书,第17页。
③ 同上书,第18页。
④ 同上书,第215页。

过《孟子》,而只是匿名引用。**跟既显性、又隐性地引《荀》相比,《新语》引《孟》只有隐性—匿名引用**。"显性—匿名引用"可从原始文献中找到大同小异乃至一模一样的语句,"隐性—匿名引用"则只能从原始文献中找到似曾相识的语句。因而,同为匿名引用,《新语》引《孟》《荀》有不小的差别。《新语》对《孟子》的隐性—匿名引用,涉及语句之采借、观念之援用两种情形。

(一)语句之采借

《道基》指出:"当斯之时,四渎未通,洪水为害;禹乃决江疏河,通之四渎,致之于海,大小相引,高下相受,百川顺流,各归其所,然后人民得去高险,处平土。"① 这段话在《孟子》书中找不到大同小异的语句,却能找到似曾相识的两段文本:

> 当尧之时,水逆行,泛滥于中国。蛇龙居之,民无所定。下者为巢,上者为营窟……使禹治之。禹掘地而注之海,驱蛇龙而放之菹。水由地中行,江、淮、河、汉是也。险阻既远,鸟兽之害人者消,然后人得平土而居之。(《孟子》6·9)

> 当尧之时,天下犹未平,洪水横流,泛滥于天下。草木畅茂,禽兽繁殖,五谷不登,禽兽逼人,兽蹄鸟迹之道交于中国……禹疏九河,瀹济、漯而注诸海,决汝、汉,排淮、泗而注之江,然后中国可得而食也。(《孟子》5·4)

《慎微》指出:"若欲移江、河,动太山,故人力所不能也。"②《孟子》1·7

---

① [汉]陆贾著,王利器校注:《新语校注》,第13页。
② 同上书,第91页。

指出:"挟太山以超北海,语人曰:'我不能。'是诚不能也。"这也属于《新语》在"隐性—匿名引用"意义上对《孟子》的语句采借。

《论衡·书虚》指出:"陆贾曰:'离娄之明,不能察帷薄之内;师旷之聪,不能闻百里之外。'"①这是一段不见于今本《新语》的佚文,同时让人想起《孟子》7·1 所言:"离娄之明、公输子之巧,不以规矩,不能成方员;师旷之聪,不以六律,不能正五音……"②

《新语》在"隐性—匿名引用"意义上对《孟子》的语句采借,有时也指向意义本身:

> 文王生于东夷,大禹出于西羌,世殊而地绝,法合而度同。故圣贤与道合,愚者与祸同;怀德者应以福,挟恶者报以凶;德薄者位危,去道者身亡。万世不易法,古今同纪纲。(《术事》)③

> 孟子曰:"舜生于诸冯,迁于负夏,卒于鸣条,东夷之人也。文王生于岐周,卒于毕郢,西夷之人也。地之相去也,千有余里;世之相后也,千有余岁。得志行乎中国,若合符节。先圣后圣,其揆一也。"(《孟子》8·1)

对此,王利器注云:"此文'文王'疑当作'大舜',传钞者涉《孟子》下文而误'大舜'为'文王'耳。且'文王'亦不当列于'大禹'之前也,则其为'大舜'之误必矣。"其注又引唐晏曰:"即《孟子·舜东夷之人章》义。"④

---

① 黄晖:《论衡校释(附刘盼遂集解)》第 1 册,第 172 页。
② 离娄,《庄子》作"离朱",并多次提到离朱之明、师旷之聪。如《骈拇》指出:"是故骈于明者,乱五色,淫文章,青黄黼黻之煌煌非乎?而离朱是已。多于聪者,乱五声,淫六律,金石丝竹黄钟大吕之声非乎?而师旷是已。"《胠箧》指出:"擢乱六律,铄绝竽瑟,塞瞽旷之耳,而天下始人含其聪矣;灭文章,散五采,胶离朱之目,而天下始人含其明矣……"([清]郭庆藩辑、王孝鱼整理:《庄子集释》第 2 册,第 314、353 页;按:"瞽旷"亦即"师旷")
③ [汉]陆贾著,王利器校注:《新语校注》,第 43 页。
④ 同上书,第 43 页。

又如,《思务》指出:"夫口诵圣人之言,身学贤者之行,久而不弊,劳而不废,虽未为君□□□□□已。孔子曰:'行夏之时,乘殷之辂,服周之冕,乐则《韶》舞。放《郑》声,远佞人。'□□□道而行之于世,虽非尧、舜之君,则亦尧、舜也。"①《孟子》12·2指出:"子服尧之服,诵尧之言,行尧之行,是尧而已矣。"王利器认为两者"文义同"②。

(二)观念之援用

《史记》本传称陆贾规劝刘邦"行仁义,法先圣"③。《新语》出现"仁"字42次、"义"字63次、"仁义"一词16次。首篇《道基》就有6次标举"仁义",以下为全部例句(边框系引者所加):

> 故曰:圣人成之。所以能统物通变,治情性,显 仁义 也。④
> 故圣人怀仁仗义,分明纤微,忖度天地,危而不倾,佚而不乱者, 仁义 之所治也。⑤
> 夫谋事不并 仁义 者后必败,殖不固本而立高基者后必崩。⑥
> 《春秋》以 仁义 贬绝,《诗》以 仁义 存亡,《乾》《坤》以仁和合,《八卦》以义相承,《书》以仁叙九族,君臣以义制忠,《礼》以仁尽节,乐以礼升降。⑦
> 仁者道之纪,义者圣之学。学之者明,失之者昏,背之者亡。陈力就列,以义建功。师旅行阵,德仁为固,仗义而强。调气养性,仁者寿长,美才次德,义者行方。君子以义相褒,小人以利相欺,愚者

---

① [汉]陆贾著,王利器校注:《新语校注》,第170—171页。
② 同上书,第171页。
③ 参见[汉]司马迁撰,[宋]裴骃集解,[唐]司马贞索隐,[唐]张守节正义:《史记》第8册,第2699页。
④ [汉]陆贾著,王利器校注:《新语校注》,第24页。
⑤ 同上书,第25页。
⑥ 同上书,第29页。
⑦ 同上书,第30页。

以力相乱，贤者以义相治。《穀梁传》曰："仁者以治亲，义者以利尊。万世不乱，仁义之所治也。"①

唐晏指出："陆生之学出孔门，故语必首仁义。"② 仅以《道基》为例，陆贾的仁义观出自孔门：从实名引用看，即是出自《五经》以及《春秋穀梁传》；从显性—匿名引用看，即是出自荀子，盖因"故曰，圣人成之"乃语出《荀子·富国》。陆贾的仁义观与孟子有关吗？

我们的思想史传统习惯从仁义的视角来说明孔、孟各自的理论贡献：

> 仲尼言仁，未尝兼义，独于《易》曰："立人之道曰仁与义。"而孟子言仁必以义配。盖仁者体也，义者用也，知义之为用而不外焉者，可与语道矣。（《河南程氏遗书》卷四《二先生语四》）③

> 孟子有功于圣门，不可胜言。仲尼只说一个"仁"字，孟子开口便说"仁义"。仲尼只说一个志，孟子便说许多养气出来。只此二字，其功甚多。（朱熹《孟子集注·孟子序说》引程子）④

沿着程朱的理路，张岱年（1909—2004）亦指出："孔子哲学的中心观念是仁，孟子哲学的中心观念则是仁义。"⑤ 以此为依据，李峻岫认为：仁义是陆贾的思想核心，它"上承于孟子"；《新语》以仁义为本而较少谈到礼制，陆贾"无疑与孟学的关系更近一些"⑥。笔者则以为：孟子对陆贾以仁义为本的思想核心产生了不小的影响，"仁义"亦为《新语》在"隐性—匿名引用"

---

① ［汉］陆贾著，王利器校注：《新语校注》，第34页。
② 同上书，第26页。
③ ［宋］程颢、程颐著，王孝鱼点校：《二程集》第1册，第74页。
④ ［宋］朱熹：《四书章句集注》，第199页。
⑤ 张岱年：《中国哲学大纲》，杜运辉编：《张岱年集》下册，石家庄：河北人民出版社，2017年，第336页。
⑥ 参见李峻岫：《汉唐孟子学述论》，济南：齐鲁书社，2010年，第37—39页。

意义上对《孟子》予以观念之援用的典型例证;但是,据此断定孟子对陆贾的影响大过荀子,不独缺乏相对足够的文献支持,而且缺少相对自洽的学理分析。

五、"绍孟荀"而"不及孟荀"

先秦儒学史上,"仁义"是孟子重要的理论创见,但绝非其独享的专利。《易传·说卦》就说过:"昔者圣人之作《易》也,将以顺性命之理。是以立天之道,曰阴与阳;立地之道,曰柔与刚;立人之道,曰仁与义。"① 可以确证为陆贾读过的《荀子·性恶》亦大谈"仁义",此词出现11次,下面这段话尤以10次的高频率展示了荀子对"仁义"的高度重视(边框系引者所加):

> 凡禹之所以为禹者,以其为 仁义 法正也。然则 仁义 法正有可知可能之理,然而涂之人也,皆有可以知 仁义 法正之质,皆有可以能 仁义 法正之具,然则其可以为禹明矣。今以 仁义 法正为固无可知可能之理邪?然则唯禹不知 仁义 法正,不能 仁义 法正也。将使涂之人固无可以知 仁义 法正之质,而固无可以能 仁义 法正之具邪?……今使涂之人者以其可以知之质,可以能之具,本夫 仁义 之可知之理,可能之具,然则其可以为禹明矣。②

《荀子·议兵》亦有仁义之对举(边框系引者所加):"彼 仁 者爱人,爱人,故恶人之害之也; 义 者循理,循理,故恶人之乱之也。彼兵者,所以禁暴除害也,非争夺也。故仁人之兵,所存者神,所过者化,若时雨之降,

---

① [清]阮元校刻:《十三经注疏(附校勘记)》上册,第93—94页。
② [清]王先谦撰,沈啸寰、王星贤点校:《荀子集解》下册,第442—443页。

莫不说喜。"① 这里既显性—匿名引用了孔子说的"唯仁者能好人，能恶人"（《论语》4·3），也显性—匿名引用了孟子说的"夫君子所过者化，所存者神，上下与天地同流……"（《孟子》13·13）、"……诛其君，吊其民，如时雨降。民大悦"（《孟子》6·5）。荀子继承并创新了孔孟思想，这是不争之实。

陆贾以仁义为本的思想核心，既来自于孟子，亦来自于荀子；更确切地说，它来自于"宗师仲尼"的整个先秦儒学传统。因而，依据仁义问题，绝难判定荀子对陆贾的影响大过孟子。与此相比，引语来源分析法有助于人们大致测量孔、孟、荀三人在陆贾心中各自不同的分量。且看下表：

	实名引用	显性—匿名引用	隐性—匿名引用
引孔子	有	有	有
引荀子	无	有	有
引孟子	无	无	有

简言之，《新语》对孔子，既有实名引用，亦有显性—匿名引用，还有化入骨髓的隐性—匿名引用；对荀子，既有显性—匿名引用，亦有隐性—匿名引用；对孟子，只有隐性—匿名引用。引用的类型及数量能够显示作者对先前文献的关注度，这是常识。在中国古代尤其是先秦汉唐思想史上，"实名引用"高于"匿名引用"，"显性—匿名引用"高于"隐性—匿名引用"，引用类型的层级由高到低的排序为：实名引用→显性—匿名引用→隐性—匿名引用。一般情形下，选择高层级的引用类型，重要于引用数量的多寡。以此观之，**先秦三大儒在陆贾那里的排序，由高到低就是：孔子→荀子→孟子**。

从汉代孟荀学术思想史看，这一分析结果既证明了前述严可均《新语叙》所说的"绍孟、荀"，亦印证了徐复观所言："……就西汉初期思想的大势

---

① ［清］王先谦撰，沈啸寰、王星贤点校：《荀子集解》下册，第279页。

说,荀子的影响,实在大于孟子。"① 这个思想大势即是:孟子道德理想主义的儒者情怀太不实用,荀子政治现实主义的法家思维更能帮助刘邦在亡秦的废墟上重建帝国的政治—文化新秩序。

《新语》虽然"绍孟、荀",但却"不及孟、荀"。《怀虑》指出:"故管仲相桓公,诎节事君,专心一意,身无境外之交,心无歆斜之虑,正其国如制天下,尊其君而屈诸侯,权行于海内,化流于诸夏,失道者诛,秉义者显,举一事而天下从,出一政而诸侯靡。故圣人执一政以绳百姓,持一概以等万民,所以同一治而明一统也。"② 王利器注引唐晏之语:"按陆生贬苏秦而褒管仲,所以不及孟、荀,而为秦、楚之儒也。"③

《论衡》有两则陆贾的佚文。前面已引《书虚》的一则,另一则语出《本性》:"陆贾曰:'天地生人也,以礼义之性。人能察己所以受命则顺,顺之谓道。'"④ 对于陆贾的人性观,王充不客气地指出:"夫陆贾知人礼义为性,人亦能察己所以受命。性善者,不待察而自善;性恶者,虽能察之,犹背礼畔义。义挹于善,不能为也。故贪者能言廉,乱者能言治。盗跖非人之窃也,庄蹻刺人之滥也,明能察己,口能论贤,性恶不为,何益于善?陆贾之言,未能得实。"⑤ 此亦说明陆贾"绍孟、荀"而"不及孟、荀"。

陆贾不及孟、荀,更不及孔子,但汉代重儒,始于陆贾。唐晏的《陆子新语校注序》指出:"夫高帝木强人也,又不悦儒,卒之,陆生陈书,未尝不称善,遂能以太牢祀阙里焉。汉代重儒,开自陆生也。"⑥ 徐复观指出:"尤其是西汉知识分子的尊经,是要对大一统的帝国,提供一种政治社会的共同轨辙,使皇权专制能在此种共同轨辙上运行;汉代经学的真实意义,有如近代

---

① 徐复观:《两汉思想史》第2册,第465页。
② [汉]陆贾著,王利器校注:《新语校注》,第132页。
③ 同上书,第133页。
④ 黄晖:《论衡校释(附刘盼遂集解)》第1册,第138页。
⑤ 同上书,第139页。
⑥ [汉]陆贾著,王利器校注:《新语校注》,第223页。

的宪法……而其端,实自陆贾发之。"①

沛公、汉王时期的刘邦,极不悦儒。《史记·郦生陆贾列传》记骑士之言:"沛公不好儒。诸客冠儒冠来者,沛公辄解其冠,溲溺其中。与人言,常大骂。未可以儒生说也。"②又记沛公骂郦食其(前268—前203,通称郦生)为"竖儒",《索隐》指出:"竖者,僮仆之称。沛公轻之,以比奴竖,故曰'竖儒'也。"③《史记·刘敬叔孙通列传》指出:"叔孙通儒服,汉王憎之;乃变其服,服短衣,楚制,汉王喜。"④史上遂有"秦皇焚旧典,汉祖溺儒冠"之说。

汉高祖时期的刘邦,则渐趋儒雅,进而崇儒。《汉书·艺文志·诸子略·儒家类》著录"《高祖传》十三篇",并自注:"高祖与大臣述古语及诏策也。"⑤此乃儒雅之体现。《汉书·高帝纪下》指出:"(十二年)十一月,行自淮南还。过鲁,以太牢祠孔子。"⑥据《西汉会要》卷一四《礼八(吉礼)》"祠孔子"条,两汉官方祀孔仅有三次⑦。最早的一次即刘邦所为,而且发生在其生命的最后一年,亦是历代帝王祀孔之始。此乃崇儒之体现。

三国时期魏国李康(196? —265? ,字萧远)的《运命论》有言:"故自幽、厉之间,周道大坏;二霸之后,礼乐陵迟。文薄之弊,渐于灵、景;辩诈之伪,成于七国。酷烈之极,积于亡秦;文章之贵,弃于汉祖。"(《文选》卷五三)⑧假如汉初没有陆贾开创的重儒之风,刘邦能够从"溺儒冠"升华到"祠孔子"吗?《晋书》卷一〇一《刘元海载记》载有刘元海(? —310)之语:"吾每观书传,常鄙随、陆无武,绛、灌无文。道由人弘,一物之不知者,

---

① 徐复观:《两汉思想史》第2册,第97页。
② [汉]司马迁撰,[宋]裴骃集解,[唐]司马贞索隐,[唐]张守节正义:《史记》第8册,第2692页。
③ 同上书,第2692、2693页。
④ 同上书,第2721页。
⑤ [汉]班固撰,[唐]颜师古注:《汉书》第6册,第1726页。
⑥ 同上书,第76页。
⑦ 参见[宋]徐天麟:《西汉会要》上册,上海:上海人民出版社,1977年,第137—138页。
⑧ [南朝梁]萧统编,[唐]李善注:《文选》第6册,第2298页。

固君子之所耻也。二生遇高皇而不能建封侯之业,两公属太宗而不能开庠序之美,惜哉!"① 思想史不会拿封侯之业一类事功来评价陆贾。作为"汉初的启蒙思想家",陆贾的历史贡献就是"在文化上启汉室统治集团之蒙"。② 这一启蒙之功,惠及儒学在西汉的整个发展进程。

---

① [唐]房玄龄等:《晋书》第 9 册,北京:中华书局,1974 年,第 2645—2646 页。
② 参见徐复观:《两汉思想史》第 2 册,第 78 页。按:该书有论陆贾的专文,题为《汉初的启蒙思想家——陆贾》。

贾谊《新书》对孟荀的显性—匿名引用*

西汉初期有两位著名的政论型思想家,陆贾之后即是河南洛阳人贾谊(前200—前168),本传见《史记》卷八四《屈原贾生列传第二十四》①、《汉书》卷四八《贾谊传第十八》②。贾谊22岁被汉文帝刘恒召为博士,同年超迁至太中大夫。《汉书·百官公卿表上》指出:"大夫掌论议,有太中大夫、中大夫、谏大夫,皆无员,多至数十人。"③太中大夫职位不低,却是个闲职:陆贾当年出使南越有功后拜为此职,后再衔此职出使,多年没有升迁④。贾谊才华横溢,职闲人不闲,因此受到元老们排挤,23岁贬为长沙王太傅;27岁征拜为梁怀王太傅,33岁因自责于梁怀王坠马之死而英年早逝⑤。贾谊年少得志但又经历坎坷,《困学纪闻》卷八《孟子》有言:"好乐,好勇,好货色,齐宣王所以不能用孟子也;文帝好清静,故不能用贾谊;武帝好纷更,故不能用汲黯。"⑥由此亦证势强于道的客观现实,士人之道与帝王之势两者存在永恒的纠结。

---

* 原载《中山大学学报(社会科学版)》2012年第5期,第150—161页。
① 参见[汉]司马迁撰,[宋]裴骃集解,[唐]司马贞索隐,[唐]张守节正义:《史记》第8册,第2491—2503页。
② 参见[汉]班固撰,[唐]颜师古注:《汉书》第8册,第2221—2266页。
③ [汉]班固撰,[唐]颜师古注:《汉书》第3册,第727页。
④ 参见[汉]司马迁撰,[宋]裴骃集解,[唐]司马贞索隐,[唐]张守节正义:《史记》第8册,第2698、2701页。
⑤ 《史》《汉》本传未出具贾谊任职的具体岁数,此据汪中说。《文集》第4辑《贾谊年表》,[清]汪中著,田汉云点校:《新编汪中集》,扬州:广陵书社,2005年,第425—426页。按:古人以虚龄计岁。
⑥ [宋]王应麟撰,[清]翁元圻等注,栾保群、田松青、吕宗力校点:《困学纪闻》(全校本)中册,第1005—1006页。

《新书》又称《贾子》①，一般认为它是贾谊作品，但历史上亦不乏质疑。袁枚（1716—1797）的《小仓山房文集》卷二三《读贾子》指出："《贾子》，伪书也。天子御四夷，有五帝、三王之道在，未闻表与饵也。贾生王佐才，识政体，必无是言。若所云云，隋炀帝都已行之，其效何如也？"②同为清代学者，卢文弨（1717—1795）的《抱经堂文集》卷一〇《书校本贾谊新书后（己亥）》则认为，《新书》乃是熟习贾谊思想者精心编选而成。其辞云：

> 《新书》，非贾生所自为也，乃习于贾生者萃其言以成此书耳，犹夫《管子》《晏子》非管、晏之所自为；然其规模节目之间，要非无所本而能凭空撰造者。篇中有"怀王问于贾君"之语，谊岂以"贾君"自称也哉！《过秦论》，史迁全录其文。《治安策》，见班固书者乃一篇，此离而为四五，后人以此为是贾生平日所草创，岂其然欤？《修政语》称引黄帝、颛、喾、尧、舜之辞，非后人所能伪撰。《容经》《道德说》等篇，辞义典雅，魏晋人决不能为。吾故曰是习于贾生者萃而为之，其去贾生之世不大相辽绝可知也。③

《四库全书总目》卷九一《子部·儒家类一》提要《新书十卷》指出："其书不全真，亦不全伪。朱子以为杂记之稿，固未核其实；陈氏以为决非谊书，尤非笃论也。"④近人余嘉锡（1884—1955）基于详细的考订，肯认《新书》为真。余氏指出："凡此，皆不必贾子手著。诸子之例，固如此也。至于其间脱烂失次，盖所不免，要为古书所常有。陈振孙谓决非贾本书，固为无识，即

---

① 《隋书》卷三四《经籍志三（子）》指出："《贾子》十卷（录一卷。汉梁太傅贾谊撰）。"（[唐]魏征、令狐德棻：《隋书》第4册，北京：中华书局，1973年，第997页）
② [清]袁枚著，周本淳标校：《小仓山房诗文集》下册，上海：上海古籍出版社，1988年，第1649页。
③ [清]卢文弨著，王文锦点校：《抱经堂文集》，北京：中华书局，1990年，第141页。
④ [清]永瑢等：《四库全书总目》上册，第771页。

《提要》调停之说,以为不全真亦不全伪者,亦尚考之未详也。夫惟通知古今著作之体,而无蔽于咫见谀闻,然后可以读古书矣。"①《新书》为贾谊作品,代表了贾谊思想,已成今人共识。

正如陆贾的《新语》一样,贾谊的《新书》亦未实名引用过孟子、荀子,而只是匿名引用。笔者曾经指出:陆贾显性—匿名引用荀子,隐性—匿名引用孟子,此显彼隐,可证荀子在《新语》中的地位高于孟子②。到了《新书》,孟子、荀子既被隐性—匿名引用,亦被显性—匿名引用。孟子的地位显然有所提升,但孟、荀在《新书》中的分量究竟如何,这一疑惑需要经由严谨的学理研讨来解答。

一、贾谊与荀子的师承关系

据史籍记载,贾谊与荀子有学术上的师承关系,而且存在两条传承路线。

(一)第一条传承路线:荀子→李斯→吴公→贾谊

《史》《汉》本传开篇描述贾谊与吴公交往的文字大致相同:

> 贾生名谊,雒阳人也。年十八,以能诵诗属书闻于郡中。吴廷尉为河南守,闻其秀才,召置门下,甚幸爱。孝文皇帝初立,闻河南守吴公治平为天下第一,故与李斯同邑而常学事焉,乃征为廷尉。廷尉乃言贾生年少,颇通诸子百家之书。文帝召以为博士。(《史记·屈原贾生列传》)③

---

① 余嘉锡:《四库提要辨证》上册,昆明:云南人民出版社,2004年,第467页。
② 参见杨海文:《中国思想史上的"引用":以〈新语〉引孔孟荀为例》,《福建论坛(人文社会科学版)》2012年第1期,第73—76页;杨海文:《中国思想史上的"引用"》,《中华读书报》2012年2月1日,第13版《思想》。
③ [汉]司马迁撰,[宋]裴骃集解,[唐]司马贞索隐,[唐]张守节正义:《史记》第8册,第2491页。

贾谊，雒阳人也，年十八，以能诵诗书属文称于郡中。河南守吴公闻其秀材，召置门下，甚幸爱。文帝初立，闻河南守吴公治平为天下第一，故与李斯同邑，而尝学事焉，征以为廷尉。廷尉乃言谊年少，颇通诸家之书。文帝召以为博士。(《汉书·贾谊传》)①

众所周知，李斯(前280—前208)乃荀子弟子。吴公者，《史记索隐》指出："吴，姓也。史失名，故称公。"②吴公亦楚国上蔡人，与李斯同邑，尝学于李斯，则为荀子的再传弟子。贾谊18岁被吴公召置门下，深受幸爱，学于吴公自是情理中事，遂为荀子的三传弟子。

侯外庐(1903—1987)等著《中国思想通史》第2卷《两汉思想》第2章第2节专论贾谊，明确认为荀子、贾谊有学术上的师承关系。其辞云："贾谊的《治安策》在形式上就有荀子的《富国》《议兵》等篇的结构。他年十八在河南守吴公门下，甚得幸爱，吴公'与李斯同邑而尝学事'，故贾谊必深得荀子一派儒学的教养。"③此一立论，即本于《史》《汉》贾谊本传。

(二)第二条传承路线:荀子→张苍→贾谊

对于这条传承路线，人们多引下面两则史料作为佐证：

汉兴，北平侯张苍及梁太傅贾谊、京兆尹张敞、太中大夫刘公子皆修《春秋左氏传》。谊为《左氏传》训故……(《汉书·儒林传》)④

---

① [汉]班固撰，[唐]颜师古注：《汉书》第8册，第2221页。
② [汉]司马迁撰，[宋]裴骃集解，[唐]司马贞索隐，[唐]张守节正义：《史记》第8册，第2492页。
③ 侯外庐、赵纪彬、杜国庠、邱汉生：《中国思想通史》第2卷《两汉思想》，北京：人民出版社，1957年，第66页。
④ [汉]班固撰，[唐]颜师古注：《汉书》第11册，第3620页。

左丘明作《传》以授曾申。申传卫人吴起。起传其子期。期传楚人铎椒。椒传赵人虞卿。卿传同郡荀卿名况。况传武威张苍。苍传洛阳贾谊。(《经典释文序录·注解传述人·春秋》)①

有论者认为:《经典释文》的序列是否部分或完全合乎事实,尚难断定;相比之下,《汉书》所言更为可靠②。实际上,汪中(1744—1794)的《贾谊新书序》说过:"《经典序录》所次,本刘向《别录》。"③《别录》已佚,姚振宗(1842—1906)辑纂的《七略别录佚文》指出:"左邱明授曾申。申授卫人吴起。(起)授其子期。期授楚人铎椒也。铎椒作《钞撮》八卷,授赵人虞卿。(虞卿)作《钞撮》九卷,授同郡荀卿。荀卿授武威张仓。(《春秋正义》,据《释文叙录》校补。)"④姚氏所说《春秋正义》,指《春秋左传正义》卷一《春秋序》孔疏:"据刘向《别录》云:'左丘明授曾申。申授吴起。起授其子期。期授楚人铎椒。铎椒作《抄撮》八卷,授虞卿。虞卿作《抄撮》九卷,授荀卿。荀卿授张苍。'"⑤另外,《春秋穀梁传注疏序》杨疏,亦值得注意:"左氏者,左丘明与圣同耻,恐诸弟子各安其意,为经作传,故曰《左氏传》。其传之者,有张苍、贾谊、张禹、翟方进、贾逵、服虔之徒。"⑥

要之,"荀子→张苍→贾谊"传承路线的叙事,由刘向(前77—前6)、班

---

① 吴承仕著,秦青点校:《经典释文序录疏证》,北京:中华书局,1984年,第121页。
② 参见丁毅华:《荀、贾谊礼治思想的传承——兼论中国传统政治文化的思想基础》,《天津师大学报》1991年第6期,第33页。
③ [清]汪中著,田汉云点校:《新编汪中集》,第423页。又见《新书校注》附录四《序跋》录汪中《贾谊新书序》([汉]贾谊撰、阎振益、钟夏校注:《新书校注》,北京:中华书局,2000年,第533—534页)。
④ [汉]刘向撰,[清]姚振宗辑纂:《七略别录佚文》,《续修四库全书》第916册,第559页。按:此系抄本。又见[汉]刘向、刘歆撰,[清]姚振宗辑录,邓骏捷校补:《七略别录佚文·七略佚文》,上海:上海古籍出版社,2008年,第16页。按:以上两书文字稍异。
⑤ [晋]杜预注,[唐]孔颖达等正义:《春秋左传正义》,[清]阮元校刻:《十三经注疏(附校勘记)》下册,第1703页。
⑥ [晋]范宁注,[唐]杨士勋疏:《春秋穀梁传注疏》,[清]阮元校刻:《十三经注疏(附校勘记)》下册,第2358页。

固、陆德明（约550—630）、孔颖达、杨士勋（生卒年不详）等汉唐学人共同完成。

这条传承路线，又可证诸《新书》卷八《劝学》：

> 今夫子之达佚乎老聃，而诸子之材不避荣跌，而无千里之远、重茧之患。亲与巨贤连席而坐，对膝相视，从容谈语，无问不应，是天降大命以达吾德也。吾闻之曰：时难得而易失也。学者勉之乎！天禄不重。①

这里的"夫子"指张苍（前256—前152）。《新书校注》引章太炎之语："夫子，指张北平。贾生之弟子于张北平，犹庚桑楚之弟子于老聃也。"又引刘师培（1884—1919）之语："夫子，疑即张苍。谊传《左氏》于张苍，此盖受业之时所作。苍曾典书柱下，故以老聃为况。"②贾谊究竟何时受业于张苍？汪中的《贾谊年表》指出："《经典序录》云：《左氏传》，阳武张苍授洛阳贾谊。据《百官公卿表》，苍于高后八年由淮南丞相入为御史大夫。明年，而文帝即位。贾生受学于苍，必在其时矣。"③《汉书·百官公卿表下》"高后八年（前180年）"条指出："淮南丞相张苍为御史大夫，四年迁。"④是则贾谊21岁后从张苍学《左传》，晚于从吴公学。

《汉书·楚元王传》指出："初《左氏传》多古字古言，学者传训故而已，及歆治《左氏》，引传文以解经，转相发明，由是章句义理备焉。"⑤于《左传》，贾谊不只是传训故，更将其义理落实于自己的著论。有论者指出：《新书》引

---

① ［汉］贾谊撰，阎振益、钟夏校注：《新书校注》，第297页。
② 转引自［汉］贾谊撰，阎振益、钟夏校注：《新书校注》，第301页。
③ ［清］汪中著，田汉云点校：《新编汪中集》，第426页；按：此段文字的标点符号有重大校改。
④ ［汉］班固撰，［唐］颜师古注：《汉书》第3册，第754页。
⑤ 同上书，第1967页。

《左传》凡19处,分为引"言"、引"礼"、引"事"三类①。此乃第二条传承路线的实际成果,亦可证明郭沫若《荀子的批判》所言:"汉人所传的《诗》《书》《易》《礼》以及《春秋》的传授系统,无论直接或间接,差不多都和荀卿有关,虽不必都是事实,但也并不是全无可能。"②但是,第一条传承路线有何具体体现?于贾谊,假如说"荀子→张苍→贾谊"一线侧重于荀子所传的《左传》,那么"荀子→李斯→吴公→贾谊"一线似乎偏重于荀子本身的思想理念。

二、《新书》引《荀子》的"本来面目"

尽管传世典籍从两条路线建构了贾谊与荀子的师承关系,《荀子》《新书》有些篇名相同或类似,如两书均有《劝学》《君道》,《荀子》有《礼论》而《新书》有《礼》;但是,荀子其名、《荀子》其书并未实名地出现于现存《新书》之中。在此情形下,要揭开贾谊受荀学影响的本来面目,就不能大而化之、以论代史,而须实实在在地检视贾谊匿名引用过《荀子》哪些文句,其引具有什么意义。

(一)论礼

礼之为素养,关乎教民以成俗。《荀子·劝学》指出:"干、越、夷、貉之子,生而同声,长而异俗,教使之然也。"③《新书》卷五《保傅》化用荀子之说指出:"夫胡、越之人,生而同声,嗜欲不异,及其长而成俗也,累数译而不能相通,行有虽死而不相为者,则教习然也。"④此语亦见《汉书》本传录贾谊《陈政事疏》(又名《治安策》):"夫胡、粤之人,生而同声,耆欲不异,及其

---

① 参见吴涛:《贾谊〈新书〉引〈春秋〉述略》,《洛阳师范学院学报》2009年第3期,第30—32页。
② 郭沫若:《十批判书》,第218页。
③ [清]王先谦撰,沈啸寰、王星贤点校:《荀子集解》上册,第2页。
④ [汉]贾谊撰,阎振益、钟夏校注:《新书校注》,第186页。

长而成俗,累数译而不能相通,行者[有]虽死而不相为者,则教习然也。"①这是贾谊显性—匿名引用荀子的例证。

教民以成俗,不可一蹴而就,乃一逐渐积累的过程。《荀子·儒效》反复强调:"注错习俗,所以化性也;并一而不二,所以成积也。""故圣人也者,人之所积也。人积耨耕而为农夫,积斫削而为工匠,积反货而为商贾,积礼义而为君子。"②贾谊亦重视"积礼义",《汉书·贾谊传》录其《陈政事疏》指出:"安者非一日而安也,危者非一日而危也,皆以积渐然,不可不察也。人主之所积,在其取舍。以礼义治之者,积礼义;以刑罚治之者,积刑罚。刑罚积而民怨背,礼义积而民和亲。"③此语虽不见于大多数《新书》版本,仅个别版本有见④,但它显然属于贾谊对荀子礼学思想的继承与发挥。

礼的具体作用在于别异。《荀子·礼论》指出:"故礼者,养也。君子既得其养,又好其别。曷谓别?曰:贵贱有等,长幼有差,贫富轻重皆有称者也。"⑤《新书》卷六《礼》指出:"故道德仁义,非礼不成;教训正俗,非礼不备;分争辨讼,非礼不决;君臣、上下、父子、兄弟,非礼不定;宦学事师,非礼不亲;班朝治军、莅官行法,非礼威严不行;祷祠祭祀,供给鬼神,非礼不诚不庄。是以君子恭敬、撙节、退让以明礼。"⑥二者同声相应。

礼之终极目的乃是达致国家的长治久安。《荀子·王霸》指出:"国无礼则不正。礼之所以正国也……"⑦《新书》卷六《礼》指出:"礼者,所以固国

---

① [汉]班固撰,[唐]颜师古注:《汉书》第8册,第2252页。
② [清]王先谦撰,沈啸寰、王星贤点校:《荀子集解》上册,第144页。
③ [汉]班固撰,[唐]颜师古注:《汉书》第8册,第2253页。
④ 参见[汉]贾谊:《新书》卷一〇《传》,《四部丛刊初编》第57册,上海书店1989年据商务印书馆1926年版重印,未署页码;又见[汉]贾谊著,刘晓东校点:《新书》(此书与《新语》《扬子法言》合为一册,并分署页码),沈阳:辽宁教育出版社,1998年,第89页。按:以上两书均以明正德十年(1515)吉藩刻本为底本。又,卢文弨本《新书》卷一〇《传》无此语,见[汉]贾谊撰,[清]卢文弨校:《贾谊新书》,《二十二子》本,上海:上海古籍出版社,1986年,第763页。
⑤ [清]王先谦撰,沈啸寰、王星贤点校:《荀子集解》下册,第347页。
⑥ [汉]贾谊撰,阎振益、钟夏校注:《新书校注》,第214页。
⑦ [清]王先谦撰,沈啸寰、王星贤点校:《荀子集解》上册,第209页。

家,定社稷,使君无失其民者也。"① 二者同气相求。

(二)以玉比德

礼是外在的规范,它以内在的德性作为根基。德因其内在,不易理解,故可依据比喻来敞开。《荀子》《新书》均以玉比德:

> 子贡问于孔子曰:"君子之所以贵玉而贱珉者,何也?为夫玉之少而珉之多邪?"孔子曰:"恶!赐,是何言也?夫君子岂多而贱之,少而贵之哉!夫玉者,君子比德焉。温润而泽,仁也;栗而理,知也;坚刚而不屈,义也;廉而不刿,行也;折而不桡,勇也;瑕适并见,情也;扣之,其声清扬而远闻,其止辍然,辞也。故虽有珉之雕雕,不若玉之章章。《诗》曰:'言念君子,温其如玉。'此之谓也。"(《荀子·法行》)②

> 德有六理。何谓六理?曰:道、德、性、神、明、命,此六者德之理也。诸生者,皆生于德之所生;而能象人德者,独玉也。写德体六理,尽见于玉也,各有状,是故以玉效德之六理。泽者,鉴也,谓之道;腒如窃膏谓之德;湛而润、厚而胶谓之性;康若泺流谓之神;光辉谓之明;岩乎坚哉谓之命。此之谓六理。(《新书》卷八《道德说》)③

《荀子》以玉比德,涉及七目:仁、知、义、行、勇、情、辞;《新书》以玉比德,涉及六目:道、德、性、神、明、命。两者的德目无一重合,因而,《新书》这里对《荀子》的显性—匿名引用,并非具体内容的,而是言说方式的。亦即,《新书》的"能象人德者,独玉也",仅仅只是显性—匿名引用了《荀子》的"夫玉者,君子比德焉"。

---

① [汉]贾谊撰,阎振益、钟夏校注:《新书校注》,第214页。
② [清]王先谦撰,沈啸寰、王星贤点校:《荀子集解》下册,第535—536页。
③ [汉]贾谊撰,阎振益、钟夏校注:《新书校注》,第324页。

《荀子》以玉比德,乃假孔子之言,又实名引用《诗·秦风·小戎》所说"言念君子,温其如玉"①,表明此一言说方式源远流长。《管子·水地》早就以玉比德,且涉及九目:仁、知、义、行、洁、勇、精、容、辞。其辞云:

> 夫玉之所贵者,九德出焉。夫玉温润以泽,仁也;邻以理者,知也;坚而不蹙,义也;廉而不刿,行也;鲜而不垢,洁也;折而不挠,勇也;瑕适皆见,精也;茂华光泽,并通而不相陵,容也;叩之,其音清搏彻远,纯而不杀,辞也。是以人主贵之,藏以为宝,剖以为符瑞,九德出焉。②

《管子》的九德有"精",《荀子》的七德有"情"。王先谦(1842—1917)注《荀子·法行》指出:"《管子·水地篇》说玉九德,大意与此略同。此句作'瑕适皆见,精也',精,亦情也。古'精''情'二字多通用。"③若"精""情"通用,则《荀子》的七德全部取自《管子》,只是"德"目由九删至七;《荀子》对《管子》的显性—匿名引用,既是言说方式的,更是具体内容的。

《新书》多次实名引用过《管子》,两书存在思想史上的密切关联。同为显性—匿名引用的以玉比德,《荀子》对《管子》乃言说方式、具体内容双管齐下,而《新书》对《管子》《荀子》何以仅取言说方式一端呢?于《道德说》一篇,《新书校注》引明代学者何孟春(1474—1536)指出:"自《劝学篇》至此,谊之所谓学者,略可讥矣。谊未长于明治体,而识未足以究理学,论笃君子故有所未取也。"又加按语:"何说囿于宋明理学成见,未足为据。贾生博采先秦百家之言融于一炉,而自出机杼,未可以董子、程朱之学律之。然亦

---

① [清]阮元校刻:《十三经注疏(附校勘记)》上册,第370页。
② 黎翔凤撰,梁运华整理:《管子校注》中册,北京:中华书局,2004年,第815页。
③ [清]王先谦撰,沈啸寰、王星贤点校:《荀子集解》下册,第535页。

有其生硬牵强之处,故未尽能通其训诂。"①《道德说》以为"德有六理",又将"德"作为六理之一,即是可资讥讽的生硬牵强之处。换个角度看,此亦贾谊追求思想原创的体现,盖因《新书》卷八《六术》已将"六理"演绎为仁、义、礼、智、信、乐"六行"②。一旦追求思想原创,则在显性—匿名引用上,贾谊就不会过于注重具体内容,而是仅仅取诸言说方式。今人研讨汉初思想史,应当特别注意《新书》如何处理《管子》《荀子》"以玉比德"这一个案。

(三)论政

荀子有爱物思想,如《荀子·王制》指出:"斧斤不入山林。"③《新书》卷六《礼》显性—匿名引用了这六个字④。后面讲《新书》引《孟》,会进一步讨论这次引用。

以民为本,乃是传统儒家政治哲学的精髓。《新书》卷九《大政上》篇首指出:"闻之于政也,民无不为本也。国以为本,君以为本,吏以为本。故国以民为安危,君以民为威侮,吏以民为贵贱。此之谓民无不为本也。"⑤贾谊的"民无不为本",乃是对《荀子·大略》"天之生民,非为君也。天之立君,以为民也"、⑥《管子·霸形》"齐国百姓,公之本也"⑦的复合式隐性—匿名引用。

传统儒家政治哲学同样重视君主的模范带头作用。《荀子·大略》指出:"上好羞,则民暗饰矣。"⑧《新书》卷九《大政下》显性—匿名引用为:"上圣明则士暗饰矣。"⑨

《荀子》《新书》俱重"君者道也、君者群也",尤值措意:

---

① [汉]贾谊撰,阎振益、钟夏校注:《新书校注》,第328页。
② 参见[汉]贾谊撰,阎振益、钟夏校注:《新书校注》,第316页。
③ [清]王先谦撰,沈啸寰、王星贤点校:《荀子集解》上册,第165页。
④ [汉]贾谊撰,阎振益、钟夏校注:《新书校注》,第216页。
⑤ 同上书,第338页。
⑥ [清]王先谦撰,沈啸寰、王星贤点校:《荀子集解》下册,第504页。
⑦ 黎翔凤撰,梁运华整理:《管子校注》上册,第453页。
⑧ [清]王先谦撰,沈啸寰、王星贤点校:《荀子集解》下册,第503页。
⑨ [汉]贾谊撰,阎振益、钟夏校注:《新书校注》,第348页。

道者何也？曰：君道也。君者何也？曰：能群也。能群也者何也？曰：善生养人者也，善班治人者也，善显设人者也，善藩饰人者也。善生养人者人亲之，善班治人者人安之，善显设人者人乐之，善藩饰人者人荣之。四统者俱而天下归之，夫是之谓能群。(《荀子·君道》)①

君之为言也，道也。故君也者，道之所出也。贤人不举而不肖人不去，此君无道也，故政谓此国无君也。吏之为言，理也。故吏也者，理之所出也。上为非而不敢谏，下为善而不知劝，此吏无理也，故政谓此国无吏也。官驾百乘而食食千人，近侧者不足以问谏，而由朝假不足以考度，故政谓此国无人也。呜呼，悲哉！君者，群也，无人谁据？无据必蹶，政谓此国素亡也。(《新书》卷九《大政下》)②

《新书》这里两度匿名引用《荀子》。其一为隐性。《君道》所谓"道者何也？曰：君道也"，《韩诗外传》卷五作："道者何也？曰：君之所道也。"③王先谦引王念孙(1744—1832)之语："君之所道，谓君之所行也。"④贾谊所引"君之为言也，道也。故君也者，道之所出也"，更能体现《荀子》祖本的特点。其二为显性。《君道》云"君者何也？曰：能群也"，《王制》亦云"君者，善群也"，⑤贾谊引为"君者，群也"。从义理看，君道必由其言行来体现，领袖群伦以群策群力即是最值得褒扬的言行。《新书》引《荀子》，亦是以意逆志。

能否明分使群，尤其是能否充分发挥士阶层的作用，其政治局面将完全不一样。《荀子·尧问》引中蘬之言："诸侯自为得师者王，得友者霸，得

---

① [清]王先谦撰，沈啸寰、王星贤点校：《荀子集解》上册，第237页。
② [汉]贾谊撰，阎振益、钟夏校注：《新书校注》，第351页。
③ [汉]韩婴撰，许维遹校释：《韩诗外传集释》，第197页。
④ [清]王先谦撰，沈啸寰、王星贤点校：《荀子集解》上册，第237页。
⑤ 同上书，第165页。

疑者存，自为谋而莫己若者亡。"唐代杨倞注："中虺，与'仲虺'同，汤左相也。"① 仲虺斯言，对于后世影响极巨。如《鹖冠子·博选》指出："故帝者与师处，王者与友处，亡主与徒处。"② 受此影响，《新书》卷七《先醒》指出："其君贤君也，而又有师者王；其君中君也，而又有师者伯；其君下君也，而群臣又莫若者亡。"③《新书》卷八《官人》指出："王者官人有六等：一曰师，二曰友，三曰大臣，四曰左右，五曰侍御，六曰厮役。""故与师为国者帝，与友为国者王，与大臣为国者伯，与左右为国者强，与侍御为国者若存若亡，与厮役为国者亡可立待也。"④《先醒》所云，可视为对《荀子》的隐性—匿名引用。

以上从论礼、论德（以玉比德）、论政三个方面陈述了《新书》匿名引用《荀子》的具体情况，并且特意随文标识了哪些文句属于显性—匿名引用。为了使眉目更清晰，现将显性—匿名引用的双方篇目列表如下：

	1	2	3	4	5
新书	保傅	道德说	礼	大政下	大政下
荀子	劝学	法行	王制	君道，王制	君道

若无实名引用，显性—匿名引用一般比隐性—匿名引用更能体现被引文献对于引者的影响力。《新书》对《荀子》的5处显性—匿名引用，后面3处均为论政。这不难理解，盖因贾谊为政论家使然。此亦我们所说贾谊受荀学影响的"本来面目"。论礼、论德的显性—匿名引用为何都只有1处？贾谊以礼治国的一面如何体现？徐复观的《贾谊思想的再发现》指出："《新书》中引用了不少《孟子》《荀子》的语句，而在教化上重'渐'重'积'，在言礼时，把礼应用到经济生活方面，则受《荀子》的影响为更大。""儒家礼的内容，到荀子已经有了很大的发展；贾谊所突出的礼的思想，又是受荀子

---

① ［清］王先谦撰，沈啸寰、王星贤点校：《荀子集解》上册，第548页。
② ［周］不著撰人，［宋］陆佃解：《鹖冠子》，《景印文渊阁四库全书》第848册，第203页。
③ ［汉］贾谊撰，阎振益、钟夏校注：《新书校注》，第262页。
④ 同上书，第292、292—293页。

的礼的思想,而继续向前发展的。"① 贾谊究竟如何继承并发挥荀子的礼学思想,这需要以"显性—匿名引用"研究为基础,再作"隐性—匿名引用"的仔细探讨,才会还原出贾谊受荀学影响的全幅面貌。

三、《新书》引《孟子》的仁政情怀

长期以来,人们习惯谈论贾谊的荀学成分,却不怎么关注其孟学因素。这与贾谊师荀子之说有关,亦与汉代经师皆出荀子之说有关。如前引郭沫若之言,更早则有梁启超的《清代学术概论》第25节所云:"汉代经师,不问为今文家古文家,皆出荀卿(汪中说)。"② 事实上,《新书》既未实名引用《荀子》、亦未实名引用《孟子》,但对两书均进行过显性—匿名引用。《新书》显性—匿名引用《孟子》的具体情形如何? 又有何含义呢?

(一)五百

《新书》卷一《数宁》指出:

> 臣闻之:自禹以下五百岁而汤起,自汤已下五百余年而武王起。故圣王之起,大以五百为纪。自武王已下过五百岁矣,圣王不起,何怪矣? 及秦始皇帝似是而卒非也,终于无状。③

贾谊所谓"闻之",即闻诸《孟子·尽心下》末章:

> 孟子曰:"由尧、舜至于汤,五百有余岁,若禹、皋陶,则见而知

---

① 徐复观:《两汉思想史》第2册,第110、129页。
② 梁启超:《清代学术概论》,第76页。
③ [汉]贾谊撰,阎振益、钟夏校注:《新书校注》,第30页。

之;若汤,则闻而知之。由汤至于文王,五百有余岁,若伊尹、莱朱,则见而知之;若文王,则闻而知之。由文王至于孔子,五百有余岁,若太公望、散宜生,则见而知之;若孔子,则闻而知之。由孔子而来至于今,百有余岁,去圣人之世若此其未远也,近圣人之居若此其甚也,然而无有乎尔,则亦无有乎尔。"(《孟子》14·38)

东汉赵岐注《尽心下》末章指出:"五百岁圣人一出,天道之常也。"①《孟子·公孙丑下》有云:"五百年必有王者兴,其间必有名世者。由周而来,七百有余岁矣。以其数,则过矣;以其时考之,则可矣。夫天未欲平治天下也。如欲平治天下,当今之世,舍我其谁也?"(《孟子》4·13)孟子信奉王道,认为每过五百年必有王者兴起,此乃天道之常规。可这一常规也会反常,宗周以来七百多年了,就没有产生过平治天下的王者。为此,孟子期盼以自身之力,达成平治天下的历史重任。

从《数宁》显性—匿名引用《尽心下》的"五百"看,贾谊可谓孟子的同调。《新书》卷一《过秦上》指出:"一夫作难而七庙堕,身死人手,为天下笑者,何也?仁义不施,攻守之势异也。"②贾谊从仁义、攻守总结秦亡教训,但两者并非等量齐观:攻守乃治之标,仁义乃治之本。"过秦"是为了"汉兴"。在贾谊看来,只有抓住仁义这一根本,新生的汉朝才会兑现"五百年必有王者兴"的历史规律,否则就会重蹈强秦而亡的覆辙。

(二)爱物

仁义是孟子王道政治学或曰仁政的核心价值观。《尽心上》指出:"亲亲而仁民,仁民而爱物。"(《孟子》13·45)仁政是不忍之情的外化,遍及人、禽,旨在老百姓养生丧死无憾。《梁惠王上》记述孟子劝说齐宣王、梁惠王行仁政:

---

① [清]焦循撰,沈文倬点校:《孟子正义》下册,第1034页。
② [汉]贾谊撰,阎振益、钟夏校注:《新书校注》,第3页。

君子之于禽兽也，见其生，不忍见其死；闻其声，不忍食其肉。是以君子远庖厨也。(《孟子》1·7)

不违农时，谷不可胜食也；数罟不入污池，鱼鳖不可胜食也；斧斤以时入山林，材木不可胜用也。谷与鱼鳖不可胜食，材木不可胜用，是使民养生丧死无憾也。养生丧死无憾，王道之始也。(《孟子》1·3)

贾谊对于孟子的爱物之说有着深切的体悟，且看下面两段话里的显性—匿名引用：

三代之礼：天子春朝朝日，秋暮夕月，所以明有敬也；春秋入学，坐国老，执酱而亲馈之，所以明有孝也；行以鸾和，步中《采荠》，趋中《肆夏》，所以明有度也；其于禽兽也，见其生不忍其死，闻其声不尝其肉，故远庖厨，所以长恩，且明有仁也。食以礼，收以乐。失度，则史书之，工诵之，三公进而读之，宰夫减其膳，是天子不得为非。(《新书》卷五《保傅》)①

礼，圣王之于禽兽也，见其生不忍见其死，闻其声不尝其肉，隐弗忍也。故远庖厨，仁之至也。不合围，不掩群，不射宿，不涸泽。豺不祭兽，不田猎；獭不祭鱼，不设网罟；鹰隼不鸷，睢而不逮，不出植罗；草木不零落，斧斤不入山林；昆虫不蛰，不以火田。不麛，不卵，不刳胎，不殀夭，鱼肉不入庙门，鸟兽不成毫毛不登庖厨。取之有时，用之有节，则物蕃多。汤曰："昔蛛蝥作罟，不高顺、不用命者，宁丁我网。"其惮害物也如是。《诗》曰："王在灵囿，麀鹿攸伏。麀鹿濯濯，白鸟皜皜。王在灵沼，於牣鱼跃。"言德至也。圣主所在，鱼鳖禽兽犹得其所，况于人民乎？(《新书》卷六《礼》)②

---

① [汉]贾谊撰，阎振益、钟夏校注：《新书校注》，第184—185页。
② 同上书，第216—217页。

《保傅》《礼》两篇均显性—匿名引用《梁惠王上》第 7 章,而且明言此乃"三代之礼"或"礼"的要求。《礼记·玉藻》即有"君子远庖厨"之论:"君无故不杀牛,大夫无故不杀羊,士无故不杀犬、豕。君子远庖厨,凡有血气之类,弗身践也。"① 贾谊先后为长沙王、梁怀王太傅,十分重视太子教育。《汉书》本传录其"上疏陈政事"之语:"其于禽兽,见其生不食其死,闻其声不食其肉,故远庖厨,所以长恩,且明有仁也。""夫三代之所以长久者,以其辅翼太子有此具也。"② 可见爱物是太子教育的内容之一。《保傅》又曰:"夫教得而左右正,则太子正矣,太子正而天下定矣。"③ 太子是国家未来的接班人,此语与《离娄上》所言"君仁,莫不仁;君义,莫不义;君正,莫不正。一正君而国定矣"(《孟子》7·20)有相通之处,可以视为贾谊对孟子的隐性—匿名引用。《保傅》说的"天子不得为非",亦传承了孟子道尊于势、傲视王侯的精气神。

《礼》"斧斤不入山林"对《梁惠王上》第 3 章"斧斤以时入山林"的显性—匿名引用,将爱物扩展到了更广阔的农林牧副渔领域。为增强说服力,贾谊实名引用了商汤、《诗经》之言:其引商汤,不见于传世典籍;其引《诗经》,见《大雅·文王之什·灵台》,但"白鸟皜皜"作"白鸟翯翯"④。贾谊这里的引经据典,颇似《梁惠王上》记孟子答梁惠王语:

> 贤者而后乐此。不贤者虽有此,不乐也。《诗》云:"经始灵台,经之营之。庶民攻之,不日成之。经始勿亟,庶民子来。王在灵囿,麀鹿攸伏。麀鹿濯濯,白鸟鹤鹤。王在灵沼,於牣鱼跃。"文王以民力为台为沼,而民欢乐之,谓其台曰灵台,谓其沼曰灵沼,乐其有麋鹿鱼鳖。古之人与民偕乐,故能乐也。《汤誓》曰:"时日害丧?予及女偕

---

① [清]阮元校刻:《十三经注疏(附校勘记)》下册,第 1474 页下栏。
② [汉]班固撰,[唐]颜师古注:《汉书》第 8 册,第 2249、2251 页。
③ [汉]贾谊撰,阎振益、钟夏校注:《新书校注》,第 186 页。
④ 参见[清]阮元校刻:《十三经注疏(附校勘记)》上册,第 525 页。

亡。"民欲与之偕亡,虽有台池鸟兽,岂能独乐哉?(《孟子》1·2)①

荀子其实亦有孟子式的爱物之思,如《王制》指出:

> 圣王之制也,草木荣华滋硕之时则斧斤不入山林,不夭其生,不绝其长也;鼋鼍、鱼鳖、鳅鳣孕别之时,罔罟毒药不入泽,不夭其生,不绝其长也;春耕、夏耘、秋收、冬藏四者不失时,故五谷不绝而百姓有余食也;污池、渊沼、川泽谨其时禁,故鱼鳖优多而百姓有余用也;斩伐养长不失其时,故山林不童而百姓有余材也。②

《孟》《荀》有许多文句相近,《梁惠王上》第3章与《王制》即是一例。前面提到《大政下》显性—匿名引用过《王制》的"君者,能群也",可证贾谊肯定读过《王制》接下来的"草木荣华滋硕之时则斧斤不入山林……",因而《新书·礼》的"斧斤不入山林"一句亦是对《王制》的显性—匿名引用,并可视为贾谊由孟及荀、由荀及孟、孟荀互动的例证。但是,这里讨论的《新书·礼》,从上下文语境看,尤其是从贾谊引经据典的风格看,更是对《孟子》而不是对《荀子》的显性—匿名引用。

(三)忧乐

贾谊的《礼》在两度显性—匿名引用《梁惠王上》之前,还说:"夫忧民之忧者,民必忧其忧;乐民之乐者,民亦乐其乐。与士民若此者,受天之福矣。"③此语乃是显性—匿名引用《梁惠王下》记孟子语齐宣王:"乐民之乐者,民亦乐其乐;忧民之忧者,民亦忧其忧。乐以天下,忧以天下,然而不王者,未之有也。"(《孟子》2·4)

---

① 有关孟子引《诗》《汤誓》的出处,参见杨海文:《〈孟子〉引论〈诗〉〈书〉的文献地图——兼评陈澧〈东塾读书记〉考释的得失》,《现代哲学》2011年第4期,第103、106页。
② [清]王先谦撰,沈啸寰、王星贤点校:《荀子集解》上册,第165页。
③ [汉]贾谊撰,阎振益、钟夏校注:《新书校注》,第216页。

孟子被公认为先秦民本思想的突出代表。《尽心下》有言:"民为贵,社稷次之,君为轻。"(《孟子》14·14)"诸侯之宝三:土地、人民、政事。宝珠玉者,殃必及身。"(《孟子》14·28)有论者认为:孟子之后,贾谊将民本、农本思想发展到了前所未有的新高度。①《新书》卷三有《忧民》。该书不到5万字,而"民"字出现345次;其中,卷三《瑰玮》33次,卷九《大政上》80次。《瑰玮》指出:"以末予民,民大贫;以本予民,民大富。"②《大政上》指出:"故夫士民者,国家之所树而诸侯之本也,不可轻也。呜呼! 轻本不祥,实为身殃。戒之哉! 戒之哉!"③

于民本思想,贾谊乃兼综孟荀,对《孟子》《荀子》均有显性—匿名引用,隐性—匿名引用亦多。《大政上》指出:"自古至于今,与民为仇者,有迟有速,而民必胜之。"④ 这种浩然、凛然的大无畏气概,更接近孟子而非荀子!

(四)舜我

《新书》卷八《劝学》指出:

> 谓门人学者:舜,何人也? 我,何人也? 夫启耳目,载心意,从立移徙,与我同性。而舜独有贤圣之名,明君子之实;而我曾无邻里之问,宽狥之智者,独何与? 然则舜僶俛而加志,我儃僈而弗省耳。⑤

贾谊所说"舜,何人也? 我,何人也",乃显性—匿名引用《滕文公上》记孟子对滕文公为世子(太子)之时的答语:

---

① 参见中文系古典文献教研室贾谊集整理小组著,阴法鲁、陈铁民执笔:《贾谊思想初探》,《北京大学学报》1962年第5期,第5页。
② [汉]贾谊撰,阎振益、钟夏校注:《新书校注》,第103页。
③ 同上书,第342页。
④ 同上书,第339页。
⑤ 同上书,第296—297页。

滕文公为世子,将之楚,过宋而见孟子。孟子道性善,言必称尧、舜。

　　世子自楚反,复见孟子。孟子曰:"世子疑吾言乎? 夫道一而已矣。成覸谓齐景公曰:'彼,丈夫也;我,丈夫也。吾何畏彼哉?'颜渊曰:'舜,何人也? 予,何人也? 有为者亦若是。'公明仪曰:'"文王,我师也。"周公岂欺我哉?'今滕,绝长补短,将五十里也,犹可以为善国。《书》曰:'若药不瞑眩,厥疾不瘳。'"(《孟子》5·1)

对于《劝学》一篇,《新书校注》猜测:"此当为受业张苍时,为诸同门所作。"①贾谊受业于张苍,系21岁以后,时间可能约两年。史载贾谊从张苍,乃学《左传》。如果《新书校注》的猜测成立,那么,《劝学》对《滕文公上》第1章的显性—匿名引用,既表明张苍不独传《左传》,亦有可能传《孟子》,更证明贾谊先前已接受过孟子思想。

《劝学》说的"弗省耳",相当于《孟子·告子上》说的"弗思耳矣":"仁义礼智,非由外铄我也,我固有之也,弗思耳矣。"(《孟子》11·6)"人人有贵于己者,弗思耳矣。"(《孟子》11·17)孟子认为:人人皆有内在于自身的仁义礼智之性,但不反思,自己就不知其存在。贾谊同样认为:舜"与我同性",而我与舜的差异如此巨大,缘由即是我未能反躬自问。

(五)西施

西施故事素为先秦两汉诸子乐道:

　　毛嫱、西施,天下之美人也,盛怨气于面,不能以为可好。我且恶面而盛怨气焉,怨气见于面,恶言出于口,去恶充以求美名,又可得乎? (《管子·小称》)②

---

① [汉]贾谊撰,阎振益、钟夏校注:《新书校注》,第297页。
② 黎翔凤撰,梁运华整理:《管子校注》中册,第599页。

西子蒙不洁,则人皆掩鼻而过之。虽有恶人,齐戒沐浴,则可以祀上帝。(《孟子》8·25)

毛嫱、西施,天下之至姣也。衣以皮倛,则见者走;易以玄緆,则行者皆止。(《慎子》外篇)①

夫以西施之美而蒙不洁,则过之者莫不睨而掩鼻。尝试傅白黱黑,榆铗陂,杂芷若,虻虿视,益口笑,佳能佻志,从容为说焉,则虽王公大人,孰能无惔憚养心而巅一视之?今以二三子材,而蒙愚惑之智,予恐过之有掩鼻之容也。(《新书》卷八《劝学》)②

《孟子》《慎子》说西施,当本于《管子》,属于隐性—匿名引用。《新书》说西施,则是对《孟子》的显性—匿名引用。《管子》对《新书》影响大,而说西施,《新书》的表述方式及义理发挥更近于《孟子》,可证贾谊不拘一格、博采众家。

以上从五百、爱物、忧乐、舜我、西施等方面,并大致依据《新书》篇目的先后次序,钩沉了贾谊对《孟子》的7处(含1处重复)显性—匿名引用。现将双方篇目列表如下:

	1	2	3	4	5	6	7
新书	数宁	保傅	礼	礼	礼	劝学	劝学
孟子	14·38	1·7	1·7	1·3	2·4	5·1	8·25

《梁惠王上》第7章的"君子之于禽兽也……是以君子远庖厨也"被《保傅》《礼》先后显性—匿名引用,浓缩地体现了贾谊对孟子以德治国的仁政情怀进行的合法化认同及创造性转化。《新书》对《孟子》的7处显性—匿名引用,《礼》为3处,《劝学》为2处,表明《礼》《劝学》两篇可以视作汉初

---

① [周]慎到撰,王斯睿校正,黄曙辉点校:《慎子》,上海:华东师范大学出版社,2010年,第53页。
② [汉]贾谊撰,阎振益、钟夏校注:《新书校注》,第297页。

孟学史上较为重要的文献。《新语》只是隐性—匿名引用过《孟子》,《新书》对《孟子》则前进到了显性—匿名引用。与陆贾相比,贾谊提升了孟子的地位,此乃不争之实。

四、孟荀在《新书》中的分量

显性—匿名引用作为研究汉初孟荀学史的新方法,当然不是万能的,而是有其局限。这一新方法的优长在于精准,局限亦在于精准,类似西医会诊。以往人们研讨贾谊与荀子则类似中医会诊,其优长、局限均在于模糊,导致《新书》的孟学因素长期以来得不到应有重视及深度开发。相比之下,注重精准的显性—匿名引用之法,至少已让我们了解到贾谊引过《孟》《荀》的哪些语句,并且以此作为自身的立论依据。

《新书》对《孟》《荀》的显性—匿名引用,有三点特别发人深思:第一,从引用数量看,《新书》引《荀》为5处,引《孟》为7处,难道贾谊已对孟、荀等量齐观?第二,从语句逼真看,《新书》引《孟》明显高于引《荀》,难道贾谊更熟习《孟子》?第三,从篇目集中看,《礼》有3处、《劝学》有2处引《孟》,难道贾谊作此两篇,并未或较少受过荀子《礼论》《劝学》的影响?

面对这些疑惑,有必要就贾谊学《孟》《荀》的经历略作说明。《史》《汉》本传云:贾谊18岁被吴公召置门下之前,以博学闻名于郡中。是则《孟》《荀》有可能均被贾谊学习过。18岁后,贾谊从吴公学,荀子思想的一面被凸显;21岁后,贾谊从张苍学,荀学背景下的《左传》的一面被突出。这是贾谊学《荀》的两个众所周知的阶段。《史》《汉》本传又云:贾谊22岁被文帝召为博士,推荐人吴公称其精通诸子百家之书。如果贾谊仅通《荀子》一家,而不通《孟子》及其他诸子,吴公显然不会夸此海口。是则不必武断贾谊从吴公、张苍学《荀》之际,就辍《孟》而不学。

贾谊引《孟》《荀》的情形,亦值得思量。《新书》计有6篇文章,显性—

匿名引用过《孟》《荀》。其中，3篇有确切的写作时间，3篇写于27—33岁的梁太傅任内①。且看下表：

	劝学	道德说	数宁	保傅	礼	大政下
引《荀》		有		有	有	有
引《孟》	有	有		有	有	
写作时间	21岁	21岁	28岁	27—33岁	27—33岁	27—33岁

毫无疑问，学《孟》《荀》，引《孟》《荀》，贯穿于贾谊短暂的一生之中。《新书》既蕴含有荀学成分，亦包含有孟学因素，贾谊乃兼综孟荀。考虑到流传已久的贾谊师荀子及汉儒出荀卿两说，我们亦可有保留地推定：荀子对贾谊的影响略大于孟子。但是，《汉书·楚元王传》录刘歆（前50—23）《移让太常博士书》指出："至孝文皇帝……在汉朝之儒，唯贾生而已。"②赵岐的《孟子题辞》指出："汉兴，除秦虐禁，开延道德。孝文皇帝欲广游学之路，《论语》《孝经》《孟子》《尔雅》皆置博士。"③如果贾谊推动过汉文帝设置《孟子》传记博士④，那么，《新书》对孟子地位的提升可谓功莫大焉。

《新书》凡58篇，《问孝》《礼容语上》两篇有目无文，实存56篇。《新书》有6篇显性—匿名引用过《孟》《荀》，仅占实存篇目的10.7%。比显性—匿名引用更高层级的是实名引用。被《新书》实名引用过的思想资源有两大系统：一是《五经》，如《诗》《书》；二是诸子，包括鬻子、管子、老子、孔子、墨子等。与《孟》《荀》相比，它们对贾谊架构自身思想体系产生了更加实质性的影响。如引孔子、管子、鬻子（《新书》作"粥子"）之言：

---

① 参见王兴国：《贾谊评传（附陆贾晁错评传）》，南京：南京大学出版社，1992年，第54、67、72页。
② [汉]班固撰，[唐]颜师古注：《汉书》第7册，第1968—1969页。
③ [清]焦循撰，沈文倬点校：《孟子正义》上册，第17页。
④ 参见杨海文：《〈孟子〉传记博士问题的学术史考察》，《中国哲学史》2006年第4期，第41—47页；又刊任剑涛、彭玉平主编：《论衡》第3辑，广州：中山大学出版社，2006年，第31—50页。

孔子曰:"少成若天性,习贯若自然。"(《新书》卷五《保傅》)①

管子曰:"四维,一曰礼,二曰义,三曰廉,四曰耻。""四维不张,国乃灭亡。"(《新书》卷三《俗激》)②

管子曰:"仓廪实,知礼节;衣食足,知荣辱。"(《新书》卷四《无蓄》)③

鬻子曰:"……和可以守而严可以守,而严不若和之固也;和可以攻而严可以攻,而严不若和之得也;和可以战而严可以战,而严不若和之胜也。则唯由和而可也……"(《新书》卷九《修政语下》)④

因孔子,以及相关的孟、荀,贾谊成其为儒家;因管子,以及相关的荀子,贾谊以儒为主,又儒法互补。相比孔子、管子而言,人们不太熟悉鬻子。鬻子早于孔子,亦早于管子,为诸子之祖。《文心雕龙·诸子》指出:"至鬻熊知道,而文王咨询,馀文遗事,录为《鬻子》。子[自](目)肇始,莫先于兹。"⑤《汉书·艺文志·诸子略》以《鬻子》为道家⑥。《新书》对《鬻子》有许多显性—匿名引用⑦,更有《修政语下》的实名引用。因《鬻子》,再加上《老子》,贾谊以儒为主,又儒道互补。

《修政语下》引鬻子论"和",可以视为《孟子·公孙丑下》下面这段话的先驱:"天时不如地利,地利不如人和。三里之城,七里之郭,环而攻之而

---

① [汉]贾谊撰,阎振益、钟夏校注:《新书校注》,第184页。《孔子家语·七十二弟子解》指出:"孔子曰:'然!少成若性也,习惯若自然也。'"([清]陈士珂辑:《孔子家语疏证》,上海:上海书店,1987年,第228页)
② [汉]贾谊撰,阎振益、钟夏校注:《新书校注》,第91页。贾谊引管子语,见《管子·牧民》(黎翔凤撰,梁运华整理:《管子校注》上册,第11、3页)。
③ [汉]贾谊撰,阎振益、钟夏校注:《新书校注》,第163页。贾谊引管子语,见《管子·牧民》(黎翔凤撰,梁运华整理:《管子校注》上册,第2页)。
④ [汉]贾谊撰,阎振益、钟夏校注:《新书校注》,第370页。
⑤ 周振甫:《文心雕龙今译(附词语简释)》,北京:中华书局,1986年,第154—155页。
⑥ 参见[汉]班固撰,[唐]颜师古注:《汉书》第6册,第1729页。
⑦ 参见潘铭基:《〈鬻子〉与贾谊〈新书〉互文考》,《古籍整理研究学刊》2010年第2期,第25—30页。

不胜。夫环而攻之，必有得天时者矣；然而不胜者，是天时不如地利也。城非不高也，池非不深也，兵革非不坚利也，米粟非不多也；委而去之，是地利不如人和也。"(《孟子》4·1)亦可视为《荀子·王霸》下面这段话的先驱："农夫朴力而寡能，则上不失天时，下不失地利，中得人和，而百事不废。"[1]《新书》重《孟》《荀》，《鹖子》当有引导之功。亦因《孟》《荀》，贾谊可能更为自觉地靠近儒家。孟子之言又比荀子之言，更接近鹖子。所以，钟肇鹏认为：《修政语下》引鹖子论"和"，跟孟子论天时、地利、人和有相通之处，证明《鹖子》思想近于儒家[2]。由此可见贾谊提升孟子的地位，有其渊源。

  总括全文，贾谊思想驳杂，但以儒为主。孟荀思想并不是《新书》的主要内容，却是其有机组成部分。盖因《新书》虽然没有实名引用过《孟》《荀》，但均有显性—匿名引用；并且在此前提下，从治道角度敞开了荀子的理性魅力，从仁政角度彰显了孟子的德性力量。贾谊兼综孟荀，夯实了其儒家政论家身份。西汉初期三四十年间，孟荀资源较为贫瘠。与陆贾仅对孟子隐性—匿名引用相比，贾谊显性—匿名引用孟子，乃是对于孟子地位的提升。《新书》显性—匿名引用《孟》《荀》，这是今人研究汉初孟荀学史绕不过的重要思想遗产。

---

[1] ［清］王先谦撰，沈啸寰、王星贤点校：《荀子集解》上册，第229页。
[2] 参见钟肇鹏：《前言》，氏著：《鹖子校理》，北京：中华书局，2010年，第18页。

《孟子》传记博士问题的学术史考察*

所谓《孟子》传记博士问题,指的是西汉文帝(刘恒,前202—前157)时期《孟子》一书是否被官方学术系统设为传记博士。戴震的《河间献王传经考》指出:"此事史家阙略不载。"① 这一问题历来不是传统孟学史与经学史研究的热门话题,但亦曾受到无数前贤的高度重视。我们今天爬梳《孟子》传记博士问题的来龙去脉,前贤们的探讨有其不可低估的重要价值。在某种意义上,对前贤们的探讨进行学术史考察,亦即对《孟子》传记博士问题本身进行探讨。

一、三条材料与三个疑问

考察《孟子》传记博士问题,首先要了解前贤们反复援引的三条原始材料。

第一条原始材料,出自东汉赵岐(约108—201)的《孟子题辞》。其辞云:

> 孟子既没之后,大道遂绌,逮至亡秦,焚灭经术,坑戮儒生,孟

---

* 原载《中国哲学史》2006年第4期,第41—47页;修改稿收入任剑涛、彭玉平主编:《论衡》第3辑,中山大学出版社2006年7月版,第31—50页。
① [清]戴震撰,汤志钧校点:《戴震集》,第3页。

子徒党尽矣！其书号为诸子，故篇籍得不泯绝。汉兴，除秦虐禁，开延道德。孝文皇帝欲广游学之路，《论语》《孝经》《孟子》《尔雅》皆置博士。后罢传记博士，独立《五经》而已。讫今诸经通义，得引《孟子》以明事，谓之博文。①

后世聚讼纷纭的《孟子》传记博士问题，均由赵岐此说引发。清代学者胡秉虔（1770—1840）的《汉西京博士考》卷一指出："《论语》《孝经》《孟子》《尔雅》置博士，惟见于此。及刘歆《移太常书》，又《旧唐书》薛放书有云：《论语》，《六经》之菁华也，汉时首列于学官。不知别有据否？"②

第二条原始材料，出自西汉末年刘歆的《移让太常博士书》。南宋真德秀（1178—1235）评曰："此书则汉于《六经》残缺之余，收拾补完，其功盖不少也。"③《汉书·楚元王传》存录刘歆此函，其辞云：

> 至孝文皇帝，始使掌故朝错从伏生受《尚书》。《尚书》初出于屋壁，朽折散绝，今其书见在，时师传读而已。《诗》始萌牙。天下众书往往颇出，皆诸子传说，犹广立于学官，为置博士。④

其中的"天下众书……为置博士"一段常被前贤视为赵说的佐证，甚至以为赵说乃由此而来。胡秉虔的《汉西京博士考》卷一指出："诸子传说，即《论语》《孝经》《孟子》《尔雅》等也。惜《本纪》不详其事，博士姓名无可考见。"⑤

---

① ［清］焦循撰，沈文倬点校：《孟子正义》上册，第16—17页。
② ［清］胡秉虔：《汉西京博士考》，上海：商务印书馆，1937年，第4页。《旧唐书》卷一五五《列传第一百五·薛放》指出："《论语》者《六经》之菁华，《孝经》者人伦之本，穷理执要，真可谓圣人至言。是以汉朝《论语》首列学官，光武令虎贲之士皆习《孝经》，玄宗亲为《孝经》注解，皆使当时大理，四海乂宁。盖人知孝慈，气感和乐之所致也。"（［后晋］刘昫等：《旧唐书》第13册，第4127页）
③ 转引自高步瀛选注，陈新点校：《两汉文举要》，北京：中华书局，1990年，第198页。
④ ［汉］班固撰，［唐］颜师古注：《汉书》第7册，第1968—1969页。
⑤ ［清］胡秉虔：《汉西京博士考》，第4页。

第三条原始材料，出自《汉书·景十三王传》。西汉景、武年间（前156—前87），河间献王刘德（前171年—前130）以推崇儒学著称。《景十三王传》有条材料，虽其重要性远逊于前面两条，但亦为前贤所注意：

> 河间献王德以孝景前二年立，修学好古，实事求是。从民得善书，必为好写与之，留其真，加金帛赐以招之。繇是四方道术之人不远千里，或有先祖旧书，多奉以奏献王者，故得书多，与汉朝等。是时，淮南王安亦好书，所招致率多浮辩。献王所得书皆古文先秦旧书，《周官》《尚书》《礼》《礼记》《孟子》《老子》之属，皆经传说记，七十子之徒所论。其学举《六艺》，立《毛氏诗》《左氏春秋》博士。修礼乐，被服儒术，造次必于儒者。山东诸儒（者）[多]从而游。①

以上三条材料其实也不原始，盖因它们源于东汉人班固、赵岐笔下。问题在于：第一，假定设置《孟子》传记博士是西汉初期之事，为什么当时对孟子其人、《孟子》其书颇有好感的韩婴（生卒年不详）、司马迁等人没有留下相应的文字记载？第二，首倡此说的赵岐晚于《汉书》的作者，为什么班固未能明确指出《孟子》传记博士设置一事？第三，前出《汉书》究竟是对后出《孟子题辞》的史料支持，还是两者根本就不相关？

胡秉虔序《汉西京博士考》有云："博士之官，昉于周末，而莫盛于汉之西京。初设官时，不过取通古今、备顾问而已。自武帝罢黜百家，专

---

① ［汉］班固撰，［唐］颜师古注：《汉书》第8册，第2410页。《金楼子》卷三《说蕃篇》将这条材料改写为："昔蕃屏之盛者，则刘德字君道，造次儒服，卓尔不群。好古文，每就人间求善书，必为好写与之，留其真本，加以金帛。士有不远千里而至者，多献其先祖旧书，《周官》《尚书》《礼》《礼记》《孟子》《老子》，献王好之。采《周官》及诸子之乐事作《乐记》，献八佾之舞，使弟子定传，二十四篇。首表立《毛诗》《左氏春秋》博士。"（［南朝梁］萧绎撰，许逸民校笺：《金楼子校笺》上册，北京：中华书局，2011年，第603页）

置《五经》,于是博士之选严,而博士之品日益尊。"① 尽管如此,12世纪以来,特别是清代,前贤们即以上述三条原始材料为基础,就《孟子》传记博士设置的历史真实性问题进行过反复争论。这些争论在经学史上不怎么醒目,但在孟学史上别有意味,构成了我们即将展开的学术史考察的主要内容。

二、怀疑派:从朱熹到康有为、皮锡瑞

争论方之一可称为怀疑派。依据我们目前掌握的史料,开怀疑派之先河的是南宋的朱熹。《朱子语类》卷一三八指出:"赵岐说《孟子》《尔雅》皆置博士,在《汉书》亦无可考。"② 刚刚接触《孟子》传记博士问题的人,大凡会持朱熹这类态度。但是,朱文公毕生以研究《四书》、弘扬孔孟为己任,却在"孟子升格运动"业已实质性完成的南宋时期,对此公案只是点到为止,不能不说是一件憾事。

朱熹以降的近八百年间,怀疑派后继无人,同样令人奇怪。直到晚清,沉寂才被康有为、皮锡瑞(1850—1908)两位知名学者先后打破。

康有为的《新学伪经考》初刻于光绪十七年(1891)秋七月,光绪二十年(1894)被清政府毁板③。该书《经典释文纠谬第十》指出:

《史记》《汉书·儒林传》皆以为"文帝好刑名,博士具官,未有进者",是文帝并非右文之主,安得有广游学之事?博士当时止成具文,又安得有更增《论语》《孝经》《孟子》《尔雅》博士之事?迨公孙弘悼道之郁滞,始请诸经建立学官。若孝文时《论语》等且增置

---

① [清]胡秉虔:《序》,氏著:《汉西京博士考》,第1页。
② [宋]黎靖德编,王星贤点校:《朱子语类》第8册,第3277页。
③ 参见《新学伪经考卷首·编者按》,康有为撰,姜义华、吴根樑编校:《康有为全集》第1集,第570页。

博士，弘何必复有郁滞之叹？若文帝徒表彰《论语》等而略《五经》，既欲广游学而舍经任传，无是理也。孝文帝《论语》《孝经》《孟子》《尔雅》置博士，汉以前书皆无此说，唯歆《移太常书》有"孝文时，诸子传说立于学官"之语。然则赵岐之说即出刘歆，以实其伪撰《尔雅》之事者，至明显矣。①

皮锡瑞的《经学历史》刊行于光绪三十三年（1907）②。该书第三篇《经学昌明时代》认为赵岐之说并不可信：

> 宋以后，以《易》《书》《诗》、三《礼》、三《传》及《论语》《孝经》《孟子》《尔雅》为《十三经》，如赵氏言，则汉初四经已立学矣。后世以此四经并列为《十三经》，或即赵氏之言启之。但其言有可疑者。《史记》《汉书·儒林传》皆云："文帝好刑名，博士具官未有进者。"既云具官，岂复增置？《五经》未备，何及传记？汉人皆无此说，惟刘歆《移博士书》有"孝文时诸子传说立于学官"之语，赵氏此说当即本于刘歆，恐非实录。③

赵岐之说本于刘歆，亦非康、皮二氏的发现，而是此前参与讨论者尤其是肯定派们的共识。了解这一点很重要，盖因康、皮二氏对于此"本"各有说法：康氏认为赵说旨在坐实刘歆"伪撰《尔雅》之事"，皮氏由此断言赵说"恐非实录"。康、皮二氏证伪《孟子》传记博士之设的思路相近，亦即以"既云具官，岂复增置；《五经》未备，何及传记"十六字作为基本立论，并立足于西汉经学史的宏观背景来检讨这一公案。

---

① 康有为撰，姜义华、吴根樑编校：《康有为全集》第1集，第818页。
② 参见《皮鹿门先生著述总目》，[清]皮锡瑞著，周予同注释：《经学历史》，北京：中华书局，1959年，第353页。
③ 同上书，第82页。

"十六字立论"牵涉诸多经学史的大问题。前八个字是一个层次。它依《史记·儒林列传》《汉书·儒林传》设论。"具官"犹云仅备官额。如果好刑名的汉文帝只是仅备博士官额,"岂复增置"自然成立。但是,对于否认文帝时期曾经设置《孟子》传记博士来说,"博士具官未有进者"一语只是孤证!后八个字又是一个层次。它实际上是某种偏见在作怪:为什么传记博士之置非得同时甚至稍后于《五经》博士之设呢?这种偏见渊源很深,正如《玉海》卷一二三小字夹注南宋吕祖谦(1137—1181)所言:"孝文尚置传记博士,安有独遗《五经》之理?建元置《五经》博士,非始置也。即独立《五经》,置传记之时也。"① 清代中期,张金吾(1787—1829)的《复陈君子准论五经博士书》曾以"似是而非"四字点评吕说:

刘歆移书太常博士曰:至孝文皇帝,"天下众书,往往颇出,皆诸子传说,犹广立于学官,为置博士"。若然,则孝文时止有传记博士,无《五经》博士也,明甚。吕氏之说,(《玉海》一百二十三引吕祖谦曰:"孝文尚置传记博士,安有独遗《五经》之理?")毋乃似是而非欤?②

张氏这一点评,亦可移赠康、皮二氏。胡秉虔的《汉西京博士考》卷一尝言:"汉承秦后,仍立博士之官。武帝以前,但取通古今、备顾问而已。故或兼立传记,而《五经》反不全。至是始定为《五经》博士矣。"③ 王国维的《汉魏博士考》综合各种史料,勾勒了武帝建元五年(前136年)独立《五经》博士以前的博士沿革:

博士一官,盖置于六国之末,而秦因之。汉兴,因秦制,员至数

---

① [宋]王应麟辑:《玉海》第4册,扬州:广陵书社,2007年,第2278页下栏。
② [清]张金吾:《复陈君子准论五经博士书》,氏著:《两汉五经博士考》,上海:商务印书馆,1937年,第1页。
③ [清]胡秉虔:《汉西京博士考》,第5页。

十人。文帝始置一经博士,并立传记。武帝始罢黜百家,专立《五经》,而博士之员大减。①

《汉书·武帝纪》及《百官公卿表》皆云:武帝始置《五经》博士。翟酺乃言孝文皇帝始置一经博士者,盖为经置博士,始于文帝;而限以《五经》,则自武帝建元五年始也。考文、景时博士,如张生,如晁错,乃《书》博士;如申公,如辕固,如韩婴,皆《诗》博士;如胡母生,如董仲舒,乃《春秋》博士。是专经博士,文、景时已有之,但未备《五经》,而复有传记博士。故班固言置《五经》博士自武帝始也。②

文帝、景帝之时,既有传记博士,也有专经博士。专经博士指的是张生、晁错乃《书》博士,申公、辕固、韩婴乃《诗》博士,胡毋生、董仲舒乃《春秋》博士。取消传记博士、增添专经博士,是汉武帝建构《五经》博士的必然选择。历史上,人们讨论《孟子》传记博士问题,大多随处说法、三言两语,而非专题研究、长篇大论。因此,康、皮二氏取孤证而证伪,挟偏见而质疑,比较简单地处理《孟子》传记博士问题这一学术史公案,亦情有可原。

在现当代学术史上,怀疑派的人丁并不兴旺,但不乏著名学者跻身麾下。例如,徐复观在现代新儒家中最注重学术史品位,就谨慎地指出赵岐之说"恐未可尽信"③。经学史家周予同的《群经概论》指出:

据赵岐《孟子题辞》,以为汉孝文帝时,曾置博士。然这事不见于《汉书》,说颇可疑。清阎若璩《四书释地三续》根据刘歆《移让

---

① 王国维:《观堂集林(附别集)》上册,第174—178页。
② 同上书,第176—177页。
③ 参见徐复观:《扬雄论究》,氏著:《两汉思想史》第2册,第465页。

太常博士书》，以为《孟子》博士的废罢，当因董仲舒对策专崇《六艺》之故。但这也是推测之辞，不足凭信。①

徐、周二氏的证伪方式类似朱熹、皮锡瑞，既强调《汉书》的史料价值高于《孟子题辞》，又不因《汉书》缺乏直接证据就将赵说一棍子打死。跟康有为的武断相比，徐、周二氏断言赵说"恐未可尽信""说颇可疑"，实际上还是承认赵说并非全无所据。马积高（1925—2001）甚至认为："其说别无征验，或以为疑。然据《后汉书》本传，赵岐为人方正，似不会作无根之谈。荀子则从无立于学官之事，可知汉初孟学已较荀学为显。"②

三、设立问题：肯定派与赵岐第一语

参与讨论的另一方是肯定派，其历史比怀疑派悠久得多。朱熹之前，肯定派至少有四位学者值得我们注意。

一是最早的《荀子》笺注者杨倞。其写于唐宪宗元和十三年（818）十二月的《荀子序》指出："而《孟子》有赵氏《章句》，汉氏（臣先谦案：宋台州本作'代'。）亦尝立博士，传习不绝，故今之君子多好其书。"③

二是晚唐的皮日休。唐代的孟子升格运动缺少最高统治者支持，但皮氏赓续杨绾（718—777）、韩愈的尊孟之志，写下《请孟子为学科书》。其中指出："夫《孟子》之文，粲若经传。天惜其道，不烬于秦。自汉氏得之，常置博士，以专其学。""伏请命有司，去庄、列之书，以《孟子》为主。有能精通其义者，其科选，视明经。苟若是也，不谢汉之博士矣。"④皮氏这里没有明提赵岐，但此论无疑本于《孟子题辞》。

---

① 朱维铮编：《周予同经学史论著选集》（增订本），上海：上海人民出版社，1996年，第289页。
② 马积高：《荀学源流》，上海：上海古籍出版社，2000年，第214页。
③ ［唐］杨倞：《荀子序》，［清］王先谦撰，沈啸寰、王星贤点校：《荀子集解》上册，第51页。
④ ［唐］皮日休著，萧涤非、郑庆笃整理：《皮子文薮》，上海：上海古籍出版社，1981年，第89页。

三是北宋初期的孙奭。其《孟子注疏·题辞解》首次援引《汉书》所载刘歆的《移让太常博士书》作为赵说的佐证：

《汉书》云：高皇帝诛项羽，引兵围鲁，鲁中诸儒尚讲习礼，弦歌之音不绝，岂非圣人遗化好学之国哉！于是喟然兴于学。然尚有干戈，平定四海，亦未遑庠序之事。至孝惠，乃除挟书之律，然公卿皆武力功臣，莫以为意。至孝文，始使掌故晁错从伏生受《尚书》。《尚书》出于屋壁，《诗》始萌芽。天下众书往往颇出，犹广立于学官，为置博士。由是《论语》《孟子》《孝经》《尔雅》皆置博士。及后罢传记博士，以至于后汉，惟有《五经》博士。①

四是现存山东邹城孟庙的石刻《尚书省牒》。此石刻于北宋元丰六年（1083）十月，乃是孟子始有封爵的牒文，史料价值颇高。其中有云："孟轲自古尝以其书置博士，朝廷亦以其书劝学取士。"②

从赵岐生活的2世纪算起，数百年后有关《孟子》传记博士问题的学术史讨论不断展开，杨倞、皮日休、孙奭、《尚书省牒》功不可没。《朱子语类》卷一九指出："《孟子疏》，乃邵武士人假作。蔡季通识其人。当孔颖达时，未尚《孟子》，只尚《论语》《孝经》尔。其书全不似疏样，不曾解出名物制度，只绕缠赵岐之说耳。"③ 我们不知道朱熹怀疑赵说是否跟他断言《孟子注疏》并非孙奭所作相关，但以上诸子的正面立论有可能从逻辑上刺激了怀疑派的产生。

南宋、元、明时期，挚信赵说的肯定派人士时有出现。但是，像南宋人王应麟那样推崇赵说的（后文详论）则不多，亦无确凿事实表明肯定派

---

① ［汉］赵岐注，［宋］孙奭疏：《孟子注疏》，［清］阮元校刻：《十三经注疏（附校勘记）》下册，第2663页。
② 刘培桂编著：《孟子林庙历代石刻集》，济南：齐鲁书社，2005年，第4页。
③ ［宋］黎靖德编，王星贤点校：《朱子语类》第2册，第443页。

曾与朱熹独领风骚的怀疑派进行过争辩,这一现象值得玩味。其时,《孟子》已经升经,孟子已经升圣,显然为弘扬赵说提供了足够的历史时空。这种可能性为什么没有变成现实呢?根本原因大概在于朱熹。从13世纪开始的数百年间,有关《孟子》的权威解释是朱熹的著论,譬如"皇明惟朱子所注《孟子》书列于学官"①。既然朱熹怀疑赵说,一般人对于《孟子》传记博士问题就会采取存而不论的明智态度,肯定派尤其会明智地避开朱熹这一神圣不可侵犯的权威。这两种"明智"对孟子学术思想史产生了相应的后果:前一种实质上取消了问题本身,后一种重新使得有关《孟子》传记博士问题的讨论变成独白。怀疑派在此期间无人接力,似是前一种"明智"使然。既要尊孟,又要臣朱,因而,在朱熹并不首肯的《孟子》传记博士问题上,保持沉默是最好的办法,既不开罪甲方,也不开罪乙方。《孟子》传记博士问题长期以来没有得到深入研究,印证了上述猜想有其历史合理性。

肯定派和朱熹就《孟子》传记博士问题的直接交锋始于清代,这一时期是肯定派的黄金时代。清初考据学家阎若璩因其多次发言,成为代表人物。

阎若璩读《困学纪闻》卷八《经说》,曾加按语:

> 《孟子题辞》:"孝文皇帝欲广游学之路,《论语》《孝经》《孟子》《尔雅》皆置博士。后罢传记博士,独立《五经》而已。"朱子谓此事在《汉书》无考。余谓刘歆《移太常博士书》云:"孝文皇帝,《尚书》初出屋壁,《诗》始萌芽。天下众书往往颇出,皆诸子传说,犹广立于学官,为置博士。"非岐说之所本乎?第史文不备耳。②

其《四书释地三续》卷下"《孟子》置博士"条,先引赵说,然后指出:

---

① [明]王圻:《续文献通考》卷一九八,《四库全书存目丛书》子部第188册,济南:齐鲁书社,1995年,第639页上栏。
② [宋]王应麟著,[清]翁元圻等注,栾保群、田松青、吕宗力校点:《困学纪闻》(全校本)中册,第1077—1078页。

朱子谓此事在《汉书》并无可考。愚谓《汉书》固有是说，但未见《儒林传》。不观刘歆移书太常博士乎？书云："孝文世，《尚书》初出于屋壁，《诗》始萌牙，天下众书往往颇出，皆诸子传说，犹广立于学官，为置博士。"诸子传说即《孟子》等书也，后罢之，则以董仲舒对策，专崇《六艺》云。（案：皮日休亦云汉得《孟子》置博士，以专其学。）①

阎若璩的《潜邱札记》卷一亦有类似意见：

> 赵岐序《孟子》："孝文皇帝欲广游学之路，《论语》《孝经》《孟子》《尔雅》皆置博士。后罢传记博士，独立《五经》而已。"朱子谓其说为妄：《孟子》《尔雅》皆置博士，在《汉书》并无可考。不知《汉书》固尝有其说也。刘歆《移太常博士书》："孝文皇帝世，《尚书》初出于屋壁，《诗》始萌芽。天下众书往往颇出，皆诸子弟②传说，犹广立于学官，为置博士。"此非《孟子》《尔雅》皆置博士之明验乎？特未见《儒林传》耳。其谓后罢传记博士，独立《五经》，则指武帝建元间而言。盖武帝以董仲舒对策，凡不在《六艺》之条、孔子之术者，皆绝其道，勿使并进，故止立《五经》博士。③

阎若璩既引皮日休之说，又像孙奭那样以刘歆证赵岐，接上了肯定派的正脉。在《孟子》传记博士问题的学术讨论史上，阎氏最重要的功劳在于：以批评朱熹为契机，以反复申论为特点，使得此前很长一段时间内被人们

---

① ［清］阎若璩：《四书释地》，《景印文渊阁四库全书》第 210 册，第 471 页下栏。
② 按："弟"字，系四库抄手误植。
③ ［清］阎若璩撰，［清］吴玉搢编：《潜邱札记》，《景印文渊阁四库全书》第 859 册，第 384 页下栏—385 页上栏。

"明智"地存而不论的《孟子》传记博士问题,重新成为孟子学术思想史上真正的问题。

阎若璩之后,赵岐首先提出的《孟子》传记博士设置问题,逐渐得到朴学家的关注。肯定派在清代的阵营强大,与朴学家的加盟密不可分。这些人中既有周广业、焦循、宋翔凤(1779—1860)①等孟子研究专家,也有翟灏(1712—1788)、钱大昕(1728—1804)、张金吾等经学史家,更有钦命评点诗书的四库馆臣。这些讨论或详或略、或精或粗,但有一点是共同的,即肯定刘歆的《移让太常博士书》是对赵岐《孟子题辞》的史料支持,《孟子》传记博士之设是无可否认的历史事实。

何谓阎若璩说的"史文不备"?《四库全书总目》卷三五指出:"《论语》,自汉文帝时立博士。《孟子》,据赵岐《题词》,文帝时亦尝立博士。以其旋罢,故史不载。"②这句话直接回答了朱熹说的"《汉书》无考",并对其怀疑态度进行了巧妙批评,而且就书于提要朱熹《四书章句集注》的文中。虽然《十三经注疏》已在明代被官方板行,未尝不表明官方在《孟子》传记博士设置问题上认同了赵说,然而,官方学术意识形态对赵说真正意义上的认同,也许只能以18世纪晚期的《四库全书总目》为标志。理由在于:四库馆臣是在否认朱说的前提下承认赵说,做法极其鲜明;而在明代官方学术系统的集体无意识中,依然铭记着朱元璋时期发生的孟子罢享事件和《孟子节文》事件③,所以在《孟子注疏》与《朱子语类》的矛盾之间,最佳抉择就是对《孟子》传记博士设置问题存而不论。

清代的肯定派对20世纪的学术史产生了较大的影响。梁启超、刘师培、

---

① 《孟子赵注补正》卷一认为刘歆之说同于赵岐之说。参见[清]宋翔凤:《孟子赵注补正》,《续修四库全书》第159册,第2页下栏。
② [清]永瑢等:《四库全书总目》上册,第293页下栏。
③ 关于朱元璋时期发生的孟子罢享事件和《孟子节文》事件,参见杨海文:《朱元璋时期的〈孟子节文〉事件》,刘小枫、陈少明主编:《经典与解释》第2辑《柏拉图的哲学戏剧》,第259—296页。

王国维、高步瀛、蒋伯潜(1892—1956)①、钱穆②、杨伯峻③等人相信赵说,均与清代肯定派渊源极深。比如,刘师培大约成书于1905年的《经学教科书》第1册第14课指出:"《孟子》当文帝时,曾立博士之官。(后废。)"④尽管他们也像先贤和论敌一样,未能将《孟子》传记博士问题提上专题研究的议事日程,但其研究成果,譬如王国维《汉魏博士考》中的相关论述,仍然十分值得我们借鉴。

四、废罢问题:肯定派与赵岐第二语

赵岐说的三句话,每句话都有一层独特的含义:第一句话史无前例地记录了早于他两三百年发生的《孟子》传记博士之设一事,第二句话果断地认为传记博士之罢源于独立《五经》博士,第三句话力图总结《孟子》传记博士对于汉代经学史产生的深刻影响。相信第一句话,才能接着讨论后两句话。接着讨论的当然不是怀疑派,而是肯定派。在《孟子》传记博士问题的学术讨论史上,是否接着讨论,是人们判断肯定派比怀疑派功劳更大的重要标准之一。现在,我们看看肯定派在坚信《孟子》传记博士之设以后,如何面对并探究《孟子题辞》中的第二句话。

依据赵岐所谓"后罢传记博士,独立《五经》而已",肯定派认为:先有传记博士,后有《五经》博士,《五经》博士之设与传记博士之罢同步进行。前引阎若璩的《四书释地三续》,即持此论。关于这一西汉官方学术系统的变迁简史,尚有两个相关问题并未得到明确解决:一是传记博士置于文帝何年,二是它罢于武帝何年。前一个问题事实上无法解决,关键在于"文献不足征",因此,只能笼统地定位于公元前179年至公元前157年之间——文

---

① 参见蒋伯潜著,蒋绍愚导读:《十三经概论》,上海:上海古籍出版社,2010年,第6、400页。
② 参见钱穆:《国学概论》,北京:商务印书馆,1997年,第83页。
③ 参见《导言》,杨伯峻译注:《孟子译注》,第9页。
④ 刘师培著,陈居渊注:《经学教科书》,上海:上海古籍出版社,2006年,第53页。

帝在此期间主政。至于后一个问题,孙奭的《孟子注疏·题辞解》断为汉武帝建元五年[①],吕祖谦、钱大昕亦持此说。

吕祖谦的《大事记解题》卷一一"汉孝武皇帝建元五年置《五经》博士"条指出:

> 解题曰:按赵岐《孟子题辞》:"孝文皇帝欲广游学之路,《论语》《孝经》《孟子》《尔雅》皆置博士。后罢传记博士,独立《五经》而已。讫今诸经通义,得引《孟子》以明事,谓之博文。(谓课试者也。)"以此言考之,孝文尚置传记博士,安有独遗《五经》之理?《本纪》是岁书置《五经》博士者,非始置也。即岐所谓独立《五经》,罢传记博士之时也。然《尔雅》专载训诂,治经者所当通习,故不必专置博士。至于《论语》《孝经》《孟子》,于学者最为切要,孝文立之当矣。武帝有感于董仲舒之言,奋然罢黜百家,而不深考其实,遂使三书下同传记之列,岂不过甚矣哉![②]

钱大昕的《潜研堂文集》卷九《答问六》指出:

> 问:刘子骏《移太常博士书》言孝文皇帝时,天下众书往往颇出,皆诸子传说,犹广立于学官,为置博士。据赵邠卿《孟子题辞》,则《论语》《孝经》《孟子》《尔雅》,孝文时皆立博士,所谓"传记博士"也。此等博士,未识罢于何时?
>
> 答:《汉书》赞武帝云:"孝武初立,卓然罢黜百家,表章《六经》。"以《本纪》考之,建元五年置《五经》博士,则传记博士之罢当在其时矣。[③]

---

① [汉]赵岐注,[宋]孙奭疏:《孟子注疏》,[清]阮元校刻:《十三经注疏(附校勘记)》下册,第2663页。
② [宋]吕祖谦:《大事记解题》,《景印文渊阁四库全书》第324册,第446页上栏。
③ [清]钱大昕撰,吕友仁标校:《潜研堂集》,上海:上海古籍出版社,1989年,第134页。

依此,历经文、景、武三朝的《孟子》传记博士,最多存在43年,亦即从公元前179年①至公元前136年;最少存在21年,亦即从公元前157年至公元前136年;折中而论,大约存在30年。《孟子》传记博士之罢与《五经》博士之设同步进行,但笔者依据目前掌握的史料所下的结论,它的可靠性自然有其限度②。

另外,焦循的《孟子正义》卷一指出:"汉文时,立《孟子》博士,必有授受之人,惜不可考。"③究竟哪些人做过《孟子》传记博士,本是应予关注的问题。焦循是历史上最优秀的孟学家,连他都感叹"惜不可考",一般人就更无能为力。

文帝时期是否存在其他证据可资证明《孟子》传记博士的设置,亦是肯定派比较关心的问题。这里围绕《礼记·王制》与《孟子》的关联略作说明。

有关《礼记·王制》的成书年代,历来众说纷纭。《史记·封禅书》以为成书于汉文帝十六年(前164年),其辞云:

> 夏四月,文帝亲拜霸、渭之会,以郊见渭阳五帝。五帝庙南临渭,北穿蒲池沟水,权火举而祠,若光辉然属天焉。于是贵平上大夫,赐累千金。而使博士诸生刺《六经》中作《王制》,谋议巡狩封禅事。④

文帝时期的博士诸生可能有不少礼制方面的创作,如《史记索隐·封禅

---

① 公元前180年,文帝即位;公元前179年,为文帝元年。因此,这里的计算始于公元前179年。
② 李峻岫认为:"后之学者多沿袭钱说,但此说未予论证,实有可商之处。"她还推测:传记博士之罢或在汉武帝接纳董仲舒"罢黜百家,独尊儒术"之际,并以元光元年(前134年)作为董仲舒对策之年。参见氏著:《汉唐孟子学述论》,济南:齐鲁书社,2010年,第21、22页。
③ [清]焦循撰,沈文倬点校:《孟子正义》上册,第19页。
④ [汉]司马迁撰,[宋]裴骃集解,[唐]司马贞索隐,[唐]张守节正义:《史记》第4册,第1382页。

书》就说"刘向《七录》云文帝所造书有《本制》《兵制》《服制》篇"①,《礼记·王制》则属最著名者。

《史记·封禅书》的说法流传于后世,又以东汉末年的卢植(139—192)为代表。隋唐之际,陆德明的《经典释文序录·注解传述人·礼》指出:"卢植云:《王制》是汉时博士所为。"②于《礼记正义·王制》题下,孔颖达疏引卢植:"汉孝文皇帝令博士诸生,作此《王制》之书。"③焦循的《孟子正义》卷一指出:"《礼记正义》引卢植云:'汉文皇帝令博士诸生,作此《王制》一书。'今《王制》篇中,制禄爵、关市等文,多取诸《孟子》。则孝文时立《孟子》博士审矣。"④

与卢植同门于马融的郑玄(127—200),更是将《孟子》与《礼记·王制》勾连起来。《礼记正义·王制》题下孔疏:"秦昭王亡周,故郑答临硕云:'孟子当赧王之际,《王制》之作,复在其后。'"⑤皮锡瑞坚信"《王制》一书,体大物博,非汉博士所能作,必出孔门无疑",但对郑玄此语亦云:"推郑君意,似以《王制》为孟子之徒所作,以开卷说班爵禄,略同《孟子》文也。《王制》非特合于《孟子》,亦多合于《公羊》……"⑥近人金德建(1909—1996)既作《汉文帝使博士诸生作王制考》,借以坐实《史记·封禅书》的记载;又作《孟子王制所述制度相通之证》,借以声张郑玄、焦循的立论⑦。通过罗列《孟子》《王制》相通的34条证据,金氏指出:

---

① [汉]司马迁撰,[宋]裴骃集解,[唐]司马贞索隐,[唐]张守节正义:《史记》第4册,第1383页。
② 吴承仕著,秦青点校:《经典释文序录疏证》,第101页。
③ [清]阮元校刻:《十三经注疏(附校勘记)》上册,第1321页下栏。
④ [清]焦循撰,沈文倬点校:《孟子正义》上册,第17页。
⑤ [清]阮元校刻:《十三经注疏(附校勘记)》上册,第1321页下栏。按:临硕,周春健注云"与林硕、林孝存为一人"(《经学通论》四《三礼》第143条,[清]皮锡瑞著,周春健校注:《经学通论》,北京:华夏出版社,2011年,第337页)。又,《全后汉文》卷八四《郑玄》失收此条([清]严可均辑:《全上古三代秦汉三国六朝文(附索引)》第1册,第925—928页)。
⑥ 《经学通论》四《三礼》第143条,[清]皮锡瑞著,周春健校注:《经学通论》,第338、337页。
⑦ 参见金德建:《古籍丛考》,香港:中华书局·上海书店,1986年,第87—93、94—101页。

郑氏殆因《孟子》与《王制》相通,故举以比拟;更谓《孟子》时代较早,《王制》之作在后,其说亦然。然则旧说《王制》文帝时博士所作,于此益可征信矣……文帝时《孟子》已置博士,而《王制》即作于文帝博士,是故《王制》所述制度,遂多采据《孟子》矣。①

传记博士相对于《五经》博士而言。西汉初年《孟子》立于学官,究竟是称为博士或传记博士,还是没有明确称谓呢?这个问题看起来微不足道,但南宋末期的王应麟指出:

文帝时,申公、韩婴皆以《诗》为博士,所谓《鲁诗》《韩诗》。景帝时,辕固为博士,所谓《齐诗》。虽置博士,亦独②《孟子》《尔雅》置博士,未名曰《诗》博士、《孟子》博士、《尔雅》博士也。建元之置《五经》博士,乃置《书》《礼》《易》《春秋》博士,与《诗》为五,始有《书》博士、《诗》博士之名。谨按:文帝以贾谊为博士,初不曰《左氏》博士。宣帝以江公之孙为博士,授《穀梁》,未名《穀梁》博士;至甘露三年,始置《穀梁》博士。此二事可以为验。③

清人张金吾给陈子准的那封信则说:

窃意文帝时,止名博士,本无《五经》之称。④

以上二说有所不同,但都表明被赵岐命名的"传记博士"旨在跟"《五经》博士"相区别。明于此,可以了结一段学术小争论。清人臧琳(1650—

---

① 金德建:《孟子王制所述制度相通之证》,氏著:《古籍丛考》,第101页。
② 按:"独"当作"犹"。
③ [宋]王应麟辑:《玉海》第4册,第2282页上栏。
④ [清]张金吾:《复陈君子准论五经博士书》,氏著:《两汉五经博士考》,第1页。

1713)的《经义杂记》卷六"文帝始置博士"条指出:"刘歆书'诸子传说','说'字误,当从《孟子题辞》作'传记'。'诸子',谓《孟子》也;'传',谓《论语》《孝经》也;'记',谓《尔雅》也。"① 对此,高步瀛指出:"传说盖统《论语》《孝经》《尔雅》言之,似不必改字。"②

被赵岐命名的"传记博士"这一方便说法,透露了传、说、记在汉初传经过程中有其重要作用。早于赵岐一百多年,王充的《论衡·书解》有过一段意味深长的对话,将"传"的作用提到相当的高度:

或曰:古今作者非一,各穿凿失经之实,传违[传]圣人(之)质③,故谓之蕞残,比之玉屑。故曰:"蕞残满车,不成为道;玉屑满箧,不成为宝。"前人近圣,犹为蕞残,况远圣从后复重为者乎?其作必为妄,其言必不明,安可采用而施行?

答曰:圣人作其经,贤者造其传,述作者之意,采圣人之志,故经须传也。俱贤所为,何以独谓经传是,他书记非?彼见经传,传经之文,经须而解,故谓之是。他书与书(传)相违④,更造端绪,故谓之非。若此者,皆是于《五经》。使言非《五经》,虽是不见听。使《五经》从孔门出,到今常(尚)令人不缺灭⑤,谓之纯壹,信之可也。今《五经》遭亡秦之奢侈,触李斯之横议,燔烧禁防,伏生之休(徒)⑥,抱经深藏。汉兴,收《五经》,经书缺灭而不明,篇章弃散而不具。晁错之辈,各以私意分拆文字,师徒相因相授,不知何者为是。亡秦无道,败乱之也。秦虽无道,不燔诸子。诸子尺书,文篇具在,可观

---

① [清]臧琳撰,梅军校补:《经义杂记校补》上册,北京:中华书局,2020年,第143页。
② 高步瀛选注,陈新点校:《两汉文举要》,第192页。
③ 按:此句读作"违传之质"。
④ 按:此句读作"他书与传相违"。
⑤ 按:此句读作"到今尚不缺灭"。
⑥ 按:此句读作"伏生之徒"。

读以正说,可采掇以示后人。后人复作,犹前人之造也。夫俱鸿而知,皆传记所称,文义与经相薄,何以独谓文书失经之实?由此言之,经缺而不完,书无佚本,经有遗篇,折累二者,孰与蕞残?《易》据事象,《诗》采民以为篇,《乐》须不(民)骊①,《礼》待民平。四经有据,篇章乃成。《尚书》《春秋》,采掇《史记》。《史记》兴(与)[书]无异②,以民、事一意。《六经》之作皆有据。由此言之,书亦为本,经亦为末,末失事实,本得道质,折累二者,孰为玉屑?知屋漏者在宇下,知政失者在草野,知经误者在诸子。诸子尺书,文明实是。说章句者,终不求解扣明,师师相传。初为章句者,非通览之人也。③

王充所谓"知屋漏者在宇下,知政失者在草野,知经误者在诸子",故而"圣人作其经,贤者造其传,述作者之意,采圣人之志,故经须传也",未必人人认同。皮锡瑞说过:"孔子所定谓之经;弟子所释谓之传,或谓之记;弟子展转相授谓之说。"④一般而言,孔门所传之书有经、传、记、说四类,传、记、说又与经相辅而行。近人吕思勉(1884—1957)的札记《传、说、记》,就《汉书·景十三王传》说的"经传说记"以及刘歆《移让太常博士书》说的"诸子传说"进行过深入研究,并指出:

后人率重经而轻传、说,其实二者皆汉初先师所传。若信今文,则先师既不伪经,岂肯伪传?若信古文,则今古文经,所异惟在文字,今文经正以得古文经而弥见其可信。经可信,传、说之可信亦因可见矣。或又谓经为古籍,据以考证古事,必较传为足据。殊不知

---

① 按:此句读作"《乐》须民骊","骊"即"欢"。
② 按:此句读作"《史记》与书无异"。
③ 黄晖:《论衡校释(附刘盼遂集解)》第4册,第1157—1160页。又见[汉]王充:《论衡》,上海:上海人民出版社,1974年,第435页。按:以上两书的文字有较大差异。
④ [清]皮锡瑞著,周予同注释:《经学历史》,第67页。

> 孔门之经，虽系古籍，其文字未必一仍其旧。试观《尧典》《禹贡》，文字反较殷《盘》、周《诰》为平易可知。而古籍之口耳相传，历久而不失其辞者，亦未必不存于传、说、记之中也。然则欲考古事者，偏重经文，亦未必遂得矣。①

以上这段文字，首句、尾句特别关键。从首句看，在《孟子》传记博士问题的学术讨论史上，前引吕祖谦之语，正是"后人率重经而轻传、说"的体现。从尾句看，汉初经师受命整理、诠释古代制度，深知仅仅偏重经文未必有得，相反传、说、记有可能起到比经更大的作用，遂有《王制》频繁地取诸《孟子》。吕思勉的《传、说、记》又云：

> 大义存于传，不存于经，试举一事为征。《尧典》究有何义？试读《孟子·万章》上篇，则禅让之大义存焉。夷考伏生《书传》、《史记·五帝本纪》，说皆与孟子同，盖同用孔门书说也。②

假如肯定派创造性地移植吕思勉的立论以证实《孟子》传记博士之设，显然有助于说明《论语》《孝经》《孟子》《尔雅》传记博士何以会成为汉武帝独立《五经》博士的历史前奏。

王国维的《汉魏博士考》指出：

> 汉初之制，未置《五经》博士。前事也，员数与秦略同，亦不尽用通经之士。如高帝二年即以叔孙通为博士，通非专经之士也。又文帝时，齐人公孙臣上书，陈《终始五德传》，文帝召以为博士，臣亦

---

① 吕思勉：《吕思勉读史札记》（增订本）中册，上海：上海古籍出版社，2005年，第752—753页。
② 同上书，第752页。

非专经之士也。盖犹袭秦时诸子百家各立博士之制。①

此说与吕思勉之说有"异曲同工"之妙：虽然分别使用历史语言、理论语言（"异曲"），却在逻辑上共同证明了建元五年以前存在《孟子》传记博士的可能性（"同工"）。

行文至此，略作回顾。西汉初年沿袭秦代诸子百家各立博士之制，传、说、记受到重视，亦见汉初统治者建构一统型国家意识形态的文化心理多少有些迫切而又杂乱。其时没有"《五经》博士"之名，亦无"传记博士"之称。孟子在西汉初期的官方学术系统中倍受器重，《孟子》一书跟诸子百家一样立为博士，并成为制作《礼记·王制》等典籍的重要思想文化资源。然后，汉武帝因董仲舒对策而找到统摄国家意识形态的不二法门，包括《孟子》在内的诸子百家博士在建元五年结束了各自的历史使命。这一回顾表明：唯有将肯定派零零散散的各种言说串联起来，我们才能获得有关《孟子》传记博士由设而罢的整体印象。

五、影响问题：肯定派与赵岐第三语

"讫今诸经通义，得引《孟子》以明事，谓之博文"，这是赵岐说的第三句话。与第二句话相比，肯定派对这句话的探讨游刃有余得多。

《论语》《孟子》虽然都被置为传记博士，但在汉初，两者的重要性并不完全相同。如《史记》将孔子列入《世家》，将孟子写进《列传》。梁启超的《要籍解题及其读法》指出：

> 汉儒对于古书之分类，以《诗》《书》《礼》《乐》《易》《春秋》为"六艺"，亦谓之"六经"，实为古书中之最见宝贵者。次则名为

---

① 王国维：《观堂集林（附别集）》上册，第176页。

"记"或"传",乃解释或补助诸经者。《论语》即属此类。又次则为诸子,乃于《六经》之外别成一家言者。《孟子》即属此类。故《论》《孟》两书,在汉时不过二三等书籍。然汉文帝时已将此二书置博士("置博士"者在大学中专设一科以专门之博士任教授也),是曾经特别崇重,然不久亦罢。①

《论语》比《孟子》更接近《五经》,其罢之意也会有所区别。诚如王国维的《汉魏博士考》所言:

> 传记博士之罢,钱氏大昕以为即在置《五经》博士时,其说盖信。然《论语》《孝经》《孟子》《尔雅》虽同时并罢,其罢之之意则不同。《孟子》,以其为诸子而罢之也。至《论语》《孝经》,则以受经与不受经者皆诵习之,不宜限于博士而罢之者也。刘向父子作《七略》,《六艺》一百三家,于《易》《书》《诗》《礼》《乐》《春秋》之后,附以《论语》、《孝经》(《尔雅》附)、小学三目。《六艺》与此三者,皆汉时学校诵习之书。以后世之制明之,小学诸书者,汉小学之科目;《论语》《孝经》者,汉中学之科目;而《六艺》,则大学之科目也。武帝罢传记博士,专立《五经》,乃除中学科目于大学之中,非遂废中、小学也。②

依据梁、王二氏的论述,"孟子升格运动"全面完成之前,《论语》《孟子》对中国文化史产生的影响明显不同。元代马端临(1254—1324)的《文献通考·经籍考》卷一一指出:"前史《艺文志》,俱以《论语》入经类,《孟

---

① 梁启超著,陈引弛编校:《梁启超国学讲录二种》,北京:中国社会科学出版社,1997年,第5页。
② 王国维:《观堂集林(附别集)》上册,第178—179页。

子》入儒家类。"① 尽管如此,从王应麟、焦循对赵岐"明事""博文"的解释看,《孟子》在汉代独尊儒术的文化语境中已受重视。有人甚至认为:"故《孟子》一书,两汉时,在古籍中之地位,已在《论语》之次,经子之间,传记之列矣。"②

王应麟的《玉海》卷四二认为:

> 诸经通义者,汉《五经》课试之学也。维汉以文立治,以经选士,鸿生传业,支蕃叶滋,阐绎道真,探索圣蕴。故决科射策,则有通义之目;以《孟子》明事,则有博文之名。③

《孟子》在汉代《五经》课试之学中如何"明事"?焦循具体地指出:

> 观赵氏此文,《孟子》虽罢博士,而论说诸经,得引以为证,如《盐铁论》载贤良文学对丞相御史,多本《孟子》之言。而郑康成注《礼》笺《诗》,许慎作《说文解字》,皆引之。其见于《史记》《两汉书》《两汉纪》,如邹阳引"不含怒,不宿怨",终军引"枉尺直寻",倪宽引"金声玉振",王褒引"离娄、公输"、贡禹引"民饥马肥",梅福引"位卑言高",冯异称"民之饥渴,易为饮食",李淑引"缘木求鱼",郅恽言"强其君所不能为忠,量君所不能为贼",冯衍言"臧仓"、言"泰山、北海",班彪引"《梼杌》《春秋》",崔骃言"登墙搂处",申屠蟠言"处士横议",王畅言"贪夫廉,懦夫有立志",傅燮言"浩然之气",亦当时引以明事之证。④

---

① [元]马端临著,华东师大古籍研究所标校:《文献通考·经籍考》上册,上海:华东师范大学出版社,1985年,第292页。
② 蒋伯潜著,蒋绍愚导读:《十三经概论》,第400页。
③ [宋]王应麟辑:《玉海》第2册,第793页上栏。
④ [清]焦循撰,沈文倬点校:《孟子正义》上册,第17—18页。

有明事之功，方有博文之名。《孟子注疏·题辞解》指出："汉武建元五年初，置《五经》博士。宣帝黄龙九年，增员二十人。自是之后，《五经》独有博士。讫于西京赵岐之际，凡诸经通义，皆得引《孟子》以明事，故谓之博文也。"①

翟灏的《四书考异》上编卷二〇《尊立孟子》亦云：

> 《孟子》尊立最久，不始自宋世也。时《论语》《孝经》通谓之传，而《孟子》亦以传称。如《论衡·对作篇》曰："杨、墨不乱传义，则《孟子》之传不造。"《汉书·刘向传》引传曰："圣人不出，其间必有名世者。"《后汉书·梁冀传》引传曰："以天下与人易，为天下得人难。"《越绝书·叙外传记》引传曰："孔子去鲁，燔俎无肉。"《风俗通义·十反卷》引传曰："于厚者薄，则无所不薄矣。"《说文解字》引传曰："箪食壶浆。"《诗·邶风正义》引传曰："外无旷夫，内无怨女。"《中论·夭寿篇》引传曰："所好有甚于生者，所恶有甚于死者。"又《法象篇》曰："传称：'大人正己而物自正。'"皆可为证。故赵氏以《论语》《孝经》《孟子》《尔雅》博士统言之曰传记博士。②

翟氏所引（只有个别者并非严格意义上的汉代作品），均称《孟子》为传。这一事实或可作为《孟子》传记博士之设的间接性证据，并显示了《孟子》传记博士之设对于汉代文化史的直接性影响。

正因如此，肯定派对《孟子》传记博士之设给予了高度评价。《玉海》卷四二"汉诸经通义、太常试经"条指出：

---

① ［汉］赵岐注，［宋］孙奭疏：《孟子注疏》，［清］阮元校刻：《十三经注疏（附校勘记）》下册，第2663页。
② ［清］翟灏：《四书考异》，《续修四库全书》第167册，第85页下栏。

> 嫩哉！汉之尊经乎！儒五十三家，莫非贤传也，而《孟子》首置博士；九流百八十九家，莫非诸子也，而通义得述《孟子》。斯文之统纪以壹，多士之趋向以纯，非徒缀训故、诵占毕而已。①

作为最早高度赞扬《孟子》传记博士的肯定派，王氏此语常被清代学人引论。翟灏的《四书考异》上编卷二〇《尊立孟子》与焦循的《孟子正义》卷一均以此语出自王氏的《五经通义说》②。

肯定派在褒扬《孟子》传记博士之设的同时，对汉文帝的最早尊立、赵岐的首次记录大加表彰。明代焦竑（1540—1620）的《经部（十一首）·孟子》指出："孝文时，与《论语》《孝经》《尔雅》同置博士，其识卓矣……"③清代中叶，孟学专家周广业的《孟子古注考》指出："王圻《续文献通考》乃谓《孟子》得立博士实自岐始，误矣。"④明代王圻（生卒年不详）的《续文献通考》卷一九八则云："汉文帝尝置《孟子》博士。"⑤周广业的误记，以扭曲史实的特殊方式嘉许了赵岐的首次记录之功。

在所有表彰汉文帝和赵岐的言辞中，四库馆臣的判断最具权威性。《四库全书总目》卷三五提要《孟子音义》指出：

> 考赵岐《孟子题词》，汉文帝时已以《论语》《孝经》《孟子》同置博士。而孙奭是编，实大中祥符间奉敕校刊《孟子》所修。然则表章之功，在汉为文帝，在宋为真宗；训释之功，在汉为赵岐，在宋为孙奭。⑥

---

① ［宋］王应麟辑：《玉海》第 2 册，第 793 页下栏。
② 参见［清］翟灏：《四书考异》，《续修四库全书》第 167 册，第 85 页下栏；［清］焦循撰，沈文倬点校：《孟子正义》上册，第 17 页。
③ ［明］焦竑撰，李剑雄点校：《澹园集》上册，北京：中华书局，1999 年，第 302 页。
④ ［清］周广业：《孟子四考》，《续修四库全书》第 158 册，第 100 页下栏。
⑤ ［明］王圻：《续文献通考》，《四库全书存目丛书》子部 188 册，第 639 页上栏。
⑥ ［清］永瑢等：《四库全书总目》上册，第 292 页上栏。

力图在汉代经学史的宏大叙事中总结《孟子》传记博士之设的历史作用，这是《孟子题辞》第三句话的精神实质。继往开来的肯定派秉承这一旨趣，在蔚然成风的尊孟语境中，将赵岐的总结演绎得细致入微。在他们看来，《孟子》的"明事"之功既见诸汉代的"诸经通义"，亦见诸整个汉代文化史；《孟子》的"博文"之名不独汉代有之，整个中国古代思想史亦有之。肯定派对于《孟子》传记博士问题情有独钟，他们附带赞美与此相关的汉文帝和赵岐自然不足为怪。但是，从"为学之道"的角度看，决定肯定派在研究《孟子》传记博士问题上比怀疑派更有成绩的另一因素尤其不容忽视：他们是极富学术耐心的一群人！

对《孟子》传记博士问题进行学术史考察，事实上是在考验我们能否像王应麟、阎若璩、翟灏、焦循那样充满难能可贵的学术耐心。落实这份学术耐心，首先需要尽力搜集相关史料，然后寻找能将各种史料加以有机统一的表达方式。毋庸讳言，从专题研究的学术史视角全面审察《孟子》传记博士问题，表明我们正在继承并超越前述的肯定派。至于肯定派坚定地相信《孟子》传记博士之设的历史真实性，则不是我们在目前有关《孟子》传记博士之设缺乏铁证的情形下应该继承并超越的。学术耐心并不完全等同于学术信仰，以问题为中心的学术史和以事件为中心的历史本身不是一回事，所以，价值中立立场是使得《孟子》传记博士这一问题能够持久地敞开、从而真正地走向人们的最佳选择。

司马迁对"孟荀齐号"语法的确立[*]

一、通过孔子而思

历史上,司马迁最早为孟子立传。它就是《史记》卷七四的《孟子荀卿列传》,其辞云:

> 孟轲,驺人也。受业子思之门人。道既通,游事齐宣王,宣王不能用。适梁,梁惠王不果所言,则见以为迂远而阔于事情。当是之时,秦用商君,富国强兵;楚、魏用吴起,战胜弱敌;齐威王、宣王用孙子、田忌之徒,而诸侯东面朝齐。天下方务于合从连衡,以攻伐为贤。而孟轲乃述唐、虞、三代之德,是以所如者不合。退而与万章之徒序《诗》《书》,述仲尼之意,作《孟子》七篇。[①]

唐代司马贞(生卒年不详)的《史记索隐》指出:"列传者,谓叙列人臣事迹,令可传于后世,故曰列传。"[②]从思想"史"与"思想"史双重意义的孟

---

[*] 原载《邯郸学院学报》2012年第4期《赵文化研究·荀子思想国际学术研讨会论文(上)》,第120—134页。
[①] [汉]司马迁撰,[宋]裴骃集解,[唐]司马贞索隐,[唐]张守节正义:《史记》第7册,第2343页。
[②] 同上书,第2121页。

学史看,《孟子荀卿列传》这篇文献的重要性,可媲美于前此的《荀子·非十二子》《韩非子·显学》与后此的王充《论衡·刺孟》、赵岐《孟子题辞》。它虽然不足两千字,却耐人寻味地涉及十多位先秦诸子:不独有孟、荀,还有稷下三邹①(邹忌、邹衍、邹奭)、淳于髡、慎到、田骈、接子、环渊、公孙龙、剧子、李悝、尸子、长庐、吁子、墨翟诸人。其对邹衍、淳于髡的铺陈,落墨竟比孟、荀还要多。经电脑统计,在计空格、包括标点符号的情形下,司马迁直接写以上四人的字符数分别是:孟子179、荀子227、淳于髡287、邹衍613。既然如此,太史公为什么不将这篇文字叫作《孟子邹衍淳于髡荀卿列传》,或者径称《邹衍淳于髡列传》,而要称为《孟子荀卿列传》呢?

清代学者章学诚的《文史通义·和州志艺文书序例》曾说:"史家所谓部次条别之法,备于班固,而实仿于司马迁。"②《孟子荀卿列传》涉及"部次条别之法",并具体体现为"在人即为列传"与"部目可以互见"③。像三邹子、慎到、田骈、公孙龙等人,不属同一个学派,难以写成合传,但又不能不提,所以太史公将他们附于儒家这一列传,这是"在人即为列传"。像淳于髡虽入《滑稽列传》,却又是"博闻强记,学无所主"的学者,因此太史公在此提到他,这是"部目可以互见"。

《和州志艺文书序例》还说司马迁的"部次条别之法"有其家学渊源,亦即其父司马谈的《论六家之要指》④。司马谈以道德家终《论六家之要指》之篇,司马迁的内心深处则盈溢儒学情怀。方法是必须服从真理的。同为运用"史家部次条别之法",父子间的立场并不一样。单就《孟子荀卿列传》而论,司马迁以孟、荀标篇,命意却在尊儒。诚如南怀瑾的《孟子旁通·司马迁编撰手法中的孟子》所言:《孟子荀卿列传》附带战国一批有名诸子,并不是太

---

① 本文除直接引文外,"驺"通作"邹"。按:《史记》亦"驺""邹"通用。
② [清]章学诚著,叶瑛校注:《文史通义校注》下册,第652页。
③ 参见[清]章学诚著,叶瑛校注:《文史通义校注》下册,第653页。
④ 《史记·太史公自序》录有《论六家之要指》,见[汉]司马迁撰,[宋]裴骃集解,[唐]司马贞索隐,[唐]张守节正义:《史记》第10册,第3288—3292页。

史公"漫不经心的随意而为,实在是有他聪明绝顶、度金针而不落言诠的妙用",由此可以看到孟子当时受尽冷漠歧视;"更妙的是,司马先生举出驺衍来,与孟子当时的处境作一强烈的对比"①。周振甫(1911—2000)指出:太史公将一群周秦诸子聚合于《孟子荀卿列传》,"是为了推崇儒家的缘故"②。

司马迁以孟、荀标篇,为何意在尊儒?清代学者恽敬(1757—1817)十五六岁时读《史记》,觉得孟子、荀卿与诸子同传,不得其说,问之其舅清如先生(郑环,1729—1806)。先生答曰:

> 此法,史家亡之久矣。太史公传孟子,曰"受业子思之门人",曰"道既通"。盖太史公于孔子之后,推孟子一人而已。而世主卒不用,所用者孙子、田忌,战攻之徒耳。次则三驺子、淳于髡诸人,其术皆足以动世主,传中所谓"牛鼎之意"也。而孟子独陈先王之道,岂有幸邪?荀卿者,非孟子匹也,然以谈儒、墨、道德废,况孟子邪?盖罪世主之辞也。其行文如大海泛荡,不出于厓;如龙登玄云,远视有悠然之迹而已。孟坚、蔚宗不能至也。然世主所以不用孟子者,何也?陷于利也,而不知即所以亡故。以梁惠王言利发端,又引孔子"罕言利",以明孟子之所祖。是以荀卿形孟子,以诸子形孟子、荀卿,故题曰《孟子荀卿列传》。若孟坚、蔚宗,当题《孟二驺淳于列传》矣。此《史记》所以可贵也。(《大云山房文稿初集》卷二《孟子荀卿列传书后》)③

对于《史记》之作,班固的《汉书》卷六二《司马迁传》指出:"又其是非颇缪于圣人,论大道则先黄老而后《六经》,序游侠则退处士而进奸雄,述

---

① 参见南怀瑾:《孟子旁通》,北京:国际文化出版公司,1991年,第7、9页。
② 参见周振甫:《论史家部次条别之法》,张岱年等:《国学今论》,沈阳:辽宁教育出版社,1991年,第140页。
③ [清]恽敬:《大云山房文稿》,《续修四库全书》第1482册,第114页上栏。

货殖则崇势利而羞贱贫,此其所蔽也。"① 北宋有名的疑孟派李觏(1009—1059)的古体诗《读史》写道:

> 子长汉良史,笔锋颇雄刚。惜哉闻道寡,气志苦不常。心如虫丝轻,随风东西扬。一事若可喜,不顾道所长。公言绌原宪,侠贼乃为良。仁义谓足羞,货殖比君王。黄老先《六经》,斯言固猖狂。吁嗟夫子没,两观无刑章。予怀班孟坚,驳议何洋洋。传与后世人,慎思其否臧。②

《史记》卷五九《五宗世家》指出:"河间献王德,以孝景帝前二年用皇子为河间王。好儒学,被服造次必于儒者。山东诸儒多从之游。"③ 有论者认为:"儒学"一词不见于先秦典籍,而是汉儒独创,最早见于《五宗世家》④。即便"论大道则先黄老而后《六经》"属于"斯言固猖狂"之列,但对于诸子百家,司马迁确实最推崇儒家,尤尊孔子,《史记》卷四七列孔子于世家即是最典型的体现。司马贞的《史记索隐》指出:"孔子非有诸侯之位,而亦称系家者,以是圣人为教化之主,又代有贤哲,故称系家焉。"⑤ 同为唐朝人的张守节(生卒年不详),其《史记正义》亦云:"孔子无侯伯之位,而称世家者,太史公以'孔子布衣,传十余世,学者宗之。自天子王侯,中国言《六艺》者宗于夫子,可谓至圣',故为世家。"⑥ 司马迁的"夫子自道",则是《孔子世家》的"太史公曰":

---

① [汉]班固撰,[唐]颜师古注:《汉书》第9册,第2737—2738页。
② [宋]李觏著,王国轩校点:《李觏集》,北京:中华书局,1981年,第392—393页。
③ [汉]司马迁撰,[宋]裴骃集解,[唐]司马贞索隐,[唐]张守节正义:《史记》第6册,第2093页。
④ 参见蒋国保:《汉儒称"儒学"为"儒术"考》,《中山大学学报(社会科学版)》2009年第1期,第134页。
⑤ [汉]司马迁撰,[宋]裴骃集解,[唐]司马贞索隐,[唐]张守节正义:《史记》第6册,第1905页;按:"系家"即"世家"。
⑥ 同上书,第1905页。

《诗》有之："高山仰止,景行行止。"虽不能至,然心向往之。余读孔氏书,想见其为人。适鲁,观仲尼庙堂车服礼器,诸生以时习礼其家,余祗回留之不能去云。天下君王至于贤人众矣,当时则荣,没而已焉。孔子布衣,传十余世,学者宗之,自天子王侯,中国言《六艺》者折中于夫子,可谓至圣矣!①

《汉书》卷一《高帝纪下》记载:公元前195年,汉高祖刘邦省亲归途路过山东,"以大牢祀孔子"②。武帝以降,"罢黜百家,独尊儒术"已为国策。但是,作为历史学家,司马迁推崇孔子,最重要的原因在于他深信"孔子因史文次《春秋》"③,并以文化为骨干之史。徐复观的《论〈史记〉》一文论及司马迁:

> 以孔子作《春秋》,为继王道之统,救政治之穷,使人类不能托命于政治者,乃转而托命于由《春秋》所代表的文化,成为他著史的最高准绳,这是他思想积极方面的大纲维。在他心目中,对文化的信任,远过于对政治的信任。他所了解的现实,使他相信人类的命运,在文化而不在政治,或者说,在以文化所规整的政治。所以《史记》可以说是以文化为骨干之史。④

《史记》中的《三代世表》《十二诸侯年表》《儒林列传》《太史公自序》都谈到"孔子作《春秋》",而《孔子世家》所论最详。《孟子》有两章论及孔

---

① [汉]司马迁撰,[宋]裴骃集解,[唐]司马贞索隐,[唐]张守节正义:《史记》第6册,第1947页。
② 参见[汉]班固撰,[唐]颜师古注:《汉书》第1册,第76页。
③ 参见《三代世表》,[汉]司马迁撰,[宋]裴骃集解,[唐]司马贞索隐,[唐]张守节正义:《史记》第2册,第487页。
④ 徐复观:《两汉思想史》第3册,第290页。

子与《春秋》的关系(《孟子》6·9,8·21),孟子在历史上首倡"孔子成《春秋》"之说①。清代皮锡瑞的《经学历史·经学流传时代》曾高度评论孟子的《春秋》学功底:"赵岐谓孟子通《五经》,尤长于《诗》《书》。今考其书,实于《春秋》之学尤深。如云'《春秋》,天子之事也''其义则丘窃取'之类,皆微言大义。"②对照《孟子》《史记》,不难看出两者均以"孔子作《春秋》"为中心。譬如,《孟子》6·9引孔子曰:"知我者其惟《春秋》乎!罪我者其惟《春秋》乎!"《孔子世家》引孔子曰:"后世知丘者以《春秋》,而罪丘者亦以《春秋》。"③又如,《孟子》6·9指出:"孔子成《春秋》而乱臣贼子惧。"《孔子世家》指出:"《春秋》之义行,则天下乱臣贼子惧焉。"④

孟子的《春秋》学并未形成明晰的传授谱系,然其文化基本精神深刻影响了汉代充满政治学关怀的今文经学。司马迁属于今文经学一派,其《孟子荀卿列传》的"太史公曰"真诚抒发了读《孟子见梁惠王章》(《孟子》1·1)激动得"废书而叹"的内心感受⑤。《史记》卷一五《六国年表》记有"孟子来,王问利国,对曰:'君不可言利'"一事,并系于魏惠王(梁惠王)三十五年条下(亦即公元前336年)⑥。《史记》卷四四《魏世家》又录孟轲之言:"君不可以言利若是。夫君欲利则大夫欲利,大夫欲利则庶人欲利,上下争利,国则危矣。为人君,仁义而已矣,何以利为!"⑦由此亦可猜想:司马迁从《夫子好辩章》(《孟子》6·9)与《王者之迹熄章》(《孟子》8·21),看

---

① 参见杨海文:《孟子的〈春秋〉观与传统儒家的政治激情》,《中山大学学报(社会科学版)》2001年第5期,第35—41页;杨海文:《批判性关怀:孟子论孔子与〈春秋〉》,《西南民族大学学报(人文社会科学版)》2012年第4期,第51—56页。
② [清]皮锡瑞著,周予同注释:《经学历史》,第55页。
③ [汉]司马迁撰,[宋]裴骃集解,[唐]司马贞索隐,[唐]张守节正义:《史记》第6册,第1944页。
④ 同上书,第1943页。
⑤ 参见[汉]司马迁撰,[宋]裴骃集解,[唐]司马贞索隐,[唐]张守节正义:《史记》第7册,第2343页。
⑥ 参见[汉]司马迁撰,[宋]裴骃集解,[唐]司马贞索隐,[唐]张守节正义:《史记》第2册,第727页。
⑦ [汉]司马迁撰,[宋]裴骃集解,[唐]司马贞索隐,[唐]张守节正义:《史记》第6册,第1847页。

到两百年前孟子慷慨陈词"孔子成《春秋》",同样会废书而叹。《史记》卷一四《十二诸侯年表》指出:

> 是以孔子明王道,干七十余君,莫能用,故西观周室,论史记旧闻,兴于鲁而次《春秋》,上记隐,下至哀之获麟,约其辞文,去其烦重,以制义法,王道备,人事浃。①
>
> 及如荀卿、孟子、公孙固、韩非之徒,各往往捃摭《春秋》之文以著书,不可胜纪。②

重温《太史公自序》,思想"史"的事实和"思想"史的逻辑告诉我们:司马迁通过孔子而思,是以"孔子作《春秋》"为其核心理念,正所谓"周室既衰,诸侯恣行。仲尼悼礼废乐崩,追修经术,以达王道,匡乱世反之于正,见具文辞,为天下制仪法,垂《六艺》之统纪于后世。作《孔子世家》第十七"③;他对首倡"孔子作《春秋》"之说的孟子另眼相看,亦是情理中事,正所谓"猎儒、墨之遗文,明礼义之统纪,绝惠王利端,列往世兴衰。作《孟子荀卿列传》第十四"④。

二、"荀卿"之为人文尊称

清代学者赵翼的《陔余丛考》卷五"史记三"条指出:

> 孔子无公侯之位,而《史记》独列于《世家》,尊孔子也。凡列国《世家》与孔子毫无相涉者,亦皆书"是岁孔子相鲁""孔子卒",以

---

① [汉]司马迁撰,[宋]裴骃集解,[唐]司马贞索隐,[唐]张守节正义:《史记》第2册,第509页。
② 同上书,第510页。
③ 参见[汉]司马迁撰,[宋]裴骃集解,[唐]司马贞索隐,[唐]张守节正义:《史记》第10册,第3310页。
④ 同上书,第3314页。

其系天下之重轻也。其传孟子，虽与荀卿、邹忌等同列，然叙忌等尊宠处，即云："岂与仲尼菜色陈、蔡，孟轲困于齐、梁同乎哉？"又云："卫灵公问陈，孔子不答；梁惠王谋攻赵，孟子称太王去邠。岂有意阿世苟合而已哉？"皆以孔子、孟子并称，是尊孟子亦自史迁始也。①

司马迁虽然尊崇孔、孟，但绝未放逐史家应有的客观理性。《孔子世家》说孔子"野合而生"②，即是典型例子。清人牛运震（1706—1758）的《读史纠谬》卷一《史记》"孔子世家"条指出：

> "纥与颜氏女野合而生孔子"，野合者，即以为在野而苟合也。故后文云"由是孔子疑其父墓处，母讳之也"，盖因野合而讳之也。《史记》欲以神奇孔子之生，而不知其侮圣实甚。《索隐》《正义》皆以男女婚姻过期为野合，此欲掩饰《史记》之非，而曲为之解，究之义不可通。且后文所谓母讳其父墓者，政不知何故讳之也。③

《孟子荀卿列传》说孟子"迂远而阔于事情"是有相同意义的佐证，但我们这里只关注司马迁有关"孟荀齐号"的洞察。《史记》卷一二一《儒林列传》指出：

> 自孔子卒后，七十子之徒散游诸侯，大者为师傅卿相，小者友教士大夫，或隐而不见。故子路居卫，子张居陈，澹台子羽居楚，子夏居西河，子贡终于齐。如田子方、段干木、吴起、禽滑厘之属，皆受业

---

① [清]赵翼撰，栾保群点校：《陔余丛考》（新校本）上册，北京：中华书局，2019年，第115页。
② [汉]司马迁撰，[宋]裴骃集解，[唐]司马贞索隐，[唐]张守节正义：《史记》第6册，第1905页。
③ [清]牛运震著，李念孔、高文达、张茂华点校：《读史纠谬》，济南：齐鲁书社，1989年，第49—50页；按："政"是"正"的避讳字。

于子夏之伦,为王者师。是时独魏文侯好学。后陵迟以至于始皇,天下并争于战国,儒术既绌焉,然齐鲁之间,学者独不废也。于威、宣之际,孟子、荀卿之列,咸遵夫子之业而润色之,以学显于当世。①

司马迁承认孟、荀是孔子的传人,而且"咸遵夫子之业而润色之,以学显于当世",这是述史的客观立场。从称谓看,假定"孟子"属于尊称,"荀卿"是否就是中性呢?

《史记》以《孟子》为书名者,有3处;径称"孟子"者,有8处:卷一四、一一八、一二一、一三〇各1处,卷七四有4处。与"孟轲"相对照,"孟子"属于尊称,当无疑问。《史记》全书称为"孟轲"者有7处,其中本传有4处,另3处为(见加边框者):

 孟轲 谓齐王曰:"今伐燕,此文、武之时,不可失也。"(《史记》卷三四《燕召公世家》)②

惠王数被于军旅,卑礼厚币以招贤者。邹衍、淳于髡、 孟轲 皆至梁。梁惠王曰:"寡人不佞,兵三折于外,太子虏,上将死,国以空虚,以羞先君宗庙社稷,寡人甚丑之。叟不远千里,辱幸至弊邑之廷,将何以利吾国?" 孟轲 曰:"君不可以言利若是。夫君欲利则大夫欲利,大夫欲利则庶人欲利,上下争利,国则危矣。为人君,仁义而已矣,何以利为!"(《史记》卷四四《魏世家》)③

至于"荀卿"是否中性,有更多的文章可做。司马迁之前,除《荀子》

---

① [汉]司马迁撰,[宋]裴骃集解,[唐]司马贞索隐,[唐]张守节正义:《史记》第10册,第3116页。
② [汉]司马迁撰,[宋]裴骃集解,[唐]司马贞索隐,[唐]张守节正义:《史记》第5册,第1557页。司马贞《索隐》指出:"然此语与《孟子》不同也。"(同上书,第1557页)
③ [汉]司马迁撰,[宋]裴骃集解,[唐]司马贞索隐,[唐]张守节正义:《史记》第6册,第1847页。

外,史籍所载荀子事迹极少。《韩非子·难三》有"燕子哙贤子之而非孙卿,故身死为僇"之语①,称为"孙卿"。《战国策·楚四》称为"孙子",其辞云:

客说春申君曰:"汤以亳,武王以鄗,皆不过百里,以有天下。今孙子,天下贤人也,君籍之以百里势,臣窃以为不便于君,何如?"春申君曰:"善。"于是使人谢孙子。孙子去之赵,赵以为上卿。(续:荀子未尝为上卿。《后语》作"上客",当是。)客又说春申君曰:"昔伊尹去夏入殷,殷王而夏亡;管仲去鲁入齐,鲁弱而齐强。夫贤者之所在,其君未尝不尊,国未尝不荣也。今孙子,天下贤人也,君何辞之?"春申君又曰:"善。"于是使人请孙子于赵。孙子为书谢曰……②

"孙子"之称例同"孟子",亦是尊称。问题在于,《史记》全书无一称"荀子"者,司马迁何以称为"荀卿"呢?司马贞的《史记索隐》指出:"名况。卿者,时人相尊而号为卿也。仕齐为祭酒,仕楚为兰陵令。后亦谓之'孙卿子'者,避汉宣帝讳改也。"③唐代颜师古(581—645)注《汉书·艺文志·诸子略》著录"《孙卿子》三十三篇":"本曰荀卿,避宣帝讳,故曰孙。"④《四库全书总目》卷九一《子部一·儒家类一》提要《荀子二十卷》指出:"况,赵人,尝仕楚为兰陵令,亦曰'荀卿'。汉人或称曰'孙卿',则以宣帝讳'询',

---

① 参见[清]王先慎撰,钟哲点校:《韩非子集解》,第 375 页。
② [汉]高诱注:《战国策》第 2 册,上海:上海书店,1987 年,第 38 页;按:此书据商务印书馆 1934 年版影印。
③ [汉]司马迁撰,[宋]裴骃集解,[唐]司马贞索隐,[唐]张守节正义:《史记》第 7 册,第 2348 页。近人陈直指出:"'荀'字,铜器作'筍',《诗经》作'郇',皆'荀'字之假借。《荀子》书中亦称'孙卿',盖当时因'荀''孙'音相近,故可相通。迨至汉世,则有严格之区别。故荀彧、荀淑等人,皆姓荀,不与孙姓相混。《索隐》谓荀卿因避汉宣帝改称为'孙卿',非也。"(氏著:《史记新证》,天津:天津人民出版社,1979 年,第 133 页)
④ [汉]班固撰,[唐]颜师古注:《汉书》第 6 册,第 1728 页。

避嫌名也。"① 易"荀"为"孙"属于避讳、嫌名,无关本文要旨,我们主要考量尊称问题。从文献角度看,《史记》统称为"荀卿",可证司马迁未必知道其名为况,这是因为"孙卿,赵人,名况"是刘向的《孙卿书录》最先言明的②。厘清司马迁称为"荀卿"的真实含义,将关联两个维度:是因荀子做过上卿,还是出于尊称呢?

南宋淳熙八年(1181),唐仲友(1136—1188)为杨倞的《荀子注》写的序说道:"《崇文总目》言卿楚人,楚礼为客卿,与《迁书》《向序》驳,益难信。"③ 荀子为楚卿之说既不可信,且看清代学者胡元仪(1848—1908)的《郇卿别传》所言:"昔孟子为卿于齐,郇卿亦为卿于齐。虞卿为赵上卿,时人尊之,号曰虞卿。郇卿亦为赵上卿,故人亦卿之而不名也。"④ 因此,荀子为卿之说有二:一指齐卿,一指赵卿。

胡元仪所谓齐卿之说,证据如其《郇卿别传考异》二十二事所言:

> 齐宣王尊宠稷下诸子,号曰列大夫,言爵比大夫也。孟子,宣王时在齐居列大夫之中。而《孟子书》言"孟子为卿于齐",孟子自言"我无官守,我无言责",与《史记·田完世家》云列大夫"不治而议论"者合。然不称"列大夫"而曰"为卿",盖卿即列大夫之长,所谓郇卿三为祭酒是也。然则郇卿亦为卿于齐矣。⑤

孟子是否稷下先生,这里不讨论。孟子为卿于齐则是事实,因其"为卿于齐"(《孟子》4·6)、"在三卿之中"(《孟子》12·6)。公孙丑说过:"齐卿之位,不为小矣。"(《孟子》4·6)何谓三卿?全祖望(1705—1755)的

---

① [清]永瑢等:《四库全书总目》上册,第770页上栏。
② 参见[清]王先谦撰,沈啸寰、王星贤点校:《荀子集解》下册,第557页。
③ 《考证上》,[清]王先谦撰,沈啸寰、王星贤点校:《荀子集解》上册,第6页。
④ 《考证下》,[清]王先谦撰,沈啸寰、王星贤点校:《荀子集解》上册,第33页。按:"郇卿"即"荀卿"。
⑤ 同上书,第41页。

《经史问答》卷六《论语问目答范鹏(二十五条)》指出:

> 问:然则淳于髡谓孟子居三卿之中,蔡氏即以司徒三卿解之,是耶,否耶?七国时,似无此三卿也。
>
> 答:岂特七国时无三卿,十二诸侯时亦多改易。如宋以二王后有六卿,而别置左师、右师等官参之。晋则六军置帅与佐,即以为卿。楚则令尹、莫敖、司马,而太宰反属散寮。郑、卫亦不用周制。以齐言之,国、高之官无明文,及崔、庆则以右相、左相当国。何况孟子之世,七国官制尤草草。《国策》中,唯魏曾有司徒之官一见,亦不足信。大抵三卿者,指上卿、亚卿、下卿而言,但未尝有司徒等名。乐毅初入燕,乃亚卿,是其证也。或曰一卿是相,一卿是将,其一为客卿,而上下本无定员,亦通。若蔡氏之言非也。①

从上卿、亚卿、下卿或相卿、将卿、客卿看②,孟子出任的卿位级别最低,只是下卿或客卿。《孟子外书·性善辨》说道:"孟子处齐为客卿……"③ 与此相比,胡氏先认定祭酒为列大夫之长,然后断言荀子为卿于齐,却无相应的史料支援,这是难以置信的。

荀子为赵卿之说,亦见《郇卿别传考异》二十二事:"《史记·虞卿传》:'虞卿说赵孝成王,再见,为赵上卿,故号虞卿。'郇卿亦为赵上卿,又从虞卿受《左氏春秋》。郇卿之称卿,盖法虞卿矣。"④ 胡元仪其实不必以虞卿而类

---

① [清]全祖望撰,朱铸禹汇校集注:《全祖望集汇校集注》下册,上海:上海古籍出版社,2000年,第1948页。又,焦循、杨伯峻均引"孟子之世……而上下本无定员,亦通"一段,然非完整引用。见[清]焦循撰,沈文倬点校:《孟子正义》下册,第829页;杨伯峻译注:《孟子译注》,第264页。
② 《荀子·大略》有上卿、中卿、下卿之分。(见[清]王先谦撰,沈啸寰、王星贤点校:《荀子集解》下册,第492—493页)
③ [宋]熙时子注:《孟子外书》,《续修四库全书》第932册,第377页上栏。
④ 《考证下》,[清]王先谦撰,沈啸寰、王星贤点校:《荀子集解》上册,第41—42页。

推荀子为卿于赵、故号荀卿,倒是应该直接引用前述《战国策·楚四》之言:"孙子去之赵,赵以为上卿。"《战国策》由刘向集录。韩婴(生活于西汉文、景、武时代)先于刘向,其《韩诗外传》卷四第二十五章指出:

> 客有说春申君者曰:"汤以七十里,文王百里,皆兼天下,一海内。今夫孙子者,天下之贤人也,君藉之百里之势,臣窃以为不便于君,若何?"春申君曰:"善。"于是使人谢孙子。孙子去而之赵,赵以为上卿。客又说春申君曰:"昔伊尹去夏之殷,殷王而夏亡;管仲去鲁而入齐,鲁弱而齐强。由是观之,夫贤者之所在,其君未尝不善,其国未尝不安也。今孙子天下之贤人,何谓辞而去?"春申君又云:"善。"于是使使请孙子。孙子为书谢之曰……①

前引《战国策·楚四》括号内的"续……"②,值得重视。四库馆臣指出:衍圣公孔昭焕(1742—1782)家藏本《战国策注三十三卷》,旧本题汉高诱(生卒年不详)注,但"今考其书,实宋姚宏校本也","迨姚宏重校之时,乃并所存诱注入之,故其自序称'不题校人并题续注者,皆余所益',知为先载诱注,故以续为别"。③清代著名藏书家、目录学家黄丕烈(1763—1825)的《战国策札记》卷下,先抄引元代吴师道(1283—1344)为南宋鲍彪(生卒年不详)的《战国策注》写的跋语,然后按语:"吴氏此跋,可作姚本发明,今附录于后。"④姚本即姚宏(生卒年不详)本。"荀子未尝为上卿,《后语》作'上

---

① [汉]韩婴撰,许维遹校释:《韩诗外传集释》,第154页。
② 《韩诗外传集释》卷四指出:"周廷寀云:《后语》作'上客'。"([汉]韩婴撰,许维遹校释:《韩诗外传集释》,第154页)《战国策笺证》卷一七指出:"姚宏云:'荀子未尝为上卿。《后语》作"上客",当是。'"([汉]刘向集录,范祥雍笺证,范邦瑾协校:《战国策笺证》下册,上海:上海古籍出版社,2006年,第895页)
③ [清]永瑢等:《四库全书总目》上册,第461页下栏、462页上栏。
④ [汉]高诱注:《战国策》第4册,第72页。

客',当是",这是南宋初期人姚宏做的注释①。

《后语》即晋人孔衍(258—320)所撰《春秋后语》,今佚②。孔衍晚于韩婴,也晚于刘向。《柳宗元集》卷二一《柳宗直西汉文类序》注引"孙曰":"晋孔衍,字舒元。以《战国策》所书为未尽善,乃引太史公所记,参其同异,删彼二家,聚为一录,号《春秋后语》。"③ 假定姚宏所见属实,孔衍何以认为《战国策·楚四》的"上卿"当作"上客"呢?窃以为,其依据来自刘向的其他著述以及《荀子》本身的记载。

刘向专门写的《孙卿书录》,叙述楚相春申君与荀子的故事:

> 人或谓春申君曰:"汤以七十里,文王以百里。孙卿,贤者也,今与之百里地,楚其危乎!"春申君谢之,孙卿去之赵。后客或谓春申君曰:"伊尹去夏入殷,殷王而夏亡;管仲去鲁入齐,鲁弱而齐强。故贤者所在,君尊国安。今孙卿,天下贤人,所去之国,其不安乎!"春申君使人聘孙卿,孙卿遗春申君书,刺楚国,因为歌、赋,以遗春申君。春申君恨,复固谢孙卿,孙卿乃行,复为兰陵令。④

与《韩诗外传》卷四及《战国策·楚四》相比,《孙卿书录》未提赵国以

---

① 关于姚宏的生平,四库馆臣提要《战国策注三十三卷》指出:"宏字令声,一曰伯声,剡川人,尝为删定官,以忤直忤秦桧,瘐死大理狱中。盖亦志节之士,不但其书足重也。"([清]永瑢等:《四库全书总目》上册,第462页中栏)

② 姚宏其时找寻《春秋后语》,已属难事。《战国策笺证》附录上录《姚宏后叙》之语:"访《春秋后语》,数年方得之,然不为无补。"([汉]刘向集录,范祥雍笺证,范邦瑾协校:《战国策笺证》下册,第1897页)清代中期,《汉魏遗书钞》辑录的《春秋后语》,无姚宏所见之语([晋]孔衍撰,[清]郑晓校:《春秋后语》,[清]王谟辑:《增订汉魏丛书 汉魏遗书钞》第6册,重庆:西南师范大学出版社、北京:东方出版社,2011年,第497—508页),近世发现的敦煌本《春秋后语》残缺不全。据《敦煌遗书总目索引新编》著录,凡10件: S. 0713, S. 1439, P. 2569, P. 2589, P. 2702, P. 2872v, P. 3616, P. 5010, P. 5034v, P. 5523v。经检索,其中无姚宏所说的内容。参见敦煌研究院编,施萍婷主撰稿,邰惠莉助编:《敦煌遗书总目索引新编》,北京:中华书局,2000年,第24、43、243、244、251、258、289、332、333、334页。

③ [唐]柳宗元:《柳宗元集》第2册,北京:中华书局,1979年,第576页。

④ [清]王先谦撰,沈啸寰、王星贤点校:《荀子集解》下册,第557—558页。

荀子为上卿。上卿之位远远高于兰陵令。如果荀子做过赵国上卿，刘向不会不提到。由此亦可推测：《韩诗外传》《战国策》在其流传的过程中，"上客"极有可能被后人误写为"上卿"。《孙卿书录》又云："至赵，与孙膑议兵赵孝成王前。孙膑为变诈之兵，孙卿以王兵难之，不能对也。卒不能用。"①荀子既然不能用于赵孝成王，又何以得为上卿呢？先秦时期，宰相以位言，上卿以禄言，二者势均力敌②。赵孝成王会将上卿这个显赫职位委任给书生气十足的荀子吗？答案显然是否定的。《荀子·议兵》以"临武君与孙卿子议兵于赵孝成王前"为题材，亦不言荀子为赵卿之事，更是坚实的内证。全祖望的《鲒埼亭集》外编卷三一《读荀子》甚至认为："荀子生于赵，见《史记》；卒于赵，见《说苑》。然终身未尝立赵之朝，以齐始，而以楚终，乃曾与赵临武君论兵于孝成王之前，颇不可解。方荀子之由赵而齐，孝成未立，及其由楚而赵，孝成已亡。（太）[大]抵当在去齐适楚之交，其年数颇相合。《通鉴》所载，颇为得之。此虽无甚关系，然亦读史者所当考也。"③因而，胡元仪再倡此说毫无必要，荀子为赵卿之说并不成立④。

《史记》对荀子为齐卿、赵卿二事均未提及，可证司马迁不是在职官意义上称荀子为荀卿。有必要细读以下三段话：

荀卿，赵人。年五十始来游学于齐。邹衍之术迂大而闳辩；奭也

---

① ［清］王先谦撰，沈啸寰、王星贤点校：《荀子集解》下册，第558页。
② 《吕氏春秋·下贤》指出："魏文侯见段干木，立倦而不敢息，反见翟黄，踞于堂而与之言。翟黄不说。文侯曰：'段干木官之则不肯，禄之则不受。今女欲官则相位，欲禄则上卿，既受吾实，又责吾礼，无乃难乎？'"（陈奇猷校释：《吕氏春秋校释》上册，上海：学林出版社，1984年，第880页）《史记·廉颇蔺相如列传》指出："既罢归国，以相如功大，拜为上卿，位在廉颇之右。"（［汉］司马迁撰，［宋］裴骃集解，［唐］司马贞索隐，［唐］张守节正义：《史记》第8册，第2443页）
③ ［清］全祖望撰，朱铸禹汇校集注：《全祖望集汇校集注》中册，第1369页。
④ 《荀卿子通论》甚至以为："孙卿自为兰陵令，逮春申之死凡十八年。其间实未尝适赵，亦无以荀卿为上卿之事。本传称：'齐人或谗荀卿，荀卿乃适楚。'《诗外传》《国策》所载，或说春申君之词，即因此以为缘饰。周、秦间记载若是者多矣。"（［清］汪中著，田汉云点校：《新编汪中集》，扬州：广陵书社，2005年，第414页）

文具难施；淳于髡久与处，时有得善言。故齐人颂曰："谈天衍，雕龙奭，炙毂过髡。"田骈之属皆已死齐襄王时，而荀卿最为老师。齐尚修列大夫之缺，而荀卿三为祭酒焉。齐人或谗荀卿，荀卿乃适楚，而春申君以为兰陵令。春申君死而荀卿废，因家兰陵。李斯尝为弟子，已而相秦。荀卿疾浊世之政，亡国乱君相属，不遂大道而营于巫祝，信禨祥，鄙儒小拘，如庄周等又猾稽乱俗，于是推儒、墨、道德之行事兴坏，序列著数万言而卒。因葬兰陵。(《史记》卷七四《孟子荀卿列传》)①

春申君相楚八年，为楚北伐灭鲁，以荀卿为兰陵令。(《史记》卷七八《春申君列传》)②

当是时，魏有信陵君，楚有春申君，赵有平原君，齐有孟尝君，皆下士喜宾客以相倾。吕不韦以秦之强，羞不如，亦招致士，厚遇之，至食客三千人。是时诸侯多辩士，如荀卿之徒，著书布天下。(《史记》卷八五《吕不韦列传》)③

司马迁既然不知荀子其名，又不言荀子为卿之事，那么，"荀卿"之称自然不是中性，当可理解为人文而非职官意义上的尊称。正如刘向的《孙卿书录》所言："兰陵多善为学，盖以孙卿也。长老至今称之曰：'兰陵人喜字为"卿"，盖以法孙卿也。'"④ 前引《史记索隐》亦曰："卿者，时人相尊而号为卿也。"胡元仪的《郇卿别传考异》二十二事以荀子尝为齐卿、赵卿，故曰"在齐人、赵人称郇卿，尊之之辞也"，实为误断；然其沿袭刘向之言，并云"兰陵

---

① [汉]司马迁撰，[宋]裴骃集解，[唐]司马贞索隐，[唐]张守节正义：《史记》第7册，第2348页。
② 同上书，第2395页。
③ [汉]司马迁撰，[宋]裴骃集解，[唐]司马贞索隐，[唐]张守节正义：《史记》第8册，第2510页。
④ [清]王先谦撰，沈啸寰、王星贤点校：《荀子集解》下册，第559页。

弟子称郇卿,美之之辞也",则是事实①。今人马积高指出:"《史记》只称'荀卿',不著其名,刘向始言'孙卿名况',则'卿'盖为美之之辞,犹荆轲之称荆卿、庆卿。或以为其尝为卿于齐,恐未足据。"②

三、正锋与侧笔

设定同样在尊称的维度上运用"孟子""荀卿"的称谓,司马迁是否一视同仁地看待孟子、荀子呢?且读《史记·孟子荀卿列传》的"太史公曰":

> 余读《孟子书》,至梁惠王问"何以利吾国",未尝不废书而叹也。曰:嗟乎,利诚乱之始也!夫子罕言利者,常防其原也,故曰"放于利而行,多怨"。自天子至于庶人,好利之弊,何以异哉!③

《史记》的"太史公曰"又称"序赞"或"论赞",是司马迁用以表明创作主旨、追溯典制源流、褒贬历史人物的评议性文字。"太史公曰"贯穿《史记》,自成一体。牛运震的《空山堂史记评注》卷一指出:"太史公论赞,或隐括全篇,或偏举一事,或考诸涉历所亲见,或证诸典记所参合,或于类传之中摘一人以例其余,或于正传之外摭轶事以补其漏,皆有深义远神,诚为千古绝笔。司马贞《索隐》讥其颇取偏引,以为首末不具褒贬,末称别作一百三十篇述赞,缀于简末。其不知史法与文体殊甚,真所谓爝火于日月,浸灌于时雨也。"④《孟子荀卿列传》的"太史公曰"只提孟子、不提荀子,虽有"于类传之中摘一人以例其余"之意,亦有正锋、侧笔的深意存焉。正锋

---

① 参见《考证下》,[清]王先谦撰,沈啸寰、王星贤点校:《荀子集解》上册,第42页。
② 马积高:《荀学源流》,上海:上海古籍出版社,2000年,第1页。
③ [汉]司马迁撰,[宋]裴骃集解,[唐]司马贞索隐,[唐]张守节正义:《史记》第7册,第2343页。
④ [清]牛运震:《空山堂史记评注》卷一,清嘉庆二十三年(1818)滋阳牛氏空山堂《牛空山先生全集》刻本,第10—11页(各卷分署页码)。本文引证,据中山大学(广州)图书馆藏本。

是同尊孟荀,这是明里的做法;侧笔是更钟情于孟子,这是暗里的做法。司马贞《索隐述赞》的字数分配,即以索隐的方式昭示了太史公双面的用心:"六国之末,战胜相雄。轲游齐、魏,其说不通。退而著述,称吾道穷。兰陵事楚,邹衍谈空。康庄虽列,莫见收功。"①

司马迁何以更钟情于孟子?换个提问方式:太史公为何在孟子、荀子之间更重视孟子?回答这一问题,不能不了解司马迁对秦政的态度。且看以下两段"太史公曰":

> 夏之政忠,忠之敝,小人以野,故殷人承之以敬。敬之敝,小人以鬼,故周人承之以文。文之敝,小人以僿,故救僿莫若以忠。三王之道若循环,终而复始。周秦之间,可谓文敝矣。秦政不改,反酷刑法,岂不缪乎?故汉兴,承敝易变,使人不倦,得天统矣。(《史记》卷八《高祖本纪》)②

> 秦之先伯翳,尝有勋于唐虞之际,受土赐姓。及殷夏之间微散。至周之衰,秦兴,邑于西垂。自缪公以来,稍蚕食诸侯,竟成始皇。始皇自以为功过五帝,地广三王,而羞与之侔。善哉乎贾生推言之也!(《史记》卷六《秦始皇本纪》)③

从"始皇自以为功过五帝,地广三王,而羞与之侔"到"秦政不改,反酷刑法,岂不缪乎",足见司马迁认可"俗传秦始皇起罪恶,胡亥极,得其理矣"(《史记》卷六《秦始皇本纪》)④。这里说的"俗传",在英年早逝的汉初

---

① [汉]司马迁撰,[宋]裴骃集解,[唐]司马贞索隐,[唐]张守节正义:《史记》第7册,第2350页。
② [汉]司马迁撰,[宋]裴骃集解,[唐]司马贞索隐,[唐]张守节正义:《史记》第2册,第393—394页。
③ [汉]司马迁撰,[宋]裴骃集解,[唐]司马贞索隐,[唐]张守节正义:《史记》第1册,第276页。
④ 同上书,第293页。

著名政论家贾谊的《过秦论》那里得以理论提升。《汉书》卷三一《陈胜项籍传》注引应劭（约153—196）："贾生书有《过秦》二篇，言秦之过。此第一篇也。司马迁取以为赞，班固因之。"① 《史记》引《过秦论》，或如近人高步瀛（1873—1940）注《贾生过秦论上》所云：

> 上篇过始皇，中篇过二世，下篇过子婴，界画甚明。《史记》于《始皇本纪》取其下篇，故曰"贾生推言之"；于《陈涉世家》取其上篇，故曰"吾闻贾生之称"。裴骃《集解》引《班固奏事》曰："太史迁取贾谊《过秦》上、下篇以为《秦始皇本纪》《陈涉世家》下赞文。"其确证也。后人以《本纪》但载下篇为未足，故又以上、中二篇续其后，（《史记》亦当有二本：一本载二篇之下篇，《集解》引徐广曰"一本无'秦孝公'已下，而又以'秦并兼诸侯，山东三十余郡'继'秦并海内'篇末者"，是也；一本载三篇之下篇，即"秦并兼诸侯"至"社稷安矣"，是也。后人又以上、中二篇附录其后，即今本《史记》是也。梁玉绳《史记志疑》但主应劭二篇之说，谓今本《史记》以下篇后段置上篇之前，以下篇前段置上篇之后。不知若为一篇之文，传写者无妄，亦不至如此割裂。）而《秦孝公篇》遂与《世家》相复。②

《过秦论》不只是言秦之过，更是昭汉之过。以古鉴今，这是史学之妙用。前文刚刚引述的"周秦之间，可谓文敝矣"，昭示了太史公抽象的历史观。至于具体缘由，隐藏于《秦始皇本纪》《陈涉世家》两篇对《过秦论上》的抄引之中：

> 及至秦王，续六世之余烈，振长策而御宇内，吞二周而亡诸侯，

---

① ［汉］班固撰，［唐］颜师古注：《汉书》第7册，第1821页。
② 高步瀛选注，陈新点校：《两汉文举要》，第1页。

履至尊而制六合,执棰拊以鞭笞天下,威振四海。南取百越之地,以为桂林、象郡,百越之君俛首係颈,委命下吏。乃使蒙恬北筑长城而守藩篱,却匈奴七百余里,胡人不敢南下而牧马,士不敢弯弓而报怨。于是废先王之道,焚百家之言,以愚黔首。堕名城,杀豪俊,收天下之兵聚之咸阳,销锋铸鐻,以为金人十二,以弱黔首之民。然后斩华为城,因河为津,据亿丈之城,临不测之溪以为固。良将劲弩,守要害之处;信臣精卒,陈利兵而谁何? 天下以定,秦王之心,自以为关中之固,金城千里,子孙帝王万世之业也。(《史记》卷六《秦始皇本纪》)①

及至始皇,奋六世之余烈,振长策而御宇内,吞二周而亡诸侯,履至尊而制六合,执敲朴以鞭笞天下,威振四海。南取百越之地,以为桂林、象郡,百越之君俛首係颈,委命下吏。乃使蒙恬北筑长城而守藩篱,却匈奴七百余里,胡人不敢南下而牧马,士亦不敢贯弓而报怨。于是废先王之道,燔百家之言,以愚黔首。堕名城,杀豪俊,收天下之兵聚之咸阳,销锋镝,铸以为金人十二,以弱天下之民。然后践华为城,因河为池,据亿丈之城,临不测之溪以为固。良将劲弩,守要害之处;信臣精卒,陈利兵而谁何? 天下已定,始皇之心,自以为关中之固,金城千里,子孙帝王万世之业也。(《史记》卷四八《陈涉世家》)②

假定前文所引徐复观之言"《史记》可以说是以文化为骨干之史"成立,那么,从秦始皇"废先王之道,焚(燔)百家之言,以愚黔首"出发,司

---

① [汉]司马迁撰,[宋]裴骃集解,[唐]司马贞索隐,[唐]张守节正义:《史记》第1册,第280—281页。按:《汉书》卷三一《陈胜项籍传》所引文字稍异于《史记》。见[汉]班固撰,[唐]颜师古注:《汉书》第7册,第1823页。
② [汉]司马迁撰,[宋]裴骃集解,[唐]司马贞索隐,[唐]张守节正义:《史记》第6册,第1963—1964页。

马迁对秦政的反省就会追究到韩非、李斯。这是因为秦始皇灭六国、定天下，韩非是其最大的理论家，李斯是其最大的实践家。正如《史记》卷六三《老子韩非列传》"太史公曰"："韩子引绳墨，切事情，明是非，其极惨礉少恩。"①《史记》卷八七《李斯列传》"太史公曰"："斯知六艺之归，不务明政以补主上之缺，持爵禄之重，阿顺苟合，严威酷刑，听高邪说，废適立庶。诸侯已畔，斯乃欲谏争，不亦末乎！人皆以斯极忠而被五刑死，察其本，乃与俗议之异。不然，斯之功且与周、召列矣。"②以"惨礉少恩"定韩非，以"严威酷刑"断李斯，足证司马迁对秦政之理论与实践的批判。《索隐述赞》所云"刑名有术，说难极知。悲彼周防，终亡李斯"，③写照了太史公这一文化心态。

《苏轼文集》卷四《荀卿论》指出："昔者常怪李斯事荀卿，既而焚灭其书，大变古先圣王之法，于其师之道，不啻若寇仇。及今观荀卿之书，然后知李斯之所以事秦者皆出于荀卿，而不足怪也。"④司马迁是否像苏轼一样在荀子与韩非、李斯之间建构了"恶之花"的连接呢？《史记》有关荀子的记载并不多，除前引卷一四《十二诸侯年表》、卷七四《孟子荀卿列传》、卷七八《春申君列传》、卷八五《吕不韦列传》、卷一二一《儒林列传》、卷一三〇《太史公自序》外，尚有以下三段（边框系引者所加）：

> 韩非者，韩之诸公子也。喜刑名法术之学，而其归本于黄老。非为人口吃，不能道说，而善著书。与李斯俱事 荀卿 ，斯自以为不如非。（《史记》卷六三《老子韩非列传》）⑤

---

① ［汉］司马迁撰，［宋］裴骃集解，［唐］司马贞索隐，［唐］张守节正义：《史记》第7册，第2156页。
② ［汉］司马迁撰，［宋］裴骃集解，［唐］司马贞索隐，［唐］张守节正义：《史记》第8册，第2563页。按："適"不能简化为"适"。
③ ［汉］司马迁撰，［宋］裴骃集解，［唐］司马贞索隐，［唐］张守节正义：《史记》第7册，第2156页。
④ ［宋］苏轼著，孔凡礼点校：《苏轼文集》第1册，第101页；又见《苏东坡全集·应诏集》卷九《荀卿论》，《四部精要》第19册，上海：上海古籍出版社，1994年，第785页。
⑤ ［汉］司马迁撰，［宋］裴骃集解，［唐］司马贞索隐，［唐］张守节正义：《史记》第7册，第2146页。

（李斯）乃从荀卿学帝王之术。学已成，度楚王不足事，而六国皆弱，无可为建功者，欲西入秦。辞于荀卿曰："斯闻得时无怠，今万乘方争时，游者主事。今秦王欲吞天下，称帝而治，此布衣驰骛之时而游说者之秋也。处卑贱之位而计不为者，此禽鹿视肉，人面而能强行者耳。故诟莫大于卑贱，而悲莫甚于穷困。久处卑贱之位，困苦之地，非世而恶利，自托于无为，此非士之情也。故斯将西说秦王矣。"（《史记》卷八七《李斯列传》）①

斯长男由为三川守，诸男皆尚秦公主，女悉嫁秦诸公子。三川守李由告归咸阳，李斯置酒于家，百官长皆前为寿，门廷车骑以千数。李斯喟然而叹曰："嗟乎！吾闻之荀卿曰'物禁大盛'。夫斯乃上蔡布衣，闾巷之黔首，上不知其驽下，遂擢至此。当今人臣之位无居臣上者，可谓富贵极矣。物极则衰，吾未知所税驾也！"（《史记》卷八七《李斯列传》）②

比照《史记》所有关乎荀子的记述，司马迁并未从字面上流露因贬斥韩非、李斯而讥弹荀子的任何情绪。尽管如此，本文所谓太史公同尊孟荀之正锋，更重孟子之侧笔，依旧无可否认。**换句话说，当且仅当与孟子相对比，司马迁方以为荀子有所瑕疵**。在"过秦"的主调下贬谪韩非、李斯，同时勾勒从荀子到韩非、李斯的师承，曲折地凸显了太史公这种明里之内的暗里、正锋之外的侧笔。从前引苏轼之言看，后儒已经明目张胆于《史记》之暗里、肆无忌惮于《史记》之侧笔。然而，后儒这一做法绝非司马迁之意，太史公其意只是同尊孟荀、更重孟子。明代李贽的《焚书》卷五"宋人讥荀卿"条值得细读：

---

① ［汉］司马迁撰，［宋］裴骃集解，［唐］司马贞索隐，［唐］张守节正义:《史记》第 8 册，第 2539—2540 页。
② 同上书，第 2547 页。

宋人谓卿之学不醇，故一传于李斯，即有坑儒焚书之祸。夫弟子为恶而罪及师，有是理乎？若李斯可以累荀卿，则吴起亦可以累曾子矣。《盐铁论》曰："李斯与苞丘子同事荀卿，而苞丘子修道白屋之下。"卓吾子曰：使李斯可以累荀卿，则苞丘子亦当请封荀子矣。①

李贽此语与明代经学家杨慎（1488—1559）《丹铅馀录》卷一三的相似亦需注意。这是因为从"思想"史到思想"史"的转进或过渡，很多时候充溢难言而又有趣的奥秘。杨慎说：

宋人讥荀卿，云卿之学不醇，故一传于李斯而有坑焚之祸。此言过矣。孔子曰："与其进也，不与其退也。"弟子为恶，而罪及师，有是理乎？若李斯可以累荀卿，则吴起亦可以累曾子矣。刘向《别录》云："吴起始事曾子，而受《春秋》于曾申。"《盐铁论》曰："李斯与苞丘子同事荀卿，苞丘子修道白屋之下。"二事人皆引用，而罕知其原，故及之。②

同尊孟荀是明里的正锋，更重孟子是暗里的侧笔，两者构成司马迁的孟荀观。清代学者梁玉绳深谙此理。围绕《太史公自序》所谓"猎儒、墨之遗文，明礼义之统纪，绝惠王利端，列往世兴盛。作《孟子荀卿列传》第十四"，梁玉绳据明代万历四年（1576）吴兴凌稚隆（生卒年不详）的《史记评林》撰著的《史记志疑》卷三六指出：

此当次《仲尼弟子列传第七》之后，不应在第十四也。程氏《读

---

① ［明］李贽:《焚书 续焚书》，北京：中华书局，2009年，第218页；又见张中义、王宗堂、王宽行:《李斯集辑注》，郑州：中州古籍出版社，1991年，第149页。
② ［明］杨慎:《丹铅馀录》,《景印文渊阁四库全书》第855册，第82页。按:《李斯集辑注》未录此语。

史偶见》谓:"此传专为孟子作,绍遗文而明统纪,举陈、蔡之厄,比齐、梁之困,旁及诸子,牵连书之,荀卿亦附见。传目孟、荀并列,或后人所加。"其论似已。但"猎儒、墨"之语费解。《困学纪闻》十一引夹漈郑氏曰:"孟子距杨、墨,荀卿亦非墨子,儒、墨固异矣,岂尝猎其遗文哉!"何氏焯注以"猎儒、墨"谓诸子,"明礼义"谓荀卿,亦未确。孔、墨同称,始于战国;孟、荀齐号,起自汉儒。虽韩退之亦不免。(见《进学解》。)盖上二句指荀卿,即传所谓"荀子推儒、墨、道德之行事兴坏,著数万言"者;下二句指孟子。《儒林传》言:"孟子、荀卿咸遵夫子之业。"非孟、荀并列之证欤?夫荀况尝非孟子矣,岂可并吾孟子哉!①

梁玉绳生活在尊孟贬荀的文化语境中,并不承认荀子"可并吾孟子";但作为《史记》专家,他没有像《读史偶见》的作者程大中(1721—?)那样大胆假设②,而是依据《史记》的记载,得出"孟、荀齐号,起自汉儒"的客观结论。正因《史记·儒林列传》有此"于威、宣之际,孟子、荀卿之列,咸遵夫子之业而润色之,以学显于当世"的叙事脉络,后人或以孔、孟、荀简述先秦儒学史,或以孟、荀两脉架构孔子之后先秦儒学的发展。就此而言,司马迁功莫大焉!正如谢墉(1719—1795)、钱大昕两位清代学者所言:

荀子生孟子之后,最为战国老师。太史公作传,论次诸子,独以孟子、荀卿相提并论,余若谈天、雕龙、炙毂及慎子、公孙子、尸子、墨子之属,仅附见于孟、荀之下。盖自周末历秦、汉以来,孟、荀并称久矣。([清]谢墉《荀子笺释序》)③

---

① [清]梁玉绳:《史记志疑》第3册,第1481页。
② 相关考证,参见杨海文:《"程氏〈读史偶见〉谓"与清代孟荀关系》,《学术评论》2015年第6期,第67—71页。
③ 《考证上》,[清]王先谦撰,沈啸寰、王星贤点校:《荀子集解》上册,第12—13页。

盖自仲尼既殁,儒家以孟、荀为最醇。太史公叙列诸子,独以孟、荀标目。韩退之于荀氏虽有"大醇小疵"之讥,然其云"吐辞为经""优入圣域",则与孟氏并称,无异词也。宋儒所訾议者,惟《性恶》一篇。([清]钱大昕跋谢墉刊行《荀子笺释》)①

拿《荀子》《韩非子》的思想史叙事来比照,我们更能感到司马迁"究天人之际,通古今之变,成一家之言"(《汉书》卷六二《司马迁传》)②的史学理想诚非虚言:

> 略法先王而不知其统,犹然而材剧志大,闻见杂博。案往旧造说,谓之五行,甚僻违而无类,幽隐而无说,闭约而无解。案饰其辞而祗敬之曰:"此真先君子之言也。"子思唱之,孟轲和之。世俗之沟犹瞀儒,嚾嚾然不知其所非也,遂受而传之,以为仲尼、子游为兹厚于后世,是则子思、孟轲之罪也。(《荀子·非十二子》)③

> 世之显学,儒、墨也。儒之所至,孔丘也。墨之所至,墨翟也。自孔子之死也,有子张之儒,有子思之儒,有颜氏之儒,有孟氏之儒,有漆雕氏之儒,有仲良氏之儒,有孙氏之儒,有乐正氏之儒。自墨子之死也,有相里氏之墨,有相夫氏之墨,有邓陵氏之墨。故孔、墨之后,儒分为八,墨离为三,取舍相反不同,而皆自谓真孔、墨……(《韩非子·显学》)④

从量的角度看,历史自有截断众流之骨架;从质的角度看,历史更有

---

① 《考证上》,[清]王先谦撰,沈啸寰、王星贤点校:《荀子集解》上册,第15页。又,《潜研堂文集》卷二七有《跋荀子》一文,然无以上诸语。见[清]钱大昕撰,吕友仁标校:《潜研堂集》,上海:上海古籍出版社,1989年,第475—476页。
② [汉]班固撰,[唐]颜师古注:《汉书》第9册,第2735页。
③ [清]王先谦撰,沈啸寰、王星贤点校:《荀子集解》上册,第94—95页。
④ [清]王先慎撰,钟哲点校:《韩非子集解》,第456—457页。

涵盖乾坤之精神。历史未必是任人打扮的小姑娘,但实史唯有经由编史这个环节,方能驾驭更无限的时间("千载之下")、更广阔的空间("万里之遥")。编史的从业者如不具备应有的"史略"之归纳能力,就只会盲人摸象地找寻实史的骨架;如不拥有足够的"史见"之演绎能力,就只能痴人说梦地臆测实史的精神。不同人的史略有强弱之别,不同人的史见有高低之分。《荀子·非十二子》有见于子思、孟子在仲尼、子游旗帜下的一唱一和,《韩非子·显学》有见于儒家八派、墨家三派在孔墨之后的薪火相传。但是,在把握先秦儒学史之骨架的史略方面,在抽绎先秦儒学史之精神的史见方面,荀子、韩非子比司马迁终归略逊一筹。

四、两种语法

"孟、荀齐号,起自汉儒"导源于司马迁的《孟子荀卿列传》以及《儒林列传》,这是不争之实。自太史公之后,"孟荀齐号"这一对于先秦儒学史截断众流而又涵盖乾坤的基本语法逐渐流传开来。从传世的汉代文献看,刘向、班固的作品体现得最为明显,两位史家的做法更让一代代人文知识分子倍感思想之于大历史的沧桑、人文之于铁霸道的孱弱。

刘向有《新序》《说苑》《列女传》传世,其目录学巨著《别录》已佚,《续修四库全书》第916册收有姚振宗辑纂的《七略别录佚文》。刘向的《战国策·叙》(又称《战国策书录》)论孟、荀指出:"故孟子、孙卿儒术之士,弃捐于世,而游说权谋之徒,见贵于俗。"① 其《孙卿书录》更指出(以下加粗部分系沿袭《史记·孟子荀卿列传》):

---

① [汉]刘向:《叙》,[汉]高诱注:《战国策》,上海:上海书店,1987年,第2页。按:"悦"或作"说"(参见《刘向书录》,[汉]刘向集录,范祥雍笺证,范邦瑾协校:《战国策笺证》上册,上海:上海古籍出版社,2006年,第2页)。

孟子者，亦大儒，以人之性善。孙卿后孟子百余年。孙卿以为人性恶，故作《性恶》一篇，以非孟子。苏秦、张仪以邪道说诸侯，以大贵显。孙卿退而笑之曰："夫不以其道进者，必不以其道亡。"至汉兴，江都相董仲舒亦大儒，作书美孙卿①。孙卿卒不用于世，老于兰陵。**疾浊世之政，亡国乱君相属，不遂大道而营乎巫祝，信機祥，鄙儒小拘，如庄周等又滑稽乱俗，于是推儒、墨、道德之行事兴坏，序列著数万言而卒，葬兰陵。**而赵亦有公孙龙为"坚白""同异"之辞，处子之言；魏有李悝，尽地力之教；楚有尸子、长庐子、芋子，皆著书。然非先王之法也，皆不循孔氏之术，惟孟轲、孙卿为能尊仲尼。兰陵多善为学，盖以孙卿也。长老至今称之曰："兰陵人喜字为'卿'，盖以法孙卿也。"孟子、孙卿、董先生皆小五伯，以为仲尼之门，五尺童子皆羞称五伯。如人君能用孙卿，庶几于王，然世终莫能用，而六国之君残灭，秦国大乱，卒以亡。观孙卿之书，其陈王道甚易行，疾世莫能用。其言悽怆，甚可痛也！呜呼！使斯人卒终于闾巷，而功业不得见于世，哀哉！可为赍涕。其书比于记传，可以为法。谨第录。臣向昧死上言。②

正如《孟子荀卿列传》的笔法一样，刘向于诸子百家之中并举孟、荀，而且投射强烈的道德关注，重视命运坎坷的孟、荀而薄轻一时风光的诸子。《孙卿书录》的"臣向昧死上言"亦有深意存焉，既是哀叹荀子不幸的身世与其学术的高深恰成鲜明反差，更是企盼人主能够采纳荀子的思想

---

① 清代学者胡元仪的《郇卿别传考异》二十二事指出："刘向云：'董仲舒作书美郇卿。'案《汉书·艺文志》：'董仲舒百二十篇。'今惟存《春秋繁露》八十二篇，复多残阙，不见美郇卿之文，其逸久矣。"（《考证下》，[清]王先谦撰，沈啸寰、王星贤点校：《荀子集解》上册，第48页）
② [清]王先谦撰，沈啸寰、王星贤点校：《荀子集解》下册，第558—559页。又，王书题《孙卿书录》为《荀卿新书三十二篇》。

策略以救治时弊。胡元仪的《郇卿别传》有云："向，故元王交之孙。交，郇卿再传弟子也。其知之深矣，其哀痛有由矣，然而汙不至阿其所好也。向校雠中秘书，定著《郇卿子》三十二篇，传之至今。向亦卿之功臣哉！唐儒杨倞复为之注，表彰之功，亦向之亚矣。"① 由此可见刘向既尊孟、又褒荀。

《汉书》卷三〇《艺文志》将"《孟子》十一篇"与"《孙卿子》三十三篇"同列于儒家类②；又列"孙卿赋十篇"于赋类之首，并云："大儒孙卿及楚臣屈原离谗忧国，皆作赋以风，咸有恻隐古诗之义。"③卷三六《楚元王传》赞曰："仲尼称'材难，不其然与？'自孔子后，缀文之士众矣，唯孟轲、孙况、董仲舒、司马迁、刘向、扬雄。此数公者，皆博物洽闻，通达古今，其言有补于世。传曰：'圣人不出，其间必有命世者焉。'岂近是乎？"④《汉书》卷八八《儒林传》以下这段文字几乎照抄《史记》卷一二一《儒林列传》，表明班固完全认可司马迁最先确立的"孟荀齐号"语法：

> 仲尼既没，七十子之徒散游诸侯，大者为卿相师傅，小者友教士大夫，或隐而不见。故子张居陈，澹台子羽居楚，子夏居西河，子贡终于齐。如田子方、段干木、吴起、禽滑釐之属，皆受业于子夏之伦，为王者师。是时独魏文侯好学。天下并争于战国，儒术既黜焉，然齐鲁之间，学者犹弗废。至于威、宣之际，孟子、孙卿之列，咸遵夫子之业而润色之，以学显于当世。⑤

对于孟、荀，班固不独笼统地说，而且量化地看。《汉书》卷二〇的《古

---

① 《考证下》，[清]王先谦撰，沈啸寰、王星贤点校：《荀子集解》上册，第39页。
② [汉]班固撰，[唐]颜师古注：《汉书》第6册，第1725页。
③ 同上书，第1750、1756页。
④ [汉]班固撰，[唐]颜师古注：《汉书》第7册，第1972页。
⑤ [汉]班固撰，[唐]颜师古注：《汉书》第11册，第3591页。

今人表》,"列九等之序,究极经传,继世相次,总备古今之略要"①,但今之治中国哲学史者对此少有关注。其实,清代学者钱大昕的《潜研堂文集》卷二八《跋汉书古今人表》早已有言:

> 此表为后人诟病久矣。予独爱其表章正学,有功名教,识见夐非寻常所能及。观其列孔子于上圣,颜、闵、子思、孟、荀于大贤,孔氏弟子列上等者三十余人,而老、墨、庄、列诸家降居中等,孔氏谱系具列表中,俨然以统绪属之。其叙次九等,祖述仲尼之言,《论语》二十篇中人物,悉著于表,而他书则有去取。后儒尊信《论语》,其端实启于此。而千余年来鲜有阐其微者,遗文具在,可覆按也。古贤具此特识,故能卓然为史家之宗。徒以文章雄跨,百代推之,犹浅之为丈夫矣。②

《古今人表》品藻人物,分为九等。按照品第高低,依次为上上、上中、上下、中上、中中、中下、下上、下中、下下;上上等是圣人,上中等是仁人,上下等是智人,下下等是愚人,其他等级则无另外的命名。对照《古今人表》可知:**仲尼(孔子)属于上上等圣人,孟子、孙卿属于上中等仁人**;与孟子打交道较多的魏惠王(梁惠王)、齐宣王属于中下等,与荀子打交道较多的春申君属于中中等;苏秦、张仪、李斯属于中下等,老子属于中上等,严周(庄子)属于中下等,韩非属于中上等。③这一量化考察告诉我们:班固像刘向一样继承了司马迁的"孟荀齐号"语法,同样体现了史家对于霸道的批判、对于人文的企盼。

但是,就同尊孟荀的"孟荀齐号"来说,一部汉代思想史绝非完全从司马迁到刘向、班固的直线演进,而是夹杂着扬雄、王充的不同意见。与刘向

---

① 参见[汉]班固撰,[唐]颜师古注:《汉书》第3册,第861页。
② [清]钱大昕撰,吕友仁标校:《潜研堂集》,第484页。
③ 参见[汉]班固撰,[唐]颜师古注:《汉书》第3册,第924、942、950、942、944、950、944、944、951、926、947、951页。

同时代的扬雄之尊孟、贬荀,与班固同时代的王充之问孔、刺孟,尚需另文详论①。这里只简略地指出:扬雄、王充的不同意见,尤其是扬雄对于孟、荀的一褒一贬②,有可能肇始于司马迁暗里更尊孟子的侧笔。宋代以后,从司马迁的无心插柳到扬雄的旗帜鲜明,更是演变为两种语法:一种是价值判断层面上的尊孟贬荀,另一种是事实判断层面上的孟荀齐号。

从荀子的角度看,价值判断层面上的尊孟贬荀何以可能呢? 乾隆进士蔡上翔(1717—1810)的《王荆公年谱考略》卷二三指出:"自唐陆鲁望作《大儒评》,以李斯焚书坑儒大为荀卿罪,苏子瞻继之。及以性恶相攻者,抑又甚焉。"③四库馆臣提要《荀子二十卷》指出:"况之著书,主于明周、孔之教,崇礼而劝学。其中最为口实者,莫过于《非十二子》及《性恶》两篇。"④王先谦的《荀子集解序》指出:"昔唐韩愈氏以《荀子书》为'大醇小疵'。逮宋,攻者益众。推其由,以言性恶故。"⑤以上清代学人的叙述表明:后儒攻荀,起先出于南宋唐仲友序杨倞《荀子注》描述的"学者病卿,以李斯、韩非"⑥,最终发展为程朱理学对荀子非孟的不满以及对性恶论的攻评。对于荀子非孟,南宋王应麟的《困学纪闻》卷一〇《诸子》有云:"荀卿《非十二子》,《韩诗外传》引之,止云十子,而无子思、孟子。愚谓荀卿非子思、孟子,盖其门人如韩非、李斯之流托其师说,以毁圣贤。当以《韩诗》为正。"⑦即

---

① 参见杨海文:《扬雄〈法言〉的文化守成主义》,《学术研究》1997年第9期,第54—57页;杨海文:《孟子与汉代思想史的散点透视》,《齐鲁学刊》1998年第3期,第12—19页。按:以上两文对扬雄、王充的孟学观做过初步探讨。
② 徐复观的《扬雄论究》指出:"扬雄推尊孟子,但在心性的根源之地,却全未受孟子由心善以言性善的影响,而另创为新说。因此,其论学多本于荀子而远于孟子。"(氏著:《两汉思想史》第2册,第473页)
③ [宋]詹大和等撰,裴汝诚点校:《王安石年谱三种》,北京:中华书局,1994年,第567页。按:陆鲁望即陆龟蒙,其《大儒评》见《文苑英华》卷三六〇《杂文》([宋]李昉等编:《文苑英华》第3册,北京:中华书局,1966年,第1850—1851页)。
④ [清]永瑢等:《四库全书总目》上册,第770页上栏。
⑤ [清]王先谦撰,沈啸寰、王星贤点校:《荀子集解》上册,第1页。
⑥ 参见《考证上》,[清]王先谦撰,沈啸寰、王星贤点校:《荀子集解》上册,第6页。
⑦ [宋]王应麟著,[清]翁元圻等注,栾保群、田松青、吕宗力校点:《困学纪闻》(全校本)中册,第1193页。

便这一考证成立并被人们接受,性恶论却是后儒难以认同并须竭力批判的。正如《河南程氏遗书》卷一九录小程曰:"荀子极偏驳,只一句'性恶',大本已失。"①《朱子语类》卷一三七亦云:"不须理会荀卿,且理会孟子性善。"②

朱熹在尊孟贬荀过程中所起的作用尤其不可小视,"唐仲友公案"即是典型例子。王先谦曾抄引黎庶昌(1837—1896)的《古逸丛书》叙目:"影宋台州本《荀子》二十卷。朱子按唐仲友为一重大公案。其第四状云:'仲友以官钱开《荀》《扬》《文中子》《韩文》四书,贴黄云"仲友所印四子",曾送一本与臣。臣不合收受,已行估计价值,还纳本州军资库讫。'"③《荀子集解·考证上》还抄引台州本所附《经籍访古志》二跋之狩谷望之(1775—1835)的手跋:"余始读《朱熹集》,得详唐仲友刻《荀子》事,喜甚,独怪是不良人为是好事,谓不可以其罪废其人也。后读《齐东野语》,知其诋排之非至论。今又得《四库全书总目》二则,足为仲友吐气。"④对于时贤刻印《荀子》也能加之以罪,仅此一例,可见朱熹距杨墨、辟异端的严酷。

究竟应当如何看待"尊孟贬荀"语法之下的荀子命运呢?本文无力全面论衡,但提醒人们关注两则评论:

> 平心而论,卿之学源出孔门,在诸子之中最为近正,是其所长;主持太甚,词义或至于过当,是其所短。韩愈"大醇小疵"之说,要为定论。余皆好恶之词也。(《四库全书总目》卷九一《子部一·儒家类一》提要《荀子二十卷》)⑤

---

① [宋]程颢、程颐著,王孝鱼点校:《二程集》第1册,第262页;又见[宋]朱熹编:《二程遗书》,上海:上海古籍出版社,1992年,第206—207页。
② [宋]黎靖德编,王星贤点校:《朱子语类》第8册,第3254页。
③ 《考证上》,[清]王先谦撰,沈啸寰、王星贤点校:《荀子集解》上册,第18页。
④ 同上书,第19页。按:此段引文又见《影宋台州本荀子》([清]黎庶昌辑《古逸丛书》本),遵义黎氏日本东京使署,1884年〈光绪十年〉,第487页。承蒙曲阜师范大学林桂榛先生惠赠此书复印本,特此致谢。
⑤ [清]永瑢等:《四库全书总目》上册,第770页中栏。

愚窃尝读其全书,而知荀子之学之醇正,文之博达,自四子而下,洵足冠冕群儒,非一切名、法诸家所可同类共观也。([清]谢墉《荀子笺释序》)①

但凡平心而论,势必远离好恶之词。正因此故,孟、荀的思想史博弈,既有价值判断,同时就有事实判断;既有尊孟贬荀之语法,同时就有孟荀齐号之语法。启用"同时"一词,意在揭示一种双面的思想史现象:即便尊孟贬荀已然成就价值判断、意识形态下的硬语法,与此同时,孟荀齐号依然是事实判断、客观叙事下的软语法;即便一个人从价值判断层面正在宣示尊孟贬荀的意识形态,与此同时,他必须从事实判断层面正视孟荀齐号的历史本身。下面的抄引昭示了"孟荀齐号"作为另一种语法的实然存在:

虽仲尼至圣,颜、冉大贤,揖让于规矩之内,阊阊于洙、泗之上,不能遏其端;孟轲、孙卿体二希圣,从容正道,不能维其末,天下卒至于溺而不可援。([魏]李萧远《运命论》)②

儒者,晏婴、子思、孟轲、荀卿之类也。顺阴阳之性,明教化之本,游心于《六艺》,留情于五常,厚葬久服,重乐有命,祖述尧、舜,宪章文、武,宗师仲尼,以尊敬其道。然而薄者,流广文繁,难可穷究也。(《刘子》卷一〇《九流》)③

玄初作内篇成,子咸以示司空王沈。沈与玄书曰:"省足下所著书,言富理济,经纶政体,存重儒教,足以塞杨、墨之流遁,齐孙、孟于往代。每开卷,未尝不叹息也。'不见贾生,自以过之,乃今不

---

① 《考证下》,[清]王先谦撰,沈啸寰、王星贤点校:《荀子集解》上册,第13页。
② [南朝梁]萧统编,[唐]李善注:《文选》第6册,第2299页。
③ [北齐]刘昼著,傅亚庶校释:《刘子校释》,北京:中华书局,1998年,第520页。

及',信矣!"(《晋书》卷四七《列传第十七·傅玄》)①

圣人之道不传于世。周之衰,好事者各以其说干时君,纷纷藉藉相乱,《六经》与百家之说错杂,然老师大儒犹在。火于秦,黄老于汉,其存而醇者,孟轲氏而止耳,扬雄氏而止耳。及得荀氏书,于是又知有荀氏者也。考其辞,时若不粹;要其归,与孔子异者鲜矣。抑犹在轲、雄之间乎?(《韩愈全集》文集卷一《读荀》)②

唐代韩愈、柳宗元,洎李翱、李观、皇甫湜数君子之文,陵轹荀、孟,穰秕颜、谢。(《北梦琐言》卷六"李磎行状(梁补阙附)"条)③

古之圣人大儒,有周公,有孔子,有孟轲,有荀卿,有扬雄,有文中子,有吏部。(《徂徕石先生文集》卷一五《答欧阳永叔书》)④

道大坏,由一人存之……周室衰,诸侯畔,道大坏也,孔子存之。孔子殁,杨、墨作,道大坏也,孟子存之。战国盛,仪、秦起,道大坏也,荀况存之。汉祚微,王莽篡,道大坏也,扬雄存之。七国弊,王纲圮,道大坏也,文中子存之。齐、梁来,佛、老炽,道大坏也,吏部存之。(《徂徕石先生文集》卷八《救说》)⑤

自孟子之后,至于荀卿、扬雄,皆务为相攻之说,其余不足数者纷纭于天下。(《苏轼文集》卷三《子思论》)⑥

孟子之后,以儒称于当世者,荀卿、扬雄、王通、韩愈四子最著。(《陆九渊集》卷二四《策问》)⑦

《论语》终于《尧曰篇》,《孟子》终于"尧、舜、汤、文、孔子",而

---

① [唐]房玄龄等:《晋书》第5册,第1323页。
② [唐]韩愈著,钱仲联、马茂元校点:《韩愈全集》,第128页。
③ [五代]孙光宪撰,贾二强点校:《北梦琐言》,北京:中华书局,2002年,第139页。
④ [宋]石介著,陈植锷点校:《徂徕石先生文集》,北京:中华书局,1984年,第176页。
⑤ 同上书,第84页。
⑥ [宋]苏轼著,孔凡礼点校:《苏轼文集》第1册,第94页;又见《苏东坡全集·应诏集》卷八《子思论》,《四部精要》第19册,第785页。
⑦ [宋]陆九渊著,钟哲点校:《陆九渊集》,北京:中华书局,1980年,第288页。

《荀子》亦终《尧问》,其意一也。(《困学纪闻》卷八《孟子》)①

自孔子没,汉司马迁传儒林,以孟轲、荀卿并列,由汉至唐,曰孟、荀、扬,由唐至宋,则经学愈盛,儒效益彰,非孟、荀、扬、韩勿道,则以此四子者皆遵尚孔子者也。([清]蔡上翔《王荆公年谱考略》卷二三)②

真正意义上的尊孟贬荀,始于两宋时期完成的孟子升格运动。比较两种语法,在定性程度上,尊孟贬荀比孟荀齐号厉害得多;在时间总量上,孟荀齐号比尊孟贬荀悠久得多。短时段的评判终归抗衡不了历史长河的定论!马宗霍(1897—1976)甚至认为:"然孟子虽醇乎醇,而身没之后,大道遂绌,徒党旋尽(见《孟子题词》),传经之功,宜莫能与荀卿比隆矣。"③这里我们更应注意:两宋以后,尊孟贬荀既然已成时论,何以人们还会常提孟荀齐号?长话短说,"思想"史与思想"史"既变幻莫测,而又时有某种规律可循。据《宋史》卷一六《神宗本纪三》记载,元丰七年(1084)五月,"壬戌,以孟轲配食文宣王,封荀况、杨雄、韩愈为伯,并从祀"。④国家文教政策不是尊孟抑荀,而是同尊孟荀,并维持数百年之久⑤。王阳明的《传习录上》有段话,意味十分深长:

志道问:"荀子云'养心莫善于诚',先儒非之,何也?"先生曰:

---

① [宋]王应麟著,[清]翁元圻等注,栾保群、田松青、吕宗力校点:《困学纪闻》(全校本)中册,第1017—1018页。
② [宋]詹大和等撰,裴汝诚点校:《王安石年谱三种》,第567页。
③ 马宗霍:《中国经学史》,上海:上海书店,1984年影印版,第26页。
④ 《宋史》第2册,第312页。《宋史》卷一〇五《礼志·吉礼八》"文宣王庙"条指出:"诏封孟轲邹国公。""诏如礼部议,荀况封兰陵伯,扬雄封成都伯,韩愈封昌黎伯,令学士院撰赞文。"([元]脱脱等:《宋史》第8册,第2549页)此亦元丰七年事。又,《宋史》"扬雄""杨雄"并用。
⑤ 嘉靖九年(1530),荀子被罢祀。见《明史·礼志四·吉礼四》"至圣先师孔子庙祀"条,[清]张廷玉等撰:《明史》第5册,第1299页。

"此亦未可便以为非。'诚'字有以工夫说者:诚是心之本体,求复其本体,便是思诚的工夫。明道说'以诚敬存之',亦是此意。《大学》:'欲正其心,先诚其意。'荀子之言固多病,然不可一例吹毛求疵。大凡看人言语,若先有个意见,便有过当处。'为富不仁'之言,孟子有取于阳虎,此便见圣贤大公之心。"①

总之,尽管司马迁明里同尊孟荀、暗里偏重孟子,经历过人文情感与历史理性的冲突,但其最后的抉择——孟荀齐号——经受得起历史的考验。从此,在以孔子为宗主的先秦儒学金字塔中,孟子、荀子作为双子星座,牢牢地盘踞在其底端;在高举孔子的旗帜以保持儒学本色的前提下,后世儒家借由正锋与侧笔,充分利用并释放孟、荀之间的思想张力,不断地扩大儒家的地盘。马宗霍认为:"盖深于经学,孟、荀所同。"② 徐复观指出:"孟子发展了《诗》《书》之教,而荀子则发展了礼乐之教。"③ 从"思想"史和思想"史"的角度看,司马迁对"孟荀齐号"语法的确立,不仅让我们懂得汉初儒学史的一种事实真相,而且让我们体会到一位历史学家内心深处的文化追求。

---

① [明]王守仁撰,吴光、钱明、董平、姚延福编校:《王阳明全集》(2卷本)上册,第35页。《荀子·不苟》指出:"君子养心莫善于诚,致诚则无它事矣,唯仁之为守,唯义之为行。"([清]王先谦撰,沈啸寰、王星贤点校:《荀子集解》上册,第46页)
② 马宗霍:《中国经学史》,第26页。
③ 徐复观:《中国经学史的基础》,北京:九州出版社,2014年,第42页。

孔孟一体：扬雄《法言》的文化守成主义[*]

《法言》是西汉著名思想家扬雄晚年的重要著作。这部拟《论语》而作的著述，针对思想界"众言淆乱"（《法言》2·21[①]）、"(扬)[杨]墨塞路"（《法言》2·20）的复杂情形，要求人们"多闻则守之以约，多见则守之以卓"（《法言》2·16），坚持"言重则有法"（《法言》3·15）、"法而易言也"（《法言》2·18）的思想宗旨。这种值得我们深入探讨的文化守成主义立场，由语言学策略、儒学史建构两部分组成：前者是文本解读方法，要求被"众言淆乱"的语言魔障所困惑的人们真正地把握蕴涵于言说与书写之中的意义本体；后者是学派分疏意识，要求被"杨墨塞路"的思想乱局所干扰的人们明智地洞察贯穿于孔子与孟子之间的思想真理性。扬雄在言说与书写之中标举意义本体，目的在于凸显孟子与孔子之间一以贯之的思想真理性，这对当时的思想史进程产生了应有的影响。

一、语言学策略：标举言说与书写的本体

文化守成主义不是学派，也不是思潮，而是始终贯穿于人类精神文化之

---

[*] 原载《学术研究》1997年第9期，第54—57页；题为《扬雄〈法言〉的文化守成主义》。
[①] 此种序号注释，以［汉］扬雄撰，韩敬注《法言注》（北京：中华书局，1992年）为据，下同；个别标点符号略有校改，兹不一一标注。《法言》13篇先后为：（1）《学行》；（2）《吾子》；（3）《修身》；（4）《问道》；（5）《问神》；（6）《问明》；（7）《寡见》；（8）《五百》；（9）《先知》；（10）《重黎》；（11）《渊骞》；（12）《君子》；（13）《孝至》。

旅的整合机制，亦即继承与创新的辩证互动。只要坚持这种立场，特定时期的思想家就必须护守某种具体的思想与学派，否则不可能在有所守的基础上有所为。

西汉末年的扬雄深知此理，并且选择了儒学。人们也许认为，扬雄宗主儒学不过是在顺应已经实施将近百年的"罢黜百家，独尊儒术"的社会大潮。事情其实远非如此简单。因为就是在这近百年内，儒学并未由于官方的种种措施而获得全能的统制力。相反，诸子与儒学之争却从未停息过；而且，在扬雄的时代中，儒学内部又出现了古文经与今文经的对峙。儒学这一内忧外患的情形困惑着人们："人各是其所是而非其所非，将谁使正之？"对策千姿百态，扬雄的回答则很巧妙："万物纷错则悬诸天，众言淆乱则折诸圣。"（《法言》2·21）

巧妙就在"折诸圣"三字。从先秦百家争鸣到西汉儒学独尊，思想界有种集体无意识可谓根深蒂固：即使一个人反对另一个人或者一个学派反对另一个学派，但双方都毫不例外地相信圣人是判断孰是孰非的最后、唯一的权威。作为理想人格的圣人，以其思想真理性对众说纷纭进行裁决。扬雄以"折诸圣"消解"众言淆乱"，显示出他对传统资源应有的重视。不过，这还只是起点。

沿着这个起点往前走，势必碰到的问题是：圣人如何进行评判？扬雄认为："在则人，亡则书，其统一也。"（《法言》2·21）圣人在世则由其人来评判，不在世则由其书来评判；由人和由书，总而言之是一样的。换言之，圣人所代表的思想真理性（体），必须通过两种方式（用）来表达：一是言说方式，即借助圣人的言说来裁决；一是书写方式，即借助圣人的著述来裁决。在《法言》这里，言说方式主要指"在则人"，书写方式主要指"亡则书"。稍知现代语言学理论的人不难发现，扬雄的"折诸圣"裁决法实乃语言学策略，亦即通过意义、言说、书写三者的辩证互动，借以匡正"众言淆乱"的语言魔障。"意—言—书"是《周易》《论语》《老子》《庄子》都谈论过的老话题，但扬雄旧话重提，暗示他将从亦新亦旧的角度，亦即通过标举言说与书写的意义本体，借以捍卫儒家的思想真理性。

先看"在则人"裁决法。它包含两种情形。圣人可以不凭据任何文本，而是直接通过言说方式来表达思想真理性，这可能是扬雄最先会考虑的情形。这种情形的适应范围很狭小，狭小到只在思想史的发生学源头上才成立。因此，扬雄更关注另一情形，即圣人是在解读特定文本之后才言说的。

这一思想很深邃，但《问神》的同一章（《法言》5·13）为它预设了两个彼此矛盾的理论前提：第一个理论前提是"言不能达其心，书不能达其言"。此语由《周易·系辞上》所谓"子曰：'书不尽言，言不尽意……'"变化而来①。扬雄解读孔子此语，本意是认为普通人很难突破"意—言—书"的等级秩序，并进入文本解读的自由境界。第二个理论前提是"言，心声也；书，心画也"。在扬雄看来，尽管普通人总是遇到"书不尽言，言不尽意"的困难，但这并非语言学的本质；语言学的本质是"言为心声，书为心画"，言说与书写能够标举意义本体，而且，言说方式与书写方式同等重要。不言而喻，按照"折诸圣"的文化逻辑，真正能够切入语言学本质的只有圣人。《问神》这一章指出："惟圣人得言之解，得书之体。"这一结论对"在则人"裁决法的重要意义在于：一方面，圣人是在臻于文本解读的自由境界之后才言说的，这种言说是意义本体的表现，是思想真理性的表达；另一方面，如果普通人遇到解读困难，又相信圣人的裁决，那么，圣人在解读特定文本之后的言说，有助于人们走出"众言淆乱"的局面。

再看"亡则书"裁决法。一个"在"字，一个"亡"字，表征了圣人的自然生命的有限性，也决定了"在则人"裁决法的局限性。要想圣人在"众言淆乱"的所有场合都现身说法，这是极难设想的一件事。对"亡则书"裁决法出场的必要性，扬雄有一深刻论述。有人问及学习研究经典文本的难易

---

① 参见[清]阮元校刻：《十三经注疏（附校勘记）》上册，第82页下栏。

问题,扬雄说:"其人存则易,亡则艰。"(《法言》5·21)此处"人"字,注疏过《法言》的司马光以为"文"字之误,俞樾的《诸子平议》卷三四首肯其说①。这表明"经之艰易"的实质是"其文存则易,亡则艰"。换句话说,如果圣人身后留下书写或著述,"经之艰易"的解读问题与"众言淆乱"的辨别问题就有可能通过"亡则书"裁决法获得解决。

"亡则书"裁决法出场的必要性固不待言,诚如徐复观的《〈史〉、〈汉〉比较研究之一例》所说:"文化学术,一存于其人,一存于其书。书较人的寿命为长久,由书而得以知其人,得以知其人在学术文化上的成就、贡献,所以保存书,即所以保存学术文化,即所以保存历史。"②棘手的问题在于:圣人的言说如何转化为书写?圣人手书、他人述录是可资考虑的两种情形,扬雄则以比较高明的方式将两者结合起来,即后出的圣人可以对前出的圣人之言说进行述录。《问神》有段话就是佐证:"《诗》《书》《礼》《春秋》,或因或作,而成于仲尼,其益可知也。"(《法言》5·6)值得注意的是,扬雄这里还提出另一个新问题,即在"亡则书"过程中怎样处理"因"(继承)与"作"(创新)的关系。这一问题我们先不讨论,因为至此扬雄已经较为成功地论证了"亡则书"裁决法的出场必要性与书写落实问题。在扬雄看来,一旦出现"众言淆乱",无论凭借圣人的言说抑或书写,人们都能够获得思想的真理性。

"折诸圣"裁决法只是理想方案,其实践绝非轻而易举。扬雄认为,原因之一在于:"声画者,君子小人之所以动情乎!"(《法言》5·13)言说与书写并非圣人的专利,君子和小人都对著书立说充满兴趣,这怎能不导致"众言淆乱"呢?扬雄没有否认人们均有言说与书写的权利,但他指出:"书不经,非书也;言不经,非言也。言、书不经,多多赘矣。"(《法言》5·17)如

---

① 参见《法言义疏》卷八,汪荣宝撰,陈仲夫点校:《法言义疏》上册,北京:中华书局,1987年,第169页。
② 徐复观:《两汉思想史》第3册,第474页。

果人们的言说与书写不符合圣人的规范，即使再多，也没有用处。但是，没有好处，就一定没有害处吗？扬雄开始思考另一个根本性问题：普通人如何进行言说与书写？

解决这一问题的基本原则还是"折诸圣"。普通人一旦凭据圣人而言说、书写，势必出现述与作的关系问题。在此问题上，西汉人可能很认同孔子的"述而不作"（《论语》7·1），因此不理解扬雄拟《周易》而作的《太玄》。扬雄以"其事则述，其书则作"（《法言》5·18）予以解释，申明《太玄》虽然采用了著作形式，但它传述的则是圣人的仁义之道。人们仍以"孰不为仁？孰不为义"问难，扬雄进一步指出：诸子百家或许都讲圣人之道，但《太玄》力图"勿杂也而已矣"（《法言》5·20），只是坚守圣人的思想真理性。《法言》就普通人之言说与书写进行的现身说法，尤其是"勿杂"二字，证明扬雄主观上相当谨慎地对待继承与创新的关系问题。

有什么样的言说与书写，就有什么样的人格。所谓"声画形，君子小人见矣"（《法言》5·13）。假如著书立说可以、也应该成为鉴别立言者是君子还是小人的镜子，那么，君子就必须慎重地言说与书写，以"勿杂"为标准，进而标举言说与书写的意义本体。质言之，"法而易言也"（《法言》2·18）既是《法言》一书的主旨，亦是扬雄文化守成主义之语言学策略的目的。无疑，这并不意味着《法言》文化守成主义的终结。理由在于：在尊奉儒学的扬雄看来，"众言淆乱"的语言魔障其实就是"杨墨塞路"的思想乱局，因此真正地标举言说与书写的意义本体，还必须进行文化守成主义的儒学史—历史建构，促使语言学层面上的意义本体在思想史的大坐标中找到它的对应物。

二、儒学史建构：凸显孟子与孔子的一致

依据皮锡瑞《经学历史》的观点，扬雄身处"经学极盛时代"。这时，

《五经》研究虽然极盛，但并不是没有弊端。恰如徐复观的《扬雄论究》一文所言："当时学者以《五经》博士为师，即以《五经》为发策决科的标准，于是《五经》以外的诸子，渐少人研究。这正是当时因博士的学术专利以致学术日趋固陋的情形。"①

有感于此，扬雄认为坚守以儒学为中心的文化守成主义，就不能像博士学术系统那样轻视诸子研究，而是必须对儒家与诸子的关系予以细致的分梳。这里的诸子，特指儒家以外的九流百家。诸子是扬雄理论上的对手，但他并不轻视诸子的实力。《问道》有云："庄周、申、韩，不乖寡圣人而渐诸篇，则颜氏之子，闵氏之孙，其如台！"（《法言》4·25）颜渊、闵子骞是孔子弟子中德行最好的，但是，假如庄周、申不害、韩非不轻视、背弃圣人而深入学习其理论，恐怕连颜、闵都未必能够超过他们。扬雄认为诸子之学有可资借鉴之处，甚至承认"《老子》之言道、德，吾有取焉耳"（《法言》4·6）。

跟扬雄一样，普通人也意识到了诸子之学的魅力，其中不乏"委大圣而好乎诸子者"（《法言》2·9）。尽管完全抛弃圣人之道而投奔诸子门下，这样的人可能极少；但"倚孔子之墙"却"诵韩、庄之书"（《法言》3·20），这种人则相当多。据《问道》记载，这类人还以"申、韩之法非法与"的口吻，试图促使诸子之学在"折诸圣"的文化系统中获得合法性（《法言》4·24）。这些不能不让扬雄想起历史的惊人相似之处："古者，扬［杨］墨塞路。孟子辞而辟之，廓如也。后之塞路者有矣。窃自比于孟子。"（《法言》2·20）"今之塞路者"像杨朱、墨翟那样有名声的毕竟不多，然而，他们跟老子、庄子、韩非、申不害、邹衍在精神上却是相通的。擒贼先擒王。《问道》对周秦诸子的集中批判及其凸显的"小诸子"立场，显然力图借助历史的批判来肃清现实的流毒。

---

① 徐复观：《两汉思想史》第 2 册，第 466 页。

扬雄对于先秦诸子的批判，进而引发了孔孟一体化的儒家定位问题。在西汉人眼中，孟子的地位并不高，仍被归为诸子之列。面对时人"子小诸子，孟子非诸子乎"（《法言》12·4）的质疑，扬雄以"窃比孟子"的战斗勇气，担当着"小诸子"的批判使命。他说："诸子者，以其知异于孔子者也。孟子异乎？不异。"（《法言》12·4）了解这一答辞的意义，需要先看两条材料。皮锡瑞的《经学历史·经学极盛时代》说过："汉崇经术，实能见之施行。武帝罢黜百家，表章《六经》，孔教已定于一尊矣。"① 徐复观认为，《法言》一书的大纲维是以孔子、《五经》为中心所树立的做人与立言的标准②。扬雄对当时思想界"以孔子《五经》为中心"的共识深表认同，"诸子者，以其知异于孔子者也"因而成为厘定诸子与孔子之异的标准。

判断孟子与孔子之同，则须在孟子"异乎不异"的基础上深化。《君子》记载："或问：孟子知言之要，知德之奥？曰：非苟知之，亦允蹈之。"（《法言》12·4）扬雄认为，孟子不仅熟悉孔子言说与德行的要奥，而且能够身体力行。孟子这种私淑者形象，是导致孔孟之同的关键之一。另一个关键则是孟子的卫道士形象。《孟子》记孔子之言："过我门而不入我室，我不憾焉者，其惟乡原乎！"（《孟子》14·37）扬雄说的"孟子疾过我门而不入我室"（《法言》6·4），就是化解此语而来。在《法言》看来，正是由于继承了孔子"恶乡愿"的卫道意识，孟子得以在"杨墨塞路"的复杂时代中，力辟异端，捍卫正统，从而跟孔子"异乎不异"。合而言之，私淑孔子（内）和捍卫孔子（外）体现了真正的"孟轲之勇"，孟子之勇亦即"勇于义而果于德，不以贫富、贵贱、死生动其心"（《法言》11·4）。扬雄"窃比孟子"的人文情怀，与其服膺"孟轲之勇"相表里。

对于扬雄"孔孟一体"的儒学史建构，韩愈的《读荀》深刻地指出："晚得扬雄书，益尊信孟氏。因雄书而孟氏益尊，则雄者，亦圣人之徒欤！"③ 现

---

① ［清］皮锡瑞著，周予同注释：《经学历史》，第103页。
② 参见徐复观：《两汉思想史》第2册，第463—464页。
③ ［唐］韩愈著，钱仲联、马茂元校点：《韩愈全集》，第128页。

代评论者更直截地认为,扬雄的儒学史观"在维护封建宗法伦理关系这个基本点上,是比较忠实于孔孟的,或者说是在孟子的基础上继承了孔子"①。然而,扬雄这一儒学史建构跟固有的思想史传统却大异其趣。问题的焦点不是孔子,而是孟子。

  以先秦而论,除《孟子》外,涉及孟子的典籍主要有《荀子》《韩非子》②,但荀、韩均不认为孔孟一体。西汉时期,文帝曾将《孟子》跟《论语》《孝经》《尔雅》一起置为传记博士③,《韩诗外传》卷四"非十子"条省略了对子思、孟子的批判④(这跟《荀子·非十二子》极不相同),贤良文学们在公元前81年的盐铁会议上甚至高张孟子的王道、民本旗帜⑤。然而,这些并不意味着博士学术系统统帅的西汉思想学术界已经建构"孔孟一体"范式。事实上,孟子的地位在西汉人的观念中与荀子不相上下,司马迁的《史记·孟子荀卿列传》⑥和清代梁玉绳《史记志疑》卷三六所谓"孟、荀齐号,起自汉儒"⑦即是佐证。更关键的是,荀子在汉代人眼中的地位甚至高于孟子。清代汪中的《荀卿子通论》说过:"盖自七十子之徒既殁,汉诸儒未兴,中更战国、暴秦之乱,《六艺》之传赖以不绝者,荀卿也。周公作之,孔子述之,荀卿子传之,其揆一也。"⑧梁启超亦指出:"汉代经师,不问为今文家古文家,皆出荀卿(汪中说)。"⑨

---

① 参见任继愈主编:《中国哲学发展史(秦汉)》,北京:人民出版社,1985年,第374页。
② 《韩非子·显学篇》认为孔子之后,儒家分为八派,其一为孟氏之儒(参见[清]王先慎撰,钟哲点校:《韩非子集解》,第456页)。一般认为,孟氏之儒指孟子一系的儒家。
③ 参见[汉]赵岐:《孟子题辞》,[清]焦循撰,沈文倬点校:《孟子正义》上册,第17页。
④ 参见[汉]韩婴撰,许维遹校释:《韩诗外传集释》,第150—151页。
⑤ 有关《盐铁论》与孟子思想的相互关联,参见杨海文:《孟子与汉代思想史的散点透视》,《齐鲁学刊》1998年第3期,第12—19页。
⑥ 参见[汉]司马迁撰,[宋]裴骃集解,[唐]司马贞索隐,[唐]张守节正义:《史记》第7册,第2343—2350页。
⑦ 参见[清]梁玉绳:《史记志疑》第3册,第1481页。
⑧ 《考证下》,[清]王先谦撰,沈啸寰、王星贤点校:《荀子集解》上册,第22页。又见《文集》第4辑《荀卿子通论》,[清]汪中著,田汉云点校:《新编汪中集》,扬州:广陵书社,2005年,第413页。
⑨ 梁启超:《清代学术概论》,第76页。

汪、梁此说并非杜撰,《法言》就有类似的证据。有人问扬雄:"孙卿非数家之书,倪也。至于子思、孟轲,诡哉!"(《法言》12·5)一倪一诡,实为一褒一贬,要求扬雄表明自己的立场。扬雄承认荀子属于儒家("同门"),但荀子与孔子却是不同的("异户"):"吾于孙卿与?见同门而异户也。惟圣人为不异。"(《法言》12·5)扬雄既已视孟子与孔子"异乎不异",因此不会苟同一般人的观念,而是对荀子进行了批判。"惟圣人为不异"一语在这一对话中尤其重要:只有圣人和圣人才会相互一致,亦即只有孟子才与孔子相互一致。这是扬雄的儒学史见识,也是"夫子自道"——他力图以"孟轲之勇"捍卫孔孟儒学的思想真理性。

在扬雄的儒学史建构中,从析分诸子与孔子之异到厘定荀子与孟子之别[①],目的都是为了进行"孔孟一体"的儒学定位。这一迥异于当时思想史主流传统的致思与写作,之所以是文化守成主义的体现,原因在于扬雄以人文理性为依据,针对经院儒学神化孔子的空疏学风,力图完成将孔子从神到人的历史还原。徐复观的《扬雄论究》开篇指出:"从成帝时起,开始有人对由术数所讲的天人性命之学发生怀疑,渐渐要回到《五经》的本来面目,以下开东汉注重《五经》文字本身了解的训诂学,并出现了以桓谭为先河的一批理智清明的思想家。此在西汉末期,虽未能成为学术风气的主流,但实开始了一个新的阶段。扬雄末年的《法言》,担当了开辟此新阶段的责任。"[②]以此观之,扬雄力图复兴正统儒学的孔孟之道,正与"折诸圣"裁决法的意义本体若合符节。它通过继承并创新文化守成主义的基本精神,使得孔孟儒学冲破谶纬神学、诸子异端的双重遏制而顺利发展。

综上所述,扬雄《法言》的文化守成主义由语言学策略、儒学史建构两

---

① 扬雄虽然尊孟抑荀,但亦将荀子提到诸子之上。黄侃的《法言义疏后序》指出:"杨子以希圣之资,遭五百之会,所为《法言》,继迹孟、荀,次于经传。"(汪荣宝撰,陈仲夫点校:《法言义疏》上册,第1页)徐复观的《扬雄论究》指出:"扬雄立孔子为宗极,把孟、荀提到诸子之上……"(氏著:徐复观:《两汉思想史》第2册,第483页)这一点值得特别注意。
② 徐复观:《两汉思想史》第2册,第400页。

部分组成。前者属于文本解读方法,要求为"众言淆乱"的语言魔障所困惑的人们真正地把握蕴涵于言说与书写之中的意义本体,这一意义本体亦即圣人之道。后者属于学派分疏意识,要求为"杨墨塞路"的思想乱局所干扰的人们明智地洞察贯穿于孔子与孟子之间的思想真理性,这一思想真理性亦即孔孟之道。从文以载道看,语言学策略与儒学史建构密不可分:在言说与书写之中标举意义本体,实质是凸显孟子与孔子之间一以贯之的思想真理性。扬雄强调继承,正是为了对治经院儒学和诸子异端,盖因前者扭曲了正统儒学的真面目,后者混淆了正统儒学的真精神。创新之所以可能,根源就在于继承。只有予以真正的继承,正统儒学才会在新的时期获得发展。文化守成主义的创新品格是立足于继承的创新。尽管扬雄的文化守成主义在其自身的思想发展历程中落实得并不彻底,但他留下的这笔理论遗产至今仍然有其启迪意义。

孟母教子：从故事到传统*

孟子为什么会成为思想家的孟子、圣贤的孟子？如果让母亲们来回答，一定是说孟子有一位伟大的母亲——孟母。《孟母断机祠赞》说："有母若孟，厥子乃贤。有子若孟，母德著焉。"[①]"孟母教子"有哪些故事？这些故事在中国历史上是如何形成为一种传统的？在讲好中国故事、挺立文化自信的当下，这些问题值得我们重视。

"孟母教子"包括五个故事，涉及两个时期的孟子：一是小孩子时期，二是成年人时期。小孩子时期包括三个故事：第一个是杀豚，第二个是三迁，第三个是断机（又称断织）。成年人时期包括两个故事：第一个是休妻，讲离婚的事；第二个是忧齐，讲孟子在齐国的时候，齐王不用他，脸上有忧色，母亲开导他。在某种程度上，杀豚、三迁、断机、休妻、忧齐具有先后发生的次序[②]。

西汉就有了这五个故事，但它们的生成经历了一个过程。西汉初期，韩婴的《韩诗外传》讲了三个故事，依次为断机、杀豚、休妻[③]。西汉末年，刘向

---

* 原载《光明日报》2017年6月17日，第11版《国学》。
① ［明］邓原忠：《孟母断机祠赞》，刘培桂编著：《孟子林庙历代石刻集》，第93页。
② 将"杀豚"置于"三迁"的叙事脉络之中，亦无不可。参见杨海文：《我善养吾浩然之气——孟子的世界》，济南：齐鲁书社，2017年，第10页。
③ ［汉］韩婴撰，许维遹校释：《韩诗外传集释》，第306、322页。

的《列女传》讲了四个故事,依次为三迁、断机、休妻、忧齐①。说是四个,实际是去掉了"杀豚",保留了"断机""休妻",新增了"三迁""忧齐"。《韩诗外传》讲了三个故事,《列女传》讲了四个故事,但 3+4=5,西汉总共形成了五个"孟母教子"的故事。

韩婴、刘向讲这些故事,各自的表达方式也不一样。韩婴讲的三个故事,均见《韩诗外传》第 9 卷:第 1 章讲前两个故事,第 17 章讲第三个故事。为何中间隔了那么多篇幅呢?与《韩诗外传》不同,刘向将四个"孟母教子"的故事,集中地放在《列女传》第 1 卷《母仪传》"邹孟轲母"的条名之下。

西汉已经确立五个"孟母教子"故事的基本形态,但有意味的是,这五个故事从来没有在某种特别有影响的历史文献当中(甚至包括《三迁志》)集体出过场。唯一将它们全部讲上一遍的,可能是明代陈士元写的《孟子杂记》。《孟子杂记》卷一"孟母"条以及紧接的"孟妻"条②,将这五个故事完整地放在一块。这一现象让我们更加觉得:"孟母教子"故事的传承,在本质意义上,不是依靠文字记载,而是依靠实实在在的言传身教。从文字记载的角度考察"孟母教子"故事,只是做学问的方式。"孟母教子"真实的内涵在于言传身教,真正的精神在于不言之教。

讲"孟母教子"的五个故事,最少流传的是忧齐,最为人们津津乐道的是三迁、断机,最有噱头的是杀豚、休妻。我们先解读一下"杀豚""休妻"这两个故事的噱头。

"杀豚"最原初的版本,当是《韩非子·外储说左上》讲曾子杀猪给小孩吃③。韩婴将它嫁接到孟母身上,但刘向为什么不讲呢?且看吕祖谦如何认为孟母骗了孟子两次④。邻居在杀猪,孟子问母亲:"杀猪给谁吃?"孟母说:

---

① 参见[汉]刘向著,张涛译注:《列女传译注》,济南:山东大学出版社,1990 年,第 38—39 页。
② 参见[明]陈士元:《孟子杂记》,《景印文渊阁四库全书》第 207 册,第 291 页下栏—293 页上栏。
③ 参见[清]王先慎撰,钟哲点校:《韩非子集解》,第 265、287 页。
④ 参见[宋]吕祖谦:《丽泽论说集录》卷五《门人集录礼记说》,黄灵庚、吴战垒主编:《吕祖谦全集》第 2 册,杭州:浙江古籍出版社,2008 年,第 146—147 页。

"给你吃。"在吕祖谦的《丽泽论说集录》卷五看来,邻居杀猪,根本不是给孟子吃的,这是孟母第一次骗孟子;孟母买猪肉给孟子吃,这是第二次骗孟子。很多故事、格言确实隐含逻辑的漏洞。人们常说的"金钱如粪土,仁义值千金",其实就有逻辑的矛盾。你可以说"杀豚"确立了诚信的主题,可它同样潜在包含了欺骗的主题,所以这个故事的传播会受到一定的阻力。

"休妻"这个故事是西汉时期性善论对于性恶论的一次小小的胜利①。关于孟子休妻,最早的说法来自《荀子·解蔽篇》:"孟子恶败而出妻。"② 荀子认为孟子是离了婚的。郭沫若写过一篇《孟夫子出妻》的小说,认为孟子怕经常跟妻子有身体接触,自己的元气被伤害,就将妻子赶跑了③。到了韩婴、刘向笔下,孟子离婚是没有离成的,因为孟子有一位伟大的母亲,有一位懂得姑母之道的母亲。《礼记·檀弓》有不少讲圣人离婚的记载④。韩婴、刘向无法改动那些记载,因而对孟子"休妻"的故事进行改写,颠覆了荀子的结论,明显是为了维护孟子的声誉,由此可见西汉时期孟子的地位正在不断上升⑤。

有的故事比其他故事更多流传,不是没有缘由的。譬如,"断机"这类故事既可以发生在母亲与孩子之间,也可以发生在妻子与丈夫之间。据《后汉书·列女传》记载,这个故事就曾移植到乐羊子妻身上,她借此鼓励丈夫勤奋读书⑥。在"孟母教子"的五个故事里,最有生命力、影响力的就是三迁、断机。

"三迁"涉及环境,属于外因;"断机"涉及勤奋,属于内因。这两个故

---

① 参见杨海文:《我善养吾浩然之气——孟子的世界》,第15页。
② [清]王先谦撰,沈啸寰、王星贤点校:《荀子集解》下册,第403页。
③ 参见郭沫若:《豕蹄·孟夫子出妻》,郭沫若著作编辑出版委员会编:《郭沫若全集》文学编第10卷,第177—178页。
④ 参见[清]阮元校刻:《十三经注疏(附校勘记)》上册,第1274、1281、1291、1314页。
⑤ 参见杨海文:《我善养吾浩然之气——孟子的世界》,第14页。
⑥ 参见[南朝宋]范晔撰,[唐]李贤等注:《后汉书》第10册,北京:中华书局,1965年,第2792—2793页。

事,一个牵涉外因,一个牵涉内因,合外内之道,将外因与内因结合在一块,构成了母亲教育小孩的一种最好的方式。这个道理人人都能把握,并没有太深奥的玄机。它很简朴,只要你有一颗慈爱之心,就能做到。具体到环境对于小孩的意义,具体到小孩一定要好好学习、勤奋学习,亦即具体到这两个方面,每一位母亲都可以成为孟母,都可以像孟母那样教育好小孩,将小孩教育好。

从"孟母教子"由故事形成为传统的角度看,"三迁""断机"所起的作用最大。王应麟编写的《三字经》开篇说道:"人之初,性本善。性相近,习相远。"隔了四句,又说:"昔孟母,择邻处。子不学,断机杼。"①《三字经》是中国历史上家喻户晓的童蒙读物。将"孟母教子"故事由"五"的结构变成"二"的结构,亦即浓缩于"三迁""断机"两个故事,是《三字经》独具匠心、洞若观火结出的硕果。

像"三迁""断机"这类故事,不仅要通过《三字经》等童蒙读物,讲给母亲听,讲给孩子听;还得借助人们喜闻乐见的载体,譬如判词、戏曲,讲给所有人听。以唐代打官司为例,一般人没什么文化,必须请有文化的人帮着写判词。《全唐文》有两篇判词,一篇是卷九八三的《对哭子哭夫判》说"训子多方,布被推贤于孟母"②,另一篇是卷三九六的《对移贯判》说"适彼乐土,虽美择邻之词"③。意思是说:你们一定要像孟母那样,好好教育自己的子女。这些判词在民间流传较广,是活生生地推动"孟母教子"由故事到传统转进的动力。宋元以后,戏曲也起到了这方面的巨大作用。京剧就有两出戏《孟母三迁》《孟母断机》,专门演绎孟母如何教子④。古代社会,知识被读

---

① [宋]王应麟著,[明]赵南星注:《明刻三字经》,《三字经》修订工程编审委员会修订,傅璇琮主编:《三字经》(修订版),北京:人民教育出版社,2008年,第114页。
② [清]董诰等编:《全唐文(附唐文拾遗、唐文续拾、读全唐文札记)》第5册,上海:上海古籍出版社,1990年,第4510页下栏。
③ [清]董诰等编:《全唐文(附唐文拾遗、唐文续拾、读全唐文札记)》第2册,第1786页中栏。
④ 《孟母断机》为李卿云藏本,《孟母三迁》为孙甫亭藏本。参见北京市艺术研究所编纂:《京剧传统剧本汇编》第2卷,北京:北京出版社,2009年,第255—258、259—263页。

书人垄断,戏曲对于普通老百姓获取文化、提升品德的功用是显而易见的。

话还得说回来,"孟母教子"之所以能由几个简单的故事形成为一种深厚的文化传统,根本原因是它所表达的道理虽然"卑之,毋甚高论",但却"放诸四海而皆准"。言外之意,它与文字记载是否多、是否深刻的关系不是很大,更不是必然的。从这个角度看,无论判词、戏曲,还是历代文人写的墓志铭、神道碑,诸如此类的文字记载都只是表象的。真正能让孟母深入人心的东西,不是文字记载,而是心心相印的人心本身。唯其如此,人们相信"孟母教子"不只是几个故事,而是跟自身生命密切相关的活泼泼的传统。只有生活在这种传统当中,人们才能将上一代与下一代之间那种血脉关联紧紧地维系在一起。

"孟母教子"由故事形成为传统,实质是"平常心是道"使然。有见于此,统治者对于孟母做过很多表彰,元、清两代尤甚。1316 年,元代封孟母为邾国宣献夫人①。此前的 1308 年,孔子被封为大成至圣文宣王;后此的 1330 年,孟子被封为邹国亚圣公②。元代对孔子、孟子的尊奉,堪称前无古人、后无来者。仔细辨识 1316 年、1330 年这两个时间,可知对孟母的最高表彰先于对孟子的最高表彰,其间仿佛有统治者因敬重孟母而更为尊崇孟子之意。1738 年,清代改封孟母为邹国端范宣献夫人③。

孟子被称作圣人,孟母是否也可以称作圣人呢?这里讲一段鲜为人知的往事。1923 年旧历二月二日,时值孟子诞辰日④。邹城开了一个盛况空前的妇女大会,据说参加者有上万人。她们倡议将孟母当作整个中国妇女的杰出代表,而且用了一个词——亦是笔者在孟子学文献中第一次所见——

---

① 参见[明]宋濂等:《元史》第 2 册,第 573 页。
② 参见[明]宋濂等:《元史》第 6 册,第 1892—1893 页。
③ 参见[清]孟广均原纂,[清]陈锦、孙葆田重纂:《重纂三迁志》,济南:山东友谊出版社,1989 年,第 208—209 页。
④ 明代有学者指出:"予尝观《孟氏谱》云:孟子,周烈王之四年四月二日生,即今二月二日;赧王二十六年正月十五日卒,即今之十一月十五日,寿八十四。"([明]都穆:《听雨纪谈》"孟子"条,《方洲杂言(及其他二种)》,北京:中华书局,1985 年,第 7 页)

将孟母称作"女圣人"。原文是这样说的:"孟母为肇启亚圣之女圣人,三迁教子,七篇传家,尤足为万世女范。"①

不管能否被称作女圣人,孟母永远是中国传统文化所认可的最优秀、最伟大的母亲。孔子曾说:"见贤思齐焉,见不贤而内自省也。"(《论语》4·17)②孩子步入社会后,见贤而不思齐,见不贤而不内自省,何尝不是母亲的担忧?"忧齐"那个故事同样很重要。对于母亲,人们一生一世在感恩,生生不息在回望。以孟母为代表、以孟子诞辰日设立中华母亲节的文化自信,即是植根于"孟母教子"这个源远流长、感人肺腑的中国故事之中!

---

① 王沈氏等:《王芝祥妻王沈氏等请主持议决崇祀孟母函(二月二十四日)》,《参议院公报》1924 年第 3 期第 16 册,第 17 页。
② 杨伯峻译注:《论语译注》,第 39 页。

《孟子》与《古今人表》的理想人格论*
——以圣、仁、智为中心

孟子论理想人格,借由三辨以敞开三性,亦即通过人禽之辨、心性之辨、性命之辨,进而凸显人类相对于禽兽的绝对优越性、我相对于圣人的普遍平等性、道德实践主体相对于天命之天的相对局限性①。归结起来,孟子的理想人格论以"仁且智"(《孟子》3·2,4·9)为母题:它既是成就理想人格的内在根据,更是理想人格的哲学界定②。"仁且智"的理想人格是孟子全面展开道德理想主义的思想原点,这一哲学理念能够得到思想史的验证吗?换句话说,假定"仰包亿载,旁贯百家,分之以三科,定之以九等"③的《汉书》卷二〇《古今人表》(以下简称《古今人表》)是对孟子"仁且智"理念的强力支援,那么,由此回溯先秦两汉思想史,这一理念的历史演进可以清晰地洞见吗?我们以"仁且智"为经、以《古今人表》为纬的孟学史考察,还能为现代人培育理想人格提供裨益吗?

---

* 原载《江汉论坛》2016年第1期,第43—48页。
① 参见杨海文:《在禽兽与圣人之间——略论孟子的主体定位观》,《东方论坛》2003年第1期,第33—38页;杨海文:《孟子心性论的逻辑架构》,《南昌大学学报(人文社会科学版)》2002年第3期,第6—11页;杨海文:《孟子的性命之辨及其内圣走向》,《河北学刊》2001年第2期,第110—113页。
② 参见杨海文:《"仁且智"与孟子的理想人格论》,《孔子研究》2000年第4期,第40—49页。
③ 《史通·内篇·品藻》,[唐]刘知几著,[清]浦起龙通释,王煦华整理:《史通通释》,上海:上海古籍出版社,2009年,第173页。

一、仁智对举：一种儒学史传统

班固的《古今人表》将上古传说时代至秦朝的近两千位人物分为九等：上上圣人、上中仁人、上下智人、中上、中中、中下、下上、下中、下下愚人①。其中，前三等人数虽少，却是整个九等的标杆；并因其"圣—仁—智"模式，而与儒家传统的理想人格论密切相连。

《古今人表序》仅有三百多字（包括标点符号），重点是引用《论语》书中孔子的话："若圣与仁，则吾岂敢？"（《论语》7·34）"何事于仁！必也圣乎！"（《论语》6·30）"未知，焉得仁？"（《论语》5·19）"生而知之者，上也；学而知之者，次也；困而学之，又其次也；困而不学，民斯为下矣。"（《论语》16·9）"中人以上，可以语上也。"（《论语》6·21）"唯上知与下愚不移。"（《论语》17·3）② 颜师古注："凡引此者，盖班氏自述所表先圣后仁及智愚之次，皆依于孔子者也。"③

孔子之外，班固论理想人格的"圣—仁—智"模式，是否受过孟子的影响呢？《汉书古今人表疏证》引梁玉绳之语："滕文公惟见《孟子》。""公孙丑惟见《孟子》。"④《古今人表》将孟子当作上中等仁人⑤，又列滕文公为上下等智人⑥，列魏惠王（梁惠王）、齐宣王为中下等⑦，可知班固对孟子评

---

① 据统计，上上圣人14人，上中仁人173人，上下智人207人，中上314人，中中343人，中下298人，下上241人，下中233人，下下愚人131人，总计1954人（参见范元烨：《论中国古代的"九品文化"》，《求是学刊》1995年第4期，第97页）。但是，《古今人表》的人数统计相当复杂，言人人殊。
② 参见［汉］班固撰，［唐］颜师古注：《汉书》第3册，第861页。
③ ［汉］班固撰，［唐］颜师古注：《汉书》第3册，第862页。
④ 王利器、王贞珉著，乔仁诚索引：《汉书古今人表疏证》，济南：齐鲁书社，1988年，第221页。又见［清］梁玉绳：《人表考》卷三《上下智人》"滕文公"条、"公孙丑"条，［清］梁玉绳等撰，吴树平、王佚之、汪玉可点校：《史记汉书诸表订补十种》下册，北京：中华书局，1982年，第616页。
⑤ 参见［汉］班固撰，［唐］颜师古注：《汉书》第3册，第942页。
⑥ 同上书，第948页。
⑦ 同上书，第942、944页。

价极高,而且能够同情地理解孟子的王道政治学。班固熟悉孔子说过的"圣""仁""智"等概念,那他心领神会于《孟子》3·2说的"仁且智,夫子既圣矣",是再自然不过的事。

《古今人表》列孙卿(荀子)为上中等仁人①。《荀子》时常仁知对举,也有多处"既知且仁"的论述,足以对班固的"圣—仁—智"模式产生重要影响。现将《荀子》的部分论述抄录如下:

子路入,子曰:"由,知者若何?仁者若何?"子路对曰:"知者使人知己,仁者使人爱己。"子曰:"可谓士矣。"子贡入,子曰:"赐,知者若何?仁者若何?"子贡对曰:"知者知人,仁者爱人。"子曰:"可谓士君子矣。"颜渊入,子曰:"回,知者若何?仁者若何?"颜渊对曰:"知者自知,仁者自爱。"子曰:"可谓明君子矣。"(《子道》)②

是故穷则必有名,达则必有功,仁厚兼覆天下而不闵,明达用天地、理万变而不疑,血气和平,志意广大,行义塞于天地之间,仁知之极也。夫是之谓圣人。(《君道》)③

孔子仁知且不蔽,故学乱术,足以为先王者也。一家得周道,举而用之,不蔽于成积也。故德与周公齐,名与三王并,此不蔽之福也。(《解蔽》)④

孔子曰:"志之,吾语女。奋于言者华,奋于行者伐,色知而有能者,小人也。故君子知之曰知之,不知曰不知,言之要也;能之曰能之,不能曰不能,行之至也。言要则知,行至则仁。既知且仁,夫恶有不足矣哉!"(《子道》)⑤

---

① 参见[汉]班固撰,[唐]颜师古注:《汉书》第3册,第950页。
② [清]王先谦撰,沈啸寰、王星贤点校:《荀子集解》下册,第533页。
③ [清]王先谦撰,沈啸寰、王星贤点校:《荀子集解》上册,第234页。
④ [清]王先谦撰,沈啸寰、王星贤点校:《荀子集解》下册,第393—394页。
⑤ 同上书,第532—533页。

> 故知而不仁不可,仁而不知不可。既知且仁,是人主之宝也,而王霸之佐也。(《君道》)①

考诸《春秋繁露》,《仁义法》《必仁且智》两文前后连在一起。清代学者苏舆(1874—1914)有云:"前篇以仁配义,以体言。此篇以仁配智,以用言。"②《必仁且智》指出:

> 莫近于仁,莫急于智。不仁而有勇力材能,则狂而操利兵也;不智而辩慧獧给,则迷而乘良马也。故不仁不智而有材能,将以其材能以辅其邪狂之心,而赞其僻违之行,适足以大其非而甚其恶耳……仁而不智,则爱而不别也;智而不仁,则知而不为也。故仁者所以爱人类也,智者所以除其害也。③

董仲舒(前179—前104)对举仁智,渊源于《论语》。上述引文被省略的部分有一句"《论》之所谓不知人也者",《论》即《论语》。《春秋繁露·实性》说过"孟子以为万民性皆能当之,过矣"④,但《必仁且智》是否与《孟子》有直接的关系,有待考证。《荀子集解》引刘向《孙卿书录》指出:"至汉兴,江都相董仲舒亦大儒,作书美孙卿。"⑤又引胡元仪《郇卿列传考异》指出:"刘向云:'董仲舒作书美郇卿。'案《汉书·艺文志》:'董仲舒百二十篇。'今惟存《春秋繁露》八十二篇,复多残阙,不见美郇卿之文,其逸久矣。"⑥此事可证"必仁且智"思想密切关联着荀子说过的"既知且仁"。

---

① [清]王先谦撰,沈啸寰、王星贤点校:《荀子集解》上册,第240页。
② [清]苏舆撰,钟哲点校:《春秋繁露义证》,北京:中华书局,1992年,第256页。
③ 同上书,第257页。
④ 同上书,第311页。
⑤ [清]王先谦撰,沈啸寰、王星贤点校:《荀子集解》下册,第558页。
⑥ 《考证下》,[清]王先谦撰,沈啸寰、王星贤点校:《荀子集解》上册,第48页。

董仲舒前汉，班固后汉。《汉书》卷五六为《董仲舒传》，班固的"圣—仁—智"模式受过《春秋繁露·必仁且智》的影响，当无疑问。

《汉书》卷三〇为《艺文志》。班固写《艺文志》，是以刘向《别录》、刘歆《七略》为底本。刘向是西汉末年人，还著有《列女传》。该书卷三为《仁智传》，表彰15位女性；卷八《续列女传》又增加4位。《列女传小序》介绍《仁智传》有云："惟若仁智，豫识难易。原度天道，祸福所移。归义从安，危险必避。专专小心，永惧匪懈。夫人省兹，荣名必利。"① 《列女传·仁智传》以仁智评女性，《古今人表》以圣—仁—智评上等人，皆是品藻人物。刘向极有可能对班固产生过影响。

另外，以下传世文献同样仁智对举，甚至提出"仁且智"的说法：

信之者仁也，不可欺者智也。既智且仁，是谓成人。（《管子·枢言》引管子语）②

今海鸟至，己不知而祀之，以为国典，难以为仁且智矣。夫仁者讲功，而智者处物。无功而祀之，非仁也；不知而不能问，非智也。（《国语·鲁语上》引展禽语）③

语曰："仁不轻绝，智不轻怨。"（《战国策·燕三》引燕王语）④

语曰："论不修心，议不累物，仁不轻绝，智不简功。"（《战国策·燕三》引燕王语）⑤

在出土文献中，仁智对举同样屡见不鲜。譬如，郭店简、马王堆帛书都有《五行》之篇，两者有段论仁智的文字极其相似：

---

① ［汉］刘向著，张涛译注：《列女传译注》，济南：山东大学出版社，1990年，第1页。
② 黎翔凤撰，梁运华整理：《管子校注》上册，北京：中华书局，2004年，第246页。
③ 徐元诰撰，王树民、沈长云点校：《国语集解》，北京：中华书局，2002年，第161页。
④ ［汉］刘向集录，范祥雍笺证，范邦瑾协校：《战国策笺证》下册，上海：上海古籍出版社，2006年，第1775页。
⑤ 同上书，第1776页。

不仁,思不能清。不智,思不能长。不仁不智,未见君子,忧心不能惙惙;既见君子,心不能悦。"亦既见之,亦既观之,我心则□",此之谓□。□仁,思不能清。不圣,思不能轻。不仁不圣,未见君子,忧心不能忡忡;既见君子,心不能降。(郭店简《五行》)①

不仁,思不能睛(精)。不知(智),思不能长。不仁不知(智),未见君子,忧心不能□□□□不能则□能说(悦)。《诗》曰:"未见君子,忧心役役(惙惙)。亦既见之,亦既钩(觏)之,我[心]则说(悦)。"此[言]仁之思也睛(精)。

[不仁,思不能]睛(精)。[不圣,思]不能轻。不仁不圣,未见君子,忧心□□□□既见君子,□□□□(马王堆帛书《五行》经5)②

从《论语》《孟子》《荀子》《春秋繁露》《列女传》以及《管子》《国语》《战国策》这些传世文献到郭店简、马王堆帛书等出土文献,皆有对举仁智;不少儒家文献还在圣的前提下依次排位仁、智。《老子》第19章则言:"绝圣弃智,民利百倍;绝仁弃义,民复孝慈;绝巧弃利,盗贼无有。此三者以为文,不足。故令有所属:见素抱朴,少私寡欲。"③这表明先秦两汉儒学史扬弃并超越了老、庄的"绝圣弃智"论,且以圣人为理想人格,认为仁智对于这一理想人格的形成与成熟具有奠基性的作用。《古今人表》就将老子列为中上等、严周(庄子)列为中下等④,老、庄的地位明显不如孔、孟、荀。

对于《战国策·燕三》引"语曰"的意义,刘起釪认为:先秦文献常用某种特用称法引述《尚书》,如《荀子》《战国策》所引,大多像格言、谚语,而

---
① 荆州市博物馆编:《郭店楚墓竹简》,第149页。
② 庞朴:《帛书五行篇研究》,济南:齐鲁书社,1980年,第26—27页。
③ [魏]王弼注,楼宇烈校释:《老子道德经注校释》,北京:中华书局,2008年,第45页。
④ 参见[汉]班固撰,[唐]颜师古注:《汉书》第3册,第926、947页。

不是官员们的政治讲话；它们亦为伪古文袭用，可以视同《书》类，归为逸《书》①。如果此论成立，这一做法甚至可以追溯到更早的《诗》《书》文化。客观地说，《古今人表》的"圣—仁—智"模式是此前源远流长、内涵丰富的儒学史传统的折射与结晶。

二、孟子的"卓识"与班固的"常识"

王充与班固生活于东汉的同一个时期。《论衡》卷九有《问孔》，卷一〇有《刺孟》，可知王充熟读过《论语》《孟子》。卷二六有《知实》，其中有两段话几近照抄《孟子》，前一段见《公孙丑下》第9章(《孟子》4·9)，后一段见《公孙丑上》第2章(《孟子》3·2)，《孟子》两次称道"仁且智"恰恰出现于这两章。且看《知实》的原文：

> 陈贾问于孟子曰："周公何人也？"曰："圣人。""使管叔监殷，管叔畔也。二者有诸？"曰："然。""周公知其畔而使？不知而使之与？"曰："不知也。""然则圣人且有过与？"曰："周公，弟也；管叔，兄也。周公之过也，不亦宜乎？"孟子，实事之人也，言周公之圣，处其下，不能知管叔之畔。圣人不能先知，十六也。②

> 贤可学为，劳佚殊，故贤圣之号，仁智共之。子贡问于孔子："夫子圣矣乎？"孔子曰："圣则吾不能，我学不厌，而教不倦。"子贡曰："学不厌者，智也；教不倦者，仁也。仁且智，孔子既圣矣。"由此言之，仁智之人，可谓圣矣。孟子曰："子夏、子游、子张得圣人之一体，冉牛、闵子骞、颜渊具体而微。"③

---

① 参见刘起釪：《尚书学史》(订补本)，北京：中华书局，1996年，第44页。
② 黄晖：《论衡校释(附刘盼遂集解)》第4册，第1095页。
③ 同上书，第1101—1102页。

王充何以如此重视《孟子》？东汉赵岐的《孟子题辞》指出："汉兴，除秦虐禁，开延道德。孝文皇帝欲广游学之路，《论语》《孝经》《孟子》《尔雅》皆置博士。后罢传记博士，独立《五经》而已。迄今诸经通义，得引《孟子》以明事，谓之博文。"① 笔者曾对《孟子》传记博士问题进行考证，认为它历经西汉文、景、武三朝，最多存在 43 年，亦即从公元前 179 年至公元前 136 年；最少存在 21 年，亦即从公元前 157 年至公元前 136 年；折中而论，大约存在 30 年②。传记博士是对《五经》博士的辅翼与补充。《孟子》之为传记博士，虽然存在时间不长，却对两汉经学史及思想史产生过应有的影响，并证明孟子其时的地位高于荀子。王充重视孟子，这是时代使然；班固从《孟子》那里汲取"仁且智"的理论智慧，也是时代使然。

　　仁智对举是先秦两汉的儒学史传统，孟子、班固是将仁、智与圣结合起来并予以理想人格建构的突出代表③。"仁且智"理念是孟子对理想人格所做的哲学界定，"圣—仁—智"模式是《古今人表》论理想人格所用的史学标准，两者具有前后相承、截断众流的儒学史关联。所谓前后相承，是说《孟子》是源，这是因为孔子并未明确将"仁且智"当作理想人格（圣人）的现实与实现；《古今人表》是流，这是因为"圣—仁—智"模式渊源于孟子的"仁且智"理念。所谓截断众流，是说《孟子》的"仁且智"理念以哲学方式、《古今人表》的"圣—仁—智"模式以史学方式，为后人探寻并践履理想人格确立了理、事（有理有事、即理即事）的双重视角。"前后相承"讲源流，"截断众流"讲影响，仿佛孟子早就写过《古今人表》，班固正在写的就是《孟子》。

　　尽管如此，班固的人性论又不同于孟子。三百多字的《古今人表序》有两个重点，一个是引孔子的话，另一个是谈人性论，并用"传曰"起承转合：

---

① ［清］焦循撰，沈文倬点校:《孟子正义》上册，第 17 页。
② 参见杨海文：《〈孟子〉传记博士问题的学术史考察》，《中国哲学史》2006 年第 4 期，第 45 页。
③ 《管子·枢言》曾说"既智且仁，是谓成人"，不少出土文献也有类似表述。它们在"圣""仁""智"的观念发展史上极为重要，但因其实际的思想史影响远远不及《孟子》《古今人表》，且受论题所限，所以本文暂不处理这些材料，有待另文探讨。

> 传曰：譬如尧、舜、禹、稷、卨与之为善则行，鲧、讙兜欲与为恶则诛。可与为善，不可与为恶，是谓上智。桀、纣，龙逢、比干欲与之为善则诛，于莘、崇侯与之为恶则行。可与为恶，不可与为善，是谓下愚。齐桓公，管仲相之则霸，竖貂辅之则乱。可与为善，可与为恶，是谓中人。①

孟门弟子公都子曾陈述"性无善无不善""性可以为善，可以为不善""有性善，有性不善""性善"这四种不同的人性论（《孟子》11·6）。《古今人表》所持的人性论类似于"有性善，有性不善"，更是直接以孔子说的"唯上知与下愚不移"（《论语》17·3）作为理论基础。"传曰"云云，证明《论语》当时屈居传记之列。

《古今人表》将人分为上、中、下三类，还与董仲舒、扬雄的人性论有关。《春秋繁露·实性》明确不赞成孟子的性善论，提出"性三品"之说："圣人之性，不可以名性。斗筲之性，又不可以名性。名性者，中民之性。"②《法言·修身》提出"性善恶混"之说："人之性也善恶混。修其善则为善人，修其恶则为恶人。气也者，所以适善恶之马也与？"③

班固对于人性论的系统表述，见诸《白虎通》卷八《性情》：

> 性情者，何谓也？性者阳之施，情者阴之化也。人禀阴阳气而生，故内怀五性六情。情者，静也。性者，生也。此人所禀六气以生者也。故《钩命决》曰："情生于阴，欲以时念也。性生于阳，以就理也。阳气者仁，阴气者贪，故情有利欲，性有仁也。"（"右总论性情"条）④

---

① ［汉］班固撰，［唐］颜师古注：《汉书》第3册，第861页。
② ［清］苏舆撰，钟哲点校：《春秋繁露义证》，第311—312页。
③ ［汉］扬雄撰，韩敬注：《法言注》，第48页。
④ ［汉］班固著，［清］陈立疏证，吴则虞点校：《白虎通疏证》上册，北京：中华书局，1994年，第381页。

五性者何谓？仁、义、礼、智、信也。仁者，不忍也，施生爱人也。义者，宜也，断决得中也。礼者，履也，履道成文也。智者，知也，独见前闻，不惑于事，见微知著也。信者，诚也，专一不移也。故人生而应八卦之体，得五气以为常，仁义礼智信也。六情者，何谓也？喜怒哀乐爱恶谓六情，所以扶成五性。性所以五，情所以六何？人本含六律五行之气而生，故内有五藏六府，此情性之所由出入也。《乐动声仪》曰："官有六府，人有五藏。"（"右论五性六情"条）①

仁、义、礼、智、信为五性，喜、怒、哀、乐、爱、恶为六情。人禀阴、阳二气而生，所以内怀五性、六情。情生于阴，性生于阳，阳气者仁，阴气者贪，所以情有利欲，性有仁义。阴、阳的消长实则贪、仁的博弈，所以人有上智、中人、下愚之分。《论衡·本性》指出："董仲舒览孙、孟之书，作《情性》之说曰：'天之大经，一阴一阳；人之大经，一情一性。性生于阳，情生于阴。阴气鄙，阳气仁。曰性善者，是见其阳也；谓恶者，是见其阴者也。'"②班固《性情》的基本观点实际上出自董仲舒的佚文《情性》。

牟宗三认为正宗儒家的心性论有两路："一、自老传统天命天道的观念，至《中庸》'天命之谓性'一语为结集系一路；二、自孟子本孔子仁智的观念以言即心见性之性善说为一路。"③性善论与"仁且智"密不可分，本是孟子心学之思最基本的理论规定。《古今人表》不认可性善论，却借鉴并彰显"仁且智"，这矛盾吗？不矛盾！性善论是对人之为人的本质规定及其美好展望，但班固从历史事实中清醒地发现：性善的上等人与性恶的下等人都不占主流，绝大多数人既可能性善、也可能性恶，既是性善的、也是性恶的，这些中等人是芸芸众生的主体。与此同时，班固又徘徊于残酷的历史理智与

---

① ［汉］班固著，［清］陈立疏证，吴则虞点校：《白虎通疏证》上册，第381—382页。
② 黄晖：《论衡校释（附刘盼遂集解）》第1册，第139—140页。
③ 牟宗三：《中国哲学的特质》，上海：上海古籍出版社，1997年，第71页。

火热的人文关怀之间:历史理智是智,所以《古今人表》否弃性善论,将人分为九等;人文关怀是仁,所以《古今人表》挚信"仁且智",将圣人、仁人、智人当作上等人并予以肯定。班固的态度其实是一般人所持的态度:人群就是三教九流,天道就是抑恶扬善[①]。

孟子对于性善论与"仁且智"的结合,显示了哲人透过现象看本质的"卓识"一面;班固对于人性论与"圣—仁—智"的拆分,展现了史家具体问题具体分析的"常识"一面。遐想未来,提升人性,哲人的卓识最关键;回顾历史,月旦人物,史家的常识最紧要。"刚日读经、柔日读史"[②],哲学、史学的本质均是理想的超越与超越的理想。在憧憬并践履理想人格的经典解释学之路上,《孟子》甚至就是《古今人表》的哲学版本,《古今人表》甚至就是《孟子》的史学版本。徐复观的《〈史〉、〈汉〉比较研究之一例》指出:

> 然人的历史,必由人、事及价值判断所构成,否则成为一种混沌的世界,历史亦无由继续,亦无由叙述。《古今人表》所分之品第是否得当,乃一问题,然其屏除爵位权势于价值判断之外,一以人格、学术、事功为标准,以见人的地位、尊严,在此不在彼。此则犹承《春秋》《史记》之统绪,以标示人类行为的大方向大趋归,诚可推为班氏著史的一大卓识。则班氏作史之微言,莫大乎此。郑樵之徒,纷加指摘,何足以与此?至其影响于东汉末期的月旦人物的

---

① 《红楼梦》第二回记贾雨村之言,道出人们的共识:"天地生人,除大仁大恶,余者皆无大异。若大仁者则应运而生,大恶者则应劫而生,运生世治,劫生世危。尧、舜、禹、汤、文、武、周、召、孔、孟、董、韩、周、程、朱、张,皆应运而生者;蚩尤、共工、桀、纣、始皇、王莽、曹操、桓温、安禄山、秦桧等,皆应劫而生者。大仁者修治天下,大恶者挠乱天下。清明灵秀,天地之正气,仁者之所秉也;残忍乖僻,天地之邪气,恶者之所秉也。"([清]曹雪芹、高鹗:《红楼梦》第1册,北京:人民文学出版社,1964年,第20页)

② 参见《家书》卷三《致诸弟(述求学之方法)》,[清]曾国藩:《曾国藩家书家训日记》,北京:北京古籍出版社,1994年,第116页。

风气,及魏的九品官人的制度,证明这种人物批评,是为历史所需要的。①

三、"仁且智"今诠:既道德又科学

综上所述,"仁且智"这一哲学理念得到《古今人表》乃至魏晋南北朝时期的九品中正制(九品官人法)的验证。唐宋以后,孟子升圣,《孟子》升经,"仁且智"熏陶甚至创造着思想史进程。主要由《孟子》提炼出的"仁且智"范式,成为"了解中国思想特质的最大窍门"②。吴宓(1894—1978)的《孟子〈不动心章〉臆解》还以公式昭示了孟子这一深邃的理论智慧:"**圣人(仁+智)=the Ideal Man. 理想的人。**"③

要特别指出的是,人们历来对《古今人表》多有诋毁。钱大昕的《潜研堂文集》卷二八《跋汉书古今人表》则说:

> 此表为后人诟病久矣。予独爱其表章正学,有功名教,识见复非寻常所能及。观其列孔子于上圣,颜、闵、子思、孟、荀于大贤,孔氏弟子列上等者三十余人,而老、墨、庄、列诸家降居中等,孔氏谱系具列表中,俨然以统绪属之。其叙次九等,祖述仲尼之言,《论语》二十篇中人物悉著于表,而他书则有去取。后儒尊信《论语》,其端实启于此。而千余年来鲜有阐其微者,遗文具在,可覆按也。古贤具此特识,故能卓然为史家之宗。徒以文章雄跨,百代推之,犹浅之为丈夫矣。④

---

① 徐复观:《两汉思想史》第3册,第458—459页。
② 参见牟宗三:《中国哲学的特质》,第41页。
③ 吴宓著,王岷源译:《文学与人生》,北京:清华大学出版社,1993年,第147页。
④ [清]钱大昕撰,吕友仁标校:《潜研堂集》,上海:上海古籍出版社,1989年,第484页。

与过去相比,我们基于抽象地继承、综合地创新以及解释学技巧、人文学关怀的方法论诉求①,业已从理想人格论的角度彰显并重建《孟子》与《古今人表》前后相承、截断众流的儒学史关联。"古今人表",一则以古,一则以今。历史发展到今天,"仁且智"的理论智慧获得了新的时代意义。正如蔡仁厚(1930—2019)所说:

> 近世的思想,以西方哲学为主潮,而西方哲学重智不重仁,就人类生命之全面安顿以及心灵之全幅开显而言,毕竟是有所偏的。如果我们能够不为西方哲学思想的声势所慑服,而平心体察人类深心的向往,将可了解"摄智归仁,仁以养智",才更能使人类的生命之光与心灵之慧,平正无偏地显发出来。然则,儒家"仁智双彰"的哲学模型,岂不正可作为世界哲学塑造新型范的最佳蓝本?至少可以提供其他哲学系统作为观摩反省之借镜。②

仁是道德,智是科学。既道德、又科学的"仁且智"今诠,要成就的不是以往那种高不可攀、高高在上的圣贤,而是过着世俗生活,有文化、有教养、有担当的新时代公民。"仁且智"被赋予时代新内涵,它今天如何纠正唯科学主义的失误,如何提升人们的道德幸福指数,如何为法治社会建设、市民社会建设、和谐社会建设贡献自己的理论睿智呢?马王堆帛书《五行》经5有言:"不仁,思不能睛(精)。不知(智),思不能长。"经6还说:"[仁之思也精]","知(智)之思也长","圣之思也轻"③。《文史通义》卷五《浙东学术》曾说:"学者不可无宗主,而必不可有门户。"④从现代反思传统,从传

---

① 参见杨海文:《化蛹成蝶——中国哲学史方法论断想》,济南:齐鲁书社,2014年,第8—20、31—40页。
② 蔡仁厚:《儒学的常与变》,台北:东大图书,1990年,第25页。
③ 参见庞朴:《帛书五行篇研究》,第26、27页。
④ [清]章学诚著,叶瑛校注:《文史通义校注》上册,第523页。

统观照现代,仍是我们将传统与现代有机结合起来的最佳方式。

《诗经·齐风·卢令》有云:"卢令令,其人美且仁。"①《诗经·郑风·叔于田》又云:"叔于田,巷无居人。岂无居人?不如叔也,洵美且仁。"② 如果说"美且仁"旨在以美储善,"仁且智"旨在以善启真,那么,我们"以中释中",足以承诺并朗现中国传统文化以真、善、美为皈依的理想人格论③。基于"仁且智"比"美且仁"更深远的思想史影响,以及今天这个时代的急迫需求,我们最后要以牟宗三下面这段话,深切地期盼新时代的"古今人表"既是道德的、又是科学的,是让人堂堂正正地站起来的"仁且智":

> 了解孟子的性善说,才可了解并从而建立人的"真实主体性"(Real subjectivity)。中国儒家正宗为孔孟,故此中国思想大传统的中心落在主体性的重视,亦因此中国学术思想可大约地称为"心性之学"。此"心"代表"道德的主体性"(Moral subjectivity),它堂堂正正地站起来,人才可以堂堂正正地站起来。人站起来,其他一切才可随之站起来;人不能站起来,那么一切科学、道德、宗教、艺术,总之,一切文化都无价值。这是中国思想的核心,所以孟子是心性之学的正宗……④

---

① [清]阮元校刻:《十三经注疏(附校勘记)》上册,第353页中栏。
② 同上书,第337页中栏。
③ 《日知录》卷一八"破题用庄子"条指出:"《五经》无'真'字,始见于老、庄之书。"[清]顾炎武著,[清]黄汝成集释,栾保群、吕宗力校点:《日知录集释》(全校本)中册,上海:上海古籍出版社,2006年,第1056页。《论语》《孟子》亦无"真"字。所谓以美储善、以善启真,实则需要会通孟庄、兼综儒道,方能有所成就。
④ 牟宗三:《中国哲学的特质》,第69页。

孟子与汉代思想史的散点透视[*]

西汉初年短暂地设立过《孟子》传记博士。[①]它虽然随着《五经》博士之设而被废置,但预示了孟子在汉代思想史上必将持续地产生自身应有的影响。我们透过《史记》《盐铁论》《法言》《论衡》这四部名著,对此略作探讨。

一、司马迁的"孟荀齐号"范式

司马迁最早为孟子立传,此即《史记》卷七四的《孟子荀卿列传》。这篇文献的重要性足以与前此的《荀子·非十二子》《韩非子·显学》和后此的王充《论衡·刺孟》、赵岐《孟子题辞》相媲美。

《孟子荀卿列传》不足两千字,耐人寻味地涉及十多位先秦诸子。其中不独有孟、荀,还有稷下三邹、淳于髡、墨翟诸人;它对邹衍、淳于髡的铺陈,落墨竟比孟、荀还要多。如果不太熟悉"史家部次条别之法",人们会问:太史公为什么不将这篇文字叫作《孟子邹衍淳于髡荀卿列传》,而要称作《孟子荀卿列传》呢?清代章学诚的《文史通义·和州志艺文书序例》讨论"部次条别之法"的四个要点,《孟子荀卿列传》关涉其中的"在人即为列

---

[*] 原载《齐鲁学刊》1998年第3期,第12—19页。
[①] 具体研究,参见杨海文:《〈孟子〉传记博士问题的学术史考察》,《中国哲学史》2006年第4期,第41—47页;又刊任剑涛、彭玉平主编:《论衡》第3辑,第31—50页。

传""部目可以互见"①：从前者看，三邹子、慎到、田骈、公孙龙等人不属同一学派，难以写成合传，但又不能不提，所以太史公将他们附于这一儒家列传；从后者看，淳于髡虽入《滑稽列传》，但他是博闻强记、学无所主的学者，因此太史公这里再次提到他。

司马迁的"部次条别之法"有家学渊源，亦即其父司马谈的《论六家之要指》②。司马谈以道德家作为《论六家之要指》的终篇，而司马迁的内心盈溢着儒学情怀。方法必须服从于真理。同是运用"部次条别之法"，父、子的立场却不一样。单就《孟子荀卿列传》而论，司马迁以"孟荀"标篇，命意却在"尊儒"。周振甫指出：太史公将一群周秦诸子聚合于《孟子荀卿列传》，"是为了推崇儒家的缘故"③。

诸子百家之中，司马迁最推崇儒家。列孔子于世家，是最典型的体现。这种做法与当时"罢黜百家，独尊儒术"的国家意识形态顶层设计有关。作为历史学家，司马迁推崇孔子，最重要的原因在于深信"孔子因史文次《春秋》"④。徐复观的《论〈史记〉》一文指出，司马迁"以孔子作《春秋》的精神、目的，为他自己作史的精神、目的"⑤。《三代世表》《十二诸侯年表》《儒林列传》《太史公自序》都谈过"孔子作《春秋》"，《孔子世家》其论最详。且看《孔子世家》与《孟子》在关键提法上的一致：

[1—1]孔子曰："后世知丘者以《春秋》，而罪丘者亦以《春秋》。"（《孔子世家》）⑥

---

① 参见[清]章学诚著，叶瑛校注：《文史通义校注》下册，第653页。
② 《史记·太史公自序》录有《论六家之要指》，见[汉]司马迁撰，[宋]裴骃集解，[唐]司马贞索隐，[唐]张守节正义：《史记》第10册，第3288—3292页。
③ 参见周振甫：《论史家部次条别之法》，张岱年等：《国学今论》，沈阳：辽宁教育出版社，1991年，第140页。
④ 参见《三代世表》，[汉]司马迁撰，[宋]裴骃集解，[唐]司马贞索隐，[唐]张守节正义：《史记》第2册，第487页。
⑤ 参见徐复观：《两汉思想史》第3册，第293页。
⑥ [汉]司马迁撰，[宋]裴骃集解，[唐]司马贞索隐，[唐]张守节正义：《史记》第6册，第1944页。

［1—2］是故孔子曰："知我者其惟《春秋》乎！罪我者其惟《春秋》乎！"（《孟子》6·9）

［2—1］《春秋》之义行，则天下乱臣贼子惧焉。（《孔子世家》）①
［2—2］孔子成《春秋》而乱臣贼子惧。（《孟子》6·9）

孟子在历史上首倡"孔子成《春秋》"之说，《孟子》有两章专门论述孔子与《春秋》的关系（《孟子》6·9，8·21）。皮锡瑞曾高度评论孟子的《春秋》学功底："赵岐谓孟子通《五经》，尤长于《诗》《书》。今考其书，实于《春秋》之学尤深。"②《孟子荀卿列传》的开篇写道："余读《孟子书》，至梁惠王问'何以利吾国'，未尝不废书而叹也。"③司马迁从《孟子·夫子好辨章》与《王者之迹熄章》看到几百年前孟子慷慨陈词"孔子成《春秋》"，同样将废书而叹。尽管这没有字面上的交待，但从思想史的逻辑看，司马迁因"孔子作《春秋》"而尊孔、因孟子首倡此说而尊孟，可谓一体两面、相辅相成。

司马迁尊孟带有情感色彩，但并不表明他就丧失了史家应有的客观理性。《孟子荀卿列传》就说孟子"迂远而阔于事情"④，此尤为司马迁对于"孟荀齐号"的洞察。《史记·儒林列传》指出："天下并争于战国，儒术既绌焉，然齐鲁之间，学者独不废也。于威、宣之际，孟子、荀卿之列，咸遵夫子之业而润色之，以学显于当世。"⑤承认孟、荀都是孔子的传人，就显示了司马迁述

---

① ［汉］司马迁撰，［宋］裴骃集解，［唐］司马贞索隐，［唐］张守节正义：《史记》第6册，，第1943页。
② ［清］皮锡瑞著，周予同注释：《经学历史》，第55页。
③ ［汉］司马迁撰，［宋］裴骃集解，［唐］司马贞索隐，［唐］张守节正义：《史记》第7册，第2343页。
④ 同上书，第2343页。
⑤ ［汉］司马迁撰，［宋］裴骃集解，［唐］司马贞索隐，［唐］张守节正义：《史记》第10册，第3116页。

史的客观立场。韩愈以降的思想史传统普遍地尊孟抑荀,但后世学者仍能深切地体察到太史公这种客观理性。

譬如,围绕《太史公自序》所谓"猎儒、墨之遗文,明礼义之统纪,绝惠王利端,列往世兴盛。作《孟子荀卿列传》第十四",清代梁玉绳的《史记志疑》卷三六指出:

> 孔、墨同称,始于战国;孟、荀齐号,起自汉儒。虽韩退之亦不免。(见《进学解》。)盖上二句指荀卿,即传所谓"荀子推儒、墨、道德之行事兴坏,著数万言"者;下二句指孟子。《儒林传》言:"孟子、荀卿咸遵夫子之业。"非孟、荀并列之证欤?夫荀况尝非孟子矣,岂可并吾孟子哉![①]

梁玉绳生活在尊孟抑荀的文化语境之中。他在感情上并不承认荀子"可并吾孟子",但作为《史记》专家,还是根据《史记》的文本事实,得出了"孟、荀齐号,起自汉儒"的客观结论。余英时(1930—2021)对梁氏此语有较好的诠释[②],不妨参看。

从思想史角度看,"孟、荀齐号,起自汉儒"肇始于司马迁的《孟子荀卿列传》。尽管司马迁得出这一结论经历过人文情感与历史理性的冲突,但其最后的抉择意味深长。它既让我们了解到汉初儒学史的某种真相,也让我们体会到一位历史学家内心深处的文化追求。

二、《盐铁论》与孟子思想的崛起

西汉始元六年(前81),为了对治汉武帝"鹰击为治"的战时财经政策

---

① [清]梁玉绳:《史记志疑》第3册,第1481页。
② 参见余英时:《汉代循吏与文化传播》,氏著:《士与中国文化》,上海:上海人民出版社,1987年,第142页。

给普通老百姓带来的深重灾难,同时为了在朝廷内部进行新的权力分配,权倾一时的大将军霍光(?—前68)以昭帝(前94—前74,在位时间为前87—前74)的名义组织召开了著名的盐铁会议。宣帝时期(前74—前49),桓宽(生卒年不详)对于会议记录进行系统整理,此即流传至今的《盐铁论》一书。

盐铁会议的主题是"议罢盐铁榷酤"①。会上唱主角的有两方:一方是理财的御史大夫桑弘羊(?—前80),属于法家代表;另一方是从民间选拔上来的贤良文学,属于儒家人物。双方就四大方面展开了激烈的思想交锋:富国之路方面,儒家重农轻商,法家农商并利;导民之术方面,儒家急教缓刑,法家法禁令严;安边之策方面,儒家和好释备,法家厉武设备;治世之道方面,儒家复古改制,法家务时合世。两方对垒抗辩的结果是"罢盐铁,退权利,分土地,趣本业,养桑麻,尽地力也"。②法绌于儒,贤良文学取得基本胜利。

来自民间的贤良文学居然斗得过权倾朝野的御史大夫,根本原因在于当时的政治气候。有学者对此做过解释③,兹不赘述。尽管思想文化之争只是盐铁会议的副产品,但其思想文化背景值得深入探讨。双方都广泛征引儒学经典、具体运用儒家思想,但两者的征引、运用究竟有何区别呢?徐复观的《〈盐铁论〉中的政治社会文化问题》一文指出:"我们从中国久远的历史看,在统治者与被统治者的语言中,同样援引典籍以作论据时,统治者所援用的典籍,多是出于便宜性的,而被统治者所引用的则多近于原则性的。这一对照,在《盐铁论》中最为明显。"④便宜性是御史大夫引经据典的特点,原则性是贤良文学引经据典的风格。金春峰指出:"盐铁会议中,贤良文学

---

① 《昭帝纪》,[汉]班固撰,[唐]颜师古注:《汉书》第1册,第223页。
② 《盐铁论·水旱》,王利器校注:《盐铁论校注(定本)》上册,北京:中华书局,1992年,第429页。
③ 参见汤志钧、华友根、承载、钱杭:《西汉经学与政治》,上海:上海古籍出版社,1994年,第183—184页。
④ 徐复观:《两汉思想史》第3册,第176页。

基本上发挥孟子的观点。"① 贤良文学对孟子思想的原则性运用,是我们讨论盐铁会议思想文化背景的切入点。

《盐铁论》有九处直接引用孟子之语,其中的八处为贤良文学所引,御史大夫只引了一处;双方间接引用或直接提及孟子,则是俯仰皆拾②。不过,其引孟子语,多与今本《孟子》有异,而且不乏佚文。杨树达(1885—1956)曾说:"桓引与《孟子》文有异同。汉人称引古书文句,不必尽同原书,往往如此。"③ 透过贤良文学引论孟子之语的上下文,足见孟子的王道政治学与道德理想主义对于盐铁会议产生了巨大影响。

王道政治学是孟子思想体系的重要组成部分。它以民贵君轻为纲,极力为一般百姓的经济生活进行伦理辩护,要求当政者从意识形态到政治运作的各个领域,切实贯彻以民为本的仁政思想。昭帝时期的贤良文学对此体认深切。贤良引孟子说的"野有饿莩,不知收也;狗彘食人食,不知检也。为民父母,民饥而死,则曰:'非我也,岁也'。何异乎以刃杀之?则曰:'非我也,兵也'"④,就是奉劝当家理财的御史大夫高度重视一般百姓的基本生存问题。针对武帝以降的穷兵黩武,文学引孟子说的"君不乡道,不由仁义,而为之强战,虽克必亡"⑤,劝告当政者采取和好释备的安边之策。如何让老百姓休养生息?文学引孟子说的"不违农时,谷不可胜食。蚕麻以时,布帛不可胜衣也。斧斤以时,材木不可胜用。田渔以时,鱼肉不可胜食"⑥,凸显

---

① 金春峰:《汉代思想史》(增补第三版),北京:中国社会科学出版社,2006年,第250页。
② 对于《盐铁论》明引、暗引《孟子》的详细研究,参见杨中:《〈盐铁论〉引用〈孟子〉及其思想史意义》,中山大学哲学系中国哲学专业硕士学位论文,2018年5月,第15—48页;杨中:《〈盐铁论〉引用〈孟子〉的文献地图》,孟子研究院、中国孟子学会编:《孟子研究》第1辑,北京:中国文史出版社,2018年,第238—278页。
③ 杨树达:《盐铁论要释》,上海:上海古籍出版社,2013年,第7页;该书与《淮南子证闻》合为一册,并分署页码。
④ 《盐铁论·水旱》,王利器校注:《盐铁论校注(定本)》上册,第429页。按:此条源自《孟子》1·3。
⑤ 《盐铁论·伐功》,王利器校注:《盐铁论校注(定本)》下册,第495页。按:此条源自《孟子》12·9。
⑥ 《盐铁论·通有》,王利器校注:《盐铁论校注(定本)》上册,第43页。按:此条源自《孟子》1·3。

了重农抑商的富民方针。文学说的"故理民之道,在于节用尚本,分土井田而已"①,则是孟子井田构想的西汉版本。

道德理想主义是孟子追求的文化精神。它以人性善为基础,敦促伦理实践主体在禽兽与圣人之间进行抉择,确立"人皆可以为尧、舜"的人格目标,高扬不同于功利而且不在同一层次的道义原则,并对作为社会良心的人文知识分子寄予特别的道义期盼。贤良文学因其高尚的德行而从民间选拔上来,对此能不心往神驰吗?贤良引用孟子说的"尧舜之道,非远人也,而人不思之耳"②,可以视作他们在导民之术上主张教化缓刑的立论基础。道德实践,人人平等。只要努力进行道德践履,就会臻于孟子说的"未有仁而遗其亲,义而后其君也"的境界,这是贤良引用的③。良好的社会秩序不可能轻易建立起来,而是需要人文知识分子"志于道"。文学引孟子说的"今之世,今之大夫,皆罪人也,皆逢其意以顺其恶"④,既是贤良文学对士人一从政就堕落的控诉,又期盼人文知识分子的仕退进隐高举道德理想主义的大旗。因此,余英时说汉代两种吏道观(循吏与酷吏)在《盐铁论》中的对比非常清楚⑤。法家桑弘羊是酷吏,儒家的贤良文学是循吏。循吏坚守王道政治学与道德理想主义,并用道德理想主义统帅治道。

贤良文学对于孟子思想的原则性发挥,不仅构成了盐铁会议的思想文化背景,而且勾勒了昭宣年间孟子学的大致轮廓。清代唐晏的《两汉三国学案》卷一〇《孟子》指出:"《孟子》之书,其初未列于经。然在两汉,却亦未

---

① 《盐铁论·力耕》,王利器校注:《盐铁论校注(定本)》上册,第29页。
② 《盐铁论·执务》,王利器校注:《盐铁论校注(定本)》下册,第455页。此段不见于今本《孟子》,而是取材于《礼记·中庸》与《论语·子罕》中的孔子之语(同书,第457页)。
③ 《盐铁论·取下》,王利器校注:《盐铁论校注(定本)》下册,第462页。按:此条源自《孟子》1·1。
④ 《盐铁论·孝养》,王利器校注:《盐铁论校注(定本)》上册,第310页。按:此条源自《孟子》12·7。
⑤ 参见余英时:《汉代循吏与文化传播》,氏著:《士与中国文化》,第180页。

以子书视之。汉人奏疏,往往引用。《盐铁论》引之,且与《六经》并列。"①《孟子》可与《六经》并列,意味着孟子地位正在逐步提升。徐复观认为,参加盐铁会议的"两方多次孔孟并称,说明汉初荀子的地位,已由孟子取而代之"②。"取而代之"未必一步到位。金春峰所谓《盐铁论》显示着"孟子思想的崛起"③,写照了当时思想史的实际面貌。

三、扬雄的"窃比孟子"情怀

《法言》是扬雄晚年的重要著作。梳理汉代孟学史,我们没有理由避开这部拟《论语》而作的著述,盖因它鲜明体现了扬雄"窃比孟子"的人文情怀。

扬雄曾说:"古者,(扬)[杨]、墨塞路。孟子辞而辟之,廓如也。后之塞路者有矣。窃自比于孟子。"(《法言》2·20)所谓"后之塞路者有矣",是指扬雄时代的思想界动态。徐复观的《扬雄论究》一文指出:"当时学者以《五经》博士为师,即以《五经》为发策决科的标准,于是《五经》以外的诸子,渐少人研究。这正是当时因博士的学术专利以致学术日趋固陋的情形。"④经学日趋固陋只是一方面,另一方面是诸子之学因被经学忽视而日渐活跃起来。扬雄是儒学的革新派。他认为经学并不代表正统儒学,就像诸子异端一样值得批判。为了复兴正统儒学,扬雄继承、发扬孟子"辞而辟之"的批判精神,并在批判过程中逐步形成了自己的儒学史观,这一儒学史观的实质是在孟子的基础上继承孔子之道。

尽管扬雄所谓"诸子"特指正统儒家以外的九流百家,但在西汉人眼中,孟子的地位并不高,仍被归于诸子之列。这意味着扬雄必须面对时人

---

① [清]唐晏著,吴东民点校:《两汉三国学案》,北京:中华书局,1986年,第530页。
② 徐复观:《两汉思想史》第3册,第195页。
③ 参见金春峰:《汉代思想史(增补第三版)》,第250—255页。
④ 徐复观:《两汉思想史》第2册,第466页。

所谓"子小诸子,孟子非诸子乎"的质疑。扬雄指出:"诸子者,以其知异于孔子者也。孟子异乎?不异。"(《法言》12·4)以诸子与孔子之异厘定孟子与孔子之同,需要扬雄对孟子何以"异乎不异"进行深入论证。一方面,如同《君子》所说:"或问:孟子知言之要,知德之奥?曰:非苟知之,亦允蹈之。"(《法言》12·4)对于孔子的言说与德行,扬雄认为孟子不仅知其要奥,而且身体力行。另一方面,如同《问明》所说:"孟子疾过我门而不入我室。"(《法言》6·4)扬雄之语出自《孟子》14·37所载孔子之言:"过我门而不入我室,我不憾焉者,其惟乡原乎!"孟子继承孔子的卫道意识,得以在"杨墨塞路"的复杂时代中,力辟异端,捍卫正统,从而与孔子"异乎不异"。扬雄认为孟子是孔子思想的真正传人。

"孔孟一体"是扬雄儒学史观的重要内容。然而,这一儒家定位因其解构了司马迁以来的"孟荀齐号"范式,而与固有的思想史传统大异其趣。在西汉人眼中,孟子的地位至多只与荀子相当,荀子的地位在某种意义上甚至高于孟子。清代学者汪中的《荀卿子通论》曾说:"盖自七十子之徒既殁,汉诸儒未兴,中更战国、暴秦之乱,《六艺》之传赖以不绝者,荀卿也。周公作之,孔子述之,荀卿子传之,其揆一也。"① 梁启超禀承汪说,亦指出:"汉代经师,不问为今文家古文家,皆出荀卿(汪中说)。"② 这并不全是尊荀学者的杜撰,因为《法言》那里就有佐证。以《君子》为例,人们曾问扬雄:"孙卿非数家之书,倪也。至于子思、孟轲,诡哉!"一倪一诡,实为一褒一贬。扬雄的态度则是:"吾于孙卿与?见同门而异户也。惟圣人为不异。"(《法言》12·5)荀子属于儒家(同门),但他与孔子是不同的(异户),这表明《法言》没有苟同时人的看法。"惟圣人为不异"一语最是意味深长:只有圣人与圣人才会一致,即是认为只有孟子才与孔子一样,因此孔子、孟子都是圣人。这句话亦是夫子自道,透露了扬雄以当代孟子自

---

① [清]汪中著,田汉云点校:《新编汪中集》,扬州:广陵书社,2005年,第412页。
② 梁启超:《清代学术概论》,第76页。

居的个中消息。

扬雄认为荀子与孔子"同门异户",而孟子与孔子"异乎不异"。这种尊孟抑荀的儒学史观与其"窃比孟子"的人文情怀互为表里。如果不考虑万章、公孙丑那群忠实追随孟子的学生,那么,放眼战国至西汉的思想史传统,像扬雄如此崇尚孟子人格、提升孟子地位的思想家可谓前所未有。

扬雄是否就盲目照搬孟子的思想呢?显然不是,他甚至对孟子的许多重要观点做过批评。例一,孟子执著地相信人性善,扬雄认为:"人之性也善恶混。修其善则为善人,修其恶则为恶人。气也者,所以适善恶之马也与?"(《法言》3·2)蔡元培(1868—1940)认为此论"较孟、荀为圆足"①,但它与孟子有着本质的不同。徐复观指出:"扬雄推尊孟子,但在心性的根源之地,却全未受孟子由心善以言性善的影响,而另创为新说。因此,其论学多本于荀子而远于孟子。"②例二,孟子认为"五百年必有王者兴"(《孟子》4·13),扬雄认为:"尧、舜、禹,君臣也,而并;文、武、周公,父子也,而处;汤、孔子,数百岁而生。因往以推来,虽千一不可知也。"(《法言》8·1)这一批判后来被《论衡·刺孟》加以发挥。与司马迁一样,扬雄尊孟也交织着学术理性与人文情感的两难选择——"尚智"的品格使得《法言》在精神上尊孟、在理性上"多本于荀子"。思想家的思想复杂性由此可窥一斑。

思想史的复杂性同样不能放过。"窃比孟子"的扬雄,被同代人称作"西道孔子""东道孔子"③。宋代文豪司马光曾注《法言》,其《说玄》一文写

---

① 参见蔡元培:《中国伦理学史》,北京:东方出版社,1996年,第65页。
② 徐复观:《扬雄论究》,氏著:《两汉思想史》第2册,第473页。
③ 《意林》卷三《新论十七卷》(桓谭撰)指出:"张子侯曰:'扬子云,西道孔子也,乃贫如此。'吾应曰:'子云亦东道孔子也。昔仲尼岂独为鲁孔子?亦齐、楚圣人也。'"([唐]马总编撰,王天海、王韧校释:《意林校释》上册,北京:中华书局,2014年,第326页)按:此条见《桓谭新论》卷一五《闵友篇》。朱谦之指出:"《文选》卷四十六任彦升《王文宪集序》注引扬雄与桓谭书云:'望风景附,声训自结。'盖二贤之相许如此。"([汉]桓谭撰,朱谦之校辑:《新辑本桓谭新论》,北京:中华书局,2009年,第62页)

道:"呜呼,扬子云真大儒者邪!孔子既没,知圣人之道者,非子云而谁?孟与荀殆不足拟,况其余乎!"① 北宋的孙复(992—1057)指出:自汉至唐,"至于始终仁义、不叛不离者,惟董仲舒、杨雄、王通、韩愈而已"。② 扬雄崇高的思想史地位维持了足足千年,但无人料到它在朱熹的手上毁于一旦。《法言·孝至》对于篡夺汉代江山的王莽(前45—23)颇有溢美之词,又因扬雄写过《剧秦美新》一文歌颂王莽受命,所以朱熹的《通鉴纲目》将扬雄贬称为"莽大夫"③。正是这一"三字狱",如同任继愈(1916—2009)所说,"从此扬雄再也没有翻身"④。扬雄未能像孟子那样对于思想异端、政治丑剧"辞而辟之",因而在复杂而又公正的思想史传统中得此结局,委实令人唏嘘。

四、《论衡》与孔孟一体化

《论衡》是东汉著名思想家王充唯一流传下来的著作。《四库全书总目》卷一二〇提要《论衡》指出:"此所以攻之者众,而好之者终不绝欤。"⑤ 不管"攻之"还是"好之",《论衡》的坎坷历史命运都与《问孔》《刺孟》两文最早对孔、孟言行进行联袂批判密切相关。

余英时曾将王充称作"晚汉思想界之陈涉"⑥。王充为何写下《问孔》《刺孟》?理由就在于其"疾虚妄""归实诚"的文化学术评论态度。正如《问孔》所说:

---

① 《司马光集》卷六八,[宋]司马光撰,李文泽、霞绍晖校点整理:《司马光集》第3册,成都:四川大学出版社,2010年,第1404页。
② [宋]孙复:《孙明复先生小集·与张洞书》,四川大学古籍整理研究所编:《宋集珍本丛刊》第3册,北京:线装书局,2004年,第168页上栏。按:"杨""扬"相通。
③ 参见[宋]朱熹撰,[清]圣祖批:《御批资治通鉴纲目》卷八上,《景印文渊阁四库全书》第689册,第500页上栏。
④ 参见任继愈:《扬雄法言注序》,[汉]扬雄撰,韩敬注:《法言注》,第1页。
⑤ [清]永瑢等:《四库全书总目》上册,第1033页上栏。
⑥ 参见余英时:《汉晋之际士之新自觉与新思潮》,氏著:《士与中国文化》,第325页。

世儒学者,好信师而是古,以为贤圣所言皆无非,专精讲习,不知难问。夫贤圣下笔造文,用意详审,尚未可谓尽得实,况仓卒吐言,安能皆是?不能皆是,时人不知难;或是,而意沉难见,时人不知问。案贤圣之言上下多相违,其文前后多相伐者,世之学者,不能知也。①

言说(言)与书写(文)是表达思想(意)的两种基本方式。它们能否逼近主体的真实意图、体现思想的真理性,这是王充之前的思想家们关注的问题。仅以儒家而论,孔子说过"书不尽言,言不尽意"(《周易·系辞上》)②,孟子倡导"尽信《书》,则不如无《书》"(《孟子》14·3),扬雄认为"言不能达其心,书不能达其言,难矣哉"(《法言》5·13),这些说法已经自觉意识到言说与书写具有不可避免的局限。王充对于孔、孟"上下多相违"的言说与"前后多相伐"的书写予以问难,亦是这一思想史传统使然。孔孟儒学解读诗书的批判性传统往往是对思想异端"辞而辟之",其论述难免是零碎而不太成系统的。相比之下,王充这两篇著名的论文对《论语》《孟子》的失实、相违之处做过比较集中的批判。

王充的批判很集中,这是一面;而其断章取义很明显,又是一面。例一,孔子答子贡问政,认为信用最重要(《论语》12·7);答冉有问政,认为富裕是基础(《论语》13·9)。《问孔》认为这两条材料反映了孔子言论的前后矛盾性③。其实,孔子在"足兵、足食、足信"的异常选择中,最后保留"足信",是讲价值判断的轻重;在"庶之、富之、教之"的实践常态中,比较关注"富之",是讲操作顺序的先后。《问孔》却说:"语冉子先富而后教之,教子贡去食而存信,食与富何别?信与教何异?二子殊教,所尚不同。孔子为

---

① 黄晖:《论衡校释(附刘盼遂集解)》第2册,第395页。
② [清]阮元校刻:《十三经注疏(附校勘记)》上册,第82页下栏。
③ 参见黄晖:《论衡校释(附刘盼遂集解)》第2册,第422—423页。

国,意何定哉?"① 这显然没有领悟到孔子针对非常态、常态而有不同言说的深意。例二,《孟子》开篇,孟子答梁惠王的主旨是"何必曰利"(《孟子》1·1)。王充认为:利有货财之利、安吉之利两类。假如梁惠王所谓"利"是指安吉之利,孟子答以货财之利便是武断的。这一逻辑分析未尝没有道理,但《刺孟》认为"而孟子答以货财之利,失对上之指,违道理之实也"②,就丝毫没有考虑到战国诸侯争霸主之名、逐土地之利的历史情势,也不可能像司马迁那样体会到孟子"绝惠王利端"的道德理想主义情怀。质言之,在这一联袂批判中,常常见到王充的逻辑推理有悖于人们的历史经验,其判断因而无法洞察孔、孟的文化用意。

正因《问孔》《刺孟》两文固有的理论缺失,劳思光(1927—2012)认为:"然今观其书,则态度虽明显,理论却浮浅脆弱;对先秦诸家之深切处均无了解,又不能自成一系统,仅可看作一堆批评意见及质疑之语。"③ 徐复观的《王充论考》一文尖锐地批评:"……在王充的生命中,完全缺乏艺术感、幽默感。不仅文献中凡稍带有艺术气氛的陈述,他都不能感受,有如《语增》《儒增》《艺增》诸篇中所争辩的问题,皆属于这一类。并且稍带偶然性的、幽默性的纪录,他也全不理解。"④ 在尊孔尚孟的历史语境中,王充的文化罪名比现代评论者的批评要严重得多。宋代刘章(1098—1177)的《刺〈刺孟〉》固不待言,清代学者赵坦(?—1823)指出:"周秦而下,诸子百家杂出,以淆圣人之道。背仁义者,莫若申、韩。至充之《论衡》,则又甚焉。呜呼!敢于问孔、刺孟,则无所不用其悍戾矣。"⑤ 乾隆皇帝(1711—1799,在位

---

① 参见黄晖:《论衡校释(附刘盼遂集解)》第 2 册,第 423 页。
② 同上书,第 451 页。
③ 劳思光:《中国哲学史》第 2 册,台北:三民书局股份有限公司,1981 年,第 125 页。
④ 徐复观:《两汉思想史》第 2 册,第 543—544 页。
⑤ [清]赵坦:《保甓斋文录》卷上《书〈论衡〉后》,《清代诗文集汇编》编纂委员会编:《清代诗文集汇编》第 479 册,上海:上海古籍出版社,2010 年,第 312 页下栏。按:《保甓斋文录》又作《宝甓斋文录》(参见钱仲联主编:《中国文学家大辞典·清代卷》,北京:中华书局,1996 年,第 577 页左栏)。

时间为1736—1796)指出:"孔、孟为千古圣贤,孟或可问而不可刺,充则刺孟而且问孔矣。此与明末李贽之邪说何异?"①帝王化儒学将王充当作前接申韩、后启李贽的儒学罪人,卫道士能不"攻之者众"吗?

仅以《问孔》《刺孟》两文评价王充儒学观的做法,未必是全面的。通观《论衡》,无人能够否认王充对于孔子、孟子的评价极高。尽管孔子的言说与书写不一定尽善尽美,但"孔子,圣人也"②、"孔子之《春秋》,素王之业也"③,其立德、立言是人文知识分子取法的楷模,而"行与孔子比穷"④是王充的自我期许。对于孟子,《知实》认为"孟子,实事之人也"⑤,《佚文》认可"孟子相人以眸子焉,心清则眸子瞭"⑥,这与吹毛求疵的《刺孟》有着明显的不同。周桂钿指出:"总之,王充在《刺孟篇》外,对孟子的评价是基本肯定的,并引录很多孟子的话,说明王充对孟子颇感兴趣。"⑦这一评价是有道理的。

《论衡》全书对孔、孟评价较高,而《问孔》《刺孟》咄咄逼人,两者真的自相矛盾吗?它们其实是王充儒学观相辅相成的两个有机组成部分。徐复观曾将汉代学术界分为博士学术系统、自由学派两块,认为它们都尊经尊孔,但自由学派主张理性判断、轻视师法传承,重视先秦诸子并给予其重要地位⑧。跟扬雄、桓谭(前23?—56)一样,王充也属于自由学派。王充对孔、孟评价极高,不难理解;而他问难孔、孟,则与自由学派将孔子由神还原为人的大思路相一致。就此而论,清初熊伯龙(1617—1669)所谓"《问

---

① 转引自《论衡校释》附编三《论衡旧评》,黄晖:《论衡校释(附刘盼遂集解)》第4册,第1245页。
② 《论衡·定贤》,黄晖:《论衡校释(附刘盼遂集解)》第4册,第1121页。
③ 《论衡·超奇》,黄晖:《论衡校释(附刘盼遂集解)》第2册,第609页。
④ 《论衡·自纪》,黄晖:《论衡校释(附刘盼遂集解)》第4册,第1205页。
⑤ 黄晖:《论衡校释(附刘盼遂集解)》第4册,第1095页。
⑥ 黄晖:《论衡校释(附刘盼遂集解)》第3册,第868页。
⑦ 周桂钿:《虚实之辨——王充哲学的宗旨》,北京:人民出版社,1994年,第264页。
⑧ 参见徐复观:《王充论考》,氏著:《两汉思想史》第2册,第536—537页。

孔》《刺孟》二篇,小儒伪作,断非仲任之笔"①,这类"好之者"的袒护似无必要。

从汉代孟学史看,强化"孔孟一体"范型、消解"孟荀齐号"范式是《论衡》重要的思想史意义。王充经常孔孟联称,从"孔子称命,孟子言天"②到"孔子圣人,孟子贤者"③,亦如扬雄那样意识到孟子与孔子的"异乎不异"。他对于孔子、孟子各以专文问难,就与"孔孟一体"的儒学史见解密不可分。盖因"武器的批判"必须是被批判的武器值得批判,而且不低于被批判的水平。王充以正、反方式凸显"孔孟一体"范型,未必能在整体上与《法言》相提并论。但是,王充在强化这一范型的同时,亦有意消解固有的"孟荀齐号"范式。这方面的典型例证不是《本性》"孙卿之言,未为得实"④的理论批评,不是《别通》"邹衍之徒,孙卿之辈"⑤的讥贬称谓,而是见于《对作》的开篇。王充以时人所谓"上自孔、墨之党,下至荀、孟之徒,教训必作垂文,何也"⑥设问,其中的"荀孟"之称说明:战国末期"受时王之宠,尊显于世"的荀子,到了东汉初年的人们那里,其地位仍然高于孟子。王充的回答只讲了孔、墨、孟、韩与陆贾、桓谭,却只字未提荀子,这是令人深思的。《论衡》涉及荀子的地方只有寥寥数处,涉及孟子的地方比比皆是,这是王充有意尊孟抑荀的内证。王充强化"孔孟一体"范型、消解"孟荀齐号"范式,起到了提升孟子地位的客观作用。

在儒家战线上,韩愈对于王充提升孟子地位的客观作用认识得较为中肯。他没有因为自身的尊孟立场,就像后世的卫道士那样,视王充为"非圣无法"的洪水猛兽,而是将他当作后汉三贤之一(另两位是王符、仲长统)予

---

① 《无何集》卷首《读论衡说十一段》第一段,[清]熊伯龙:《无何集》,北京:中华书局,1979年,第9页。
② 黄晖:《论衡·自纪》,《论衡校释(附刘盼遂集解)》第4册,第1190页。
③ 黄晖:《论衡·命禄》,《论衡校释(附刘盼遂集解)》第1册,第24页。
④ 黄晖:《论衡校释(附刘盼遂集解)》第1册,第138页。
⑤ 黄晖:《论衡校释(附刘盼遂集解)》第2册,第604页。
⑥ 黄晖:《论衡校释(附刘盼遂集解)》第4册,第1177页。

以赞美①。宋代以降,儒学加速了孔孟一体化的理论建构,或许亦与王充的联袂批判有着千丝万缕的关联。如果他们能像韩愈那样中肯地思考王充与儒学的关系,王充其人、《论衡》其书的文化命运是否会有另一种面貌呢?既往的思想史无法改写,但我们今天重新梳理思想史传统,韩愈式的态度是可资借鉴的。

汉代孟学史包括《孟子》传记博士、孟学思想史、《孟子》章句学三个层面。我们对孟子与汉代思想史进行散点透视,属于汉代孟学思想史层面。这是一部孟子逐步摆脱荀子、靠近孔子的思想史。这种提升孟子地位的思想史努力未必能够彻底颠覆汉代那种孟荀齐号乃至荀高于孟的思想定势,但它对唐宋间的孟子升格、《孟子》升经运动产生的历史影响是毋庸置疑的。在汉代孟学史的三个组成部分中,孟学思想史特殊的历史作用值得现代评论者特别关注。

---

① 《文集》卷一《后汉三贤赞(三首)》,[唐]韩愈著,钱仲联、马茂元校点:《韩愈全集》,第135—136页。

中国佛教史上第一篇孟子学文献[*]
——《牟子理惑论》新探

目前的《牟子理惑论》研究,文献学考注远远多于思想史阐释,对《牟子理惑论》与孟子的相互关系予以专题研讨者尚属阙如。如何论证《牟子理惑论》是中国佛教史上第一篇孟子学文献?这一问题涉及《牟子理惑论》与孟学史两个领域,需要文献学考注与思想史阐释双管齐下,博采众家之说而又合乎历史与逻辑地断以己意。

一、成书于东汉末年

自从明代胡应麟(1551—1602)的《四部正伪》与《双树幻钞》发起质疑[①]以来,《牟子理惑论》研究当中一直弥漫着真伪之辨、成书年代之辨、作

---

[*] 原载《湖南大学学报(社会科学版)》2013年第5期,第12—18页。
[①] 《少室山房笔丛》丁部卷三二《四部正伪下》指出:"《弘明集》有《牟子论》三十七篇,题汉末牟融撰。案:《隋志》儒家有《牟子》二卷,称汉太尉牟融。考《后汉书》有融传,在汉明前,其时佛法固未入中国。今其书已亡。而《弘明·牟子论·序》称:'灵帝时遭世乱离,著书不仕,精研佛道,撰《理惑论》三十七篇。'其非儒家《牟子》明甚。且隋、唐诸《志》并无此书。尝疑六朝晋、宋间文士因儒家有《牟子》,伪撰此论以佐右浮屠。读其文虽猥浅,而词颇近东京。意原录《释藏》中,故《隋志》不载,若《参同契》之属。然伯阳姓名,唐以前传记昭灼,而融诸论绝不闻援引,竟可疑也。"([明]胡应麟:《少室山房笔丛》,上海:上海书店出版社,2001年,第318页)胡氏质疑,又见《少室山房笔丛》癸部卷四七《双树幻钞中》(同书,第490页)。

者之辨，既积累了许多成果①，也让人有无所适从之感。不解决这些问题，自然难以从时代的角度考量《牟子理惑论》在佛教史、三教关系史以及孟学史上独特的理论贡献。我们认为《牟子理惑论》成书于东汉末年，并称其作者为牟子（又称牟融）。

《牟子理惑论》最早收入南朝宋明帝在位时期（465—471）陆澄（425—494）编的《法论》，但此书已佚。据僧祐（445—518）编《出三藏记集》卷一二《宋明帝勅中书侍郎陆澄撰法论目录序第一》可知，此文收入《法论》第14帙《缘序集》；陆澄又言："《牟子》不入《教门》，而入《缘序》，以特载汉明之时，像法初传故也。"②梁武帝天监年间（502—519），僧祐编《弘明集》，将《牟子理惑论》列为卷一首篇，当是对其成书于东汉的肯定。唐代湛然（711—782）的《止观辅行传弘决》卷五之一指出："后汉灵帝崩后，献帝时有牟子深信佛宗，讥斥庄、老，著论三卷，三十七篇。"③这里比较明确地认为《牟子理惑论》成书于献帝（189—220）时期。南宋末年释家志磐（生卒年不详）的《佛祖统纪》卷三五《法运通塞志二》将《牟子理惑论》定为献帝初平二年（191）成书④。东汉自东汉，但系年太确切，倒显得拘泥。

1920年，著名汉学家伯希和（Paul Pelliot, 1878—1945）发表《牟子理惑论》法文译本及长文《牟子考》。就牟子其人其书的年代问题，《牟子考》指出：

避难诸人之中，有应特予注意者，厥为牟子。牟子之为何人？

---

① 参见刘立夫：《弘道与明教——〈弘明集〉研究》第6章补论三《关于〈牟子理惑论〉的著作年代》，北京：中国社会科学出版社，2004年，第267—281页；李小荣：《〈弘明集〉〈广弘明集〉述论稿》第1章《〈牟子理惑论〉再检讨》，成都：巴蜀书社，2005年，第1—45页。
② ［南朝梁］释僧祐撰，苏晋仁、萧錬子点校：《出三藏记集》，北京：中华书局，1995年，第445、429页。
③ ［唐］湛然：《止观辅行传弘决》，《大正新修大藏经》第46卷，台北：佛陀教育基金会出版部，1990年，第279页上栏。
④ 参见［宋］志磐：《佛祖统纪》，《大正新修大藏经》第49卷，第331页上栏—中栏。

吾人仅据《牟子》原序知之。其人或者生于昔之苍梧、今之梧州。灵帝崩后（公元一八九），将母避世交趾。年二十六，归苍梧娶妻。其后未久，参加若干事变。吾人参考旁证，可以位其事于一九四至一九五年。则牟子之生年似在一六五至一七〇年之间矣。牟子避居交趾之时，锐志于佛道，世俗之徒虽多非之，然其信仰不变，遂撰《牟子理惑论》而证解之。其名因以传于今日。①

余固不敢断言牟子所言之时代确为其撰述之年代。但吾人应讨论者，司马帛洛君主张之说，是否可以采用也。其说一方面承认序文之真，又一方面因文句有类《太子瑞应本起经》，而以撰年在二二五年之后。牟子之年岁似不足为考订之障碍。盖其生于一六五至一七〇年之间，则在二二五年时，其年最高不过六十也。第若细审《牟子》之文，其辩论似由一青年之人为之，而尚保存其前此信仰之纪念者也。再若细审序文，牟子于三十年后志其青年时所经之事，似无理由。例如汉亡分为三国，牟子略而不言，乃反言及三十年前豫章太守被杀之旧事，似无是理。余以为中国佛教史籍根据序文所言之事，而定《牟子》撰述之年，实有理由。盖或者序文是真，而《牟子》确为二世纪末年之撰述；或者全书皆伪，其伪造之时不特可谓在二二五年之后，亦可谓其在四五世纪之中。②

伯希和立足于原著，考订牟子生于165—170年间，推定《牟子理惑论》成书于2世纪末年。这两个结论是谨慎可靠的。当然，设定《牟子理惑论》成书于东汉末年，又比严格限定为2世纪末年，更合乎常理一些。另外，后

---

① 〔法〕伯希和著，冯承钧译：《牟子考》，周叔迦辑撰，周绍良新编：《牟子丛残新编》，北京：中国书店，2001年，第93页。
② 同上书，第96—97页。

人也可能改窜过《牟子理惑论》。正如陈垣(1880—1971)所言:

> 《理惑》文中数称"佛经""佛道","佛"之名称,为后汉末所无,当时概称"佛"为"浮屠"。假定今本《牟子理惑》为真后汉时作,亦必经后人改窜,不尽原文也。明末天主教人著书,恒译"天主"为"上帝",自康熙时,教廷禁称"上帝",教会翻刻明末书籍,遂悉将"上帝"等字改为"天主",亦其例也。[1]

《牟子理惑论》在汉代佛教史上,有其重要的文献学价值、思想史价值。周叔迦(1899—1970)是《牟子理惑论》研究大家,其《牟子丛残序》云:"然则汉人所著典籍之论及佛道者,唯此篇耳,不可以不传。"[2]汤用彤(1893—1964)的名著《汉魏两晋南北朝佛教史》第4章认为:"汉代佛教,附庸方术。魏晋释子,雅尚《老》《庄》。牟子适为过渡时代之人物。则牟子《理惑论》者,为中国佛教史上重要之一页也。"[3]《中国佛学人名辞典》称牟子"为我国著论弘化之第一人"[4],足以信从!

二、汉代浮屠、黄老为一家

初传之际,佛教如何看本土的儒、道两家?具体到《牟子理惑论》,它如何看三教关系?任继愈指出:"《牟子》认为佛教与中国封建社会的传统思想并无根本对立,其总的思想倾向具有鲜明的佛教、道家、儒家一致,特别是佛教、道家一致的观点。"[5]《牟子理惑论》为何特别认为佛、道相一致呢?这需

---

[1] 陈垣:《中国佛教史籍概论》,北京:中华书局,1962年,第52页。
[2] 周叔迦辑撰,周绍良新编:《牟子丛残新编》,第3页。
[3] 汤用彤:《汉魏两晋南北朝佛教史》,北京:商务印书馆,2015年,第66页。
[4] 比丘明复编:《中国佛学人名辞典》,北京:中华书局,1988年,第118页。
[5] 任继愈主编:《中国佛教史》第1卷,北京:中国社会科学出版社,1981年,第204页。

要联系"汉代浮屠、黄老为一家"①那段历史来看。

据《后汉书》记载,东汉有两位名人敬奉浮屠、黄老,先是汉明帝(28—75)的异母兄弟楚王刘英(生卒年不详),后是汉桓帝(132—167)。《光武十王列传》楚王英本传指出:"英……晚节更喜黄老,学为浮屠斋戒祭祀。"又引诏报:"楚王诵黄老之微言,尚浮屠之仁祠……"②《孝桓帝纪》论曰:"前史称桓帝……设华盖以祠浮图、老子,斯将所谓'听于神'乎!"③《西域传》"天竺国"条指出:"楚王英始信其术,中国因此颇有奉其道者。后桓帝好神,数祀浮图、老子,百姓稍有奉者,后遂转盛。"④

人们常说"黄老于汉"⑤,足见黄老对汉代人的影响极深。汉代浮屠、黄老为一家,实有主宾、强弱之分:黄老为主、为强,浮屠为宾、为弱。佛教初来乍到,为自身发展计,暂时依附于深厚强大的黄老本土传统,这也是文化传播的常规。但是,这样做有个致命后果,就是强大了他者、淹没了自己。汤用彤指出:"汉代佛教,历史材料甚少,极为难言。但余极信佛教在汉代不过为道术之一。华人视之,其威仪义理或有殊异,但论其性质,则视之与黄老固属一类也。"⑥人们拿黄老看佛教,佛教自身的发展也就成了大问题。

黄老之中,神仙家求福气、求长生,尤其受到社会各阶层的青睐。牟子所在的交州也不例外,有关士燮(137—226)晚年及身后的两个传说可资佐证。《三国志》卷四九《吴书四》士燮本传注引葛洪(283—363)《神仙传》指出:"燮尝病死,已三日。仙人董奉以一丸药与服,以水含之,捧

---

① 《过庭录》卷一二有"汉代浮屠黄老为一家"条,参见[清]宋翔凤撰,梁运华点校:《过庭录》,北京:中华书局,1986年,第200—202页。
② [南朝宋]范晔撰,[唐]李贤等注:《后汉书》第5册,第1428页。
③ [南朝宋]范晔撰,[唐]李贤等注:《后汉书》第2册,第320页。
④ [南朝宋]范晔撰,[唐]李贤等注:《后汉书》第10册,第2922页。
⑤ 韩愈的《原道》《读荀》均有此语,参见[唐]韩愈著,钱仲联、马茂元校点:《韩愈全集》,第120、128页。
⑥ 汤用彤:《汉魏两晋南北朝佛教史》,第88页。

其头摇（捎）[消]之。食顷，即开目动手，颜色渐复。半日能起坐，四日复能语，遂复常。奉字君异，侯官人也。"① 此即"董奉活燮"一典，但必非真事，盖因董奉（220—280）不可能六七岁就救士燮。士燮信神仙家吗？《大越史记全书外纪》卷三《士王纪》有云："世传王既葬之后至晋宋，凡百六十余年。林邑人入寇，掘发王塚，见其体面如生，大惧，乃复封瘗。士人以为神，立庙事之，号士王僊。盖其英气不朽，所以能为神也。神祠在旧城龙编。"② 死后一百六十多年尚且体面如生，似乎可证士燮生前注重养生；越南人将士燮当成"神"，称为"士王僊（仙）"，则士燮已被打造为神仙家！

牟子的时代，神仙家同样活跃。汉灵帝189年驾崩，时局动荡，只有偏远的交州还算安定。很多神仙家南下避难，不少交州人向他们学习。这时，牟子已经皈依佛法，但佛教的社会影响显然不大，人们对其知之甚少。因而，牟子自设宾主、一问一答，写成《牟子理惑论》。就其写作动机，《佛祖统纪·法运通塞志二》指出："苍梧儒生牟子，因世乱，无仕官意，锐志佛道，而世多非之，乃制《理惑论》以为劝。"③ 就其文体形式，伯希和指出："《牟子理惑论》，一种问答之文也。假设一人作种种之问难，而由牟子作胜利之答辩，终致问难之人感化，归依佛法。此类撰述，在牟子之前尚未见有先例。中国古代子书固常有问答之词，然无此类定式问答之体。"④

既要问得好，又要答得好，实为佛教如何自立及其中国化的问题。自立是中国化的前提，中国化是自立的实现。不自立，中国化无从谈起；不中国

---

① [晋]陈寿撰，[南朝宋]裴松之注，陈乃乾校点：《三国志》第5册，北京：中华书局，1982年，第1192页。
② 陈荆和编校：《（校合本）大越史记全书》上册，东京：东京大学东洋文化研究所附属东洋学文献中心刊行委员会，1985年，第133页。
③ [宋]志磐：《佛祖统纪》，《大正新修大藏经》第49卷，第331页上栏。
④ [法]伯希和著，冯承钧译：《牟子考》，周叔迦辑撰，周绍良新编：《牟子丛残新编》，第93—94页。梁启超的《牟子理惑论辨伪》针锋相对地指出："此书文体，一望而知为两晋、六朝乡曲人不善属文者所作，汉贤决无此手笔。稍明文章流别者自能辨之。"（周叔迦辑撰，周绍良新编：《牟子丛残新编》，第78页）

化，自立亦是一句空言。自立与中国化相辅相成，缺一不可。牟子身兼问、答二职，不仅得掌握必备的佛教知识，而且得对中国传统典籍信手拈来。有论者指出：《牟子理惑论》引中国传统典籍至少有28种，其中就有《孟子》[①]。由此，《牟子理惑论》究竟如何看孟子，如何以孟援佛，需要我们立足于文献学考注，并加以合乎历史与逻辑的思想史阐释。

三、实名涉孟语句6例

《牟子理惑论》大约一万字，实名的涉孟语句[②]有6例（以下首次引用时，对各例中的"孟子""孟轲"字样加上边框，以一目了然），涉及距杨墨（凡2例；据出现的先后，为第1、6例）、辨夷夏（凡3例；据出现的先后，为第2、3、4例）、权时地（凡1例；据出现的先后，为第5例）等内容。

（一）距杨墨

且看《牟子理惑论》开篇[③]所言：

[①] 参见吴勇：《试论〈牟子理惑论〉之真伪》，《宗教学研究》2007年第2期，第72页。就中国传统典籍一面而言，《牟子理惑论》究竟引过哪些书，又如何引（是实名引用还是匿名引用），需要人们详细考证。《弘道与明教——〈弘明集〉研究》附录《〈弘明集〉用典考注》，其中《牟子理惑论》部分凡175条，可资参考（参见刘立夫：《弘道与明教——〈弘明集〉研究》，第284—306页）。

[②] 实名引用、显性—匿名引用、隐性—匿名引用这套分析工具，乃笔者所建构，借以对汉唐孟学史上的思想家及其他人士怎样理会孟子、接受程度如何等情形，予以最大限度的计量化解析，进而祛除因主观臆测造成的治学陋习。"实名涉孟"等等，乃其简称。相关成果，参见杨海文：《中国思想史上的"引用"：以〈新语〉引孔孟荀为例》，《福建论坛（人文社会科学版）》2012年第1期，第73—76页；杨海文：《贾谊〈新书〉对孟荀的显性—匿名引用》，《中山大学学报（社会科学版）》2012年第5期，第150—161页；杨海文：《孟子与"初唐四杰"》，《中华读书报》2012年9月19日，第15版《国学》。

[③] 《牟子理惑论》的文本结构为：篇首类似《序》；其后37篇，为主体部分；篇末类似《跋》。多家点校本之中，据笔者所见，仅有周叔迦点校的《牟子理惑论一卷》就各篇予以数目字标识，并将《跋》标识为第38篇（周叔迦辑撰，周绍良新编：《牟子丛残新编》，第1—24页）。本文引《牟子理惑论》，均据《弘明集》卷一（[南朝梁]僧祐：《弘明集》，上海：上海古籍出版社，1991年，第1—7页；该书与[唐]道宣《广弘明集》合为一册），并加以标点符号。该书未对各篇及序、跋给予标识，本文引用从其例。

牟子既修经传诸子，书无大小，靡不好之。虽不乐兵法，然犹读焉。虽读神仙不死之书，抑而不信，以为虚诞。是时灵帝崩后，天下扰乱。独交州差安，北方异人咸来在焉，多为神仙辟谷长生之术，时人多有学者。牟子常以《五经》难之，道家术士莫敢对焉，比之于孟轲距杨朱、墨翟。①

《牟子理惑论》无"黄老"一词。它将三教关系具体化为："尧、舜、周、孔，修世事也；佛与老子，无为志也。""于是锐志于佛道，兼研《老子》五千文。""《五经》则五味，佛道则五谷矣。吾自闻道已来，如开云见白日，炬火入冥室焉。"②尧、舜、周、孔为一边，佛与老子为另一边，表明牟子已将神仙不死之书、辟谷长生之术从老子那里分离开来，老子自老子，神仙家自神仙家，神仙家才是真正要被批判的对象。牟子如何批神仙家呢？受课题所限，我们对其"武器的批判"不予考察③，但由"比之于孟轲距杨朱、墨翟"可知，其"批判的武器"正是孟子的"距杨墨"思想。

《牟子理惑论》又云："昔杨、墨塞群儒之④路，车不得前，人不得步，孟轲辟之，乃知所从。"⑤尽管这里对孟子距杨墨的历史作用有些夸张，但它何尝不是牟子对自己寄予的厚望呢？孟子说过："能言距杨、墨者，圣人之徒也。"（《孟子》6·9）《牟子理惑论》说佛为太子时，"有三十二相，八十种好，身

---

① ［南朝梁］僧祐：《弘明集》，第1页中栏—下栏。
② 同上书，第3页中栏、第1页下栏、第5页中栏。
③ 神仙家讲长生不老，《牟子理惑论》讲魂不灭："魂神固不灭矣，但身自朽烂耳。身譬如五谷之根叶，魂神如五谷之实。根叶生必当死，种实岂有终亡？得道身灭耳。"（［南朝梁］僧祐：《弘明集》，第3页中栏—下栏）又讲善恶报应："有道虽死，神归福堂；为恶既死，神当其殃。"（同上书，第3页下栏）这两个观念均较为简单，盖因佛教初传时期仅此水平而已。尔后，魏晋讲（消极的）三界轮回，南北朝讲（积极的）佛性论（参见刘梁剑：《"形神"不定：魏晋南北朝思想的一个面向》，《中山大学学报［社会科学版］》2013年第3期，第133—139页）。
④ "之"，原文作"子"，此据周叔迦本《牟子理惑论》第33篇校改（参见周叔迦辑撰，周绍良新编：《牟子丛残新编》，第22页）。
⑤ ［南朝梁］僧祐：《弘明集》，第4页中栏。

长丈六,体皆金色,顶有肉髻,颊车如师子,舌自覆面,手把千辐轮,顶光照万里"①。牟子批神仙家,也是要成为此佛之徒!

(二)辨夷夏

从实名涉孟语句的数量看,《牟子理惑论》以下一章最为集中:

> 问曰:"孔子曰:'夷狄之有君,不如诸夏之亡也。'孟子讥陈相更学许行之术,曰:'吾闻用夏变夷,未闻用夷变夏者也。'吾子弱冠学尧、舜、周、孔之道,而今舍之,更学夷狄之术,不已惑乎!"
>
> 牟子曰:"此吾未解大道时之余语耳。若子可谓见礼制之华,而暗道德之实;窥炬烛之明,未睹天庭之日也。孔子所言,矫世法矣;孟轲所云,疾专一耳。昔孔子欲居九夷,曰:'君子居之,何陋之有?'及仲尼不容于鲁、卫,孟轲不用于齐、梁,岂复仕于夷狄乎?禹出西羌而圣喆,瞽叟生舜而顽嚚,由余产狄国而霸秦,管、蔡自河洛而流言。传曰:'北辰之星,在天之中,在人之北。'以此观之,汉地未必为天中也。佛经所说,上下周极,含血之类物,皆属佛焉。是以吾复尊而学之,何为当舍尧、舜、周、孔之道?金玉不相伤,随碧不相妨。谓人为惑,时自惑乎!"②

传统的夷夏之辨根深蒂固。孔子说过:"夷狄之有君,不如诸夏之亡也。"(《论语》3·5)孟子亦云:"吾闻用夏变夷者,未闻变于夷者也。"(《孟子》5·4)牟子过去学尧、舜、周、孔之道,现在却倒向佛教。问者觉得:这不迷失方向了吗?

牟子答曰:孔子所要矫正者,是夷狄有君主却不讲礼制法度;孟子所要

---

① [南朝梁]僧祐:《弘明集》,第2页上栏。
② 同上书,第3页下栏—4页上栏。

反对者,是将夷狄落后的礼制法度搬到先进的中国来用①。要是君子住到夷狄那里去讲礼制法度,又会如何? 牟子引《论语·子欲居九夷章》(《孟子》9·14)②,就是为了说明夷夏之辨不是僵死的地域之辨,而是君子在哪里,礼制法度就在哪里。即使鲁、卫不容孔子,齐、梁不用孟子,他们也会跑到夷狄那里去做官! 牟子又说:汉地不一定居于天下的中心,但时空中的一切均为佛法涵摄。我尊重佛法,学习佛法,有何不可? 更何况,我这样做的同时,并没有舍弃尧、舜、周、孔之道! 佛法与儒教并存,难道不好吗?

《牟子理惑论》这里对礼制、道德做出华(表象)、实(本质)之分,致使其夷夏观既包含极端义,又包含调和义。从极端义看,因为道德比礼制更重要,佛法比儒教更重要,故须以夷变夏;从调和义看,因为道德与礼制密不可分,佛法与儒教密不可分,故须夷夏并存。无论以夷变夏的极端义,还是夷夏并存的调和义,均迥异于孔孟讲的以夏变夷。孟学史不只是抄《孟子》、背《孟子》、"正确地"理会孟子的历史,而且也是"错误地"阐释孟子、创新并超越孟子的历史。从孟学史既是继承、也是发展的历史看,《牟子理惑论》对传统夷夏之辨的创新及超越,是孟学史的内在演进规律使然。

(三)权时地

先是问者的疑惑:"若佛经深妙靡丽,子胡不谈之于朝廷,论之于君父,修之于闺门,接之于朋友? 何复学经传,读诸子乎?"牟子回答:军营前摆祭器,朝廷上插彩旗,夏天穿狐皮大衣,冬天穿葛布夏衫,丽则丽矣,但丽得不是地方,也不是时候。同理,"故持孔子之术入商鞅之门,赍孟轲之说诣

---

① 孟子论夷夏关系,意为:"我只听说过用中国的礼制法度改变野蛮落后的国家,没有听说过用野蛮落后国家的礼制法度来改变中国。"《牟子理惑论》说"孟轲所云,疾专一耳",若解释为"孟轲那样说,是担忧人们只是片面地学习某一门学问",显然并不合乎孟子的本意。孟子讲"专一"但不"疾"。是故,"疾"字或非《牟子理惑论》原文,乃传抄之讹所致。又,若释"疾"为"猛烈",释"疾专一"为"让专一来得更猛烈些",则合孟子之意。
② 《论语》9·14原文为:"子欲居九夷。或曰:'陋,如之何?'子曰:'君子居之,何陋之有?'"

苏、张之庭,功无分寸,过有丈尺矣"。① 商鞅门下、苏(秦)张(仪)府上,岂是孔孟之徒能待而又待得住的地方? 如果硬要待在那里,别说建立分寸之功不可能,更会惹来丈尺之过!

牟子感到拿佛法来征服并改变中国的时机远远不够成熟,现在还得先掌握好中国自身的东西,为佛教的自立及其中国化做好前期准备工作。权其时,对于牟子"一人"而言,不是守株待兔,消极等待,而是积极有为,创造条件,等待机会。但是,对于"整个"佛教的自立及其中国化而言,时又与神秘莫测的天命相关,这就未必是渺小的个体所能把握的。孟子有言:"得之不得曰'有命'。"(《孟子》9·8)《牟子理惑论》亦云:"用不用自天也,行不行乃时也,信不信其命也。"② 两相对照,牟子与孟子对时命之辨的理解如出一辙:求在我者积极,求在外者消极。既积极又消极,化不可预测的消极于自己足以掌控的积极之中,正所谓"尽人事而听天命"。

《牟子理惑论》从距杨墨、辨夷夏、权时地三个方面实名地引论孟子,目的在于以孟援佛,借助传统的资源以彰显自己的思想。传统的资源属于支援意识,自己的思想属于集中意识;前者为末,后者为本。正如《佛祖统纪·法运通塞志二》所说:"当佛道未大行之日,而能为论,援三家之事义,比决优劣,以祛世惑,以御外侮。是殆大士示迹,如来之使也。"③ 回到孟学史,以上三个方面实亦孟子思想体系的重要内涵,再加上《牟子理惑论》极为自洽的阐释,牟子可谓深知而且善用孟子者。

四、显性—匿名涉孟语句 11 例

除实名涉孟语句 6 例外,《牟子理惑论》尚有显性—匿名涉孟语句 11 例[④],

---

① [南朝梁]僧祐:《弘明集》,第 4 页下栏。
② 同上书,第 5 页中栏。
③ [宋]志磐:《佛祖统纪》,《大正新修大藏经》第 49 卷,第 331 页中栏。
④ 《牟子理惑论》也有若干隐性—匿名的涉孟语句,这里不另讨论,盖因实名以及显性—匿名的涉孟语句足以说明本文的论题。

此亦牟子深知且善用孟子的体现。下面,我们依出现的先后次序,录出这些语句,并附以《孟子》原文,供读者参考:

[1—1]四师虽圣,比之于佛,犹白鹿之与麒麟,燕鸟之与凤凰也。(《牟子理惑论》)①

[1—2]麒麟之于走兽,凤凰之于飞鸟……类也。(《孟子》3·2)

[2—1]不孝莫过于无后。(《牟子理惑论》)②

[2—2]不孝有三,无后为大。(《孟子》7·26)

[3—1]娶妻之义,必告父母。舜不告而娶,以成大伦。(《牟子理惑论》)③

[3—2]万章问曰:"《诗》云:'娶妻如之何?必告父母。'信斯言也,宜莫如舜。舜之不告而娶,何也?"

孟子曰:"告则不得娶。男女居室,人之大伦也。如告,则废人之大伦,以怼父母。是以不告也。"(《孟子》9·2)

[4—1]伊尹负鼎干汤。(《牟子理惑论》)④

[4—2]万章问曰:"人有言:'伊尹以割烹要汤。'有诸?"(《孟子》9·7)

[5—1]礼,男女不亲授。嫂溺则授之以手,权其急也。(《牟子理惑论》)⑤

---

① [南朝梁]僧祐:《弘明集》,第2页下栏。
② 同上书,第3页上栏。
③ 同上书,第4页上栏。
④ 同上书,第4页上栏。
⑤ 同上书,第4页上栏;按:"嫂",原文作"娞"。

［5—2］男女授受不亲，礼也；嫂溺，援之以手者，权也。(《孟子》7·17)

［6—1］工输能与人斧斤绳墨，而不能使人巧。(《牟子理惑论》)①
［6—2］梓匠轮舆能与人规矩，不能使人巧。(《孟子》14·5)

［7—1］彼一时也，此一时也。(《牟子理惑论》)②
［7—2］彼一时，此一时也。(《孟子》4·13)

［8—1］柳下惠不以三公之位易其行。(《牟子理惑论》)③
［8—2］柳下惠不以三公易其介。(《孟子》13·28)

［9—1］师旷虽巧，不能弹无弦之琴。(《牟子理惑论》)④
［9—2］师旷之聪，不以六律，不能正五音。(《孟子》7·1)

［10—1］比其形，犹丘垤之与华、恒，涓渎之与江海。(《牟子理惑论》)⑤
［10—2］太山之于丘垤，河海之于行潦，类也。(《孟子》3·2)

［11—1］朱紫相夺，仲尼为之叹息。(《牟子理惑论》)⑥
［11—2］孔子曰："……恶紫，恐其乱朱也……"(《孟子》14·37)

---

① ［南朝梁］僧祐：《弘明集》，第4页上栏。
② 同上书，第4页中栏。
③ 同上书，第4页下栏。
④ 同上书，第5页下栏。
⑤ 同上书，第6页上栏。
⑥ 同上书，第6页中栏。

《牟子理惑论》对孟子的显性—匿名引用，可以分为语句之采借、观念之援用两种情形。其中，第1、6—7、10例属于语句之采借，凡4例；第2—5、8—9、11例属于观念之援用，凡7例。下面选择几个典型例句略予评析。

先看语句之采借，并侧重考察第1、10例。第1例是说：尧向尹寿学习，舜向务成学习，周公旦学于吕望，孔丘学于老聃。这四位老师虽然圣哲，但与佛相比，犹如以白鹿比麒麟，以燕鸟比凤凰，差得远！第10例是说：拿神仙家之书与佛经相比，从形式上看，犹如以小丘比高山，以小溪比江海，差得更远！牟子所云，均极言佛之神圣。这两个例句典出《孟子》同一语境下的一段话，亦即孟子借有若之口，极言孔子的伟大："岂惟民哉？麒麟之于走兽，凤凰之于飞鸟，太山之于丘垤，河海之于行潦，类也。圣人之于民，亦类也。出于其类，拔乎其萃。自生民以来，未有盛于孔子也。"（《孟子》3·2）这里，牟子借用了《孟子》赞美孔子的语句，只不过将"孔子"换成"佛""佛经"而已。此亦显性—匿名引用时常采用的表述方式。

再看观念之援用，并侧重考察第3、5例。有人对牟子说："太子须大拏将父亲的钱财给了陌生人，将国家的宝象给了仇家，连妻子也给了别人。按照儒家传统，须大拏既不孝，也不仁。你们佛家却那么尊敬他，真叫人惊讶！"牟子回答这一问题的基本思路是儒家的经权之辨，其中用到《孟子》书中的"舜不告而娶""嫂溺援之以手"两个典故。就"舜不告而娶"看，娶妻得向父母禀告，而结婚、生育两事，均是儒家经典的要求；舜权其轻重，没有告诉父母就娶了妻，盖因"成大伦"比禀告父母更为重要。就"嫂溺援之以手"看，儒家经典规定男女授受不亲，但小叔子权其缓急，救起了掉进水里的嫂子，盖因人命关天，哪里还会顾忌书上的条条框框！牟子告诉提问者：须大拏（佛）之行事，达于权变，不拘小节，又从大处着眼，"权其急"以"成大伦"，何尝不符合孟子的精神旨趣呢？问者以儒难佛，答者以孟援佛，而问者、答者均为牟子，由此亦见牟子深谙儒佛之异同，深知如何化腐朽

(儒)为神奇(佛),以达成佛教的自立及其中国化。

　　《孟子》一书,既是文学佳构,又是哲理名篇。其文辞隽永,常能刻人之骨,故语句之采借多;其思想深刻,常能铭人之心,故观念之援用多。拿上面重点分析过的几个例子来说,《牟子理惑论》采借其语句,以极言佛之神圣;援用其观念,以佐证佛之通达。正如实名涉孟一样,牟子大量地显性—匿名涉孟,夯实并扩大了孟子的影响,尤其是将孟子思想纳入东来不久的佛教传播过程之中,使得《牟子理惑论》成为中国佛教史上第一篇孟子学文献。放眼东汉孟学史,撇开那些大家、名作不谈,像《牟子理惑论》这样熟悉《孟子》,又能运用自如、恰到好处者,并不多见!

五、孔孟并称 4 例

　　《牟子理惑论》崇佛,同时敬重儒、道。儒家有孔、孟、荀,道家有老、庄。牟子对孟子之外的其他四家有过引用吗? 又是如何引用的? 笔者以为,依据这些实实在在的文献学指标,可以最大限度、并且避免臆测之嫌地测量:孟子在牟子心中的地位究竟如何?《牟子理惑论》究竟在大思想史上如何看孟子?

　　读《牟子理惑论》,一望可知牟子对老子、孔子的高度重视。先看与老子有关者:其名,"老子(含《老子》)"24 见,"老氏"4 见,"老聃"1 见;其言,引《老子》原文 20 例(其中径称"《老子》曰"或"《老子》云"者 14 例),另有引《老子》别本原文 1 例(即"观三代之遗风……恬惔者所不恤"一段[①])。再看与孔子有关者:其名,"孔子"18 见,"仲尼"15 见,"周、孔"8 见;其言,引孔子原文 14 例(其中径称"孔子曰"或"孔子云""孔子称""孔圣[②]称"

[①] [南朝梁]僧祐:《弘明集》,第 3 页上栏—中栏。
[②] "孔圣",原文作"舜圣孔"([南朝梁]僧祐:《弘明集》,第 3 页中栏),此据周叔迦本《牟子理惑论》第 10 篇校改(参见周叔迦辑撰,周绍良新编:《牟子丛残新编》,第 8 页)。

者12例),又有"《论语》曰"1例。与佛陀("佛"70见)之外的其他所有人物相比,老子、孔子其名其言是实名被引频次最高的两位,此亦他们历来的重要地位在《牟子理惑论》文中的折射。三教之中,牟子将尧、舜、周、孔归为一边,将佛、老子归为另一边,明显以为老高于孔。老子原文被引21例(含别本1例),而孔子原文被引15例(含"《论语》曰"1例),这一差异亦是其价值取向的体现。

至于庄子、荀子,《牟子理惑论》均无实名引用,只有显性以及隐性的匿名引用,而且数量不多,涉荀者又少于涉庄者①。下面就其显性—匿名引用,各举一例:

[1—1]灵龟发梦于宋元,不能免豫沮之网。(《牟子理惑论》)②

[1—2]仲尼曰:"神龟能见梦于元君,而不能避余且之网……"(《庄子·外物》)③

[2—1]故能言不能行,国之师也;能行不能言,国之用也;能行能言,国之宝也。三品各有所施,何德之贱乎?唯不能言又不能行,是谓贱也。(《牟子理惑论》)④

[2—2]口能言之,身能行之,国宝也。口不能言,身能行之,国器也。口能言之,身不能行,国用也。口言善,身行恶,国妖也。治

---

① 据《〈弘明集〉用典考注》,《牟子理惑论》第40、115、122、134、150条涉庄,第110、150条涉荀(参见刘立夫:《弘道与明教——〈弘明集〉研究》,第289、298、299、301、304、297、303页),第150条双重涉及。此一考注未必周详,但可供参考。
② [南朝梁]僧祐:《弘明集》,第5页中栏。
③ [清]郭庆藩辑,王孝鱼整理:《庄子集释》第4册,第934页。《牟子理惑论》指出:"神虵能断而复续,不能使人不断也。灵龟发梦于宋元,不能免豫沮之网。"([南朝梁]僧祐:《弘明集》,第5页中栏)《淮南子·说山训》指出:"神蛇能断而复续,而不能使人勿断也。神龟能见梦元王,而不能自出渔者之笼。"(刘文典撰,冯逸、乔华点校:《淮南鸿烈集解》下册,北京:中华书局,1989年,第514页)两相对照,牟子这里受《淮南子》的影响大过《庄子》。《牟子理惑论》对《淮南子》有较多的匿名引用,值得注意。
④ [南朝梁]僧祐:《弘明集》,第5页上栏。

国者敬其宝,爱其器,任其用,除其妖。(《荀子·大略》)①

毫无疑问,庄子、荀子在牟子心中的分量根本无法与孟子相提并论。牟子读《孟》比读《庄》《荀》要熟得多,亦是情理中事。孟子有云:"乃所愿,则学孔子也。"(《孟子》3·2)牟子也深切体会到孔孟在精神上的一脉相承,证据就是《牟子理惑论》实名的涉孟语句有6例,其中有4例并称孔孟。为方便阅读起见,再将它们抄下:

孔子曰:"夷狄之有君,不如诸夏之亡也。"孟子讥陈相更学许行之术,曰:"吾闻用夏变夷,未闻用夷变夏者也。"②

孔子所言,矫世法矣;孟轲所云,疾专一耳。③

及仲尼不容于鲁、卫,孟轲不用于齐、梁,岂复仕于夷狄乎?④

故持孔子之术入商鞅之门,赍孟轲之说诣苏、张之庭,功无分寸,过有丈尺矣。⑤

汉唐孟学史上的"孔孟并称"现象,既属文献学问题,更是思想史问题。从文献学角度看,它有广义、狭义两类:狭义者,即"孔孟"二字并称,其变形为"尼轲",可能还有其他变形;广义者,即狭义之外将孔子、孟子连在一起的表述。从思想史角度看,它既是阐释者的主观意图,有意将孟子纳入孔子的精神谱系;又是历史发展的客观效果,孟子地位得以逐渐提升。两汉时期,广义的孔孟并称已经较为普遍。《牟子理惑论》有4例并称孔孟,试图在大思想史上对孟子进行定位,这种来自佛家阵营的声援令人深思。

---

① [清]王先谦撰,沈啸寰、王星贤点校:《荀子集解》下册,第498页。
② [南朝梁]僧祐:《弘明集》,第3页下栏。
③ 同上书,第3页下栏—4页上栏。
④ 同上书,第4页上栏。
⑤ 同上书,第4页下栏。

综上所述,《牟子理惑论》之于孟子,有实名涉孟语句 6 例、显性—匿名涉孟语句 11 例、孔孟并称 4 例,不仅文献学指标高,而且思想史分量重。东汉末年,浮屠、黄老为一家,神仙家异常活跃,而佛教初来乍到,社会影响小。牟子皈依佛法,又三教并重,十分重视孟子。孟子的许多思想及语句,尤其是距杨墨、辨夷夏、权时地等核心观点,得到《牟子理惑论》智慧的理论阐释与有效的实际运用,并被借以服务于佛教的自立及其中国化。牟子不仅以孟援佛,还多次并称孔孟,试图在大思想史上提升孟子的地位。

汤用彤指出:"而牟子作《理惑论》,公然黜百家经传,斥神仙方术。佛教自立,而不托庇他人,其精神始见于《理惑论》。不仅因其为现存支那撰述之最早者,而可重视也。"① 职是之故,《牟子理惑论》这一东汉重要的孟子学作品,同时具有其他论著无法比肩的两个属性:从地域角度看,它是交州孟子学的代表作(其首座则为《孟子注》作者刘熙②);从思想流派看,它是中国佛教史上第一篇孟子学文献。佛教既存在于时空之中但又超越于具体的时(东汉)空(交州),因而,《牟子理惑论》作为中国佛教史上第一篇孟子学文献,其在孟学史上的地位更是举足轻重。

---

① 汤用彤:《汉魏两晋南北朝佛教史》,第 64 页。
② 参见杨海文:《刘熙与交州孟子学》,《中华读书报》2013 年 5 月 1 日,第 15 版《国学》。

刘熙与交州孟子学*

名垂青史，尤其是《二十五史》为之立传，是极不容易的一件事。东汉著名学者刘熙（生卒年不详）即属此类情形。《后汉书》《三国志》均无其本传，但他与交州孟子学的关联，值得我们以学术的方式予以纪念。

严可均辑《全后汉文》卷八六有其小传（亦即"刘熙"题下注），正文部分极其简约，全文为："熙，字成国，北海人。官位未详。有《谥法注》三卷、《释名》八卷。"[1] 这里未提刘熙的《孟子注》，显然不妥。又，刘熙或名刘熹。北齐颜之推（531—约595）的《颜氏家训·音辞》有云："逮郑玄注《六经》，高诱解《吕览》《淮南》，许慎造《说文》，刘熹制《释名》，始有譬况假借以证音字耳。"[2]

《隋书·经籍志》对刘熙的三部著作均有著录。《经籍志一（经）》著录："《释名》八卷。"注云："刘熙撰。"[3] 又著录："《谥法》三卷。"注云："刘熙撰。"[4]《经籍志三（子）》著录："《孟子》七卷。"注云："刘熙注。梁有《孟子》九卷，綦母邃撰，亡。"[5] 另外，刘熙有可能曾为《孝经》作注。唐代陆德明的《经典释文序录·注解传述人·孝经》有刘邵一家，注云："字孔才，广平人，

---

* 原载《中华读书报》2013年5月1日，第15版《国学》。
① [清]严可均辑：《全上古三代秦汉三国六朝文（附索引）》第1册，第938页。
② 王利器：《颜氏家训集解》（增补本），北京：中华书局，1993年，第529页。
③ [唐]魏征、令狐德棻：《隋书》第4册，第937页。
④ 同上书，第938页。
⑤ 同上书，第997页。

魏光禄勋。一云刘熙。"①

刘熙以经学家、训诂学家名世,其《释名》是中国古代重要的训诂学著作,影响巨大。相比之下,因《孟子注》已佚,刘熙的孟学家身份仅为历代目录学家、辑佚学者所关注。清代中后期兴起《孟子注》辑佚的高峰。叶德辉(1864—1927)的《孟子刘熙注叙》指出:"自五季之乱,而刘注亡矣。近人辑录之本有三:一、周广业《孟子四考》本;一、马国翰《玉函山房》本;一、宋翔凤《浮溪精舍》本。三本大致相同,惟《意林》所引均失采录。"②刘熙及汉唐各家《孟子注》,除赵岐注外,目前人们研究极少,亟待孟子学者深入探究。

刘熙的《孟子注》,至唐犹存。对其引用者,又可以李善(630—689)注《文选》、李贤(654—684)注《后汉书》为代表。李善所引极多③,李贤仅引2条。下面抄录《后汉书》的史文以及李贤的注文,借此管窥刘熙《孟子注》之一斑。

其一出自《后汉书》卷五二《崔骃列传》:

[**史文**]故英人乘斯时也,犹逸禽之赴深林,虻蚋之趣大沛。

[**注文**]蚋,小虫,蚊之类。蚋,音芮。《说文》曰:"秦谓之蚋,楚谓之蚊。"《孟子》曰:"污池沛泽。"刘熙曰:"沛,水草相半。"④

其二出自《后汉书》卷五六《张王种陈列传》:

---

① 吴承仕著,秦青点校:《经典释文序录疏证》,第136页。
② [清]叶德辉:《孟子刘熙注》,《丛书集成续编》第15册,上海:上海书店出版社,1994年,第97页。按:刘熙《孟子注》辑本远比叶氏所言要多。
③ 《隋书经籍志考证》卷二四《子部一·儒家》指出:"《经义考》言李善三引刘熙注。今考《选》注,所引凡二十余条。其《琴赋》注引刘向《孟子注》云'搂,牵也'一条,证以重刊宋本,亦是刘熙注。余氏萧客《古经解钩沉》载刘向《孟子注》,亦因此一条而误。(近出唐本《玉篇》亦引此注,为马氏、宋氏所未见。)"([清]姚振宗:《隋书经籍志考证》,《续修四库全书》第915册,第398页上栏)由此亦见各家《孟子注》有待深入研究。
④ [南朝宋]范晔撰,[唐]李贤等注:《后汉书》第6册,第1709、1710页。按:"史文""注文"字样,为引者所加。

[**史文**]其利甚博，而人莫之先，岂同折枝于长者，以不为为难乎？

[**注文**]以不为为难，言不之难也。谓进贤达士，同折枝之易，而不为之。孟子谓齐宣王曰："今恩足以及禽兽，而不能加于百姓者何？非力不能，是不为也。"王曰："不能不为，二者谓何也？"孟子曰："夫挟太山以超北海，王能乎？"王曰："不能。""为长者折枝，王能乎？"曰："不能也。"孟子曰："夫挟太山以超[北]海，是实不能，不可强也。为长者折枝甚易，而王不为，非不能也。老吾老，以及人之老；幼吾幼，以及人之幼。天下可运诸掌。何为不能加于百姓乎？"刘熙注《孟子》曰："折枝，若今之案摩也。"①

《全后汉文》卷八六为刘熙写的小传，正文（大号字）过于简约，考释（小号字）较为详细。如《隋书·经籍志一（经）》著录："《大戴礼记》十三卷。"注云："汉信都王太傅戴德撰。梁有《谥法》三卷，后汉安南太守刘熙注，亡。"②刘熙是否做过安南太守？严可均考释："唐调露元年始改交州总管府为安南都护府，前此交趾并无安南之称。近人或云当作南安，亦不确。南安本汉天水，东汉改为汉阳。""计熙在交州，值献帝初年，或先士燮为太守，殆未可知，然不当称安南。其为征士，亦不见于史，故皆不从。"③交州之下无安南一郡，刘熙不可能为安南太守；南安远在西北，他也不可能为南安太守④。不过，刘熙或许先于士燮做交址郡太守⑤。归结起来，严可均认为刘熙久居交州，但官位不详。

---

① [南朝宋]范晔撰，[唐]李贤等注：《后汉书》第7册，第1821、1822页。
② [唐]魏征、令狐德棻：《隋书》第4册，第921页。
③ [清]严可均辑：《全上古三代秦汉三国六朝文（附索引）》第1册，第938页。
④ 毕沅《〈篆字释名疏证〉叙》指出："检《后汉书》无《刘熙传》，又《郡国志》无安南郡，唯'汉阳郡'注引《秦州记》曰：'中平五年，分置南安郡。'则'安南'或'南安'之误与？晋李石《续博物志》云'汉博士刘熙'，宋陈振孙《书录解题》、马端临《文献通考》并云'汉征士北海刘熙，字成国'，不知何本。"（《〈释名〉序跋与题记》，任继昉纂：《释名汇校》，济南：齐鲁书社，2006年，第495页）
⑤ 宋翔凤《孟子刘注序》指出："唐调露中始改交址郡为安南都护府。盖刘君在汉时官交址郡太守，故慈在交州得事之。后之浅人以唐地名妄改其官，不可不考定也。"（[清]宋翔凤：《孟子刘注》，《丛书集成续编》第15册，第93页）按："交趾""交址"时常通用。

早在严可均之前,明代岭南学者欧大任(1516—1596)综合相关史料,也写过刘熙小传。此即《百越先贤志》卷三"刘熙"条,全文为:

> 刘熙,字成国,交州人,先北海人也。博览多识,名重一时。荐辟不就,避地交州,人谓之征士。往来苍梧、南海,客授生徒数百人。乃即名物以释义,惟揆事源,致意精微,作《释名》二十七篇,自为之序。又著《谥法》三卷。皆行于世。建安末,卒于交州,崇山下有刘熙墓云。(据《交广春秋》《文献通考》参修。)①

欧大任、严可均写的小传,均以为刘熙长期居住于交州,而不提其注《孟子》事。难道刘熙与交州孟子学无关吗?在学术史上,人们从未过问刘熙《孟子注》的成书年代及地点这一问题。我们不妨提问:假定《释名》成书于刘熙久居交州之际,那么《孟子注》是否也存在这种可能呢?

《释名》卷二《释州国》以青州、徐州、杨(扬)州、荆州、豫州、凉州、雍州、并州、幽州、冀州、兖州、司州、益州为十三州②,其中有雍州而无交州。有论者据此指出:"雍州是兴平元年(194年)分凉州河西四郡置,交州是建安八年(203年)改交趾刺史部置。很明显,《释名》成书当为兴平元年至建安八年之间(194—203年),也就是刘熙讲学岭南之时。"③史学考释,孤证不立。但是,考虑到刘熙的生平史料严重缺乏,所谓《释名》成书于岭南或交州,可聊备一说。与此相比,证明《孟子注》作于岭南或交州更难,盖因类似孤证都找不到。

从常识出发,刘熙《孟子注》的成书时地大致存有三种可能:一是成书

---

① [明]欧大任撰,刘汉东校注,孙顺霞、孔繁士合校:《百越先贤志校注》,南宁:广西人民出版社,1992年,第59页。
② 参见任继昉纂:《释名汇校》,第77—81页。
③ 何成轩:《儒学南传史》,北京:北京大学出版社,2000年,第115—116页。按:宦荣卿对《释名》成书于兴平元年至建安八年(194—203)有更详细的考证(参见氏著:《〈释名〉的作者及成书年代考》,《复旦学报(社会科学版)》1985年第5期,第78—81、85页)。

于中原;二是成书于交州;三是初稿于中原,避难交州后,仍然有修订,并最终成书。虑及刘熙久居交州,欧大任甚至径称其为交州人,因而第二、三种可能性十分值得重视。《孟子注》当然也可能成书于中原,但刘熙其后久居交州,又授徒数百,不讲《孟子》也是难以想象的。刘熙在交州讲《孟子》,从传播学看,其实比《孟子注》是否成书于交州更为重要。一言以蔽之,无论《孟子注》作于何时何地,刘熙与交州孟子学皆有紧密关联,刘熙乃交州孟子学的首座。《谥法》已佚,无从核实其涉孟情形;经查,《释名》并无涉孟语句①。此亦我们主要通过《孟子注》(特别是其传播)来讨论刘熙与交州孟子学的理由。

刘熙在交州授徒讲学,又是怎么回事?《全后汉文》卷八六"刘熙"题下,严可均有云:"刘熙久居交州,陈寿言之再四。"② 现将《三国志》的四段记载抄下:

> 许慈,字仁笃,南阳人也。师事刘熙,善郑氏学,治《易》《尚书》《三礼》《毛诗》《论语》。建安中,与许靖等俱自交州入蜀。(《三国志》卷四二《蜀书十二·杜周杜许孟来尹李谯郤传第十二》许慈本传)③

> 程秉,字德枢,汝南南顿人也。逮事郑玄,后避乱交州,与刘熙考论大义,遂博通《五经》。士燮命为长史。(《三国志》卷五三《吴书八·张严程阚薛传第八》程秉本传)④

> 薛综,字敬文,沛郡竹邑人也。少依族人避地交州,从刘熙学。士燮既附孙权,召综为五官中郎[将],除合浦、交阯太守。时交土

---

① 《释名汇校》的《〈释名〉音序索引》无"孟"字(参见任继昉纂:《释名汇校》,第546页),可知《释名》没有实名引过《孟子》。
② [清]严可均辑:《全上古三代秦汉三国六朝文(附索引)》第1册,第938页。
③ [晋]陈寿撰,[南朝宋]裴松之注,陈乃乾校点:《三国志》第4册,第1022—1023页。
④ [晋]陈寿撰,[南朝宋]裴松之注,陈乃乾校点:《三国志》第5册,第1248页。

始开，刺史吕岱率师讨伐，综与俱行，越海南征，及到九真。事毕还都，守谒者仆射。(《三国志》卷五三《吴书八·张严程阚薛传第八》程秉本传)①

又见刘熙所作《释名》，信多佳者，然物类众多，难得详究，故时有得失，而爵位之事，又有非是。(《三国志》卷六五《吴书二十·王楼贺韦华传第二十》韦曜本传)②

先讨论第四段记载，此乃韦曜入狱后所言。据《吴书》本传，韦曜凤凰二年(273)入狱，华覈(生卒年不详)救援韦曜的上疏有言："曜年已七十，余数无几。乞赦其一等之罪，为终身徒，使成书业，永足传示，垂之百世。"③但是，韦曜还是马上被杀。由"曜年已七十"，可证韦曜生于204年，卒于273年。史料并无韦曜到过交州的记载，加上刘熙卒于建安(196—219)末期，因而，韦曜见《释名》，仅仅说明该书已经流传于东吴④，并不能作为它成书于交州的佐证。韦曜亦未从学于刘熙，更是显而易见。

陈寿(233—297)所言刘熙的交州经历，实则只有前面三段记载。许慈(生卒年不详)"师事刘熙"，薛综(生卒年不详)"从刘熙学"，乃严格意义上的弟子。程秉(生卒年不详)避乱交州后，"与刘熙考论大义，遂博通《五经》"，亦可算作从学者。前引欧大任所言刘熙"往来苍梧、南海，客授生徒数百人"，而可考者仅有许慈、程秉、薛综三人。

以上三人有何著述？考诸《蜀书》本传、严可均所辑，许慈没有文字传世。程秉稍好一点：《吴书》本传记有他对太子说的一段话，但未被严可均

---

① [晋]陈寿撰，[南朝宋]裴松之注，陈乃乾校点：《三国志》第5册，第1250页。
② 同上书，第1463页。
③ 同上书，第1464页。
④ 韦曜曾作《辩释名》。《吴书》韦曜本传指出："愚以官爵，今之所急，不宜乖误。囚自忘至微，又作《官职训》及《辩释名》各一卷，欲表上之。新写始毕，会以无状。幽囚待命，泯没之日，恨不上闻。谨以先死列状，乞上言秘府，于外料取，呈内以闻。"(同上书，第1463页)

辑录；本传又说他"著《周易摘》《尚书驳》《论语弼》，凡三万余言"①，但这些作品早已遗佚。薛综传世的作品最多，《全三国文》卷六六辑文12篇，可惜均未实名涉孟②。这让许慈、程秉、薛综与交州孟子学的关系变得虚无起来。然而，我们还是要借助显性—匿名引用、隐性—匿名引用两种解读方式，对程秉、薛综的现存作品与孟子的关联略予分析。

先看程秉。《吴书》本传记黄武四年（225），太子孙登（209—241）大婚，程秉加以告诫："婚姻，人伦之始，王教之基。是以圣王重之，所以率先众庶，风化天下。故《诗》美《关雎》，以为称首。愿太子尊礼教于闺房，存《周南》之所咏，则道化隆于上，颂声作于下矣。"③其论婚姻之重要，乃是对孟子的显性—匿名引用："男女居室，人之大伦也。"（《孟子》9·2）整段话劝勉未来的国君——太子，重诗教、尊礼教，垂范众庶，以风化天下，则是对孟子王道政治学的隐性—匿名引用。

再看薛综。严可均从《艺文类聚》卷九九辑出其《凤颂》，开头两句为："猗欤石磐，金声玉振。"④其云"金声玉振"，乃是对孟子"集大成也者，金声而玉振之也"（《孟子》10·1）的显性—匿名引用。严氏又从《书钞》卷六五《太子太师篇》辑出其《让太子少傅表》，全文为："先王之建立太子，必择九德之师，六行之傅。"⑤此乃对孟子的隐性—匿名引用："君仁，莫不仁；君义，莫不义；君正，莫不正。一正君而国定矣。"（《孟子》7·20）太子为何要让太傅教以德行？盖因国君必须以仁义为正。

受文献所限，我们仅仅知道程秉、薛综对孟子思想有显性及隐性的匿名引用，而无实名引用。凭常识推测，他们的孟学实际水平有可能更高。前引《吴书》程秉本传指出："士燮命为长史。"薛综本传指出："士燮既附孙权，召

---

① ［晋］陈寿撰，［南朝宋］裴松之注，陈乃乾校点：《三国志》第5册，第1248页。
② 参见［清］严可均辑：《全上古三代秦汉三国六朝文（附索引）》第2册，第1410—1412页。
③ ［晋］陈寿撰，［南朝宋］裴松之注，陈乃乾校点：《三国志》第5册，第1248页。
④ ［清］严可均辑：《全上古三代秦汉三国六朝文（附索引）》第2册，第1411页。
⑤ 同上书，第1410页。

综为五官中郎[将]，除合浦、交阯太守。"刘熙有数百学生，只有程秉、薛综受到士燮重用，发人深思。其时，传统经学研究趋于寻章摘句、皓首穷经；孟子学则不同，既追求内圣，也追求外王，学问与践行并重。程秉、薛综被士燮委以重任，即从一个侧面表明：刘熙在交州不是将《孟子》当作死的知识来讲，而是对其理论的品格、实践的力度加以双重引导。另外，士燮以官员、学者的双重身份，护法于交州孟子学，由此亦见一斑。

陈寿有关刘熙的记述，如前引《蜀书》本传说许慈"师事刘熙，善郑氏学"，十分值得重视。郑玄乃是东汉著名经学大师，毕生以注释群经为己任，亦曾为《孟子》作注。《隋书·经籍志三（子）》著录："《孟子》七卷。"注云："郑玄注。"① 宋翔凤的《孟子刘注序》指出："盖刘君之学正出于郑而以授慈，则此《注》之作，或者原本于郑氏，故其家法为最正云。"又云："读刘君所纂《释名》，其于训诂、天文与地之学，靡不综涉。则《孟子》之注，当亦博学精思而成之。"② 刘熙的《孟子注》家法正、水平高，此乃宋翔凤的卓见，也是刘熙之为交州孟子学首座的佐证。刘熙注《孟》受过郑玄的影响，因而，郑玄如同"复孟轲"的刘陶（生卒年不详）一样，亦是交州孟子学的远祖。

叶德辉又撰有《刘熙事迹考》，文末一段类似于刘熙小传：

> 然则熙虽无传，以各书所引联比之，则刘熙，字成国，青州北海人。中平中，征为博士，寻除安南太守。后避寇交州，故程秉、薛综、许慈俱从之游。其卒当在吴赤乌年。所著《孟子》七卷，《谥法》三卷，《释名》八卷。如此，则熙之爵里、姓字一皆可稽，而表章邹邑之功，亦可千古不朽矣。③

---

① [唐]魏征、令狐德棻：《隋书》第4册，第997页。
② [清]宋翔凤：《孟子刘注》，《丛书集成续编》第15册，第93页。
③ [清]叶德辉：《孟子刘熙注》，《丛书集成续编》第15册，第99页。按：叶氏以为刘熙"其卒当在吴赤乌年"，值得注意。

叶氏这里就提到《孟子注》，而且将它列于另两部著作之前，迥异于欧大任、严可均。更重要者，刘熙授徒数百，孟子学得以在交州广泛传播。"现存支那撰述之最早者"（汤用彤语）[①]的佛学名篇《牟子理惑论》大量引论《孟子》，即是这一风气的典型体现。交州在哪里？其辖境相当于今天中国广东、广西的大部及越南承天以北诸省，亦即中越之间。

---

① 汤用彤：《汉魏两晋南北朝佛教史》，北京：商务印书馆，2015年，第64页。

"孟轲敦素":南朝孟学史的点睛之笔*

一般认为,中国三大蒙学经典之一的《千字文》由南朝梁季的周兴嗣(469—521)编成。《千字文》亦即《梁书》卷四九《文学列传上》周兴嗣本传记载的《次韵王羲之书千字》,大约作于天监九年(510)以前①。《刘宾客嘉话录》描述:"《千字文》,梁周兴嗣编次,而有王右军书者,人皆不晓其始。梁武教诸王书,令殷铁石于大王书中撮一千字不重者,每字一片纸,杂碎无叙。武帝召兴嗣,谓曰:'卿有才思,为我韵之。'兴嗣一夕编次进上,鬓发皆白,而赏锡甚厚。"②

梁武帝萧衍(464—549)为了教人练习书法,命大臣从王羲之(303—361,一作321—379)的作品里面挑出不重复的一千个字作为范本,而且一纸拓一字,千字拓千纸。因其杂乱无序,梁武帝要求周兴嗣按照一定的韵律,将它们连贯起来。周兴嗣才思敏捷,仅用一个晚上就完成了任务:全文250句,四字一句,四句一组,两组一韵,前后贯通,互不重复。对于这一创

---

* 原载王钧林主编:《海岱学刊》2015年第2辑,济南:齐鲁书社,2015年,第155—171页。
① 参见[唐]姚思廉:《梁书》第3册,北京:中华书局,1973年,第698页。
② [唐]韦绚撰,阳羡生校点:《刘宾客嘉话录》,本社编:《唐五代笔记小说大观》上册,上海:上海古籍出版社,2000年,第807页。唐兰定此条为伪作,又云:"然伪增各条,虽非韦氏原文,以校今本《尚书故实》与《隋唐嘉话》颇有胜处……"(氏著:《〈刘宾客嘉话录〉的校辑与辨伪》,《文史》第4辑,北京:中华书局,1965年,第99、95页)类似表述又见[唐]李绰撰,萧逸校点:《尚书故实》,本社编:《唐五代笔记小说大观》下册,第1170页;《太平广记》卷二〇七《书二》"僧智永"条,[宋]李昉等编:《太平广记》第5册,北京:中华书局,1961年,第1587页。

作类型,人们称作"次韵":"盖以此千字编集成文,而比之于韵,使读者谐于口也。"① 敦煌遗书之中唯一的《千字文》足本P.3108题署:"敕员外散骑侍郎周兴嗣次韵。"②比之于韵、编集成文的"次韵",是人们从著作权角度对于周兴嗣与《千字文》关系的普遍认识。

《千字文》的创作技巧与文化影响,倍受后人首肯:

> 王凤洲称为绝妙文章,政谓局于有限之字,而能条理贯穿,毫无舛错,如舞霓裳于寸木,抽长绪于乱丝,固自难展技耳。(《坚瓠五集》卷四"千字文"条)③

> 盖小学之书,自古有之。李斯以下,号为《三苍》,而《急就篇》最行于世。自南北朝以前,初学之童子无不习之。而《千字文》则起于齐梁之世,今所传"天地玄黄"者,又梁武帝命其臣周兴嗣取王羲之之遗字次韵成之,不独以文传,而又以其巧传。后之读者苦《三苍》之难,而便《千文》之易,于是至今为小学家恒用之书。(《亭林文集》卷二《吕氏千字文序》)④

沿着王世贞(凤洲,1526—1590)、顾炎武的高度评价,我们试图重返周兴嗣"一夕编次"而又"鬓发皆白"的创作场景,以考量《千字文》所说"孟轲敦素"的具体含义及其在南朝孟学史上的重要意义。为行文方便,先过录《千字文》第169—172句:"孟轲敦素,史鱼秉直。庶几中庸,劳谦谨敕。"⑤

---

① [南朝梁]周兴嗣次韵,[清]汪啸尹纂辑,[清]孙谦益参注:《千字文释义》,[南朝梁]周兴嗣、[宋]胡寅等编纂,周艺点校:《千字文》,长沙:岳麓书社,1987年,第1页。
② 上海古籍出版社、法国国家图书馆编:《法藏敦煌西域文献》第21卷,上海:上海古籍出版社,2002年,第321页下栏。
③ [清]褚人获:《坚瓠集》上册,北京:全国图书馆文献缩微复制中心,2002年,第431页上栏。
④ [清]顾炎武著,华忱之点校:《顾亭林诗文集》,北京:中华书局,1983年,第37—38页。
⑤ [南朝梁]周兴嗣次韵,[清]汪啸尹纂辑,[清]孙谦益参注:《千字文释义》,[南朝梁]周兴嗣、[宋]胡寅等编纂,周艺点校:《千字文》,第33页。

一、古注：以"素"为"朴素"

《孟子》没有"孟轲敦素"的任何表述，周兴嗣为何会将"孟""轲""敦""素"四字连成"孟轲敦素"呢？因其毫无解释，周兴嗣的其他作品亦均不存世，这里选择两种长期藏于日本的古注以说明：一是上野本《注千字文》，系弘安十年（1287）抄本，以下简称上野本；二是《纂图附音增广古注千字文》3卷，系元和三年（1617）刊本，以下简称纂图本。两书均有序文，前者署名"邋李"，后者署名"李邋"①；考诸藤原佐世（847—897）的《日本国见在书目录·小学家》（抄本），当作"李暹"②。另外，这两篇序文的前半部分略同，后半部分迥异；考诸上野本序文的后半部分，可知李暹生活于6世纪的北朝③。换言之，周兴嗣次韵《千字文》数十年之后，即有注本问世。

先看上野本对"孟轲敦素"的注文：

> 孟轲者，齐人也，敦其朴素之行。著书七篇，号曰《孟子》。④

解"素"为"朴素"，是这段注文的核心。如何理解"敦其朴素之行"？

---

① 黑田彰、后田昭雄、东野治之、三木雅博编著：《上野本注千字文注解》，大阪：和泉书院，1989年，第7页；域外汉籍珍本文库编纂出版委员会编：《域外汉籍珍本文库》第3辑经部第9册，重庆：西南师范大学出版社、北京：人民出版社，2012年，第5页上栏。
② 参见〔日〕藤原佐世：《日本国见在书目录》，《丛书集成新编》第1册，台北：新文丰出版公司，1985年，第374页中栏。
③ 详细考证，参见杨海文：《日本藏北朝李暹"注〈千字文〉序"两种校订》，《西夏研究》2015年第2期，第28—32页。另，《郡斋读书志》卷一一《道家类》"李暹注文子十二卷"条指出："李暹师事僧般若流支，盖元魏人也。"（〔宋〕晁公武撰，孙猛校证：《郡斋读书志校证》上册，上海：上海古籍出版社，2011年，第474页）按《域外汉籍珍本文库》收录《纂图附音增广古注千字文》，编者为之题署"〔梁〕周兴嗣次韵、〔五代〕李暹注"，"五代"之说当误。
④ 黑田彰、后田昭雄、东野治之、三木雅博编著：《上野本注千字文注解》，第29页。

《孟子》全书无"朴"字,"素"字凡三见:一处是说许行"冠素"(《孟子》5·4),另两处均是"不素餐兮"(《孟子》13·32)。《孟子》书中"素"之"白色的(帽子)""白白地(吃饭)"二义,显然无法解释注文。

先秦两汉,"朴素"一词见于不少典籍之中:

> 静而圣,动而王,无为也而尊,朴素而天下莫能与之争美。(《庄子·天道》)①

> 所谓天者,纯粹朴素,质直皓白,未始有与杂糅者也。所谓人者,偶瞇智故,曲巧伪诈,所以俛仰于世人而与俗交者也。(《淮南子·原道训》)②

> 素,朴素也。已织则供用,不复加巧饰也。又物不加饰,皆自谓之素,此色然也。(《释名》卷四《释彩帛》)③

如果拿《庄子》《淮南子》理解上野本注文,难免有过度诠释之嫌,这一道家化解读尤其与《千字文》说的"庶几中庸"难以契合。《释名》(作者为东汉著名学者刘熙)的训诂,有可能是上野本的依据。"朴素"有二义:一是与"文饰"相对应并相反的"质朴",二是与"奢侈"相对应并相反的"俭朴"。《释名》更重质朴义,此义也更适合上野本注文。"已织则供用,不复加巧饰",但人们偏偏不想如此"朴素",所以《千字文》第49句有言"墨悲丝染"④,可见葆守质朴是极难之事;《孟子》说过"江汉以濯之,秋阳以暴之,皜皜乎不可尚已"(《孟子》5·4),极言织成"朴素"的白布之难,可见历经磨砺而得的质朴难能可贵。由此观之,孟子"敦其朴素之行"

---

① [清]郭庆藩辑,王孝鱼整理:《庄子集释》第2册,第458页。
② 刘文典撰,冯逸、乔华点校:《淮南鸿烈集解》上册,北京:中华书局,1989年,第20页。
③ 任继昉纂:《释名汇校》,济南:齐鲁书社,2006年,第229页。
④ [南朝梁]周兴嗣次韵,[清]汪啸尹纂辑,[清]孙谦益参注:《千字文释义》,[南朝梁]周兴嗣、[宋]胡寅等编纂,周艺点校:《千字文》,第11页。

值得赞美,上野本注文可以自圆其说。

再看纂图本卷下对"孟轲敦素"的注文:

> 孟子,名轲,为人敦厚朴素,人皆敬之。母三移,择其善邻,义教其成德;造十二幅大被,以招君子,听其善言。轲自少时,出门前戏,见东家杀猪,乃归家。母谓之曰:"东家杀猪,讨将肉,与汝吃。"轲闻语,乃出去。母实戏之,然亦悔出此言,恐儿后长成,亦怪我言之不固,遂私自东家买肉,与轲吃。故其言不失信也。①

"为人敦厚朴素,人皆敬之"是这段注文的重点,注者为此讲了三个故事。"三移""私自东家买肉"是讲孟母教子,众所周知;但"造十二幅大被"说的不是孟子之母,而是三国吴人孟宗(217—281)之母②,可见注者并不十分熟悉孟子之事。比张冠李戴更发人深思的是文不对题:即使注者想拿它们佐证"朴素",可其主角是母亲,而不是儿子;何况母亲教育儿子成长的这些故事,体现的是母性之慈爱、贤淑,并不是朴素之品行。

上野本、纂图本对"庶几中庸,劳谦谨敕"亦有注文:

> 言中庸,善人也。唯庶几于善,有劳谦之让,谨约身,深深自敕,

---

① 域外汉籍珍本文库编纂出版委员会编:《域外汉籍珍本文库》第3辑经部第9册,第22页下栏。
② 《三国志》卷四八《吴书三·三嗣主传第三》引《吴录》指出:"其母为作厚褥大被。或问其故,母曰:'小儿无德致客,学者多贫,故为广被,庶可得与气类接也。'"([晋]陈寿撰,[南朝宋]裴松之注,陈乃乾校点:《三国志》第5册,第1169页)《北堂书钞》卷一三四《服饰部三·被二十七》"作十二幅"条引《列女传》指出:"江夏孟宗母为作十二幅被。其邻父妇问之,母曰:'小儿无异操,惧朋类之不顾,故大其被,以招贫生,庶闻君子之言耳。'"([唐]虞世南辑:《北堂书钞》,《续修四库全书》第1212册,第632页上栏)《太平御览》卷七〇七《服用部九》"被"条引《列女后传》指出:"江夏孟宗少游学,与同学共处。母为作十二幅被。其邻妇恠问之,母曰:'少儿无异操,惧明类之不顾,大其被以招贫生之卧,庶闻君子之言耳。'"([宋]李昉:《太平御览》第3册,北京:中华书局,1960年,第3152页下栏)

诫曰三省,不敢为非法也。(上野本)①

中庸,中常之道也。仲尼曰:"君子之中庸,小人反中庸。"劳谦,勤劳行谦逊之道。《易》曰:"劳谦,君子有终,吉。"敕者,正也。此言孟轲、史鱼二人,庶几为中庸劳谦之君子,能谨慎以自敕正也。孔子出行,游于道,逢乘马而来者。孔子令避车而行,颜渊问曰:"只闻乘马避车,何得乘车避马?"子曰:"吾行庶几谦退之行。"下问尊卑,皆然也。(纂图本卷下)②

从《千字文》的语脉看,"庶几中庸"是理解"孟轲敦素"的关键。上野本没有将孟子之"素"、史鱼之"直"直接与"中庸"联系起来,仅以"善人"的人格标准释读"中庸"之义。因而,它不太容易让人们将孟子"敦其朴素之行"理解为"质朴既难以做到,却又难能可贵"。纂图本将"中庸"理解为"中常之道",认为孟子、史鱼接近"君子"人格。其义胜过上野本,并可一定程度地弥补上述文不对题之失。

上野本、纂图本长期流落海外,它们是否影响过本土的《千字文》传播呢?敦煌遗书有两种《千字文》注本——S.5471、P.3973v,均为残卷,缺失"孟轲敦素""庶几中庸"等的注文。日本学者小川环树认为敦煌注本亦是李暹注本之一;山崎诚认为上野本较好地保留了李暹注本原貌,纂图本是依照上野本增广而成③。敦煌遗书另有两种《六字千文》——S.5467、S.5961,尤其是后者《新合六字千文一卷》,有可能受过上野本、纂图本的影响。

---

① 黑田彰、后田昭雄、东野治之、三木雅博编著:《上野本注千字文注解》,第30页。
② 域外汉籍珍本文库编纂出版委员会编:《域外汉籍珍本文库》第3辑经部第9册,第23页上栏。
③ 参见张娜丽:《〈敦煌本《六字千文》初探〉析疑——兼述〈千字文〉注本问题》,《敦煌研究》2001年第3期,第101页。按:上野本与纂图本有何同异,以及上野本为何优于纂图本,这些问题值得进一步研究。

对于"孟轲敦素，史鱼秉直"，《新合六字千文》解说："[孟轲]性敦朴素，吏鱼如矢秉直。"① 周祖谟（1914—1995）的《敦煌唐本字书叙录》指出："此所称'新合六字千文'是就周兴嗣本原句在四字之外增加两个字，使原句意思稍稍显豁，学者易于理解，因此题为'新合六字'。这可能是乡里塾师所为，词句不免拙劣。"② 抄写者将"史鱼"写成"吏鱼"，不太可能源于作者之误。但是，假定作者的文化水准确实不高，那么《六字千文》的创作必然另有凭据。上野本注文"敦其朴素之行"，纂图本注文"为人敦厚朴素，人皆敬之"，《六字千文》也说孟子"性敦朴素"，均是以"素"为"朴素"。有论者认为：《六字千文》的新增二字绝大部分是据《千字文》注本增补的，《六字千文》是具有注释功能的《千字文》的简易注本③。由此或可推测：上野本、纂图本两种古注影响过《新合六字千文》的制作。

上野本、纂图本以"素"为"朴素"，是否合理地解释了"孟轲敦素"呢？一方面，从"俭朴"一义看，它与孟子的生平及思想存在相当的距离。孟子"后车数十乘，从者数百人，以传食于诸侯"（《孟子》6·4），这绝非生活俭朴；他认为"君子不以天下俭其亲"（《孟子》4·7），亦非无原则地提倡俭朴。假如人们将"孟轲敦素"理解为孟子主张俭朴的生活，则是对孟子极大的误解。另一方面，从"质朴"一义看，它与孟子文化精神较为契合，但《孟子》书中却缺乏足够直接的文献证据。问题随之而来：将"素"解释为"朴素"恰当吗？④ 有没有更佳的释义呢？

---

① 中国社会科学院历史研究所、中国敦煌吐鲁番学会敦煌古文献编辑委员会、英国国家图书馆、伦敦大学亚非学院合编：《英藏敦煌文献（汉文佛经以外部分）》第 9 卷，成都：四川人民出版社，1994 年，第 249 页上栏。按：S. 5961 图版之三的上半部分全为空白，"孟轲"二字恰在其间。
② 周祖谟：《周祖谟学术论著自选集》，北京：北京师范学院出版社，1993 年，第 424 页。
③ 参见张娜丽：《〈敦煌本《六字千文》初探〉析疑——兼述〈千字文〉注本问题》，《敦煌研究》2001 年第 3 期，第 104 页。
④ 笔者曾将"素"理解为"纯洁"（参见杨海文：《对抗与合作：孟子对君臣关系的新建构》，《江南大学学报（人文社会科学版）》2011 年第 6 期，第 24 页），实有望文生义之嫌。

二、回到"中庸"的脉络

《千字文》四句一组,其所表达的思想内涵亦相对完整。具体到"孟轲敦素……劳谦谨敕"这一组,"庶几中庸"有何作用呢?下面,我们立足于"中庸"的思想史脉络,尝试着解读"孟轲敦素"更佳的释义。

(一)"直"与君子之道

探寻"孟轲敦素"的含义,须对"史鱼秉直"有深入理解:

> 子曰:"直哉史鱼!邦有道,如矢;邦无道,如矢。君子哉蘧伯玉!邦有道,则仕;邦无道,则可卷而怀之。"(《论语》15·7)
>
> 正直者顺道而行,顺理而言,公平无私,不为安肆志,不为危扬行……昔者卫大夫史鱼病且死,谓其子曰:"我数言蘧伯玉之贤而不能进,弥子瑕不肖而不能退。为人臣生不能进贤而退不肖,死不当治丧正堂,殡我于室足矣。"卫君问其故。其子以父言闻。君造然召蘧伯玉而贵之,而退弥子瑕,徙殡于正堂,成礼而后去。生以身谏,死以尸谏,可谓直矣。《诗》曰:"静恭尔位,好是正直。"(《韩诗外传》卷七)[1]

孔子同时讲"直哉史鱼""君子哉蘧伯玉",但"直"难以与"君子"相提并论。《论语集注》卷八引杨氏(杨时,字中立)[2]指出:"史鱼之直,未尽君子之道。若蘧伯玉,然后可免于乱世。若史鱼之如矢,则虽欲卷而怀之,有

---

[1] 〔汉〕韩婴撰,许维遹校释:《韩诗外传集释》,第264—265页。
[2] 参见〔日〕大槻信良:《朱子四书集注典据考》,台北:台湾学生书局,1976年,第244页。

不可得也。"① 为什么史鱼生以身谏、死以尸谏,称不上君子之道;蘧伯玉既做官,又"卷而怀之",却是君子之道呢?

这需要我们了解孔子是如何看仕进退隐的:

道不行,乘桴浮于海。(《论语》5·7)

天下有道则见,无道则隐。邦有道,贫且贱焉,耻也;邦无道,富且贵焉,耻也。(《论语》8·13)

所谓大臣者,以道事君,不可则止。(《论语》11·24)

邦有道,谷;邦无道,谷,耻也。(《论语》14·1)

邦有道,危言危行;邦无道,危行言孙。(《论语》14·3)

隐居以求其志,行义以达其道。(《论语》16·11)

在孔子看来,邦有道,政治清明,得像蘧伯玉那样出来做官;邦无道,政治黑暗,得像蘧伯玉那样退隐山林。此乃儒家知识分子处理仕进退隐这一复杂问题最合宜的君子之道。史鱼有道之际"如矢"、无道之际亦"如矢",虽然值得肯定,却非尽善尽美。蘧伯玉有所为、有所不为,胜过史鱼执一而为。

经由蘧伯玉、史鱼这一比较,我们可以进入孔子的"中行""中道"视域:

子曰:"不得中行而与之,必也狂狷乎!狂者进取,狷者有所不为也。"(《论语》13·21)

孟子曰:"孔子:'不得中道而与之,必也狂狷乎!狂者进取,狷者有所不为也。'孔子岂不欲中道哉?不可必得,故思其次也。"(《孟子》14·37)

---

① [宋]朱熹:《四书章句集注》,第163页。

何谓狂、狷?《论语集注》卷七指出:"狂者,志极高而行不掩。狷者,知未及而守有余。"①《孟子集注》卷一四云:"狂,有志者也;獧,有守者也。有志者能进于道,有守者不失其身。"②朱熹此注影响极大,但人们常常认为:狂者进取心强,但实际能力不行,志大才疏;狷者没有那么高的志向,但老实本分,洁身自好,不同流合污。这一理解其实并未道尽中行(中道)、狂、狷三者的曲折与微妙。钱穆的解释或许更为圆融:"中行,行得其中。孟子所谓中道,即中行。退能不为,进能行道,兼有二者之长。后人舍狂狷而别求所谓中道,则误矣。""时中,即时时不失于中行,即时而狂时而狷,能不失于中道。故狂狷非过与不及,中行非在狂狷之间。"③史鱼只践行了狂者的一面,而蘧伯玉既能做到狂者的一面、又能做到狷者的一面,完整地实践了君子之道。

任昉(460—508)与周兴嗣同时代,其《为范尚书让吏部封侯第一表》曾说:"臣素门凡流,轮翮无取,进谢中庸,退惭狂狷。"(《文选》卷三八)④这里与"狂狷"相对的"中庸",意即《论语》说的"中行"、《孟子》说的"中道"。《梁书》周兴嗣本传记载:"任昉又爱其才,常言曰:'周兴嗣若无疾,旬日当至御史中丞。'"⑤由此或可假设:周兴嗣写下"孟轲敦素,史鱼秉直"之际,心头浮现过任昉"进谢中庸,退惭狂狷"的语句。

(二)中庸与"素其位而行"

《孟子》无"中庸"一词。《论语》仅出现一次:"子曰:'中庸之为德也,其至矣乎!民鲜久矣。'"(《论语》6·29)论中庸,《礼记·中庸》比《论

---

① [宋]朱熹:《四书章句集注》,第147页。
② 同上书,第375页;按:"狷""獧"通用,为古籍所常见。
③ 钱穆:《论语新解》,北京:生活·读书·新知三联书店,2002年,第344、344—345页。
④ [南朝梁]萧统编,[唐]李善注:《文选》第4册,第1734页。
⑤ [唐]姚思廉:《梁书》第3册,第698页。

《孟》更集中,凡十见:

> 仲尼曰:"君子**中庸**,小人反**中庸**。君子之**中庸**也,君子而时中;小人之**中庸**也,小人而无忌惮也。"(第2章)①
>
> 子曰:"**中庸**其至矣乎! 民鲜能久矣!"(第3章)②
>
> 子曰:"……人皆曰予知,择乎**中庸**而不能期月守也。"(第7章)③
>
> 子曰:"回之为人也,择乎**中庸**,得一善,则拳拳服膺而弗失之矣。"(第8章)④
>
> 子曰:"天下国家可均也,爵禄可辞也,白刃可蹈也,**中庸**不可能也。"(第9章)⑤
>
> 子曰:"……君子依乎**中庸**,遁世不见知而不悔,唯圣者能之。"(第11章)⑥
>
> 故君子尊德性而道问学,致广大而尽精微,极高明而道**中庸**。(第27章)⑦

《礼记》是《三礼》之一。隋唐之际,陆德明的《经典释文序录》曾概述《三礼》的流传:"汉初立高堂生《礼》博士,后又立大小戴、庆氏三家,王莽又立《周礼》。后汉,《三礼》皆立博士。今庆氏《曲台》久亡,大戴无传学者,唯郑注《周礼》《仪礼》《礼记》并列学官,而《丧服》一篇又别行于世。今《三礼》俱以郑为主。"⑧有论者指出:"南朝皆重《礼》学,梁代尤甚。"⑨不

---

① [清]阮元校刻:《十三经注疏(附校勘记)》下册,第1625页下栏。按:章数标识,据朱熹《中庸章句》,下同。
② 同上书,第1625页下栏。
③ 同上书,第1626页上栏。
④ 同上书,第1626页中栏。
⑤ 同上书,第1626页中栏。
⑥ 同上书,第1626页下栏。
⑦ 同上书,第1633页下栏。
⑧ 吴承仕著,秦青点校:《经典释文序录疏证》,第107页。
⑨ 钟肇鹏:《南北朝经学述评》,《孔子研究》1987年第3期,第65页。

独如此,南朝的戴颙(377—441)、梁武帝萧衍等人注疏过《中庸》①。假定《汉书·艺文志·六艺略》著录的"《中庸说》二篇"②不是指《礼记·中庸》,南朝就首开《中庸》单篇研究之先河。《隋书·音乐志上》引沈约(441—513)之言:"《中庸》《表记》《防记》《缁衣》,皆取《子思子》……"③加上任昉说过"进谢中庸,退惭狂狷",可见南朝重《礼》学、重《中庸》、重中庸。这一文化背景为我们求取"孟轲敦素"更佳的释义提供了契机。

《中庸》有六个"素"字。最先出现的"素隐行怪,后世有述焉,吾弗为之矣"④,可以不予考虑。以下这段话最值得关注:

> 君子素其位而行,不愿乎其外。素富贵,行乎富贵;素贫贱,行乎贫贱;素夷狄,行乎夷狄;素患难,行乎患难。君子无入而不自得焉。(第14章)⑤

孔颖达疏:"素,乡也。"⑥《中庸章句》注:"素,犹见在也。"⑦印光

---

① 《南史·隐逸列传上》戴颙本传指出:"乃述庄周大旨,著《逍遥论》、注《礼记·中庸篇》。"([唐]李延寿:《南史》第6册,北京:中华书局,1975年,第1866页)《梁书·武帝本纪下》罗列其著作,其中有《中庸讲疏》([唐]姚思廉:《梁书》第1册,第96页)。《隋书·经籍志一(经)》著录:"《礼记中庸传》二卷。"注云:"宋散骑常侍戴颙撰。"著录:"《中庸讲疏》一卷。"注云:"梁武帝撰。"著录:"《私记制旨中庸义》五卷。"([唐]魏征、令狐德棻:《隋书》第4册,第923页)按:《隋志》所述三书,《经义考》卷一五一均云已佚([清]朱彝尊撰,林庆彰、蒋秋华、杨晋龙、冯晓庭主编:《经义考新校》第6册,上海:上海古籍出版社,2010年,第2782页)。
② [汉]班固撰,[唐]颜师古注:《汉书》第6册,第1709页。颜师古注:"今《礼记》有《中庸》一篇,亦非本礼经,盖此之流。"(同上书,第1710页)
③ [唐]魏征、令狐德棻:《隋书》第2册,第288页。
④ [清]阮元校刻:《十三经注疏(附校勘记)》下册,第1626页下栏。按:《中庸章句》亦作"素隐行怪"([宋]朱熹:《四书章句集注》,第21页),《汉书·艺文志》则作"索隐行怪"([汉]班固撰,[唐]颜师古注:《汉书》第6册,第1780页),有"素""索"之别。颜师古注:"《礼记》载孔子之言。索隐,求索隐暗之事,而行怪迂之道,妄令后人有所祖述,非我本志。"(同上)据此,钻牛角尖、行为怪诞的"索隐行怪"更切合《礼记·中庸》的本义,"素隐行怪"有可能是传写之讹所致。
⑤ [清]阮元校刻:《十三经注疏(附校勘记)》下册,第1627页中栏。
⑥ 同上书,第1627页下栏。
⑦ [宋]朱熹:《四书章句集注》,第24页。

（1861—1940）的《与卫锦洲居士书》指出："素者现在也，行者优游自得之意……"①放眼人间，人们的地位、境遇千差万别；回顾一生，其位、其遇因时而异。《中庸》的"素—行"语法，实质即是敦促人们安于本位、恪尽职守：当下，我是怎样的角色，就唱好怎样的戏；现在，我是什么人，就过好什么生活②。这一思想亦渊源有自。孔子多次说过："不在其位，不谋其政。"（《论语》8·13，14·26）曾子曰："君子思不出其位。"（《论语》14·26）《易经·艮卦》有言："君子以思不出其位。"③受此影响，孟子指出："位卑而言高，罪也；立乎人之本朝，而道不行，耻也。"（《孟子》10·5）

问题在于："素其位而行"如何与"中庸"挂上钩，并与"孟轲敦素"相勾连？儒家的中庸思想异常丰厚，但究极而言，不外道、权二义：既得坚持理想与原则，又得通权达变。孟子的经权思想以此为基础，并由背反于经的激进权智、返归于经的温和权慧两部分构成：激进权智的实质在于以权抗礼，温和权慧的实质在于以权行礼；激进权智的使用范围极其有限，温和权慧的作用空间无边无际；激进权智只是醒目的标志，温和权慧却是普遍的风格④。

"史鱼秉直"典出《论语·卫灵公》第7章，"孟轲敦素，史鱼秉直"也是对该章"君子哉蘧伯玉""直哉史鱼"的模仿。从孟子经权观看，"直"偏重于激进权智，"素"偏重于温和权慧。"素"比"直"重要得多，因为伦理生活的主体是本位的生活，而不是越位的生活；它更多地要求人们安分守己，而不是杀身成仁。基于本位而践履伦理生活，是人之常情；负面而又极端地越位，形同禽兽⑤。但是，正面而又极端地越位，常被儒家肯定，甚至视作圣人

---

① 释印光著述，张育英校注：《印光法师文钞》（修订版）上册，北京：宗教文化出版社，2008年，第34页。
② 成语"我行我素"，渊源于《礼记·中庸》这一"素—行"语法。
③ ［清］阮元校刻：《十三经注疏（附校勘记）》上册，第62页下栏—63页上栏。
④ 参见杨海文：《激进权智与温和权慧：孟子经权观新论》，《中山大学学报（社会科学版）》2011年第4期，第114—137页。
⑤ 《孟子字义疏证》卷下《才》指出："孟子不又云乎：'人见其禽兽也，而以为未尝有才焉，是岂人之情也哉？'情，犹素也，实也。"（［清］戴震撰，汤志钧校点：《戴震集》，第309页）

的特权。另外，狂不等同于激进权智，狷不等同于温和权慧，而是狂者、狷者都能运用这两种权变智慧。譬如，舜"不告而娶"（《孟子》7·26,9·2）是激进权智中的狷，虞人"死不敢往"（《孟子》10·7，又见《孟子》6·1）是温和权慧中的狂。身处富贵、贫贱、夷狄、患难之中，人们主之以温和权慧，辅之以激进权智，时而狂，时而狷，既锐意进取，又有所不为，方能"素其位而行"，并因"无入而不自得"抵达"中行""中道"的境界。经由孟子经权观的烛照，可知"孟轲敦素"最易与"庶几中庸"承接起来。

相比之下，《论语·八佾》说的"素以为绚兮""绘事后素"（《论语》3·8），难以起到《中庸》这样的作用①。《千字文》第50句"诗赞羔羊"②，典出《诗经·羔羊》。《诗》云"素丝五紽""素丝五緎""素丝五总"③，素丝即白丝，同样不能完美地解释"孟轲敦素"。《羔羊》每章四句，《千字文》四句一组，这一同构现象倒是发人深省。

《中庸》究竟对《千字文》产生了哪些影响呢？其一，《中庸》说的"君子之中庸也，君子而时中"，框定了《千字文》对于"庶几中庸"的理解。其二，《论语》《孟子》均只有三个"素"字，"孟轲敦素"之"素"主要与《中庸》有关。其三，《论语》无"敦"字，《孟子》说过"使虞敦匠事"（《孟子》4·7）、"薄夫敦"（《孟子》10·1,14·15）；"敦素"是动宾结构，更接近《中庸》说的"敦厚以崇礼""大德敦化"④。以上三点契合于南朝重《礼》学、重《中庸》、重中庸的文化背景，能够最大程度地纾解因相关史料极度匮缺所带来的解释学困难，并为我们找寻"孟轲敦素"更佳的释义提供了可行之途。

---

① 《论语》有三个"素"字。《八佾》之外，《乡党》说"素衣，麑裘"（《论语》10·6），更与"敦素"无关。
② ［南朝梁］周兴嗣次韵，［清］汪啸尹纂辑，［清］孙谦益参注：《千字文释义》，［南朝梁］周兴嗣、［宋］胡寅等编纂，周艺点校：《千字文》，第11页。
③ ［清］阮元校刻：《十三经注疏（附校勘记）》上册，第289页。
④ ［清］阮元校刻：《十三经注疏（附校勘记）》下册，第1633页下栏、1634页下栏。

(三)"庶几":近辞与贤人

对于"庶几中庸"的"庶几",清代的《千字文释义》说是"近辞"①,意即差不多。据此解释《千字文》第169—171句:有人(大多数人)安于本位、恪尽职守("敦素"),有人(少数人)仗义执言、直道而行("秉直"),差不多就是中庸了。即使《中庸》说的"君子无入而不自得"已臻"中行""中道"的境界,但理想与现实是两回事,实现理想人格需要经历漫长的过程,所以将"庶几"理解为"差不多"合乎常情。

"庶几"另有"贤人"一义,人们所知较少,值得拿来讨论。譬如以下例句:

> 颜氏之子,其殆庶几乎!有不善未尝不知,知之未尝复行也。(《易传·系辞下》)②

> 颜氏之子,已曾驰过孔子于涂矣,劣倦罢极,发白齿落。夫以庶几之材,犹有仆顿之祸,孔子力优,颜渊不任也。(《论衡·效力》)③

> 夫孔子之门,讲习《五经》。《五经》皆习,庶几之才也。(《论衡·别通》)④

> 自非知旧邻比,庶几已下,欲请呼者,当辞以他故勿往也。(《嵇康集》卷一〇《家诫》)⑤

"劳谦谨敕"的"劳谦"典出《易经·谦卦》:"九三:劳谦,君子有终,吉。象曰:劳谦君子,万民服也。"⑥《千字文》第230句为"嵇琴阮啸"⑦,是讲嵇康

---

① 参见[南朝梁]周兴嗣次韵,[清]汪啸尹纂辑,[清]孙谦益参注:《千字文释义》,[南朝梁]周兴嗣、[宋]胡寅等编纂,周艺点校:《千字文》,第34页。
② [清]阮元校刻:《十三经注疏(附校勘记)》上册,第88页下栏。
③ 黄晖:《论衡校释(附刘盼遂集解)》第2册,第583页。
④ 同上书,第592页。
⑤ [三国魏]嵇康著,戴明扬校注:《嵇康集校注》下册,北京:中华书局,2014年,第546页。
⑥ [清]阮元校刻:《十三经注疏(附校勘记)》上册,第31页中栏。
⑦ 参见[南朝梁]周兴嗣次韵,[清]汪啸尹纂辑,[清]孙谦益参注:《千字文释义》,[南朝梁]周兴嗣、[宋]胡寅等编纂,周艺点校:《千字文》,第42页。

（224—263，一作223—262）、阮籍（210—263）。这表明周兴嗣知道《易传·系辞下》《家诫》以"庶几"借指贤人的做法。另外，前文引过纂图本卷下说的"吾行庶几谦退之行"，其中的"庶几"实即贤人之意，当作近辞则不妥当。

金元之际，李冶（生卒年不详）的《敬斋古今黈》卷四指出：

> 《吴志》：张昭子承，"能甄识人物……勤于长进，笃于物类，凡在庶几之流，无不造门"；又顾雍子邵，"好乐人伦，自州郡庶几及四方人士，往来相见，或言议而去，或结厚而别，风声流闻，远近称之"。二传中皆用"庶几"字。庶几者，所谓凡有可以成材者皆是也。①

戴明扬（1902—1953）注嵇康《养生论一首》"其次狐疑，虽少庶几，莫知所由"，曾引李冶这段话②；注《家诫》"庶几已下"，又云："案六朝常语，亦以'庶几'为'贤才'之称。"③ 既然是六朝常语，那么周兴嗣身处这种文化氛围之中，何尝不能以"庶几"指称贤人呢？

如果选择"庶几"的"贤人"一义，《千字文》第169—172句就可理解为："孟子崇尚安于本位、恪尽职守，史鱼秉持仗义执言、直道而行。贤人从容于中道，该狂则狂，该狷则狷，优游自得，问心无愧，而且勤劳、谦逊、谨慎、自省。"话说回来，这一解释不是为了排斥传统的"近辞"之说，而是希冀二说并存，让人们通过不同的尝试来求解"孟轲敦素"更佳的释义。

综上所述，"史鱼秉直"典出《论语·卫灵公》第7章，"劳谦"典出

---

① ［元］李冶：《敬斋古今黈（附拾遗）》，《丛书集成初编》第216册，北京：中华书局，1985年，第44页；按：标点符号为引者所加。
② 参见［三国魏］嵇康著，戴明扬校注：《嵇康集校注》上册，第273页
③ ［三国魏］嵇康著，戴明扬校注：《嵇康集校注》下册，第555页。

《易经·谦卦》,"孟轲敦素"与《中庸》第14章、"庶几中庸"与《中庸》第2章呈现强相关;"庶几中庸"是理解"孟轲敦素"的关键,《千字文》实则以《庸》释《孟》,这与当时重《礼》学、重《中庸》、重中庸的文化背景若合符节。

这里附带说明,唐末五代李瀚(生卒年不详)的《蒙求》第115句为"孟轲养素"(《全唐诗》卷八八一)①,渊源于《千字文》的"孟轲敦素";宋代胡寅(1098—1156)的《叙古千文》说"乐育英才,升堂入室。伋蹈前轨,轲禀绝识。标示中庸,攘距杨墨。王泽息传,独赖遗编",还说"猗欤我宋,尽美全懿。块圠难名,普率纯被。乔嵩孕秀,颜孟并辔。私淑诸人,追配洙泗"②,是在《孟子》升经、孟子升圣的新背景下对《千字文》的继承与发展。

三、"点睛之笔"何以成立?

东晋时期,儒将王导(276—339)写过一份上疏,其中说道:

人知士之所贵,由乎道存。则退而修其身,修其身以及其家,正家以及于乡,学于乡以登于朝。反本复始,各求诸己,敦素之业著,浮伪之道息,教使然也。故以之事君则忠,用之莅下则仁,即孟轲所谓"未有仁而遗其亲,义而后其君者也"。③

文中的"敦素""孟轲"字样,对周兴嗣写下"孟轲敦素"有过影响

---

① [清]彭定求编:《全唐诗》第25册,北京:中华书局,1960年,第9961页。嵇康《忧愤诗》有云:"志在守朴,养素全真。"(卷二三,[南朝梁]萧统编,[唐]李善注:《文选》第3册,第1082页)
② [南朝梁]周兴嗣、[宋]胡寅等编纂,周艺点校:《千字文》,第86—87、98—99页。
③ [南朝梁]沈约:《宋书》第2册,北京:中华书局,1974年,第357页。

吗？这份上疏后来被沈约收入《宋书·礼志一》。周兴嗣做过史官[①]。他借助《宋书》或其他途径读到王导的上疏，绝非难事。这份上疏是我们目前勘测到的"孟轲敦素"一语最早的语源，可以视作《千字文》之所本[②]。

王导的上疏也被房玄龄（579—648）等人编撰的《晋书》卷六五本传收录，但文字稍异于《宋书》，如"敦素之业著，浮伪之道息"变成了"敦朴之业著，浮伪之竞息"。[③]《晋书》改"敦素"为"敦朴"，背后积淀着深厚、悠久的思想文化传统。赵岐的《孟子注》指出："神农务本，教于凡民。许行蔽道，同之君臣。陈相倍师，降于幽谷。不理万情，谓之敦朴。是以孟子博陈尧、舜上下之叙以匡之也。"焦循认为："敦朴者，老子云：'敦兮其若朴。'赵氏所本也。"（《孟子正义》卷一一）[④] 杨明照（1909—2003）对《抱朴子外篇·君道》说的"不使敦朴散于雕伪"有个笺注，足见"敦朴"传统的轮廓：

《邓析子·转辞》："上古之民，质而敦朴。"《老子》第十五章："敦兮其若朴。"河上公注："敦者，质厚。朴者，形未分。内守精神，外无文采也。"《庄子·缮性》："德又下衰，及唐、虞，始为天下，与治化之流，澆淳散朴。"成疏："（唐、虞）设五典而纲纪五行，置百官而平章百姓，百姓因此而浇讹。……岂非毁淳素以作浇讹，散朴质以为华伪？"《史记·文帝纪》："上常衣绨衣，所幸慎夫人，令衣不得曳地，帏帐不得文绣，以示敦朴，为天下先。"[⑤]

---

① 《梁书·文学列传上》本传指出："所撰《皇帝实录》《皇德记》《起居注》《职仪》等百余卷，文集十卷。"（[唐]姚思廉：《梁书》第3册，第698页）这些作品均佚。
② 2018年8月，承蒙山东社会科学院李玉女士告知《孔丛子·连丛子上·鸮赋》有云："庶几中庸，仁义之宅。"（傅亚庶：《孔丛子校释》，北京：中华书局，2011年，第450页）假定《鸮赋》是西汉孔臧的作品，我们可以认为《千字文》的"庶几中庸"受到其影响。
③ [唐]房玄龄等：《晋书》第6册，第1748页。
④ [清]焦循撰，沈文倬点校：《孟子正义》上册，第400页。
⑤ 杨明照：《抱朴子外篇校笺》上册，北京：中华书局，1991年，第187、189页。

以上所论，目的有二：一是检讨上野本、篆图本注文的合理性。"敦朴"是典型的道家思想①，并促使中国古代社会形成了尚俭朴、重质朴的风气。当然，一旦成为社会风气，"敦朴"无疑不再是纯粹的道家思想。《晋书》所载的王导上疏，表明它得到了儒家思想的熔铸。两种《千字文》古注释读"孟轲敦素"，亦受这一社会风气的濡染。它们将"素"解释为"朴素"，切合普罗大众的生活阅历与认知水平，均可视作合理性的体现。但是，说孟子质朴或俭朴、史鱼刚直差不多就是中庸，则与儒家中庸之义的距离甚远。换句话说，从"敦朴"的社会风气看，古注有其合理性；而从"中庸"的儒家思想看，古注的理论水准并不高。古注着眼于外在的社会风气，我们主张从内在的儒家经典入手。寻求"孟轲敦素"更佳的释义，不能泛泛而谈，必须入乎其内。

二是夯实《千字文》的儒家价值取向。王导的上疏是儒家本位的，饱含浓郁的孟学色彩。"敦素之业著，浮伪之道息"或"敦朴之业著，浮伪之竞息"，就与孟子说的"杨墨之道不息，孔子之道不著"（《孟子》6·9）异曲同工。《宋书》所载的王导上疏究竟是不是《千字文》"孟轲敦素"之所本，这是一回事；周兴嗣的价值取向显而易见是儒家的，又是一回事。两者既可弱相关，亦可强相关。鉴于"孟轲敦素"的语源学史料相当缺乏，强相关更值得重视，东晋、南朝孟学史从王导到周兴嗣可谓承先启后、继往开来。

清代的《千字文释义》将《千字文》分成四章：第1句"天地玄黄"至第36句"赖及万方"为第一章，"此章言天地人之道，为《千字文》之发端"；第37句"盖此身发"至第102句"好爵自縻"为第二章，"此章言君子修身之道，

---

① "敦朴"典出《老子》第15章的"敦兮其若朴"，又第19章说"见素抱朴"，第28章说"复归于朴""朴散则为器"，第32章说"道常无名，朴虽小，天下莫能臣也"，第37章说"吾将镇之以无名之朴"，第57章说"我无欲而民自朴"（［魏］王弼注，楼宇烈校释：《老子道德经注校释》，北京：中华书局，2008年，第33、45、74、81、91、150页）。

惟修其五常，则不毁伤其身，因推类而举君臣、父子、兄弟、夫妇、朋友之伦，为五常所属；终则指仁、义、礼、智、信之五德，而勉人固守之也"；第103句"都邑华夏"至第162句"岩岫杳冥"为第三章，"此章言王天下者，其京都之大，宫阙之壮，典籍之盛，英才之众，土地之广如此"；第163句"治本于农"至第248句"愚蒙等诮"为第四章，"此章言君子穷而在下，惟尽其处身治家之道"①。《千字文释义》还认为：第163—176句"为一章之主"，亦即第四章的主脑，"以下十七节，或言处身，或言治家，皆推广此意"②。人生有经济性的一面，所以得"治本于农"③；又有伦理性的一面，所以得"庶几中庸"。周兴嗣时代，孟子尚为诸子；《千字文释义》之时，《孟子》早成圣经。但是，以儒治世是中国古代社会的基本特征，《千字文》的儒家价值取向是毋庸置疑的。

孟子之外，《千字文》不指名但道姓的另外三位思想家——墨子创立墨家，阮籍、嵇康推崇道家。《千字文》第38句为"四大五常"④，四大指地、水、火、风，属于佛教观念。《千字文》是蒙以养正之书，涉及的内容极其广泛。纂图本《注千字文序》就说："《千字文》要略，义括三才；包览百家，意存省约；上论天地，下次人伦；义及九州，泛论五岳；日月星辰之度，建首明王；三皇封禅之书，亦在其内；前汉后汉之事，次第俱论；秦始刻碑之勋，于斯辨释。"⑤因而，更准确地说，《千字文》是以儒家为价值取向的百科知识读物。

因其儒家价值取向，我们不难断定《千字文》是南朝重要的孟子学文

---

① 参见［南朝梁］周兴嗣次韵，［清］汪啸尹纂辑，［清］孙谦益参注：《千字文释义》，［南朝梁］周兴嗣、［宋］胡寅等编纂，周艺点校：《千字文》，第9、21、32、46页。
② 同上书，第34页。
③ 同上书，第33页。
④ 同上书，第9页。
⑤ 域外汉籍珍本文库编纂出版委员会编：《域外汉籍珍本文库》第3辑经部第9册，第5页上栏。

献。《千字文》唯一提到的儒家就是孟子——不管它是何种缘由所致,这个事实耐人寻味。《千字文》对孟子既有"孟轲敦素"这一明说,也有不少暗指。例如,第93句的"仁慈隐恻","隐恻"即是孟子十分重视、甚至首创的"恻隐"(《孟子》3·6,11·6);第164、166、167句的"务兹稼穑""我艺黍稷""税熟贡新",与孟子说的"后稷教民稼穑,树艺五谷;五谷熟而民人育"(《孟子》5·4)十分相似;第243句的"矩步引领","引领"典出孟子说的"如有不嗜杀人者,则天下之民皆引领而望之矣"(《孟子》1·6)①。周兴嗣"年十三,游学京师,积十余载,遂博通记传,善属文"(《梁书》本传)②,《孟子》显然也在博通之列,同时表明当时的知识分子将《孟子》当作辅助儒家经典的传记来读。

魏晋南北朝本是汉唐千年孟学史的有机组成部分,但因其没有产生汉、唐那样的大家、大作,历来不受重视,缺少有分量的研究成果。连带地,至今无人对"孟轲敦素"与南朝孟学史的相互关联做过系统研究。这一情形令人联想到《四库全书总目》未著录《千字文》等三大蒙学经典。余嘉锡的《四库提要辨证》卷二指出:"推《提要》之意,或者以其为世所通行,与《三字经》同鄙为俗书耶?然此自是古今名作,不独非《百家姓》所能及,亦高出乎李翰《蒙求》之上。"(《经部二·小学类二》"急就章四卷"条)又说:"周兴嗣之原作不著录,并不得附存其目……幸而彼时为人人所必读,不藉文渊阁著录与否以传,至今日而形势大异,已无人道及兴嗣之书。"(《经部二·小学类存目一》"续千文一卷"条)③

推演余嘉锡所论,《千字文》的受众之多、流布之广、作用之巨,即使是

---

① 参见[南朝梁]周兴嗣次韵,[清]汪啸尹纂辑,[清]孙谦益参注:《千字文释义》,[南朝梁]周兴嗣、[宋]胡寅等编纂,周艺点校:《千字文》,第19、33、44页。
② [唐]姚思廉:《梁书》第3册,第697页。
③ 余嘉锡:《四库提要辨证》上册,昆明:云南人民出版社,2004年,第88、104页。按:"李翰"或作"李瀚"。

在整部中国思想文化史上，可与比肩的作品也是凤毛麟角[①]。大俗实则大雅，"壹夕属草，终古垂名"[②]绝非过誉之词。将《千字文》通俗易懂、家喻户晓这种大影响放到南朝思想文化史来看，其他任何作品都会相形见绌；放到南朝孟学史来看，更是如此。如果没有《千字文》，南朝孟学史确可存而不论，或者一笔带过；因为有了《千字文》，南朝孟学史得以披沙炼金，进而价值彰显。正是在此意义上，"孟轲敦素"是南朝孟学史的神来之笔、更是点睛之笔，《千字文》是整个中国孟学史的重量级作品。今天虽然"形势大异"，但我们首次专文论述"孟轲敦素"，合乎深化并拓展南朝孟学史研究的学术要求。

[①] "文革"时期，《千字文》被当作"大毒草"批判。批判者同时描述了《千字文》在中国历史上巨大而又深远的影响："《千字文》虽然只有一千字，但却概括了自然、历史、伦理、教育整个封建社会上层建筑的意识形态，充斥着'克己复礼''天命论''三纲五常''英雄创造历史'以及'读书做官''修身养性'等反动观点，是一部浸透了孔孟之道的害人经。唐以后的历代反动统治阶级都把《千字文》作为启蒙课本，用以毒害人民，巩固其反动统治。《千字文》还被翻译成蒙、藏等少数民族文字和多种外文，其中一些字句甚至变成了口头语。不仅如此，历代不少书法家写过《千字文》，甚至官府的档案，大部头的书籍，商店的账簿等等，也常用《千字文》的字序来编号，某些地区的街道也有用《千字文》命名的。可见其流毒之广，影响之深。"（国营卫东机器制造厂二〇六车间理论组、齐齐哈尔师范学院中文系《千字文》批注小组:《〈千字文〉批注》，齐齐哈尔师范学院中文系编:《六本儒家反动"启蒙读物"批注》，1974年12月印，第36页。按："账簿"，原文误作"账薄"。）

[②]《冷庐杂识续编》"重次千字文汇编跋"条指出："惟周兴嗣，凤号多闻。奉武帝敕，次《千字文》。广列伦物，富隶《索》《坟》。顿涸玄发，藉达赤心。壹夕属草，终古垂名。"（[清]陆以湉撰，崔凡芝点校:《冷庐杂识》，北京:中华书局，1984年，第473页）

孟子与"初唐四杰"*

公元7世纪，有四位才华横溢、命运多舛的诗人，史称"初唐四杰"。他们不算孟学史上的大人物，但同样吸吮过孟子的思想营养，体察过孟子的生命情怀，为后人留下一组朴实无华的孟学史片段。

四杰之中，绛州龙门（今山西河津）人王勃（650—676？）可能年龄最小，且英年早逝，却排名第一，成就高于其他三人。《王子安集》有两篇文章提到孟子：

> 遗雅背训，孟子不为；劝百讽一，扬雄所耻。（卷四《上吏部裴侍郎启》）[1]

> 有时无主，贾生献流涕之书；有志无时，孟轲养浩然之气。（卷五《上绛州上官司马书》）[2]

何谓"遗雅背训，孟子不为"？清末学者蒋清翊（生卒年不详）注云："未详。"[3] 孟子之本事难详是一面，王勃之用意明显又是一面："圣人

---

* 原载《中华读书报》2012年9月19日，第15版《国学》。
[1] ［唐］王勃著，［清］蒋清翊注，汪贤度校点：《王子安集注》，上海：上海古籍出版社，1995年，第129页。
[2] 同上书，第165页。
[3] 同上书，第129页。

以开物成务,君子以立言见志。"(《上吏部裴侍郎启》)①换句话说,对孟子经由文化守成主义达成道德理想主义的"文以载道"观,王勃心有戚戚焉。立言的层级低于立功,但儒家知识分子何尝不想建功立业？东晋袁宏(328—376)的《三国名臣颂》有言:"故有道无时,孟子所以咨嗟;有时无君,贾生所以垂泣。"(《晋书》卷九二)②王勃化用袁宏此语,既是自身心迹的写照,更揭示了儒者的政治抱负与现实际遇两者之间永恒的困境。凡是儒者,谁不被"有道无时"或者"有时无君"这些困境所包裹？一旦被包裹,就会从立功自觉地退到立言,进而将立言与立德紧密联系起来。《秋日登洪府滕王阁饯别序》(简称《滕王阁序》)就说:"老当益壮,宁移白首之心;穷且益坚,不坠青云之志。"③明于此,王勃可谓唐代的孟子,孟子可谓战国的王勃。

弘农华阴(今陕西华阴)人杨炯(650—693后)与王勃同龄,曾为王勃的诗文集作序。王勃乃隋末大儒王通之孙,所以,杨炯的《王勃集序》写道:

> 祖父通,隋秀才高第,蜀郡司户书佐,蜀王侍读。大业末,退讲艺于龙门。其卒也,门人谥之曰文中子。闻风睹奥,起予道惟,摧摩三古,开阐八风。始摈落于邹、韩,终激扬于荀、孟。④

《中说》(又名《文中子》)仅有《立命篇》提到孟子:"董常闻之,谓贾琼曰:'孔孟云亡。夫子之道行,则所谓"绥之斯来,动之斯和"乎？孰云淳朴不可归哉？'"⑤董常(生卒年不详)虽是王通的得意弟子,但王通与孟子

---

① [唐]王勃著,[清]蒋清翊注,汪贤度校点:《王子安集注》,第129页。
② [唐]房玄龄等:《晋书》第8册,第2393页。
③ [唐]王勃著,[清]蒋清翊注,汪贤度校点:《王子安集注》,第233页。
④ [唐]卢照邻、杨炯著,徐明霞点校:《卢照邻集 杨炯集》,北京:中华书局,1980年,第35页;按:两书分署页码。
⑤ 张沛:《中说校注》,北京:中华书局,2013年,第239页。

究竟有何关联,却是思想史上的一大疑团。杨炯这里给出解释:"始摈落于邹、韩,终激扬于荀、孟。"王通先是排斥弃绝于邹衍、韩非的理论,最终激动振奋于荀子、孟子的学说。这类解释影响了唐末的皮日休,《皮子文薮》卷四《文中子碑》就径直认为王通承接孟子的衣钵:"故孟子叠踵孔圣,而赞其道。复乎千世,而可继孟氏者,复何人哉?"①

受时代所限,杨炯没有像董常那样孔孟连称,但他提供了另一种形态的"孔孟"说法,十分值得注意:

> 高台下泣,孟尝君之恻怆可知;梁木兴歌,孔宣父之平生已矣。(《杨炯集》卷八《唐上骑都尉高君神道碑》)②

> 孔宣父既祥五日,弹不成声;孟献子加人一等,县而不乐。(《杨炯集》卷九《李怀州墓志铭》)③

"孔"即孔宣父,还是孔子。"孟"则不是孟子,而是孟尝君或孟献子。后一句话,清人董诰(1740—1818)等编的《全唐文》卷一九六《杨炯(七)》写作:"卜子夏既祥五日,弹不成声;孟献子加人一等,县而不乐。"④同一作品有不同版本、不同表述,实为思想史平添些许曲折。深究这些曲折,乐趣亦在其中。

杨炯还有《伯母东平郡夫人李氏墓志铭》一文,亦与孟学史有关。其序云:"每献岁发春,日南长至,群从子弟称觞上寿者,动至数十百,未尝不欢言善诱,借以温颜,侃侃焉,訚訚焉,有孟母之风焉,有敬姜之诲焉。"其铭

---

① [唐]皮日休著,萧涤非、郑庆笃整理:《皮子文薮》,上海:上海古籍出版社,1981年,第35页。
② [唐]卢照邻、杨炯著,徐明霞点校:《卢照邻集 杨炯集》,第129—130页。
③ 同上书,第146页。
④ [清]董诰等编:《全唐文(附唐文拾遗、唐文续拾、读全唐文札记)》第1册,上海:上海古籍出版社,1990年,第873页。

曰:"宋云孟母,鲁季姜兮。"① 西汉时期,先有韩婴的《韩诗外传》卷九②,后有刘向的《列女传·母仪篇》③,极力表彰孟母。杨炯拿孟母之风来褒扬李氏,即是这一传统的体现。

幽州范阳(今北京附近)人卢照邻(630前后—680后),其诗文集《卢照邻集》有三篇文章提到孟子:

> 昔文王既没,道不在于兹乎;尼父克生,礼尽归于是矣。其后荀卿、孟子,服儒者之褒衣;屈平、宋玉,弄词人之柔翰。(卷六《驸马都尉乔君集序》)④
>
> 自获麟绝笔,一千三四百年,游、夏之门,时有荀卿、孟子;屈、宋之后,直至贾谊、相如。(卷六《南阳公集序》)⑤
>
> 孟轲偃蹇,为王者师;范雎匍匐,为诸侯客。(卷六《对蜀父老问》)⑥

卢照邻以孟、荀接踵孔子,这是思想史的通论。司马迁的《史记·孟子荀卿列传》,已为后世确立"孟荀齐号"的基本语法⑦。可卢照邻为何跟杨炯一样先荀后孟,而不是先孟后荀呢?先荀后孟,意味着唐初荀子的地位高于孟子吗?如果未能穷尽史料,这个问题就不能作答,只能暂时放下。

"孟轲偃蹇,为王者师",典出西汉扬雄的《解嘲(并序)》:"是故驺衍

---

① [唐]卢照邻、杨炯著,徐明霞点校:《卢照邻集 杨炯集》,第186页。
② 参见[汉]韩婴著,许维遹集释:《韩诗外传集释》,第306、322页。
③ 参见[汉]刘向著,张涛译注:《列女传译注》,济南:山东大学出版社,1990年,第38—39页。
④ [唐]卢照邻、杨炯著,徐明霞点校:《卢照邻集 杨炯集》,第69页。
⑤ 同上书,第71页。
⑥ 同上书,第79页。
⑦ 参见杨海文:《司马迁对"孟荀齐号"语法的确立》,《国学学刊》2009年第3期,第91—100页。

以颉亢而取世资,孟轲虽连蹇,犹为万乘师。"(《汉书》卷八七下)①《对蜀父老问》还说:"彼一时也,此一时也,易时而处,失其所矣。"②这是对《孟子·公孙丑下》的显性—匿名引用:"彼一时,此一时也。五百年必有王者兴,其间必有名世者。"(《孟子》4·13)卢照邻眼里的孟子,实则尊王贱霸的典范。

四杰当中,婺州义乌(今浙江义乌)人骆宾王(约627—约684)年纪最大,也是唯一的南方人。前三杰都实名评述过孟子,骆宾王则只是显性—匿名引用过"孟母断织"这个典故:

某篠派庸微,桐岩贱伍,托根邹邑,时闻阙里之音;接闻雩津,屡听杏坛之说。加以承断织之慈训,得锐志于书林;奉过庭之严规,遂容情于义圃。(《骆临海集》卷七《上兖州张司马启》)③

能用"断织"一典,骆宾王自然知道孟子。《骆临海集》对《韩非子·显学》说的"孔、墨之后,儒分为八,墨离为三"④亦做过引申:

棘寺游三礼,蓬山篚八儒。(卷四《久戍边城有怀京邑》)⑤
洎乎大义既乖,斯文将坠,于是八儒三墨之道,异轸分驰;九流百家之文,殊途竞爽。(卷九《对策文三道》)⑥

八儒有孟氏之儒,一般认为就是孟子一脉的儒家。孟子距杨墨,但骆宾

---

① [汉]班固撰,[唐]颜师古注:《汉书》第11册,第3567页。
② [唐]卢照邻、杨炯著,徐明霞点校:《卢照邻集 杨炯集》,第79页。
③ [唐]骆宾王著,[清]陈熙晋笺注:《骆临海集笺注》,上海:上海古籍出版社,1985年,第252页。
④ [清]王先慎撰,钟哲点校:《韩非子集解》,第456页。
⑤ [唐]骆宾王著,[清]陈熙晋笺注:《骆临海集笺注》,第129页。
⑥ 同上书,第306页。

王却情深于另一种杨墨之道,尤其对杨朱情有独钟:

> 苟斯道之不坠,亦何患乎无成?而欲图侥倖于权重之交,养声誉于众多之口,斯所以杨朱徘徊于岐路,阮籍怵惕于穷途。(卷八《答员半千书》)①

> 晨风轸孙楚之情,岐路下杨朱之泪。(卷九《初春邪岭送益府窦参军宴序》)②

在过去的思想史传统中,距杨墨属于大传统,另一种杨墨之道属于小传统。骆宾王虽然没有批过大传统,却同情小传统,这种现象在孟学史上绝非偶然。跟骆宾王不同,卢照邻甚至对被大传统批判的墨子深表敬意:

> 削迹伐树,孔席緅来不暖;摩顶至足,墨突何时有烟?(《卢照邻集》卷四《五悲·悲今日》)③

> 门有张公之雾,突无墨子之烟。虽吾道之穷矣,夫何妨乎浩然?(《卢照邻集》卷六《对蜀父老问》)④

另一种杨墨之道其实源远流长。笔者的《另一种"杨墨之道"》曾指出:"《墨子》《吕氏春秋》勾画了墨子之'悲'一线,《列子》《荀子》勾画了杨朱之'泣'一线;两条线汇聚到《淮南子》,最先完整地建构了另一种'杨墨之道';其后,阮籍、孔稚珪把它进一步固定了下来。"⑤这里要更正的是,比阮籍更早的东汉时期,王充的《论衡·率性篇》说过:"是故杨子哭歧道,墨子

---

① [唐]骆宾王著,[清]陈熙晋笺注:《骆临海集笺注》,第281页。
② 同上书,第322页。
③ [唐]卢照邻、杨炯著,徐明霞点校:《卢照邻集 杨炯集》,第56页。
④ 同上书,第80页。
⑤ 杨海文:《另一种"杨墨之道"》,《中华读书报》2012年7月18日,第15版《国学》。

哭练丝也,盖伤离本,不可复变也。"① 荀悦(148—209)的《汉纪·孝元皇帝纪下》说过:"杨朱哭多岐,墨翟悲素丝,伤其本同而末殊。"② 更要补充的是,大孟学家戴震也觉得另一种杨墨之道令人感喟。其《孟子字义疏证》卷下《权》有云:"杨朱哭衢途,彼且悲求诸外者歧而又歧;墨翟之叹染丝,彼且悲人之受染失其本性。"③ 由此可见,只拿党同伐异的距杨墨做文章,无视乃至漠视另一种杨墨之道对于个体生存的真切感受,那类孟学史研究至少是不够完整的。

检视"初唐四杰"留下的孟学史片段,其有特点者,乃杨炯、卢照邻先荀后孟的提法;其有深意者,乃卢照邻对墨子、骆宾王对杨朱的了解之同情;其有回味者,乃王勃对袁宏语、卢照邻对扬雄语的化用。

但是,"初唐四杰"未必深入研究过孟子,孟学甚至根本谈不上是这个诗人共同体的突出特色或核心优势,所以,其孟学观在整体上朴实无华,只可视为传统的积淀与敞开使然。孟学史绝对不是每一时段都会节节上升的,毋宁说,重复的传承或传承的重复乃是孟学史演进的常态。有此常态,孟子才会长久地活在人们的心中;常态不断地积聚,孟学史才有可能获得突破与飞跃。后人对"初唐四杰"反反复复的再阅读,同时是对孟子持续不止的再理解,量变—质变的辩证法蕴含于其间。用王勃《送杜少府之任蜀州》的诗句来说,就是:"海内存知己,天涯若比邻。"④

---

① 黄晖:《论衡校释(附刘盼遂集解)》第1册,第70页。
② [汉]荀悦:《汉纪》,张烈点校:《两汉纪》上册,北京:中华书局,2002年,第407页。
③ [清]戴震撰,汤志钧校点:《戴震集》,第327页。
④ [唐]王勃著,[清]蒋清翊注,汪贤度校点:《王子安集注》,第84页。

"宋太祖誓碑"的文献地图*

相传宋太祖（赵匡胤，927—976，在位时间为960—976）立国不久，订立誓约三条，其核心内容又为"不杀士大夫"，并刻于石碑，藏于密室，极尽保密之能事，以致外人不详其情。此碑史称宋太祖誓碑或宋太祖誓约。现代学术史上，张荫麟（1905—1942）的《宋太祖誓碑及政事堂刻石考》最先质疑誓碑的真实性："南宋人所传北宋文献，有二事焉，本俱伪造，而伪出有因；其作伪所因伪之历史事实，甚关重要。此即所谓太祖誓碑及太祖政事堂刻石也。"同时有保留地指出："太庙藏约，而有待于徽宗传语高宗，则甚为秘密可知。北宋人臣虽不知有此约，然因历世君主遵守唯谨，遂认为有'不杀大臣'之不成文的祖宗家法。"①20世纪80年代中期，杜文玉的《宋太祖誓碑质疑》断言："关于'誓碑'之事纯属子虚乌有，是根本不存在的。"②徐规（1920—2010）的《宋太祖誓约辨析》指出："宋太祖曾在太庙中立有誓碑

---

* 本文前四节，原载《学术月刊》2010年第10期，第138—147页。第五节为2022年5月11日补写，原载《衡水学院学报》2022年第6期，第76—78、98页；题为《"无专杀大夫"与"不杀士大夫"——宋太祖誓碑与孟学史的虚实之辨》。

① 张荫麟：《宋太祖誓碑及政事堂刻石考》，《文史杂志》（半月刊）第1卷第7期，重庆：商务印书馆，1941年1月出版，第15、16页。按：张文起止页码为第14—18页，首页仅为标题，尾页仅有数行；文章仅有一半论宋太祖誓碑，另一半则论政事堂刻石，实为半篇专论。该文后来收入两个同名文集：《张荫麟文集》，台北："国立"编译馆、中华丛书编审委员会，1956年，第106—108页；张云台编：《张荫麟文集》，北京：教育科学出版社，1993年，第497—501页。本文引证，据中山大学图书馆藏《文史杂志》。

② 杜文玉：《宋太祖誓碑质疑》，《河南大学学报（社会科学版）》1986年第1期，第22页。按：杜文起止页码为第19—22页。

及其所称太祖誓约的三条内容,这是他们沿袭曹勋所传徽宗寄语加以繁衍而成的,大部不足凭信。"同时说道:"这个藏于太庙的宋太祖誓约是否真有其事,当可作进一步的研究。然宋代实行重文抑武的政策,即以文臣驾驭武将,优待士大夫,不轻率加以诛杀,确为事实。"①以上三文是目前为数不多的几篇学术专论中较有影响者②,但它们均篇幅短小,未能容纳丰富乃至必要的史料。所幸"宋太祖不杀大臣"是改革开放以来宋史研究的热点问题之一③,2010年又出现多篇有分量的专论④。有鉴于此,本文试图结合相关研究动态,并从直接、间接两组证明材料的角度,勾勒宋太祖誓碑的文献地图,以期学术界进一步探讨这桩宋代政治思想史上具有重大影响的史学公案。

一、从"引文安全"说起

近人丁传靖(1870—1930)依据宋、元、明、清五百多种著述,摘录宋代六百余人的史料,裒辑排列而成《宋人轶事汇编》。其书最初由商务印书馆1935年出版,并于1958年重印,但当时印数不多,且仅有断句,阅读不便,因而,中华书局重加标点,并改正若干明显错字,于1981年再度刊行⑤。该书卷一《太祖》有云:

---

① 徐规:《宋太祖誓约辨析》,《历史研究》1986年第4期,第191、190页。按:"重文抑武",原文为"重大抑武",显系手民之误。徐规起止页码为第190—192页,尾页仅数行。该文收入氏著:《仰素集》,杭州:杭州大学出版社,1999年,第589—592页。
② 据笔者陋见,从1941年到2010年,70年间国内学术界的专题论文不到10篇,有分量者尤少。
③ 参见李华瑞:《改革开放以来宋史研究若干热点问题述评》,《史学月刊》2010年第3期,第19页。
④ 参见刘浦江:《祖宗之法:再论宋太祖誓约及誓碑》,《文史》2010年第3辑(总第92辑),第145—158页;张希清:《再论宋太祖誓约:"不诛大臣、言官"》,浙江大学宋学研究中心编:《宋学研究集刊》第2辑,杭州:浙江大学出版社,2010年,第258—275页。按:以上两文,承蒙中山大学历史系曹家齐教授惠赐复印件,特此致谢。刘文所谓"再论",乃针对学术界相关研究而言;张文所谓"再论",乃因其曾发表《宋太祖誓约与岳飞之死》。参见岳飞研究会编:《岳飞研究论文集》第2集(《中原文物》1989年特刊),第127—145页。
⑤ 参见丁传靖辑:《宋人轶事汇编》上册,北京:中华书局,1981年,"出版说明"。

艺祖受命之三年，密镌一碑，立于太庙寝殿之夹室，谓之誓碑，用销金黄幔蔽之，门钥封闭甚严。因敕有司，自后时享及新天子即位，谒庙礼毕，奏请恭读誓词。独一小黄门不识字者从，余皆远立。上至碑前，再拜跪瞻默诵讫，复再拜出。群臣近侍，皆不知所誓何事。自后列圣相承，皆踵故事。靖康之变，门皆洞开，人得纵观。碑高七八尺，阔四尺余，誓词三行。一云："柴氏子孙有罪，不得加刑；纵犯谋逆，止于狱内赐尽，不得市曹刑戮，亦不得连坐支属。"一云："不得杀士大夫及上书言事人。"一云："子孙有渝此誓者，天必殛之。"后建炎间，曹勋自金回，太上寄语："祖宗誓碑在太庙，恐今天子不及知"云。(《避暑漫抄》)①

德富基金会、允晨文化实业股份有限公司2000年出版《朱子文集》，知名学者余英时应邀作序。因该序长达十余万言，故以《朱熹的历史世界》单独刊行。之后，经过修订、扩充的《朱熹的历史世界——宋代士大夫政治文化的研究》，由生活·读书·新知三联书店2004年作为《余英时作品系列》六种之一出版。为了论证"不杀大臣及言事官"乃宋代重士的特殊表现，该书上篇第2章抄录了《避暑漫抄》这段文字，接着自注："丁传靖《宋人轶事汇编》卷一节引。按：丁氏书目以《避暑漫抄》为叶梦得所著。承西安林乐昌先生远道辗转相告，此书旧题撰人是陆游，见《中国图书综录》所列各种丛书本。附此志谢。"②

---

① 丁传靖辑：《宋人轶事汇编》上册，第7—8页。
② 余英时：《朱熹的历史世界——宋代士大夫政治文化的研究》上篇，台北：允晨文化，2003年，第276页；又见余英时：《朱熹的历史世界——宋代士大夫政治文化的研究》上册，北京：生活·读书·新知三联书店，2004年，第203—204页。按：允晨版由广东第二师范学院王光松副教授提供复印本，特此致谢。旧题陆游所撰《避暑漫抄》曾收入九种丛书：(1)《续百川学海》戊集；(2)《古今说海（嘉靖本、道光本、宣统排印本、民国石印本）·说纂部散录家》；(3)《历代小史》；(4)《说郛》（宛委山堂本）卷三九；(5)《五朝小说·宋人百家小说偏录家》；(6)《五朝小说大观·宋人百家小说偏录家》；(7)《说库》；(8)《丛书集成初编·文学类》；(9)《景印元明善本丛书十种·历代小史》。参见上海图书馆编：《中国图书综录》第2册，北京：中华书局，1960年，第1060—1061页。

《宋人轶事汇编》下册附有《引用书目》,云《避暑漫抄》为叶梦得(1077—1148)所著①。杜文玉质疑宋太祖誓碑的文章,开篇即说"据叶梦得《避署漫抄》……","暑"字又误排为"署"②。尽管作者省略了文献的实际出处,但它显然转引自《宋人轶事汇编》。连余英时也一度误以为叶梦得著《避暑漫抄》,足见《宋人轶事汇编》的影响之广、之深。其实,中华书局编辑部1980年4月为《宋人轶事汇编》写的《出版说明》早已指出:"此书材料不少为节录,编录时在文字方面也有漏误。读者利用本书时,最好能查对原书,以免讹误。"③遗憾的是,有关引文安全的这一提醒,未能得到人们足够的重视。仅此一点,似乎透露了宋太祖誓碑研究过去很多年内未能取得长足进展的某种缘由。

二、直接证明材料

张荫麟、徐规以《避暑漫抄》为旧题陆游(1125—1210)所撰,但并未完整过录全文,仅为节抄,亦未出具版本情况④。台湾新文丰出版公司出版的《丛书集成新编》第86册,据明代秭乘本翻印了署名陆游所撰的《避暑漫抄》,不分卷。其辞云:

> 艺祖受命之三年,密镌一碑,立于太庙寝殿之夹室,谓之誓碑,用销金黄幔蔽之,门钥封闭甚严。因敕有司,自后时享及新天子即

---

① 参见丁传靖辑:《宋人轶事汇编》下册,"引用书目",第16页。按:台湾商务印书馆1986年版《景印文渊阁四库全书》第863册收录叶梦得《避暑录话》。从书名看,《避暑漫抄》《避暑录话》形似,颇易混淆。
② 参见杜文玉:《宋太祖誓碑质疑》,《河南大学学报(社会科学版)》1986年第1期,第19页。按:李峰原载《史学月刊》2005年第12期的《论北宋"不杀士大夫"》,亦直接援引《宋人轶事汇编》。
③ 丁传靖辑:《宋人轶事汇编》上册。
④ 参见张荫麟:《宋太祖誓碑及政事堂刻石考》,《文史杂志》(半月刊)第1卷第7期,第15页;徐规:《宋太祖誓约辨析》,《历史研究》1986年第4期,第191页。

位,谒庙礼毕,奏请恭读誓词。是年秋享,礼官奏请如敕。上诣室前,再拜升阶。独小黄门不识字者一人从,余皆远立庭中。黄门验封启钥,先入焚香明烛,揭幔,亟走出阶下,不敢仰视。上至碑前再拜,跪瞻默诵讫,复再拜而出。群臣及近侍,皆不知所誓何事。自后列圣相承,皆踵故事。岁时伏谒,恭读如仪,不敢漏泄。虽腹心大臣,如赵韩王、王魏公、韩魏公、富郑公、王荆公、文潞公、司马温公、吕许公、申公,皆天下重望,累朝最所倚任,亦不知也。靖康之变,犬戎入庙,悉取礼乐祭祀诸法物而去。门皆洞开,人得纵观。碑止高七八尺,阔四尺余,誓词三行。一云:"柴氏子孙有罪,不得加刑;纵犯谋逆,止于狱中赐尽,不得市曹刑戮,亦不得连坐支属。"一云:"不得杀士大夫及上书言事人。"一云:"子孙有渝此誓者,天必殛之。"后建炎中,曹勋自虏中回,太上寄语云:"祖宗誓碑在太庙,恐今天子不及知"云云。(《秘史》)①

明清时期,跟以上记载大同小异的文本甚多。②陆游本《避暑漫抄》注明所抄资料来源于《秘史》,明代陆楫(1515—1552)的《古今说海》卷一二五

---

① [宋]陆游:《避暑漫抄》,《丛书集成新编》第86册,第668页。
② 参见(1)[明]陶宗仪:《说郛》卷三九上,《景印文渊阁四库全书》第878册,第143页;(2)[明]陈汝锜:《甘露园短书》卷六"誓碑"条[中国人民大学图书馆藏明万历三十八年(1610)陈邦瞻刻、清康熙六年(1667)刘愿人重修本],《四库全书存目丛书》子部第87册,第74页;(3)[明]陈全之:《蓬窗日录》卷五《事纪一》[台湾"中央"图书馆藏明嘉靖四十四年(1565)祁县知县岳木刻本],《四库全书存目丛书》子部第110册,第432页;(4)[明]陆楫:《古今说海》卷一二五《说纂九·散录三》,《景印文渊阁四库全书》第886册,第59—60页;(5)[明]李栻:《历代小史》卷二二《避暑漫抄》,《历代小史》第9册(商务印书馆辑《景印元明善本丛书十种》本),上海:商务印书馆,1940年,第5—6页(各卷分署页码);(6)[清]潘永因:《宋稗类钞》卷一《君范》,《景印文渊阁四库全书》第1034册,第216—217页;(7)[清]尤侗:《看鉴偶评》卷四[清康熙刻本],《四库未收书辑刊》第1辑第21册,北京:北京出版社,2000年,第478页;(8)[清]袁栋:《书隐丛说》卷六"宋祖誓碑"条[北京图书馆分馆藏清乾隆刻本],《四库全书存目丛书》子部第116册,第477页;(9)[清]史梦兰:《全史宫词》,《四库未收书辑刊》第2辑第30册[清咸丰六年(1856)刻本],北京:北京出版社,2000年,第666页。

《说纂九·散录三》亦有此说明①。刘琳、沈治宏编著的《现存宋人著述总录》（巴蜀书社 1995 年版）收录现存宋人典籍 4855 种、有名氏作者 2370 人，但无《秘史》一书。假定《避暑漫抄》为南宋文献，那么，依据"后建炎中，曹勋自虏中回，太上寄语云……"，《秘史》亦为南宋作品无疑②。另外，在宋太祖誓碑的现存史料之中，陆游本《避暑漫抄》最为完整。包括标点符号在内，《宋人轶事汇编》本 282 字，《丛书集成新编》本 432 字，丁传靖遗漏 150 字。其所遗漏者，主要有以下三段：

[1] 是年秋享，礼官奏请如敕。上诣室前，再拜升阶。
[2] 黄门验封启钥，先入焚香明烛，揭幔，亟走出阶下，不敢仰视。
[3] 岁时伏谒，恭读如仪，不敢漏泄。虽腹心大臣，如赵韩王、王魏公、韩魏公、富郑公、王荆公、文潞公、司马温公、吕许公、申公，皆

---

① 参见［明］陆楫：《古今说海》，《景印文渊阁四库全书》第 886 册，第 60 页。
② 刘浦江指出：《避暑漫抄》始见于明代中叶，李栻编《历代小史》最早署名为陆游，但《避暑漫抄》题名陆游绝不可信，涉及宋太祖誓碑的这段文字或许抄自陶宗仪《说郛》；《秘史》"可能是某部宋人野史或笔记的简称，但遍检宋元明书目，却无从找到线索"（氏著：《祖宗之法：再论宋太祖誓约及誓碑》，《文史》2010 年第 3 辑，第 150—151 页）。此说可资参阅，然本文仍以"陆游《避暑漫抄》引《秘史》"作为南宋文献处理，旨在凸显《秘史》作为最初史源的重要性，以期引起学界进一步的探寻。盖因它也是目前学术界研究宋太祖誓碑最瓶颈的核心难题，这个瓶颈一旦突破，就意味着誓碑的真伪性有可能迎刃而解。另外，史籍提到秦桧于绍兴十四年（1144）"乞禁野史"。如《建炎以来系年要录》卷一五一《绍兴十四年正月至六月》"夏四月"条指出："丁亥，秦桧奏乞禁野史。上曰：'此尤为害事。如靖康以来，私记极不足信。上皇有帝尧之心，禅位渊圣，实出神断，而一时私传，以为事由蔡攸、吴敏。上皇曾谕宰执，谓当时若非朕意，谁敢建言，必有族灭之祸。'楼炤曰：'上皇圣谕，亦尝报行，天下所共知也。'桧曰：'近时学者不知体。人谓司马迁作谤书，然《武纪》但尽记时事，岂敢自立议论？'"（[宋]李心传编撰，胡坤点校：《建炎以来系年要录》第 6 册，北京：中华书局，2013 年，第 2855 页）又如，《宋史》卷四七三《秦桧传》指出："桧乞禁野史。又命子熺以秘书少监领国史，进建炎元年至绍兴十二年《日历》五百九十卷。熺因太后北还，自颂桧功德凡二千余言，使著作郎王扬英、周执羔上之，皆迁秩。自桧再相，凡前罢相以来诏书章疏稍及桧者，率更易焚弃。日历、时政亡失已多，是后记录皆熺笔，无复有公是非矣。"（[元]脱脱等：《宋史》第 39 册，第 13760 页）《秘史》是否因此被禁毁，待考。又，张希清将本文所谓的直接证明材料分为曹勋系统、《避暑漫抄》系统，并将誓约与誓碑分开来看，认为曹勋系统可证誓约的真实性，《避暑漫抄》系统则未必能够证实誓碑的真实性（氏著：《再论宋太祖誓约："不诛大臣、言官"》，浙江大学宋学研究中心编：《宋学研究集刊》第 2 辑，第 259—267 页）。

天下重望，累朝最所倚任，亦不知也。

王明清（约1127—约1202）亦是南宋人，与陆游同一时代。其《挥麈后录》卷一"太祖誓不杀大臣、言官"条指出：

> 明清尝谓本朝法令宽明，臣下所犯，轻重有等，未尝妄加诛戮。恭闻太祖有约，藏之太庙，誓不杀大臣、言官，违者不祥。此诚前代不可跂及。虽卢多逊、丁谓罪大如此，仅止流窜，亦复北归。自晋公之后数十年，蔡持正始以吴处厚评其诗有讥讪语贬新州。又数年，章子厚党论乃兴，一时贤者，皆投炎荒，而子厚迄不能自免，爰其再启此门。元祐间治持正事，二三公不无千虑之一失。使如前代，则奸臣借口，当渫血无穷也。明清尝以此说语朱三十五丈希真，大以为然。太祖誓言，得之曹勋，云从徽宗在燕山面喻云尔。勋南归，奏知思陵。①

南宋史学家李心传（1167—1244）晚于陆游、王明清，其《建炎以来系年要录》卷四《建炎元年四月》有云：

> 初，上皇行至邢、赵之间，金右副元帅宗杰请观打围，遂遣郭药师奏谢。上皇曰："天时如此，非公之罪。"药师惭而退。燕王俣以绝食薨于庆源境上，敛以马槽，犹露双足。上皇道中苦渴，摘桑椹食之。（此并据曹勋所进《北狩录》。）至真定，入自东门，市人皆哭。过河十余日，谓管干龙德宫、阁门宣赞舍人曹勋曰："我梦四日并出，此中原争立之象。不知中原之民，尚肯推戴康王否？"翌日，出御衣

---

① ［宋］王明清撰，田松青校点：《挥麈录》，上海：上海古籍出版社，2012年版，第48页。按：朱三十五丈希真即朱敦儒（1081—1159）。王明清自跋《挥麈后录》亦云：该书"总一百七十条，无一事一字无所从来"（同书，第146页）。

三衬,自书领中曰:"可便即真,来救父母。"并持韦贤妃信,命勋间行诣王。邢夫人亦脱所御金环,使内侍持付勋曰:"为吾白大王,愿如此环,早得相见,并见吾父,为道无恙。"贤妃已下皆哭。上皇又谕勋曰:"如见康王,第奏有清中原之策,悉举行之,毋以我为念。"又言:"艺祖有誓约藏之太庙,誓不杀大臣及言事官,违者不祥。"又宣谕尝密赐王马价珠犀合子,及王尝启决河灌金人为验。①

陆游本《避暑漫抄》所谓"誓词三行",如果不计缺少实质内容的第三条"子孙有渝此誓者,天必殛之",实则两条。从上引《挥麈后录》《建炎以来系年要录》看,重点又不是第一条"柴氏子孙有罪,不得加刑;纵犯谋逆,止于狱中赐尽,不得市曹刑戮,亦不得连坐支属",而是第二条"不得杀士大夫及上书言事人"。这个转变十分值得注意,盖因后世议论宋太祖誓碑,大凡以"不杀士大夫"为中心。当然也有例外,如清代学者袁栋(生卒年不详)的《书隐丛说》卷六"宋祖誓碑"条指出:"虽有三语,其实止一语也。末行是总束语,中行是陪衬语,止有首行是主意。宋祖得天下于小儿,原有歉于隐微,故为是誓碑,而其忠厚处实过于六朝五代远矣,宜其享国久长哉!"②

陆游、王明清、李心传都提到曹勋(1098—1174③),上引《建炎以来系年要录》又有夹注"此并据曹勋所进《北狩录》",那么,曹勋其人其书与宋太祖誓碑究竟有何关联呢?曹勋所进《北狩录》亦即《北狩见闻录》,《四库全书总目》卷五一《史部七·杂史类》有云:

宋曹勋撰。勋,字功显,阳翟人。宣和五年进士。南渡后官至

---

① [宋]李心传编撰,胡坤点校:《建炎以来系年要录》第1册,第127—128页。按:高宗建炎元年(1127)五月继统,因此,"建炎元年四月"实为"靖康二年四月"。
② [清]袁栋:《书隐丛说》,《四库全书存目丛书》子部第116册,第477页。
③ 关于曹勋的生卒年,亦有学者考订其生于1096年、卒于1174年。参见钱建状、王兆鹏:《宋诗人庄绰、郭印、林季仲和曹勋生卒年考辨》,《文献》2004年第1期,第105—106页。

昭信军节度使。事迹具《宋史》本传。是编首题"保信军承宣使、知阁门事、兼客省四方馆事臣曹勋编次"，盖建炎二年七月初至南京时所上。其始于靖康二年二月初七日，则以徽宗之入金营，惟勋及姜尧臣、徐中立、丁孚四人得在左右也。所记北行之事，皆与诸书相出入。惟述密赍衣领御书及双飞蛱蝶金环事，则勋身自奉使，较他书得自传闻者节次最详。末附徽宗轶事四条，亦当时所并上者。纪事大都近实，足以证《北狩日记》诸书之妄，且与高宗继统之事尤为有关。虽寥寥数页，实可资史家之考证也。①

《北狩见闻录》不分卷，为《景印文渊阁四库全书》第407册、《丛书集成新编》第117册收录，前者据两江总督采进本抄录，后者据清代《学海类编》本翻印，两者文字略有差异。曹勋此书属于最早叙述宋太祖誓碑的文献之一②，加上相关内容又与李心传的《建炎以来系年要录》所述差异较大，因此，以下来自《学海类编》本的引文虽然长了些，却极有必要过录：

> 燕王以途中乏食薨，时殓以马槽，犹露双足，就寨外焚化。徽庙敕令，人坚欲携行，徽庙止。至晚，徽庙伏其骨，哀甚，曰："吾行且相及。"时执兵虏人，亦皆泣下。过洺州，二太子请徽庙看围场。饭后，遣马并紫伞来迎，同行于田野中，看围猎。已而马皆负所得狐、兔。忽有二人，在徽庙马前立。太子指曰："此上皇故臣郭药师、张令徽。"既见，二人皆再拜。令徽即退，药师独扣马跪奏曰："念臣昔与上皇为君臣，向在燕京，死战数回，力不能胜，遂归金国，有负上皇

---

① [清] 永瑢等：《四库全书总目》上册，第464页。按：文中"盖建炎二年七月初至南京时所上"，"建炎二年"当为"建炎元年"。
② 有论者认为："《北狩见闻录》并不如四库馆臣评价的那般真实可信，而是多年后曹勋为自己仕途、名位而处心积虑写就的谄媚之书，那些被馆臣认为价值独到的文字偏就是曹勋的编造，特别是关于高宗继统的祯祥更不足为信。"（参见景新强：《曹勋〈北狩见闻录〉质疑——兼辨〈四库提要〉之误》，《西北大学学报（哲学社会科学版）》2010年第3期，第50页）

恩德。"言讫泪下，又再拜。徽庙宣谕曰："天时人事，理合如此。但当日欠一死耳！"太子曰："药师煞忠于南朝。"徽庙曰："药师未尝抗御大兵，而收功过厚，豢养至此，卒贻大祸。"太子曰："此人不忠于天祚，则必不共于南朝。"徽庙曰："是！是！"徽庙过河数日，宣谕曰："我梦四日并出，此中原争立之众。不知中原之民，尚肯推戴康王否？"臣曰："本朝德泽在民，至深至厚。今虽暂立异姓，终必思宋，不肯归邦昌。幸宽圣念。"又曰："我梦想不妄，第记此梦。"次日，宣谕臣曰："我左右惟尔后生健步，又备知我行事。我欲持信寻康王，庶知父母系念于彼，及此行艰难。"勋曰："仰赖天威，可以伺便冒围而出。愿不辱命，得达圣心。"是晚下程，徽庙出御衣衣衬一领（俗呼背心），拆领，写字于领中，曰"可便即真，来救父母"，并押，计九字，复缝如故，付臣勋。又索于懿节皇后，得所戴金日环子一只（双飞小胡蝶，俗名斗高飞），云是今上皇帝在藩邸时制，以为的验，及皇太后信，令臣勋见上奏之。诏诰丁宁，且泣且嘱，曰："无忘吾北行之苦。"又以拭泪白纱手帕子付臣，曰："见上，深致我思念泪下之痛。父子未期相见，惟早清中原，速救父母。此外吾不多致语言，气已哽吾颈矣。俟到燕山，尔乃去。"懿节皇后初取环子与沈押班，令付臣，曰："到时传语大王，愿早如此环，遂得相见，并见吾父，幸道无恙。"皇太后以下皆哭。徽庙圣训曰："如见上，奏有可清中原之谋，急举行之，无以予为念。且保守宗庙，洗雪积愤。"又宣谕曰："艺祖有约，藏于太庙，誓不诛大臣、用宦官，违者不祥①。故七圣相袭，未尝易辙。每念靖康中，诛罚为甚。今日之祸，虽不止此，要知而戒焉。"徽庙又令奏上云："恐吾宗之德未泯，士众推戴时，宜速

---

① 张希清指出："无论是曹勋的《进前十事札子》，还是《北狩见闻录》，所传达的太祖誓约都是'誓不杀大臣、言官，违者不祥'，根本没有'用宦官'的内容。"（氏著：《再论宋太祖誓约："不诛大臣、言官"》，浙江大学宋学研究中心编：《宋学研究集刊》第2辑，第264页）《学海类编》本、《景印文渊阁四库全书》本的《北狩见闻录》显然不是如此。

应天顺民,保守取自家宗庙。若不协顺,记得光武未立事否?"又宣谕,曾密赐上马价、珠犀合子等物。又上曾说,欲决河灌渡河番人等事,以为密验。①

另外,曹勋《松隐集》卷二六《进前十事札子》的第一事为:

> 臣顷离太上皇帝御前,得圣训曰:"金人迫逐,令拜北塞。我对以朕昔谬与大金结约为兄弟之国,于义无拜礼。今日虽被囚掳,头可断,拜不能设。金人见予不能屈,亦(阙)。然予岂畏死也!归奏但有可清中原之谋,悉举行之,无以予为念,且保守取自家宗庙。"言讫,呜咽,又语臣曰:"归可奏上:艺祖有约,藏于太庙,誓不诛大臣、言官,违者不祥。故七祖相袭,未尝辄易。每念靖康年中,诛罚为甚。今日之祸,虽不止此,然要当知而戒焉。"②

张希清指出:《进前十事札子》乃建炎元年(1127)所上,《北狩见闻录》乃绍兴十四年(1144)所编,前后相隔17年③。此说与前引四库馆臣所谓《北狩见闻录》"盖建炎二年(当为建炎元年)七月初至南京时所上"不合,论者又未出具文献来源,有必要略加考释。

《宋史》卷三七九《曹勋传》是目前考察曹勋生平事迹的重要文献。其辞云:

---

① [宋]曹勋:《北狩见闻录》,《丛书集成新编》第117册,第167页。又见[宋]曹勋:《北狩见闻录》,[清]曹溶辑、[清]陶樾增订:《学海类编》第2册,扬州:广陵书社,2007年,第1107—1108页;此书据清道光晟氏本缩拼影印。又见[宋]曹勋撰,朱凯、姜汉椿整理:《北狩见闻录》,上海师范大学古籍整理研究所编,朱易安、傅璇琮、周常林、戴建国(常务)主编:《全宋笔记》第3编第10册,郑州:大象出版社,2008年,第185—187页。
② [宋]曹勋:《松隐集》,《景印文渊阁四库全书》第1129册,第483页。按:"亦(阙)"当为"亦止"。
③ 参见张希清:《再论宋太祖誓约:"不诛大臣、言官"》,浙江大学宋学研究中心编:《宋学研究集刊》第2辑,第259—260页。

勋自燕山遁归。建炎元年七月,至南京,以御衣所书进入。高宗泣以示辅臣。勋建议募死士航海入金国东京,奉徽宗由海道归。执政难之,出勋于外,凡九年不得迁秩。绍兴五年,除江西兵马副都监,勋以远次为请,改浙东。言者论其不闲武艺,专事请求,竟夺新命。

十一年,兀术遣使议和,授勋成州团练使,副刘光远报之。及淮,遇兀术,遣还,言当遣尊官右职持节而来,盖欲亟和也。勋还,迁忠州防御使。金使萧毅等来,命勋为接伴使。未几,落阶官为容州观察使,充金国报谢副使。召入内殿,帝洒泣,谕以恳请亲族之意。及见金主,正使何铸伏地不能言。勋反覆开谕,金主首肯许还梓宫及太后。勋归,金遣高居安等卫送太后至临安,命勋充接伴使。迁保信军承宣使、枢密副都承旨。①

先看《进前十事札子》的写作年代。从绍兴十一年(1141)授成州团练使看"凡九年不得迁秩",可知曹勋建议"募死士航海入金国东京,奉徽宗由海道归",时在绍兴三年(1133)左右。《进前十事札子》亦未提及这一建议。因此,依据《宋史》本传,似难断定《进前十事札子》的具体写作年代。再看《北狩见闻录》的编次年代。《建炎以来系年要录》卷一五一《绍兴十四年正月至六月》"夏四月"条指出:"戊戌,权吏部侍郎陈康伯为报大金贺生辰接伴使,容州观察使、知阁门事曹勋副之。自是岁为例。勋仍以尝将到先朝御笔,及编修接送馆伴例册有劳,迁保信军承宣使。"② 同书卷一五三《绍兴十五年正月至六月》"正月"条指出:"戊午,保信军承宣使、知阁门事、兼权枢密副都承旨曹勋提举洪州玉隆观,从所请也。"③ 加上《宋史》曹勋本传的

---

① [元]脱脱等:《宋史》第33册,第11700—11701页。
② [宋]李心传编撰,胡坤点校:《建炎以来系年要录》第6册,第2856页。
③ 同上书,第2888页。

记述，由四库馆臣所谓"是编首题'保信军承宣使、知阁门事、兼客省四方馆事臣曹勋编次'"，可断《北狩见闻录》编次于绍兴十四年，而"建炎元年七月初至南京时所上"有误。总之，大体可说《进前十事札子》写作在前，《北狩见闻录》编次在后。

张荫麟指出："誓碑之说，盖由《北狩见闻录》所载徽宗之寄语而繁衍耳。予所见《北狩见闻录》有二本，一为《学津讨原》本，一为许刻《三朝会编》所引本。二本异文甚多。关于太庙藏约之记载，二本之出入尤甚。"[①] 凡《北狩见闻录》单独刊布者，本文均视为同一文献，《学津讨原》本依此通例。许刻《三朝会编》，亦即南宋徐梦莘（1126—1207）所撰《三朝北盟会编》，内容专记徽宗（赵佶，1082—1135）、钦宗（赵桓，1100—1156）、高宗（赵构，1107—1187）三朝与金国之间的和、战之事。该书卷九六至卷一〇〇《靖康中帙》为"诸录杂记"，摘录了有关靖康时期（1126—1127）的多家著述；卷九八节录了曹勋的《北狩见闻录》，约为全文的1/4，以下为徽宗寄语：

> （徽宗）又曰："艺祖有约，藏于太庙，誓不诛大臣、言有，违者不祥。相袭未尝辄易。每念靖康，诛罚为甚。今日之祸，虽不在此，要当知而戒焉。"[②]

"言有"之"有"，张荫麟以为："字不可通，当是'官'字之讹。"[③] 是故，"誓不诛大臣、言有"，可校订为"誓不诛大臣、言官"。笔者私见，如果不改字而另行标点，亦可断句为"誓不诛大臣，言有违者不祥"。本文暂从张说。

留正（1129—1206）等人所撰的《增入名儒讲义皇宋中兴两朝圣政》，也值得注意。该书卷一有云：

---

① 张荫麟：《宋太祖誓碑及政事堂刻石考》，《文史杂志》（半月刊）第1卷第7期，第15页。
② [宋]徐梦莘：《三朝北盟会编》，《景印文渊阁四库全书》第350册，第759页。按：该书将《北狩见闻录》写为《北狩闻见录》。
③ 张荫麟：《宋太祖誓碑及政事堂刻石考》，《文史杂志》（半月刊）第1卷第7期，第15页。

上皇过河十余日，谓管干龙德宫曹勋曰："我梦四日并出，此中原争立之象。不知中原之民，尚肯推戴康王否？"翌日，出御衣三衬，自书领中曰："可便即真，来救父母。"又谕勋曰："如见康王，第奏有清中原之策，悉举行之，毋以我为念。"又言："艺祖有誓约，藏之太庙，誓不杀大臣及言事官，违者不祥。"①

以上抄录的七条资料，均为南宋时期直接证明宋太祖誓碑的作品。它们是否就是南宋时期的全部现存史料，目前难以确证。从中可知，誓碑立于建隆三年（962），亦即"艺祖受命之三年"；具体内容为"誓词三行"，核心诉求又是"不得杀士大夫及上书言事人"；因保密措施严格，直到北宋倒数第二年（1126）发生靖康之变，局外人才得以一窥誓碑的真容，而曹勋于南宋初年所撰的《进前十事札子》《北狩见闻录》，最先以文字的方式转述了徽宗的寄语。

从"誓词三行"的重点又是第二条看，七个文本的表达不尽相同，甚至差异较大。这种差异如表1所示：

表1 现存南宋史料对宋太祖誓碑第二条的表述

序号	内容	出处
1	誓不诛大臣、言官	曹勋《松隐集》卷二六《进前十事札子》
2	誓不诛大臣、用宦官	曹勋《北狩见闻录》
3	誓不诛大臣、言官	徐梦莘《三朝北盟会编》卷九八《靖康中帙》
4	不得杀士大夫及上书言事人	陆游《避暑漫抄》引《秘史》
5	誓不杀大臣、言官	王明清《挥麈后录》卷一
6	誓不杀大臣及言事官	留正等撰《增入名儒讲义皇宋中兴两朝圣政》卷一
7	誓不杀大臣及言事官	李心传《建炎以来系年要录》卷四《建炎元年四月》

---

① ［宋］留正等：《增入名儒讲义皇宋中兴两朝圣政》，《续修四库全书》第348册，第222页。按：该书又称《皇宋中兴两朝圣政》或《中兴两朝圣政》。《四库未收书目提要》指出："此书不知编集人姓名。"（［清］永瑢等：《四库全书总目》下册，附录第1853页）

关于《北狩见闻录》所说不用宦官，南宋王栐（生卒年不详）的《燕翼诒谋录》卷五指出：

> 国初，宦者不过数十人。真宗时渐众，盖以遇郊恩，任子皆十数岁小儿，积累至多故也。皇祐五年闰七月戊辰，言者以为久弊当革，乃诏自供奉官至行门，以百八十员为额，遇阙额方许奏补。至元祐二年二月，又诏自供奉官至黄门，以百人为额。然流弊之久，终不能革，至宣、政间，动以千数矣。①

《宋史》卷四六六《宦者列传一》指出：

> 宋世待宦者甚严。太祖初定天下，掖庭给事不过五十人，宦寺中年方许养子为后。又诏臣僚家毋私蓄阉人，民间有阉童孺为货鬻者论死。去唐未远，有所惩也。
>
> 厥后，太宗却宰相之请，不授王继恩宣徽；真宗欲以刘承规为节度使，宰相持不可而止。中更主幼母后听政者凡三朝，在于前代，岂非宦者用事之秋乎！祖宗之法严，宰相之权重，貂珰有怀奸慝，旋踵屏除，君臣相与防微杜渐之虑深矣。
>
> 然而宣、政间童贯、梁师成之祸，亦岂细哉！南渡苗、刘之逆，亦宦者所激也。《坊记》曰："君子之道，辟则坊与！大为之坊，民犹逾之。"可不戒哉！作《宦者传》。②

但是，誓碑第二条究竟说的是"誓不诛大臣、用宦官"，还是"誓不杀大

---

① ［宋］王栐著，诚刚点校：《燕翼诒谋录》，北京：中华书局，1981年，第46页。此书与《默记》合为一册，并分署页码。
② ［元］脱脱等：《宋史》第39册，第13599—13600页。《宋史》卷四六六至四六九为《宦者列传》。

臣及言事官"呢？且看以下四条材料：

　　昌陵初即位，誓不杀大臣，不杀功臣，不杀谏臣，折三矢藏之太庙，俾子孙世守之。徽宗北狩，惧祖训之失坠也，以黄中单亲书之，遣内侍曹勋间道归国，付之思陵，子孙罔敢逾越。周家忠厚未必过之。（俞德邻：《佩韦斋辑闻》卷一）①

　　靖康初，为阁门宣赞舍人、勾当龙德宫，除武义大夫。从徽宗北迁，过河十余日，谓勋曰："不知中原之民，推戴康王否？"翌日，出御衣书领中曰："可便即真，来救父母。"并持韦贤妃、邢夫人信，命勋间行诣王。又谕勋："见康王第言有清中原之策，悉举行之，毋以我为念。"又言："艺祖有誓约，藏之太庙，不杀大臣及言事官，违者不祥。"（《宋史》卷三七九《曹勋传》）②

　　上皇过河十余日，谓管干龙德宫曹勋曰："我梦四日并出，此中原争立之象。不知中原之民，尚肯推戴康王否？"翌日，出御衣三衬，自书领中曰："可便即真，来救父母。"又谕勋曰："如见康王，第奏有清中原之策，悉举行之，毋以我为念。"又言："艺祖有誓约，藏之太庙，誓不杀大臣及言事官，违者不祥。"（《宋史全文》卷一六上《宋高宗一》）③

---

① ［元］俞德邻：《佩韦斋辑闻》，《景印文渊阁四库全书》第865册，第579页；又见氏著：《佩韦斋集》卷一七《辑闻》，《景印文渊阁四库全书》第1189册，第135页。按：两者文字均同。据考证，此书系俞德邻晚年所作，时距宋亡二十余年（参见李裕民：《四库提要订误》（增订本），北京：中华书局，2005年，第256页）。

② ［元］脱脱等：《宋史》第33册，第11700页。《宋史》卷二四《高宗本纪一》指出：建炎元年秋七月，"丙辰，徽宗自燕山密遣阁门宣赞舍人曹勋至，赐帝绢半臂，书其领曰：'便可即真，来援父母。'帝泣以示辅臣"（同上书第2册，第447页）。《曹勋传》云"可便即真，来救父母"，《高宗本纪一》云"便可即真，来援父母"，两者文字差异较大。

③ ［元］不著撰人：《宋史全文》，《景印文渊阁四库全书》第330册，第586页。又见［元］佚名撰，李之亮校点：《宋史全文》中册，黑龙江人民出版社，2005年，第873页。《宋史全文》又名《宋史全文续资治通鉴》。《四库全书总目》卷四七提要《宋史全文》依据内府藏本有云："此本目录前有坊间原题，称'本堂得宋鉴善本，乃名公所编，前宋已盛行，再付诸梓'云云，盖本元人所编，而坊贾假托焘名，诡称前宋盛行耳。"（［清］永瑢等：《四库全书总目》上册，第428页）

太祖勒石，锁置殿中，使嗣君即位，入而跪读。其戒有三：一、保全柴氏子孙；二、不杀士大夫；三、不加农田之赋。呜呼！若此三者，不谓之盛德也不能。（王夫之:《宋论》卷一《太祖》）①

曹勋的两种著述是现存七条南宋时期直接记载宋太祖誓碑的史料中最早的文献。元代官修《宋史》以及王夫之（1619—1692）的《宋论》等论述并未采纳《北狩见闻录》"誓不诛大臣、用宦官"的记述，而是大体沿袭了《进前十事札子》"誓不杀大臣及言事官"的表达。俞德邻（1231—1293）、王夫之的表述亦区别于其他文献，王夫之甚至将誓碑第三条更改为"不加农田之赋"。另外，欧阳修（1007—1072）的《新五代史》卷三七《伶官传序》云："世言晋王之将终也，以三矢赐庄宗而告之曰：'梁，吾仇也；燕王，吾所立，契丹与吾约为兄弟，而皆背晋以归梁。此三者，吾遗恨也。与尔三矢，尔其无忘乃父之志！'庄宗受而藏之于庙。其后用兵，则遣从事以一少牢告庙，请其矢，盛以锦囊，负而前驱，及凯旋而纳之。方其系燕父子以组，函梁君臣之首，入于太庙，还矢先王而告以成功，其意气之盛，可谓壮哉！"②这里所谓"三矢藏之太庙"，可与俞德邻所说"折三矢藏之太庙"互为发明。

三、间接证明材料

按照《避暑漫抄》的叙事，宋太祖誓碑属于最高密级的国家机密，知此机密者唯有天子本人，因此，连"累朝最所倚任"的赵韩王（赵普，922—992）、王魏公（王旦，957—1017）、吕许公（吕夷简，978—1040）、文潞公（文彦博，1006—1097）、富郑公（富弼，1004—1083）、韩魏公（韩琦，1008—1075）、王荆公（王安石）、司马温公（司马光）、吕申公（吕公

---

① ［清］王夫之著，舒士彦点校:《宋论》，北京：中华书局，1964年，第4页。
② ［宋］欧阳修撰，［宋］徐无党注:《新五代史》第2册，北京：中华书局，1974年，第397页。

著，1018—1089）等九位宰辅"亦不知也"①。有论者指出："就太祖本意而言，此誓约应视为宋代君主的一种自我约束，是自律而非他律，不杀士大夫只是由君主掌握的一项施政原则……宋代的某些祖宗家法是只可意会的，属于'内部掌握'的原则，譬如太祖若是真的发过'子孙有渝此誓者，天必殛之'之类诅咒式的毒誓，又怎好公诸于世？"②但是，跻身北宋五子之列的邵雍（1011—1077）、程颐以下的言说，则透露了另外的信息：

> 吾曹养拙赖明时，为幸居多宁不知。
> 天下英才中遁迹，人间好景处开眉。
> 生来只惯见丰稔，老去未尝经乱离。
> 五事历将前代举，帝尧而下固无之。
> （一事，革命之日，市不易肆；二事，克服天下在即位后；三事，未尝杀一无罪；四事，百年方四叶；五事，百年无腹心患。）（邵雍：《伊川击壤集》卷一五《观盛化吟》之二）③

> 尝观自三代而后，本朝有超越古今者五事：如百年无内乱；四圣百年；受命之日，市不易肆；百年未尝诛杀大臣；至诚以待夷狄。此皆大抵以忠厚廉耻为之纲纪，故能如此，盖睿主开基，规模自别。（《河南程氏遗书》卷一五《伊川先生语一》）④

---

① 《宋史》卷二一〇至二一四为《宰辅表》（见中华书局1977年标点本，第16册），现按各人首次出任宰辅的时间先后排序。
② 刘浦江：《祖宗之法：再论宋太祖誓约及誓碑》，《文史》2010年第3辑，第151—152页。
③ ［宋］邵雍著，郭彧整理：《邵雍集》，北京：中华书局，2010年，第421页。又见［宋］邵雍：《击壤集》，《景印文渊阁四库全书》第1101册，第115—116页。按："（第）二事"者，四库本作："以据天下在即位后"。
④ ［宋］程颢、程颐著，王孝鱼点校：《二程集》第1册，第159页。又见［宋］朱熹编：《二程遗书》，上海：上海古籍出版社，1992年，第122页；该书与《二程外书》合为一册，并分署页码。又，程门弟子杨时的《上钦宗皇帝（其一）》有云："虽祖宗以来，未尝戮一大臣，此陛下之家法所当守也，然亦宜稍正典刑，以为臣子不忠之戒。"（《杨时集》卷一，［宋］杨时撰，林海权校理：《杨时集》第1册，北京：中华书局，2018年，第16页）此条材料承蒙杭州师范大学国学院申绪璐博士提供，特此致谢。因本文对间接证明材料仅以示例说明，加上杨时这条材料乃本文成文之后获得，故以脚注补充之。

邵雍以"未尝杀一无罪"为"帝尧而下固无之"的五事之一,程颐以"百年未尝诛杀大臣"为"本朝有超越古今者"的五事之一,既有美化时政的一面,另一面未尝不是"不得杀士大夫及上书言事人"或者重视知识分子的客观反映。《河南程氏外书》卷七《别本拾遗》记载:"明道见神宗论人才。上曰:'朕未之见也。'明道曰:'陛下奈何轻天下士?'上耸然曰:'朕不敢!朕不敢!'(此段见《行状》,无'上曰朕未之见也'一句。)"① 据《续资治通鉴长编》卷二二一,熙宁四年(1071)三月,神宗问:"更张法制,于士大夫诚多不悦,然于百姓何所不便?"文彦博曰:"为与士大夫治天下,非与百姓治天下也。"② 从程颢、文彦博分别与宋神宗(赵顼,1048—1085)的对话看,足见其时知识分子的地位之尊。更早一些,宋仁宗(赵祯,1010—1063)明道二年(1033),欧阳修致函时任司谏的范仲淹(989—1052),将七品的司谏与位高权重的宰相相提并论,回应了誓碑所谓"不杀言事官"的主题。其辞云:

> 故士学古怀道者仕于时,不得为宰相,必为谏官。谏官虽卑,与宰相等。天子曰不可,宰相曰可;天子曰然,宰相曰不然。坐乎庙堂之上,与天子相可否者,宰相也。天子曰是,谏官曰非;天子曰必行,谏官曰必不可行。立殿陛之前,与天子争是非者,谏官也。宰相尊,行其道;谏官卑,行其言。言行,道亦行也。九卿、百司、郡县之吏守一职者,任一职之责;宰相、谏官系天下之事,亦任天下之责。然宰相、九卿而下失职者,受责于有司;谏官之失职也,取讥于君子。有司之法行乎一时,君子之讥著之简册而昭明,垂之百世而不泯,甚可惧也。夫七品之官,任天下之责,惧百世之讥,岂不重邪!非材且贤者,不能为也。(《欧阳修全集》卷六七《居士外集》卷一七《上范司谏书》)③

---

① [宋]程颢、程颐著,王孝鱼点校:《二程集》第2册,第397页。又见[宋]朱熹编:《二程外书》,上海:上海古籍出版社,1992年,第37页。
② 参见[宋]李焘:《续资治通鉴长编》,《景印文渊阁四库全书》第317册,第644页。
③ [北宋]欧阳修著,李逸安点校:《欧阳修全集》第3册,中华书局2001年版,第973—974页。

"不杀士大夫"之为祖宗家法,北宋笔记亦多有记载,甚至涉及范仲淹、蔡确(1037—1093)等位居宰辅者:

> 庆历中,劫盗张海横行数路,将过高邮。知军晁仲约度不能御,谕军中富民出金帛,市牛酒,使人迎劳,且厚遗之。海悦径去,不为暴。事闻,朝廷大怒。时范文正在政府,富郑公在枢府。郑公议欲诛仲约以正法,范公欲宥之,争于上前。富公曰:"盗贼公行,守臣不能战,不能守,而使民醵钱遗之,法所当诛也。不诛,郡县无复肯守者矣。闻高邮之民疾之,欲食其肉,不可释也。"范公曰:"郡县兵械足以战守,遇贼不御,而又赂之,此法所当诛也。今高邮无兵与械,虽仲约之义当勉力战守,然事有可恕,戮之恐非法意也。小民之情,得醵出财物,而免于杀掠,理必喜之,而云欲食其肉,传者过也。"仁宗释然从之,仲约由此免死。既而富公慍曰:"方今患法不举,方欲举法,而多方沮之,何以整众?"范公密告之曰:"祖宗以来,未尝轻杀臣下。此盛德事,奈何欲轻坏之?且吾与公在此,同僚之间,同心者有几?虽上意亦未知所定也,而轻导人主以诛戮臣下,它日手滑,虽吾辈亦未敢自保也。"富公终不以为然。及二公迹不自安,范公出按陕西,富公出按河北,范公因自乞守边。富公自河北还,及国门,不许入,未测朝廷意,比夜彷徨不能寐,绕床叹曰:"范六丈,圣人也!"(苏辙:《龙川别志》卷下)①

神宗时,以陕西用兵失利,内地出令斩一漕臣。明日,宰相蔡确

---

① [宋]苏辙撰,喻宗宪点校:《龙川略志 龙川别志》,北京:中华书局,1982年,第88—89页。又见[宋]苏辙:《龙川别志》,《景印文渊阁四库全书》第1037册,第51页;其中,"晁仲约"作"姚仲约"。另,这个故事亦见《续资治通鉴长编》卷一四五《庆历三年》([宋]李焘:《续资治通鉴长编》,《景印文渊阁四库全书》第316册,第372—373页),《鹤林玉露》甲编卷五"杜惊范文正"条([宋]罗大经撰,王瑞来点校:《鹤林玉露》,北京:中华书局,1983年,第81页)。

奏知。上曰："昨日批出斩某人，已行否？"确曰："方欲奏知。"上曰："此事何疑？"确曰："祖宗以未尝杀士人臣事，不意自陛下始。"上沉吟久之，曰："可与刺面，配远恶处。"门下侍郎章惇曰："如此，即不若杀之。"上曰："何故？"曰："士可杀，不可辱！"上声色俱厉曰："快意事便做不得一件！"惇曰："如此快意事，不做得也好！"（吕源云。）（侯延庆：《退斋笔录》）①

以上邵雍、程颐、苏辙（1039—1112）、侯延庆（生卒年不详）所述，可以视为北宋时期对宋太祖誓碑的间接证明材料。假定范仲淹所说"祖宗以来，未尝轻杀臣下"，确为仁宗庆历（1041—1048）年间之事，那么，从现存史料看，可断"不杀士大夫"之为祖宗家法，已在这一时期开始流传②。神宗所谓"快意事便做不得一件"，亦与上引《河南程氏外书》"朕不敢！朕不敢！"若合符节，表明"不杀士大夫"这一祖宗遗制已对最高统治者产生巨大的威慑。两宋之际，这类间接证明材料同样时有出现，诸如：

康节先公谓本朝五事，自唐、虞而下所未有者：一、革命之日，市不易肆；二、克服天下在即位后；三、未尝杀一无罪；四、百年方四叶；五、百年无心腹患。（邵伯温：《邵氏闻见录》卷一八）③

惇、卞起同文馆狱，使蔡京、安惇穷治。于是时中人郝随，日夜

---

① ［宋］侯延庆：《退斋笔录》，《丛书集成新编》第84册，第698页。又见［宋］侯延庆撰，朱凯、姜汉椿整理：《退斋笔录》，上海师范大学古籍整理研究所编，朱易安、傅璇琮、周常林、戴建国（常务）主编：《全宋笔记》第3编第10册，第107页。《蓼花洲闲录》亦曾抄录这段文字，两者文字稍异。如，"祖宗以未尝杀士人臣事，不意自陛下始"，《蓼花洲闲录》为"祖宗以来，未尝杀士人，臣等不欲自陛下始"（［宋］高文虎［生卒年不详］：《蓼花洲闲录》，《丛书集成新编》第86册，第752页）。
② 邓小南指出："'祖宗家法'作为成说而正式出现，应该是在仁宗年间。"（氏著：《"正家之法"与赵宋的"祖宗家法"》，《北京大学学报（哲学社会科学版）》2000年第4期，第78页）
③ ［宋］邵伯温撰，李剑雄、刘德权点校：《邵氏闻见录》，北京：中华书局，1983年，第196页。

媒孽称制时事，眩惑左右。惇、卞交关谋议，奉行文书于外，作追废太皇太后诏，请上宣读于灵殿。钦圣献肃皇太后、钦成皇后苦要上，语甚悲，曰："吾二人日侍崇庆，天日在上，此语曷从出？且上必行此，亦何有于我！"上感悟，取惇、卞奏，就烛焚之。禁中相庆，而随等不悦。明日，惇、卞理前请。上怒曰："卿等不欲朕入英宗神御殿乎！"抵其奏于地。同文之狱，追逮后殿御药官张士良，胁以刀锯、鼎镬，无所得。又适有星变，诏曰："朕遵祖宗遗志，未尝诛戮大臣，释勿治。"（邵博：《邵氏闻见后录》卷二"哲庙实录"条）①

曾布言："……祖宗以来，未尝诛杀大臣。今（梁）焘更有罪恶，亦不过徙海外。"上曰："祖宗未尝诛杀大臣，今岂有此？"（李焘：《续资治通鉴长编》卷四九五《元符元年》）②

哲宗御迩英阁，召宰执暨讲读官讲《礼记》、读《宝训》。顾临读至："汉武帝籍提封为上林苑。仁宗曰：'山泽之利当与众共之，何用此也！'丁度对曰：'臣事陛下二十年，每奉德音，未始不本于忧勤，此盖祖宗家法尔。'"读毕，宰臣吕大防等进曰："祖宗家法甚多。自三代以后，唯本朝百三十年中外无事，盖由祖宗所立家法最善。臣请举其略：自古人主事母后，朝见有时，如汉武帝五日一朝长乐宫。祖宗以来，事母后皆朝夕见，此事亲之法也。前代大长公主用臣妾之礼。本朝必先致恭，仁宗以侄事姑之礼见献穆大长公主，此事长之法也。"上曰："今宫中见行家人礼。"大防等曰："前代宫闱多不肃，宫人或与廷臣相见，唐入阁图有昭容位。本朝宫禁严密，内外整肃，此治内之法也。（前代外戚多预政事，常致败乱。本朝母后之族皆不预事，此待外戚之法也。）前代宫室多尚华侈。本朝宫殿止

---

① ［宋］邵博撰，刘德权、李剑雄点校：《邵氏闻见后录》，第12—13页。
② ［宋］李焘：《续资治通鉴长编》，《景印文渊阁四库全书》第322册，第495页。

用赤白,此尚俭之法也。前代人君虽在宫禁,出舆入辇。祖宗皆步自内庭,出御后殿。岂乏人力哉?亦欲涉历广庭,稍冒寒暑尔,此勤身之法也。前代人主在禁中,冠服苟简。祖宗以来,燕居必以礼。窃闻陛下昨(郊)礼毕,具礼服谢太皇太后,此尚礼之法也。前代多深于用刑,大者诛戮,小者远窜。唯本朝用法最轻,臣下有罪,止于罢黜,此宽仁之法也。至于虚己纳谏,不好畋猎,不尚玩好,不用玉器,饮食不贵异味,御厨止用羊肉,此皆祖宗家法所以致太平者。陛下不须远法前代,但尽行家法,足以为天下。"上甚然之。列圣家法之盛,大臣启迪之忠,皆可书而诵也。(周煇:《清波杂志》卷一"祖宗家法"条)①

壬午,执政奏以朝散郎、主管亳州明道宫潘良贵提点荆湖南路刑狱公事。上曰:"良贵顷为谏官,与袁植皆劝朕诛杀。祖宗以来,未尝戮近臣,故好生之德信于天下。若此,必失人心。"赵鼎曰:"谏诤之职,尤不可以此导人主。"(李心传:《建炎以来系年要录》卷三四《建炎四年六月》)②

邵伯温(1056—1134)、邵博(?—1158)均生活于两宋之际。《四库全书总目》卷一四一《子部五十一·小说家类二》指出《闻见录》"成于绍兴二年"③,亦即1132年。邵博于"绍兴二十七年三月一日丙寅"自序,可知《邵氏闻见后录》成书于1157年④。《邵氏闻见录》《邵氏闻见后录》皆成书于1127年至1162年在位的南宋高宗时期,加上伯温乃邵雍之子、邵博乃伯温之子,因而,邵氏祖孙三代可谓宋太祖誓碑之间接证明材料由北宋而南宋的突出传承者。

---

① [宋]周煇著,刘永翔校注:《清波杂志校注》,北京:中华书局,1994年,第15—16页。
② [宋]李心传编撰,胡坤点校:《建炎以来系年要录》第2册,第785页。
③ 参见[清]永瑢等:《四库全书总目》下册,第1198页。
④ 参见[宋]邵博撰,刘德权、李剑雄点校:《邵氏闻见后录》,第1页。

1086年至1100年在位的北宋哲宗（赵煦，1077—1100），尤其对于以上间接证明材料有过重点渲染。现依故事发生的先后顺序，略作分析。

其一，周煇（1127—？）所述宰辅吕大防（1027—1097）给哲宗总结祖宗家法，据"唯本朝百三十年中外无事"一语，可知时在元祐五年（1090）。吕大防认为当朝有八个方面胜过前代，前七个方面是事亲之法、事长之法、治内之法、待外戚之法、尚俭之法、勤身之法、尚礼之法，第八个方面是宽仁之法："前代多深于用刑，大者诛戮，小者远窜。唯本朝用法最轻，臣下有罪，止于罢黜，此宽仁之法也。"同为祖宗家法，前七个方面仅仅体现并作用于皇室，第八个方面则体现并作用于朝廷。皇室只是小家，朝廷才是大家。吕大防最后推出"臣下有罪，止于罢黜"的宽仁之法，目的之一显然在于提醒哲宗时刻牢记并遵循作为顶级国家机密的宋太祖誓碑。哲宗时年15岁，继位仅有5年。

其二，邵博所述故事，可断发生于绍圣四年（1097）。盖因毕沅（1730—1797）的《续资治通鉴》卷八五"绍圣四年十二月"条有云："先是蔡京、安惇共治文及甫事，将大有所诛戮。会星变，帝谕曰：'朕遵祖宗遗志，未尝诛杀大臣，刘挚等可释勿治。'然京、惇极力锻炼不少置，而焘先卒；后七日，挚亦卒。众皆疑两人不得其死。"①《宋史》卷二〇〇《刑法志二》亦载哲宗之语："挚等已谪遐方，朕遵祖宗遗志，未尝杀戮大臣，其释勿治。"②哲宗在位期间，先是宣仁皇后垂帘听政，重用司马光一系的元祐党人，亲政之后则标举王安石，大兴绍述党锢③。但是，从邵博的叙事看，哲宗不欲章惇（1035—1105）

---

① ［清］毕沅：《续资治通鉴》，上海：上海古籍出版社，1987年，第445页。
② ［元］脱脱等：《宋史》第15册，第5000页。
③ "绍述"旨在继承并复兴神宗朝熙宁（1068—1077）、元丰（1078—1085）之法度，始于哲宗绍圣元年（1094），终于徽宗宣和七年（1125），凡32年。《宋史》卷一八《哲宗本纪二》赞曰："哲宗以冲幼践阼，宣仁同政。初年召用马、吕诸贤，罢青苗，复常平，登俊良，辟言路，天下人心，翕然向治。而元祐之政，庶几仁宗。奈何熙、丰旧奸柄去未尽，已而媒蘖复用，卒假绍述之言，务反前政，报复善良，驯致党籍祸兴，君子尽斥，而宋政益敝矣。吁，可惜哉！"（［元］脱脱等：《宋史》第2册，第354页）

穷治元祐旧臣,诏曰"朕遵祖宗遗志,未尝诛戮大臣,释勿治",表明哲宗在底线上并不敢违背"不杀士大夫"的祖宗家法。

其三,李焘(1115—1184)所述曾布(1036—1107)与哲宗的对话,明言为元符元年(1098)之事。君臣两人讨论的人物,亦即上引《续资治通鉴》"焘先卒"的梁焘(1034—1097)。梁焘属于元祐党人,曾布则是绍述主将。据《宋史》卷三四二本传,梁焘乃卒于贬所①。梁焘并未被杀,可见哲宗与曾布即使在党锢炽烈之际,也没有破坏"不杀士大夫"这一祖宗遗制。

从现有史料看,神宗没有直接说过"不杀士大夫",高宗则明确指出"祖宗以来,未尝戮近臣"。但是,在"不杀士大夫"之为祖宗家法的传播史上,哲宗更是关键人物,这与绍述党锢极为相关。《宋史纪事本末》卷四六《绍述》"绍圣四年三月"条指出:"章惇议遣吕升卿、董必察访岭南,将尽杀流人。帝曰:'朕遵祖宗遗制,未尝杀戮大臣,其释勿治。'""元符二年闰九月"条又云:"由是重得罪者八百三十家,士大夫或千里会逮,天下怨疾,有'二蔡、二惇'之谣。"②蔡京(1047—1126)、蔡卞、章惇、安惇(1042—1104)借绍述党锢将元祐党人一网打尽,但必须承认,"不杀士大夫"这一祖宗家法,终究确保了吕大防、刘挚(1030—1098)、苏辙、苏轼、梁焘、刘安世(1048—1125)等人只是被流放,而不是被杀头。另外,上引《邵氏闻见后录》所谓"又适有星变,诏曰:'朕遵祖宗遗志,未尝诛戮大臣,释勿治'",如果参考《宋史》卷一七《哲宗本纪一》、卷一八《哲宗本纪二》反复提及的"白虹贯日""太白昼见""彗出西方",可知星象灾异对于哲宗遵循"不杀士大夫"的祖宗家法起到了重要作用。

宋代以后,也有这类间接证明材料。假定元修《宋史》亦取材于宋人笔

---

① 参见[元]脱脱等:《宋史》第31册,第10890页。
② [明]陈邦瞻编:《宋史纪事本末》第2册,北京:中华书局,1977年,第455、457页。

记,那么,《宋史》卷三四〇《吕大防传》有个段落①,就是上引《清波杂志》卷一"祖宗家法"条的翻版;《宋史》卷四七一《章惇传》有个段落②,就是上引《邵氏闻见后录》卷二"哲庙实录"条的翻版。为避免重复,这两个段落不再抄录。如上所述,《宋史》的编撰班子知道有宋太祖誓碑这回事。因而,《吕大防传》与《清波杂志》的相似,《章惇传》与《邵氏闻见后录》的类同,隐含了以间接材料去证实、支持直接材料的意图。《宋史》卷四二五《刘应龙传》有段话,也有着相近的诉求:南宋理宗(赵昀,1205—1264)时期,刘应龙(生卒年不详)即以"祖宗以来,大臣有罪,未尝轻肆诛戮"为吴潜(1195—1262)辩护。其辞云:

> 先是,理宗久未有子,以弟福王与芮之子为皇子。丞相吴潜有异论,帝已不乐。大元兵度江,朝野震动,逐丞相丁大全,复起潜为相。帝问潜策安出,潜对曰:"当迁幸。"又问卿如何,潜曰:"臣当死守于此。"帝泣下曰:"卿欲为张邦昌乎?"潜不敢复言。未几,北兵退。帝语群臣曰:"吴潜几误朕。"遂罢潜相。帝怒潜不已,应龙朝受命。帝夜出象简书疏稿授应龙,使劾潜。应龙谓:"潜本有贤誉,独论事失当,临变寡断。祖宗以来,大臣有罪,未尝轻肆诛戮。欲望姑从宽典,以全体貌。"帝大怒。③

回顾前面抄录的材料,其实仅有陆游本《避暑漫抄》、王夫之《宋论》真正以宋太祖为主人公。宋朝于 960 年开国,年号建隆使用了三年(960—

---

① 参见[元]脱脱等:《宋史》第 31 册,第 10842—10843 页。按:《清波杂志》作"唯本朝百三十年中外无事",《宋史》为"唯本朝百二十年中外无事"。宋朝 960 年立国,以"百三十年"计,其时为 1090 年;以"百二十年"计,其时为 1080 年。《宋史》当误,盖因吕大防 1090 年出任宰辅,其时哲宗 15 岁。若依"百二十年",不独吕大防尚未入相,哲宗亦未登基。
② 参见[元]脱脱等:《宋史》第 39 册,第 13711—13712 页。
③ [元]脱脱等:《宋史》第 36 册,第 12669—12670 页。

962）。在此期间,宋太祖有何言论可与"不得杀士大夫及上书言事人"相表里呢? 明代学者陈邦瞻(1557—1623)的《宋史纪事本末》卷七《太祖建隆以来诸政》提供的以下材料,可资参考:

> （太祖）尤注意刑辟,尝读二《典》,叹曰:"尧、舜之罪四凶,止从投窜,何近代法网之密耶!"故定为折杖法,以递减流、徒、杖、笞之刑。自开宝以来,犯大辟非情理深害者,多得贷死;惟赃吏弃市,即未尝贳。①

任何道德性观念的形成与演进,既关乎经典的阅读,也关乎人性的召唤,更关乎实践的力度与持久度。北宋魏泰(1082年前后在世)的《东轩笔录》卷一有段关于赵匡胤"虽用兵,亦戒杀戮"的记述,从中可见宋太祖誓碑未必是空穴来风:

> 太祖圣性至仁,虽用兵,亦戒杀戮。亲征太原,道经潞州麻衣和尚院,躬祷于佛前曰:"此行止以吊伐为意,誓不杀一人。"开宝中,遣将平金陵,亲召曹彬、潘美戒之曰:"城陷之日,慎无杀戮。设若困斗,则李煜一门,不可加害。"故彬于江南得王师吊伐之体,由圣训丁宁也。真宗常语宰臣:"以河东之役,兵力十倍,当一举克捷。良由上党发愿之时,左右有闻之者。贼闻此语,知神兵有戒。故坚守不下,至烦再举也。"②

这里要特别指出:间接证明材料讨论"不杀士大夫",只是将它视为宋朝超迈前代的祖宗家法,并没有明确纳入宋太祖誓碑的特定结构之中。另外,

---

① ［明］陈邦瞻编:《宋史纪事本末》第1册,第40页。
② ［宋］魏泰撰,李裕民点校:《东轩笔录》,北京:中华书局,1983年,第5页。

从家法谈"不杀士大夫",多于从誓碑谈"不杀士大夫",亦是文献所见的历史事实。难道在不成文的"祖宗家法"这个庞杂系统之中,"不杀士大夫"是一回事,宋太祖誓碑是另外一回事,二者毫不相干吗? 这显然与历史记载不相符。有论者指出:"北宋有一条习惯法:不杀大臣、言事官。或曰这是宋太祖誓约,藏之太庙,又有说太祖并无此誓约者。但无论如何,北宋一代,不杀大臣、言事官,却是不争的客观事实,故可说是不成文的习惯法——故事。这个'故事',限制了皇帝对宰辅及大臣的处置权,使皇帝虽操宰辅进退之权,但又无生杀之权。大臣亦是如此。如此一来,士大夫积极参政而无杀身之虞,其参政之勇气自会倍增。"① 在笔者看来,更合理的解释为:宋太祖誓碑不仅仅是祖宗家法之一,且是其最重要的源头,而间接证明材料视野中的祖宗家法早已将宋太祖誓碑涵化于其间,以致不必再明显地借重它来达成自身的话语权威。

顾炎武的《日知录》卷一五"宋朝家法"条在此基础上指出:

> 宋世典常不立,政事丛脞,一代之制,殊不足言。然其过于前人者数事,如人君宫中自行三年之丧,一也;外言不入于梱,二也;未及末命,即立族子为皇嗣,三也;不杀大臣及言事官,四也。此皆汉、唐之所不及,故得继世享国至三百余年。若其职官、军旅、食货之制,冗杂无纪,后之为国者并当取以为戒。②

《日知录集释》又引杨氏曰:"不杀大臣是美事,然如蔡京、秦桧、丁大全诸人则失刑也。"③

---

① 张其凡:《"皇帝与士大夫共治天下"试析——北宋政治架构探微》,《暨南学报(哲学社会科学版)》2001年第6期,第116页。
② [清]顾炎武著,[清]黄汝成集释,栾保群、吕宗力校点:《日知录集释》(全校本)中册,上海:上海古籍出版社,2006年,第919—920页。
③ 同上书,第920页。

南宋李心传的《建炎以来系年要录》以及元修《宋史》之中，既有直接证明材料，又有间接证明材料，兼具双重属性。但是，《宋史》刊行之后，为何王夫之的《宋论》明言宋太祖誓碑，顾炎武的《日知录》只说宋朝家法呢？两者其实并不矛盾：宋太祖誓碑的含义特定，好比一个标志；宋朝家法的意义宽泛，类似一种风格。因而，服务于"不杀士大夫"这一中心思想，或言宋太祖誓碑，或言宋朝家法，或兼而言之，可以视为两宋以后既相区别、又相联系的三种言说方式。

四、真伪与影响

综上所述，宋太祖誓碑的文献地图由两组史料构成。第一组为直接证明材料。目前所见南宋时期直接叙述宋太祖誓碑的现存史料有七条，曹勋的《进前十事札子》《北狩见闻录》最早记载此事，陆游本《避暑漫抄》记录得最完整；宋代以后，以《宋史》、王夫之《宋论》为代表，直接认同誓碑的存在。第二组为间接证明材料。包括程颐以及邵雍祖孙三代在内，以间接方式佐证了宋太祖誓碑的存在；宋代以后，以《宋史》、顾炎武《日知录》为代表，延续了这一言说方式。两组材料之中，《建炎以来系年要录》及《宋史》兼含直接、间接证明材料的双重属性。笔者认为，以上两组材料有可能确证宋太祖誓碑的真实性。这幅文献地图或如表2所示：

表2 "宋太祖誓碑"的文献地图

时代	直接证明材料	间接证明材料	备注
北宋		1.邵雍《击壤集》卷一五《观盛化吟》之二 2.《河南程氏遗书》卷一五《伊川先生语一》 3.苏辙《龙川别志》卷下 4.侯延庆《退斋笔录》	1.迄今尚未发现北宋时期的直接证明材料。 2.北宋时期的间接证明材料仅为示例。

续表

时代	直接证明材料	间接证明材料	备注
南宋	1. 曹勋《松隐集》卷二六《进前十事札子》 2. 曹勋《北狩见闻录》 3. 徐梦莘《三朝北盟会编》卷九八《靖康中帙》 4. 陆游《避暑漫抄》引《秘史》 5. 王明清《挥麈后录》卷一 6. 留正等撰《增入名儒讲义皇宋中兴两朝圣政》卷一 7. 李心传《建炎以来系年要录》卷四《建炎元年四月》	1. 邵伯温《邵氏闻见录》卷一八 2. 邵博《邵氏闻见后录》卷二"哲庙实录"条 3. 李焘《续资治通鉴长编》卷四九五《元符元年》 4. 周煇《清波杂志》卷一"祖宗家法"条 5. 李心传《建炎以来系年要录》卷三四《建炎四年六月》	1.《进前十事札子》《北狩见闻录》为最早记载宋太祖誓碑的史料。 2.《避暑漫抄》为记载宋太祖誓碑最完整的史料。 3. 目前所见南宋时期直接叙述宋太祖誓碑的现存史料仅此七条。 4.《建炎以来系年要录》兼含直接、间接证明材料。 5. 南宋时期的间接证明材料仅为示例。
宋代以后	1. 俞德邻《佩韦斋辑闻》卷一（又见《佩韦斋集》卷一七《辑闻》） 2.《宋史》卷三七九《曹勋传》 3.《宋史全文》卷一六上《宋高宗一》 4. 陶宗仪《说郛》卷三九上抄录陆游本《避暑漫抄》 5. 陈汝锜《甘露园短书》卷六"誓碑"条 6. 陈全之《蓬窗日录》卷五《事纪一》 7. 陆楫《古今说海》卷一二五《说纂九·散录三》抄录陆游本《避暑漫抄》 8. 李栻《历代小史》卷二二抄录陆游本《避暑漫抄》 9. 潘永因《宋稗类钞》卷一《君范》 10. 尤侗《看鉴偶评》卷四 11. 王夫之《宋论》卷一《太祖》 12. 袁栋《书隐丛说》卷六"宋祖誓碑"条 13. 史梦兰《全史宫词》卷一六《宋》	1.《宋史》卷二〇〇《刑法志二》 2.《宋史》卷三三〇《吕大防传》 3.《宋史》卷四二五《刘应龙传》 4.《宋史》卷四七一《章惇传》 5. 陈邦瞻《宋史纪事本末》卷四六《绍述》 6. 顾炎武《日知录》卷一五"宋朝家法"条	1. 元修《宋史》兼含直接、间接证明材料。 2.《佩韦斋辑闻》《宋论》所记宋太祖誓碑的内容，不同于《避暑漫抄》所记。 3. 两宋以后的直接证明材料、间接证明材料仅为示例。

对照表2,有两个问题需要特别说明。

(一)宋太祖誓碑的真伪性问题

立于962年的宋太祖誓碑,直到1126—1128年期间首度为外界所知,确实令人质疑。杜文玉甚至认为:宋太祖誓碑有可能是宋高宗出于政治目的,联袂曹勋编造的"假话"[①]。《清波杂志》校注者刘永翔指出:"顾考之《长编》及《宋史·太祖纪》,建隆三年后太祖杀士大夫多矣,疑此说谬也。然宋代中期后重于杀士大夫亦为事实。"[②] 仅凭"假话"与"杀人"两说,实不足以证伪宋太祖誓碑的真实性。有论者指出:"今人在没有任何史料凭据的情况下,随意推断这是曹勋、高宗或徽宗杜撰出来的故事,恐怕是不够慎重的。"[③] 徐规有段话说得很中肯,可资借鉴:"杜同志在否定誓碑的同时,还列举宋代皇帝杀戮某些文臣武将以至贪官污吏的事例,作为宋高宗'出于某种政治需要'和曹勋'共同编造'不杀大臣、言官'这套假话'的反证,这同拙文上引北宋皇帝和宰执大臣的谈话显有违戾。我们知道,假如宋代最高统治者感到其自身利益受严重威胁时,也会不惜把'祖宗家法'置诸脑后,对士大夫开杀戒的。不过,这并非那个时代的主流。所谓'不杀'乃指不轻率诛杀,决非绝对不杀。这是毋庸多论的。对待这样一件宋代政治史上影响深远的大事,应取审慎的态度,不可以偏概全,一概抹煞。"[④]

北宋时期的直接证明材料至今尚属空白,那么,宋太祖誓碑究竟是确有其事还是子虚乌有呢?有论者指出:"历史上是否存在有宋太祖誓碑及

---

① 参见杜文玉:《宋太祖誓碑质疑》,《河南大学学报(社会科学版)》1986年第1期,第21页。也有论者提出"徽宗杜撰说":"由于徽宗的心思不在太祖誓约上,故而杜撰时甚少文饰,结果不免漏洞百出,体现在内容上就是把'用宦官'也作为誓约的一部分。"(参见李峰:《论北宋"不杀士大夫"》,《史学月刊》2005年第12期,第34页)
② [清]周煇著,刘永翔校注:《清波杂志校注》,第18页。按:此语乃对吕大防所说"宽仁之法"的注释;文中"重于杀士大夫",依文意及史实,"重于杀"当为"轻于杀"。
③ 刘浦江:《祖宗之法:再论宋太祖誓约及誓碑》,《文史》2010年第3辑,第149页。
④ 徐规:《宋太祖誓约辨析》,《历史研究》1986年第4期,第191—192页。有论者虽然认为"不杀士大夫"是赵宋之世的"伪家法",但同样承认北宋中后期确实存在"不轻杀士大夫"的历史事实(参见李峰:《论北宋"不杀士大夫"》,《史学月刊》2005年第12期,第31页)。

誓约内容如何，现今学术界仍有不同意见，但从现见文献中看，南宋士大夫对此誓碑及其'不诛大臣'誓约，并未有否定的记载。"① 其实，直到张荫麟1941年存疑之前，从南宋到清末，均无人怀疑誓碑的真实性②。晚清史梦兰（1813—1898）的《全史宫词》卷一六《宋》有首宫词："庙享钦遵四孟时，牙盘别设踵唐仪。太常礼毕群班退，夹室焚香读誓碑。"并自注后二句典出《避暑漫抄》③。前引四库馆臣还说过，曹勋的《北狩见闻录》"纪事大都近实"。现代学术史上，全盘否定者亦极少。譬如本文重点讨论的三位作者，张荫麟、徐规师徒处于疑、信之间，甚至信多于疑④；仅有杜文玉彻底怀疑，但其提供的论据并不令人信服。正是基于本文勾勒的文献地图，同时参照现代学术史的讨论状态，笔者认为，宋太祖誓碑当是确有其事而非子虚乌有的，其存在的可能性远远大于不存在的可能性⑤。更何况，口碑比石碑更有思想文化价值："存石碑于道左，自能炫人目耳，悦服游客；树丰碑于人心，则

---

① 顾宏义：《岳飞之死与宋太祖"不杀大臣"誓约考》，《华东师范大学学报（哲学社会科学版）》2001年第1期，第114页。
② 相传宋朝开国元勋赵普有言："半部《论语》治天下。"对此，古人多有质疑。如《纲鉴合编》卷二八录袁了凡评曰："已极夸诞，匪征于实。"（[明]袁了凡、王凤洲《纲鉴合编》第3册，北京：北京市中国书店，1985年〈据世界书局1936年版影印〉，第1511页）《御批历代通鉴辑览》卷七二录清高宗（爱新觉罗·弘历）御批："今乃云'半部定天下，半部致太平'，尤为卤莽可笑。"（[清]傅恒等奉敕撰：《御批历代通鉴辑览》，《景印文渊阁四库全书》第338册，第32页）现代学者洪业（1893—1980）1970年曾发表长文《半部论语治天下辨》，以为它是一个"撒谎的故事"（参见氏著：《洪业论学集》，北京：中华书局，1981年，第426页）。历史上，宋太祖誓碑为何没有像"半部《论语》治天下"之说那样受到质疑，十分值得思考。
③ [清]史梦兰：《全史宫词》，《四库未收书辑刊》第2辑第30册，第666页。
④ 有论者认为："张荫麟先生虽不相信有所谓太庙誓碑，但他并未否认太祖誓约的存在。"（刘浦江：《祖宗之法：再论宋太祖誓约及誓碑》，《文史》2010年第3辑，第145页）
⑤ 刘浦江、张希清均将誓约与誓碑分开来看，并倾向于认为誓约可信，而誓碑不妨存疑。刘浦江指出："就现有史料来看，对太祖誓约及誓碑的记载似应区别对待。太祖誓约一事有明确可信的史源，没有理由怀疑它的真实性。至于太祖誓碑，虽然这个故事本身似乎没有什么破绽，但因史料来历不明、出处待考，且缺乏必要的旁证材料，本着不轻信、不妄疑的原则，目前对誓碑之真伪虚实，不可言其必有，亦不可言其必无。"（氏著：《祖宗之法：再论宋太祖誓约及誓碑》，《文史》2010年第3辑，第152页）张希清指出："'誓碑'是否存在，还有待进一步的研究、考证；即便'誓碑'真的是'纯属子虚乌有'，但宋太祖誓约也是的确真有其事的。"（氏著：《再论宋太祖誓约："不诛大臣、言官"》，浙江大学宋学研究中心编：《宋学研究集刊》第2辑，第267页）在目前无法确认陆游本《避暑漫抄》所引《秘史》之史源的前提下，这一看法有其合理性。笔者以为，既然陆游本《避暑漫抄》所引《秘史》的史源问题尚未得到真正澄清，那么，从长远看，合誓碑与誓约于一体，是较为保险的做法。

能永垂后世,警策来者。"①

(二)宋太祖誓碑的文化影响问题

明代叶子奇(1327？—1390？)的《草木子》卷四上《谈薮篇》有言:"传世之盛,汉以文,晋以字,唐以诗,宋以理学……宋朝文不如汉,字不如晋,诗不如唐,独理学之明,上接三代。"②王夫之的《宋论》卷一《太祖》有言:"自太祖勒不杀士大夫之誓以诏子孙,终宋之世,文臣无欧刀之辟。"③有宋一代"文臣无欧刀之辟"与"独理学之明,上接三代"的密切关联,正如张荫麟所说:

> 太祖不杀大臣及言官之密约所造成之家法,于有宋一代,历史影响甚钜。由此事可以了解北宋言官之张横,朝议之嚣杂,主势之降杀,国是之摇荡,而荆公所以致慨于"今人未可非商鞅,商鞅能令法必行"也。神宗变法之不能有大成,此其远因矣。此就恶影响言也。若就善影响言,则宋朝之优礼大臣、言官,实养成士大夫之自尊心,实启发其对于个人人格尊严之认识。此则北宋理学或道学之精神基础所由奠也。④

赵宋之世善待士人,重视文化,可谓空其前并绝其后。空其前者,据宋

---

① 2010年11月,笔者以《"宋太祖誓碑"的文献地图》一文,参加"纪念鹤山书院创建800周年国际论坛暨宋明理学与东方哲学国际学术研讨会",深圳大学哲学系王立新教授为之题词。王立新教授后来以笔名创作的畅销书写道:"太祖过世后的第二天上午,王继隆想起来了:就在一个月前,太祖把京城里的一位最著名的石匠请到了宫里,让他在一块石碑上刻下了一段文字。之后,又命人把石碑放在了太庙的一间夹壁房里。事情做完以后,太祖曾经跟王继隆说过,将来不管谁当皇帝,都得先到那间夹壁屋里,把石碑上的文字默记在心里,然后才能登上宝座,发号施令。"(江南提学:《大宋真天子——一代仁君赵匡胤》,北京:北京大学出版社,2016年,第390页)他对笔者说,这段文字属于创作家言。
② [明]叶子奇:《草木子》,北京:中华书局,1959年,第70页。
③ [清]王夫之著,舒士彦点校:《宋论》,第6页。
④ 张荫麟:《宋太祖誓碑及政事堂刻石考》,《文史杂志》(半月刊)第1卷第7期,第16页。

初史学家薛居正（912—981）等撰的《旧五代史》卷一〇七《王章传》记载，五代时期的王章"常轻视文臣，曰：'此等若与一把算子，未知颠倒，何益于事'"①。绝其后者，清代赵翼的《廿二史札记》卷三二"明祖晚年去严刑"条指出："明祖惩元季纵弛，特用重典驭下，稍有触犯，刀锯随之。时京官每旦入朝，必与妻子诀，及暮无事，则相庆以为又活一日。（见《草木子》。）"②以此观之，有宋一代文化繁荣，理学昌盛，成就了汉唐之后又一个思想文化高峰，这跟宋太祖誓碑衍生出"不杀士大夫"的制度设计是密不可分的。

这一制度设计以古代的人治而不是现代的法治作为理论根据，其局限性、片面性亦毋庸讳言。退一步，从人治的角度看，它也不是十全十美。正如清初学者朱一是（1610—1671）的《为可堂初集》卷二《三桓论》所言："赵宋之得天下，亦法乎周而全用王，虽无分封世卿之祸，然立碑太庙，垂不杀大臣之戒，柄臣误国者世有之，国亦久长而不振。惟汉之制度，承周秦之后，鉴其弊而伯王杂用，庶为近之，有天下者所当法也。"③不过，针对高

---

① [宋]薛居正等：《旧五代史》第5册，北京：中华书局，1976年，第1410页。《鹤林玉露》甲编卷二"算子"条指出："《五代史》：汉王章不喜文士，尝语人曰：'此辈与一把算子，未知颠倒，何益于国！'算子，本俗语，欧公据其言书之，殊有古意。温公《通鉴》改作'授之握算，不知纵横'，不如《欧史》矣。"（[宋]罗大经撰，王瑞来点校：《鹤林玉露》，第25页）

② [清]赵翼著，王树民校证：《廿二史札记校证》（订补本）下册，北京：中华书局，1984年，第744页。按：查《草木子》四库本（收入《景印文渊阁四库全书》第866册）及中华书局1959年断句本，均无"时京官每旦入朝，必与妻子诀，及暮无事，则相庆以为又活一日"一语。王树民按语："《草木子》未载此事，而见于《稗史汇编》卷七四《国宪门·刑法类》'皮场庙'条。"（[清]赵翼著，王树民校证：《廿二史札记校证》[订补本]下册，第757页）《稗史汇编》卷七四《国宪门·刑法类》"皮场庙"条指出："国朝初，严于吏治，宪典火烈。中外臣工，少不称旨，非远戍，则门诛死者甚众。"又云："在京官员每入朝，必与妻子诀别，至暮无事，则相庆以为更生。"（[明]王圻辑：《稗史汇编》，《四库全书存目丛书》子部第140册，第805页下栏）王圻未言《草木子》，而赵翼言《草木子》，抑或《草木子》有佚文乎？待考。

③ [清]朱一是：《为可堂初集》，《四库未收书辑刊》第1辑第21册，北京：北京出版社，2000年，第695页。此书据清顺治十一年（1654）刻本影印。

宗因上书杀文臣陈东（1086—1127）、布衣欧阳澈（1097—1127）一事①，明人陈汝锜（生卒年不详）的《甘露园短书》卷六"誓碑"条指出："后高宗即位于金陵，道君从燕中寄书，首以誓碑嘱之，虑高宗之不及见也。乃不数月，而遂以黄潜善谮杀大学士陈东、布衣欧阳澈，何耶？"②清代尤侗（1618—1704）的《看鉴偶评》卷四指出："后建炎中，曹勋北回，徽宗寄语云：'祖宗誓碑在太庙，恐今天子不及知。'呜呼，高宗果未之见耶，何陈东、欧阳澈杀之不疑也！"③这些评论显示了宋太祖誓碑经久不息的历史影响。

五、宋太祖誓碑与孟学史的虚实之辨

今天回顾"宋太祖誓碑"问题的研究史，有两个事实发人深思。第一个事实是：提供证明材料的名单当中有不少孟学史人物，譬如邵雍、程颐、苏辙、杨时、邵博、顾炎武属于间接证明材料的提供者，王夫之属于直接证明材料的提供者。第二个事实是：身为孟学史人物，他们竟然没有在宋太祖誓碑与孟子思想之间做过任何关联。假定后一个事实绝对不因笔者的孤陋寡闻而能成立的话，亦即"宋太祖誓碑"问题确实缺乏与孟子思想直接相关的证明材料，那么，它是否具有与之间接相关的证明材料呢？李华瑞不久前发表一篇短文，将宋太祖誓碑视作孟子思想影响宋代政治的有力表现④。此文虽未提供具体例证，但其思维方式有助于我们提出并探究宋太祖誓碑与孟学

---

① 《建炎以来系年要录》卷八《建炎七年八月》指出："壬午，斩太学生陈东、抚州进士欧阳澈于都市……行路之人有为之哭者。上甚悔之。"（[宋]李心传编撰，胡坤点校：《建炎以来系年要录》第1册，第234页）欧阳澈其人其事，参见张剑：《欧阳澈略考》，《北京大学学报（哲学社会科学版）》2010年第5期，第147—149页。
② [明]陈汝锜：《甘露园短书》，《四库全书存目丛书》子部第87册，第74页。
③ [清]尤侗：《看鉴偶评》，《四库未收书辑刊》第1辑第21册，第478页。
④ 参见李华瑞：《孟子思想对宋代的影响》，《光明日报》2019年5月29日，第16版《光明悦读》。

史的虚实之辨。

宋太祖誓碑的重中之重是第二条"不杀士大夫"。先秦有两种文献与此形成对应：

既行之,公又问管仲曰："何行？"管仲对曰："君会其君臣父子,则可以加政矣。"公曰："会之道奈何？"曰："诸侯毋专立妾以为妻,毋专杀大臣,无国劳,毋专予禄。士庶人毋专弃妻,毋曲堤,毋贮粟,毋禁材。行此卒岁,则始可以罚矣。"（《管子·大匡》）①

葵丘之会,诸侯束牲载书而不歃血。初命曰：诛不孝,无易树子,无以妾为妻。再命曰：尊贤育才,以彰有德。三命曰：敬老慈幼,无忘宾旅。四命曰：士无世官,官事无摄,取士必得,无专杀大夫。五命曰：无曲防,无遏籴,无有封而不告。曰：凡我同盟之人,既盟之后,言归于好。（《孟子》12·7）

就其形式的一面而言,宋太祖誓碑属于盟约,只是秘而不宣;《管子》《孟子》的记载也是盟约,则是广而告之。就其内容的一面而言,"不杀士大夫"有绝对无条件之意,"毋专杀大臣""无专杀大夫"有杜绝独断专行之意,但实质都是"不杀"。这里引申两点。第一,前文已从现存南宋七种史料对于宋太祖誓碑第二条的表述看,有六种写作"大臣",仅有一种写作"士大夫"。尽管如此,"大臣""大夫""士大夫"的含义实则大体相当,无需过于细分。第二,假如宋太祖誓碑受过先秦思想史的影响,这是否意味着《管子》大于《孟子》呢？这一提问有可能隐含了某个思想史秘密,留待文末再论。

迄今为止,尚未有文献将宋太祖誓碑与《孟子》说的"无专杀大夫"勾

---

① 黎翔凤撰,梁运华整理：《管子校注》上册,北京：中华书局,2004年,第364—365页。

连起来。从孟学史角度看,另一个例证值得重视。《孟子》1·6指出:"不嗜杀人者能一之。""如有不嗜杀人者,则天下之民皆引领而望之矣。"《古史》卷三四《孟子孙卿列传》的"苏子曰"一段写道:

> 孟子生于战国,知仁义可以化服暴强,以此游说诸侯,谆谆言之,冀其或信。而诸侯皆习于鄙诈,莫以为然者。梁襄王问孟子:"天下乌乎定?"孟子对曰:"定于一。"曰:"孰能一之?"曰:"不嗜杀人者能一之。"当是时,诸侯皆将以多杀人一天下。诚有不嗜杀人之君,招而抚之,天下必将归之。孟子之言,非苟为大而已也。然不深原其意而详究其实,未有不以为迂者矣。予观战国之后,更始皇、项籍,杀人愈多,而天下愈乱。及汉高帝,虽以兵取天下,而心不在杀人,然后乃定,子孙享国二百余年。王莽之乱,盗贼蜂起,光武复以不嗜杀人收之。及桓、灵之祸,曹公、孙、刘皆有盖世之略,而以喜怒杀人,故天下卒于三分。司马父子力能一之,而杀心益炽,故既一复散,裂为五胡,离为南北。隋文帝又能合之矣,而好杀不已,至子而败。及唐太宗,始复不嗜杀人,天下乃定。其后五代之君,出于盗贼乞养,屠戮生灵,如恐不及。数十年之间,天下五禅,皆不能有天下之半。及宋受命,艺祖皇帝虽以神武诛锄僭伪,而不嗜杀人之心,神民信之,未及十年,而削平之功比于汉、唐。天下既定,轻刑厉禁。凡所诛戮,一附于法。匹夫匹妇,无冤死之狱。其仁过于前代。是以百有余年,兵革不试,户口充溢,有死于疠疾而无死于兵乱。盖自孟子以来,能一天下者四君,皆以不嗜杀人致之。由此观之,孟子之言,岂偶然而已哉?①

---

① [宋]苏辙撰,舒大刚、桑海风点校:《古史》(二),曾枣庄、舒大刚主编:《三苏全书》第4册,北京:语文出版社,2001年,第234—235页。

苏辙早年著有《孟子解》，晚年著有《古史》。《古史》此处援引的"梁襄王问孟子"一段，就出自《孟子》1·6。苏辙将《孟子》说的"不嗜杀人者"与汉高祖、光武帝（前5—57）、唐太宗（598 [一说599]—649）、宋太祖联系起来，极具孟学史价值。朱熹注解《孟子》此章，将苏辙的长篇大论缩写为：

> 苏氏曰："孟子之言，非苟为大而已。然不深原其意而详究其实，未有不以为迂者矣。予观孟子以来，自汉高祖及光武及唐太宗及我太祖皇帝，能一天下者四君，皆以不嗜杀人致之。其余杀人愈多而天下愈乱。秦、晋及隋，力能合之，而好杀不已，故或合而复分，或遂以亡国。孟子之言，岂偶然而已哉？"（《孟子集注》卷一《梁惠王章句上》）①

汉高祖、光武帝、唐太宗、宋太祖之所以能够一统天下，根源在于不嗜杀人，而这正是孟子王道政治学的理想诉求及其现实体现。《宋史》卷三《本纪第三·太祖三》的"赞曰"写道："在位十有七年之间，而三百余载之基，传之子孙，世有典则。遂使三代而降，考论声明文物之治，道德仁义之风，宋于汉、唐，盖无让焉。呜呼，创业垂统之君，规模若是，亦可谓远也已矣！"②脱脱（1314—1355）从儒家政治理想的站位高度评价宋太祖，显然是与苏辙、朱熹一脉相承的。

笔者曾经指出：宋太祖说的"不杀士大夫"以及名相赵普说的"半部《论语》治天下""道理最大"，这三句名言对于两宋道学的兴起与发展所产生的作用不容低估③。先看较早出现这三句名言的文献：

---

① ［宋］朱熹：《四书章句集注》，第207页。
② ［元］脱脱等：《宋史》第1册，第51页。
③ 参见杨海文：《"宋太祖誓碑"与"不杀士大夫"》，《中华读书报》2010年11月24日，第15版《国学》。

碑止高七八尺,阔四尺余,誓词三行。一云:"柴氏子孙有罪,不得加刑;纵犯谋逆,止于狱中赐尽,不得市曹刑戮,亦不得连坐支属。"一云:"不得杀士大夫及上书言事人。"一云:"子孙有渝此誓者,天必殛之。"(《避暑漫抄》)①

太宗欲相赵普,或谮之曰:"普,山东学究,惟能读《论语》耳!"太宗疑之,以告普。普曰:"臣实不知书,但能读《论语》。佐艺祖定天下,才用得半部。尚有一半,可以辅陛下。"太宗释然,卒相之。(《乐菴语录》卷五)②

太祖皇帝尝问赵普曰:"天下何物最大?"普熟思未答间,再问如前。普对曰:"道理最大。"上屡称善。(《续笔谈十一篇》)③

宋初这三句名言各有看似平常、实则深刻的含义:"不杀士大夫"一句确认了底线的生命原则,有此政治制度之自信,士大夫得以自由思考;"半部《论语》治天下"一句确立了时中的经典文本,有此历史文化之自信,《论语》得以经世致用;"道理最大"一句确定了最高的哲学理念,有此宇宙精神之自信,"道""理"得以涵盖乾坤。两宋道学之所以勃然兴起而又长足发展,端赖以上三句名言内含着生生不息的政治制度之自信、历史文化之自信、宇宙精神之自信。

两宋道学成果硕富,其中之一就是孟子思想地位得到了空前的提升。众所周知,"唐宋间孟子升格运动"的重头戏不是在唐代,而是在两宋。一方面,从孟学看,孟子人格得以圣人化,《孟子》文本得以圣经化,孟子故里得以圣地化;另一方面,从儒学看,《孟子》得以与《论语》《大学》《中庸》一

---

① [宋]陆游:《避暑漫抄》,《丛书集成新编》第86册,第668页。
② [宋]李衡撰,[宋]龚昱编:《乐菴语录》,《景印文渊阁四库全书》第849册,第314页下栏—315页上栏。
③ 胡道静著,虞信棠、金良年整理:《梦溪笔谈校证》,上海:上海人民出版社,2016年,第760页。

道成为科举教育系统的"四书",孟子得以与颜子、曾子、子思一道成为文庙祭祀系统的"四配"①。

　　回到本节的论题,孟学史与两宋道学这一紧密关联,能够在何种程度上视作宋太祖誓碑与孟学史相关的证明呢?基于文献的考古,它无疑不能被视作直接相关的证明。基于思想的考古,情形又会如何呢?

　　这里设定三种情形。情形之一为:既然苏辙、朱熹依据《孟子》1·6说的"不嗜杀人者"而将宋太祖与孟子直接相关,又因"宋太祖誓碑"从属"宋太祖"的议题,那么,人们同样有理由依据《孟子》12·7说的"无专杀大夫"而将宋太祖誓碑与孟子间接相关。情形之二为:正因《管子》说的"毋专杀大臣"、《孟子》说的"无专杀大夫"均指齐桓公之事,加上《孟子》1·7说过"仲尼之徒无道桓、文之事者"以及《孟子集注》卷一《梁惠王章句上》说过"董子曰:'仲尼之门,五尺童子羞称五霸,为其先诈力而后仁义也。'亦此意也"②,所以人们未将宋太祖誓碑与孟子关联起来,但这一"失语"未尝不与苏辙、朱熹从孟子角度赞美宋太祖的"语法"间接相关。情形之三为:政治学意义上的"一"(一统天下)包括"打天下""守天下"两个方面,前者与《孟子》说的"不嗜杀人者"相关,后者与《孟子》说的"无专杀大夫"相关,这或许可以合乎逻辑地解释宋太祖自始至终践履儒家王道政治理想的心路历程。

　　文献考古受限于固有的证据,思想考古敞开了合理的想象。既然前一条路颇有寸步难行之感,目前何不多在后一条路上走一走呢?不少前贤做过以思想考古激活文献考古的工作,并且取得"柳暗花明又一村"的效果。我们在"宋太祖誓碑与孟学史"这个罕见有前人涉足的领域中,同样可做类似的尝试。

　　综上所述,宋太祖誓碑的重中之重是第二条"不杀士大夫",并与《孟

---

① 参见杨海文:《孟子与"孔孟之道"的形成》,《社会科学战线》2022年第4期,第1—13页。
② 参见[宋]朱熹:《四书章句集注》,第207页。

子》说的"无专杀大夫"构成虚实之辨。"实"是指二者一直缺乏直接相关的证明材料,这是基于文献的考古而言,其无"实"必虚;"虚"是指二者可能存在间接相关的证明材料,这是基于思想的考古而言,其虽"虚"可实。从拓展并深化今天的宋代孟学史研究的角度看,所谓宋太祖誓碑与孟学史的虚实之辨,作为有待填补的学术空白,既要求人们虚功实做,亦即基于思想的考古,尽力达成基于文献的考古;又期待人们虚实相济,亦即借助政治制度之自信,竭力夯实历史文化之自信、宇宙精神之自信。

附录:《避暑漫抄》系统相关文献举例

	朝代、作者及题名	原文	出处
1	旧题[宋]陆游《避暑漫抄》	艺祖受命之三年,密镌一碑,立于太庙寝殿之夹室,谓之誓碑,用销金黄幔蔽之,门钥封闭甚严。因敕有司,自后时享及新天子即位,谒庙礼毕,奏请恭读誓词。是年秋享,礼官奏请如敕。上诣室前,再拜升阶。独小黄门不识字者一人从,余皆远立庭中。黄门验封启钥,先入焚香明烛,揭幔,亟走出阶下,不敢仰视。上至碑前再拜,跪瞻默诵讫,复再拜而出。群臣及近侍,皆不知所誓何事。自列圣相承,皆踵故事。岁时伏谒,恭读如仪,不敢漏泄。虽腹心大臣,如赵韩王、王魏公、韩魏公、富郑公、王荆公、文潞公、司马温公、吕许公、申公,皆天下重望,累朝最所倚任,亦不知也。靖康之变,犬戎入庙,悉取礼乐祭祀诸法物而去。门皆洞开,人得纵观。碑止高七八尺,阔四尺余,誓词三行。一云:"柴氏子孙有罪,不得加刑;纵犯谋逆,止于狱中赐尽,不得市曹刑戮,亦不得连坐支属。"一云:"不得杀士大夫及上书言事人。"一云:"子孙有渝此誓者,天必殛之。"后建炎中,曹勋自房中回,太上寄语云:"祖宗誓碑在太庙,恐今天子不及知"云云。(《秘史》。)	《丛书集成新编》第86册,第668页。此书据明代稗乘本翻印。

续表

	朝代、作者及题名	原文	出处
2	[明]陶宗仪《说郛》卷三九上抄《避暑漫抄》(陆游)	艺祖受命之三年,密镌一碑,立于太庙寝殿之夹室,谓之誓碑,用销金黄幔蔽之,门钥封闭甚严。因敕有司,自后时享及新天子即位,谒庙礼毕,奏请恭读誓词。是年秋享,礼官奏请如敕。上诣室前,再拜升阶。独小黄门不识字者一人从,余皆远立庭中。黄门验封启钥,先入焚香明烛,揭幔,亟走出阶下,不敢仰视。上至碑前再拜,跪瞻默诵讫,复再拜而出。群臣及近侍,皆不知所誓何事。自后列圣相承,皆踵故事。岁时伏谒,恭读如仪,不敢漏泄。虽腹心大臣,如赵韩王、王魏公、韩魏公、富郑公、王荆公、文潞公、司马温公、吕许公、申公,皆天下重望,累朝最所倚任,亦不知也。靖康之变,金人入庙,悉取礼乐祭祀诸法物而去。门皆洞开,人得纵观。碑止高七八尺,阔四尺余,誓词三行。一云:"柴氏子孙有罪,不得加刑;纵犯谋逆,止于狱中赐尽,不得市曹刑戮,亦不得连坐支属。"一云:"不得杀士大夫及上书言事人。"一云:"子孙有渝此誓者,天必殛之。"至建炎中,曹勋自北中回,太上寄语云:"祖宗誓碑在某处,恐今天子不及知"云云。	《景印文渊阁四库全书》第878册,第143页。
3	[明]陈汝锜《甘露园短书》卷六"誓碑"条	宋太祖受命之三年,密镌一碑,置太庙夹室中,谓之誓碑,黄幔障之,门钥甚严。因敕有司,自后时享及新主嗣位,奏请恭读誓碑。读时,唯小黄门不识字者一人亲封启钥,群臣皆远立庭中,不知誓何事也。靖康之变,犬羊入庙,人始得纵观。誓词三行,一云:"柴氏子孙有罪,不得加刑。"一云:"不得杀士大夫及上书言事人。"一云:"子孙渝此誓者,天必殛之。"前宋九君二百年,俱谨守誓。后高宗即位于金陵,道君从燕中寄书,首以誓碑嘱之,虑高宗之不及见也。乃不数月,而遂以黄潜善谮杀大学士陈东、布衣欧阳澈,何耶?既临之誓,又重以嘱,而听用邈邈。首相违犯,其播迁颠沛于粤,以苗刘死,而身病熏腐,终竟无后,非不幸耳。	《四库全书存目丛书》子部第87册,第74页。此书据中国人民大学图书馆藏明万历三十八年(1610)陈邦瞻刻、清康熙六年(1667)刘愿人重修本影印。

续表

	朝代、作者及题名	原文	出处
4	[明]陈全之(《蓬窗日录》卷五《事纪一》	宋太祖于太庙寝殿夹室镌一碑,谓之誓碑,封闭甚严。新天子即位,礼启默诵,虽腹心大臣、近臣皆不知。靖康之变,方得纵观。其词三行,一云:"柴氏子孙,不得加刑、市戮、连坐、支属。"一云:"不得杀士大夫及上书言事人。"一云:"子孙有渝此誓者,天必殛之。"其立国也如此。	《四库全书存目丛书》子部第110册,第432页。此书据台湾"中央"图书馆藏明嘉靖四十四年(1565)祁县知县岳木刻本影印。
5	[明]陆楫《古今说海》卷一二五《说纂九·散录三》抄《避暑漫抄》(宋陆游)	艺祖受命之三年,密镌一碑,立于太庙寝殿之夹室,谓之誓碑,用销金黄幔蔽之,门钥封闭甚严。因敕有司,自后时享及新天子即位,谒庙礼毕,奏请恭读誓词。是年秋享,礼官奏请如敕。上诣室前,再拜升阶。独小黄门不识字者一人从,余皆远立庭中。黄门验封启钥,先入焚香明烛,揭幔,亟走出阶下,不敢仰视。上至碑前再拜,跪瞻默诵讫,复再拜而出。群臣及近侍,皆不知所誓何事。自后列圣相承,皆踵故事。岁时伏谒,恭读如仪,不敢漏泄。虽腹心大臣,如赵韩王、王魏公、韩魏公、富郑公、王荆公、文潞公、司马温公、吕许公、申公,皆天下重望,累朝最所倚任,亦不知也。靖康之变,金人入庙,悉取礼乐祭祀诸法物而去。门皆洞开,人得纵观。碑止高七八尺,阔四尺余,誓词三行,一云:"柴氏子孙有罪,不得加刑;纵犯谋逆,止于狱中赐尽,不得市曹刑戮,亦不得连坐支属。"一云:"不得杀士大夫及上书言事人。"一云:"子孙有渝此誓者,天必殛之。"后建炎中,曹勋自金营回,太上寄语云:"祖宗誓碑在太庙,恐今天子不及知"云云。(《秘史》。)	《景印文渊阁四库全书》第886册,第59—60页。
6	[明]李栻《历代小史》卷二二《避暑漫抄》	艺祖受命之三年,密镌一碑,立于太庙寝殿之夹室,谓之誓碑,用销金黄幔蔽之,门钥封闭甚严。因敕有司,自后时享及新天子即位,谒庙礼毕,奏请恭读誓词。是年秋享,礼官奏请如勅。上诣室前,再拜升阶。独小黄门不识字者一人从,余皆远立庭中。黄门验封启钥,先入焚香明烛,揭幔,亟走出阶下,不敢仰视。	[明]李栻:《历代小史》第9册(商务印书馆辑《景印元明善本丛书十种》本),《历代小史》卷二二《避暑漫抄》第5—6页[①]。

---

① 因中山大学图书馆未藏《历代小史》,此条材料由华东师范大学贡华南教授、四川大学邓曦泽教授分别代为复核,特此致谢。

续表

	朝代、作者及题名	原文	出处
		按:"文上至碑前再拜,跪瞻默诵讫,复再拜而出。群臣及近侍,皆不知所誓何事。自后列圣相承,皆踵故事。岁时伏谒,恭读如仪,不敢漏泄。虽腹心大臣,如赵韩王、王魏公、韩魏公、富郑公、王荆公、潞文公、司马温公、吕许公、申公,皆天下重望,累朝最所倚任,亦不知也。靖康之变,犬戎入庙,悉取礼乐祭祀诸法物而去。门皆洞开,人得纵观。碑止高七八尺,阔四尺余,誓词三行。一云:'柴氏子孙有罪,不得加刑;纵犯谋逆,止于狱中赐尽,不得市曹刑戮,亦不得连坐支属。'一云:'不得杀士大夫及上书言事人。'一云:'子孙有渝此誓者,天必殛之。'后建炎中,曹勋自虏回,太上寄语云:'祖宗誓碑在太庙,恐今天子不及知'云云。"	潞公",此本作"潞文公"。
7	[清]潘永因《宋稗类钞》卷一《君范》	艺祖受命之三年,密镌一碑,立于太庙寝殿之夹室,谓之誓碑,用销金黄幔蔽之,门钥封闭甚严。因勑有司,自后时享及新天子即位,谒庙礼毕,奏请恭读誓词。独一小黄门不识字者一人从,余皆远立庭中,不敢仰视。上至碑前再拜,跪瞻默诵讫,复再拜而出。群臣及近侍,皆不知所誓何事。自后列圣相承,皆踵故事。岁时伏谒,恭读如仪,不敢漏泄。靖康之变,悉取礼乐祭祀诸法物而去。门皆洞开,人得纵观。碑止高七八尺,阔四尺余,誓词三行。一云:"柴氏子孙有罪,不得加刑;纵犯谋逆,止于狱中赐尽,不得市曹刑戮,亦不得连坐支属。"一云:"不得杀士大夫及上书言事人。"一云:"子孙有渝此誓者,天必殛之。"后建炎中,曹勋自金回,太上寄语:"祖宗誓碑在太庙,恐今天子不及知"云。	《景印文渊阁四库全书》第1034册,第216—217页。
8	[清]尤侗《看鉴偶评》卷四	艺祖立誓碑,在太庙夹室,门钥封闭甚严。凡新天子即位,诣碑前,仰瞻诵而出。群臣及内侍皆不知也。靖康之乱,庙门洞开,人得纵观。誓词三行,一云:"柴氏子孙有罪,不得加刑;纵犯谋逆,止于狱中赐尽,不得市曹刑戮,亦不得连坐支属。"一云:"不得杀士大夫及上书言事人。"一云:"子孙有渝此誓者,天必殛之。"后建炎中,曹勋北回,徽宗寄语云:"祖宗誓碑在太庙,恐今天子不及知。"呜呼,高宗果未之见耶,何陈东、欧阳澈杀之不疑也!	《四库未收书辑刊》第1辑第21册,第478页。此书据清康熙刻本影印。

续表

	朝代、作者及题名	原文	出处
9	［清］王夫之《宋论》卷一《太祖》	太祖勒石，锁置殿中，使嗣君即位，入而跪读。其戒有三：一、保全柴氏子孙；二、不杀士大夫；三、不加农田之赋。呜呼！若此三者，不谓之盛德也不能。	［清］王夫之著，舒士彦点校：《宋论》，第4页。
10	［清］袁栋《书隐丛说》卷六"宋祖誓碑"条	宋太祖混一之后，立誓碑于太庙夹室。凡嗣皇帝初立，止随不识字小黄门一人至夹室中，焚香跪读而已。宫壶亲臣亦莫有知者。永著为令，天下终不知誓碑之为何语也。后二圣北狩，太庙重门洞开，臣民得纵观之。止有三行，一曰："柴氏子孙有罪，不得刑于市，止可赐死。"一曰："不得诛杀卿士大夫及言事者。"一曰："子孙有不遵者，明神殛之。"虽有三语，其实止一语也。末行是总束语，中行是陪衬语，止有首行是主意。宋祖得天下于小儿，原有歉于隐微，故为是誓碑，而其忠厚处实过于六朝五代远矣，宜其享国久长哉！	《四库全书存目丛书》子部第116册，第477页。此书据北京图书馆分馆藏清乾隆刻本影印。
11	［清］史梦兰《全史宫词》卷一六《宋》	【宫词】庙享钦遵四孟时，牙盘别设踵唐仪。太常礼毕群班退，夹室焚香读誓碑。 【《文献通考》】宋制，太庙岁以四孟月及季冬，凡五享。开宝初，上亲享太庙，见所陈笾豆簠簋，问曰："此何物也？"左右以礼器对。上曰："吾祖宗宁识？"亟命撤去，进常膳，如平生。既而曰："古礼不可废也！"命复设之。于是，判太常寺和岘言："按唐天宝中，享太庙礼料外每室加常食一牙盘。五代以来，遂废其礼，今请如唐故事！"乃诏别设牙盘食，禘袷时享皆用之。 【《避暑漫录》】艺祖受命之三年，密镌一碑，立于太庙寝殿之夹室，谓之誓碑。用销金黄幔蔽之，门钥封闭甚严。因勅有司，自后时享及新天子即位，谒庙礼毕，奏请恭读誓词。群臣及近侍，皆不知所誓何事。靖康之变，门皆洞开，人得纵观。誓词三行，一云："柴氏子孙有罪，不得加刑，纵犯谋逆，止于狱中赐尽，不得市曹刑戮，亦不得连坐支属。"一云："不得杀士大夫及上书言事人。"一云："子孙有渝此誓者，天必殛之。"	《四库未收书辑刊》第2辑第30册，第666页。此书据清咸丰六年（1856）刻本影印。

李泰伯疑孟公案的客观审视[*]

研究宋代孟学史，既离不开整体通观，又离不开散点透视。整体通观要求我们立足疑孟思潮、尊孟风气两条主线，宏观勾勒以孟子升圣、《孟子》升经为核心的孟子升格运动如何在两宋时期得以完成。散点透视要求我们对孟子升格运动中的关键性人物、转折性事件进行个案解读，尽量让人物的鲜明个性与事件的微妙细节朝向今天的阅读者呈现并敞开。一般地说，整体通观在逻辑上优先于散点透视，散点透视在操作上先行于整体通观。换句话说，我们展开宋代孟学史研究，首先走进尊孟派王安石或疑孟派李觏的内心世界与曲折情节之中，可能是明智的选择。一旦疑窦丛生的泰伯疑孟公案通过我们的建设性解构最终变得柳暗花明，那么它也就将借助解构性重建的致思方式告诉人们：宋代孟学史恰恰是一部从思想"史"过渡到"思想"史的耐人寻味的历史。

一、无中生有的阁试丑闻

有关本文主人公的简历，《宋史》卷四三二《儒林列传二》写道："李觏，字泰伯，建昌军南城人。俊辩能文，举茂材异等不中。亲老，以教授自资，学

---

[*] 初稿原载《社会科学战线》1999年第2期，第81—89页；修订稿收入刘小枫、陈少明主编：《经典与解释》第4辑《荷尔德林的新神话》，北京：华夏出版社，2004年，第280—311页。

者常数十百人。皇祐初，范仲淹荐为试太学助教……"① 官修正史大凡不太关注传主内在的思想生活，但在北宋中期思想家李泰伯的学术文化工作中，尊孟抑或疑孟是其最聚讼纷纭的一桩公案。

经学家杨慎（字用修，号升庵）认为李泰伯尊孟，其《丹铅总录》卷一三《订讹类》"李泰伯不喜孟子"条指出：

> 小说家载李泰伯不喜孟子事，非也。泰伯未尝不喜孟也。何以知之？曰：考其集知之。《内治论》②引"仁政必以经界始"。《明堂制》引"明堂，王者之堂"。《刑禁论》引"瞽瞍杀人，舜窃负而逃"。《富国策》引"杨氏为我，墨氏兼爱"。《潜书》引"万取千焉，千取百焉"。《广潜书》引"男女居室，人之大伦"。《损欲论》引"文王以民力为台为沼，而民欢乐之"。《本仁论》引"以至仁伐不仁"。《延平集序》③以子思、孟轲并称。《送严介序》称章子得罪于父，出妻屏子，而孟子礼貌之。《常语》引《孟子》"俭于百里"之制，又详说之。由是言之，泰伯盖深于《孟子》者也。古诗《示儿》云："退当事奇伟，夙驾追雄轲。"则尊之亦至矣。今之浅学，舍经史子集而剿小说，以为无根之游谈，故详辩之。④

以上这则笔记亦见《升庵经说》卷一四。《丛书集成初编》据清代函海本排印此书，这则笔记段末有一双行小字夹注颇为值得注意："胡应麟曰：宋小说载一士人闻泰伯非孟子，撰二绝句投之。李遂罄家酿与饮，酒尽，迄不复来矣。"⑤ 它一方面补充说明了杨慎所谓"小说家载李泰伯不喜孟子事"，另一方面提醒对明代学术思想史有较深了解的读者注意：胡应麟与杨慎就

---

① ［元］脱脱等：《宋史》第 37 册，第 12839 页。
② 按：《内治论》，原文误作《内始论》。
③ 按：《延平集序》，原文误作《遥平集序》。
④ ［明］杨慎撰，王大淳笺证：《丹铅总录笺证》中册，杭州：浙江古籍出版社，2013 年，第 516—517 页。
⑤ ［明］杨慎：《升庵经说》，丛书集成初编本，上海：商务印书馆，1936 年，第 224 页。

李泰伯是否疑孟进行了争论。

明代博物学家胡应麟认为李泰伯是疑孟的。其《少室山房笔丛》续甲部卷六《丹铅新录二》"李泰伯"条先是节录上述杨慎的笔记，接着针锋相对地指出：

> 此未熟泰伯《常语》之故。《常语》非《孟子》甚详。宋人所记，李入场屋，出题莫解所谓，曰："吾平生书无不读，必《孟子》语也。"拂袖出。读《盱江集》多引《孟》语，此说固未尽然。第今世士人白首《语》《孟》，主司出题尚有愦愦者。李既与轲不合，则场中题面或有不省，亦奚疑焉？余隐之、朱元晦俱有《常语》辩，载《考亭集》中。谓小说无根，三子语亦无根耶？①

与明代相比，泰伯疑孟公案更是宋代的热门话题。依据杨慎、胡应麟提供的线索，阁试丑闻、《常语》非孟构成这一公案的基本内容。其中，阁试丑闻是必要的铺垫，《常语》非孟是问题的症结。这里暂不讨论余允文（生卒年不详）、朱熹围绕《常语》展开的意识形态批评，只就阁试丑闻涉及的两个问题进行力所能及的考释：一是好事者以李泰伯阁试不识《孟子》事为话头掀起的谣言，一是考据学家平心而论的反思。

好事者如何以李泰伯阁试不识《孟子》事为话头而掀起谣言，这个问题是我们在史料学意义上最没有发言权的。关键原因在于，笔者至今尚未找到杨慎所谓"小说家"以及胡应麟所谓"宋人所记""宋小说"的最初源头。两位明代学者所说的小说，不是指现代作为文学一大样式的小说（如《红楼梦》《笑傲江湖》），而是指中国古代的神话传说、街谈巷语、志怪志人、传奇讲史之作，后者在宋代可谓汗牛充栋。找出李泰伯阁试不识《孟子》语的第

---

① ［明］胡应麟：《少室山房笔丛》，上海：上海书店出版社，2001年，第73页。按："盱"亦即"旴"，下同。

一发言者并不是易事，只能有待以后"踏破铁鞋无觅处，得来全不费功夫"，或者有待博闻多识者不吝赐教。

这里仅录北宋末期佚名所撰的《道山清话》一段，作为胡应麟所谓"喝酒故事"的旁证：

> 李觏，字泰伯，盱江人。贤而有文章。苏子瞻诸公极推重之。素不喜佛，不喜孟子。好饮酒作文，古文弥佳。一日，有达官送酒数斗，泰伯家酿亦熟，然性介僻，不与人往还。一士人知其富有酒，然无计得饮，乃作诗数首骂孟子。其一云："完廪捐阶未可知，孟轲深信亦还痴。丈人尚自为天子，女婿如何弟杀之？"李见诗，大喜，留连数日，所与谈莫非骂孟子也。无何，酒尽，乃辞去。既而，又有寄酒者。士人闻之，再往，作《仁》《义》《正论》三篇，大率皆诋释氏。李览之，笑云："公文采甚奇。但前次被公吃了酒后，极索寞。今次不敢相留，留此酒以自遣怀。"闻者莫不绝倒。①

另外，四库馆臣对内府藏本《道山清话》的版本源流做过辨正。《四库全书总目》卷一四一《子部·小说家类二》认为《道山清话》的作者不是《说郛》题署的宋人王暐（生卒年不详），而是难以确定，因而判为"不著撰人名氏"，但"其为蜀党中人，固灼然可见矣"；又认为该书"所记终于崇宁五年（1106），则成书当在徽宗时（1100—1125）"，而且"其书皆记当代杂事"②。

---

① ［宋］佚名撰，孔一校点：《道山清话》，本社编：《宋元笔记小说大观》第 3 册，上海：上海古籍出版社，2007 年，第 2948 页。
② 参见［清］永瑢等：《四库全书总目》下册，北京：中华书局，1965 年，第 1195 页中栏—下栏；按，文中的公元纪年标识为引者所加。《道山清话》的作者不是王暐，正如《四库提要辨证》卷一七《子部八·小说家类二》"道山清话一卷"条指出："《宋史·艺文志》小说家有《道山新闻》一卷，不知作者，当即此书。《直斋书录解题》卷十一云：'《道山清话》一卷，不知何人跋语。末题"朝奉大夫暐"，亦不著姓。'是此书在宋时传本，即不著撰名。《说郛》题为'王暐'，真无知妄作也。然考原本《说郛》卷八十二录此书一卷，凡九十一条，实止题为'道山先生'。其题'王暐'者，陶珽增补之本耳。"（余嘉锡：《四库提要辨证》下册，昆明：云南人民出版社，2004 年，第 909 页。）

泰伯其事摄入宋代好事者的话题,足见这位江西老俵的不同寻常。与泰伯同时代的祖无择(1006—1085)、范仲淹对其有过高度评价。祖无择可能是最早为李泰伯文集作序者。仁宗庆历三年(1043),祖无择序《直讲李先生文集》指出:"孔子没,千有余祀,斯文衰敝。其间作者孟轲、荀卿、贾谊、董仲舒、扬雄、王通之徒。异代相望而不能兴衰救敝者,位不得而志不行也。""盱江李泰伯,其有孟轲氏六君子之深心焉。"① 仁宗皇祐元年(1049),范仲淹向朝廷推荐两试不中的李泰伯说道:"著书立言,有孟轲、扬雄之风义,实无愧于天下之士,而朝廷未赐采收,识者嗟惜,可谓遗逸者矣。"② 在这两位师友眼中,泰伯不仅不疑孟,反而深得孟子的深心与大义。

泰伯文集原名《盱江集》或《直讲李先生文集》,中华书局标点本易名为《李觏集》。南宋著名目录学家陈振孙的《直斋书录解题》卷一七《别集类中》提要"李泰伯《退居类稿》十二卷、《续稿》八卷、《常语》三卷、《周礼致太平论》十卷、《后集》六卷"指出:"泰伯不喜孟子,《常语》专辨之。尝举茂材,不中。世传阁试论题,有全不记所出者,曰:此必《孟子注》也。掷笔而出。"③ 中华书局本《李觏集·附录四》摘有这段话④,旨在帮助读者理解杨慎、胡应麟反复提及的"宋小说家言"。然而,无论在何种意义上,陈振孙此语都不能视作李泰伯阁试不识《孟子》语的第一发言者。北宋这个第一发言者在我们的视界中可能永远不会出场,但南宋中期考据学家叶绍翁(生卒年不详)平心而论的反思值得我们注意。

叶绍翁与陈振孙是同时期人,尤与著名经学家真德秀有过交游。真德秀著有《大学衍义》《四书集编》等作,对于宣传朱熹之学起到了巨大作用。这是否意味着叶绍翁的学术立场也是理学呢?进言之,在"真理""老

---

① [宋]祖无择:《直讲李先生文集序》,[宋]李觏著,王国轩校点:《李觏集》,北京:中华书局,1981年,集前第1页。
② 《李觏外集》卷一《荐章四首》,[宋]李觏著,王国轩校点:《李觏集》第469页。
③ [宋]陈振孙撰,徐小蛮、顾美华点校:《直斋书录解题》下册,上海:上海古籍出版社,2015年,第496页。
④ 参见[宋]李觏著,王国轩校点:《李觏集》,第537页。

师"各持己见之际,这位致力于勾勒南宋高宗(1127—1162)、孝宗(1163—1169)、光宗(1190—1194)、宁宗(1195—1224)四朝史实的考据学者,又将如何抉择呢?《四库全书总目》卷一四一提要《四朝闻见录》指出:"绍翁与真德秀游,故其学一以朱子为宗。然'卖武夷山'一条,乃深惜朱在颓其家声(案:在,朱子之子,时官户部侍郎),无所隐讳,则非攀援门户者比,故所论颇属持平。"①

作为立论持平的考据学者,叶绍翁所做的翻案文章亦即《四朝闻见录》丙集"贤良"条及其衍生的"第一则""第二则""第三则"②。其话题并非直奔泰伯疑孟公案,而是始于南宋王明清《挥麈录》中的一则记载。《挥麈前录》卷三"张贤良应制科遇所著论中选"条指出:

> 张贤良(咸),汉阳人。应制举,初出蜀,过夔州。郡将知名士也,一见,遇之甚厚。因问曰:"四科优劣之差,见于何书?"张无以对。守曰:"载《孟子注》中。"因检示之,且曰:"不可不牢拢之也。"张道中漫思索,著论成篇。至都,阁试六论,以此为首题。张更不注思而就。主文钱穆父览之大喜,过阁第一。黄六丈叔愚能记守之姓名,尝以见告,今已忘之。张即魏公乃翁也。③

不将泰伯疑孟公案视为问题的读者看完这则笔记,除了惊叹文曲星高高地照耀张咸的科考之履,最多还会注意到"四科优劣之差"乃与孟学史相关。为了与叶绍翁的思路保持同步,这里需要对张咸故事中的重要线索——"四科优劣之差"有所了解。《孟子》13·19 指出:"有事君人者,事

---

① [清]永瑢等:《四库全书总目》下册,第 1201 页上栏。
② 参见[宋]叶绍翁撰,沈锡麟、冯惠民点校:《四朝闻见录》,北京:中华书局,1989 年,第 114—121 页。
③ [宋]王明清撰,穆公校点:《挥麈录》,本社编:《宋元笔记小说大观》第 4 册,上海:上海古籍出版社,2007 年,第 3597 页。

是君则为容悦者也；有安社稷臣者，以安社稷为悦者也；有天民者，达可行于天下而后行之者也；有大人者，正己而物正者也。"东汉著名的《孟子》注家赵岐注云："《章指》言：容悦凡臣，社稷股肱，天民行道，大人正身。凡此四科，优劣之差。"①即将参加制举考试的张咸不知道"四科优劣之差"，可见《孟子注》在北宋前中期的应试知识分子群体中并不是很有影响。沿着这个事实往前走，可以得出《四朝闻见录》丙集"贤良"条的结论："绍翁窃考《挥麈》所载，参以本朝六题之制，必先经题注疏而后子史，以《孟子注》为首，殆恐不然。"②问题在于：几乎无人问津的张咸故事与人们津津乐道的泰伯疑孟公案到底有什么关联呢？

这就必须提到曾慥（？—1155）的一句话。《四朝闻见录》丙集"贤良"条指出："曾慥序李贤良字泰伯诗云：'尝试六题，已通其五，惟"四科优劣之差"，不记所出，曰："吾于书无所不读，惟平生不喜《孟子》，故不之读，是必出《孟子》。"拂袖而出。人皆服其博。'"③《四库全书总目》卷一二三提要《类说》指出：曾慥编的《类说》60卷成书于宋高宗绍兴六年（1136）④。在泰伯疑孟公案的涉案人员当中，曾慥这位官至尚书郎、直宝文阁的晋江人有可能是最早的发言者。遗憾的是，笔者浏览曾慥的《类说》《高斋漫录》《乐府雅词》三书（分别见《景印文渊阁四库全书》第873、1038、1489册），未能查到这句话的原始出处。叶绍翁是有考据癖的，他引曾慥此语必定有其出处。泰伯疑孟公案与张咸故事看似毫不相干，但可以通过"四科优劣之差"这道考题建立某种联系。

依据《李觏外集》卷三《直讲李先生年谱》，仁宗景祐四年（1037）丁丑，29岁的泰伯"尝游京邑，彷徨而归，又黜乡举"；仁宗庆历二年（1042）壬午，

---

① ［清］焦循撰，沈文倬点校：《孟子正义》下册，第904页。
② ［宋］叶绍翁撰，沈锡麟、冯惠民点校：《四朝闻见录》，第115页。
③ 同上书，第115页。
④ 参见［清］永瑢等：《四库全书总目》上册，第1061页上栏。

34岁的泰伯"应贤良预第一召试",但"秋七月试制科不第,归"①。借助《直讲李先生文集·自序》所谓"李觏泰伯以举茂材罢归。其明年,庆历癸未秋,因料所著文"②,《四朝闻见录》丙集"贤良"条断定曾慥笔下的泰伯制科悲剧发生在庆历二年,并指出:"则是张公咸与泰伯同试于庆历壬午,张遂中选,李遂报罢。区区科目,亦有幸不幸焉。以《挥麈录》考之,则黜泰伯者,钱穆父也。"③

"李泰伯阁试不识《孟子》事"是泰伯疑孟公案的重要组成部分,目前有两个要素已经比较明朗:第一,事件发生在泰伯时年34岁的仁宗庆历二年;第二,"四科优劣之差"这一考题难倒了南城考生李泰伯,但并非不识《孟子》语,而是不识《孟子注》。至于说置泰伯于死地的是主考官钱勰(1034—1097,字穆父),这显然不可信,盖因钱勰1042年仅有8岁!即便已有两个要素变得明朗,但这并不意味着故事的终结。考据在一定意义上就是破案。换句话说,如果庆历二年的阁试六论当中根本就没有"四科优劣之差"这道考题,所谓"李泰伯阁试不识《孟子》事"不就等于无中生有吗?

关于这一年的考题,《四朝闻见录》丙集"贤良"条指出:"《登科记》庆历二年壬午岁八月,固尝召试才识兼茂科。时阁下六题,其一曰'左氏义崇君父',二曰'孝何以在德上',三曰'王吉贡禹得失孰优',四曰'经正庶民兴',五曰'有常德立武事',六曰'序卦杂卦何以终不同'。"④其中,只有第四题出自《孟子》14·37:"经正,则庶民兴;庶民兴,斯无邪慝矣。"宋太祖赵匡胤、宰相赵普一直提倡"半部《论语》治天下"⑤,因此说儿童熟悉《孟子》此语并不为过。《四朝闻见录》丙集"贤良"条指出:"当时六题

---

① 参见[宋]李觏著,王国轩校点:《李觏集》,第497、499页。
② 同上书,集前第2页。
③ [宋]叶绍翁撰,沈锡麟、冯惠民点校:《四朝闻见录》,第115页。
④ 同上书,第116页。
⑤ 参见洪业:《半部论语治天下辨》,氏著:《洪业论学集》,北京:中华书局,1981年,第405—426页。

中，惟'经正庶民兴'出《孟子》，此儿童之所知。泰伯纵不喜《孟子》，不应父生师教以来，即不许读《孟子》，且非《孟子注》之文。绍翁窃考本朝有司命题，不过《六经》本注与《正义》中出；或不出《正义》，未闻出子史注疏者。"①

南宋吴曾（生卒年不详）的《能改斋漫录》卷一《事始》"试诗赋题示出处"条指出："本朝试进士诗赋题，元不具出处。因淳化三年殿试'卮言日出赋'，独路振知所出，遂中第三人。是年，孙何第一人，朱台符第二人，亦不能知，止取其文耳。自后，所试进士诗赋题，皆明示出处。"② 按：太宗淳化三年即 992 年。南宋王栐的《燕翼诒谋录》卷二"举人命题"条亦云："又试场所问本经义疏，不过记出处而已。如吕申公试卷问：'子谓"子产有君子之道四焉"，所谓四者何也？'答曰：'对"其行己也恭，其事上也敬，其养民也惠，其使人也义"，谨对。'"③ 进士考试的试题注明出处，茂材异等科的试题同样如此吗？假如茂材异等科的试题也注明出处，李泰伯阁试怎么连审题都不会呢？！总之，叶绍翁敢于同情地理解甚至溢美泰伯，甚至认为所谓"李泰伯阁试不识《孟子》事"完全不成立。

这里还须借助《登科记》，再次谈及张咸故事和泰伯疑孟公案的区别与关联。关于区别，《四朝闻见录》丙集"贤良"条指出："本朝阁试六题，具载《登科记》。所缺者，惟绍圣元年所出题尔。""惜乎绍圣六题独缺不载，参合《登科记》《挥麈录》之说，则泰伯所试乃'经正庶民兴'，出《孟子》正文，实试于庆历二年壬午八月；咸试'四科优劣之差'，实试于绍圣元年九月，同试者右通直郎吴俦、福州布衣陈旸。"④ 哲宗绍圣元年即 1094 年。为什么这一年的阁试六题在《登科记》中独独阙如呢？叶绍翁有何充足理由将"四科优

---

① ［宋］叶绍翁撰，沈锡麟、冯惠民点校：《四朝闻见录》，第 116 页。
② ［宋］吴曾：《能改斋漫录》上册，上海：上海古籍出版社，1960 年，第 14 页。
③ ［宋］王栐撰，诚刚点校：《燕翼诒谋录》，北京：中华书局，1981 年，第 11 页；此书与《默记》合为一册，并分署页码。
④ ［宋］叶绍翁撰，沈锡麟、冯惠民点校：《四朝闻见录》，第 121、117 页。

劣之差"定为绍圣元年的阁试六题呢？这些问题值得穿行于史与思之间的诠释者不断地回望。

至于关联，我们要展开合理的想象。叶绍翁定"四科优劣之差"为绍圣元年阁试六题之一。假如这个论断成立，那就可断有关"李泰伯阁试不识《孟子注》"的说法最早只能出现在1094年以后，此前不可能风生水起。而且，它在叙事手法上很有可能是好事者将福星高照的"张咸喜事"经过改装、移植而成垂头丧气的"泰伯悲剧"。这样做，当有一定的历史因缘。1094年已是北宋末年，距离1126—1127年间的祚移与南渡仅有三十多个年头。然而，就是在这最后几十年间，从江西人王安石主持的熙宁变法，到山西人司马光董理的元祐更化，再到徽、钦二帝被掳的靖康之耻，政局动荡，人心惶惶。这一时期的政坛显要惯于"老乡见老乡，两眼泪汪汪"，大多以地缘籍贯对自己和他人的哲学信仰与政治身份别类定型，遂有所谓新党、朔党、洛党、蜀党之分。既然政治上、思想上的是非恩怨要通过地缘籍贯而宣泄，司马光式的山西人就不喜欢王安石式的江西人，推而广之，就形成了南方人与北方人在文化心理上和具体实践中的对抗。李泰伯与王安石同为江西人，胡适甚至认为泰伯是"一个不曾得君行道的王安石"，难道最先虚构李泰伯阁试不识《孟子注》的好事者正是受狭隘乡土观念支配的北方人？基于司马光也是疑孟的，好事者编造李泰伯阁试不识《孟子注》，或许就是旨在证明：像温公一样怀疑王安石一往情深的孟子，恰恰是一种合乎时代潮流的明智行为。这个好事者若是坚信"亲不亲，故乡人"的北方人，那他这么做，显然还有进一步挑拨并激化南人和北人矛盾的重大嫌疑……

任何缺乏史料支持的猜想其实是类似"齐东野语"的行径，真正的诠释者此刻必须重新回归本题。如上所述，叶绍翁的《四朝闻见录》丙集"贤良"条已对"李泰伯阁试不识《孟子注》"进行证伪，同时指出泰伯当年应试的题目出自《孟子》14·37的"经正，则庶民兴"。然而，正确的考证与谣言的死亡不完全是一回事。譬如，南宋罗大经（1196—1252后）的《鹤林玉露》乙编卷一"非孟"条指出:"李泰伯著《常语》非孟子。后举茂材,论题出'经正则庶民兴',不知出处,曰:'吾无书不读,此必《孟子》中语也。'掷笔而出。"① 在"李泰伯阁试不识《孟子》事"的问题上,罗大经将以前的"四科优劣之差"换成"经正则庶民兴",这或许与读过《登科记》有关,或者受到《四朝闻见录》的影响。但是,这一进步对于泰伯形象的历史承传而言,却近乎一种退步。以前还只是说泰伯不知试题出自《孟子注》,现在竟然说他连试题出自《孟子》本文也搞不清楚,这一转变难道不是退步吗?

南宋末年,罗璧(生卒年不详)的《识遗》卷一"孟子谈王"条指出:"李盱江《常语》、司马公《疑孟》等作,似非识时者。然有武王,《孟子》之书又不可无。后世盱江、温公之说,乃扶持世变之一端。"② 关于罗璧的生平以及《识遗》的成书时代,《四库全书总目》卷一一八提要《识遗》指出:"璧……《宋史》无传,不知其时代。据书中'前定'一条,引陈抟'寒在五更头'之谶,称第五庚申后又十五年而祚移,则其成书在宋亡以后矣。"③ 罗璧这一折衷之论令人深思。它既折射了李泰伯以《常语》为中心的疑孟公案在宋代思想史上持续性的影响,又试图比较公正地评价这一公案的是是非非。罗璧毕竟人微言轻,因为以《常语》为中心的泰伯疑孟公案后来还是不断出现在明、清学者的视野之中。今天,它也理应成为我们进行孟学史钩沉的重要工作,但怎样才能做好这一工作呢?杨慎、胡应麟之争告诉我们:最应该做的一件事就是走进李泰伯的著述。

二、《李觏集》:便宜性引论《孟子》

选拔人才是中国古代科举考试的重要目的之一,但几乎每个读书人的

---

① [宋]罗大经撰,王瑞来点校:《鹤林玉露》,第121页。
② [宋]罗璧:《识遗》,《景印文渊阁四库全书》第854册,第520页上栏。
③ [清]永瑢等:《四库全书总目》上册,第1024页下栏。

科考之旅都是一条充满艰辛与风险的道路。《宋史》卷一五五《选举志一》指出:"宋之科目,有进士,有诸科,有武举。常选之外,又有制科,有童子试,而进士得人为盛。"① 李泰伯参加的那场考试并不是常选的制科,可他的命运却是正常的,因为名落孙山在绝对意义上比金榜题名正常得多。《宋史》卷一五六《选举志二》指出:"仁宗初……又置高蹈丘园科,沉沦草泽科,茂材异等科,以待布衣之被举者。其法先上艺业于有司,有司较之,然后试秘阁,中格,然后天子亲策之。"② 茂材异等科的考试有三个环节,但李觏的科举前途在第二个环节就被主持秘阁考试的有关官员断送。祖无择的《直讲李先生文集序》感叹:"乃举茂材异等,得召第一。既而试于有司,有司黜之。呜呼!岂有司之过邪?其泰伯之命邪?或者天徒付泰伯以其文而命则否邪?亦将位得志后有时邪?吾不得而知已。"③ 命运就是命运,从来就没有人能够自由自在地把握自己的命运,尤其是当命运特指《孟子》11·16 所谓"人爵"之时。

据《李觏外集》卷三《直讲李先生年谱》记载:宝元二年(1039),31 岁的泰伯"梦大雨震所居室,有一人紫衣而冠,谓之雷神,呼先生使前,授之题曰《春社词》,援笔得八句与之。及觉,记其首三句,颇怪丽"。④ 泰伯或许会认为:几年后他被主持茂材异等科第一轮选拔工作的有司列为第一候选人,是与这个奇特的梦有关的。中年泰伯 1041 年秋后来到京师。这大概是泰伯第一次去北方远游,所以浓郁的乡愁使他举起了诗笔:"人言落日是天涯,望极天涯不见家。已恨碧山相阻隔,碧山还被暮云遮。"⑤ 此诗题为《乡思》,暗含了某种不祥的征兆。仁宗皇祐五年(1053)进士吴处厚(生卒年不详)所撰的《青箱杂记》卷七指出:"诗以言志,言以知物,信不诬矣。江南李觏,通

---

① [元]脱脱等:《宋史》第 11 册,第 3604 页。
② 同上书,第 3647 页。
③ [宋]李觏著,王国轩校点:《李觏集》,集前第 1 页。
④ 同上书,第 497 页。
⑤ 《李觏集》卷三六《乡思》,[宋]李觏著,王国轩校点:《李觏集》,第 427 页。

经术,有文章,应大科,召试第一。尝作诗曰:'人言日落是天涯,望极天涯不见家。堪恨碧山相掩映,碧山还被暮云遮。'识者曰:'观此诗意,有重重障碍,李君恐时命不偶。'后竟如其言。"①结果,泰伯在庆历二年七月的制科笔试中落第。《李觏集》卷三六《柳枝答》写道:"春早寒余岂足哀,平生多难愧非材。去年二月都城里,曾共花房带雪来。"并有小注:"庆历二年二月五日,京师大雪。"②从此,泰伯失落于怀才不遇的心境之中。

庆历三年,泰伯将自己的作品编为《退居类稿》;同年,南城郡学草创,他被郡守聘请主持学校事务③。"古来扰扰富且贵,天下茫茫公与侯"④,"世事重江险,才名一梦醒"⑤,"不能功天下,尚可名身后"⑥,所有这些暗示着李泰伯在仕途无望的失落心境中已经决定一生以立言、教学为职志。从"太上有立德,其次立功,其次立言"的价值序列与文化语境看,尽管这种选择包含了或多或少的无奈之感,但仍被人们视为不朽的事业。它也属于《孟子》所谓的"天爵"(11·16)。包括富贵与利禄在内的"人爵"能否实现,大多要受命运的支使;包括行善与立言在内的"天爵",则承诺人们通过自我奋斗就能如愿以偿。谢善元在1972年杀青并提交美国芝加哥大学答辩的博士学位论文中说:"基本上,李觏是一位壮志未酬的学者。他早年接受了儒家的价值观,可是却成了当时考试制度下的牺牲品。他有政治抱负,希望能跳上政坛施展一下,以便增进广大老百姓的福利,同时恢复王道政体。然而他对当时的考试制度很不满意,甚至有点敌对。不幸这种考试正是有政治野心者要实现自己抱负的必经之路。当他最后不得不向现有制度低头而参加考

---

① [宋]吴处厚撰,李裕民点校:《青箱杂记》,北京:中华书局,1985年,第72—73页。按:《青箱杂记》所录泰伯之诗,有三处异于《李觏集》。
② [宋]李觏著,王国轩点:《李觏集》,第429页。
③ 参见《李觏外集》卷三《直讲李先生年谱》,[宋]李觏著,王国轩点校:《李觏集》,第499—500页。
④ 《李觏集》卷三五《访周道士》,[宋]李觏著,王国轩点校:《李觏集》,第399页。
⑤ 《李觏集》卷三六《闲居》,[宋]李觏著,王国轩点校:《李觏集》,第407页。
⑥ 《李觏集》卷三五《寄章友直》,[宋]李觏著,王国轩点校:《李觏集》,第389页。

试时，他却很不顺利——既没考上他素来不屑参加的进士试，也没通过他梦寐以求的制举考试。于是他只有另找使他自己成名的路。他转向学术工作。如果说他在世时曾对他当时所处的社会有贡献，则这些贡献主要体现在他的写作上。"①虽然文化学术工作与政治社会工作在大多数场合下难以兼而有之，但这并不排除思想家通过写作与教学来抒发自己的康国济民之志。

一般认为，《礼论七篇》《易论十三篇》《删定易图序论》《周礼致太平论五十一篇》《富国策十首》《强兵策十首》《安民策十首》《平土书》《潜书十五篇》《广潜书十五篇》《庆历民言三十篇》是李泰伯主要的著论。《李觏外集》卷三《门人陈次公撰先生墓志铭（并序）》指出："曾充茂才，有《富国》《安民》《强兵》三策，《易》《礼》二论，合五十首，天下传诵。及退居，为《周礼致太平论（并序）》五十一首。其敌天命，又有《潜书》《庆历民言》，寄范、富、孙公四书，《长江赋》。"②这些著论的理论意义，按照《李觏集》校点者王国轩的说法，使得李泰伯成为范仲淹及其庆历新政在理论上的支持者③。胡适作为近代第一位系统研究泰伯思想的著名学者，还认为这些著论使得李泰伯成为王安石及其熙宁变法的精神先驱，泰伯因而亦可视为"一个不曾得君行道的王安石"④。将李觏的文化学术工作跟北宋两次有名的变法运动如此紧密地联系在一起，鲜明凸现了这个命运坎坷的江西学者一系列学术著论内蕴着的经世致用取向。

洋溢在泰伯内心深处的这一社会关怀，是我们理性地检讨其疑孟公案的接合点。虽然曾慥、陈振孙、罗大经、胡应麟等人记录过泰伯应考不知《孟子》语的丑闻，但依据《李觏集》卷二七《上孙寺丞书》，泰伯23岁就有过"鸡鸣而起，诵孔子、孟轲群圣人之言，纂成文章，以康国济民为意"的勤

---

① 谢善元：《李觏之生平及思想》，北京：中华书局，1988年，第38—39页。
② [宋]李觏著，王国轩校点：《李觏集》，第486页。
③ 参见王国轩：《前言》，[宋]李觏著，王国轩校点：《李觏集》，第1页。
④ 参见胡适：《记李觏的学说——一个不曾得君行道的王安石》，姜义华主编，章清、吴根樑编：《胡适学术文集·中国哲学史》下册，北京：中华书局，1991年，第954页。

奋与志向①。现在,我们不妨看看曾经"诵孔子、孟轲群圣人之言"的泰伯如何在自己的写作中对待孟子其人、《孟子》其书。

泰伯引论过《孟子》,但在其最重要的几部著作乃至绝大多数作品中,这种引论的频率并不很高。评价李泰伯疑孟公案,最关键的不是看引论《孟子》的次数多少,而是要看其引论的性质与目的。徐复观曾分析西汉盐铁会议上的御史大夫与贤良文学双方都援引儒家经典而又立场各异,并指出:"我们从中国久远的历史看,在统治者与被统治者的语言中,同样援引典籍以作论据时,统治者所援用的典籍,多是出于便宜性的,而被统治者所引用的则多近于原则性的。"② 便宜性引论与原则性引论极不相同:前者表明引论者只是因为熟悉某种典籍而援引,后者意味着被援引的典籍在引论者心目中具有重要地位。细读现存本《李觏集》,我们不能不承认泰伯之于孟子仅仅是便宜性引论。既为便宜性引论,泰伯对孟子就会赞弹互补。

先看赞辞。以下四条材料可加关注:

> 孟子有言曰:"男女居室,人之大伦也。"虽圣人未之有异,而浮屠何其介哉?彼此尽能泊然,以循其法者也。(《李觏集》卷二〇《广潜书·七》)③

> 昔孟子之辟杨、墨曰:"杨氏为我,是无君也;墨氏兼爱,是无父也。"今山泽之臞,务为无求于世,呼吸服食,谓寿可长,非为我乎?浮屠之法,弃家违亲,鸟兽鱼鳖,毋得杀伐,非兼爱乎?为我是无君,兼爱是无父,无父无君,不忠不孝,况其弗及者,则罪可知矣。故韩愈曰:"释、老之弊,过于杨、墨也。"(《李觏集》卷一六《富国策第五》)④

---

① [宋]李觏著,王国轩校点:《李觏集》,第296页。
② 徐复观:《〈盐铁论〉中的政治社会文化问题》,氏著:《两汉思想史》第3册,第176页。
③ [宋]李觏著,王国轩校点:《李觏集》,第224页。
④ 同上书,第140页。

《孟子》谓:"舜为天子,皋陶为士,瞽瞍杀人,则执之。舜视弃天下犹弃敝蹝也,窃负而逃,遵海滨而处,终身䜣然,乐而忘天下。"彼天子父犹不可曲法,而况官之子孙乃用荫乎?(《李觏集》卷一〇《周礼致太平论·刑禁第四》)①

　　孟子曰:"嫂溺不援,是豺狼也。男女授受不亲,礼也;嫂溺,援之以手者,权也。"夫权,智之动,义之会也。详孟子此言,则义而智者,不在先王之礼欤?(《李觏集》卷二《礼论第六》)②

　　尊儒、法,辟释、老③,这是泰伯的学派分疏原则;重儒家人伦,倡法家法制,这是泰伯的思想价值取向。它们亦可视作泰伯在其文化学术工作中自觉遵循的集中意识。仔细咀嚼以上抄录的四条材料,不难发现:被泰伯引述的孟子言论不仅不与这一集中意识相冲突,反而作为一种支援意识,佐证了泰伯的学派分疏原则与思想价值取向。在此,泰伯与孟子之间达成了集中意识与支援意识的有机统一。尽管这一支援意识从属于便宜性引论,但像这四条材料一样的思想言说,无论如何不会成为泰伯疑孟公案的罪证。

　　再看弹辞。弹孟子比赞孟子冒的风险大得多,先过录几条材料:

　　孟子谓"何必曰利",激也。焉有仁义而不利者乎?其书数称

---

① [宋]李觏著,王国轩校点:《李觏集》,第100页。
② 同上书,第18页。
③ 所谓泰伯"辟释、老",只是就其与儒家意识形态有关的正规表态文章而言。如《李觏集》卷二八《答黄著作书》指出:"觏排浮屠固久,于《潜书》、于《富国策》人皆见之矣。"(同上书,第322页)泰伯为佛教、道教写过大量的文字。如《李觏集》卷三六《赠端上人》指出:"佛法本无二,谁论律与禅?水行到处入,月出有时圆。事去何尝念?忙中不废眠。松堂白日永,幡影自飘然。"(同上书,第419页)又如《送僧游庐山》指出:"行非为客住非家,此去庐山况不遐。要见南朝旧人物,池中唯有白莲花。"(同上书,第435页)一般地说,"辟释、老"的正规表态文章属于泰伯的学术政治生活,"美释、老"的日常抒情文字属于泰伯的私人精神生活。由此可见思想家在思想史舞台上的复杂性。

汤、武将以七十里、百里而王天下,利岂小哉?孔子七十,所欲不逾矩,非无欲也。于《诗》则道男女之时,容貌之美,悲感念望,以见一国之风,其顺人也至矣。(《李觏集》卷二九《原文》)①

问:孟子曰:"未有仁而遗其亲者也,未有义而后其君者也。"是时天子在上,而孟氏游于诸侯,皆说以王道,汤、文、武所以得天下之说,未闻一言奖周室者,庸非后其君乎?贤人之言必不徒尔,盍各求其意?(《李觏集》卷二九《策问六首》)②

古之言王道者,是亦先其大者也。后之执王道者,是以轻药石、贱糗糒,病饥且不救者也。王莽亦尝井田矣,房琯亦尝车战矣,岂不取笑?孔子谓"微管仲,吾其被发左衽",而曰"无道桓、文之事"者,过也。荀卿之非孟子"略法先王而不知其统",太史公论儒者"博而寡要,劳而无功",亦有以也。(《李觏集》卷二五《叙陈公燮字》)③

在现存本《李觏集》系统中,泰伯或赞或弹孟子,其实都是便宜性引论。谢善元指出:"一○三八年以前,他主要是一位儒家;一○三九年以后,他的著作里逐渐显出法家学说对他的影响,虽然他仍然还保持了许多儒家的价值观。"④李泰伯而立之后除了继续坚持儒家的价值观之外,又深受法家思想的影响。中年李泰伯儒法兼综,未尝不与青少年时代培塑而成的康国济民之志一脉相承,同时是对澶渊之盟的外交耻辱、民生凋敝的社会现实做出的自我回应。作为"半儒半法"的政治型思想家,泰伯不能不开出这样的治国药方,即政治上强调正统以维护国家稳定,经济上提倡功利以保证百姓生计。如果了解到中年泰伯这一思想旨趣,那他以一句"未闻一言奖周室者"弹击孟子劝说诸侯称王称霸,以一个"激"字、一个

---

① [宋]李觏著,王国轩校点:《李觏集》,第326页。
② 同上书,第336页。
③ 同上书,第272页。
④ 谢善元:《李觏之生平及思想》,第83页。

"过"字批评孟子耻言功利，就不是为疑孟而疑孟，而是基于拯救时弊的借题发挥。

对经典作家与经典作品的便宜性引论，引论者或赞或弹是很自然的事情。在大多数情形下，它们亦不能充分印证引论者对经典作家、经典作品究竟是推崇还是怀疑。现存本《李觏集》涉及孟子其言其事的地方并不太多。要是仅仅浏览现存本《李觏集》，很少有人能够透过现象看本质，得出泰伯疑孟的结论；相反，一般人会像明朝经学家杨慎那样，得出泰伯尊孟的结论。既然这里又一次提到杨慎，不妨顺便指出其被胡应麟批驳的那段笔记中的两个疑点：其一，在现存本《李觏集》中，《周礼致太平论》前七篇为《内治》，但未出现孟子著名的"仁政必自经界始"（《孟子》5·3）一语；其二，古诗"退当事奇伟，凤驾追雄轲"见于《李觏集》卷三五《女色无定美赠卿材》一诗①，而不是见于《示儿》，且现存本无此诗题。

三、原始《常语》的"庐山面目"

依据以上考论，所谓李泰伯阁试不识《孟子》事的阁试丑闻是完全不成立的，现存本《李觏集》在本质上并不蕴涵"疑孟"的过度倾向。那么，连朱熹亦加盟讼战的泰伯疑孟公案，难道也是无中生有吗？

当然不是。即使不抱余允文式的先入之见，透过现存本《李觏集》，我们还是能够隐隐约约捕捉到这样一种感觉，亦即孟子在泰伯心中的地位不是很高。泰伯疑孟公案最至关重要的论据倒不在此，而是在于《常语》。《常语》是泰伯45岁之际的作品②，时为皇祐五年。现存本《李觏集》卷三二、三三、三四即为《常语》上、中、下三卷，总计31条，其中直接点名道姓的疑孟材料不到十分之一的篇幅。这或许亦是杨慎断定泰伯并不疑孟的关键理

---

① 参见［宋］李觏著，王国轩校点：《李觏集》，第388页。
② 参见《李觏外集》卷三《直讲李先生年谱》，［宋］李觏著，王国轩校点：《李觏集》，第505页。

由，但为什么胡应麟却认为杨慎的判断乃"此未熟泰伯《常语》之故"呢？胡应麟此语暗示人们：明代两位学者之所以争论，有个重要原因就在于他们读的《常语》并不一样。

这就必须提及明代人左赞（生卒年不详）。这位江西南城老表在吏部验封清吏司主事的任上，曾动议修葺凤凰山麓的泰伯墓冢："历年既久，不惟拜扫之典已废，而其坟墓亦为樵牧践踩。若更数年，必致毁夷。""当时名臣范仲淹、余靖交荐其贤。先儒朱熹称觏《周礼论》与其意合。圣朝纂修《五经大全》，觏所立言亦见采录。臣闻古者乡先生没则祭于社。如觏者，可谓一代之名儒，后学之师表，不但如古所谓乡先生而已。今坟墓荒芜，俎豆不及，臣窃惜之。"① 左赞献给李泰伯的乡情自然不会如此简单。

现存本《李觏集》亦称《直讲李先生文集》或《盱江集》。《盱江集》收入《四库全书》，《四库全书总目》卷一五三考论《盱江集》的版本变迁指出："考觏年谱，称庆历三年癸未集《退居类稿》十二卷，又皇祐四年庚辰集《皇祐续稿》八卷。此集为明南城左赞所编，凡诗、文、杂著三十七卷，前列《年谱》一卷，后以制诰、荐章之类为《外集》三卷，盖非当日之旧。"② 流传至今的现存本《李觏集》，乃泰伯的江西南城老乡左赞于宪宗成化年间（1465—1487）编刻而成③。

《四库全书总目》卷一五三提要《盱江集》又云：

> 宋人多称觏不喜《孟子》。余允文《尊孟辨》中载觏《常语》十七条。而此集所载，仅"仲尼之徒无道桓、文之事"及"伊尹废太甲""周公封鲁"三条，盖赞讳而删之。集首载祖无择《退居类稿序》，特以孟子比觏。又集中《答李观书》云："孟氏、荀、扬醇疵之

---

① 《李觏外集》卷三《左赞乞修李觏墓状》，[宋]李觏著，王国轩校点：《李觏集》，第490页。
② [清]永瑢等：《四库全书总目》下册，第1316页上栏。
③ 参见[宋]李觏著，王国轩校点：《李觏集》，第1页，"校点说明"。

说，不可复轻重。"其他文中亦颇引及《孟子》，与宋人所记种种相反。以所删《常语》推之，毋亦赞所窜乱欤？①

受意识形态话语化的乡情和乡情化的意识形态话语影响，左赞重新编辑《盱江集》之际，对历来名声不好的《常语》做了许多手脚。为佐证左赞讳而删改《常语》这一论断，《四库全书总目》卷一五三提要《盱江集》指出：

> 《湘山野录》载觏《望海亭席上作》一首，集中不载。考是时蔡襄守福唐，于此亭邀觏与陈烈饮。烈闻官妓唱歌，才一发声，即越墙攀树遁去。讲学家以为美谈。觏所谓"山鸟不知红粉乐，一声拍板便惊飞"者，正以嘲烈。殆亦左赞病其轻薄，讳而删之欤？②

对于泰伯《望海亭席上作》一诗的全文及其写作背景，宋代僧人文莹（生卒年不详）"其书成于熙宁中，多记北宋杂事"③的《湘山野录》卷下"蔡君谟出守福唐"条有详细的记载：

> 君谟蔡公出守福唐时，李泰伯遘自建昌携文访之。一日，命遘及陈孝廉烈早膳于后圃望海亭，不设樽酒。膳罢欲起，时方暮春，鬻酒于园，郡人嬉游。藉姬数子时亦寻芳于此，既太守在亭，因敛袖声喏而过。蔡公遂留之，旋命觞具，就以为侑。酒方行，举歌一拍，陈烈者惊惧怖骇，越墙攀木而遁。泰伯即席赋诗云："七闽山水掌中窥，乘兴登临到落晖。谁在画帘沽酒处，几多鸣橹趁潮归。晴来海色依

---

① ［清］永瑢等：《四库全书总目》下册，第1316页上栏。
② ［清］永瑢等：《四库全书总目》下册，第1316页上栏—下栏。
③ 参见［清］永瑢等：《四库全书总目》下册，第1193页中栏。

稀见，醉后乡心积渐微。山鸟不知红粉乐，一声檀板便惊飞。"盖讥其矫之过也。①

更早，《道山清话》指出：

> 泰伯一日与处士陈烈同赴蔡君谟饭。时正春时，营妓皆在后圃卖酒，相与至筵前声喏。君谟留以佐酒，烈已不乐。酒行，众妓方歌，烈并酒掷于案上，作皇惧之状，逾墙攀木而遁。时泰伯坐上赋诗云："七闽山水掌中窥，乘兴登临对落晖。谁在画楼酤酒处，几多鸣橹送潮归。晴来海色依稀见，醉后乡心即渐微。山鸟不知红粉乐，一声檀板便惊飞。"既而烈闻之，遂投牒云："李觏本无士行，辄篷宾筵，诋释氏为妖胡，指孟轲为非圣。按吾圣经云，非圣人者无法，合依名教，肆诛市朝。"君谟览牒，笑谓来者云："传语先生，今后不使弟子也。"君谟后每会客，必以示坐上，以供一笑云。②

四库馆臣除沿袭《湘山野录》的全部叙事外，还特别说明《望海亭席上作》一诗不见于《盱江集》，而且此举亦系左赞所为。其实不然！收入《四库全书》的《盱江集》卷三七有近体七言四韵《野意亭》一诗，即是所谓的《望海亭席上作》，只是文字稍异于《湘山野录》所录③。现存本《李觏集》卷三七亦有《野意亭》一诗："福唐城郭掌中窥，旭日登临到落晖。谁在画帘沽酒处，几多鸣橹趁潮归。晴来海色依稀辨，醉后乡愁积渐微。山鸟不知红粉好，才闻歌板便惊飞。"④中华书局标点本《李觏集》的整理底本是商务印书馆《四部丛刊》影印的明成化左赞刻本。四部丛刊本《李直讲文集》据

---

① ［宋］文莹撰，郑世刚、杨立扬点校：《湘山野录 续录 玉壶清话》，北京：中华书局，1984年，第48页；"遘"亦即"觏"。
② ［宋］佚名撰，孔一校点：《道山清话》，本社编：《宋元笔记小说大观》第3册，第2948—2949页；按："即渐微"又作"积渐微"。
③ 参见［宋］李觏：《盱江集》，《景印文渊阁四库全书》第1095册，第332—333页。
④ ［宋］李觏著，王国轩校点：《李觏集》，第461—462页。

"上海涵芬楼借江南图书馆藏明成化刊本景印",卷三七同样有《野意亭》一诗①,文字亦同于四库全书本。又,光绪十九年(1893)重刊本《盱江全集》也有《野意亭》一诗②。一言以蔽之,左赞并未删去《野意亭》或《望海亭席上作》一诗,这只是四库馆臣的误断。清代厉鹗(1692—1752)的《宋诗纪事》卷一九录有李觏诗作8首,前7首标明录自《盱江集》,独有第8首《望海亭席上作》标明录自《湘山野录》③。著名的宋诗选家厉鹗亦不知《望海亭席上作》即是《野意亭》也!

包括孟学史在内的中国思想史研究,时时刻刻要求我们慎重、灵活地将客观的文献学世界转化为主观的解释学视界。在我们这代人的文化学术工作中,希冀并努力实现这一转化,必定充满智性的乐趣。譬如,笔者一发现四库馆臣误断《望海亭席上作》不入《李觏集》、且将责任归之于左赞,就倍感思想"史"与"思想"史之间夹杂了很多既容易被人忽略、但又发人深省的东西。这些东西焕发了我们的想象,激活了我们的思绪。具体到本文正在研讨的课题,现在要问:既然学识渊博的四库馆臣也难免出错,那么,左赞呢?

左赞至少犯了两个错误。第一个错误是认为李觏无后代。《左赞乞修李觏墓状》指出:"祝穆《方舆胜览》纪觏无子孙,每岁春秋守贰同学官拜扫,以为故事。"④但是,《门人陈次公撰先生墓志铭》已说:"始娶陈氏,再娶饶氏。有男参鲁,三女,长適陈汝翼而卒。"⑤依据《李觏外集》卷三《直讲李先生年谱》,参鲁生于康定元年(1040);《李觏集》卷三七有诗《寄小儿》,自注:"予无兄弟,才生此儿三岁矣。"⑥《宋史》本传指出:"门人邓润甫,熙

---

① 参见[宋]李觏:《李直讲文集》第八函卷三七,《四部丛刊》集部第110册,上海:商务印书馆,1919年,第14页。
② 参见[宋]李觏:《盱江全集》卷三七,光绪十九年重刊,第八函卷三七第15—16页。此书藏广州中山大学图书馆古籍阅览室。
③ 参见[清]厉鹗辑撰:《宋诗纪事》第1册,上海:上海古籍出版社,1983年,第465—466、466页。
④ 《李觏外集》卷三,[宋]李觏著,王国轩校点:《李觏集》,第490页。
⑤ 同上书,第486页。
⑥ [宋]李觏著,王国轩校点:《李觏集》,第498、446页。

宁中,上其《退居类稿》《皇祐续稿》并《后集》,请官其子参鲁,诏以为郊社斋郎。"① 熙宁时期(1068—1077),参鲁步入中年,照例婚娶生子。第二个错误是未删"《常语后序》"四字。《直讲李先生年谱》云皇祐六年(1054)作《常语后序》②,但这篇文章不见于现存本《李觏集》。意思是说,左赞删去了文集中的《常语后序》一文,但未从年谱中删去本该删掉的"《常语后序》"四字。

以上两例表明,左赞并未熟读李觏文集,其编辑工作不乏错漏。我们由此从考辨性的文献学世界转入阐释性的解释学视界,同样会感喟:在"思想"史的写作与形成过程中,思想"史"的若干真实细节被忽视乃至被扭曲,当是常有的事情;思想总是试图"大于"历史,这大概就是人们通常所谓"思想史"最内在的发展规律。因为思想总是试图大于历史,所以,思想"史"中的乡情显得有点复杂。在明代孔孟一体的文化语境中,左赞这位南城老表不独"讳而删之"原始《常语》之内的疑孟言论("右倾的")乃情理中事,即便"窜乱而增"泰伯文集当中的尊孟之辞("左倾的")也并非没有可能。质言之,左赞是使得泰伯疑孟公案在文献学、思想史的双重意义上更加扑朔迷离的关键人物。

四库馆臣猜测左赞"窜乱而增"《旴江集》,为何却肯定他"讳而删之"《常语》呢?原因在于,后者能在文献学意义上得到证实。最有说服力的文献当然是宋代的。北宋是否存留所谓佚《常语》的著述,不得而知;但此类著述,南宋至少有三种。最早的是邵博的《闻见后录》,其序自署时间为高宗绍兴二十七年(1157),该书卷一二、一三抄录的佚《常语》有16个独立段落③。之所以称作"独立段落",是因为四库抄手所录佚《常语》在文本结构

---

① [元]脱脱等:《宋史》第37册,第12842页。
② 参见[宋]李觏著,王国轩校点:《李觏集》,第505页。
③ 参见[宋]邵博:《闻见后录》,《景印文渊阁四库全书》第1039册,第214页下栏、270页下栏—274页下栏。

上稍异于余允文所录,下文对此有详细分疏。中华书局标点本《邵氏闻见后录》卷一二、一三所录佚《常语》亦是16个独立段落,同于四库抄本①。其次是余允文的《尊孟辨》,撰于孝宗隆兴元年(1163)②,卷中抄录《常语》17条。余允文所录,除第7条亦为左赞删节本所有,其余均为佚《常语》③。它与邵博所录大致相同,但亦有小异处。如邵本的第11、14个独立段落,余本未录;余本的第6、7、12条佚《常语》,为邵本所无。第三种著述是《晦庵先生朱文公文集》卷七三的《读余隐之尊孟辨》有《李公常语上(太伯)》《李公常语下》两部分④,抄录的《常语》跟余允文的基本一致。以上三种著述,邵博只抄不论,余允文、朱熹既抄又论,朱熹既评李泰伯、又论余允文,三位作者均断定泰伯是疑孟派。这些佚《常语》显然是四库馆臣认定左赞"讳而删之"《常语》的立论依据。

原始《常语》究竟有多少条,此事殊难考证。现就邵博的《闻见后录》与余允文的《尊孟辨》对勘,详情如下:

1. 余本的第1—3条佚《常语》,亦即邵本第1—3个独立段落;

2. 余本第4条佚《常语》,邵本依次分割为第4、5个独立段落;

---

① 参见[宋]邵博撰,刘德权、李剑雄点校:《邵氏闻见后录》,第92—100页。
② 参见《尊孟辨原序》,[宋]余允文:《尊孟辨(附续辨、别录)》,《景印文渊阁四库全书》第196册,第519页上栏。
③ 参见《尊孟辨》卷中《李公(泰伯)常语》,[宋]余允文:《尊孟辨(附续辨、别录)》,《景印文渊阁四库全书》第196册,第529页下栏—541页上栏。《尊孟辨》卷中《李公(泰伯)常语》指出:"《常语》曰:或曰:'仲尼之徒无道桓、文之事者',吾子何为? 与之曰:'衣裳之会十有一',《春秋》也,非仲尼修乎?《木瓜》,《卫风》也,非仲尼删乎?'正而不谲',《鲁语》也,非仲尼言乎? 仲尼亟言之,其徒虽不道,无歉也。呜呼! 霸者岂易与哉? 使齐桓能有终,管仲能不侈,则文王、太公何恶焉?《诗》曰:'采葑采菲,无以下体。'盖圣人之意也。"(同上书,第534页上栏—下栏)《李觏集》卷三二《常语上》指出:"或曰:'仲尼之徒无道桓、文之事者',吾子何为? 曰:'衣裳之会十有一',《春秋》也,非仲尼修乎?《木瓜》,《卫风》也,非仲尼删乎?'正而不谲',《鲁论语》也,非仲尼言乎? 仲尼亟言之,其徒虽不道,无歉也。呜呼! 霸者岂易与哉? 使齐桓能有终,管仲能不侈,则文王、太公何恶焉?《诗》曰:'采葑采菲,无以下体。'盖圣人之意也。"([宋]李觏著,王国轩校点:《李觏集》,第364页)这是两本之所同,但文字稍异。
④ [宋]朱熹撰,朱杰人、严佐之、刘永翔主编:《朱子全书》(修订本)第24册,第3524—3533、3533—3543页;"太伯"亦即"泰伯",下同。

3. 余本第 5 条佚《常语》,为邵本第 6 个独立段落;

4. 余本第 6、7 条佚《常语》,邵本无;

5. 余本第 8、9 条佚《常语》,为邵本第 7、8 个独立段落,但邵本第 7 个独立段落后面比余本少一段文字,第 8 个独立段落前面则多一段文字;

6. 余本第 10、11 条佚《常语》,邵本倒置为第 10、9 个独立段落;

7. 邵本第 11 个独立段落,余本无;

8. 余本第 12 条佚《常语》,邵本无;

9. 余本第 13 条佚《常语》,即邵本第 12 个独立段落;

10. 余本第 14、15 条佚《常语》,先后构成邵本第 13 个独立段落的上、下部分;

11. 邵本第 14 个独立段落,余本无;

12. 余本第 16 条佚《常语》,即邵本第 15 个独立段落以及第 16 个独立段落的上部分;

13. 余本第 17 条佚《常语》,即邵本第 16 个独立段落的下部分。

综上,余本的第 6、7、12 条佚《常语》为邵本所无,而邵本的第 11、14 个独立段落为余本未录。所谓佚《常语》的条数有 19 条,亦即余本的 17 条,再加上邵本比余本多出的 2 条。考虑到余本的第 7 条亦为左赞本《常语》所有,因此佚《常语》实际只有 18 条。至于原始《常语》的条数,以左赞本的 31 条加上余本、邵本的 18 条,总计 49 条。总之,目前可考者,佚《常语》有 18 条,整个原始《常语》有 49 条。

被南宋人存录下来的佚《常语》,对后世解读泰伯疑孟公案的文化行为产生了重大影响。余允文、朱熹既抄又论的《常语》之辨,因其主流意识形态的批评姿态,影响又要大得多。明代的胡应麟、清代的四库馆臣特别提及其人其书。《宋元学案》卷三《高平学案·说书李盱江先生觏》抄录左赞删节本《常语》11 条,又抄录佚《常语》8 条、余允文辨 8 条、朱熹读后感 7

条①。王国轩点校的《李觏集》以余允文《尊孟辨》为据,附录佚《常语》16条(剔除了左赞本亦有的第7条)②。这些佚《常语》是我们今天客观审视李泰伯疑孟公案的第一手文献。

四、泰伯对《孟子》的原则性批判

《四朝闻见录》丙集"贤良"条转引李觏门人陈次翁(生卒年不详,亦即后文的陈次公)之说:"初未尝及不读《孟子》之说,惟公《盱江集》中有《常语》非孟子,其文意浅陋,且非序者所载,疑附会不读《孟子》之说者为之剿入,非泰伯之文明甚。"③即便如此,包括佚《常语》在内,原始《常语》的文本真实性显然不容否认。流传至今的18条佚《常语》,莫不表明泰伯站在批判立场而对《孟子》予以原则性引论。泰伯原则性批判孟子,火力又集中于孟子的王霸义利之辨。在泰伯看来,孟子的王霸义利之辨可从两个方面来批判:一是孟子有关先王之治的立论,二是有关孟子本人的行事。后者在内容上虽然比前者少,但更能凸现泰伯疑孟的原则性批判。

不妨先熟悉余允文《尊孟辨》卷中《李公(泰伯)常语》存录的两条佚《常语》,分别为第2、12条:

> 《常语》曰:孟子曰:"五霸者,三王之罪人也。"吾以为孟子者,五霸之罪人也。五霸率诸侯事天子,孟子劝诸侯为天子。苟有人性者,必知其逆顺耳矣。孟子当周显王时,其后尚且百年而秦并之。呜呼!孟子,忍人也!其视周室如无有也。④

---

① 参见[清]黄宗羲原著,[清]全祖望补修,陈金生、梁运华点校:《宋元学案》第1册,北京:中华书局,1986年,第159—171页。
② 参见[宋]李觏著,王国轩校点:《李觏集》,第512—519页。
③ [宋]叶绍翁撰,沈锡麟、冯惠民点校:《四朝闻见录》,第115—116页。
④ [宋]余允文:《尊孟辨(附续辨、别录)》,《景印文渊阁四库全书》第196册,第530页下栏。

《常语》曰:或曰:"孟子之言,诸侯实不听之也,谓迂阔者乎?"曰:"迂阔有之矣,亦足悼也。孟子谓诸侯能以取天下矣,位卿大夫,岂不能取一国哉?为其君不亦难乎?然滕文公尝行孟子之道矣,故许行、陈相目之曰仁政、曰圣人。其后寂寂,不闻滕侯之得天下也。孟子之言固无验也。"[①]

前一条材料旨在表现孟子王霸论的大逆不道,刻画了孟子的"忍人"形象;后一条材料企图表明孟子义利观的华而不实,勾勒了孟子的"空谈"面具。所谓"无有",乃有违于君为臣纲的正统观念;所谓"无验",乃不符合国富民强的治道目标。在北宋中叶以来因内忧外患而强烈呼吁正统秩序与丰衣足食的时代背景之下,这样一个孟子足以被人们置之于死地。但是,我们不能简单地解读这两条材料。梳理任何一桩学术史公案,我们都必须深切地了解原告与被告各自的思想特点,否则就没有发言权。

先看原告李泰伯。在其思想体系中,王霸义利之辨具有重要地位。王霸之辨实际是政治问题。跟传统社会的大多数思想家一样,泰伯恪守君为臣纲的正统观念。然而,其王霸之辨又颇有新意。现代评论者指出:"世俗之论看到古代王者之道纯粹,于是就说诸侯之道纯粹者亦是行王道;看到古代霸者之道驳杂,于是就说天子之道驳杂者亦是行霸道。这显然是一种悖谬之论。其实,所谓王道就是天子安天下,所谓霸道就是诸侯拥护中央政府而安天下。王道与霸道的真正区别是指立功者的地位不同,不是义和利的区别。因此,李觏驳斥了历来区别王道与霸道的标准。他认为,行霸道而强国要比那种讲仁义而弱国好得多。"[②] 泰伯这一新意盎然的王霸之辨,亦是我们过渡到其义利之辨的跳板。有关泰伯义利之辨的文化基本精神,胡适指出:李泰伯是实用主义家,不仅将《周礼》做成有系统的政治学说,而且将

---

① [宋]余允文:《尊孟辨(附续辨、别录)》,《景印文渊阁四库全书》第196册,第537页下栏。
② 姜国柱:《李觏评传》,南京:南京大学出版社,1996年,第145页。

《周易》做成实用的学说,"他很光明昭著的提倡乐利主义"①。如上表明,尽管李泰伯捍卫君统,但这种捍卫不是空洞无物的,而是强调"行霸道而强国要比那种讲仁义而弱国好得多";王霸之辨与义利之辨在泰伯思想体系中相互统一,缘由在于"光明昭著的提倡乐利主义"。

再看被告孟子。王道政治学是孟子思想体系的重要组成部分,王霸义利之辨是孟子王道政治学特别关注的问题视域。王霸之辨与义利之辨相互蕴涵,王道可以实现义与利的统一,霸道只能加剧义与利的矛盾,前者又具统摄性。在孟子的时代中,政治生活中的主角已经不是虚有其位的洛邑天子,而是实权在握的各路诸侯;政治生活中的大事已经不再是巡狩朝觐,而是诸侯争霸。战争不会给社会与老百姓带来好事情,由战争直接导致的"杀人盈野"惨不忍睹,由战争间接衍生的"涂有饿莩"使得以民为贵的思想家们陷入痛苦的深思。作为思想家,孟子认为战火连绵、生灵涂炭的霸道局面必须结束;作为游士,孟子推行自己的王道政治,又不得不倚赖直接制造了霸道悲剧的各路诸侯。势与道之间呈现并敞开的这种尴尬,鲜明、生动地烘托了孟子难能可贵的道德理想主义情怀。力劝诸侯对外偃兵息武,对内制民之产,这是孟子以王霸义利之辨为核心的王道政治学的两大对策。基于此,借"何必曰利"断定孟子反对功利,显然并不符合孟子王道政治学的本来面目;借"劝诸侯行仁政而王"断定孟子不将周天子放在眼里,则跟疑孟派不太熟谙、乃至歪曲战国时期的政治格局有关。一言以蔽之,孟子的王霸义利之辨体现了战国中期儒家思想界涌现并壮大的道义取向,也在某种程度上暴露了孟子王道政治学的空想色彩。

泰伯疑孟公案是由原告与被告在思想深处的对抗性引发的:孟子尊王贱霸,泰伯则为霸道辩护;孟子有限度地提倡功利,泰伯则光明昭著地提倡乐利主义。泰伯怎能不对孟子提出异议呢?!正如邵博本与余允文本的最

---

① 参见胡适:《记李觏的学说——一个不曾得君行道的王安石》,姜义华主编,章清、吴根樑编:《胡适学术文集·中国哲学史》下册,第 956、960 页。

后一条佚《常语》所言：

> 又谓孟子权以诱诸侯，使进于仁义，仁义达则尊君亲亲，周室自复矣。应之曰："言仁义而不言王，彼悦之而行仁义，固知尊周矣。言仁义之可以王，彼悦之则假仁义以图王，唯恐得之之晚也，尚何周室之顾哉？呜呼！今之学者雷同甚矣，是《孟子》而非《六经》，乐王道而忘天子。吾以为天下无《孟子》可也，不可以无《六经》；无王道可也，不可以无天子。故作《常语》，以正君臣之义，以明孔子之道，以防乱患于后世耳。人知之非我利，人不知非我害，悼学者之迷惑，聊复有言。"①

吴曾的《能改斋漫录》卷一一《记诗》"程伯淳辨李太伯诗"条指出："程伯淳谓：'李太伯诗："若教管仲身常在，宫内何妨更六人？"此语不然。管仲时，桓公之心特未蛊耳。若已蛊，虽管仲可奈何？未有心蛊尚能用管仲之理。'"②该书卷一四《记文》"冯丞相用李泰伯语"条又云："李泰伯《潜书》，其一曰：'孔子之言满天下，孔子之道未尝行。籩簋牲币，庙以王礼。食其死不食其生，师其言不师其道。得其言者为富贵，得其道者为饿夫。'冯当世丞相有《答伯庸》诗云：'孔子之文满天下，孔子之道满天下。得其文者公卿徒，得其道者为饿夫。'冯用泰伯语也。"③

---

① ［宋］邵博撰，刘德权、李剑雄点校：《邵氏闻见后录》，第99—100页。又见《尊孟辨》卷中《李公（泰伯）常语》，［宋］余允文：《尊孟辨（附续辨、别录）》，《景印文渊阁四库全书》第196册，第540页下栏。按：两者的文字略有差异。
② ［宋］吴曾：《能改斋漫录》下册，第311页。《李觏集》卷三六《齐世家》指出："莫以荒淫便责君，大都危乱为无臣。若教管仲身长在，何患夫人更六人？"（［宋］李觏著，王国轩校点：《李觏集》，第437页）
③ ［宋］吴曾：《能改斋漫录》下册，第400页。《李觏集》卷二〇《潜书·十五》指出："孔子之言满天地，孔子之道未尝行。籩簋牲币，庙以王礼。食其死不食其生，师其言不师其道。故得其言者为富贵，得其道者为饿夫。悲夫！"（［宋］李觏著，王国轩校点：《李觏集》，第220页）

泰伯通过政治实用主义理论对孟子的道德理想主义精神予以原则性批判，这在两宋时期的现实意义是不可低估的。胡适指出："当时的思想界几乎全是一个道士的世界……孙复为北方大儒，范仲淹为南方大师，而他们的弟子中乃有刘牧、周敦颐一流的道士！只有江西一派，完全是'非道士派'：欧阳修大胆疑古于前；李觏大胆主张功利，主张人事，比欧阳修更进一步；后来王安石的'天变不足畏，祖宗不足法，人言不足恤'，乃是江西派的具体表现了！"① "李觏、欧阳修、王安石一班人想从礼乐刑政一方面来做那'自大其教'的事业；程颐、朱熹一班人想从身心性命一方面来做那'自大其教'的事业。李觏是最能代表这种精神的人。"② 这两段话有助于我们今天同情地理解泰伯对孟子展开的原则性批判。

虽然余允文、朱熹未能同情地对待泰伯疑孟，但其《常语》之辨仍是精彩之论。例如，针对前引第12条佚《常语》，余允文辩曰："滕文公常行孟子之道矣。既而许子为神农之言，告文公，文公与之处。孟子盖尝辟之，以从许子之道，是相率而为伪，恶能治国家？则知文公行孟子之道不克终矣。当是时，许行称之曰仁政、曰圣人，亦不可谓行孟子之言无验。其后不闻滕侯之得天下。夫天下，大物也，岂可必得哉？然滕侯亦未尝礼孟子，使为辅相而授以国政。此不足为孟子疵。"③ 滕文公一度推行孟子的仁政措施，并受到许行的称誉，这在一定程度上可以推翻泰伯"孟子之言无验"的立论。滕文公最终没有脱颖而出、称雄诸侯，是否能够坐实泰伯的论断呢？也不能！因为滕文公没有将行政职权授予孟子，推行仁政乃是有头无尾。余允文的辩论发人深思，它既肯定了孟子王道政治学具有经邦纬国的作用，又表明在"天下大物"的宏大背景中，一种思想学说的历史价值绝对不能以短期、局部的利害得失来衡量。

---

① 胡适：《记李觏的学说——一个不曾得君行道的王安石》，姜义华主编，章清、吴根樑编：《胡适学术文集·中国哲学史》下册，第962页。
② 同上书，第966页。
③ 《尊孟辨》卷中《李公(泰伯)常语》，[宋]余允文：《尊孟辨(附续辨、别录)》，《景印文渊阁四库全书》第196册，第537页下栏—538页上栏。

又如,《晦庵先生朱文公文集》卷七三《读余隐之尊孟辨·李公常语上(太伯)》指出:

> 李氏罪孟子劝诸侯为天子,正为不知时措之宜。隐之之辨已得之,但少发明时措之意。又所云行仁义而得天下,虽伊尹、太公、孔子说其君亦不过如此,语亦未尽善。若云行仁义而天下归之,乃理势之必然,虽欲辞之而不可得也。①
>
> 孔子尊周,孟子不尊周,如冬裘夏葛,饥食渴饮,时措之宜异尔。此齐桓不得不尊周,亦迫于大义,不得不然。夫子笔之于经,以明君臣之义于万世,非专为美桓公也。孔、孟易地则皆然。李氏未之思也。隐之以孟子之故,必谓孔子不尊周,又似诸公以孔子之故,必谓孟子不合不尊周也。得时措之宜,则并行而不相悖矣。②

在朱熹看来,假设孔子身处战国之世,他也会像孟子那样劝诸侯行仁政而王。既然如此,泰伯目孟子为"忍人",即属"不知时措之宜"。从"经而权"的角度看,孔子尊周与孟子不尊周是并行不悖的。朱熹的辩论还潜在地表明:万年江山并不存在,所谓君统亦会因时而变;在洛邑天子徒有虚名的历史条件下,即使周室并未进入孟子的政道视界,也算不上叛逆,相反充分凸现了孟子与时俱进的权变智慧。

余允文、朱熹基于意识形态批评的《常语》之辨告诉人们:一旦被李泰伯扣在孟子头上的"无有""无验"两顶帽子被摘掉,泰伯疑孟的罪名就完全成立。李泰伯显然是疑孟的:他不仅以《常语》原则性地批判孟子,而且他主持其事的盱江书院弥漫着浓郁的疑孟气息。位列《直讲李先生门人录》

---

① [宋]朱熹撰,朱杰人、严佐之、刘永翔主编:《朱子全书》(修订本)第24册,第3526页。
② 同上书,第3532页。

前两位的陈次公、傅野（生卒年不详）①，就均著有《述常语》。《邵氏闻见后录》卷一三曾各录一段：

> 毁我知之，誉我知之，是邪？非邪？必求诸道，非道则已。孟子，吾知其有以晓然合于孔子者，《常语》不得不进之也。而谓："由汤至于武丁，贤圣之君六七作，天下久则难变，故文王未洽于天下。""齐有千里之地，行仁政而王，莫之能御。""由周而来，七百有余岁矣。其数，则过；其时考之，则可。当今之世，舍我其谁？"是教诸侯以仁政叛天子者也，欲为佐命者也，《常语》不得不绝之矣。夫天子，固不可叛也；《六经》，亦不可叛也。苟可叛之，则视孟之书犹寇兵虎翼者也。孟既唱之，学者和之。刘歆以《诗》《书》助王莽，荀文若说曹操以王伯，乃孟之一体耳。使后世之君，卒不悦儒者，以此。《常语》之作，其不获已。伤昔之人，以其言叛天子；今之人，又以其言叛《六经》。故曰：天下无《孟子》则可，不可以无《六经》；无王道则可，不可以无天子。是有大功于名教，非苟言焉。（右陈次公《述常语》。）②

> 孟轲，诚学孔子者也。其有背而违之者，《常语》讨之甚明。世之学者，不求其意，漠尔而非之，是亦有由然也。何也？由孔子百余岁而有孟轲，由孟轲数百岁而及扬雄，又数百岁而及韩愈。扬与韩，贤人也，其所以推尊孟子，皆著于其书。今《常语》骤有异于二子，宜乎其学轲者相惊而嚣嚣也。然嚣嚣者，岂知二子之尊轲处，《常语》亦尊之矣。所缪者，教诸侯以叛天子，以为非孔子之志也。又以"尽信书不如无书"之说为今之害。故今之儒者，往往由此言而破《六经》。《常语》可不作邪？且由孟子没千数百年矣，初荀卿尝一白其非，而

---

① 参见《李觏外集》卷三，[宋] 李觏著，王国轩校点：《李觏集》，第 508 页。
② [宋] 邵博撰，刘德权、李剑雄点校：《邵氏闻见后录》，第 100 页。

扼于扬子云,及退之"醇乎醇"之说行,而后之学子遂尊信之。至于今兹,其道乃高出于《六经》。《常语》不作,孰为究明?或曰:"子言则是矣,如众口何?"曰:"顾与圣人如何尔,尚谁众人之问哉!故曰:人知之非我利,人不知之非我害。"(右傅野《述常语》。)①

尽管陈次公、傅野只是复述《常语》,但其实质是李门高足承认乃师疑孟。既然如此,明代经学家杨慎以及无数南城老表频频翻案,或许并无必要。康熙四年(1665),泰伯的同宗李来泰(生卒年不详)曾说:"凡公生平所著述,俱有孟轲、扬雄之风,若雄尚未许与公方也。顾有谓公于书无所不读,惟不读《孟子》,此岂真知公者哉?予以为自唐迄宋,接孔、孟之派者,实维家泰伯。"(《李觏集》附录三《李来泰宋泰伯公文集原叙》)② 这类翻案行为恰恰又是值得仔细探究并充满意味的解释学问题。

五、偶然的和必然的

从作为整体的泰伯疑孟公案看,阁试丑闻子虚乌有,《常语》非孟毋庸置疑。具有开放性的思想史必须关注一切跟思想家的言谈举止有关的街谈巷议,但更须将宝贵的精力献给思想家的思想及其在宏大叙事中的历史影响。因此,泰伯疑孟公案的核心问题不是阁试丑闻,而是《常语》非孟。以《常语》为中心的泰伯疑孟是一回事,以《常语》为中心的泰伯疑孟公案又是一回事。理由在于:泰伯在他的那个时代怀疑孟子,只是偶然的;泰伯疑孟后来成为公案,则是必然的。

所谓偶然者,正如《四库全书总目》卷一五三提要《盱江集》所言:"(泰伯)不喜《孟子》,特偶然偏见,与欧阳修不喜《系辞》同,可以置而不论。赞

---

① [宋]邵博撰,刘德权、李剑雄点校:《邵氏闻见后录》,第100—101页。
② [宋]李觏著,王国轩校点:《李觏集》,第525页;按:"派"当作"脉"。

必欲委曲弥缝,务灭其迹,所见陋矣。"① 孟子其人、《孟子》其书在11世纪70年代以前并未纳入科目与祭祀的文化权威视野,这是我们破译四库馆臣所谓"偶然偏见"的关键。尽管孟子升格运动贯穿于唐宋之世,但直到11世纪的宋神宗、王安石时代,方有两大突破性进展。据《续资治通鉴》卷六八《宋纪六十八·神宗熙宁四年(一〇七一)二月》、卷七七《宋纪七十七·神宗元丰六年(一〇八三)十月》、卷七七《宋纪七十七·神宗元丰七年(一〇八四)五月》记载,一个重要事件是熙宁四年(1071)二月,《孟子》首次被列入科举②;另一个重要事件是元丰六年(1083)十月孟子首次受封邹国公③,次年五月首次配享孔庙④。唐宋间的孟子升格运动之最终完成,元、明、清时期的孟子文化霸权之全面铸造,均与这两个事件密切相关。既然孟子其人、《孟子》其书在11世纪前半期尚未获得官方认同,那么,李泰伯从自己的政治实用主义理念出发原则性地批判孟子的王道政治学,就不是疑经,也不是对君统的僭越,而是以意逆志的学术争鸣,充其量属于"偶然偏见"。

所谓必然者,是就孟子升圣、《孟子》升经的文化权威语境而言。李泰伯1053年写《常语》,绝对预料不到十多年后孟子其人、《孟子》其书的历史地位将发生巨大的变化。赵姓天子南渡以后,《常语》成为稍逊于靖康国耻、荆公新学的热门话题,更在李泰伯的意料之外。为了确立泰伯疑孟的文化罪名,邵博、余允文的技巧是将其置于有史以来、特别是宋代疑孟思潮之中进行整体通观,既烘托了泰伯疑孟的师承与余绪,又使得尊孟派倍感辨《常语》的正确与迫切。在孔孟一体的主流传统中,辨《常语》无疑是必然的。尊孟派辩诘《常语》,既可以像朱熹那样猛烈地鞭挞李泰伯,也可以像南城后人左赞那样为乡贤讳。在泰伯疑孟成为文化公案的过程中,如果左赞不讳而删之《常语》中那些疑孟的右倾言论,杨慎之类的经学家或许就不会因为李

---

① [清]永瑢等:《四库全书总目》下册,第1316页上栏。
② 参见[清]毕沅编著:《续资治通鉴》第4册,北京:中华书局,1957年,第1699页。
③ 同上书,第1942页。
④ 同上书,第1945页。

泰伯而得罪孟子，泰伯疑孟这件简单的事就不会变得如此神秘、模糊。

思想史是复杂的，盖因它有两种写法。一种写法是思想"史"，关键点在于历史。思想"史"的许多东西，可能会以偶然的方式登上思想史的舞台。另一种写法是"思想"史，落脚点在于思想。一个时代的思想水平永远低于杰出思想家的思辨睿智，但经由民间的号召和（或）官方的动员，思想家的思想通常必然地统治特定时代的精神生活。在此情形下，思想史使得许多偶然的思想"史"场景上升为必然的"思想"史因素。所谓从偶然到必然，写照了思想史从思想"史"到"思想"史的曲折历程。

一部孟学史，从共时态角度看，包含了思想"史"与"思想"史两个维度；从历时态角度看，经历了从思想"史"到"思想"史的微妙嬗变。我们研究孟学史，必须恪守理性的评判立场。就客观审视泰伯疑孟公案来说，首先要注意逻辑的东西。虽然现存本《李觏集》会让一般人产生李泰伯便宜性引论《孟子》的好印象，但包括佚《常语》在内的整个《常语》文本原则性批判孟子，又不能不使我们无奈地放弃前一种逻辑的结论。泰伯疑孟是不争之实，所以理性评判应该更多地跟历史的东西挂钩。泰伯疑孟在历史上的影响极大，但它并不能说明此事在泰伯所处时代中亦是必然的。在孟子升格运动尚未取得实质性进展以前，所有的疑孟言论（从荀子到泰伯）都只能视作自由的批评；即使目为偏见，也是偶然的。对于客观审视、理性评判泰伯疑孟公案而言，历史的东西可能比逻辑的东西重要得多。思想"史"往往先在于"思想"史。促使思想史愈来愈复杂的东西是历史本身，是对逻辑的东西进行解读的个别历史事件及其总体性历史。在此意义上，我们梳理目前学术界不太关注的泰伯疑孟公案，就不妨视为全面叙述思想"史"之本事、慎重对待"思想"史之内涵的尝试。

李觏与"骂孟诗"的思想史深意*

我拿《孟子与"救"的哲学》这个题目，先后在广东省立中山图书馆（2014年3月16日）、淮阴师范学院文学院（2014年6月3日）、广州城市职业学院国学院（2015年4月22日）做过几次讲座①。最先的那次，忝列厚朴学堂（公益）第10课。任强教授领衔的厚朴学堂（公益）团队，两年后将我讲得语无伦次、吐词不清（湖南人的普通话）的讲座整理成了文字稿。2016年六七月间，我花了不少于写一篇论文的时间，总算将它润色得有点模样。稿子不久登在谢光前教授打理的《江南大学学报（人文社会科学版）》2016年第5期。

文章公开发表后，又贴上了我那个早已门可罗雀的网易博客②。如今这

---

* 原载《社会科学论坛》2017年第10期，第72—78页。
① 我在一次采访（《孟子思想中"救"的哲学——专访中山大学教授杨海文》，济宁市电视台新闻综合频道《家在济宁》"诗礼堂"栏目2017年3月6日晚首播）中也专门谈过这个话题。
② 博友何光辉（合肥师范学院副教授）在其博士学位论文的《后记》中提到我的这个博客："作为网络时代的学术追求者，难免被打上时代的烙印。深深地感谢中山大学杨海文教授！海文师是我的'博客'好友，2009年通过网易'博客'结识，虽至今未曾谋面，但通过'博文'，早已领略了海文师的学术魅力。他的《文科学术论文摘要的'正确写法'》《儒家与道家的'互文性'和'互动性'》《诗化编码·引导取向·入世态度：中国传统哲学特征新解》等哲学学术'博文'让我获益良多，文中的观点与方法对我多有帮助。海文师的大量'博文'，既有对传统哲学思想的阐释，也有对哲学文献的考证，更有对中国哲学方法论的辩护，是'博客'世界里少有的学术宝藏！尤可称道的是，在'博客'影响每况愈下的当下，海文师依然坚持'博文'写作，执着地为其'博客'好友提供哲学思想的盛宴！"（氏著：《存在与朴真——道家人文观研究》，合肥：安徽大学出版社，2017年，第189页）这段话让我无比感怀，特此留存。

个时代的人们读论文,通常上CNKI中国知网,上微信更是时髦。成语"无微不至"的新解就是:"没有微信的地方不要去。"张丰乾兄将拙文从我的博客转到中山大学中国哲学研究所主办的"解释"公众号,让它在朋友圈里传开来,受众一下子多了起来①。这是我要特别致谢的。

正因文章上了微信,新的故事随之发生。从作者的一面看,起因于拙文有言:"我们读《射雕英雄传》第30回《一灯大师》,看到黄蓉背过她父亲黄药师写的一首打油诗:'乞丐何曾有二妻?邻家焉得许多鸡?当时尚有周天子,何事纷纷说魏齐?'"②从读者的一面看,起因于广东省社会科学院孙海燕博士写下一条评论:"《射雕英雄传》也引用了,不过那首诗不是黄药师写的。"

看到海燕的评论,我心里一愣,因为金庸接下来分明写道:

> 原来这首诗是黄药师所作,他非汤武、薄周孔,对圣贤传下来的言语,挖空了心思加以驳斥嘲讽,曾作了不少诗词歌赋来讽刺孔孟。孟子讲过一个故事,说齐人有一妻一妾而去乞讨残羹冷饭,又说有一个人每天要偷邻家一只鸡。黄药师就说这两个故事是骗人的。这首诗最后两句言道:战国之时,周天子尚在,孟子何以不去辅佐王室,却去向梁惠王、齐宣王求官做?这未免是大违于圣贤之道。③

《射雕英雄传》说是黄药师写的,这是小说家言。仅凭常识,我们不难提

---

① 从2016年12月20日上传"解释"公众号到2017年3月2日这篇札记写毕,《孟子与"救"的哲学》的阅读量是1025次。这比博客的阅读量多,但在微信的世界里,与那些动辄"10万+"的刷屏相比,它连"小巫"也受之有愧。无论何时何地,学术都处在边缘的位置,这是所谓的"硬道理"。微信是扁平、快餐式的,而我们读经典是深度、恒久的。人们以为科技会越来越先进、发达,我也不反对,但我挚信:捧起一本经典来读,始终是人类文明之中"明月清风不用钱"(王阳明诗)的一道风景。
② 杨海文:《孟子与"救"的哲学》,《江南大学学报(人文社会科学版)》2016年第5期,第10页。按:该刊将篇名误排为《孟子与"救"的哲学?》,多了一个疑问号。
③ 金庸:《射雕英雄传》第3册,北京:生活·读书·新知三联书店,1995年,第1092页。

问：这首打油诗究竟是金庸自己创作的，还是他从传统深厚的中国笔记小说那里借来的呢？随后，我与海燕展开讨论。我的微信手艺欠佳，总以为微信平台不利于文献含量大的学术对话，所以讨论改成电子邮件进行。谜底在李觏那里，但问题既简单又不简单。

李觏是北宋著名的疑孟派，字泰伯（或作太伯），江西南城人。早在读博期间，我曾在《社会科学战线》1999年第2期发表《李泰伯疑孟公案的客观审视》；此文后经大力修订，收入刘小枫、陈少明主编，华夏出版社2004年8月出版的《经典与解释》第4辑。照理说，拙文引"乞丐何曾有二妻……"，我应该加个脚注，摆一摆它与李觏之间的龙门阵；更何况，我这些年一直在做"李觏与骂孟诗"的笔记。可我为什么就没有在"对"的时间，将该关联的东西连接起来呢？真心感谢海燕的评论，让我重拾荒废已久的这个话题。

金庸小说里的骂孟诗，其实也不是李觏写的，只是与李觏有关。下面依据笔记小说作者的时代顺序，先过录几条大同小异的资料：

> 李觏，字泰伯，盱江人。贤而有文章。苏子瞻诸公极推重之。素不喜佛，不喜孟子。好饮酒作文，古文弥佳。一日，有达官送酒数斗，泰伯家酿亦熟，然性介僻，不与人往还。一士人知其富有酒，然无计得饮，乃作诗数首骂孟子。其一云："完廪捐阶未可知，孟轲深信亦还痴。丈人尚自为天子，女婿如何弟杀之？"李见诗，大喜，留连数日，所与谈莫非骂孟子也。无何，酒尽，乃辞去。既而，又有寄酒者。士人闻之，再往，作《仁》《义》《正论》三篇，大率皆诋释氏。李览之，笑云："公文采甚奇。但前次被公吃了酒后，极索寞。今次不敢相留，留此酒以自遣怀。"闻者莫不绝倒。（[宋]佚名《道山清话》）[①]

[①] [宋]佚名撰，孔一校点：《道山清话》，本社编：《宋元笔记小说大观》第3册，第2948页。

江西李泰伯，尝著书非孟子，名曰《常语》。时有一士人，颇滑稽而饕餮，闻有馈李以酒者，欲以计求之，因录所业诗数篇投之，其首章乃非孟诗也。诗曰："焚廪捐阶事可嗤，孟轲深信不知非。岳翁方且为天子，女婿如何弟杀之？"言虽鄙俚，然颇合李之意。李喜甚，留饮连日，酒尽方去。他日，士人又闻有馈李以酒者，复著论一篇，名曰《疑孟》，以投之。李读毕，谕之曰："前此酒本拟留作数日计，君至一饮遽尽，旬余殊索寞也。公之论固佳，然此酒不可复得也。"士人遂觖望逡巡而退。传者以为笑。（［宋］陈岩肖《庚溪诗话》卷上）①

李太伯贤而有文章，素不喜佛，不喜孟子，好饮酒。一日有达官送酒数斗，太伯家酿亦熟。一士人无计得饮，乃作诗数首骂孟子。其一云："完廪捐阶未可知，孟轲深信亦还痴。岳翁方且为天子，女婿如何弟杀之？"又云："乞丐何曾有二妻？邻家焉得许多鸡？当时尚有周天子，何必纷纷说魏齐？"李见诗大喜，留连数日，所与谈莫非骂孟子也，无何酒尽，乃辞去。既而闻又有送酒者，士人再往，作《仁》《义》《正论》三篇，大率诋佛。李览之，笑曰："公文采甚奇。但前次酒被公饮尽，后极索寞。今次不敢相留。"（［明］冯梦龙编著《古今谭概·文戏部第二十七》"骂孟诗"条）②

宋李太伯觏，贤而有文章，素不喜佛，不喜孟子，好饮酒。一日有达官送酒数斗，太伯家酿亦熟。一士无计得饮，乃作诗数首骂孟子。云："完廪捐阶未可知，孟轲深信亦还痴。岳翁方且为天子，女壻如何弟杀之？"又："乞丐何曾有二妻？邻家焉得许多鸡？当时尚有周天子，何必纷纷说魏齐？"太伯见诗大喜，留连数日，所与谈莫非骂孟子也，无何酒尽，乃辞去。既而闻又有送酒者，士人再往，

---

① ［宋］陈岩肖：《庚溪诗话》，《景印文渊阁四库全书》第1479册，第72页。
② ［明］冯梦龙编著，栾保群点校：《古今谭概》，北京：中华书局，2007年，第340页。

作《仁》《义》《正论》三篇,大率诋佛。太伯览之,笑曰:"公文采甚奇。但前次酒被公饮尽,后极索寞。今次不敢相留,此酒当留以自遣也。"闻者大笑。([清]褚人获《坚瓠一集》卷四"骂孟诗"条)①

人们读古代那些笔记小说,往往有两个强烈印象:其一是甲被乙抄、乙被丙抄,一路抄下来,大同小异;其二是版本虽多,但"饮其流者怀其源"(《庾子山集注》卷六《郊庙歌辞·周五声调曲·徵调曲(又)》)②,究竟谁是第一个好事者,却是很难说得清的问题。换句话说,讲"李觏与骂孟诗"的笔记小说只有以上四条吗?《道山清话》就是最早的记录吗?说实话,我眼下无力确切地回答这些问题。

自从写过李觏疑孟的文章以来,《道山清话》的作者问题总是让我不能释怀。它的作者是连生卒年都不知其详的王暐吗?余嘉锡的《四库提要辨证》卷一七《子部八·小说家类二》"道山清话一卷"条指出:

> 《宋史·艺文志》小说家有《道山新闻》一卷,不知作者,当即此书。《直斋书录解题》卷十一云:"《道山清话》一卷,不知何人跋语。末题'朝奉大夫暐',亦不著姓。"是此书在宋时传本,即不著姓名。《说郛》题为"王暐",真无知妄作也。然考原本《说郛》卷八十二录此书一卷,凡九十一条,实止题为"道山先生"。其题"王暐"者,陶珽增补之本耳。③

盖因近有余嘉锡的辨证,远有四库馆臣的质疑,今人赵维国的整理本以"佚名"题署《道山清话》,这是有道理的。《四库全书总目》卷一四一《子

---

① [清]褚人获:《坚瓠集》上册,第82页。又见[清]褚人获:《坚瓠集》,[清]刘献廷等著:《清代笔记丛刊》第2册,济南:齐鲁书社,2001年,第916页。
② 参见[北周]庾信撰,[清]倪璠注,许逸民校点:《庾子山集注》第2册,北京:中华书局,1980年,第496页。
③ 余嘉锡:《四库提要辨证》下册,昆明:云南人民出版社,2004年,第909页。

部·小说家类二》提要《道山清话》，有两句话值得我们深思："所记终于崇宁五年(1106)，则成书当在徽宗时(1100—1125)。""其为蜀党中人，固灼然可见矣。"① 前一句是说《道山清话》成书于北宋末期，"其书皆记当代杂事"；后一句是说《道山清话》的作者具有蜀党的文化属性与政治癖好。北宋末期，蜀党究竟如何看李觏、如何看孟子呢？

《道山清话》仅有四条关涉孟子：第一条与本文主旨无关，第二、三条讲李觏疑孟（"骂孟诗"见第二条），第四条嘲讽王安石。嘲讽王安石的这一条说：

王安石配享文宣王庙庭，坐颜、孟之下，十哲之上。驾幸学，亲行奠谒。或谓："安石巍然而坐，有所未允。"蔡知院元度曰："便塑底也不得。"②

四库馆臣提要《道山清话》指出："书中颇诋王安石之奸，于伊川程子及刘挚亦不甚满，惟记苏、黄、晁、张交际议论特详。"③ 骂王安石，骂新党，确是蜀党一贯坚持的"党性"。从学术思想史的角度看，苏辙（字子由）就习惯与王安石对着干。俞樾的《九九销夏录》卷四"刺孟诸书"条说："王荆公诋《春秋》为'断烂朝报'，而苏子由即作《春秋集解》以矫之。"④《春秋》如是，《孟子》如何？

---

① ［清］永瑢等：《四库全书总目》下册，第1195页下栏；引文中的公元纪年标识，为引者所加。这里补充一个编辑部的故事：范立舟教授拟在《中山大学学报（社会科学版）》2017年第2期发表《熙丰变法前后王安石形象的变化及其意蕴》。文章引《道山清话》一段话，脚注说作者是王暐。我担任责任校对，2017年2月28日下午微信请教，他同意改"王暐"为"佚名"（参见前揭刊，第66页脚注④）。我将微信记录截图给拙著《我善养吾浩然之气——孟子的世界》的责任编辑向群博士看，她又提及余嘉锡的考证。有此机缘，这篇2016年底就已写了2800字（含脚注）的札记终于得以写毕。
② ［宋］佚名撰，孔一校点：《道山清话》，本社编：《宋元笔记小说大观》第3册，第2951页。
③ ［清］永瑢等：《四库全书总目》下册，第1195页下栏。
④ ［清］俞樾著，崔高维点校：《九九销夏录》，北京：中华书局，1995年，第37页。《经学历史·经学变古时代》指出："排《系辞》谓欧阳修，毁《周礼》谓修与苏轼、苏辙，疑《孟子》谓李觏、司马光，讥《书》谓苏轼，黜《诗序》谓晁说之。此皆庆历及庆历稍后人，可见其时风气实然，亦不独咎刘敞、王安石矣。"（［清］皮锡瑞著，周予同注释：《经学历史》，第220—221页）这段话有助于我们全面理解北宋疑经何以蔚然成风的缘由。

终北宋之世，如果没有王安石台前幕后的策划与落实，孟子的地位不可能突飞猛进。蜀党同样骂孟子吗？前引《道山清话》先说李觏为"苏子瞻诸公极推重之"，苏轼（字子瞻）等人看重李觏，接着说李觏不喜欢孟子，用意难道不显明吗？陈振孙的《直斋书录解题》卷九《儒家类》，就说余允文（生卒年不详）《尊孟辨》的"后二卷则王充《论衡·刺孟》及东坡《论语说》中与《孟子》异者，亦辨焉"①。不过，这里可以将"苏子瞻"改为"苏子由"，因为收入《栾城后集》卷六的《孟子解二十四章》②是苏辙有名的疑孟之作，它对孟子的质疑要比苏轼的《论语说》彻底得多。

知人论世不是一件容易的事。仅就《道山清话》而言，我认可四库馆臣的推测：《道山清话》那个佚名的作者，不仅是蜀党，而且是深受苏轼、苏辙疑孟影响的蜀党。提出有意思的问题，此乃札记之长；难以全面解决问题，则是札记之短。下面只能回到"李觏与骂孟诗"的主题。

请注意《道山清话》的措辞：它说向李觏讨酒喝的士人写了"数首"骂孟子的诗，但只抄录了一首。假定《道山清话》是"李觏与骂孟诗"的第一发言人，南宋人陈岩肖（约1147年前后在世）的《庚溪诗话》除大同之外，有哪些小异呢？第一点是增：《道山清话》未提李觏写过什么文章，《庚溪诗话》说李觏著有《常语》。第二点是删：《道山清话》说苏轼等人器重李觏，《庚溪诗话》未提。第三点是改：《道山清话》说士人写了《仁论》《义论》《正论》三篇文章，《庚溪诗话》说他只写了《疑孟》一文。人们总说中国古代的笔记小说以重复传播为能事，可陈岩肖的做法，小到"查重"，大到"创新点"，显然都是能过关的。

问题又来了：对于《庚溪诗话》的增、删、改，冯梦龙（1574—1646）、褚

---

① 参见[宋]陈振孙撰，徐小蛮、顾美华点校：《直斋书录解题》上册，上海：上海古籍出版社，2015年，第283页。另，参见《尊孟续辨》卷下《苏子辨孟（为〈论语说〉与孟子辨）》，[宋]余允文：《尊孟辨（附续辨、别录）》，《景印文渊阁四库全书》第196册，第558页上栏—564页上栏。按：四库本"辨""辩"混用；本书视具体情况，改"辩"为"辨"。
② 参见[宋]苏辙著，曾枣庄、马德富校点：《栾城集》下册，上海：上海古籍出版社，2009年，第1199—1211页。题下注："予少作此解，后失其本，近得之，故录于此。"（同书，第1199页）

人获（1635—？）既不增，也不改，独独选择了删，缘由何在？明清时期，孟子如日中天，苏轼炙手可热，李觏声名扫地。你再说苏轼等人竟然推重疑孟的李觏，那是多么不合时宜的一件事！你可以说《古今谭概》《坚瓠集》是"为尊者讳"，但我再三喟叹的是：为什么连笔记小说都"嫌贱爱贵"呢？！

更有趣的问题是："数首"究竟是几首？至少得有两首！冯梦龙是笔记小说大家，看出这类破绽，简直就是小儿科的事。《古今谭概》新增"乞丐何曾有二妻？邻家焉得许多鸡？当时尚有周天子，何必纷纷说魏齐"一首，在我看来，即是冯梦龙查漏补缺的问题意识、"下笔如有神"的创新能力使然。读一读《孟子》9·2、9·3，就能写出《道山清话》说的那首打油诗。冯梦龙新增的这一首，第一句典出《孟子》8·33，第二句典出《孟子》6·8，第三至四句可拿《孟子》1·1（梁惠王首秀）、1·7（齐宣王首秀）作为依据。姑且不说它是否熟悉《孟子》，更重要的是它和盘托出了一首打油诗该有的"气质"。

从现有材料看，我们可以推断《射雕英雄传》引的那首骂孟诗出自《古今谭概》。它的作者当然不是黄药师，也不是金庸，而是冯梦龙。冯梦龙那么多书为何至今畅销不衰？原因很简单，他有这个实力！相比之下，褚人获的《坚瓠集》做的只是"文抄公"的工作。说它是从《古今谭概》那里抄来的，一点也不为过。

行文至此，这篇札记的使命其实已经完成，可我仍然觉得意犹未尽。比如，如何看待那个写"骂孟诗"、向李觏讨酒喝的士人？仅仅为了喝点酒，士人就这么去做，真难为了他！"士人"不必实有其人，但这个"臭老九""孔乙己"如果不好好去读一下《孟子》，那类打油诗也是写不出来的。

为了再喝一次酒，士人又"作《仁》《义》《正论》三篇"骂佛教，以投李觏之所好。"《仁》《义》《正论》"属蒙后省，读作《仁论》《义论》《正论》，典出《孟子》讲"格君心之非"的那一章："君仁，莫不仁；君义，莫不义；君正，莫不正。一正君而国定矣。"（7·20）与另外三种记载不同，《庚溪诗话》

说士人第二次去讨酒喝的见面礼是写了《疑孟》一文,这就更需要深入研究《孟子》的功底。司马光以《司马光集》卷七三《疑孟》[①]闻名于孟学史。到陈岩肖所处的南宋,《孟子》的地位越来越"高大上"。《庚溪诗话》这么改动《道山清话》的叙事,莫非是在暗中讽刺司马光? 记住,司马光也就比李觏年少十岁。如果真是这样,貌似千篇一律的笔记小说,它在不同时期不同人那里的传播,原来颇有思想史的深意。

"鸡蛋里面挑骨头",意味着什么呢? 循此道理,你要怀疑孟子,你就得比一般人将《孟子》读得更深更活。拿这个标准看李觏,他写《常语》,肯定比同时代人花在《孟子》上的时间与智慧多得多。如果你知道《孟子》在李觏的时代中还只是一部普通的子书,而后它才上升为与《论语》同类的经典,那么,李觏疑孟恰恰表明他将《孟子》看得极为重要,以李觏为代表的疑孟思潮是唐宋孟子升格运动的一支相反而相成的推动力量!

哲人有言:不要将别人的表扬当真,不要将别人的批评当假。历史告诉人们:所有真正不朽的大经典,从不惧怕或彼或此、或强或弱的"棒杀"。不管重复传播"李觏与骂孟诗"的笔记小说家们懂不懂这个道理,我们今天应该具备这双穿透历史、关注当下、面向未来的火眼金睛。

[①] 参见[宋]司马光撰,李文泽、霞绍晖校点整理:《司马光集》第3册,成都:四川大学出版社,2010年,第1486—1494页。

朱熹《读论语孟子法》溯源*

中华书局标点本《四书章句集注》，先是《大学》《中庸》之章句，后是《论语》《孟子》之集注，各书前面均有序文。这些序文有些常人不太留意的区别：《大学章句序》《中庸章句序》属于撰作的一家之言，《论语序说》《孟子序说》属于辑纂的众家之说；《论语集注》既有《论语序说》，又有《读论语孟子法》①，明显不同于另外三书；《读论语孟子法》辑录的全部是"程子曰"，与《论语序说》《孟子序说》又不一样。这些区别未必很重要，但文本安排既然如此，就该引起朱子学者以及《四书》学者的注意。

朱熹所谓"程子曰"，究竟是兄长程颢（明道先生）说的，还是弟弟程颐（伊川先生）说的呢？《读论语孟子法》对此未予说明，更未标注它们出自何处。手头若有包含《河南程氏遗书》《河南程氏外书》在内的《二程集》，找出它们的原文及其卷次、页码并不难。有感于《读论语孟子法》一直以来并未受到应有的关注，相关研究寥寥无几②，本文想将问题变得更复杂一点，那

---

* 原载《中华读书报》2014年2月12日，第15版《国学》。
① 亦有版本将《读论语孟子法》置前，《论语序说》置后（[宋]朱熹集注：《宋本论语集注》第1册，北京：国家图书馆出版社，2016年，第1—4、5—15页；[宋]朱熹撰，朱杰人、严佐之、刘永翔主编：《朱子全书》第6册，上海：上海古籍出版社，合肥：安徽教育出版社，2002年，第61—62、63—66页）。张栻的《孟子说》卷首《癸巳孟子说序》后亦有《读论语孟子法》（[宋]张栻著，杨世文、王蓉贵校点：《张栻全集》上册，第240页），内容与朱子《论语集注》本几乎完全相同。
② 参见张茂泽：《怎样读〈论语〉〈孟子〉》，《华夏文化》1998年第1期，第49—51页；王大庆：《程子"读论语孟子法"中的诠释学维度思考》，《辽宁医学院学报（社会科学版）》2013年第1期，第108—110页。

就是既联系《二程集》，又联系《朱子近思录》，呈现出《读论语孟子法》所辑九条"程子曰"的本来面目及其来龙去脉。

《读论语孟子法》所辑"程子曰"，有八条见于《朱子近思录》。后者是否也是前者的源头之一呢？《朱子语类》卷一〇五《朱子二·论自注书·近思录》指出："《近思录》好看。《四子》，《六经》之阶梯；《近思录》，《四子》之阶梯。"① 陈荣捷（1901—1994）的《近思录详注集评·引言》指出："《近思录》为我国第一本哲学选辑之书，亦为北宋理学之大纲，更是朱子哲学之轮廓。以后宋代之《朱子语类》，明代之《性理大全》，与清代之《朱子全书》与《性理精义》，均依此书之次序为次序，支配我国士人之精神思想凡五六百年。影响所及，亦操纵韩国与日本思想数百载，且成为官学。在我国亦惟儒独尊，尤以朱子之哲学为主脑。钱穆比《近思录》于经书，不为过也。"② 因此，我们可对《读论语孟子法》与《朱子近思录》的相关性给予更多的关注。

古代有过许多《朱子近思录》的集注③。台湾商务印书馆的《景印文渊阁四库全书》第699册收有三种，当是其中的代表作。它们如何标注《朱子近思录》各条的出处呢？拿下文将要提到的《朱子近思录》卷三第23条来说④，南宋叶采（生卒年不详）集解的《近思录》、清代茅星来（1678—1748）及江永（1681—1762）各自的《近思录集注》均标注为"《遗书》，下同"⑤；对于第41条，以上三书均标注为"《外书》，下同"⑥。《河南程氏遗书》凡25卷

---

① ［宋］黎靖德编，王星贤点校：《朱子语类》第7册，北京：中华书局，1986年，第2629页。
② 陈荣捷：《近思录详注集评》，上海：华东师范大学出版社，2007年，第1页。
③ 相关研究，参见程水龙：《〈近思录〉版本与传播研究》，上海：上海古籍出版社，2008年，第1—2章。
④ 《朱子近思录》卷三的条数序号，以陈荣捷《近思录详注集评》为据。
⑤ 参见［宋］朱熹、吕祖谦编，［宋］叶采集解：《近思录》，《景印文渊阁四库全书》第699册，第40页下栏；［清］茅星来：《近思录集注（附说）》，《景印文渊阁四库全书》第699册，第214页下栏；［清］江永：《近思录集注》，《景印文渊阁四库全书》第699册，第405页上栏。
⑥ 参见［宋］朱熹、吕祖谦编，［宋］叶采集解：《近思录》，《景印文渊阁四库全书》第699册，第43页上栏；［清］茅星来：《近思录集注（附说）》，《景印文渊阁四库全书》第699册，第218页上栏；［清］江永：《近思录集注》，《景印文渊阁四库全书》第699册，第407页下栏。

（其中有3卷分为上、下），《河南程氏外书》凡12卷。换句话说，仅仅只做"《遗书》，下同""《外书》，下同"这类标注，远远不能满足读者按图索骥的需要。

相比之下，陈荣捷的《近思录详注集评》较好地起到了按图索骥的作用。该书据《四部备要·二程全书》本，对《朱子近思录》卷三第23、41条标注为"《遗书》，下同。（卷二二上，页十四上）""《外书》，下同。（卷五，页一下）"①。让人有些遗憾的是，陈著没有出具《河南程氏遗书》《河南程氏外书》的原文及其卷目，读者难以直观地看到两者的异同。

行文至此，我们不妨设想：假如在《读论语孟子法》各条之下，再抄录《河南程氏遗书》《河南程氏外书》与《朱子近思录》相对应的原文（包括卷次、卷目），效果又会如何呢？于读者，几种文献之间的差异，将会一目了然；于研究者，朱熹与二程之关系，似乎也可得到更深一些的理解。

以下，就一丝不苟地做这项"三合一"的工作。另外，为便于读者复核，先列出本文的引证书目：1. 朱熹：《四书章句集注》，中华书局1983年版；2. 程颢、程颐著，王孝鱼点校：《二程集》第1—2册，中华书局1981年版；3. 朱熹、吕祖谦撰，严佐之导读：《朱子近思录》，上海古籍出版社2000年版。

一、《读论语孟子法》第1条

程子曰："学者当以《论语》《孟子》为本。《论语》《孟子》既治，则《六经》可不治而明矣。读书者当观圣人所以作经之意，与圣人所以用心，圣人之所以至于圣人，而吾之所以未至者，所以未得者。句句而求之，昼诵而味之，中夜而思之，平其心，易其气，阙其疑，则圣人之意可见矣。"②

---

① 参见陈荣捷：《近思录详注集评》，第112、121页。
② ［宋］朱熹：《四书章句集注》，第44页。

此条见《河南程氏遗书》卷二五《伊川先生语十一·畅潜道录》：

> 学者当以《论语》《孟子》为本。《论语》《孟子》既治，则《六经》可不治而明矣。读书者当观圣人所以作经之意，与圣人所以用心，与圣人所以至圣人，而吾之所以未至者，所以未得者。句句而求之，昼诵而味之，中夜而思之，平其心，易其气，阙其疑，则圣人之意见矣。①

《朱子近思录》卷三《凡七十八条》第39条为：

> 学者当以《论语》《孟子》为本。《论语》《孟子》既治，则《六经》可不治而明矣。读书者当观圣人所以作经之意，与圣人所以用心，与圣人所以至圣人，而吾之所以未至者，所以未得者。句句而求之，昼诵而味之，中夜而思之，平其心，易其气，阙其疑，则圣人之意见矣。②

二、《读论语孟子法》第2条

> 程子曰："凡看文字，须先晓其文义，然后可以求其意；未有不晓文义而见意者也。"③

此条见《河南程氏遗书》卷二二上《伊川先生语八上·伊川杂录》：

> 凡看文字，先须晓其文义，然后可求其意；未有文义不晓而见意

---

① ［宋］程颢、程颐著，王孝鱼点校：《二程集》第1册，第322页。
② ［宋］朱熹、吕祖谦撰，严佐之导读：《朱子近思录》，上海：上海古籍出版社，2000年，第56页。
③ ［宋］朱熹：《四书章句集注》，第44页。

者也。学者看一部《论语》,见圣人所以与弟子许多议论而无所得,是不易得也。读书虽多,亦奚以为？①

《朱子近思录》卷三《凡七十八条》第 23 条为:

> 伊川先生曰:凡看文字,先须晓其文义,然后可求其意;未有文义不晓而见意者也。②

三、《读论语孟子法》第 3 条

程子曰:"学者须将《论语》中诸弟子问处便作自己问,圣人答处便作今日耳闻,自然有得。虽孔、孟复生,不过以此教人。若能于《语》《孟》中深求玩味,将来涵养成甚生气质!"③

此条见《河南程氏遗书》卷二二上《伊川先生语八上·伊川杂录》:

> 伯温问:"学者如何可以有所得？"曰:"但将圣人言语玩味久,则自有所得。当深求于《论语》,将诸弟子问处便作己问,将圣人答处便作今日耳闻,自然有得。孔、孟复生,不过以此教人耳。若能于《论》《孟》中深求玩味,将来涵养成甚生气质!"④

《朱子近思录》卷三《凡七十八条》第 36 条为:

---

① [宋]程颢、程颐著,王孝鱼点校:《二程集》第 1 册,第 296 页。
② [宋]朱熹、吕祖谦撰,严佐之导读:《朱子近思录》,第 54 页。
③ [宋]朱熹:《四书章句集注》,第 44 页。
④ [宋]程颢、程颐著,王孝鱼点校:《二程集》第 1 册,第 279 页。

读《论语》者,但将诸弟子问处便作己问,将圣人答处便作今日耳闻,自然有得。若能于《论》《孟》中深求玩味,将来涵养成甚生气质!①

四、《读论语孟子法》第 4 条

程子曰:"凡看《语》《孟》,且须熟读玩味,须将圣人言语切己,不可只作一场话说。人只看得二书切己,终身尽多也。"②

此条见《河南程氏遗书》卷二二上《伊川先生语八上·伊川杂录》:

先生曰:"凡看《语》《孟》,且须熟玩味,将圣人之言语切己,不可只作一场话说。人只看得此二书切己,终身尽多也。"③

《朱子近思录》卷三《凡七十八条》第 37 条为:

凡看《语》《孟》,且须熟玩味,将圣人之言语切己,不可只作一场话说。人只看得此二书切己,终身尽多也。④

五、《读论语孟子法》第 5 条

程子曰:"《论》《孟》只剩读着,便自意足。学者须是玩味。若

---

① [宋]朱熹、吕祖谦撰,严佐之导读:《朱子近思录》,第 56 页。
② [宋]朱熹:《四书章句集注》,第 44 页。
③ [宋]程颢、程颐著,王孝鱼点校:《二程集》第 1 册,第 285 页。
④ [宋]朱熹、吕祖谦撰,严佐之导读:《朱子近思录》,第 56 页。

以语言解着,意便不足。"①

此条见《河南程氏外书》卷五《冯氏本拾遗》:

> 《论语》《孟子》只剩读着,便自意足。学者须是玩味。若以语言解着,意便不足。某始作此二书文字,既而思之,又似剩。只有些先儒错会处,却待与整理过。②

《朱子近思录》卷三《凡七十八条》第41条为:

> 《论语》《孟子》只剩读着,便自意足。学者须是玩味。若以语言解着,意便不足。某始作此二书文字,既而思之,又似剩。只有些先儒错会处,却待与整理过。③

六、《读论语孟子法》第6条

> 或问:"且将《论》《孟》紧要处看,如何?"程子曰:"固是好,但终是不浃洽耳。"④

此条见《河南程氏外书》卷一二《传闻杂记》:

> 问:"将孔、孟之言切要处思索,如何?"曰:"须是熟看《语》《孟》,玩味咀嚼。伊川云'若熟看《语录》,亦自得'者,此也。当时

---

① [宋]朱熹:《四书章句集注》,第44页。
② [宋]程颢、程颐著,王孝鱼点校:《二程集》第2册,第375页。
③ [宋]朱熹、吕祖谦撰,严佐之导读:《朱子近思录》,第56页。
④ [宋]朱熹:《四书章句集注》,第44页。

门人有问:'且将《语》《孟》紧要处看,如何?'伊川曰:'固是好。若有得,终不浃洽。盖吾道非如释氏,一见了便从空寂去。'"①

《朱子近思录》卷三《凡七十八条》第 42 条为:

问:"且将《语》《孟》紧要处看,如何?"伊川曰:"固是好。然若有得,终不浃洽。盖吾道非如释氏,一见了便从空寂去。"②

七、《读论语孟子法》第 7 条

程子曰:"孔子言语,句句是自然;孟子言语,句句是事实。"③

此条见《河南程氏遗书》卷五《二先生语五》:

孔子言语,句句是自然;孟子言语,句句是实事。(一作"事实"。)④

《朱子近思录》未录此条。

八、《读论语孟子法》第 8 条

程子曰:"学者先读《论语》《孟子》,如尺度权衡相似,以此去量

---

① [宋]程颢、程颐著,王孝鱼点校:《二程集》第 2 册,第 441—442 页。
② [宋]朱熹、吕祖谦撰,严佐之导读:《朱子近思录》,第 56 页。
③ [宋]朱熹:《四书章句集注》,第 44 页。
④ [宋]程颢、程颐著,王孝鱼点校:《二程集》第 1 册,第 76 页。

度事物,自然见得长短轻重。"①

此条见《河南程氏遗书》卷一八《伊川先生语四·刘元承手编》:

> 问:"圣人之经旨,如何能穷得?"曰:"以理义去推索,可也。学者先须读《论》《孟》。穷得《论》《孟》,自有个要约处;以此观他经,甚省力。《论》《孟》如丈尺权衡相似,以此去量度事物,自然见得长短轻重。某尝语学者,必先看《论语》《孟子》。今人虽善问,未必如当时人。借使问如当时人,圣人所答,不过如此。今人看《论》《孟》之书,亦如见孔、孟何异?"②

《朱子近思录》卷三《凡七十八条》第35条为:

> 学者先须读《论》《孟》。穷得《论》《孟》,自有要约处;以此观他经,甚省力。《论》《孟》如丈尺权衡相似,以此去量度事物,自然见得长短轻重。③

九、《读论语孟子法》第9条

程子曰:"读《论语》《孟子》而不知道,所谓'虽多,亦奚以为'。"④

此条见《河南程氏遗书》卷六《二先生语六》:

---

① [宋]朱熹:《四书章句集注》,第45页。
② [宋]程颢、程颐著,王孝鱼点校:《二程集》第1册,第205页。
③ [宋]朱熹、吕祖谦撰,严佐之导读:《朱子近思录》,第56页。
④ [宋]朱熹:《四书章句集注》,第45页。

读《论语》《孟子》而不知道,所谓"虽多,亦奚以为"。①

《朱子近思录》卷三《凡七十八条》第40条为:

读《论语》《孟子》而不知道,所谓"虽多,亦奚以为"。②

逐一看完"三合一"下的各条,细心的读者会发现它们有若干文字上的差异。我们不深究这些细节,而是力图证明:《河南程氏遗书》《河南程氏外书》如何是《读论语孟子法》的第一源头?《朱子近思录》如何是《读论语孟子法》的第二源头?

第一源头之证明,实乃不言自明。这是因为《读论语孟子法》的九条全部能从《河南程氏遗书》或《河南程氏外书》里面找到出处。而且,归属小程伊川的有七条(第1—6、8条),归属二先生的仅有两条(第7、9条),"程子曰"基本上是"伊川曰"。

仅仅依据字面,我们只能断定《读论语孟子法》有六条归属伊川。对其第5条,有必要多说几句。症结又在于前引《河南程氏外书》卷五《冯氏本拾遗》的后半部分:"某始作此二书文字,既而思之,又似剩。只有些先儒错会处,却待与整理过。"此为《读论语孟子法》第5条所缺,而《朱子近思录》卷三第41条则有。"某"是谁?"二书"何谓?陈荣捷的《近思录详注集评》注释:"指《论语解》(伊川经说,卷六)与《孟子解》(同上,卷七,已缺)。"③据此,《读论语孟子法》第5条亦归属伊川;加上这一条,就有七条归属伊川。

第二源头之证明,则有相当的难度。我们设置两个问题:《读论语孟子

---

① [宋]程颢、程颐著,王孝鱼点校:《二程集》第1册,第89页。
② [宋]朱熹、吕祖谦撰,严佐之导读:《朱子近思录》,第56页。
③ 陈荣捷:《近思录详注集评》,第121页。《论语解》,见《河南程氏经说》卷六([宋]程颢、程颐著,王孝鱼点校:《二程集》第4册,第1133—1150页);《孟子解》存目,见《河南程氏经说》卷七(同书,第1151页)。

法》在辑集时间上是否晚于《朱子近思录》？《读论语孟子法》在条文采集上是否得益于《朱子近思录》？

先看辑集时间。《四库全书总目》卷九二《子部·儒家类二》提要《近思录十四卷》："案《年谱》，是书成于淳熙二年，朱子年四十六矣。"①淳熙二年为1175年。历史上，《四书章句集注》首次刊印于绍熙元年（1190）②。朱熹写于同年的《书临漳所刊四子后》指出："又悉著凡程子之言及于此者，附于其后，以见读之之法，学者得以览焉。"（《晦庵先生朱文公文集》卷八二）③中华书局编辑部为《四书章句集注》写的《点校说明》指出：康熙内府仿刻的宋淳祐二年（1242）大字本（简称"清仿宋大字本"），"《论语序说》之后较底本多《读论语孟子法》一篇，全系引用二程有关《论》《孟》之语"；并据《书临漳所刊四子后》所言，断定《读论语孟子法》"实系朱熹本人所辑集"④。据此，可知《读论语孟子法》大约成文于1190年，晚于《朱子近思录》之成书。

再看条文采集。《读论语孟子法》所辑九条"程子曰"，有八条见于《朱子近思录》，且均出自卷三《凡七十八条》；其中，除第23条外，第35—37、39—42条基本上连在一起，密集度极高。但是，它们在《河南程氏遗书》《河南程氏外书》里面的分布，则很分散。这就启发人们：1190年，61岁的朱熹为临漳版《四书章句集注》辑集《读论语孟子法》，虽然也会翻检《河南程氏遗书》《河南程氏外书》，但主要是从《朱子近思录》卷三予以采集，仅仅次序有所变动。《朱子近思录》卷三的卷目，朱熹自定为《格物穷理》（《朱子语类》卷一〇五《朱子二·论自注书·近思录》）⑤。因而，从中辑出

---

① ［清］永瑢等：《四库全书总目》上册，第780页下栏。
② 参见中华书局编辑部：《点校说明》，［宋］朱熹：《四书章句集注》，第2页。《四书章句集注》究竟何时首次刊印，学术界有许多不同观点（参见周春健：《宋元明清四书学编年》，台北：万卷楼图书股份有限公司，2012年，第89—90页）。因其不是本文的核心问题，仅取一家之说。
③ ［宋］朱熹撰，朱杰人、严佐之、刘永翔主编：《朱子全书》（修订本）第24册，第3895页。
④ 参见［宋］朱熹：《四书章句集注》，第3页。
⑤ 参见［宋］黎靖德编，王星贤点校：《朱子语类》第7册，第2629页。

《读论语孟子法》,再次体现了朱熹对旧著《朱子近思录》及其源自《大学》的"致知"理念的高度重视。另外,1189年(淳熙十六年),朱熹于二月四日正式序定《大学章句》,三月十八日正式序定《中庸章句》①。换句话说,辑集《读论语孟子法》之时,朱熹的《四书》学已臻纯熟之际。

下表的对照,足以让人明晓:

《读论语孟子法》	条数	1	2	3	4	5	6	7	8	9
《朱子近思录》卷三	条数	39	23	36	37	41	42		35	40
《河南程氏遗书》	卷次	25	22上	22上	22上			5	18	6
《河南程氏外书》	卷次					5	12			

毋庸置疑,我们对第二源头的证明,不可能、也不必成为定谳。然而,多花一些笔墨从《朱子近思录》来溯源《读论语孟子法》,未尝没有启迪。譬如,《朱子近思录》卷三第35—42条之间的第38条,为何不见于《读论语孟子法》? 该条为:"《论语》,有读了后全无事者,有读了后其中得一两句喜者,有读了后知好之者,有读了后不知手之舞之、足之蹈之者。"② 此条典出《河南程氏遗书》卷一九《伊川先生语五·杨遵道录》:"某自十七八读《论语》,当时已晓文义,读之愈久,但觉意味深长。《论语》,有读了后全无事者,有读了后其中得一两句喜者,有读了后知好之者,有读了后不知手之舞、足之蹈之者。"③ 它只谈到《论语》,没有涉及《孟子》,所以不合乎《读论语孟子法》各条均为《论》《孟》双彰的体例。《读论语孟子法》唯独一条不见于《朱子近思录》者,即"孔子言语,句句是自然;孟子言语,句句是事实",则是孔孟并提。仔细揣摩,"一减一增"这两个细节更印证了《朱子近思录》是《读论语孟子法》的第二源头。

相较于第一源头、第二源头,《读论语孟子法》真正的源头是作为大

---

① 参见束景南:《朱熹年谱长编》卷下,上海:华东师范大学出版社,2001年,第955页。
② [宋]朱熹、吕祖谦撰,严佐之导读:《朱子近思录》,第56页。
③ [宋]程颢、程颐著,王孝鱼点校:《二程集》第1册,第261页。

程、小程之合称的程子。既然"程子曰"基本为"伊川曰",朱熹为何让"伊川"隐身于模棱两可的"程子"之中呢?这里不敢过多地臆测,只想提示读者——它跟《读论语孟子法》的文化追求有关。凸显《论语》《孟子》在理学体系中的崇高地位,是朱熹的首要目的;其次才是希冀人们遵循程子的教导,去读好《论语》《孟子》。假如《读论语孟子法》的"程子曰"绝大部分写成"伊川曰",明道就被冷落了,孔子、孟子也会被伊川喧宾夺主。《朱子语类》卷一〇五《朱子二·论自注书·总论》有言:"某释经,每下一字,直是称等轻重,方敢写出!"① 朱熹乃是一代宗师,他的"笔法"自然经受得起方方面面的考量。

---

① [宋]黎靖德编,王星贤点校:《朱子语类》第7册,第2626页。

子程子曰·程子云·连用"程子曰"·程子又曰[*]
——《四书章句集注》表述"程子曰"的四种变例

众所周知,朱熹的《四书章句集注》大量征引从西汉到南宋先哲时贤的研究成果。据陈铁凡(1912—1992)统计,《大学章句》征引7条,《论语集注》征引574条,《孟子集注》征引319条,《中庸章句》征引32条,总计932条[①]。据申淑华统计,《大学章句》征引11条,《中庸章句》征引27条,《论语集注》征引585条,《孟子集注》征引333条,总计956条[②]。以上统计结果明显不同,可见这一问题值得深入研究,甚至有可能成为朱子四书学可持续发展的学术增长点。

程颢、程颐一般合称二程,亦可合称程子。程子之言是《四书章句集注》征引最多者,几近总数的三分之一。据陈铁凡统计,《大学章句》征引4条,《论语集注》征引198条(41+123+34,意即大程语41条、小程语123条、未详何者语34条),《孟子集注》征引88条(54+14+20,意即大程语54条、小程语14条、未详何者语20条),《中庸章句》征引6条,总计296条[③]。据申

---

[*] 原载《中山大学学报(社会科学版)》2022年第3期,第146—157页;题为《〈四书章句集注〉表述"程子曰"的四种变例》。
[①] 参见陈铁凡:《四书章句集注考源》,钱穆等著:《论孟论文集》,台北:黎明文化,1981年,第60、63、67、68页。
[②] 参见申淑华:《〈四书章句集注〉引文考证》,北京:中华书局,2019年,第600页。
[③] 参见陈铁凡:《四书章句集注考源》,钱穆等著:《论孟论文集》,第60、61、64—65、67页。

淑华统计,《大学章句》征引7条,《中庸章句》征引7条,《论语集注》征引208条,《孟子集注》征引92条,总计314条①。以上统计结果同样有较大差异。如何从引文的定量统计转入思想的定性分析,亟待提上朱子四书学研究的议事日程②。

《四书章句集注》对于被引作者的称谓,既有称"某子"者,亦有称"某氏"者。称"某子"者仅有董仲舒、韩愈、周敦颐、张载(1020—1077)、二程,分别称作"董子""韩子""周子""张子""程子"。扬雄、邵雍被称作"扬子""邵子",或者出现在被引作者的言说当中,或者只是朱熹注中的方便说法,自然不能统计为所谓称"某子"者。称"某氏"者有赵岐、马融、何晏(？—249)、陆德明、吕大临(1040—1092)、杨时、胡寅等等,他们被称作"赵氏""马氏""何氏""陆氏""吕氏""杨氏""胡氏"等。无论称"某子"者还是称"某氏"者,尊重其人之言均是题中之义。肯定其言与否认其言,都是尊重。称"某子"者少,称"某氏"者多,尊重前者之意远远高于后者,这也是不言而喻的。

称"某子"者、称"某氏"者乃是《四书章句集注》的常例。有常例,必有变例。将司马迁称作"史迁""太史公",将扬雄称作"扬子云""扬雄",将诸葛亮(181—234)称作"诸葛武侯",将吕希哲(1036—1114)称作"吕侍讲",将李侗(1093—1163)称作"师",将张栻称作"张敬夫",将萧何(？—前193)、王肃(195—256)、文彦博、沈括(1031—1095)诸人径直称其姓名,凡此种种,均可视作称"某氏"者的变例。至于称"某子"者,如果说"程子曰"是常例,那么,与之有别的"子程子曰""程子云""程子曰○程子曰""程子又曰"就是变例。这四种变例迄今罕见进入朱子四书学的研究视野,本文试作抛砖引玉之论。

---

① 参见申淑华:《〈四书章句集注〉引文考证》,第597页。
② 参见郭矩铭:《〈孟子集注〉对二程的引用:从文献与思想看》,中山大学哲学系中国哲学专业硕士学位论文,2019年5月。

一、见于《大学章句》《中庸章句》的两例"子程子曰"

作为变例的"子程子曰"有二,其一见于《大学章句》,其二见于《中庸章句》。我们首先做必要的文献学梳理,然后再做力所能及的论述。

(一)第一例"子程子曰"

《大学章句》的开篇有这样一段话:

> 子程子曰:"《大学》,孔氏之遗书,而初学入德之门也。"于今可见古人为学次第者,独赖此篇之存,而《论》、《孟》次之。学者必由是而学焉,则庶乎其不差矣。①

以上引自中华书局标点本《四书章句集注·大学章句》,收入《朱子全书》的《四书章句集注·大学章句》亦是同样的标点符号②。为方便下文的叙述,我们将这两种《四书章句集注》标点本称作"两种通行本",或者分别称作"单行本""全书本"。

《大学章句》开篇这段话显然不属于经一章的内容,但如何简称它呢?《朱子语类》卷一四《大学一》包括"纲领""序""经上"三部分③,《朱子语类》卷一七《大学四(或问上)》④以及《四书或问·大学或问上》⑤直接从经一章说起,均未涉及"子程子曰"一段,可见朱熹及其门弟子未曾有此问题意识。朝鲜学者宋时烈(1607—1689)编纂的《程书分类》卷八《大学·总论》指出:

---

① [宋]朱熹:《四书章句集注》,第3页。
② 参见[宋]朱熹撰,朱杰人、严佐之、刘永翔主编:《朱子全书》(修订本)第6册,第16页。
③ 参见[宋]黎靖德编,王星贤点校:《朱子语类》第1册,第249—281页。
④ 参见[宋]黎靖德编,王星贤点校:《朱子语类》第2册,第370页。
⑤ 参见[宋]朱熹撰,朱杰人、严佐之、刘永翔主编:《朱子全书》(修订本)第6册,第505页。

《大学》乃孔氏遗书，须从此学则不差。(明〇遗吕与叔)

　　修身，当学《大学》之序。《大学》，圣人之完书也。其间先后失次(一作"序")者，已正之矣。(伊〇遗邹德久本)

　　棣初见先生，问："初学如何？"曰："入德之门，无如《大学》。今之学者，赖有此一篇书存，其他莫如《论》《孟》。"(伊〇遗唐彦思)[①]

　　如果以"总论"简称"子程子曰"一段，人们至少可以不再随意冠名(如所谓"开篇")，更会明确知道《大学章句》完整地包括总论、经一章、传十章等三个部分。"总论"一语足以简称"子程子曰"一段，还因为二程指出：

　　子曰：《大学》，孔子之遗言也。学者由是而学，则不迷于入德之门也。(《河南程氏粹言》卷一《论书篇》)[②]

　　棣初见先生，问："初学如何？"曰："入德之门，无如《大学》。今之学者，赖有此一篇书存，其他莫如《论》《孟》。"(《河南程氏遗书》卷二二上《伊川先生语八上·伊川杂录》)[③]

　　《大学》乃孔氏遗书，须从此学则不差。(《河南程氏遗书》卷二上《二先生语二上·元丰己未吕与叔东见二先生语》)[④]

　　以上三段话语出《二程集》，大致可以说是《大学章句·总论》之所本。为古籍打标点符号，其实不是易事。举凡引文，如果不明其出处，更是如此。《四书章句集注》的大多数引文不是照抄原文，而是经过朱熹整合的结果。上述两种通行本将《大学章句·总论》的一部分归为程子之言，另一部分归

[①] [宋]程颢、程颐著，[朝]宋时烈编，[韩]徐大源点校：《程书分类》上册，上海：上海辞书出版社，2006年，第346页。又，中山大学图书馆未藏此书，承蒙华侨大学杨少涵教授惠赠复印本，特此致谢！
[②] [宋]程颢、程颐著，王孝鱼点校：《二程集》第4册，第1204页。
[③] [宋]程颢、程颐著，王孝鱼点校：《二程集》第1册，第277页。
[④] 同上书，第18页。

为朱熹之言。我们认为它们均是程子之言,并将《大学章句·总论》重新点校为:

> 子程子曰:"《大学》,孔氏之遗书,而初学入德之门也。于今可见古人为学次第者,独赖此篇之存,而《论》《孟》次之。学者必由是而学焉,则庶乎其不差矣。"

(二)第二例"子程子曰"

《中庸章句》开篇有一段话,并不属于第1章的内容。套用《程书分类》卷九《中庸·总论》的说法①,我们将它简称为《中庸章句·总论》。如此,《中庸章句》包括"总论+33章"两部分。两种通行本对《中庸章句·总论》的点校相同,原文如下:

> 子程子曰:"不偏之谓中,不易之谓庸。中者,天下之正道;庸者,天下之定理。"此篇乃孔门传授心法,子思恐其久而差也,故笔之于书,以授孟子。其书始言一理,中散为万事,末复合为一理,"放之则弥六合,卷之则退藏于密",其味无穷,皆实学也。善读者玩索而有得焉,则终身用之,有不能尽者矣。②

《中庸章句·总论》同样都是程子之言,而不是前为程子之言、后为朱熹之言。我们将这段话重新点校为:

> 子程子曰:"不偏之谓中,不易之谓庸。中者,天下之正道;庸

---

① [宋]程颢、程颐著,〔朝〕宋时烈编,〔韩〕徐大源点校:《程书分类》上册,第355—356页。
② [宋]朱熹:《四书章句集注》,第17页;[宋]朱熹撰,朱杰人、严佐之、刘永翔主编:《朱子全书》(修订本)第6册,第32页。

者,天下之定理。此篇乃孔门传授心法,子思恐其久而差也,故笔之于书,以授孟子。其书始言一理,中散为万事,末复合为一理,放之则弥六合,卷之则退藏于密,其味无穷,皆实学也。善读者玩索而有得焉,则终身用之,有不能尽者矣。"

以上这段话可以分作四节,接着要做的工作是从《二程集》找出与之对应的语句。为方便阅读与理解,我们将语出《二程集》的这些文字加以数目字的序号。

第一节是"不偏之谓中,不易之谓庸。中者,天下之正道;庸者,天下之定理",语出《二程集》的文字为:

[1]不偏之谓中,不易之谓庸。中者,天下之正道;庸者,天下之定理。(《河南程氏遗书》卷七《二先生语七》)①

[2]中者只是不偏,偏则不是中。庸只是常。犹言中者是大中也,庸者是定理也。定理者,天下不易之理也,是经也。孟子只言反经,中在其间。(《河南程氏遗书》卷一五《伊川先生语一·入关语录》)②

第二节是"此篇乃孔门传授心法,子思恐其久而差也,故笔之于书,以授孟子",语出《二程集》的文字为:

[3]尹子曰:"伊川先生尝言:《中庸》乃孔门传授心法。"(《河南程氏外书》卷一一《时氏本拾遗》)③

[4]《中庸》之书,是孔门传授,成于子思。《孟子》其书,虽是

---

① [宋]程颢、程颐著,王孝鱼点校:《二程集》第1册,第100页。
② 同上书,第160页。
③ [宋]程颢、程颐著,王孝鱼点校:《二程集》第2册,第411页。

杂记，更不分精粗，一衮说了。今之语道，多说高便遗却卑，说本便遗却末。(《河南程氏遗书》卷一五《伊川先生语一·入关语录》)①

第三节是"其书始言一理，中散为万事，末复合为一理，放之则弥六合，卷之则退藏于密，其味无穷，皆实学也"，语出《二程集》的文字为：

[5]《中庸》始言一理，中散为万事，末复合为一理。(《河南程氏遗书》卷一四《明道先生语四·亥九月过汝所闻》)②

[6]《中庸》之言，放之则弥六合，卷之则退藏于密。(《河南程氏遗书》卷一一《明道先生语一·师训》)③

[7]《中庸》之书，其味无穷，极索玩味。(《河南程氏遗书》卷一八《伊川先生语四·刘元承手编》)④

[8]如《中庸》一卷书，自至理便推之于事。如国家有九经，及历代圣人之迹，莫非实学也。(《河南程氏遗书》卷一《二先生语一·端伯传师说》)⑤

第四节是"善读者玩索而有得焉，则终身用之，有不能尽者矣"，语出《二程集》的文字为：

[9]善读《中庸》者，只得此一卷书，终身用不尽也。(《河南程氏遗书》卷一七《伊川先生语三》)⑥

---

① [宋]程颢、程颐著，王孝鱼点校：《二程集》第1册，第160页。
② 同上书，第140页。
③ 同上书，第130页。
④ 同上书，第222页。
⑤ 同上书，第2页。
⑥ 同上书，第174页。

依据以上9条文献,可知朱熹熟稔《二程集》,所以《中庸章句·总论》均为"子程子曰"。《程书分类》卷九《中庸·总论》辑有14条文献,本文使用了其中的8条,但做了重新分类,同时增补了涉及"实学"的第8条。文献学功夫是解释学技巧的源头活水,由此可见一斑。

(三)"子程子曰"的两重含义

从《四书章句集注》看,"子程子曰"这一表述的实质是:为何在将二程通称"程子"之外,又有"子程子"的称谓?朱熹偶尔也有称"子程子"者,如《晦庵先生朱文公文集》卷四〇《答何叔京》指出:"或谓子程子曰:'心术最难执持,如何而可?'子曰:'敬。'"① 但是这一情形在朱熹的作品中并不常见,多达140卷、版面字数230万言的《朱子语类》就未出现"子程子"的说法。《大学章句》《中庸章句》两言"子程子曰",所谓"子程子"究竟有何含义呢?一般认为:前一"子"字是夫子之意,引申为老师;后一"子"字是古代对男子的尊称,意为先生。"子程子"有尊之又尊之意,但从变例的角度看,如何进一步解释呢?本文提出两个猜想。

第一,两例"子程子曰"具有等值《读论语孟子法》的"读法"含义。读单行本《四书章句集注》可知,《大学章句》前有《大学章句序》,《中庸章句》前有《中庸章句序》,《论语集注》前有《论语序说》《读论语孟子法》,《孟子集注》前有《孟子序说》②。如果说《论》《孟》的两篇《序说》与《学》《庸》的二《序》等值,那么,为何前者有《读论语孟子法》,后者没有《读大学中庸法》呢? 如上所述,被本文简称并定名的《大学章句·总论》《中庸章句·总论》均为程子之言,前者语出《二程集》的3条文献,后者语出《二程集》的9条文献。《读论语孟子法》亦是辑录程子之言,凡9条③。仿照《读论

---

① [宋]朱熹撰,朱杰人、严佐之、刘永翔主编:《朱子全书》(修订本)第22册,第1808页。
② [宋]朱熹:《四书章句集注》,第1—2、14—16、41—43、44—45、197—200页。
③ 参见杨海文:《朱熹〈读论语孟子法〉溯源》,《中华读书报》2014年2月12日,第15版《国学》。

语孟子法》的体例,这两个"总论"亦可称作《读大学法》《读中庸法》。若作如是观,《四书章句集注》的文本结构将更齐整:《大学章句》前有《大学章句序》《读大学法》,《中庸章句》前有《中庸章句序》《读中庸法》,《论语集注》前有《论语序说》《读论语孟子法》,《孟子集注》前有《孟子序说》。

　　这里先要补充:真德秀的《四书集编·大学》以及《中庸》通过辑录包括朱熹在内的诸家之说而注解两例"子程子曰"①,实已具备"读法"之意。但是,张居正(1525—1582)的《四书直解》卷一《大学》只是过录《大学章句》"子程子曰"一段,同书卷二《中庸》甚至没有过录《中庸章句》"子程子曰"一段②;唐文治的《大学大义》只是过录《大学章句》"子程子曰"一段,《中庸大义》甚至没有过录《中庸章句》"子程子曰"一段③。换句话说,如果一代代学者像真德秀那样注疏《学》《庸》,眼里同时有《读论语孟子法》,那么,显明《大学章句·总论》《中庸章句·总论》的"读法"含义,其实不是难事;由此判定《大学章句·总论》《中庸章句·总论》均是程子之言,亦是顺理成章之事。

　　另外,张栻的《孟子说》卷首《癸巳孟子说序》后亦有《读论语孟子法》④,内容与朱熹《论语集注》中的文字几乎完全相同。单行本中的《读论语孟子法》,题下注:"据清仿宋大字本补。"⑤复核影印的《宋本论语集注》,开篇为《读论语孟子法》,接着为《论语序说》⑥。全书本亦是这一次序⑦,而与单行本有别。2018 年 8 月 14 日上午,陈来先生为孟子研究院"准博士"培养专题课程讲《朱子的孟子学》,提到《读论语孟子法》有可能是后人添

---

① 参见[宋]真德秀撰,陈静点校:《四书集编》上册,福州:福建人民出版社,2021年,第9—11、103—104页。
② 参见[明]张居正撰,王岚、英巍整理:《四书直解》,北京:九州出版社,2017年,第1、21页。
③ 参见唐文治:《唐文治四书大义·大学大义 中庸大义》,第6、68页。
④ [宋]张栻著,杨世文、王蓉贵校点:《张栻全集》上册,第240页。
⑤ [宋]朱熹:《四书章句集注》,第44页。
⑥ [宋]朱熹集注:《宋本论语集注》第1册,北京:国家图书馆出版社,2016年,第1—4、5—15页。
⑦ [宋]朱熹撰,朱杰人、严佐之、刘永翔主编:《朱子全书》第6册,第61—62、63—66页。

加的，而不是《论语集注》原有的。以上情形值得重视，但不影响《大学章句·总论》《中庸章句·总论》具有"读法"含义的总体结论。

第二，两例"子程子曰"具有独尊二程理学的"道统"含义。朱熹独尊二程及其理学，这是毋庸赘述的。具体到本文的论题，先看几条文献：

> 某要人先读《大学》，以定其规模；次读《论语》，以立其根本；次读《孟子》，以观其发越；次读《中庸》，以求古人之微妙处。(《朱子语类》卷一四《大学一·纲领》)①

> 特其论说之详，自二程始；定著《四书》之名，则自朱子始耳。原本首《大学》，次《论语》，次《孟子》，次《中庸》。(《四库全书总目》卷三五《经部三十五·四书类一》提要《四书章句集注》)②

> 然而尚幸此书之不泯，故程夫子兄弟者出，得有所考，以续夫千载不传之绪；得有所据，以斥夫二家似是之非。盖子思之功于是为大，而微程夫子，则亦莫能因其语而得其心也。(《中庸章句序》)③

> "道统"之名，不见于古，而起于近世。故朱子之序《中庸》，拳拳乎道统之不传，所以忧患天下后世也深矣。(王柏《鲁斋集》卷一一《跋道统录》)④

依据以上文献可知：其一，今天所见《四书章句集注》的次序是《大学章句》《中庸章句》《论语集注》《孟子集注》，这是按照卷帙的数量由少至多排序；朱熹编订《四书章句集注》的次序是《大学章句》《论语集注》《孟子集注》《中庸章句》，这是按照思想的内涵由外至内排序。前者重量，后者重质，二者有质量之分。从朱熹的原意看两例"子程子曰"，《大学章句·总

---

① ［宋］黎靖德编，王星贤点校：《朱子语类》第1册，第249页。
② ［清］永瑢等：《四库全书总目》上册，第293页下栏。
③ ［宋］朱熹：《四书章句集注》，第15页。
④ ［宋］王柏：《鲁斋集》，《景印文渊阁四库全书》第1186册，第166页上栏。

论》旨在定其规模,《中庸章句·总论》旨在求其微妙,其意可谓首尾呼应。其二,《中庸章句序》三言"道统"一词,二程"续夫千载不传之绪",而《中庸章句·总论》紧接其后,其意可谓昭然若揭。要之,两例"子程子曰"具有独尊二程理学的"道统"含义。

既然两例"子程子曰"是从道统的高度独尊二程理学,《四书章句集注》为什么不全部使用"子程子曰",而只是用过两次,将它作为常例"程子曰"的变例呢?在本文看来,原因可能有三:

一是用词避免繁琐。如果将"程子曰"全部写作"子程子曰",势必显得繁琐。《四书章句集注》不言"大程曰""小程曰",而是称作"程子曰",同样包含了此一用意。所以,朱熹曾说:"某释经,每下一字,直是称等轻重,方敢写出!"(《朱子语类》卷一〇五《朱子二·论自注书·总论》)①

二是境界平实谦抑。钱穆指出:"朱子先为《论孟集注》,只是把二程语及其他横渠以下九家之说依次附于《论》《孟》各章之次,而名之曰《精义》,则若《论孟精义》即已在此。此其先后易位,轻重倒置,而宋代理学家一种高自位置之心,亦从而见。其后朱子又将《精义》改名《要义》,又改名《集义》,每改一名,其平实谦抑之意益见。"②《四书章句集注》"平实谦抑之意益见",亦是仅将"子程子曰"作为变例处理的写照③。

三是思想守正创新。钱穆认为:"故朱子之《论孟集注》,实乃朱子当时从程门理学转入《语》《孟》经学一大转手也。"④从《四书章句集注》看,朱熹借助作为变例的"子程子曰",旨在照着讲二程;借助作为常例的"程子曰",

---

① [宋]黎靖德编,王星贤点校:《朱子语类》第7册,第2626页。
② 钱穆:《朱子新学案》第4册,北京:九州出版社,2011年,第206页。
③ 后世,道统论日益盛行。《孟子师说·题辞》写道:"先师子刘子于《大学》有《统义》,于《中庸》有《慎独义》,于《论语》有《学案》,皆其微言所寄,独《孟子》无成书。"([清]黄宗羲:《孟子师说》,吴光执行主编:《黄宗羲全集》第1册,杭州:浙江古籍出版社,2012年,第48页)黄宗羲还为刘宗周写过《子刘子行状(二卷)》《子刘子学言(二卷)》(同书,第208—262、263—329页)。"子刘子"类似"子程子",亦是尊为道统之意。黄宗羲频繁醒目地使用"子刘子",似与朱熹的平实谦抑形成某种对照。
④ 钱穆:《朱子新学案》第4册,第206页。

旨在接着讲二程。不管征引程子之言的数量有多庞大，它们也只是支援意识。照着讲、接着讲二程，目的则是自己讲自己，亦即从程门理学转入《论语》《大学》《中庸》《孟子》，将孔、曾、思、孟作为自己的集中意识。唯其如此，《四书章句集注》得以成为名垂千古的守正创新之作。

综上所述，见于《大学章句》《中庸章句》的两例"子程子曰"既具有等值《读论语孟子法》的"读法"含义，又具有独尊二程理学的"道统"含义，后者更为重要。

二、见于《大学章句》的一例"程子云"

《大学章句·传十章》指出："见贤而不能举，举而不能先，命也；见不善而不能退，退而不能远，过也。"朱熹注："命，郑氏云：'当作"慢"。'程子云：'当作"怠"。'未详孰是。"① 其中，"郑氏云"语出《礼记正义》卷六〇《大学》："命，读为'慢'，声之误也。举贤而不能使君以先己，是轻慢于举人也。"② "程子云"语出《河南程氏经说》卷五《礼记·伊川先生改正大学》："见贤而不能举，举而不能先，命也。（作'怠'之误也。）"③ 又见《河南程氏外书》卷一一《时氏本拾遗》："《大学》'举而不能先，命也'，'命'当作'怠'，字之误也。"④

从本文的论题看，《四书章句集注》仅此一例的"程子云"是"程子曰"的变例。"未详孰是"是揭开"程子云"作为变例的抓手，而且关联着《大学章句》如何对待《伊川先生改正大学》的校勘成果。

《大学章句》三见作为常例的"程子曰"。其一，《经一章》指出："大学之道，在明明德，在亲民，在止于至善。（程子曰：'亲，当作"新"。'）"朱熹

---

① ［宋］朱熹：《四书章句集注》，第 12 页。
② ［清］阮元校刻：《十三经注疏（附校勘记）》下册，第 1675 页中栏。
③ ［宋］程颢、程颐著，王孝鱼点校：《二程集》第 4 册，第 1132 页。
④ ［宋］程颢、程颐著，王孝鱼点校：《二程集》第 2 册，第 410 页。

又注:"新者,革其旧之谓也。言既自明其明德,又当推以及人,使之亦有以去其旧染之污也。"① "程子曰"语出《伊川先生改正大学》:"大学之道,在明明德,在亲(当作'新')民,在止于至善。"② 其二,《传五章》指出:"此谓知本,(程子曰:'衍文也。')此谓知之至也。(此句之上别有阙文,此特其结语耳。)"③ "程子曰"语出《伊川先生改正大学》:"无情者不得尽其辞,大畏民志,此谓知本。(四字衍。)此谓知本,此谓知之至也。"④ 其三,《传七章》指出:"所谓修身在正其心者,身有所忿懥,则不得其正;有所恐惧,则不得其正;有所好乐,则不得其正;有所忧患,则不得其正。(程子曰:'"身有"之"身"当作"心"。')"朱熹又注:"盖是四者,皆心之用,而人所不能无者。然一有之而不能察,则欲动情胜,而其用之所行,或不能不失其正矣。"⑤ "程子曰"语出《伊川先生改正大学》:"所谓修身在正其心者:身(当作'心')有所忿懥,则不得其正;有所恐惧,则不得其正;有所好乐,则不得其正;有所忧患,则不得其正。"⑥

以上引文的括弧内文字,见于《大学章句》者是朱熹的注文,见于《伊川先生改正大学》者是程颐的校勘。以"亲民"作"新民",以"此谓知本"作衍文,以"身有所忿懥"作"心有所忿懥",均是朱熹肯定地采借了程颐的校勘成果。"此谓知本"作为衍文,朱熹改动了程颐置放文字的位置,这也是需要注意的。

《大学章句》对程颐的校勘成果亦有未予采借者。其一,《传八章》指出:"所谓齐其家在修其身者……"⑦《伊川先生改正大学》指出:"所谓齐其('其'字衍)家在修其身者……"⑧ 其二,《传十章》指出:"此谓国不以利为

---

① [宋]朱熹:《四书章句集注》,第3页。
② [宋]程颢、程颐著,王孝鱼点校:《二程集》第4册,第1129页。
③ [宋]朱熹:《四书章句集注》,第6页。
④ [宋]程颢、程颐著,王孝鱼点校:《二程集》第4册,第1130页。
⑤ [宋]朱熹:《四书章句集注》,第8页。
⑥ [宋]程颢、程颐著,王孝鱼点校:《二程集》第4册,第1130页。
⑦ [宋]朱熹:《四书章句集注》,第8页。
⑧ [宋]程颢、程颐著,王孝鱼点校:《二程集》第4册,第1130页。

利，以义为利也。"①《伊川先生改正大学》指出："此谓国不以利为利，以义为利也。（一本云：'彼为不善之小人，使之为国家。'）"②这两处校勘成果未被朱熹采借③。

笔者2019年5月在孟子故里邹城参与陈来、王志民先生主持的《大学解读》，曾经注意到"程子云"与"程子曰"的差异，并且略有解释④。借此机会，试作详细说明如下：《伊川先生改正大学》有六处校勘成果。《大学章句》未予采借者有两处，予以采借者有四处；其中，被肯定地采借了三处，被存疑地采借了一处。因其存疑地采借，故曰"程子云"；因其肯定地采借，故云"程子曰"。因《四书章句集注》冠以"程子曰"者几乎为肯定地采借，故为常例；因《四书章句集注》仅此一例冠以"程子云"，又与郑玄对比而"未详孰是"，故为变例。《朱子语类》卷一九《论语一·语孟纲领》记载："或问：'《集注》有两存者，何者为长？'曰：'使某见得长底时，岂复存其短底？只为是二说皆通，故并存之。然必有一说合得圣人之本意，但不可知尔。'复曰：'大率两说，前一说胜。'"⑤钱穆的《谈朱子的论语集注》指出："惟两说并存，在朱子意中总是前说较胜于后说。"⑥"郑氏云"在前，"程子云"在后，可见"未详孰是"四字当中也隐藏了玄机。

三、见于《论语集注》的三例"程子曰○程子曰"

从《四书章句集注》看"程子曰○程子曰"（亦即本文标题所说的连用

---

① ［宋］朱熹：《四书章句集注》，第13页。
② ［宋］程颢、程颐著，王孝鱼点校：《二程集》第4册，第1132页。
③ 参见杨海文：《为齐家而修身：〈大学〉传八章的思想史阐释》，《中国哲学史》2020年第3期，第30页。
④ 参见陈来、王志民主编：《大学解读》，济南：齐鲁书社，2019年，第122—124页；杨海文：《为修身而正心：〈大学〉传七章的思想史阐释》，《江南大学学报（人文社会科学版）》2020年第1期，第8页。
⑤ ［宋］黎靖德编，王星贤点校：《朱子语类》第2册，第438页。
⑥ 钱穆：《孔子与论语》，北京：九州出版社，2011年，第79页。

"程子曰"),这一变例只是三见于《论语集注》。为了叙述的方便,我们完整地过录《论语集注》这三章的经文与注文(括弧内为注文)。

《论语集注》卷一《学而》涉及第一例"程子曰〇程子曰"的全文为:

> 子曰:"君子不重则不威,学则不固。(重,厚重;威,威严;固,坚固也。轻乎外者,必不能坚乎内。故不厚重则无威严,而所学亦不坚固也。)主忠信,(人不忠信,则事皆无实,为恶则易,为善则难,故学者必以是为主焉。程子曰:'人道惟在忠信,不诚则无物。且"出入无时,莫知其乡"者,人心也。若无忠信,岂复有物乎?')无友不如己者,('无''毋'通,禁止辞也。友所以辅仁,不如己,则无益而有损。)过则勿惮改。"(勿,亦禁止之辞。惮,畏难也。自治不勇,则恶日长。故有过则当速改,不可畏难而苟安也。程子曰:"学问之道无他也,知其不善,则速改以从善而已。"〇程子曰:"君子自修之道当如是也。"游氏曰:"君子之道,以威重为质,而学以成之。学之道,必以忠信为主,而以胜己者辅之。然或吝于改过,则终无以入德,而贤者亦未必乐告以善道,故以过勿惮改终焉。")①

〇之前的"程子曰"语出《周易程氏传》卷二《周易上经下·复》:"不远而复者,君子所以修其身之道也。学问之道无他也,唯其知不善,则速改以从善而已。"②〇之后的"程子曰"语出《河南程氏经说》卷六《伊川先生论语解·学而》:"子曰:'君子不重则不威。'不厚重则无威仪,所学不能安固。所主在于忠信,所亲者必忠信。迁善不可不速。君子之自修当如是也。"③

以下两条材料与这一例"程子曰〇程子曰"或多或少有些关系:

---

① [宋]朱熹:《四书章句集注》,第50页。
② [宋]程颢、程颐著,王孝鱼点校:《二程集》第3册,第820页。
③ [宋]程颢、程颐著,王孝鱼点校:《二程集》第4册,第1134页。

吴知先问"过则勿惮改"。曰:"程子所谓'知其不善则速改以从善',曲折专以'速改'字上着力。若今日不改,是坏了两日事;明日不改,是坏了四日事。今人只是惮难,过了日子。"(铢。时举录云:"最要在'速'字上着力。凡有过,若今日过愈深,则善愈微。若从今日便改,则善可自此而积。")(《朱子语类》卷二一《论语三·学而篇中·君子不重则不威章》)①

曰:谢氏所谓此章非论生知安行,如何?曰:圣人之言,皆为学者而言也。若生知安行,则固无所待于圣人之言矣,岂独此章而已哉!谢氏独以此章为非论生知安行者,则其于他章宜其每每过高而失之也。且人之为过,亦有浅深,不必专以过而改为困而学之事。以其所引颜渊、季路之事观之,亦自可见。盖此章之说,惟游氏为无病,而杨氏取友改过之说亦善,详味之可见。(《论语或问》卷一《学而第一》)②

依据前一条材料,可知〇之前的"程子曰"旨在解释《论语》本章的收句"过则勿惮改",属于句解。依据后一条材料说的"盖此章之说,惟游氏为无病",可知〇之后的"程子曰"及其紧接的"游氏曰"旨在解释《论语》本章的旨意,属于章指。程颐将"不厚重则无威仪,所学不能安固。所主在于忠信,所亲者必忠信。迁善不可不速"总结为"君子之自修当如是也",朱熹截取此一总结作为章指。要之,这一例"程子曰〇程子曰"具有"句解+章指"的含义。其他两例也是如此吗?

《论语集注》卷四《述而》涉及第二例"程子曰〇程子曰"的全文为:

子曰:"君子坦荡荡,小人长戚戚。"(坦,平也。荡荡,宽广貌。

---

① [宋]黎靖德编,王星贤点校:《朱子语类》第2册,第506页。
② [宋]朱熹撰,朱杰人、严佐之、刘永翔主编:《朱子全书》(修订本)第6册,第624页。

程子曰:"君子循理,故常舒泰;小人役于物,故多忧戚。"〇程子曰:"君子坦荡荡,心广体胖。")①

〇之前的"程子曰"语出《河南程氏经说》卷六《伊川先生论语解·述而》:"'君子坦荡荡,小人长戚戚。'君子循理,故舒泰荡荡然。小人役于物,故多忧戚。"②此乃句解。〇之后的"程子曰"语出《河南程氏遗书》卷一一《明道先生语一·师训》:"君子坦荡荡,心广体胖。"③此乃章指。这一例"程子曰〇程子曰"亦具有"句解+章指"的含义。

《论语集注》卷七《宪问》涉及第三例"程子曰〇程子曰"的全文为:

子曰:"古之学者为己,今之学者为人。"(为,去声。〇程子曰:"为己,欲得之于己也。为人,欲见知于人也。"〇程子曰:"古之学者为己,其终至于成物。今之学者为人,其终至于丧己。"愚按:圣贤论学者用心得失之际,其说多矣,然未有如此言之切而要者。于此明辨而日省之,则庶乎其不昧于所从矣。)④

《论语精义》卷七下《宪问》指出:"伊川《解》曰:'为己,欲得之于己也。为人,欲见知于人也。'"⑤此《解》是指《河南程氏经说》卷六《伊川先生论语解》。《论语解》存至《子罕》,而《乡党》以下均佚⑥。所以,第一个〇的"程子曰"不见于《二程集》,《程书分类》卷七《论语·宪问》径直认为它出自《论语注》(亦即《论语集注》)⑦。第二个〇的"程子曰"语出《河南程氏

---

① [宋]朱熹:《四书章句集注》,第102页。
② [宋]程颢、程颐著,王孝鱼点校:《二程集》第4册,第1147页。
③ [宋]程颢、程颐著,王孝鱼点校:《二程集》第1册,第134页。
④ [宋]朱熹:《四书章句集注》,第155页。
⑤ [宋]朱熹撰,朱杰人、严佐之、刘永翔主编:《朱子全书》(修订本)第7册,第496页。
⑥ 参见[宋]程颢、程颐著,王孝鱼点校:《二程集》第4册,第1150页。
⑦ 参见[宋]程颢、程颐著,[朝]宋时烈编,[韩]徐大源点校:《程书分类》上册,第318页。

遗书》卷二五《伊川先生语十一·畅潜道录》:"'古之学者为己',其终至于成物。今之学者为物,其终至于丧己。"① 前者属于句解,后者属于章指,这一例"程子曰〇程子曰"同样具有"句解+章指"的含义。

"句解""章指"是分析以上三例"程子曰〇程子曰"的关键词,其含义需要进一步说明。笔者在教学实践中曾以《孟子集注》卷三《公孙丑章句上》第6章的末段注文为例②,认为它包括音读、字训、经意、章指、他说、愚按等六部分,而且是《四书章句集注》注释体例最复杂的体现。具体到本节的三例,朱熹没有撰写经意,而是以第一个〇的"程子曰"当作经意,所谓"句解"是对"经意"的通俗表述;朱熹同样没有撰写章指,而是以第二个〇的"程子曰"当作章指。它们足以显示朱熹对程子之言的重视与认同。如果朱熹撰写了经意、章指,这里的"程子曰"就属于"他说",其重要性将有所降低。

〇是《四书章句集注》常见的符号标识,但罕见有人深入探讨,仅有前引钱穆的《谈朱子的论语集注》等少数并非专题性的文献可供参阅③。具体到本节的论题,〇的功能在于将句解、章指这两个不同类型的注文区别开来。这种情形在《四书章句集注》中仅有三例,所以属于变例。何谓常例呢?朱熹时常连用"程子曰","程子曰+又曰"就是常例。两者的区分在于:常例关涉的注文属于"他说"的同一类型,而变例关涉的注文属于"句解""章指"的不同类型。对于变例而言,〇醒目的划区作用、间隔功能至关重要。

四、见于《孟子集注》的两例"程子又曰"

(一)第一例"程子又曰"

《孟子集注·孟子序说》录程子之言六条,前三条为:

---

① [宋]程颢、程颐著,王孝鱼点校:《二程集》第1册,第325页。
② 参见[宋]朱熹:《四书章句集注》,第238页。
③ 参见钱穆:《孔子与论语》,第78—79页。

或问于程子曰:"孟子还可谓圣人否?"程子曰:"未敢便道他是圣人,然学已到至处。"(愚按:"至"字,恐当作"圣"字。)

程子又曰:"孟子有功于圣门,不可胜言。仲尼只说一个'仁'字,孟子开口便说仁义。仲尼只说一个志,孟子便说许多养气出来。只此二字,其功甚多。"

又曰:"孟子有大功于世,以其言性善也。"①

第一条语出《河南程氏遗书》卷一九《伊川先生语五·杨遵道录》:"邓文孚问:'孟子还可为圣人否?'曰:'未敢便道他是圣人,然学已到至处。'"②第二条语出《河南程氏遗书》卷一八《伊川先生语四·刘元承手编》:"孟子有功于圣门不可言。如仲尼只说一个仁义('立人之道曰仁与义'),孟子开口便说仁义;仲尼只说一个志,孟子便说许多养气出来。只此二字,其功甚多。"③

前两条的语源确切,但第三条的语源模糊。一方面,《二程集》言"性善"二字少,言"大功"二字尤少,无《孟子序说》此条。可以匹配者,一是《河南程氏遗书》卷一《二先生语一·端伯传师说》指出:"凡人说性,只是说'继之者善'也,孟子言人性善是也。"④二是《河南程氏粹言》卷二《圣贤篇》指出:"子曰:人有颜子之德,则有孟子之事功。孟子之事功,与禹、稷并。"⑤另一方面,《孟子精义纲领》录伊川之言:"孟子有大功于世,以其言性善而已。"⑥可见《孟子序说》此条是朱熹守正创新程子之言使然,旨在凸显《孟子·滕文公上》首章所说"孟子道性善"独特的历史贡献及其人文价值。

以上是《四书章句集注》出现第一例"程子又曰"的上下文语境。单行

---

① [宋]朱熹:《四书章句集注》,第199页。
② [宋]程颢、程颐著,王孝鱼点校:《二程集》第1册,第255页。
③ 同上书,第221页。
④ 同上书,第10页。
⑤ [宋]程颢、程颐著,王孝鱼点校:《二程集》第4册,第1236页。
⑥ [宋]朱熹撰,朱杰人、严佐之、刘永翔主编:《朱子全书》(修订本)第7册,第643页。

本中的《孟子序说》将司马迁、韩愈、二程、杨时的12条文献都用单独的一段处理,《宋本孟子集注·孟子序说》则将每人的那一部分都当作一大段处理。对于本文过录的这三条,《宋本孟子集注》的表述为：

> 或问于程子曰:"孟子还可谓圣人否?"程子曰:"未敢便道他是圣人,然学已到至处。"(愚按:"至"字,恐当作"圣"字。)〇程子又曰:"孟子有功于圣门,不可胜言。仲尼只说一个'仁'字,孟子开口便说仁义。仲尼只说一个志,孟子便说许多养气出来。只此二字,其功甚多。"〇又曰:"孟子有大功于世,以其言性善也。"①

问题在于:"程子又曰"为何是"程子曰"的变例呢? 先看前两条的结构。第一条由两个部分组成,每一部分都有自身的说话人。第二条由一个部分组成,亦即只有一位说话人。这两条的结构可以视作"(1+1)+1"。再看后两条的结构。它们都由一个部分组成,亦即都只有一位说话人。这两条的结构可以视作"1+1"。这一语句结构分析试图达成的结论是:当且仅当第一条有两位说话人,而且其中必有"程子曰"的常例,但可不分先后,那么,第二条方可使用"程子又曰"的变例;如果第三条的唯一说话人又是程子,就会恢复为常例,《孟子序说》录程子之言的后四条就是依据"程子曰+又曰"的常例而冠以"又曰"。

(二)第二例"程子又曰"

"(1+1)+1"的语句结构分析是判定以上"程子又曰"作为变例的抓手,它同样可以用于辨析《孟子集注》卷一一《告子章句上》第7章末段出现的第二例"程子又曰"。与第一例相比,第二例的情形比较复杂,盖因两种通

---

① [宋]朱熹集注:《宋本孟子集注》第1册,北京:国家图书馆出版社,2016年,第7—8页。按:两种通行本均无〇的符号标识。

行本的标点符号各不相同。如果不能做出准确的断句,势必遮掩这一例"程子又曰"作为变例的含义。

先看单行本的断句:

> 然,犹可也。草食曰刍,牛羊是也;谷食曰豢,犬豕是也。程子曰:"在物为理,处物为义,体用之谓也。孟子言人心无不悦理义者,但圣人则先知先觉乎此耳,非有以异于人也。"程子又曰:"理义之悦我心,犹刍豢之悦我口,此语亲切有味。须实体察得理义之悦心,真犹刍豢之悦口,始得。"①

再看全书本的断句:

> 然,犹可也。草食曰刍,牛羊是也。谷食曰豢,犬豕是也。〇程子曰:"在物为理,处物为义,体用之谓也。孟子言人心无不悦理义者,但圣人则先知先觉乎此耳,非有以异于人也。"程子又曰:"理义之悦我心,犹刍豢之悦我口。"此语亲切有味。须实体察得理义之悦心,真犹刍豢之悦口,始得。②

断句是否准确,关键在于引文是否有与之对应的语源。在我们看来,其准确断句当是:

> 然,犹可也。草食曰刍,牛羊是也;谷食曰豢,犬豕是也。〇③程子曰:"在物为理,处物为义,体用之谓也。"孟子言人心无不悦理义

---

① [宋]朱熹:《四书章句集注》,第330页。
② [宋]朱熹撰,朱杰人、严佐之、刘永翔主编:《朱子全书》(修订本)第6册,第401页。
③ [宋]朱熹集注:《宋本孟子集注》第4册,第94页。按:单行本无〇的符号标识。

者,但圣人则先知先觉乎此耳,非有以异于人也。程子又曰:"'理义之悦我心,犹刍豢之悦我口',此语亲切有味。须实体察得理义之悦心,真犹刍豢之悦口,始得。"

这是因为"程子曰"至"程子又曰"的中间一段包括两部分,既有语出《二程集》者,又有不见于《二程集》者。一方面,《河南程氏粹言》卷一《论道篇》指出:"或问:'理义何以异?'子曰:'在物为理,处物为义。'"①《河南程氏遗书》卷一一《明道先生语一·师训》指出:"理义,体用也。(理义之说我心。)"② 这是所谓"在物为理,处物为义,体用之谓也"语出《二程集》者。《孟子精义》卷一一《告子章句上·"孟子曰富岁子弟多赖"章》亦指出:"明道曰:'人心之所同者,何也?谓理也,义也。何谓理?何谓义?学者当深思。'又曰:'理义,体用也。'"③ 另一方面,所谓"孟子言人心无不悦理义者,但圣人则先知先觉乎此耳,非有以异于人也",则是不见于《二程集》者。语出《二程集》者,自然是程子之言;而不见于《二程集》者,显然是朱熹之言。不明于此,就会像两种通行本那样误断。

"程子又曰"语出《河南程氏外书》卷一二《传闻杂记》:"'孟子曰:"养心莫善于寡欲。"此一句如何?'谢子曰:'吾昔亦曾问伊川先生,曰:"此一句浅近,不如'理义之悦我心,犹刍豢之悦我口',最亲切有滋味。然须是体察得理义之悦我心,真个犹刍豢始得。"'"④ 据此可知单行本的断句大体准确,但全书本的断句有误。

对于此例当中"程子曰"至"程子又曰"的中间一段,人们凭借语感可判两种通行本的点读有误。有论者认为"在物为理,处物为义"属于程子之言,

---

① [宋]程颢、程颐著,王孝鱼点校:《二程集》第4册,第1175页。
② [宋]程颢、程颐著,王孝鱼点校:《二程集》第1册,第133页;按:"说"同"悦"。
③ [宋]朱熹撰,朱杰人、严佐之、刘永翔主编:《朱子全书》(修订本)第7册《论语精义》,第777页。
④ [宋]程颢、程颐著,王孝鱼点校:《二程集》第2册,第425页。

而"体用之谓也"以下属于朱熹之言①。阅读的语感与引文的溯源是重要的，但体例更关键。从语句结构分析看，"(1+1)+1"在此体现为"(程子曰＋朱熹曰[隐去说话人身份])＋程子又曰"。正因朱熹之言被隐去说话人身份，如果不做准确的引文溯源，尤其是缺乏"程子又曰"作为变例的体例意识，那么，就不能确定"程子曰"的收句之所在，于是像两种通行本那样误断也就在所难免。

综上所述，《四书章句集注》引语常见的"程子曰＋又曰"属于常例，仅有《孟子集注》两次使用的"程子曰＋程子又曰"属于变例。此一变例旨在提示前文由两人之言组成，其中一位必是程子。常例、变例都是体例的有机组成部分。明于《孟子集注》两言"程子曰＋程子又曰"的体例问题，方能洞察二者之间隐含的曲折。"程子曰＋又曰"均可点作"程子曰：'……'又曰：'……'"，但"程子曰＋程子又曰"的句读则需三思而后行。

五、朱子四书学研究的一项重要课题

笔者曾指出：《孟子集注》"言简意赅，详略得当，体例谨严，致思缜密，因注大经典而成为新经典"②。钱穆曾指出：《论语集注》"如此之类，照理应在《集注》有一个'例言'，把他编撰之意加以说明，可惜朱子没有作。后人读《集注》，看似易，实不易"③。既是体例谨严，但又未作例言，所以后人读《四书章句集注》"看似易，实不易"。《四书章句集注》的体例问题，作为朱子四书学研究的一项重要课题，值得深入全面地铺开。

本文认为《四书章句集注》表述"程子曰"有四种变例：一是见于《大

---

① 参见赖区平：《〈四书章句集注〉校读记》，《儒家典籍与思想研究》第8辑，北京：北京大学出版社，2016年，第130—131页。本文写作期间，赖区平（中山大学哲学系副教授）告知笔者，句读当作："程子曰：'在物为理，处物为义，体用之谓也。'"
② 参见杨海文：《〈孟子〉极简史：历史、思想与读法》，《中共宁波市委党校学报》2020年第5期，第49页。
③ 参见钱穆：《孔子与论语》，第79页。

学章句》《中庸章句》的两例"子程子曰",既具有等值《读论语孟子法》的"读法"含义,又具有独尊二程理学的"道统"含义,后者更为重要;二是见于《大学章句》的一例"程子云",意在表明存疑地采借程子之言;三是见于《论语集注》的三例"程子曰○程子曰",以○为标识,试图将句解、章指这两个不同层次的注文区别开来;四是见于《孟子集注》的两例"程子又曰",旨在提示前文由两人之言组成,其中一位必是程子。从体例的角度明于这四种变例,不仅可以准确地对原文做出句读,而且更能深刻地理解朱熹的思想。

本文的努力显然只是局部的探讨,而且内含着若干不足。其一,《四书章句集注》表述"程子曰",是否仅有这四种变例呢?譬如《孟子集注》卷一四《尽心章句下》末章的最后一段注文为:"○有宋元丰八年,河南程颢伯淳卒。潞公文彦博题其墓曰:'明道先生。'而其弟颐正叔序之曰:……"[1] 本文开篇将"文彦博"视作"某氏曰"的变例,但未将"正叔"视作"程子曰"的变例,似乎就有些不周延。其二,本文处理"某氏曰"的变例,因为目前尚未进行个案研究,所以有待进一步完善。凡此种种,期待方家不吝指教。

具体到本文的研究,《四书章句集注》尚有一例"程子曰"不能归于肯定地采借[2]。先看《孟子》9·6:"汤崩,太丁未立,外丙二年,仲壬四年。太甲颠覆汤之典刑……"再看《孟子集注》卷九《万章章句上》:"赵氏曰:'太丁,汤之太子,未立而死。外丙立二年,仲壬立四年,皆太丁弟也。太甲,太丁子也。'程子曰:'古人谓岁为年。汤崩时,外丙方二岁,仲壬方四岁,惟太甲差长,故立之也。'二说未知孰是。"[3] 此例"程子曰"与上文"赵氏曰"对言,同样表示"二说未知孰是"之意。如依本文第二节所论,此例"程子曰"当作"程子云"。朱熹为何未做类似的处理呢?这似乎潜在地表明:常例较易遵

---

[1] [宋]朱熹:《四书章句集注》,第377页。
[2] 此例由郭矩铭(中山大学哲学系博士研究生)告知,特此致谢。
[3] [宋]朱熹:《四书章句集注》,第309页。

行,而变例实难贯彻。完善其关联,寄望于来日方长;坦承此不足,方能心安而理得。

《四书章句集注》征引最多者是程子之言,几乎达到总数的三分之一。朱熹究竟如何看待二程呢?钱穆在《谈朱子的论语集注》一文中多次强调程朱之异,如说:

> 今检《集注》,统计它引用二程语,十分七八都放在圈下。这可证明朱子认为二程之说,非经"天平称过",非与孔子原语意义一致。圈下又有"按",这是朱子覆按那些圈下所引的话。诸位当知,朱子一生崇拜二程,后人也认他属于二程一脉的学统,故合称之为程朱;但在《论语集注》中,二程语多半放在圈下。如再把《二程遗书》中所有说《论语》的各条抄出,会发现很多为朱子所遗弃,即在圈下亦不予称引的。此乃与朱子起先由二程之说来探讨孔孟思想的途径大有不同了。西方人说:"吾爱吾师,吾尤爱真理。"朱子的治学精神,实亦如此! ①

朱熹与二程的思想差异是显而易见的,否则《四书章句集注》不可能成为程朱理学乃至整个中国儒学史上的守正创新之作。尊二程为道统,可谓《四书章句集注》对于二程予以守正一面的鲜明体现。它不仅包括本文重点分析过的变例"子程子曰",而且包括《孟子集注》末章全文征引了程颐的《明道先生墓表》②。正是在此前提下,朱熹指出:"程先生《经解》,理在解语内。某集注《论语》,只是发明其辞,使人玩味经文,理皆在经文内。"(《朱

---

① 钱穆:《孔子与论语》,第78—79页。
② 《河南程氏遗书》附录《伊川先生年谱》指出:"先生既没,昔之门人高弟,多已先亡,无有能形容其德美者。然先生尝谓张绎曰:'我昔状明道先生之行,我之道盖与明道同。异时欲知我者,求之于此文可也。'"([宋]程颢、程颐著,王孝鱼点校:《二程集》第1册,第346页)

子语类》卷一九《论语一·语孟纲领》)① 从"理在解语内"到"理在经文内",可谓《四书章句集注》对于二程予以创新一面的鲜明体现。就此而言,本文考证《四书章句集注》表述"程子曰"的四种变例,最终目的在于更好地领会朱熹用毕生精力注释《学》《论》《孟》《庸》四部大经典的体例与义理。无体则不立,本立而道生,斯之谓也。

---

① [宋]黎靖德编,王星贤点校:《朱子语类》第2册,第438页。

重订曲阜孔庙元代加封孔子碑两通*

据《元史》卷二二《武宗本纪一》记载，大德十一年（1307）秋七月辛巳，加封至圣文宣王为大成至圣文宣王①。"大成"二字典出《孟子·万章下》第1章："孔子之谓集大成。集大成也者，金声而玉振之也。"（《孟子》10·1）②阎复（1236—1312）时任翰林学士承旨等职，其《静轩集》卷四《加号大成诏书碑阴记》有云："噫！自木铎声沉千八百年，有国家者追崇圣号非一。至唐㊉宗始进爵为文宣王，宋真宗加'至圣'二字。是皆议出一时，虽口徽美之称，孰若我朝取孟子之言为准，以圣誉圣之深切著明也！"③

元代以前，有两位皇帝加封孔子最为给力：一是唐玄宗李隆基（685—762，在位时间为712—756）封孔子为文宣王。据《旧唐书·玄宗本纪下》记载，开元二十七年（739）八月甲申，"制追赠孔宣父为文宣王，颜回为兖国公，余十哲皆为侯，夹坐"。④这里有意味者，南朝的萧子良（460—494）早被封为文宣王。《南齐书·武十七王列传》有竟陵文宣王萧子良本传⑤，《弘明集》卷一一存其《文宣王书与中丞孔稚珪释疑惑（并笺答也）》一文⑥。

---

* 原载《西夏研究》2013年第3期，第20—29页。
① 参见［明］宋濂等：《元史》第2册，第484页。
② 杨伯峻：《孟子译注》，第215页。
③ ［元］阎复：《静轩集》，《元人文集珍本丛刊》第2册，台北：新文丰出版公司，1985年，第551页下栏。
④ ［后晋］刘昫等：《旧唐书》第1册，第211页。
⑤ 参见［南朝梁］萧子显：《南齐书》（精装本）第2册，北京：中华书局，1972年，第692—701页。
⑥ 参见［南朝梁］僧祐：《弘明集》，［唐］道宣：《广弘明集》，上海：上海古籍出版社，1991年，第73页上栏—74页上栏。

二是宋真宗赵恒（968—1022，在位时间为 997—1022）先封孔子为玄圣文宣王，继而改封为至圣文宣王。据《宋史·礼志·吉礼八》"文宣王庙"条，大中祥符元年（1008），"诏追谥曰玄圣文宣王，祝文进署，祭以太牢，修饰祠宇，给便近十户奉茔庙"①；据《宋史·真宗本纪三》，大中祥符五年（1012）十二月壬申，"改谥玄圣文宣王曰至圣文宣王"②。这里可注意者，北宋已以"大成"命名辟雍的文宣王殿。据《宋史》"文宣王庙"条，崇宁（1102—1106）初，"诏辟雍文宣王殿以'大成'为名"③；政和三年（1113），"颁辟雍大成殿名于诸路州学"④。

具体到曲阜孔庙，有两通碑刻与元武宗孛儿只斤·海山（1281—1311，在位时间为 1307—1311）这一加封圣旨密切相关：一是题署时间为大德十一年的《加封孔子诏碑》，现位于孔庙十三碑亭东起第四亭内中偏东；二是题署时间可视为至大元年（1308）的《加封孔子圣旨及致祭先师颜孟祝文碑》，现位于孔庙十三碑亭南面西起第三亭内东排南石。前者曾由曲阜孔庙、京师国子监并遍布全国勒石褒章，但曲阜孔庙碑与全国各地碑的汉译部分存有细微的文字差异；后者曾由蔡美彪（1928—2021）、骆承烈（1935—　）先后过录，但两个誊本的文字差异极大。本文拟以原碑拓片或照片为依据，重订曲阜孔庙这两通尊崇孔子的元碑。

一、第一通《加封孔子诏碑》

今人编纂的《全元文》卷六九二《元成宗二》，从《蔚州志》卷九录出《加封孔子诏碑（大德十一年七月）》。全文如下：

---

① ［元］脱脱等：《宋史》第 8 册，第 2548 页。
② ［元］脱脱等：《宋史》第 1 册，第 152 页。
③ ［元］脱脱等：《宋史》第 8 册，第 2550 页。
④ ［元］脱脱等：《宋史》第 8 册，第 2551 页。

上天眷命，皇帝圣旨：盖闻先孔子而圣者，非孔子无以明；后孔子而圣者，非孔子无以法。所谓祖述尧、舜，宪章文、武，仪范百王，师表万世者也。朕纂承丕绪，敬仰休风，循治古之良规，举追封之盛典，加号大成至圣文宣王。遣使阙里，祀以太牢。於戏！父子之亲，君臣之义，永维圣教之尊；天地之大，日月之明，奚罄名言之妙。尚资神化，祚我皇元。主者施行。①

《全元文》将《加封孔子诏碑》的作者定为元成宗孛儿只斤·铁穆耳（1265—1307，在位时间为1294—1307），此乃明显的误断。盖因大德十一年春正月癸酉，成宗"崩于玉德殿，在位十有三年，寿四十有二"（《元史·成宗本纪四》）②；同年五月甲申，武宗即位于上都（《元史·武宗本纪一》）③。另，经复核，《全元文》所录文字，与《[光绪]蔚州志》卷九《元加封孔子诏碑（有阴）》一致④。

据邢鹏考释，北京国子监孔庙此碑的文字为：

> 上天眷命
> 皇帝圣旨盖闻先孔子而圣者非孔子无以明后孔
> 子而圣者非孔子无以法所谓祖述尧舜宪章
> 文武仪范百王师表万世者也朕纂承丕绪敬
> 仰休风循治古之良规举追封之盛典加号
> 大成至圣文宣王遣使阙里祀以太牢于⑤戏父子
> 之亲君臣之义永惟圣教之尊天地之大日月

---

① 李修生主编：《全元文》第22册，南京：凤凰出版社，2004年，第253—254页。
② [明]宋濂等：《元史》第2册，第472页。
③ 同上书，第478页。
④ 参见[清]杨笃：《[光绪]蔚州志》，国家图书馆善本金石组编：《辽金元石刻文献全编》第3册，北京：北京图书馆出版社，2003年，第935页上栏。
⑤ 按："于"当作"於"，盖因"於戏"不能简化为"于戏"。

之明奚馨名言之妙尚资神化祚我

皇元主者施行

大德十一年七月十九日

奉训大夫国子司业臣潘迪书亚中大夫国子司业臣谢端篆臣茅绍之刻①

比对上面两种碑文，有差异者乃"永口圣教之尊"一句，蔚州文庙碑作"维"，国子监孔庙碑作"惟"。中国国家图书馆网站曾公布《加封孔子诏碑》的拓片藏品五幅，其中有河北蔚县文庙碑，索书号为"各地1393"。今蔚县即古蔚州②。经比对，蔚县文庙碑拓片作"惟"，并不作"维"。以"惟"为"维"，实乃《[光绪]蔚州志》及《全元文》的误写。

骆承烈汇编的《石头上的儒家文献——曲阜碑文录》收有《大德十一年加封制诏碑》，全文为：

上天眷命，皇帝圣旨：盖闻先孔子而圣者，非孔子无以明；后孔子而圣者，非孔子无以法。所谓祖述尧、舜，宪章文、武，仪范百王，师表万世者也。朕缵承丕绪，敬仰休风，循治古之良规，举追封之盛典，加号大成至圣文宣王。遣使阙里，祀以太牢。呜呼！父子之亲，君臣之义，永惟圣教之尊；天地之大，日月之明，奚馨名言之妙。尚资神化，祚我皇元。主者施行。

大德十一年九月　日③

"篆"作"缵"，"於戏"作"呜呼"，此乃曲阜孔庙碑与前述蔚州文庙碑、

---

① 参见邢鹏：《北京国子监孔庙元代〈加号诏书〉碑考》，《中国文物报》2006年11月15日，第5版。
② 按："蔚县""蔚州"之"蔚"，音yù。
③ 骆承烈汇编：《石头上的儒家文献——曲阜碑文录》上册，济南：齐鲁书社，2001年，第250页。

国子监孔庙碑的两处差异。国图公布的《加封孔子诏碑》拓片藏品，亦有曲阜孔庙碑，索书号为"顾专1046"。经比对，骆录与拓片一致。

以上列举的三碑，其题署时间并不一样：国子监孔庙碑署"大德十一年七月十九日"，蔚州文庙碑署"大德十一年七月"，曲阜孔庙碑署"大德十一年九月"。其实，议定圣号，时在七月；颁发诏书，时在九月。因而，曲阜孔庙碑的题署时间合乎历史事实，国子监孔庙碑及蔚州文庙碑将它提前了两个月。另外，读各种金石志和访碑录，我们当知其云"……年立"者均指题署时间，而实际的立碑时间通常不等于，而是晚于碑上的题署时间。比如，国子监孔庙碑实际立于至元二年（1336）十月①，安徽当涂文庙碑实际立于至正二年（1342）六月②。这是因为：据云南大理发现的加封孔子圣旨及立碑文告，至大二年（1309）五月十九日，钦定全国立石；颁发此一圣旨，则在九月以后③。

除了题署时间不同，曲阜孔庙碑与全国各地碑的碑文差异也值得探究。七月份议定圣号后，加封圣旨由阁复九月份草拟。《元文类》卷一一《制》录其《加封孔子制（大德十一年九月）》：

> 盖闻先孔子而圣者，非孔子无以明；后孔子而圣者，非孔子无以法。所谓祖述尧、舜，宪章文、武，仪范百王，师表万世者也。朕纂承丕绪，敬仰休风，循治古之良规，举追封之盛典，加号大成至圣文宣王。遣使阙里，祀以太牢。於戏！父子之亲，君臣之义，永惟圣教之尊；天地之大，日月之明，奚罄明言之教。尚资神化，祚我皇元。④

---

① 参见邢鹏：《北京国子监孔庙元代〈加号诏书〉碑考》，《中国文物报》2006年11月15日，第5版。
② 参见李森、傅冬华：《青州文宣王碑额探考》，《中国文物报》2009年2月18日，第6版。
③ 参见杨益清：《大理发现元初同刻一石的加封孔子圣旨及立碑文告》，《文物》1987年第11期，第96页。
④ ［元］苏天爵编：《元文类》，《景印文渊阁四库全书》第1367册，第134页下栏。

阎复作于至大三年（1310）的《加号大成诏书碑阴记》亦云：

> 大德丁未秋，近臣传旨，议加至圣文宣王封号。臣复承乏翰林，获预其议。窃谓自古称夫子者多矣，而莫如孟子。孟子曰："自有生民以来，未有孔子也。"又曰："伯夷，圣之清者也；伊尹，圣之任者也；柳下惠，圣之和者也；孔子，圣之时者也。孔子之谓集大成。集大成也者，金声而玉振之也。"盖言孔子集三圣之事，为一大成之事；犹作乐者，集众音之小成，而为一大成也。宜加号。奏可。玺书锡命。臣复职，当具草，既已颁示天下矣。①

《加封孔子诏碑》先由阎复草拟，再经群臣润色，继而下达曲阜，其后颁示天下。既然是圣旨，曲阜孔庙碑与全国各地碑当不存在文字差异。《元文类》所收阎复的草稿，无"上天眷命，皇帝圣旨""主者施行"等语，乃至"奚礜名言之妙"被四库抄手誊成"奚礜明言之教"，均为情理中事。但是，它并未将"纂"写作"缵"，"於戏"写作"呜呼"。由此或可猜测，曲阜孔庙碑的"缵""呜呼"极有可能是刻工之误。其中，"於戏"不能简化为"于戏"，也不读yúxì，而是同"呜呼"，读wūhū②。所以，将"於戏"刻成"呜呼"，并不算是太离谱。

全祖望的《元大德孔庙碑跋》有云：

> 大德中，加封先圣，祀以太牢，碑文用蒙古书，而旁注真字。予所收蒙古碑凡三纸，其一纯用国书，不可晓，欲令人译之，而未及也；其一虽冠以真书，而亦颇难通；唯此碑为最，又出于孔林，足以入储藏之录。③

---

① [元]阎复：《静轩集》，《元人文集珍本丛刊》第2册，第551页下栏。
② 参见《辞海（修订稿）·语词分册》下册，上海：上海人民出版社，1977年，第1638页左栏。
③ 《鲒埼亭集内编》卷三八《题跋三》，[清]全祖望撰，朱铸禹汇校集注：《全祖望集汇校集注》上册，第742页。

清代学者毕沅、阮元（1764—1849）的《山左金石志》卷二二《曲阜县孔庙加封制诰碑》描述：

> 大德十一年立。并额，俱国书。译文，正书。碑高八尺三寸，广二尺七寸。在曲阜县孔庙。
>
> 右碑额，蒙古书，三行。其上刻译文，正书。"大成至圣文宣王诏书"，三行，字径七分。文八行，左读，旁以正书释之。末行年月，上有钤印，方径五寸。①

由《山左金石志》所述的形制，可知国图拓片以及骆录均阙碑额部分，骆录还阙蒙古文部分。承蒙曲阜师范大学青年学者宋立林惠赐照片，笔者得以获知碑额"大成至圣文宣王诏书"字样的分行情形。下面，我们也不誊录蒙古文（因学力所限），而以"额三行（A）"、"文八行（B）"的格式，并加标点符号，对曲阜孔庙的《加封孔子诏碑》予以重订：

<blockquote>
大成至（A1）
圣文宣（A2）
王诏书（A3）

上天眷命，（B1）
皇帝圣旨：盖闻先孔子而圣者，非孔子无以明；后孔子而圣者，非（B2）
孔子无以法。所谓祖述尧、舜，宪章文、武，仪范百王，师表万世者也。（B3）
朕缵承丕绪，敬仰休风，循治古之良规，举追封之盛典，加号（B4）
</blockquote>

---

① ［清］毕沅、阮元：《山左金石志》，国家图书馆善本金石组编：《辽金元石刻文献全编》第1册，第700页上栏。

大成至圣文宣王。遣使阙里,祀以太牢。呜呼!父子之亲,君臣之义,(B5)

永惟圣教之尊;天地之大,日月之明,奚罄名言之妙。尚资神化,祚我(B6)

皇元。主者施行。(B7)

大德十一年九月　日(B8)

有元一代,《加封孔子诏碑》由阙里孔庙而遍及天下学宫,流布广,影响大。择其要者有二:

第一,封号之高,空前绝后。《明史·礼志四·吉礼四》"至圣先师孔子庙祀"条有言:"汉、晋及隋或称先师,或称先圣、宣尼、宣父。唐谥文宣王,宋加至圣号,元复加号大成。"① 元武宗加封孔子为"大成至圣文宣王",名号之高,由汉及宋,历代帝王无出其右者②。另外,由元及明,这一名号维系了223年。《明史》"至圣先师孔子庙祀"条记载,洪武三年(1370),"诏革诸神封号,惟孔子封爵仍旧"③;《明史·世宗本纪一》记载,嘉靖九年(1530),"冬十一月辛丑,更正孔庙祀典,定孔子谥号曰至圣先师孔子"④。《明史》"至圣先师孔子庙祀"条对此次改号的记录表明,由"大成至圣文宣王"到"至

---

① [清]张廷玉等:《明史》第5册,第1296页。
② 西夏仁宗人庆三年(1146),尊孔子为文宣帝。这里暂录三则史料。其一,虞集《西夏相斡公画像赞》指出:"夏人尝尊孔子为至圣文宣帝,是以画公象列诸从祀。"([元]苏天爵编:《元文类》卷一八《颂》,《景印文渊阁四库全书》第1367册,第223—224页)其二,《宋史》卷四八六《列传第二百四十五·外国二·夏国下》指出:"十六年,尊孔子为文宣帝。"([元]脱脱等:《宋史》第40册,第14025页)此"十六年"者,乃南宋绍兴十六年(1146)。其三,《西夏书事》卷三六"起宋高宗绍兴十五年尽三十二年""绍兴十六年(金皇统六年)、夏人庆三年"条指出:"三月,尊孔子为文宣帝。""令州郡悉立庙祀,殿庭宏敞,并如帝制。"([清]吴广成:《西夏书事》,《续修四库全书》第334册,第582页;又见[清]吴广成撰,龚世俊、胡玉冰、陈广恩、许怀然校证:《西夏书事校证》,兰州:甘肃文化出版社,1995年,第416、417页)或谓"文宣帝"乃历代帝王赐予孔子的最高封号,然《二十五史》仅《宋史》有此一条记载,且以"外国"目之,亦即不为正统认可。
③ [清]张廷玉等:《明史》第5册,第1296页。
④ [清]张廷玉等:《明史》第2册,第223页。

圣先师孔子"，实乃孔子地位的下降。① 清代，孔子亦为"先师"而不是"王"，名号之高比不上元代。据《清史稿·礼志三·吉礼三》"至圣先师孔子"条，顺治二年（1645），"定称大成至圣文宣先师孔子"②；十四年（1657），又改为"至圣先师"③。

第二，赞誉之极，无与伦比。《加封孔子诏碑》所言"先孔子而圣者，非孔子无以明；后孔子而圣者，非孔子无以法"，与最早被北宋唐庚（1070—1120）《唐子西文录》记录的"天不生仲尼，万古如长夜"④，并称为极尽能事以尊崇孔子的两大名言。达三（生卒年不详）道光二年（1822）序江藩（1761—1830）的《国朝宋学渊源记》有云："尝观元代之尊孔子曰：'先孔子而圣者，非孔子无以明；后孔子而圣者，非孔子无以法。'至哉言乎！不唯有明讲学者所弗能及，即宋儒极力推崇，连篇累牍，亦未有若是之精确者也。"⑤

二、第二通《加封孔子圣旨及致祭先师颜孟祝文碑》

全国各地的"加封孔子诏碑"称名不一，第二通曲阜孔庙元碑亦如此。清代学者孙星衍（1753—1818）、邢澍（1759—1823）编的《寰宇访碑录》卷一一《元》，题其名为《加封孔子圣旨及致祭先师颜孟祝文》。⑥ 本文从之，并于末尾加"碑"字。

《民国续修曲阜县志》卷八《艺文志·金石二·碑志》录有两通元碑的碑文，一为《加封孔子圣旨及致祭先师颜孟祝文》，二为《祭孔庙碑阴致祭

---

① ［清］张廷玉等：《明史》第 5 册，第 1298—1300 页。
② 赵尔巽等：《清史稿》第 10 册，第 2533 页。
③ 同上书，第 2534 页。
④ ［宋］唐庚撰，［宋］强行父辑：《唐子西文录》，《续修四库全书》第 1713 册，第 405 页下栏—406 页上栏。原文为："蜀道馆舍壁间题一联云：'天不生仲尼，万古如长夜。'不知何人诗也。"
⑤ ［清］江藩著，钟哲整理：《国朝汉学师承记（附〈国朝经师经义目录〉〈国朝宋学渊源记〉）》，北京：中华书局，1983 年，第 150 页。
⑥ ［清］孙星衍、邢澍编：《寰宇访碑录》，《续修四库全书》第 904 册，第 575 页下栏。

记》①。从内容看,笔者起先以为前者刻于碑阳,后者刻于碑阴。事实上,它们并非刻于同一石。盖因前者实为骆承烈所录的《至大元年懿旨释奠祝文碑》,"位于孔庙十三碑亭院西起第4亭内,西面南石,面东",碑阴有《至大元年皇妹大长公主祭孔庙碑》②;后者才是本文所说的第二通曲阜孔庙元碑。又,《民国续修曲阜县志》卷八先刻印前两通碑文,接着刻印《皇妹大长公主鲁王祭孔庙碑》(亦即骆录的碑阴部分)③。经比对,这三通碑实乃乱点鸳鸯谱,既有碑文相互错置者,又有题名相互错置者,此或为济南同志印刷所的误植。可分两步予以正确匹配:第一步,前两通的碑文互换,形成新第一通、新第二通;第二步,新第二通与原第三通的题名互换。如此,方能各归其位。

对于孔子的名号及其赞誉,《加封孔子诏碑》可谓"永惟圣教之尊",又"奚罄名言之妙"。这些均为仅仅刻石于阙里的《加封孔子圣旨及致祭先师颜孟祝文碑》不能望其项背,但是,该碑有其重要价值者三:

一曰文献学价值。大德十一年五月二十八日、六月初八日、七月十九日,元武宗先后三次下旨,命群臣商议加封孔子圣号之事。该碑这一叙述,加上阎复同年九月草拟圣旨,构成为创制《加封孔子诏碑》的全过程,足以弥补《元史·武宗本纪一》之简略,并匡正《元史·祭祀志五》"宣圣"条之讹误:"至大元年秋七月,诏加号先圣曰大成至圣文宣王。"④

二曰思想史价值。据《元史·祭祀志五》"宣圣"条记载,延祐三年(1316)秋七月,"诏春秋释奠于先圣,以颜子、曾子、子思、孟子配享"⑤;至顺元年(1330),封"颜子,兖国复圣公;曾子,郕国宗圣公;子思,沂国述圣公;

---

① 参见孙永汉修,李经野、孔昭曾纂:《民国续修曲阜县志》,《中国地方志集成·山东府县志辑》第74册,南京:凤凰出版社、上海:上海书店、成都:巴蜀书社,2004年,第225页。
② 参见骆承烈汇编:《石头上的儒家文献——曲阜碑文录》上册,第255页。
③ 参见孙永汉修,李经野、孔昭曾纂:《民国续修曲阜县志》,《中国地方志集成·山东府县志辑》第74册,第255页下栏—226页上栏。
④ [明]宋濂等:《元史》第6册,第1892页。
⑤ [明]宋濂等:《元史》第6册,第1892页。

孟子，邹国亚圣公"①。此碑有祭祀孔子、颜子、孟子的祝文三首，揭示了颜、曾、思、孟配享及封圣之前，元代朝野以"孔颜乐处"及"孔孟一体"为价值取向，颜、孟的地位高于曾、思。

三曰语言学价值。元人常将蒙古文案牍直译成汉语白话文，以广传播。其刻之于碑，则为白话碑。现存的元代白话碑数量较少，因其价值独特，素为海内外学术界重视。其论述之作，有冯承钧（1887—1946）编《元代白话碑》（商务印书馆1931年5月初版），以及祖生利的博士学位论文《元代白话碑文研究》（中国社会科学院研究生院2000年5月）；其辑录之编，有蔡美彪的《元代白话碑集录》（科学出版社1955年版）。《加封孔子圣旨及致祭先师颜孟祝文碑》的主体部分即是白话文，可资语言学者深入研究。

为了让读者更好地理解下文即将讨论的《加封孔子圣旨及致祭先师颜孟祝文碑》，我们这里将1983年9月于云南大理发现的另一通"加封圣诏"白话碑亦过录如下：

> 皇帝圣旨里，云南诸路行尚书省准（一行）
> 尚书省咨该："至大二年五月十九日，太保三宝（二行）
> 奴丞相奏：在先孔夫子汉儿帝王虽是封赠了，（三行）
> 不曾起立碑石来。如今各处行与文字封赠了，（四行）
> 于赠学地土子粒钱内教立碑石呵，今后学本（五行）
> 事的人，肯用心也者。奏呵，奉（六行）
> 圣旨：'是有。那般者。'钦此。照得先据御史台呈，亦为此事，已（七行）
> 经遍行去讫，都省咨请照验，钦依施行。"准此，省（八行）

---

① ［明］宋濂等：《元史》第6册，第1893页。

府合下仰照钦依施行。经议札付者。（九行）

至大二年五月十九日。（十行）①

对于本文讨论的第二通元碑，《山左金石志》卷二二《元石》题其名曰《孔庙加封祭祀碑》，并述其形制：

至大元年七月立。正书。碑高六尺四寸，广二尺六寸。在曲阜县孔庙。

右碑文二十行，题名三行，字径一寸。又祝文三首，字径五分。②

蔡美彪1955年出版的《元代白话碑集录》，收有《一三〇八年曲阜加封孔子圣旨致祭碑》。全文为：

至大元年七月内，朝廷差官钦赉圣旨加封祭祀事。

先于大德十一年五月二十一日，今上皇帝正位宸极。当月二十八日，集贤院官特进大司徒太子太傅集贤院使香山、集贤大学士资德大夫赵也先、荣禄大夫平章政事太子少傅集贤大学士王颙奏：

---

① 方龄贵：《云南元代白话碑校证》，《云南民族学院学报（哲学社会科学版）》1994年第4期，第76—77页。杨益清最先过录此碑，其释文为："皇帝圣旨里，云南诸路行尚书省准尚书省咨，该至大二年五月十九日太保三宝奴丞相奏，在先孔夫子汉儿帝王虽是封赠了，不曾起立碑石来，如今各处行与文字封赠了，于赡学地土子粒钱内教立碑石呵，今后学本事的人肯用心也者奏呵，奉圣旨是有那般者，钦此。照得先据御史台呈，亦为此事，已经遍行去讫，都省咨请照验，钦依施行，准此，省府合下，仰照验钦依施行须议剳付者。至大二年五月十九日。"（氏著：《大理发现元初同刻一石的加封孔子圣旨及立碑文告》，《文物》1987年第11期，第96页）两者的断句有异，可见元代白话碑虽为白话，今人亦未必容易理会。又，方文"经议札付者"句，杨作"须议剳付者"。"须""经"孰是孰非，因杨文所刊照片模糊，难以确定。据常规，当作"须"（参见孙永汉修、李经野、孔昭曾纂：《民国续修曲阜县志》，《中国地方志集成·山东府县志辑》第74册，第255页上栏；骆承烈汇编：《石头上的儒家文献——曲阜碑文录》上册，第253、255页）。

② ［清］毕沅、阮元：《山左金石志》，国家图书馆善本金石组编：《辽金元石刻文献全编》第1册，第701页上栏。

唐宋以来，累朝代，孔夫子封赠的名儿与来。今日皇帝初登宝位，孔夫子的名号，教众学士商量与着呵宜的。一般奉圣旨商量了名儿，我行再奏者。钦此。六月初八日，香山司徒幹（斡？）赤大学士、赵大学士、王大学士、安大学士奏："如今众学士商量定：加封孔夫子作大成至圣文宣王。大都、上都、孔林，差人依旧例致祭，牲加太牢，赉制词、香、祝文洒去呵，怎生。"奉圣旨，钦此。七月十九日，中书省奏："孔夫子加封名号，翰林集贤官人他每的言语是的。一般降与圣旨，差人祭祀去呵，怎生。"奉圣旨，准钦此。至大元年三月二十三日，怀莱东壁集贤院使御史大夫脱脱丞相，集贤学士通议大夫师著奏："加封孔子与了词头宣命。如今与课银叁锭，表里段子壹拾叁疋，并合用祭祀物件，差本学士骑坐铺马前往孔林祭祀去。更大都、上都合用祭物，交与呵，怎生。"奉圣旨教省家与者。钦此。差遣本院学士嘉议大夫王德渊于七月钦赉宣词祭物到于孔林，于十一日丁卯，与守土官奉训大夫兖州知州马禧、孔氏家长抚，行三献礼。王德渊亲为祝文，宣赐银币，珍藏庙库。

五二代曹州教授之明书。五十代孙孔氏家长抚立石。

鲁人石匠张德，石聚。①

对照《山左金石志》所述，蔡录阙祝文三首。祝文用古文写，而不是用白话文写，其阙当因《元代白话碑集录》的著述体例使然。骆承烈2001年出版的《石头上的儒家文献——曲阜碑文录》，收有《至大元年加封孔子及致祭颜孟祝文碑》，祝文三首则被过录。其全文为：

至大元年七月内朝廷差官钦赉圣旨加封祭祀事，先于大德十一年五月二十一日，今上皇帝正位宸极，当月二十八日集贤大学士资

---

① 蔡美彪：《元代白话碑集录》，北京：科学出版社，1955年，第54页。

德大夫赵也先，荣禄大夫平章政事太子少傅集贤大学士王颙奏，唐宋以来累朝代孔夫子封赠的名儿，与来今日皇帝初登宝位，孔夫子的名号，教众学士商量与着呵，宣的一般奉圣旨商量了名儿，我行再奏者，钦此，六月初八日，香山司徒斡赤大学士、王大学士、安大学士奏，如今众学士商量定加封孔夫子作大成至圣文宣王，大都、上都、孔林差人依旧例致祭，牲加太牢，费制词香祝文酒去呵，怎生，奉圣旨准钦此，七月十九日中书省奏，孔夫子加封名号，翰林集贤院官人他每的言语是的、一般降与圣旨，差人祭祀去呵怎生，奉圣旨准，钦此，至大元年三月二十三日，怀莱东壁集贤院使御史大夫脱脱丞相、集贤学士通议大夫师著奏加封孔夫子与了词头宜命如令，与课银叁锭，表里缎子壹拾叁尺，并合用祭祀物件，差本院学士骑坐铺马，前往孔林祭祀去，更大都、上都合用祭物交与呵，怎生，奉圣旨，教□家与者，钦此，差遣本院学士，嘉议大夫王德渊，于七月钦赍□词祭物到于孔林，卜于十一日丁卯与守土官奉训大夫兖州知州马禧、孔氏家长抚行三献礼，王德渊亲为祝文宣赐银币，珍藏庙库，皇帝敬遣集贤院学士嘉议大夫臣王德瀨谨以银币牲牢庶羞之奠，敢昭告于大成至圣文宣王。□，惟□秉德生之，垂教不朽，圣之时者，天何言哉，由百世后莫能违，自生民来未之有，特加封号，大展祭仪，仍命臣僚往祀林庙。兖国公□□□□□□独冠四科之首，不违三月之仁，宜配圣庭，式严禋祀。邹国公，惟公生有淑质，思济斯民，述尧舜之道，遂乃著书拒杨墨之徒，非为好辨，位尊侑坐，祭重推诚，五十二代曹州教授之明书，五十代孙孔氏家长抚立石①。

此碑的白话文部分，两位先生的断句有差异，骆录甚至一逗到底，均不

---

① 骆承烈汇编：《石头上的儒家文献——曲阜碑文录》上册，第253—254页。

难理解。但是，蔡录、骆录的文字差异极大，表明碑文有重订的必要。承蒙曲阜两位青年学者宋立林、王汉峋居中襄助，传来孔子研究院孔勇拍摄的此碑照片。下面，我们据原碑照片，以"碑文二十行（A）"、"祝文三首（B）"、"题名三行（C）"的格式，并加标点符号，对《加封孔子圣旨及致祭先师颜孟祝文碑》予以重订：

至大元年七月内，（A1）

朝廷差官钦赍（A2）

圣旨加封祭祀事。先于大德十一年五月二十一日，（A3）

今上皇帝正位宸极。当月二十八日，集贤院官特进大司徒太子太傅集贤院使香山、集贤大学士资德大夫赵也先、荣禄大夫平章政事太子少傅集（A4）

贤大学士王颙（A5）

奏："唐宋以来，累朝代，孔夫子封赠的名儿与来。今日（A6）

皇帝初登宝位，孔夫子的名号，教众学士商量与着呵。宜的一般。"奉（A7）

圣旨："商量了名儿，（A8）

我行再奏者。钦此。"六月初八日，香山司徒、幹赤大学士、赵大学士、王大学士、安大学士（A9）

奏："如今众学士商量定：加封孔夫子作大成至圣文宣王。大都、上都、孔林，差人依旧例致祭，牲加太牢，赍（A10）

制词、香、祝文、酒去呵，怎生？"奉（A11）

圣旨："准。钦此。"七月十九日，中书省（A12）

奏："孔夫子加封名号，翰林、集贤院官人他每的言语是的一般。降与（A13）

圣旨，差人祭祀去呵，怎生？"奉（A14）

圣旨："准。钦此。"至大元年三月二十三日，怀莱东壁集贤院使御史大夫脱脱丞相、集贤学士通议大夫师著（A15）

奏："加封孔夫子与了词头（A16）

宣命。如今与课银叁锭，表里段子壹拾叁疋，并合用祭祀物件，差本院学士骑坐铺马前往孔林祭祀去。更大都、上都合用祭物，交与呵，怎生？"奉（A17）

圣旨："教省家与者。钦此。"差遣本院学士嘉议大夫王德渊于七月钦赍（A18）

宣词祭物到于（A19）

孔林，卜于十一日丁卯，与守土官奉训大夫兖州知州马禧、孔氏家长抚，行三献礼。王德渊亲为祝文，宣赐银币，珍藏庙库。（A20）

皇帝敬遣集贤院学士嘉议大夫臣王德瀬谨以银币、牲牢、庶羞之奠，敢昭告于大成至圣文宣王：□！惟□秉德生知，垂教不朽。圣之时者，天何言哉！由百世后莫能违，自生民来未之有。特加封号，大展祭仪，仍命臣僚往祠林庙。兖国公□□□□□独冠四科之首，不违三月之仁。宜配圣庭，式严禋祀。邹国公，惟公生有淑质，思济斯民。述尧舜之道，遂乃著书；拒杨墨之徒，非为好辨。位尊侑坐，祭重推诚。（B）

五□二代曹州教授之明书。（C1）

五十□代孙孔氏家长抚立石。（C2）

鲁人石匠_{张德石聚}刊。（C3）

以上重订，与蔡录、骆录以及《民国续修曲阜县志》（以下简称"县志"）有何不同呢？下面，我们侧重文字差异，并兼及个别史料、句读问题，做出相应说明：

A4："集贤院官特进大司徒太子太傅集贤院使香山。"按：骆录阙此句。

A7："宜的一般。"按："宜"，骆录作"宣"。

A9："香山司徒、幹赤大学士、赵大学士、王大学士、安大学士。"按："幹"，蔡录作"幹（斡？）"；"香山司徒、幹赤大学士"，蔡录、骆录视为一人，但实为两人，参见A4以及赵文坦的相关考释①；"赵大学士"，骆录阙。

A11："制词、香、祝文、酒去呵，怎生？"按："酒"，蔡录作"洒"。

A12："圣旨，准。"按："准"，蔡录阙。

A13："翰林、集贤院。"按："院"，蔡录阙。

A15："怀莱东壁。"按："壁"，蔡录作"璧"。

A16："加封孔夫子与了词头。"按："夫"，蔡录阙。

A17："宣命。如今与课银叁锭，表里段子壹拾叁疋，并合用祭祀物件，差本院学士骑坐铺马前往孔林祭祀去。"按："宣"，骆录作"宜"；"今"，骆录作"令"；"段"，县志②、骆录作"缎"；"疋"，骆录作"尺"；"院"，蔡录阙。

A18："教省家与者。"按："省"，县志作"〇"，骆录作"□"。

A19："宣词。"按："宣"，县志作"〇"，骆录作"□"。

A20："卜于十一日丁卯……珎藏庙库。"按："卜"，蔡录阙；"珎"，县志、蔡录、骆录作"珍"，但异体字宜保留。

B：祝文三首。因其字号比其他碑文小一倍，加上风化等原因，现已很难辨认，亦无法分行。这里据县志、骆录，存其原文，并略作考正。如，"秉德生知"之"知"，县志、骆录作"之"；"往祠林庙"之"祠"，县志作"词"，骆录作"祀"。又，A20有"王德渊亲为祝文"句，因而，"王德瀬"实乃"王德渊"，祝文三首乃王德渊（生卒年不详）的佚文，此可补《全元文》之阙③。

C1："五□二代。"按："□"，蔡录阙，县志、骆录作"十"。

---

① 参见赵文坦：《元代尊孔"大成至圣文宣王"的由来》，《历史教学（高校版）》2009年第22期，第79—80页。
② 参见孙永汉修、李经野、孔昭曾纂：《民国续修曲阜县志》，《中国地方志集成·山东府县志辑》第74册，第255页下栏；下同。
③ 《全元文》卷九八七收王德渊文五篇（参见李修生主编：《全元文》第31册，第17—21页），阙此祝文三首。

C2："五十□代孙。"按："□"，县志、蔡录、骆录阙。

C3："鲁人石匠^{张德}^{石聚}刊。"按：县志、骆录阙此行；"^{张德}^{石聚}"，蔡录作"张德，石聚"，据《山左金石志》所云"题名三行"，当双行合一；"刊"，蔡录阙。

综上所述，我们就曲阜孔庙有关孔子加封为"大成至圣文宣王"的两通元碑进行了力所能及的重订。因学力不足以及原碑风化严重，《加封孔子诏碑》未能过录蒙古文部分，《加封孔子圣旨及致祭先师颜孟祝文碑》未能释读出祝文三首。这两大缺憾只能寄望于后来者裨补阙漏，并期盼原碑能够得到更好地保护，否则，风吹雨洒旋成尘，就会一"平"如洗，最终变得一贫如洗。蒙元时期，孔子有"天的怯里马赤"之誉。《草木子》卷四下《杂俎篇》尝言："立怯里马赤，盖译史也，以通华夷言语文字。昔世祖尝问孔子何如人。或应之曰：是天的怯里马赤。世祖深善之。盖由其所晓以通之，深得纳约自牖之义。"① 明于此，保护好那些石头上的文献，就是护守民族文化最好的体现！

---

① ［明］叶子奇:《草木子》，北京：中华书局，1959年，第83页。

朱元璋时期的《孟子节文》事件*

《四书》《五经》是中国古代意识形态的精神护法,但并非神圣而不可侵犯。最一般的理由在于,任何经典都会有一段或者几段不同寻常的遭遇,而且坏的遭遇又比好的遭遇令人难忘。对于坏的遭遇来说,来自门外的侵犯也许不值得大惊小怪,但来自门内的侵犯就该另当别论。现在可能有人已经想起《春秋》,以及王安石"断烂朝报"的恶评①。但是,《孟子》在明代初期的首都南京被皇帝朱元璋删节,则比《春秋》在某些官僚型学者的小沙龙那里受到的冷落严重得多。我们今天对传统学术与现代人文进行探讨,六百多年前发生的《孟子节文》事件是一个绕不过去的题目。

一、清初思想史视野中的失踪文本

《孟子节文》事件发生于洪武二十七年(1394)。关于这个话题,我们得从将近三百年后的两段记载谈起。

第一段是钱曾(1629—1701)的《读书敏求记》卷一之上"孟子节文七卷"条指出:

---

* 原载刘小枫、陈少明主编:《经典与解释》第2辑《柏拉图的哲学戏剧》,上海:上海三联书店,2003年,第259—296页。
① 《宋史》卷三二七《列传第八十六·王安石本传》,云其"黜《春秋》之书,不使列于学官,至戏目为'断烂朝报'"([元]脱脱等:《宋史》第30册,第10550页)。

孝陵阅至"君之视臣如土芥,则臣视君如寇仇"句,慨然而叹,谓"非垂示万古君臣之义"。爰命儒臣刘三吾刊削其文句之非醇而醇者。昌黎云:"孟某书,非某自著。某既没,其徒万章、公孙丑相与记某之所言焉。"自非孝陵卓识,焉敢奋笔芟定其书!千载而下,浅儒知节之之故鲜矣,存而不论可也。①

第二段是黄虞稷(1629—1691)的《千顷堂书目》第三卷《孟子类》第一条"《孟子节文》二卷"指出:

> 洪武间,翰林学士刘三吾上言:"《孟子》一书,中间词气抑扬太过。请节去八十五条,课试不以命题,科举不以取士。余存一百七十余条,颁之学官,命曰《节文》。"②

钱曾、黄虞稷是清初著名的藏书家、目录学家。《四库全书总目》卷八七将《读书敏求记》列入《史部·目录类存目》③,明显认为它不重要。朱彝尊(1629—1709)则十分器重它。据说朱彝尊典试江南,颇想一睹为快,但钱曾秘不示人;他只好重金买通钱曾的侍者,让手下人连夜偷抄了这批书目④。不管此事是否属实,但朱彝尊仍未见过《孟子节文》刊本。其名著《经义考》卷二三五《孟子五》"刘氏(三吾等)《孟子节文》"条指出:"二

---

① [清]钱曾著,管庭芬、章钰校证,佘彦焱标点:《读书敏求记校证》,上海:上海古籍出版社,2007年,第36页。
② [清]黄虞稷撰,瞿凤起、潘景郑整理:《千顷堂书目》,上海:上海古籍出版社,1990年,第80页上栏;按:标点符号为引者所加。
③ 参见[清]永瑢等:《四库全书总目》上册,第745页上栏—中栏。
④ 《读书敏求记校证·各本序跋题记·胡重沈氏重修本跋》指出:"而此《读书敏求记》仅六百种,盖义门何氏所称专记宋板元钞及书之次第完阙古今不同者也。此书未刻之先,得见者罕。义门谓朱竹垞检讨典试江南日,以黄金、翠裘赂遵王侍者小史,胠箧得之,半宵写成云云。可见钱氏秘之枕中,不轻示人矣。"([清]钱曾著,管庭芬、章钰校证,佘彦焱标点:《读书敏求记校证》,第484页)

卷。未见。"①《孟子节文》刊本如此难见，盖因其中隐含了某种被历史尘埃遮蔽的东西。

四库馆臣对钱曾的《读书敏求记》只是存目，黄虞稷的《千顷堂书目》则被收入《四库全书》。《四库全书总目》卷八五《史部·目录类一》提要《千顷堂书目》，指出《明史·艺文志》"颇采录之"②。《明史·艺文志》与《千顷堂书目》为何如此紧密关联？盖因黄虞稷曾任《明史》编撰，并在《千顷堂书目》的基础上，增损而成《明史·艺文志稿》；后经王鸿绪（1645—1723）、张廷玉（1672—1755）一再删削，遂成今人所见的《明史·艺文志》③。但是，人们意味深长地看到《明史·艺文志》未著录《孟子节文》。研究中国传统学术者知道：自从《汉书》在正史中设立《艺文志》，《艺文志》就成为一朝一代的最佳简明书目。从常识看，如果某部典籍曾被九五之尊关注，它就不会被《艺文志》省去。发人深省的是：常识没有像往常那样庇护《孟子节文》。

博学的朱彝尊没有见过《孟子节文》，权威的《明史·艺文志》没有著录《孟子节文》，以致钱曾感喟后人"知节之之故举国欢鲜矣"，《孟子节文》自然成了一桩思想史公案。即使历史上相当严重的文化事件，有时也会淡出后人的记忆，甚至被集体遗忘，这是我们必须面对的客观事实。然而，《孟子节文》在清初走进知识界集体性的遗忘空间，却不是钱曾所说"千载而下……存而不论可也"的问题。我们需要翻开《明史》卷一三九《列传第二十七》，读一读刑部尚书钱唐（1314—1394？）的传记。其辞云：

> 帝尝览《孟子》，至"草芥""寇仇"语，谓非臣子所宜言，议罢其配享，诏有谏者以大不敬论。唐抗疏入谏曰："臣为孟轲死，死有余

---

① ［清］朱彝尊著，林庆彰、蒋秋华、杨晋龙、冯晓庭主编：《经义考新校》第9册，上海：上海古籍出版社，2010年，第4238页。
② 参见［清］永瑢等：《四库全书总目》上册，第732页中栏。
③ 参见［清］黄虞稷撰，瞿凤起、潘景郑整理：《千顷堂书目》，第1页，"出版说明"。

荣。"时廷臣无不为唐危。帝鉴其诚恳,不之罪。孟子配享亦旋复。然卒命儒臣修《孟子节文》云。①

《明史》成书于乾隆四年(1739),距洪武二十七年已经345年。《明史》悄悄地将《孟子节文》契入历史的大记忆,可见《孟子节文》并不完全是思想史上的失踪者。

二、"钱唐故事"的组合类型

《孟子节文》公案扑朔迷离,钱唐是不能忽略的关键角色。《国榷》卷五《太祖洪武五年》抄录《宁波府新志》指出:

> 洪武二十三年,令儒臣修《孟子节文》。上览《孟子》"土芥""寇仇"之说,谓非臣子所宜言,议欲去其配享,诏敢谏者罪以不敬,且命金吾射之。刑部尚书象山钱唐抗疏入谏,舆榇自随,袒胸当箭,曰:"臣得为孟轲死有余荣。"上见其诚恳,命太医院疗治,孟子配享得不废。②

孟子配享文庙(文宣王庙即孔庙,明代以后简称文庙),始于北宋元丰七年(1084)③。文庙的主祭、配享、从祀,体现了儒家知识分子得到体制的合法化认同。孟子被赶出文庙,实质是体制对孟子的否定。面对朱元璋这一举措,钱唐带着棺材、顶着箭镞,为孟子死谏,其胆略非同一般。

对于《宁波府新志》的记载,谈迁(1593—1657)的上引书目指出:

---

① [清]张廷玉等:《明史》第13册,第3982页。
② [明]谈迁著,张宗祥校点:《国榷》第1册,北京:中华书局,1958年,第478页。
③ 参见[元]脱脱等:《宋史》第2册,第312页。

唐以洪武三年谪寿州，四年卒，而配享之说乃在五年，安得相及？至于《孟子节文》，修在二十七年，谓唐之谏在于是时，尤谬。今考《宁波旧志》，止载唐谏释奠一事，不及孟子。袒胸受箭之说，出自野史，岂好事者为之耶？①

其实，孟子罢享是一回事，《孟子节文》是另一回事。全祖望的《鲒埼亭集》内编卷三五《辨钱尚书争孟子事》一文说："以吾考之，罢配享与修《节文》，原属两事。"②一般认为前者发生于洪武五年（1372），后者发生于洪武二十七年。假如钱唐早在洪武四年（1371）就已作古，他显然跟这两个事件毫无关联，《宁波府新志》的记载也就值得怀疑。

任何事情都不会无中生有，我们需要探究《宁波府新志》的记载是如何形成的。《四库全书总目》未著录《宁波府新志》，却录有黄润玉（1389—1477）所撰的《宁波府简要志》，并说它是黄润玉对于旧志删繁去简而成③。黄润玉是永乐庚子（1420）举人④，他依据的旧志早于谈迁所见的《宁波府新志》。顺着这一线索，我们借助全祖望《辨钱尚书争孟子事》一文的提示，对天顺年间（1457—1464）、成化年间（1465—1487）、嘉靖年间（1522—1566）的三种宁波府志有所了解。

先看前两种宁波府志。时间最早的"天顺宁波府志"，亦即黄润玉撰写的《宁波府简要志》。该书卷四《人物志·本朝》"钱唐"条指出："字惟明，象山人。状貌魁伟，才识卓越。洪武元年春，献策敷陈王道，授刑部尚书。论孔子释奠礼不可废，时修《孟子节文》，并议其配享，尤切论之。后因耳聩还家，寻谪寿州，卒于寓舍云。"⑤时间居中的"成化宁波府志"，亦即

---

① [明]谈迁著，张宗祥校点：《国榷》第1册，第478页。
② [清]全祖望撰，朱铸禹汇校集注：《全祖望集汇校集注》上册，第660页。
③ 参见[清]永瑢等：《四库全书总目》上册，第638页上栏。
④ 同上书，第549页。
⑤ [明]黄润玉：《宁波府简要志》，《四库全书存目丛书》史部第174册，济南：齐鲁书社，1996年版，第757页上栏。

张瓒（1473—1542）、杨寔（1414—1479）纂修的《[成化]宁波郡志》。该书卷六《学校考》指出府学藏有《孟子节文》；卷八《人物考》提到钱唐为孔子能在全国各地享受释奠礼遇而面谏朱元璋，但未涉及他与孟子罢享一事的关系①。依此，它或是谈迁所见"止载唐谏释奠一事，不及孟子"的《宁波旧志》。

至于时间最晚的《嘉靖宁波府志》，乃是周希哲（生卒年不详）、张时彻（1500—1577）修纂，成书于嘉靖三十九年（1560），北图、上图、南图、南大、复旦、浙大均有藏本②。笔者未能亲读，但依全祖望的《辨钱尚书争孟子事》引用同乡万斯选（1629—1694）所谓"《实录》命修《孟子节文》在洪武二十七年，《嘉靖宁波府志》载之二十三年"一语③，它应与《宁波府新志》关联密切。并且，我们至少可以断定谈迁所引的《宁波府新志》"本于"全祖望所引的《嘉靖宁波府志》，甚至《宁波府新志》有可能"等于"《嘉靖宁波府志》。有研究者指出：《脉望馆书目》就将《嘉靖宁波府志》题为《宁波府新志》。④ 对于本文的论题来说，这两种宁波府志究竟是"本于"或"等于"的关系并不重要，重要的是它们编织了洪武二十三年（1390）发生的一个传奇故事。在这个故事中，先是命修《孟子节文》，接着罢去孟子在文庙的配享资格，而宁波老乡钱唐都是作为主角出场。

从有无记载钱唐为孟子配享而死谏一事看，《[成化]宁波郡志》《宁波旧志》因其"未记载"而类同，《嘉靖宁波府志》《宁波府新志》因其"有记载"而类同。通常而言，早出文本的史料真实性大于晚出文本。根据这种常识，谈迁以《旧志》之"无"否定了《新志》之"有"。由此可见他没有读过黄润玉所撰的《宁波府简要志》，也未必见过黄溥（生卒年不详）的《闲中今古

---

① 参见[明]张瓒、杨寔纂修：《[成化]宁波郡志》，《北京图书馆古籍珍本丛刊》第28辑，北京：书目文献出版社，1988年，第86页上栏、153页上栏。
② 参见洪焕椿编著：《浙江方志考》，杭州：浙江人民出版社，1984年，第183页。
③ 参见[清]全祖望撰，朱铸禹汇校集注：《全祖望集汇校集注》上册，第660页。
④ 参见洪焕椿编著：《浙江方志考》，第183页。

录摘抄》与黄瑜(生卒年不详)的《双槐岁钞》。

先看黄溥的《闲中今古录摘抄》:

> 国初,象山人钱唐貌魁梧,善饮食。元末天下大乱,隐而不见,年将陆旬。见四海定于一,赴京敷陈王道,先献一诗。其诗曰:"大明洪武元年春,春雷一声天地响。龙飞在天雨如膏,天地山河增气象。山人昔往东海山,山形如象山名丹。丹山之南有白石,山人隐遁松林间。一朝阴气蔽白石,天昏地暗人变颜。人人变颜心铁黑,山人铁心仍铁肝。山人名不挂唇齿,山人不与人相似。吴江江上吴山青,吴山有城高百雉。好风吹步上京师,铁仗麻鞋见天子。天颜悦怿天开明,谨身殿中承圣旨。致君尧舜端有时,山人事业当如此。"诗既称旨,授刑部尚书。明年己酉,条《孟子节文》,欲去其配飨,即上疏。先是有旨,来谏者常射杀之。唐果置棺,袒胸当箭。上见其谏甚切,命太医院疗其箭疮,配飨得不废。成化初,我先大父南山先生作《四月八咏》,有《钱丈奇勋》之诗曰:"引棺绝粒箭当胸,拼死扶持亚圣公。仁义七篇文莫蠹,冕旒千载绘仍龙。批鳞既奋回天力,没齿终成卫道功。那得洪恩遍寰宇,泮宫东畔置祠宫。"①

再看黄瑜的《双槐岁钞》卷一"尊孔卫孟"条:

> 国初,象山钱惟明唐者,貌魁梧,善饮啖,居常以豪杰自负。元末天下大乱,隐居,年将六十。见国朝一统,乃诣京师,敷陈王道,献长诗一章,称旨,即拜刑部尚书。洪武二年己酉,诏:"孔子,惟国学春秋释奠,天下不必通祀。"唐上疏言:"孔子,百王宗师。先儒

---

① [明]黄溥:《闲中今古录摘抄》,丛书集成初编本,北京:中华书局,1985年,第12—14页。

谓仲尼以万世为士,宜令天下通祀。报本之礼,不可废也。"上从其议。上尝览《孟子》至"土芥""寇仇"之说,大不然之,谓非臣子所宜言,议欲去其配享,诏有谏者以不敬论,且命金吾射之。唐抗疏入谏,舆榇自随,袒胸受箭,曰:"臣得为孟轲死,死有余荣。"上见其剀切出于至诚,命太医院疗其箭疮,而孟子配飨得不废。一日召讲《虞书》,陞立而讲。或纠唐草野不知君臣礼,唐正色曰:"以古圣王之言陈于陛下,不跪不为倨。"尝谏宫中不宜揭武后图,忤旨,待罪午门外终日。上悟,赐饭,即命撤图。唐之论谏,尊孔卫孟,正色立朝,于是乎有可称矣。①

黄溥乃黄润玉之孙②,黄瑜乃景泰丙子(1456)举人③,大约生活于15世纪中后期。他们不仅记载了钱唐"舆榇自随,袒胸当箭"一事,还提到钱唐身材魁梧、酒量惊人,可谓豪杰之士。这让谈迁怀疑"钱唐故事"的做法显得脆弱起来,但取消"怀疑"本身却没有这么轻而易举。

《孟子节文》公案错综复杂,原因在于人们总是要将钱唐跟孟子罢享、《孟子节文》两事挂钩。我们不妨看看万斯选就"钱唐故事"提出的四个疑问:

《南太常寺志》及《翰林故牍》载:洪武五年,国子监将丁祭。上曰:"孟子不必配享。"其年腊月,上曰:"孟子有功先圣,今后仍复之。"是孟子固尝罢享,然不因公言而复,一疑也。《典故辑遗》载:"上读《孟子》,怪其对君不逊,怒曰:'使此老在今日,宁得免耶?'

---

① [明]黄瑜撰,魏连科点校:《双槐岁钞》,北京:中华书局,1999年,第12—13页。
② 参见[清]永瑢等:《四库全书总目》上册,第1088页中栏。
③ 参见[清]永瑢等:《四库全书总目》下册,第1219页上栏。

时将丁祭,遂命罢配享。明日,司天奏文星暗。上曰:'殆孟子故耶?'命复之。"是孟子几至罢享,亦不因公言而复,二疑也。《实录》命修《孟子节文》在洪武二十七年,《嘉靖宁波府志》载之二十三年。即果如《府志》之年,而公以四年卒于寿州,亦不及修《节文》之事,三疑也。《成化府志》不载,至《嘉靖府志》始见之,四疑也。①

全祖望的《辨钱尚书争孟子事》援引万斯选这段话之前,曾提及朱彝尊的观点:"秀水朱检讨彝尊尝以钱尚书争孟子事为虚,特悬疑太祖不至武断如此而已。"②朱彝尊没有见过《孟子节文》,而且认为钱唐带着棺材、顶着箭镞为孟子死谏只是好事者的虚构。其《曝书亭集》卷六九《邹县重修亚圣孟子庙碑》指出:"其命刘三吾节文者,为发题试士,恐启诸生讪上之端尔,乃无稽之言。谓帝欲废孟子,钱唐进谏,以腹受箭,野史近诬,不足信。"③通过否认孟子罢享事件的实际存在而取消"钱唐故事"的真实性,这一做法并不可取,但的确抓住了问题的症结。假如孟子罢享事件根本没有发生,钱唐与孟子之间的故事从何而来呢?反过来说,我们必须知道孟子罢享事件发生的确切年份,才能破译"钱唐故事"。

对此,历史上留下的说法很多。第一种是"洪武二年(1369)说"。黄润玉之孙黄溥的《闲中今古录摘抄》指出:"明年己酉,条《孟子节文》,欲去其配享。"④按:"明年己酉"即洪武二年。全祖望的《辨钱尚书争孟子事》亦云:"罢配享在二年,卧棺绝粒以争之者,公也。"⑤第二种是"洪武三年(1370)说"。李之藻(1565—1630)的《泮宫礼乐疏》卷二《从祀沿革疏·国朝》指出:"太祖高皇帝洪武三年,黜孟子祀。逾年,又奉圣旨:'我听得孟子辨异

---

① [清]全祖望撰,朱铸禹汇校集注:《全祖望集汇校集注》上册,第660页。
② 同上书,第659页。
③ [清]朱彝尊:《曝书亭集》,《景印文渊阁四库全书》第1318册,第423页下栏。
④ [明]黄溥:《闲中今古录摘抄》,第13页。
⑤ [清]全祖望撰,朱铸禹汇校集注:《全祖望集汇校集注》上册,第660页。

端,辟邪说,发明先圣之道,今后依还祭祀。'"① 现代著名明史专家容肇祖(1897—1994)指出:"然而朱元璋在洪武三年(一三七〇)即刻就感觉到他所定的经书中有了个大漏洞,他困惑,他不安,忽然大大的愤怒了。大约从那时起,他才开始去读《四书》中的《孟子》,读后,他感着最大的头痛。那年他命国子监撵出了孟子的配享孔子的牌位(《明史》卷五十《礼志四》说洪武五年罢孟子配享。全祖望《鲒埼亭集》卷三五《辨钱尚书争孟子事》,以为孟子罢配享应在洪武二年。明李之藻《泮宫礼乐疏》卷二说'洪武三年罢孟子祀'。鄙意以为应在洪武三年,较有据,和全祖望说没冲突。'三'字极易讹为'五')。"② 吴晗亦作如是观③。第三种是"洪武二十三年(1390)说"。它以前引《嘉靖宁波府志》《宁波府新志》为代表。综上,第一、三种说法认为钱唐在恢复孟子配享资格一事中起到至关重要的作用,甚至认为《孟子节文》、孟子罢享几乎同一时期先后发生,前者是后者的故事背景,后者是前者的情节高潮。

关于孟子罢享事件发生的确切年份,最值得注意的是"洪武五年(1372)说"。明代郑晓(1499—1566)的《今言》卷一第86条指出:"洪武五年,罢孟子配享文庙。逾年,上曰:'我闻孟子辩异端,辟邪说,发明孔子之道,宜祀如故。'"④ 谈迁的《国榷》卷五《太祖洪武五年》指出:"命仍祀孟子。是年,国子监请释奠,命罢祀孟子。至是上曰:'孟子辨异端,辟邪说,发明先圣之道,其复之。'(《南京太常寺志》《翰林院故牍》。)"⑤ 这是依据

---

① [明]李之藻:《泮宫礼乐疏》,《景印文渊阁四库全书》第651册,第45页下栏。
② 容肇祖:《明太祖的〈孟子节文〉》,氏著:《容肇祖集》,济南:齐鲁书社,1989年,第171页。该文原载香港《读书与出版》1947年第4期,《容肇祖集》第183页误署为《读书与出版》1948年第4期。
③ 《朱元璋传》第5章第1节指出:"洪武三年,朱元璋读到《孟子》书里有好些对君上不客气的地方,大发脾气,对人说:'这老儿要是活到今天,非严办不可!'下令撤去孔庙中孟子配享的牌位,把孟子逐出孔庙。后来虽然有人替孟子求情,说他讲的道理基本上还是对维护皇帝的地位有好处的,才恢复孟子的配享。"(吴晗:《朱元璋传》,北京:生活·读书·新知三联书店,1965年,第188页)。
④ [明]郑晓撰,李致忠点校:《今言》,北京:中华书局,1984年,第44—45页。
⑤ [明]谈迁著,张宗祥校点:《国榷》第1册,第478页。

《南京太常寺志》《翰林院故牍》得出相关结论。如前所述，万斯选以"《南太常寺志》及《翰林故牍》"为据，断定孟子罢享事件发生在洪武五年。遗憾的是，被谈迁、万斯选作为史料来源的《南京太常寺志》《翰林院故牍》，今天极难找到。其中，《四库全书总目》没有提及《翰林院故牍》；《四库全书总目》卷八〇《史部·职官类存目》认为《南京太常寺志》是嘉靖己丑（1529）进士汪宗元（生卒年不详）所撰①，但齐鲁书社的《四库全书存目丛书》并未刊印该书。

尽管如此，我们认定孟子罢享事件发生在洪武五年，盖因相信《南京太常寺志》《翰林院故牍》的真实性以及谈迁、万斯选的判断力。至于谈迁、万斯选以钱唐卒于洪武四年为由，切断钱唐与孟子罢享事件的相关性，这在整个"钱唐故事"中的声音是微弱的。譬如，吴秉权（1655—1719）等辑、成书于康熙五十年（1711）的《明鉴易知录》卷二《明纪·太祖高皇帝》"壬子，洪武五年（一三七二）"条指出：

编 命仍祀孟子。

纪 初，国子监请释奠，命罢孟子祀。至是，上曰："孟子辟邪说，辨异端，发明先圣之道，其复之。"（帝读《孟子》至"土芥""寇仇"之说，大不然之，欲去其配享，诏有谏者以不敬论，且命金吾射之。刑部尚书钱唐舁榇入谏，袒胸受箭，曰："臣得为孟轲死，死有余荣。"帝见其诚恳，命太医疗其箭疮，孟子配享得不废。）②

行文至此，可知谜案一般的"钱唐故事"由钱唐（含卒年）、孟子罢享事件（含确切年份）、《孟子节文》事件（含确切年份）三个要件组成。现在可

---

① 参见[清]永瑢等：《四库全书总目》上册，第689页下栏。
② [清]吴秉权等辑，施意周点校：《纲鉴易知录》第8册，北京：中华书局，1960年，第2607页。

以对"钱唐故事"的组合类型给予分析与说明。以上三个要件都蕴涵了时间的维度,而时间的维度在不同叙事者的笔下有不同的说法,因此"钱唐故事"的组合方式多种多样,"三合一"与"二合一"两种类型最为重要。

在 1739 年《明史》修成之前的三百多年间,集合在"三合一"类型下的人数与观点最多,而且热衷这种类型的多是钱唐的宁波府同乡。将钱唐跟孟子罢享、《孟子节文》二事紧密挂钩,是"三合一"类型的叙事模式。同一人物关联两个不同的事件,现实中比比皆是。但是,"钱唐故事"的爱好者要在文字中完成"一人+二事"的叙事,却得付出一定的代价。正如全祖望的《辨钱尚书争孟子事》一文所说:"近见钱氏家传谓公卒于二十七年,意欲与《实录》相应,则又误矣。"[①] 关于孟子罢享事件发生的确切年份有很多不同说法,但随着时间的推移,人们一般认为《孟子节文》事件发生在洪武二十七年。一旦三个要件中的"《孟子节文》事件(含确切年份)"得以确定,刑部尚书的子孙后代就只有通过改动钱唐的卒年,以卫护"钱唐故事"的传奇色彩。此前黄润玉、黄溥的做法,则是有意或无意地提前《孟子节文》事件的发生年份,以与钱唐卒于洪武四年的"定论"相合。从史学的眼光看,"三合一"类型充满致命的破绽。

至于"二合一"类型的叙事模式,例如《纲鉴易知录·明鉴易知录》是将发生在洪武二十七年的《孟子节文》事件排除在外,只将钱唐与发生在洪武五年的孟子罢享事件相连。"二合一"类型有两个明显的特点:其一,与谈迁、万斯选的怀疑相比,它对流传已久的"钱唐故事"予以同情的理解;其二,与自圆其说的"三合一"类型相比,它重构的"钱唐故事"合理得多。史学追求真实,但并不放逐情感。《明史》的修撰者欣赏"二合一"类型既重真实、又重情感的做法:一方面,前引《明史·钱唐传》在钱唐与孟子罢享事件之间建立了叙事话语;另一方面,《明史》认为孟子罢享事件发生在洪

---

① [清]全祖望撰,朱铸禹汇校集注:《全祖望集汇校集注》上册,第 661 页。

武五年。《明史》卷五〇《礼志四·吉礼四》"至圣先师孔子庙祀"条指出："五年，罢孟子配享。逾年，帝曰：'孟子辨异端，辟邪说，发明孔子之道，配享如故。'"① 从《明史·钱唐传》（提供了人物、事件）与《明史·礼志》（提供了事件、时间）提取并合成的"钱唐故事"，是1739年后最流行、最权威的版本。

虽然"钱唐故事"的《明史》版本选择了"二合一"类型，但并不意味着"三合一"类型的历史终结。至少，人们关于钱唐与《孟子节文》事件相连的种种传说，已经成为《孟子节文》公案不可或缺的重要内容。假如今天的研究者无视它们，就根本谈不上《孟子节文》公案的破译。我们在"钱唐故事"上花这么多笔墨，理由就在于此。《明史》的修撰者没有明目张胆地将"《孟子节文》"四字写进《明史》卷一三七《列传第二十五·刘三吾》（亦即《明史·刘三吾传》），而是春秋笔法地夹入《明史》卷一三九《列传第二十七·钱唐》（亦即《明史·钱唐传》），表明《孟子节文》公案当时依然是讳莫如深的一件事。比《明史》成书更晚的《四库全书总目》没有著录《孟子节文》，就是有力的例证。

三、刘三吾与孙芝的角色意识

假如我们认定"钱唐故事"的《明史》版本大体反映了历史的本来面目，钱唐就只是与孟子罢享事件有关，而与《孟子节文》事件无关。在聚讼纷纭的《孟子节文》公案中，真正重要的人物是刘三吾（1313—1400？）。伦明（1875—1944）撰写的《续修四库全书总目提要·经部·四书类》"孟子节文七卷"条指出：

> 明太祖览《孟子》，至"土芥""寇仇"之语，谓非人臣所宜言，诏

---

① ［清］张廷玉等：《明史》第5册，第1296页。

去配享,有谏者以不敬论,且命金吾射之。其憎《孟子》甚矣。三吾之《孟子节文》,殆为此作也。①

刘三吾是湖南茶陵人,元朝末年做过静江路的儒学副提举,洪武十八年(1385)被朱元璋召见,时年73岁②。古人以虚岁计算年龄,虚岁比实岁多一年,由此可断他生于1313年(元仁宗皇庆二年)。刘三吾知识渊博,会写文章,被新王朝的天子召见后,官运还算不错,从左善赞一直升为翰林学士。朱元璋很器重刘三吾的文才,命他主编过多部著作,甚至连御制的《大诰》《洪范注》两部作品,其《序》亦由其撰作。《明史》本传写道:"帝尝曰:'朕观奎壁间尝有黑气,今消矣,文运其兴乎!卿等宜有所述作,以称朕意。'帝制诗,时令属和,尝赐以朝鲜玳瑁笔。朝参,命列侍卫前。燕享,赐坐殿中。与汪叡、朱善称'三老'。"③可见刘三吾在朱元璋心中的分量。

然而,祸福往往相依。《明史》本传写道:"三十年,偕纪善白信蹈等主考会试。榜发,泰和宋琮第一,北士无预者。于是诸生言三吾等南人,私其乡。帝怒,命侍讲张信等覆阅,不称旨。或言信等故以陋卷呈,三吾等实属之。帝益怒,信蹈等论死,三吾以老戍边,琮亦遣戍。帝亲赐策问,更擢六十一人,皆北士。时谓之'南北榜',又曰'春夏榜'云。"④洪武三十年(1397)春天会试,被刘三吾与其他主考官录取的全部是南方人。此事引起北方人的强烈不满,以至朱元璋在同年秋天举行的策问中"更擢六十一人,皆北士"。因这一史称"南北榜"或"春秋榜"的事件,时年85岁的刘三吾被发配边疆。

关于刘三吾的卒年,《明史》本传写道:"建文初,三吾召还,久之卒。"⑤

---

① 中国科学院图书馆整理:《续修四库全书总目提要·经部》下册,北京:中华书局,1993年,第921页上栏;按:标点符号为引者所加,下同。
② 参见[清]张廷玉等:《明史》第13册,第3941页。
③ 同上书,第3942页。
④ 同上书,第3942页。
⑤ 同上书,第3942页。

这一说法含糊其辞,所以传统史家充满考究的兴趣。《四库全书总目》卷一七五《集部·别集类存目二》提要《坦斋文集》指出:

> 郑晓、雷礼、王世贞并谓三吾于洪武三十年以罪诛死。蒋一葵又谓三吾以作《大诰》漏言赐死。《明史》则称以考试不实戍边,建文初召还。今集中有《敕下御制大明一统赋》,实建文时所撰,与史相合。是晓等所载皆不确,知其集在明代不甚传,故以晓等熟于掌故者亦未之见矣。①

读著名明史学者黄云眉(1897—1977)在《明史卷一百三十七(列传第二十五)考证》中的抄引,我们不难明白传统史家的说法亦是见仁见智。黄云眉指出:"则三吾死于永乐中之说不足据;而永乐初暴卒之说,亦无他证,史文含糊;但云建文初召还,不敢定其卒于何时,职是故耳。"②他认同《明史》的含糊其辞,这可能显示了史家真正的清醒。"建文"是明惠帝朱允炆(1377—?,在位时间为1398—1402)的年号,"建文初"当在1400年(建文二年)前后。因此,本文将刘三吾的生卒年定为"1313—1400?"。

讨论刘三吾的卒年,并不游离本文的研究。刘三吾与孟子如此有关,人们却不清楚其卒年,也是让人感喟的。对于《明史·刘三吾传》来说,最使人困惑的还不是这个细节,而是与本文研究密切相关的一大问题:与《明史·钱唐传》津津乐道钱唐为恢复孟子配享而赴汤蹈火相比,《明史·刘三吾传》为什么对刘三吾遵命制作《孟子节文》只字未提呢?问题业已提出,但解答的时机尚未成熟。确证洪武二十七年是否发生过《孟子节文》事件,方是当务之急。

从史料学看,《孟子节文》事件的确凿证据显然多于孟子罢享事件。譬

---

① [清]永瑢等:《四库全书总目》下册,第1550页上栏。
② 黄云眉:《明史考证》第4册,北京:中华书局,1984年,第1170—1171页。

如，前引万斯选的四疑，就提到"《实录》命修《孟子节文》在洪武二十七年"。《实录》是指《明太祖实录》。不幸的是，现存《明实录》中的《明太祖实录》卷二三五前一部分专门记载洪武二十七年十月之事，但并未谈及《孟子节文》①。理由在于：《明太祖实录》曾在建文元年（1399）、永乐元年（1403）、永乐九年（1411）先后三次修订②；二修焚毁初修本，三修焚毁二修本，而三修本就是现存的《明太祖实录》。

今人自有今人的幸运。例如，博学的朱彝尊并未见过《孟子节文》刊本，我们今天就有幸阅读。据《中国古籍善本书目·经部》卷三《四书类·孟子》，《孟子节文》有明初刻本传世，北京图书馆（今国家图书馆）藏有三种版本，山东省博物馆藏有一种版本③。其中，北京图书馆所藏版本，其一为洪武二十七年内府原刊本，赵体写刻，分装上、下两册，损坏厉害；其二为赵体写刻，行间有小字朱熹注，只一册；其三为《重整内阁大库残本书影》所收《孟子节文》卷六《告子章句》，经厂本残页，从字体看，可能是洪武以后的刻本④。笔者使用的《孟子节文》收入《北京图书馆古籍珍本丛刊》第 1 辑，该书"据明初刻本缩印，原书版框高二三三毫米、宽一五〇毫米"⑤。近年来，《孟子文献集成》第一五卷收有据明洪武间刻本影印的《孟子节文七卷》⑥。这是两个不同的本子，后者比前者更清晰。下文或称前者为"珍本丛刊本"、后者为"文献集成本"，它们可以弥补上海古籍出版社多达 1800 册的《续修四库全书》未收《孟子节文》的缺憾。

---

① 《明太祖实录》第 5 册，台北："中研院"历史语言研究所，1983 年，第 3929—3932 页。
② 参见［清］张廷玉等：《明史》第 8 册，第 2377 页。
③ 参见中国古籍善本书目编辑委员会编：《中国古籍善本书目·经部》，上海：上海古籍出版社，1989 年，第 312 页。
④ 参见秦燕：《〈孟子节文〉与朱元璋的专制思想》，《陕西师大学报（哲学社会科学版）》1995 年第 2 期，第 109 页。
⑤ 参见［明］刘三吾辑：《孟子节文》，《北京图书馆古籍珍本丛刊》第 1 辑，北京：书目文献出版社，1988 年，第 953—1016、954 页。
⑥ ［明］刘三吾等删节：《孟子节文七卷》，《孟子文献集成》编纂委员会编：《孟子文献集成》第 15 卷，济南：山东人民出版社，2017 年，第 769—809 页。

翻开《孟子节文》刊本，我们应该仔细读读刘三吾撰写的《孟子节文题辞》：

《孟子》七篇，圣贤扶持名教之书。但其生于战国之世，其时诸侯方务合纵连衡，以功利为尚，不复知有仁义。唯魏惠王首以礼聘至其国。彼其介于齐、秦、楚三大国之间，事多龃龉。故一见孟子，即问何以利便其国，非财利之利也。孟子恐利源一开，非但有害仁义，且将有弑夺之祸。仁义，正论也。所答非所问矣，是以所如不合，终莫能听纳其说。及其欲为死者雪耻，非兵连祸结不可也。乃谓能行仁政，可使制梃以挞秦、楚之坚甲利兵，则益迂且远矣。台池鸟兽之乐，引文王灵台之事，善矣；《汤誓》"时日害丧"之喻，岂不太甚哉！雪宫之乐，谓贤者有此乐，宜矣；谓人不得即有非议其上之心，又岂不太甚哉！其他，或将朝而闻命中止，或相待如草芥而见报施以仇雠，或以谏大过不听而易位，或以诸侯危社稷则变置其君，或所就三、所去三而不轻其去就于时君，固其崇高节、抗浮云之素志。抑斯类也，在当时列国诸侯可也。若夫天下一家，四海一国，人人同一尊君亲上之心，学者或不得其扶持名教之本意。于所不当言、不当施者，概以言焉，概以施焉，则学非所学而用非所用矣。今翰林儒臣三吾等，既请旨与征来天下耆儒同校蔡氏《书传》，蒙赐其名曰《书传会选》。又《孟子》一书，中间词气之间抑扬太过者八十五条，其余一百七十余条悉颁之中外校官，俾读是书者知所本旨。自今八十五条之内，课试不以命题，科举不以取士。壹以圣贤中正之学为本，则高不至于抗，卑不至于诡矣。抑《孟子》一书，其有关于名教之大，如"孔子贤于尧、舜"，后人因其推尊尧、舜，而益知尊孔子之道；"诸侯之礼，吾未之学"，而知其所学者，周天子盛时之礼，非列国诸侯所僭之礼，皆所谓扩前圣所未发者。其关世教，讵小补哉！洪武二十七年十月癸酉，翰林学士、奉议大夫臣刘三吾等谨上。①

依据以上这段文字，刘三吾于洪武二十七年十月以82岁高龄制作《孟子节文》，当为不争之实。至于《孟子节文》流传的时间，涉及孙芝（生卒年不详）其人。故事的梗概为：正因福建连江县的孙芝据理力争，被刘三吾删得面目全非的《孟子》文本于1411年（永乐九年）恢复原貌。三修《明太祖实录》始于永乐九年十月，至永乐十六年（1418）五月完成②。现存《明太祖实录》讳而不谈洪武皇帝命修《孟子节文》，可以作为支持永乐九年《孟子》文本复原的隐性证据。黄云眉的《明史卷一三九（列传第二十七）考证》曾过录两种显性证据③，更值得我们注意。

第一种显性证据是黄景昉（1596—1662）的《国史唯疑》卷一《洪武 建文》指出：

《孟子》书，旧经刘三吾节略，凡去八十五条。如《见梁惠王》章《养气》章俱在节中。永乐朝，闽连江孙芝始奏复之，直斥三吾为逆臣。书以是全，功甚钜，后鲜知者。④

第二种显性证据是潘柽章（1626—1663）的《国史考异》卷三《高皇帝下》指出：

近见董应举撰《连江孙芝传》云：永乐辛卯，奏复《孟子》全书。

---

① ［明］刘三吾辑：《孟子节文》，《北京图书馆古籍珍本丛刊》第1辑，第955页上栏—956页下栏。
② 参见李国祥、杨昶主编：《明实录类纂·文教科技卷》，武汉：武汉出版社，1992年，第577、579页。
③ 黄云眉：《明史考证》第4册，第1191页。
④ ［明］黄景昉著，陈士楷点校：《国史唯疑》，北京：商务印书馆，2020年，第10页。

略言逆臣刘三吾欲去八十五条,其中《养气》一章,此程子所谓"扩前圣所未发,大有功于世教者"。又欲课试不以命题,科举不以取士,则谬妄益甚。乞下部议收复全书,庶使万世知所诵慕。疏草为虫鼠所蚀,不能详。然《孟子》书,以公言复全。夫孙芝诋三吾为逆臣,虽一时激发之词,然使三吾此时尚在,必无默不自辨之理。①

虽然全祖望的《辨钱尚书争孟子事》所谓"犹孙芝之事,亦仅见于《国史惟疑》,而他书不载也"②并不属实,但这里仍需高度重视显性证据在史料学意义上的真实与否。《国史唯疑》没有说明史料来源,《国史考异》提到福建人董应举(1557—1639)写的《连江孙芝传》。万历三十六年(1608),董应举任南京吏部主事,写过七言四韵的《谒孟庙三首》,并被勒石于山东邹城孟庙致严门外东侧北壁。其中,第三首有四句为:"独窥二字天人际,流出七篇江汉长。""吁嗟千载言犹在,只把空王作素王。"③到董应举的时代,《孟子节文》事件早已鲜为人知。董应举热爱孟子,又身居要职,有可能通过不同途径听说两百年前的这一往事。譬如,他利用职务之便,意外发现了孙芝当年为《孟子》平反写的奏章。面对这份被老鼠蚁虫撕咬得不堪入目的奏章,董应举显然异常震惊。接着,他试图弄清整个事件的来龙去脉,要为做过这件大事、但又默默无闻的连江老乡孙芝树碑立传。虽然董应举所做的考辨内蕴了乡情的维度,但它当是可信的,否则《连江孙芝传》不会被治学严谨的潘柽章作为信史采借。潘柽章曾加入吴江惊隐诗社(一名逃社),并在康熙初年因"庄廷鑨《明史》案"株连而死,年仅四十余岁。《四库全书总目》附录的《四库撤毁书提要》将《国史考异》列入撤毁书目,并云"不著撰

---

① [明]潘柽章撰,[清]吴炎订:《国史考异》,丛书集成初编本,北京:中华书局,1985年,第86页。
② [清]全祖望撰,朱铸禹汇校集注:《全祖望集汇校集注》上册,第661页。按:《国史惟疑》当作《国史唯疑》。
③ 刘培桂编:《孟子林庙历代题咏集》,第161页。

人名氏"①。然而，周游全国、见闻广博的顾炎武服其精审，一时无两的文坛领袖钱谦益（1582—1664）认为自撰的《太祖实录辨证》远不及之②。

总之，在论证永乐九年《孟子》文本复原的问题上，获得事实真相的正确道路是将隐性证据与显性证据合而观之。从洪武二十七年到永乐九年，《孟子节文》刊本作为合法性文献只存在过17年（1394—1411）。而且，早已列入《四书》的《孟子》这一极不平凡的17年都属于南京，因为明朝直到永乐十八年（1420）十一月才宣布定都北京。这里说的合法性，既指政治的合法性，又指文化的合法性。孙芝颠覆《孟子节文》刊本的政治合法性，也就等于恢复了《孟子》原本的政治合法性；他颠覆《孟子节文》刊本的文化合法性，也就等于恢复了《孟子》原本的文化合法性。孟门弟子以外，只有尊孟健将扬雄、韩愈、孙奭、孔道辅、钱唐从祀孟庙、享此殊荣。光绪二年（1876），陈锦（生卒年不详）撰写的《孟庙东庑先儒钱公碑》指出："右文翊运，直臣效敢谏之忠；重道尊师，英主识崇儒之礼。谁与干城吾道，允宜俎豆名山？惟我钱公，辅翼明廷，潜心圣域。"③钱唐为恢复孟子的配享资格而带着棺材、顶着箭镞出生入死，孙芝为恢复《孟子》的政治文化合法性而不懈努力。孙芝同样应该永驻于坎坷的孟子学术思想史之中！

就文化气节而言，钱唐、孙芝在广义的《孟子节文》公案中可谓同调。诚如全祖望的《辨钱尚书争孟子事》一文所说："罢配享在二年，卧棺绝粒以争之者，公也。修《节文》在二十七年，力诋刘三吾为佞臣以争之者，连江孙芝也。"④面对狭义的《孟子节文》公案，更重要的还是人以群分。关于刘三吾的品格，《明史》本传写道："三吾为人慷慨，不设城府，自号坦坦翁。至临大节，屹乎不可夺。懿文太子薨，帝御东阁门，召对群臣，恸哭。三吾进曰：'皇孙世嫡承统，礼也。'太孙之立由此。户部尚书赵勉者，三吾婿也，坐赃

---

① 参见［清］永瑢等：《四库全书总目》下册，第1841页上栏—中栏。
② 参见钱仲联主编：《中国文学家大辞典·清代卷》，北京：中华书局，1996年，第862页右栏。
③ 刘培桂编著：《孟子林庙历代石刻集》，第446页。
④ ［清］全祖望撰，朱铸禹汇校集注：《全祖望集汇校集注》上册，第660页。

死。三吾引退。许之。"① 《明史》说的"大节"未尝不成立，但刘三吾奉命删编《孟子节文》，从更长远的历史眼光看，则与儒家知识分子应有的文化气节相背离。

难道性格平和者置身官场，就更易屈从政治权力的为非作歹吗？个性刚烈者直面政治对文化的强暴，总会挺身而出，为孱弱的人文鼓与呼吗？伦明的"孟子节文七卷"条指出："惟是书独不见传，岂负逢君之嫌，获侮圣之咎，自为之而自讳之，故传亦不之及耶？"② 即使刘三吾、孙芝在狭义的《孟子节文》公案中还隐含了不为人知的奥秘，但也令人感喟。

四、从"八十五条"之说想象另一个刘三吾③

《孟子节文》的思想倾向理应进入我们的人文视野，但首先有必要对《孟子节文》存、节的章数进行统计与分析。通过这项看似枯燥的工作，我们将发现一个在《孟子节文》公案史上从未被注意过的疑团；借助这个疑团，我们可以坐在乌衣巷口歪斜着的夕阳里，对刘三吾当年在南京翰林院中的所作所为展开一番论世知人的沉思。

关于《孟子节文》的章数，依据《北京图书馆古籍珍本丛刊》第 1 辑影印明初刻本的各卷题注，总共 172 章。其中，《梁惠王章句》存 6 章，《公孙丑章句》存 13 章，《滕文公章句》存 8 章，《离娄章句》存 40 章，《万章章句》存 7 章，《告子章句》存 31 章，《尽心章句》存 67 章。④ 这里要说明四点：其

---

① ［清］张廷玉等：《明史》第 13 册，第 3942 页。
② 中国科学院图书馆整理：《续修四库全书总目提要·经部》下册，第 921 页上栏—下栏。
③ 本节的数字统计及其相关说法已做重大修订，2021 年 7 月 29 日上午记。
④ ［明］刘三吾辑：《孟子节文》，《北京图书馆古籍珍本丛刊》第 1 辑，第 957 页上栏、961 页上栏、967 页上栏、977 页上栏、985 页上栏、991 页上栏、1005 页上栏。按："文献集成本"同此。参见［明］刘三吾等删节：《孟子节文七卷》，《孟子文献集成》编纂委员会编：《孟子文献集成》第 15 卷，第 770 页下栏、773 页上栏、777 页上栏、783 页上栏、789 页上栏、793 页上栏、802 页上栏。

一,《孟子》4·8被《孟子节文》分为两章,亦即"沈同以其私问曰"以下为一章、"齐人伐燕"以下为一章①。其二,《孟子节文》各篇连排、不分段;除首章外,其他均以〇间隔。因9·9前无〇的标识②,故将《万章章句》统计为7章,实则为8章。其三,《尽心章句》首页的上左、下右两栏有相连的空白③,但其前后分别为《尽心章句上》第2、9章(《孟子》13·2,13·9),并据《尽心章句》存67章的题注,可知被存留的另5章位于《尽心章句上》第3—8章(《孟子》13·3—13·8);又因讨论贤王与贤士关系的第8章(《孟子》13·8)无疑在必删之列,可知存留者为第3—7章(《孟子》13·3—13·7)。其四,《孟子节文》存留的章数究竟是多少?从刘三吾的角度看,因《万章章句》不是7章而是8章,所以《孟子节文》实有173章,而不是依据题注累加的172章。从通行本的角度看,因《孟子》4·8被一分为二但又大可不必,所以《孟子节文》又实为172章。从通行本而不是刘三吾题注出发,本文以172章统计《孟子节文》存留的章数。除了以上四点,《孟子节文》刊本的章数问题还有一个似乎从未被人注意过的历史疑团。

刘三吾删修《孟子节文》之前,最权威、最普及的《孟子》版本有二:一是东汉赵岐注、北宋孙奭疏的《十三经注疏·孟子注疏》,一是南宋朱熹的《四书章句集注·孟子集注》。先看孙奭本。依各卷题注,《孟子注疏》的总章数是259章:《梁惠王章句》上、下各为7、16章,《公孙丑章句》上、下各为9、14章,《滕文公章句》上、下各为5、10章,《离娄章句》上、下各为28、32章,《万章章句》上、下各为9、9章,《告子章句》上、下各为20、16章,《尽心章句》上、下各为45、39章。其中,题注的章数与实有的章数不合者有三:

---

① 参见[明]刘三吾辑:《孟子节文》,《北京图书馆古籍珍本丛刊》第1辑,第964页下栏—965页上栏。
② 同上书,第988页下栏。按:"文献集成本"有〇的标识。见[明]刘三吾等删节:《孟子节文七卷》,《孟子文献集成》编纂委员会编:《孟子文献集成》第15卷,第791页上栏。
③ 参见[明]刘三吾辑:《孟子节文》,《北京图书馆古籍珍本丛刊》第1辑,第1005页上栏—下栏。按:"文献集成本"无此空白。见[明]刘三吾等删节:《孟子节文七卷》,《孟子文献集成》编纂委员会编:《孟子文献集成》第15卷,第802页上栏。

《离娄章句下》不是32章,而是33章;《尽心章句上》不是45章,而是47章;《尽心章句下》不是39章,而是38章。阮元的《孟子注疏校勘记》已有相关说明①。所以《孟子注疏》的实际章数不是259章,而是261章。再看朱熹本。依各卷题注,《孟子集注》的总章数是260章。杨伯峻的《孟子译注》同此。《孟子》13·36被《孟子注疏》卷一三下《尽心章句上》分为两章,亦即"孟子自范之齐"以下为一章、"王子宫室、车马、衣服多与人同"以下为一章②。所以《孟子集注》比《孟子注疏》少了1章,为260章而不是261章。

现在进行两次简单的减法运算:第一次运算是"261(孙奭本章数)—172(《孟子节文》存留章数)=89(《孟子节文》删节章数)",第二次运算是"260(朱熹本章数)—172(《孟子节文》存留章数)=88(《孟子节文》删节章数)"。结果却让我们有些诧异。刘三吾亲自撰写的《孟子节文题辞》,不是明明说从《孟子》中删去85条吗?诧异之余,我们不妨追问:时年82岁的刘三吾,究竟依据哪一种《孟子》版本,承办皇帝交给他的这份苦差呢?

第一种可能性是以孙奭本《孟子注疏》为底本。自朱熹以来,人们并不看好此书。王应麟的《困学纪闻》卷八《孟子》指出:"《正义序》云'孙奭',《崇文总目》《馆阁书目》《读书志》皆无之。朱文公谓:'邵武士人作,不解名物制度,其书不似疏。'"③第二种可能性是以朱熹本《孟子集注》为底本。据《明太祖实录》卷一六〇记载,洪武十七年(1384)三月规定乡试"《四书》义主朱子集证经义"④。《东林列传》卷二《高攀龙传》亦云:"我太祖高皇帝即位之初,首立太学,命许存仁为祭酒,一宗朱氏之学,令学者非《五经》、孔孟之书不读,非濂、洛、关、闽之学不讲。"⑤但是,刘三吾似乎没有选择它们当

---

① 参见[汉]赵岐注,[宋]孙奭疏:《孟子注疏》,[清]阮元校刻:《十三经注疏(附校勘记)》下册,第2728页上栏、第2766页中栏、2776页上栏。
② 同上书,第2769下栏、2770页上栏。
③ [宋]王应麟著,[清]翁元圻等注,栾保群、田松青、吕宗力校点:《困学纪闻》(全校本)中册,第1004页。
④ 参见李国祥、杨昶主编:《明实录类纂·文教科技卷》,第47页。
⑤ [清]陈鼎编著,《东林列传》整理委员会整理:《东林列传》,扬州:广陵书社,2007年,第38页。

作底本。理由有三：其一，《孟子》4·8 被《孟子节文》分为两章，但《孟子注疏》《孟子集注》均作一章；其二，《孟子》13·36 被《孟子注疏》分为两章，但《孟子集注》《孟子节文》均作一章；其三，无论是 261 还是 260 减去 172，都不等于 85。最简单的减法运算在有可能选择的两个版本中都得不到证明，原因究竟是什么呢？

"八十五条"之说的错误，或许跟仓促地编纂《孟子节文》有关。前引《孟子节文题辞》曾说："今翰林儒臣三吾等，既请旨与征来天下耆儒同校蔡氏《书传》，蒙赐其名曰《书传会选》。"据《明太祖实录》卷二三四记载，洪武二十七年九月，刘三吾给朱元璋上进《书传会选》，《寰宇通衢》一书亦在本月修成①。《明史》本传说刘三吾："敕修《省躬录》《书传会选》《寰宇通志》《礼制集要》诸书，皆总其事，赐赉甚厚。"②经检索，《明史》卷九七《艺文志二》未言《寰宇通衢》，但著录有"景泰中修"的《寰宇通志》119 卷③。窃以为，《明史·刘三吾传》所说的《寰宇通志》与《明史·艺文志》著录的《寰宇通志》有可能存在母本与重修本的关系。也就是说，刘三吾从九月上进《书传会选》《寰宇通志》到十月提交《孟子节文》，前后不过一个来月。如此年迈的老人只用这么短的时间，就删节了一部诗化编码而非逻辑编码的经典，必定是很辛苦的。

一般而言，刘三吾删节《孟子》之时，最留心的是删了多少章；他有可能删一章就划一笔，最后他看到划了 17 个"正"字。《孟子节文》这项工程是匆匆上马的，《孟子节文题辞》的写作也是一蹴而就。忙中出错在所难免，所以刘三吾凭那 17 个"正"字，就说《孟子》一书被删 85 条，量词"条"在此也是不准确的用法。假如他回头数数《孟子》"节文"以后还存留了多少章，再看看所据《孟子》版本到底是多少章，那么，如此简单的减法运算，他能不

---

① 参见李国祥、杨昶主编：《明实录类纂·文教科技卷》，第 572 页。
② [清]张廷玉等：《明史》第 13 册，第 3942 页。
③ 参见[清]张廷玉等：《明史》第 8 册，第 2405 页。

胜任吗？要是这么做了，再读一读即将呈送皇帝看的《孟子节文题辞》，他自然会改正"八十五"与"条"这两个错误。遗憾的是刘三吾没有这样做，因为六百多年来，人们面对的依然是一份写着"八十五条"四字的文献。

我们坐在乌衣巷口的夕阳里，倒宁愿相信"八十五条"之说是暗藏玄机的阳谋。人们为什么无法弄清《孟子节文》所据的《孟子》底本呢？如果你认为底本是孙奭本，82 岁的老人会告诉你：《孟子》13·36 被《孟子注疏》一分为二，而我的《孟子节文》视为一章。如果你认为底本是朱熹本，82 岁的老人会告诉你：《孟子》4·8 被我的《孟子节文》一分为二，而《孟子集注》视为一章。只要人们觉得《孟子节文》所据的《孟子》底本既不是《孟子注疏》、也不是《孟子集注》，刘三吾的《孟子节文题辞》就可以含糊其辞地说：《孟子》书中词气抑扬太过的"八十五条"应该删除，而"其余一百七十余条"应该保留。难道他真的数不出《孟子节文》存留了 172 章？难道他真的不清楚经学家是以"章"而非"条"指称《孟子》书中的每一个相对独立的段落？

这时，最好有一个好事者出场。他拿着孙奭的《孟子注疏》、朱熹的《孟子集注》对勘《孟子节文》，然后发觉了刘三吾的三大漏洞，亦即"所据底本不详，所节章数不准，所用量词不妥"。要是好事者在《孟子节文》红火之际做了这项工作，并将其惊人的发现禀告朱元璋，那么，刘三吾的命运可想而知。然而，不独 1394—1411 年的 17 年间，即便 1739 年《明史》修成以前的数百年间，甚至直到今天，这个好事者始终没有出现。台湾地区学者朱高正（1954—2021）是一例外，但其求证过程不甚精细，只是简单地得出"260（朱熹本章数）—172（《孟子节文》存留章数）=88（《孟子节文》删节章数）"的结论[①]。如前所述，历史上对《孟子节文》感兴趣者，大凡不假思索地照抄刘三吾"（节）八十五条""（存）一百七十余条"那段话。以伦明的"孟子节文七卷"条为例，即使抱有"观《题辞》抑扬委婉，未始不有调停之意寓

---

① 参见朱高正：《孟子劫文》，《孟子研究》第 2 辑，韩国孟子学会，1999 年，第 369 页。

其间也"的同情式理解,但仍写道:"今观其书,《梁惠王篇》节存六章,《公孙丑篇》节存十三章,《滕文公篇》节存八章,《离娄篇》节存四十一章,《万章篇》节存七章,《告子篇》节存三十一章,《尽心篇》节存六十七章。凡所删者八十五条,课试不以命题,科举不以取士。"① 刘三吾因删修《孟子》而名声欠佳,似乎与从未出现这类好事者有关。

只有对于已成定论的人、事、物穷追猛打的好事者,才将看到被常人一再忽略的东西。孟子的名言"长君之恶其罪小,逢君之恶其罪大"(《孟子》12·7)被《孟子节文》存留②。以此为例,君主有恶行,大臣在行为上加以助长,刘三吾的这一面不难被看到。在圣贤与帝王相对抗的共时态语境中,个人的力量过于微弱,刘三吾除了遵命,还能怎么样呢?但是,刘三吾也有另一面。假如刚才发现的重大疑团是其有意为之,《明史》说的那个不设城府的坦坦翁就不愧是老谋深算的。他深知在圣贤与帝王相对抗的历时态语境中,君主有恶行,大臣不能在理论上加以逢迎,但又要让人们找不到口实。年迈而又温和的刘三吾及其沧桑经历与复杂内心告诉我们:正因儒家知识分子身处权力王国与道德王国之间,所以对其论世知人不是一件轻易的事。

严谨的史学无疑不会认同、相信这个刘三吾。即将告别"乌衣巷口夕阳斜"的猜测,我们需要老老实实数一数《孟子节文》究竟从《孟子》中删除了多少章。无论以 261 章的《孟子注疏》为底本,还是以 260 章的《孟子集注》为底本,被《孟子节文》删去的章数均为 88 章。各卷详情如下:《梁惠王章句》共节 17 章,分别为《孟子》1·1、1·2、1·4、1·5、1·6、1·7、2·1、2·2、2·4、2·5、2·6、2·7、2·8、2·10、2·11、2·12、2·16;《公孙丑章句》共节 11 章,分别为《孟子》3·1、3·2、3·3、3·4、3·9、4·2、4·5、4·6、4·11、4·12、4·13;《滕文公章句》共节 7 章,分别为《孟子》5·3、

---

① 中国科学院图书馆整理:《续修四库全书总目提要·经部》下册,第 921 页下栏、921 页上栏。按:"《离娄篇》节存四十一章"当作"《离娄篇》节存四十章"。
② 参见[明]刘三吾辑:《孟子节文》,《北京图书馆古籍珍本丛刊》第 1 辑,第 1002 页上栏。

6·4、6·5、6·6、6·7、6·8、6·10;《离娄章句》共节21章,分别为《孟子》7·1、7·2、7·3、7·5、7·6、7·7、7·8、7·9、7·13、7·14、7·16、7·20、8·3、8·4、8·5、8·9、8·17、8·22、8·24、8·32、8·33;《万章章句》共节10章,分别为《孟子》9·2、9·3、9·5、9·6、10·1、10·3、10·4、10·6、10·7、10·9;《告子章句》共节5章,分别为《孟子》11·9、12·4、12·8、12·9、12·14;《尽心章句》共节17章,分别为《孟子》13·8、13·31、13·35、13·43、14·1、14·4、14·7、14·8、14·11、14·12、14·13、14·14、14·20、14·27、14·28、14·30、14·34。据此,从《孟子注疏》看,《孟子节文》实为173章;从《孟子集注》看,《孟子节文》实为172章。朱高正指出:《孟子》总字数35 512字,被《孟子节文》删去16 659字,《孟子》被删字数占总字数的46.91%;因《滕文公章句下》第1章多加了一个"兽"字,《孟子节文》实有18 854字[①]。这一字数统计也值得注意。

五、道德王国与权力王国的较量

尽管《孟子节文》在意识形态的合法性中早已缺席,但它在后人的研究视野中依然是在场的。20世纪中期,容肇祖曾说:"现在国立北平图书馆有一部《孟子节文》,是洪武二十七年的刻本,蓝皮包装,仍是明代的装钉,完善地保留残酷的统治者统治思想的资料,冷讽着愚民主义和过于操心计的无聊。我摩抄着这书,不免多少的感今悼古!"[②] 黄云眉指出:"据《典汇》:'所节者,自"土芥""寇仇"外,凡不以尊君为主,如"谏不听,则易位",及"君为轻"之类,皆删去。'则《孟子》一书之真精神,存于《节文》者尚余几!"[③]《孟子节文》究竟从《孟子》原本中减掉了哪些"真精神"呢?

---

① 参见朱高正:《孟子劫文》,《孟子研究》第2辑,第369页。
② 容肇祖:《明太祖的〈孟子节文〉》,氏著:《容肇祖集》,第174页。
③ 《明史卷一百三十九(列传第二十七)考证》,黄云眉:《明史考证》第4册,第1191页。

容肇祖认为刘三吾删节《孟子》的基本原则就是 11 个 "不许说"：不许说人民有尊贵的地位和权利，不许说人民对于暴君污吏报复的话，不许说人民有革命和反抗暴君的权利，不许说人民应有生存的权利，不许说统治者的坏话，不许说反对征兵征实同时并举，不许说反对捐税的话，不许说反对内战，不许说官僚黑暗的政治，不许说行仁政救人民，不许说君主要负善良或败坏风俗的责任。① 所谓 "不许说"，从前引的史料大多谈到朱元璋对孟子的 "君之视臣如土芥，则臣视君如寇仇"（《孟子》8·3）慨然有叹看，意即权力王国的主宰者不许道德王国的思想者说不利于现存统治的话，而孟子道德理想主义的王道政治学尤其不许说。

对此，我们从朱元璋极不感冒的 "汤放桀"（《孟子》2·8）、"武王伐纣"（《孟子》2·8）、"伊尹放太甲"（《孟子》13·31，9·6）说起。这一话题首先关联着孟子的一般君臣伦理观。孟子同时代的景子指出："内则父子，外则君臣，人之大伦也。父子主恩，君臣主敬。"（《孟子》4·2）孟子指出："欲为君，尽君道；欲为臣，尽臣道。二者皆法尧、舜而已矣。"（《孟子》7·2）君臣关系是社会人伦的重要方面，君主臣从是君臣关系得以和谐的基本规范。所谓 "率土之滨，莫非王臣"（《孟子》9·4）、"无父无君，是禽兽也"（《孟子》6·9），表明孟子认同君主臣从的传统观念。基于传统视野中的君臣伦理观，人们不难判定汤、武、伊尹或诛或放君主是明显的违礼之举。问题在于，孟子为什么高度肯定这类违礼之举呢？

这就需要我们走进孟子的特殊君臣伦理观。历代统治者极为头痛孟子说的 "民为贵，社稷次之，君为轻"（《孟子》14·14），而孟子的特殊君臣伦理观恰恰将它当作核心理念。一方面，"得其民，斯得天下矣"（《孟子》7·9），"国君好仁，天下无敌焉"（《孟子》14·4），这是孟子王道政治学的理想展望。另一方面，直面 "天下之生久矣，一治一乱"（《孟子》6·9）的

---

① 参见容肇祖：《明太祖的〈孟子节文〉》，氏著：《容肇祖集》，第 174—183 页。

历史嬗变,孟子认为国君的仁、不仁是治、乱所以循环的根本原因(《孟子》7·3,7·20),大臣要以特殊的方式消解国君的不仁、不义、不正。就此而言,汤放桀、武王伐纣属于改朝换代的革命性治乱类型,伊尹放太甲属于稳定社稷的守成性治乱类型。伊尹将太甲流放于桐,成功地"格君心之非"(《孟子》7·20),因此属于稳定社稷的守成性治乱类型。桀、纣完全失去民心,"为汤、武敺民者,桀与纣也"(《孟子》7·9),汤放桀、武王伐纣,"救民于水火之中"(《孟子》6·5),因此属于改朝换代的革命性治乱类型。汤、武、伊尹以进步的治乱史观消解保守性的君臣伦理观,得到孟子道德理想主义的王道政治学真切的认同。

孟子的特殊君臣伦理观触及权力王国的主宰者朝思暮想而又胆战心惊的一大奥秘。"皇帝轮流做,明年到我家"是常有的事,但一旦从马上夺得天下,谁都想子子孙孙、世世代代奉天承运。41岁开国做皇帝的前游方僧,显然不会喜欢孟子津津乐道于尧舜禅让(《孟子》9·5,9·6),即使孔子认为"唐、虞禅,夏后、殷、周继,其义一也"(《孟子》9·6)。朱元璋同样不愿意读到孟子对于君王不恭敬的这些话:"贼仁者谓之贼,贼义者谓之残。残贼之人谓之一夫。闻诛一夫纣矣,未闻弑君也。"(《孟子》2·8)"君有大过则谏;反覆之而不听,则易位。"(《孟子》10·9)"君有过则谏;反覆之而不听,则去。"(《孟子》10·9)"有伊尹之志,则可;无伊尹之志,则篡也。"(《孟子》13·31)就像"舜视弃天下犹弃敝蹝也"(《孟子》13·35)被《孟子节文》删除所揭示的,权力王国的这个奥秘正是事关江山社稷能否固若金汤的政统问题。

尽管首肯汤、武"臣弑其君"(《孟子》2·8),赞同诸侯危害国家就"变置社稷"(《孟子》14·14),但在政统问题上,孟子的基本看法则与孔子相似,承认尧、舜将天下让给贤人和夏、商、周将天下传给子孙都是合理的。跟谁能奉天承运做皇帝相比,孟子更关注能否最大限度地发挥知识分子的政治作用。原因之一在于,孟子认为"天与贤,则与贤;天与子,则与子",能否获得天子之位是天命的安排,所以贤于尧、舜的孔子也不会成为世俗的帝王

(《孟子》9·6)。原因之二在于，孟子认为自己所处的时代存在学术政治化的可能性：一方面，知识分子拥有的道德权威高于君主所有的政治权威；另一方面，知识分子的道德权威渊源于宗周礼乐文明传统，君主亦期待依据知识分子重建意识形态的合法化基础。

"士与王侯在政统中可以是君臣关系，但在道统中则这种关系必须颠倒过来而成为师弟。依孟子之说，政统中有王、侯、卿、大夫等'爵'的等级，道统中也有'齿'与'德'的高下之别，师、友、臣的分辨便相应而产生了。"① 在孟子看来，即使官位（爵）、年龄（齿）、道德（德）同为天下达尊（《孟子》4·2），但天爵（仁义忠信）高于人爵（公卿大夫）（《孟子》11·16），所以曾子、子思凭据在道德王国中获取的道德资源，铢视王侯从权力王国中继承的世俗尊严。曾子说："晋、楚之富，不可及也。彼以其富，我以吾仁；彼以其爵，我以吾义。吾何慊乎哉？"（《孟子》4·2）子思说："以位，则子，君也；我，臣也。何敢与君友也？以德，则子事我者也。奚可以与我友？"（《孟子》10·7）曾子、子思以王侯之师自居，即是儒者独立人格的鲜明体现。

盛德之士为王者师，是孟子所谓"师—友—事"的中心思想。孟子曾说："故将大有为之君，必有所不召之臣；欲有谋焉，则就之。其尊德乐道，不如是，不足与有为也。故汤之于伊尹，学焉而后臣之，故不劳而王；桓公之于管仲，学焉而后臣之，故不劳而霸。今天下地丑德齐，莫能相尚，无他，好臣其所教，而不好臣其所受教。汤之于伊尹，桓公之于管仲，则不敢召。管仲且犹不可召，而况不为管仲者乎？"（《孟子》4·2）唯有君主期望大有作为，才会真心垂重不召之臣；唯有如此尊德乐道，君主才会真正有所作为。商汤、桓公作为历史上的有为之君，深知须以盛德之士为师，所以能够谦虚地向伊尹、管仲学习，终于有所成就。然而，当下的现实并非如此。各国君

---

① 余英时：《道统与政统之间》，氏著：《士与中国文化》，上海：上海人民出版社，1987年，第103页。

主由衷地喜欢言听计从的乡愿之臣,而不喜欢辅世长民的盛德之士。他们只是满足于以"事"为特征的君臣伦理,根本不认同以"师""友"为特征的君臣伦理,怎能成就统一大业呢?孟子期望"定于一"(《孟子》1·6),自认"如欲平治天下,当今之世,舍我其谁也"(《孟子》4·13),所以即使身处这样的政治—伦理生态之中,仍然坚信盛德之士应为王者之师。

哲学总是在思维中掌握它的时代。孟子的王道政治学试图通过道德王国对权力王国的制衡,而为学术政治化的时代精神立法。"师—友—事"(《孟子》10·3)的三字诀以"师"为中心,可谓正面作战;"手足—腹心、犬马—国人、草芥—寇仇"(《孟子》8·3)的三对子以"草芥—寇仇"为主旨,可谓背面出击。它们共同的目的是借助"为王者师"的核心理念,建构有利于知识分子介入国家政治的君臣伦理。对于权力王国的主宰者而言,有关政统问题的"三对子"如此耸人听闻;对于道德王国的思想者而言,有关道统问题的"三字诀"如此激动人心。孟子王道政治学的思想独特性决定了它深刻、长久的历史影响,诚如黄仁宇(1918—2000)所言:

> 说来也难于相信,从个人说辩的能力和长久的功效两方面讲,孟子在传统政治上的地位要超过孔子,虽说他受业于孔子孙子的门人,因之被中国的皇帝和文人尊为"亚圣",亦即第二个圣人。威利(Arthur Waley)在他的杰作《中国古代的三种思想》中即以孟子代表儒家,和道家与法家对立。[①]

孟子"词气抑扬太过"的王道政治学不讨权力王国的喜欢,并不难以置信。日本德川幕府时期(1603—1867)就认为《孟子》传播了危险思想,一度禁止学习此书[②]。中国古代的疑孟思潮始于荀子,中经王充而至宋代(这一

---

① 黄仁宇:《中国大历史》,北京:生活·读书·新知三联书店,1997年,第10页。
② 参见〔韩〕高柄翊:《传统时代东亚的忠义思想》,《国际儒学研究》第4辑,北京:中国社会科学出版社,1998年,第35页。

时期也是孟子升圣、《孟子》升经的决定性阶段),此起彼伏,甚至一浪高过一浪;但在孟子升圣、《孟子》升经以后,朱元璋以政治强权诋毁孟子则是教科书一样的案例。要在一篇字数有限的文章中细致地分析一个帝王和一位圣贤在思想上的对抗,并非一件容易的事。既然道德理想主义与政治专制主义的内在紧张从根本上导致了《孟子节文》事件,那么,"《孟子节文》=朱元璋的专制主义–《孟子》的真精神"的算式就是成立的,"朱元璋的专制主义+《孟子节文》=?"同样是思想史研究不能回避的问题。

我们先从吴晗的《朱元璋年表》摘抄几件剑光血气的大事:1375年(洪武八年),刘基(1311—1375)被毒死;1380年(洪武十三年),左丞相胡惟庸(?—1380)以擅权诛,坐其党死者甚众,又废中书省及丞相等官,提高六部官秩;1384年(洪武十七年),曹国公李文忠(1339—1384)被毒死;1385年(洪武十八年),魏国公徐达(1332—1385)中毒死;1390年(洪武二十三年),韩国公李善长(1314—1390)党胡惟庸案发,坐诛,牵连死者甚众;1393年(洪武二十六年),凉国公蓝玉(?—1393)被杀,功臣死者甚众;1394年(洪武二十七年),颖国公傅友德(?—1394)坐诛;1395年(洪武二十八年),宋国公冯胜(?—1395)坐诛①。

朱元璋最初封王6人,就有李文忠、徐达、李善长、冯胜先后被害;有明一代任职丞相者4人,即汪广洋(?—1379)、胡惟庸、徐达、李善长先后惨死。对开国元勋一杀再杀,不是朱元璋的独创。但是,通过一连串的坐诛毒杀,从小行童一直做到皇帝的朱元璋终于废除了古已有之的宰相制度。这在中国传统政治史上有着极其重要的象征意义,也将对我们实实在在地把握《孟子节文》的思想倾向不无裨益。

这里不可能详论朱元璋废相一事的来龙去脉,但至少应该知道三段记述:

---

① 参见吴晗:《朱元璋传》,第15—18页。

明官制，沿汉、唐之旧而损益之。自洪武十三年罢丞相不设，析中书省之政归六部，以尚书任天下事，侍郎贰之，而殿阁大学士祗（只）备顾问，帝方自操威柄，学士鲜所参决。（《明史》卷七二《职官志一》）①

《实录》原文作："我朝罢相，设五府、六部、都察院、通政司、大理寺等衙门，分理天下庶务，彼此颉颃，不敢相压，事皆朝廷总之，所以稳当。以后嗣君并不许立丞相，臣下敢有奏请设立者，文武群臣即时劾奏，处以重刑。"中间"彼此颉颃"数语，最能道出太祖造建明代集权制度之踌躇满志。（黄云眉：《明史卷三（太祖纪三）考证》）②

废相以后，嗣君能稍勤政，必无奸雄专弄之权。此太祖之特识也。然勤政正未易言，太阿倒持，终不可免，权相之外，又有权奄，事固有出于所防之外者矣。（孟森：《明史讲义》第2编第1章第4节）③

朱元璋废除宰相制度，旨在解决长期存在的君权与相权之争。有清一代，率由旧章。清高宗乾隆明晓废除宰相制度的个中缘由，御制《书程颐论经筵札子后》指出：

夫用宰相者，非人君其谁乎？使为人君者，但深居高处，自修其德，惟以天下之治乱付之宰相，已不过问，幸而所用若韩、范，犹不免有上殿之相争；设不幸而所用若王、吕，天下岂有不乱者！此不可也。且使为宰相者，居然以天下之治乱为己任，而目无其君，此尤大不可也。④

---

① ［清］张廷玉等：《明史》第6册，第1729页。按：原文"祗"当作"祗（只）"，已校改。
② 黄云眉：《明史考证》第1册，北京：中华书局，1979年，第47页。
③ 孟森撰，商传导读：《明史讲义》，上海：上海古籍出版社，2005年，第70页。
④ 转引自钱穆：《自序》，氏著：《中国近三百年学术史》上册，北京：商务印书馆，1997年，第2页。

乾隆君临天下60年。细读以上这番话，我们进入"朱元璋的专制主义+《孟子节文》=？"的问题视域，亦即将朱元璋废除宰相制度的大刀阔斧与孟子"为王者师"的人文理想合而观之，就会轻易得多。

传统儒家追求内圣外王。一般地说，他们先是在"学而优"阶段上努力培养自身优良的内圣品格，然后试图在"优则仕"阶段上真正落实辅助君主治国安邦的外王使命。在后一阶段上，传统儒家的最大理想无非是做以道义决定政治的宰相。最想做的只是宰相，而对最高权力宝座毫无奢望，这是传统儒家与现实政权历来关系不错的一个重要原因。宰相在一人之下、万人之上，位高权重，最有条件"格君心之非"，最适合"为王者师"。在哲学中，传统传递着过去的问题与答案。孟子这一道统视角，后人无法规避。程颐的《论经筵第三札子》说过："天下重任，唯宰相与经筵；天下治乱系宰相，君德成就责经筵。由此言之，安得不以为重？"①理学大师小程给北宋皇帝做过半年的崇政殿说书，道德相的理想是其重要的理论出发点。确保道德相与政治王在实际政治运作中的相互支援，鲜明体现了以孟子为代表的儒家王道政治学传统。

然而，以道德相与政治王的内在关联为基石的儒家王道政治学传统，却在实际政治运作中命运多舛。从江苏沛县的乡里无赖刘邦到安徽凤阳的乞丐和尚朱元璋，这类地位卑微者所以登上权力王国的最高峰，从来靠的是血流漂杵的你死我活，而不是温情脉脉的道德说教。事后将并不光彩的改朝换代行为加以天命与道义的双重文饰，是开国帝王必做的工作。另外，从一部中国古代史看，几乎大多数的新政府都承诺并通过各种方式大量运用有知识的儒家人物，并且仰仗充满道德感的儒学理论体系去整合人民的思想。原因在于，跟其他流派相比，难以进取的儒学有利于守成。儒学、儒家通常被每一个新政府看好，但权力王国的主宰者这么做，只是出于体制运转的需

---

① 《河南程氏文集》卷六《伊川先生文二》，[宋]程颢、程颐著，王孝鱼点校：《二程集》第2册，第540页。

要,而不是出于心灵提升的需要。既然以宰相为首的外朝官僚体系只是出于体制运转需要的产物,"伴君如伴虎"写照的就是相权与君权本质上不可调和的尖锐矛盾。像孟子、程颐这类坚守道德相的人文化儒家,其现实结果是可想而知的。

目前有关《孟子节文》事件的研究著述并不多,很少有人在1380年的废相事件与1394年的《孟子节文》事件之间建立必要的联系。从同样对宰相制度不放心的乾隆皇帝就程颐的《论经筵札子第三》大发感慨看,从程颐与孟子在儒家王道政治学传统中的一脉相承看,从道德王国对于权力王国的制衡突出表现为道德相对于政治王的规约看,我们认为朱元璋废除宰相与删节《孟子》这两件事未尝没有内在的关联。废除宰相可谓朱元璋的集中意识,删节《孟子》可谓朱元璋的支援意识。只有切断传统儒家试图通过学术影响政治、通过道统提升政统的理想追求,才能真正保证"以后嗣君并不许立丞相,臣下敢有奏请设立者,文武群臣即时劾奏,处以重刑"。宰相制度在明、清两代废而不用,印证了朱元璋在营造集权方面非同寻常的政治智慧。

"马上"得到天下的朱元璋,"马下"并不拿儒家的圣贤、经典当回事。早在1369年(洪武二年),朱元璋下令"孔庙春秋释奠,止行于曲阜,天下不必通祀",幸得钱唐、程徐(生卒年不详)据理力争,孔子得以像社稷、三皇一样受到全国祭祀[1]。然后,1372年(洪武五年)取消孟子在文庙中的配享资格,1394年(洪武二十七年)将《孟子》删得面目全非。类似的恶作剧又发生在1396年(洪武二十九年),朱元璋从文庙从祀的名单中赶出扬雄,请进董仲舒[2]。有明一代如此,中国历史上的最后一个王朝也是这样:"清沿明制,规定每年夏历五月十三日是关帝生日,至期必有盛大的祭祀。而孔子的

---

[1] 参见[清]张廷玉等:《明史》第13册,第3981—3982页。
[2] 参见《明史纪事本末》卷一四《开国规模》"洪武二十九年(丙子,一三九六)"条,[清]谷应泰:《明史纪事本末》第1册,北京:中华书局,1977年,第222页。

生日,却没人关心。乾隆间有个儒生,上疏请求照'武圣'例,给孔子也定个'圣诞节',而乾隆却大怒不准。既然皇帝也冷落'文圣',那末有些官迷心窍的儒生,怎么不会弃文拜武呢?于是有些人参加乡试或会试,便事先赴关圣帝君庙祈祷求签。说来也怪,虽然关羽不过是一介武夫,粗通文墨而已,却似乎不满足于'武圣'地位,凡举子求他保佑的,多能如愿以偿,得中进士乃至中状元,甚而有人蒙他预示本科八股试题。这类灵应,在清人笔记中是津津乐道的,然而无人记载因拜孔子而缀巍科。"[①] 我们以往听惯了孔孟之道倍受殊荣的种种议论,现在无疑或多或少感受到了儒家介入权力王国以后的真实命运。

思想史绝不是一具僵死的概念木乃伊。活着的儒家总是复杂地活着,"学成文武艺,货与帝王家"一直是儒家知识分子前定的宿命。假如这一宿命可以通过群体的力量来抗争,那么,对于《孟子节文》事件,《明太祖实录》的现存版本就不会讳而不谈,《明史》的修撰者就不会谈得羞羞答答。朱彝尊没有见过《孟子节文》刊本,也不相信朱元璋将孟子赶出文庙,故其《邹县重修亚圣孟子庙碑》有言:

> 明之太祖颁其书于学官。当吴元年,即谕许存仁曰:"孟子专言仁义,使当时有贤君用其言,天下岂不定于一乎?"又敕文学之士曰:"朕闻孔、孟于世利济之心,虑恐不及。"谕桂彦良曰:"孔、孟一圣一贤,自汉、唐以来称之。"谕赵晋曰:"孔孟之道,卿幼学壮履,大哉!"王言必孔孟并举。[②]

明代特务制度发达,清朝文字狱盛行。掌权者容不下不同意见,只知道斗争哲学。在此情形下,希图道德王国的思想者面对权力王国的主宰者,像

---

① 朱维铮:《在中世纪晚期的〈三国演义〉》,氏著:《走出中世纪》,上海:上海人民出版社,1987年,第121页。
② [清]朱彝尊:《曝书亭集》,《景印文渊阁四库全书》第1318册,第423页下栏。

孟子那样"责难于君谓之恭,陈善闭邪谓之敬,吾君不能谓之贼"(《孟子》7·1)极不可能。所以,1394年后的儒家知识分子不如摊开《孟子节文》,想一想自号"坦坦翁"的刘三吾为什么令人意外地保留了孟子"焉有君子而可以货取乎"(《孟子》4·3)这句话①。这句话隐隐约约地告诉无数被强权所压抑的人文心灵,究竟是谁最终能够在道德王国与权力王国的较量中获胜。

　　《孟子节文》事件距今已经六百多年。六百多年的历史终归是一个很漫长的时段,它使得今天的大多数人根本不知道明朝初期曾经有几个小人物跟《孟子节文》事件发生过这样或那样的关系,更不知道《孟子节文》只在历史上存在过17年。然而,六百多年的历史又是一个很短暂的时段,"朱元璋的专制主义+《孟子节文》=?"的问题视域仿佛就像昨天一样仍在困惑着人们。常识所谓的"过去",我们可以说它其实并未过去;常识所谓的"将来",我们可以说它其实早已来临。经典是因为在时间中始终经受得起误解乃至摧残的考验才成为不朽的,为理想而思想的人们是人文历史世界真正的立法者。如果我们在今天的时代中看到了问题,无妨到过去的时代中寻求答案。这也是我们回顾并反思朱元璋时期的《孟子节文》事件应持的人文姿态。即使"理论"到了什么程度,并不直接意味着"现实"到了什么程度。

---

① [明]刘三吾辑:《孟子节文》,《北京图书馆古籍珍本丛刊》第1辑,第963页下栏。

一篇罕见地高度评价滕文公的孟子学文献*
——湛若水佚文《吊文公词》考释

2016年10月下旬至11月上旬，笔者在孟子故里邹城面向社会大众解读《孟子·滕文公篇》①。期间，承蒙孟子研究专家刘培桂、殷延禄先生引领，曾到滕州（旧称滕县）姜屯镇拜谒滕国故城文王古台，并收到当地文化学者何锡涛惠赠的《滕国风物》一书。近日探寻滕文公在孟子解释史中的影响问题，倍感资料奇缺。《滕国风物》所录明代岭南思想家湛若水（1466—1560）的《吊文公词并序》②（特殊情形之外，以下统称《吊文公词》），是异常重要的史料。因何著未注明文献来源，遂向湛若水研究专家、深圳大学教授黎业明请教。以下是其2018年3月22日上午的微信回复："我查了一下，湛若水的这首诗没有收入《泉翁大全集》及《甘泉先生续编大全》等诗文集，可能是集外佚文。"依据惯例，《吊文公词》最有可能的文献来源是滕县地方志。

笔者登录中山大学图书馆网页，得知《日本藏中国罕见地方志丛刊》收有据日本尊经阁文库藏明万历十三年（1585）刻本影印的《[万历]滕县志》。经检阅，《[万历]滕县志》卷四《祠祀志》"滕文公祠"条载有双行小

---

* 原载《现代哲学》2018年第3期，第130—133页。
① 参见杨海文著，陈来、王志民主编：《〈孟子〉七篇解读·滕文公篇》，济南：齐鲁书社，2018年，第247—418页。
② 参见何锡涛编著：《滕国风物》，香港：香港天马出版有限公司，2012年，第172页。

字竖排的湛若水此文。现加标点符号,过录如下:

> 明尚书湛若水《吊文公词》自序曰:昔吾友丹山赵地曹善鸣过滕县,慨滕文公故国旧迹无有存者,志兴废而未能以书,请予表之。越二年,嘉靖丁酉春,予考绩之北,过其境,问其墓则曰志失其传,问其祠则曰图构未遑,为之徘徊叹息久之。伟文公之志,闵其不就,遂作词吊之。适督学王君道思巡历于此,并以告之,庶其作兴焉。词曰:当战国之末裔,风靡靡而波荡。千乘而君,万乘而王,仁义为迂,功利为长,天德亡而王道丧矣。有滕国文公者,以蕞尔之壤、挺然之身,独当仁而不让。闻性善之指,庶几乎天德可弘;学校、井田之制,庶几乎王道可兴;一时闻风者,莫不悦服而愿为之氓,庶几乎王业可成。然而未能以遂然者,其天命之凝耶?人将恶其厉己而害其能耶?抑行之未至于高大光明耶?将时势之未易以乘与?知孟氏王佐之才,而不能举国听焉,何也?然事虽不就,千百年之下,凛乎若生,真千古旷世之豪杰,万古王者之师承也已。余入斯境,履地怀贤。战国之君,惟公一人!独彷徨而咨访,慨墓祠之不存,安得不动千古之太息而为之潸然!①

《滕县志》代有修葺。笔者见到的版本有二:一是前述的 8 卷本《[万历]滕县志》。它是现存最早的《滕县志》,亦是古代县志的上乘之作,我们据此过录《吊文公词》。二是 1717 年成书的 10 卷本《滕县志(康熙五十六年)》,原版现藏上海图书馆。何锡涛先生微信传送了有关内容的照片,特此致谢!

---

① [明]杨承父修,[明]王元宾纂:《[万历]滕县志》,《日本藏中国罕见地方志丛刊》第 29 册,北京:书目文献出版社,1992 年,第 63 页上栏;按:此书与《[万历]罗山县志》《[康熙]罗山县志》《[万历]汝州志》《[崇祯]郾城县志》合为一册。

两版对勘，仅有细微差异。其一，康熙版将《吊文公词》单列成条，题作《吊文公词（并序）》，署名"明尚书湛若水（甘泉）"，置于《滕县志（康熙五十六年）》卷九《艺文》①。其二，康熙版不同于万历版的文字有四处："慨滕文公故国旧迹无有存者"之"滕"，康熙版无此字；"庶几乎天德可弘"之"弘"，康熙版作"宏"；"将时势之未易以乘与"之"与"，康熙版作"欤"；"千百年之下"之"年"，康熙版作"世"。

所谓"越二年，嘉靖丁酉春，予考绩之北，过其境……"，表明湛若水因北上考绩之故，曾于嘉靖十六年丁酉（1537）途经滕县，并写下《吊文公词》。查黎业明撰著的《湛若水年谱》，湛若水写有《谒孟子祠文》，其小序云："维嘉靖丁酉三月旦，南京吏部尚书湛若水将赴上都，经过趋谒于先师邹国亚圣孟夫子庙庭之下。"②黎著"嘉靖十六年丁酉（1537），七十二岁"条记述传主这次鲁南乃至山东之行，仅此一则。这说明《吊文公词》有必要引起湛若水研究者的关注：一是充传主行状之实，二是补《泉翁大全集》《甘泉先生续编大全》之缺。但是，《吊文公词》何以失收，不必做过深的揣测。盖因佚文本是常见之事，所谓全集极少是名副其实的。据悉上海古籍出版社近期拟出版由广东学者点校的《湛若水全集》，《吊文公词》的文献学价值是自不待言的。

《吊文公词》既有填补湛若水研究资料之空白的文献学价值，更因其罕见地高度评价滕文公而饱含思想史价值。众所周知，滕文公是《孟子》中的主要人物之一。另一个习焉不察的事实则是：从孟子解释史的角度看，人们对于滕文公的恶评、嘉奖都不多见，滕文公成了可有可无、名存实亡的过

---

① 参见［清］黄浚监修，［清］陈际昌、王特先等编修：《滕县志（康熙五十六年）》卷九《艺文》，第16—18页；按：此书系非正式出版物，上海图书馆藏。
② 参见黎业明：《湛若水年谱》，上海：上海古籍出版社，2009年，第225页。《谒孟子祠文》写于邹城，但未被刘培桂的两部文献汇编收录（参见刘培桂编：《孟子林庙历代题咏集》；刘培桂编著：《孟子林庙历代石刻集》）。截止2018年3月28日晚，登录CNKI中国知网——中国学术期刊网络出版总库，以篇名"湛若水（湛甘泉）"＋主题"孟子"或"滕文公"检索，均无相关论文显示。由此可见湛若水与孟子关系之研究亟待得到学术界重视。

客。滕文公真的不重要吗？历史学家班固编制《汉书·古今人表》，梁惠王、齐宣王位列第六等（中下），而滕文公位列第三等（上下智人）[①]。笔者读《孟子》，无数次深切地感到：如果不是滕文公，孟子的思想主张与淑世情怀，在其有生之年，恐怕连一次实践的机会都未必会有；正因有了滕文公，孟子的王道理念与仁政理想，在其有生之年，得以成就一次真正的政治伦理实践[②]。寡闻所及，湛若水以"战国之君，惟公一人"与赵佑（1727—1800）以"周末第一有志向善之贤君"[③]相赠滕文公。二人虽有夸大其词之嫌，却是班固千年难遇的真知音。

接受面相对广泛的孟子解释史能够朗现思想史价值，接受面较为狭小的地方文化史同样可以显豁思想史价值。孟子解释史不重视滕文公，滕县的地方文化史会是例外吗？尽管《吊文公词》从一个侧面给出了答案，但为了更全面地了解这一问题，现将《[万历]滕县志》"滕文公祠"条的全文分成三段，并过录如下（"……"代表《吊文公词》，括弧内的文字原为双行小字竖排）：

> 本性善书院，建始元延祐间，用御史任居敬言，改筑列于学官。元末，毁于兵，而比丘尼因改筑为庵以居之。国朝成化知县马文盛始复为书院。前殿三楹祀孟子，乐正子、万章配。后更为殿三楹以祀文公，然友、毕战配；两庑各三楹，左祀名宦奚仲、知州薛原义、知县罗斐、县丞顾俊、归需、教谕项埋，右祀乡贤叔孙通、李泂、陆弘、李稷、寒朗、杜玑、曹褒、王嘉宾、李元。其后，前殿与两庑俱

[①] 参见[汉]班固撰，[唐]颜师古注：《汉书》第3册，第942、944、948页。
[②] 参见杨海文：《一个义仕派知识分子的淑世情怀》，《社会科学论坛（学术评论卷）》2007年第4期，第145—146页；杨海文：《浩然正气——孟子》，南昌：江西教育出版社，2008年，第26页；杨海文：《我善养吾浩然之气——孟子的世界》，第30—31页。
[③] [清]赵佑：《四书温故录·孟子二》"滕文公"条，《续修四库全书》第166册，第585页下栏。

圮，而孟子亦废不祠；于后殿为三坛共宇，中祀文公，而左、右祀名宦、乡贤，岁随春秋上丁祭先师毕乃祭，祭用帛一，爵三，铏二，簠、簋各一，笾、豆各六。旧门在庠门内西向其后。万历三年知县杜济时更为二门、大门，各三间丹其壁，则直为文公祠，而书院之名废。

（……训导丁鸣春谒祠诗云："扰扰群雄事战争，独谈仁义不谈兵。凭凌齐楚今何在，赢得长存善国名。"右一。"为尧为舜性中天，一见闻之即了然。制定三年成孝道，不虚亚圣此真传。"右二。"阡陌开来逐利先，谁能善国重民天？卓然远识惟公在，慕①古殷勤问井田。"右三。"堂堂祠宇傍宫墙，对越荣瞻俎豆光。学校井田垂世范，千年遗爱并甘棠。"右四。）

余按：书院之设，本以祠孟子而教邑子弟。后增祠文公，而乃附名宦、乡贤于中寝，失其书院之义矣。其后废孟子，专祀文公。文公俨然南面殿上，而名宦、乡贤列两庑，与文公非有君臣之义、师生之分者也。后两庑废，而升名宦、乡贤于文公共宇三坛，并南面似矣。然奚仲始封于薛者，事禹，始造车利用，万世赖之，亦一作者之圣。在文公所当严事，乃犹称车服大夫，为其车服耶？滕不得独祀于名宦，为其封于薛故，奈何贬其侯爵，诎于文公之下？是使文公之灵不妥，而奚公为不享也。至于仲虺，则奚仲之后，为薛人。以其嗣封于薛，当与奚仲并列名宦；以其相汤之故，犹当首乡贤。奈之何弃而不祀？愚意名宦、乡贤当列戟门外东西向，使得从先师以为荣，而奚仲、仲虺、文公共为一祠，别祀之，似于礼为宜。姑记于此，俟议礼者采之。②

---

① 原文误作"墓"。
② ［明］杨承父修，［明］王元宾纂：《［万历］滕县志》，《日本藏中国罕见地方志丛刊》第29册，第62页下栏—第63页下栏。

以上引文的第一段文字叙述了滕文公祠的由来。滕文公祠的所在地,最先是元代延祐年间(1314—1320)始建的性善书院(以下称作"孟子书院")。四五十年后,书院毁于元末兵燹。原址后来改建成了尼姑庵,达数十年之久。明代成化年间(1465—1487),书院得以恢复。所谓"后更为殿三楹以祀文公"以及"其后,前殿与两庑俱圮,而孟子亦废不祠",据《吊文公词》说的"问其墓则曰志失其传,问其祠则曰图构未遑",必然是1537年后的事。创建滕文公祠的具体时间已难确考,但《吊文公词》所起的作用不可低估,甚至是至关重要的。令湛若水始料未及的是,万历三年(1575)"直为文公祠,而书院之名废",孟子书院被滕文公祠彻底取代。

以上引文的第三段文字反思了滕文公祠的做法。《[万历]滕县志》卷一题下标识"邑人王元宾撰次"[①];其他各卷虽无这一标识,只是循例承前省略。所谓"余按",即是该书实际作者王元宾(生卒年不详)的思考:其一,将滕文公祠建在书院之内,最终又取而代之,架空了书院的教化功能;其二,列于两庑的名宦、乡贤,与滕文公既无君臣之义、又无师生之分,有失祭祀之体统。王元宾主张另建一祠祭祀滕文公等人,言外之意是恢复专祀孟子的书院。从1575年"直为文公祠"到1585年《[万历]滕县志》成书的短短十年之间,就有王元宾这类地方贤达反思滕文公祠的做法,而且将它写进了县志,这是发人深省的。

孟子书院→孟子书院、滕文公祠并存→滕文公祠,此乃《[万历]滕县志》"滕文公祠"条勾勒的基本史实。兴建滕文公祠是湛若水路过滕县发出的倡议。如果没有身临其境,他会写下《吊文公词》,并在尊孟的大前提之下高度评价滕文公吗?《吊文公词》的理论预设是孟子、滕文公并

---

① 参见[明]杨承父修,[明]王元宾纂:《[万历]滕县志》,《日本藏中国罕见地方志丛刊》第29册,第5页上栏。

尊的双重主体性,那么,滕县地方官员"直为文公祠"的单一主体性是否会面临侮辱圣贤、非圣无法的指责呢?训导丁鸣春(生卒年不详)的四首诗达不到这一认知高度,但王元宾的"余按"何尝不是含沙射影之论?说到底,滕文公是否值得高度评价,又如何在与孟子的张力之间做出相应评价,正是《[万历]滕县志》"滕文公祠"条从地方文化史角度释放出的思想史价值。

但是,地方文化史的"滕县经验"显然没有对孟子解释史的"滕文公问题"产生多大影响。姑且不论其他地方并不祭祀滕文公,即使他们祭祀类似滕文公者,也很难注意到滕县地方官员与贤达富有思想史价值的做法与反思,更不可能从其相互博弈那里获取应有的启迪。最物质的原因是:任何地方志都是地方性的,印数少,传播范围小,外人一般看不到。最时代的原因是:人们解读孟子,几乎不将是否要评价以及如何评价滕文公当作自身必需的问题意识。换句话说,尽管《吊文公词》是一篇高度评价滕文公的孟子学文献,可谓殊为难得、弥足珍贵,但它只是栖身于一版接一版的滕县地方志,耐心地等待着"不在沉默中死亡,就在沉默中爆发"的历史机遇。

行文至此,需要重提《吊文公词》之为佚文是如何确定的。第一,"四库系列丛书"收有湛若水的十部著作(去除重复者,实为七部),另有校订、注释陈白沙(1428—1500)的两部著作①。其中,与本文相关的著作仅有32卷本的《湛甘泉先生文集》②。经检阅,该书无《吊文公词》一文。第二,《泉翁大全集》《甘泉先生续编大全》是现存收录湛若水作品最全的两部著作,

---

① 参见复旦大学图书馆古籍部编:《四库系列丛书目录·索引》,上海:上海古籍出版社,2007年,第881页右栏—第882页左栏。
② [明]湛若水:《湛甘泉先生文集》,《四库全书存目丛书》集部第56—57册,济南:齐鲁书社,1997年。又见[明]湛若水:《湛甘泉先生文集》(全5册),桂林:广西师范大学出版社,2014年。按:两者实为同一书。

2017年12月已出版点校本①。因中山大学图书馆暂未馆藏，笔者据数据库下载的word文档检测，亦无《吊文公词》一文。特别感谢黎业明教授给予本文的提示与帮助！但是考证费力不讨好，说有容易说无难，因而战战兢兢，期盼方家不吝指教。

---

① ［明］湛若水著，锺彩钧、游腾达点校:《泉翁大全集》（全4册），台北:"中研院"中国文哲研究所，2017年；［明］湛若水著，锺彩钧、游腾达点校:《甘泉先生续编大全》（全2册），台北:"中研院"中国文哲研究所，2017年。

阳明"四句教"出处辑考*

肇始于嘉靖六年丁亥(1527)的四句教,在阳明学史上意义重大,但又倍受争议。梁启超说过:"此是王门一大公案,所谓四有句四无句之教也。后此王学流派纷争,皆导源于此。"① 学术界的四句教研究,通常侧重义理之维,考据之维受关注的程度显得远远不够。譬如,大致从天泉桥②、四有句、四无句三个关键项看,在王阳明以及钱德洪(1496—1574)、王畿(1498—1583)的时代,究竟有多少种文献表述过四句教,这些表述之间存在哪些差异,就值得原原本本地呈现出来③。这是本文的主要目的。本文并将辑考范围限定为两类人:一类是包括王阳明、王畿、钱德洪在内的当事人,另一类是

---

* 原载《深圳大学学报(人文社会科学版)》2014年第2期,第146—155页。
① 转引自陈荣捷:《王阳明传习录详注集评》,台北:台湾学生书局,1983年,第364页。
② 关于浙江绍兴天泉桥的遗址问题,钱明综合各家之说指出:"因为碧霞池就在王府又称新建府内,所以天泉桥毫无疑问也在王府内;又因天泉桥属于王府内的庭院桥,而非公共交通桥,所以史志不载,是完全正常的。"(氏著:《王阳明及其学派论考》上篇第2章《阳明之"教场"——天泉桥考》,北京:人民出版社,2009年,第22页)2014年1月9日,笔者随"纪念王阳明逝世485周年学术研讨会"代表团参观绍兴市内的王阳明故居,内有水塘一方,即是碧霞池,但水上无桥。《王阳明全集》卷三五《年谱三(自嘉靖壬午在越至嘉靖己丑丧归越)》"(嘉靖三年甲申)八月,宴门人于天泉桥"条指出:"中秋月白如昼,先生命侍者设席于碧霞池上,门人在侍者百余人。酒半酣,歌声渐动。久之,或投壶聚算,或击鼓,或泛舟。"([明]王守仁撰,吴光、钱明、董平、姚延福编校:《王阳明全集》〈2卷本〉下册,第1291页)今之碧霞池,面积已经大为缩减。
③ 以当事人及同时代的知情人为范围,陈荣捷注《传习录下》述四句教一条,仅抄王畿的《天泉证道纪》(参见氏著:《王阳明传习录详注集评》,第360—361页);邓艾民多过录了两文,即邹守益的《青原赠处》、钱德洪的《复杨斛山》([明]王阳明撰,邓艾民注:《传习录注疏》,上海:上海古籍出版社,2012年,第258—260页)。

与王畿、钱德洪同时代的知情人。此外，超越正统、异端之争的"抽象作者"之期待，也是本文力图张扬的人文理念。

一、当事人系列

为方便阅读以下文献，先列出王畿、钱德洪的字、号等信息：王畿，字汝中，号龙溪，以号行，学者称龙溪先生；钱德洪，本名宽，字德洪，改字洪甫，号绪山，学者称绪山先生。

（一）《传习录下》

《王阳明全集》卷三《语录三》为《传习录下》，其辞云：

丁亥年九月，先生起复征思、田。将命行时，德洪与汝中论学。汝中举先生教言，曰："无善无恶是心之体，有善有恶是意之动，知善知恶是良知，为善去恶是格物。"德洪曰："此意如何？"汝中曰："此恐未是究竟话头。若说心体是无善无恶，意亦是无善无恶的意，知亦是无善无恶的知，物是无善无恶的物矣。若说意有善恶，毕竟心体还有善恶在。"德洪曰："心体是天命之性，原是无善无恶的。但人有习心，意念上见有善恶在，格致诚正修，此正是复那性体功夫。若原无善恶，功夫亦不消说矣。"是夕侍坐天泉桥，各举请正。先生曰："我今将行，正要你们来讲破此意。二君之见正好相资为用，不可各执一边。我这里接人原有此二种。利根之人直从本源上悟入。人心本体原是明莹无滞的，原是个未发之中。利根之人一悟本体，即是功夫，人己内外，一齐俱透了。其次不免有习心在，本体受蔽，故且教在意念上实落为善去恶。功夫熟后，渣滓去得尽时，本体亦明尽了。汝中之见，是我这里接利根人的；德洪之见，是我这里为其次立法的。二君相取为用,则中人上下皆可引入于道。若各执一边,眼前便有失人,便于道体各有未尽。"既而曰:"已后与朋友讲学,切不可失了我的宗旨:无善无恶是心之体,有善有恶是意之动,知善知恶的是良知,为善去恶是格物。只依我这话头随人指点,自没病痛。此原是彻上彻下功夫。利根之人,世亦难遇。本体功夫,一悟尽透,此颜子、明道所不敢承当,岂可轻易望人!人有习心,不教他在良知上实用为善去恶功夫,只去悬空想个本体,一切事为俱不着实,不过养成一个虚寂。此个病痛不是小小,不可不早说破。"是日德洪、汝中俱有省。①

这条材料是学术界论四句教及天泉证道最常引用的文献。它由黄省曾(1490—1540)记录②。据陈荣捷的《王阳明传习录详注集评》,《传习录》第284—315条由黄省曾记录,此条为第315条。陈荣捷于此条末尾又注:"俞本及通行本此条后有'右门人钱德洪录'等字。"③查上海古籍出版社的2卷本、3卷本《王阳明全集》,此条末尾并无"右门人钱德洪录"字样④。钱德洪在四句教的成立过程中究竟发挥过怎样的作用,也是本文会特别留心的重要问题。

(二)《(阳明)年谱三》

《王阳明全集》卷三五《年谱三(自嘉靖壬午在越至嘉靖己丑丧归越)》"(嘉靖六年丁亥)九月壬午,发越中"条指出:

---

① [明]王守仁撰,吴光、钱明、董平、姚延福编校:《王阳明全集》(2卷本)上册,第117—118页。
② 同上书,第102页。
③ 陈荣捷:《王阳明传习录详注集评》,第365页。
④ [明]王守仁撰,吴光、钱明、董平、姚延福编校:《王阳明全集》(2卷本)上册,第118页;[明]王守仁撰,吴光、钱明、董平、姚延福编校:《王阳明全集》(3卷本)上册,上海:上海古籍出版社,2011年,第134页。

是月初八日，德洪与畿访张元冲舟中，因论为学宗旨。畿曰："先生说：'知善知恶是良知，为善去恶是格物。'此恐未是究竟话头。"德洪曰："何如？"畿曰："心体既是无善无恶，意亦是无善无恶，知亦是无善无恶，物亦是无善无恶。若说意有善有恶，毕竟心亦未是无善无恶。"德洪曰："心体原来无善无恶。今习染既久，觉心体上见有善恶在。为善去恶，正是复那本体功夫。若见得本体如此，只说无功夫可用，恐只是见耳。"畿曰："明日先生启行，晚可同进请问。"是日夜分，客始散，先生将入内。闻洪与畿候立庭下，先生复出，使移席天泉桥上。德洪举与畿论辩请问。先生喜曰："正要二君有此一问！我今将行，朋友中更无有论证及此者。二君之见正好相取，不可相病。汝中须用德洪功夫，德洪须透汝中本体。二君相取为益，吾学更无遗念矣。"德洪请问。先生曰："有只是你自有。良知本体原来无有，本体只是太虚。太虚之中，日月星辰，风雨露雷，阴霾饐气，何物不有？而又何一物得为太虚之障？人心本体亦复如是。太虚无形，一过而化，亦何费纤毫气力？德洪功夫须要如此，便是合得本体功夫。"畿请问。先生曰："汝中见得此意，只好默默自修，不可执以接人。上根之人，世亦难遇。一悟本体，即见功夫；物我内外，一齐尽透。此颜子、明道不敢承当，岂可轻易望人？二君已后与学者言，务要依我四句宗旨：无善无恶是心之体，有善有恶是意之动，知善知恶是良知，为善去恶是格物。以此自修，直跻圣位；以此接人，更无差失。"畿曰："本体透后，于此四句宗旨何如？"先生曰："此是彻上彻下语。自初学以至圣人，只此功夫。初学用此，循循有入；虽至圣人，穷究无尽。尧、舜精一功夫，亦只如此。"先生又重嘱付曰："二君以后再不可更此四句宗旨。此四句，中人上下无不接着。我年来立教，亦更几番，今始立此四句。人心自有知识以来，已为习俗所染。今不教他在良知上实用为善去恶功夫，只去悬空想个本体，一切事为，俱不着实。此病痛不是小小，不可不早说破。"是日洪、畿俱有省。①

《(阳明)年谱三》也是学术界最常引用的文献。将天泉证道的时间具体到嘉靖六年九月初八,是它与《传习录下》的细微区别之一。但是,《王阳明全集》卷一四《赴任谢恩遂陈肤见疏(六年十二月初一日)》有云:"已于九月初八日扶病起程……"② 陈来据此推断:"阳明当于八日发越中,而天泉证道即在七日矣。"③ 奏疏乃王明阳亲笔,其可信度值得重视。

今之《王阳明全集》,又名《王文成全书》。《钦定四库全书总目》卷一七一《集部二十四·别集类二十四》提要《王文成全书三十八卷》指出:"是书首编《语录》三卷,为《传习录》……乃守仁在时,其门人徐爱所辑,而钱德洪删订之者。""后附以《年谱》五卷……亦德洪与王畿等所纂集也。"④ 学术界特别重视《传习录下》《(阳明)年谱三》的记载,或许与此相关。不过,《传习录下》之编纂,动议于嘉靖七年戊子(1528)冬天⑤,而此时王阳明已辞世。《传习录下》末附钱德洪写于嘉靖(三十五年)丙辰(1556)的跋语有言:"嘉靖戊子冬,德洪与王汝中奔师丧,至广信,讣告同门,约三年收录遗言。继后同门各以所记见遗。洪择其切于问正者,合所私录,得若干条。"⑥ 由此可证,《传习录下》论四句教的条文,钱德洪有定稿之功。

(三)《天泉证道纪》

《王畿集》卷一首篇为《天泉证道纪》⑦,全文如下:

---

① [明]王守仁撰,吴光、钱明、董平、姚延福编校:《王阳明全集》(2卷本)下册,第1306—1307页。
② [明]王守仁撰,吴光、钱明、董平、姚延福编校:《王阳明全集》(2卷本)上册,第462页。
③ 陈来:《有无之境——王阳明哲学的精神》,北京:人民出版社,1991年,第195页。
④ [清]永瑢等撰:《四库全书总目》下册,第1498页下栏。
⑤ 此处"嘉靖七年戊子冬",已到公历1529年。盖因王阳明祭日为嘉靖七年十一月二十九日,即公历1529年1月9日(参见陈垣著,陈智超主编:《陈垣全集》第5册《中西回史日历》下册,合肥:安徽大学出版社,2009年,第765页)。
⑥ [明]王守仁撰,吴光、钱明、董平、姚延福编校:《王阳明全集》(2卷本)上册,第126页。
⑦ 《天泉证道纪》,他本亦作《天泉证道记》,有"纪""记"之异。本文以下引证,均遵从直接引文的实际用法,其他情形则作《天泉证道纪》。

阳明夫子之学，以良知为宗。每与门人论学，提四句为教法："无善无恶心之体，有善有恶意之动，知善知恶是良知，为善去恶是格物。"学者循此用功，各有所得。绪山钱子谓："此是师门教人定本，一毫不可更易。"先生谓："夫子立教随时，谓之权法，未可执定。体用显微只是一机，心意知物只是一事。若悟得心是无善无恶之心，意即是无善无恶之意，知即是无善无恶之知，物即是无善无恶之物。盖无心之心则藏密，无意之意则应圆，无知之知则体寂，无物之物则用神。天命之性，粹然至善，神感神应，其机自不容已，无善可名。恶固本无，善亦不可得而有也。是谓无善无恶。若有善有恶，则意动于物，非自然之流行，着于有矣。自性流行者，动而无动；著于有者，动而动也。意是心之所发。若是有善有恶之意，则知与物一齐皆有，心亦不可谓之无矣。"绪山子谓："若是，是坏师门教法，非善学也。"先生谓："学须自证自悟，不从人脚跟转。若执着师门权法以为定本，未免滞于言诠，亦非善学也。"

时夫子将有两广之行。钱子谓曰："吾二人所见不同，何以同人？盍相与就正夫子？"晚坐天泉桥上，因各以所见请质。夫子曰："正要二子有此一问。吾教法原有此两种：四无之说，为上根人立教；四有之说，为中根以下人立教。上根之人，悟得无善无恶心体，便从无处立根基。意与知、物，皆从无生。一了百当，即本体便是工夫，易简直截，更无剩欠，顿悟之学也。中根以下之人，未尝悟得本体，未免在有善有恶上立根基。心与知物、皆从有生。须用为善去恶工夫，随处对治，使之渐渐入悟，从有以归于无，复还本体，及其成功一也。世间上根人不易得，只得就中根以下人立教，通此一路。汝中所见，是接上根人教法；德洪所见，是接中根以下人教法。汝中所见，我久欲发，恐人信不及，徒增躐等之病，故含蓄到今。此是传心秘藏，颜子、明道所不敢言者。今既已说破，亦是天机该发泄时，岂容复秘？然此中不可执着。若执四无之见，不通得众人之意，只好接上根人，中根以下人无从接授。若执四有之见，认定意是有善有恶的，只好接中根以下人，上根人亦无从接授。但吾人凡心未了，虽已得悟，不妨随时用渐修工夫。不如此，不足以超凡入圣，所谓上乘兼修中下也。汝中此意，正好保任，不宜轻以示人，概而言之，反成漏泄。德洪却须进此一格，始为玄通。德洪资性沉毅，汝中资性明朗，故其所得，亦各因其所近。若能互相取益，使吾教法上下皆通，始为善学耳。"自此海内相传天泉证悟之论，道脉始归于一云。①

学术界论四句教及天泉证道，《传习录下》《（阳明）年谱三》《天泉证道纪》三种文献的被引频次最高。陈来指出："这三个材料是我们讨论四句教的基本依据。在这三种当事人的记录中，记录者各自强调了有利于自己一方的观点。虽然三种记录互有差别，个别问题上差异很大，但大体上说都真实地反映了阳明思想的不同侧面。把这些材料综合起来，我们就可以接近天泉证道的全部真实情形。"②

《天泉证道纪》是王畿亲笔所写吗？《王畿集》卷一题署"门人周怡顺之甫编辑、查铎子警甫校阅"③。彭国翔认为：它"是以第三人称方式记述的，其中称阳明为夫子，龙溪为先生，当为龙溪弟子据龙溪之意所撰"④。假定《天泉证道纪》不是王畿的亲笔，它又由何人撰写，并有何史料依据，待考。

（四）《钱绪山行状》

《王畿集》卷二〇的《刑部陕西司员外郎特诏进阶朝列大夫致仕绪山钱

---

① [明]王畿著，吴震编校整理：《王畿集》，南京：凤凰出版社，2007年，第1—2页。
② 陈来：《有无之境——王阳明哲学的精神》，第198页。
③ [明]王畿著，吴震编校整理：《王畿集》，第1页。
④ 参见彭国翔：《良知学的展开——王龙溪与中晚明的阳明学》，北京：生活·读书·新知三联书店，2005年，第174页。

君行状》(以下简称《钱绪山行状》)有云:

> 夫子之学,以良知为宗。每与门人论学,"无善无恶心之体,有善有恶意之动,知善知恶是良知,为善去恶是格物",以此四句为教法。君谓:"此是师门教人定本,一毫不可更易。"予谓:"夫子立教随时,未可执定。体用显微,只是一路。若悟得心是无善无恶之心,意即是无善无恶之意,知即是无善无恶之知,物即是无善无恶之物。若是有善有恶之意,则知与物一齐皆有,而心亦不可谓之无矣。"君谓:"若是,是坏师门教法,非善学也。"予谓:"学须自证自悟,不从人脚跟转。若执定师门教法,未免滞于言诠,亦非善学也。"丁亥秋,夫子将有两广之行。君谓予曰:"吾二人所见不同,何以同人?盍相与就正夫子?"晚坐天泉桥上,因各以所见请质。夫子曰:"正要二君有此一问。吾教法原有此两端:四无之说,为上根立教;四有之说,为中根以下通此一路。汝中所见,我久欲发,恐人信不及,徒起躐等之病,故含蓄到今。今既已说破,岂容复秘?然此中不可执着。若执四无之见,中根以下人无从接授;若执四有之见,上根人亦无从接授。德洪资性沉毅,汝中资性明朗,故其悟入,亦因其所近。若能各舍所见,互相取益,使吾教法上下皆通,始为善学耳。"自此海内相传天泉辨正之论,始归于一。①

与前面三种文献相比,学术界对于《钱绪山行状》的关注度要低得多。这里,我们试图探讨:其一,《传习录下》《(阳明)年谱三》并非王阳明的亲笔,亦难以确证就是另两位当事人王畿、钱德洪的亲笔;其二,《天泉证道纪》有可能是弟子据王畿之意所撰。有鉴于此,王畿为钱德洪亲笔写的此一《行

---

① [明]王畿著,吴震编校整理:《王畿集》,第585—586页。

状》，其史料价值理当得到更多的重视。

从亲笔这一角度看，《王畿集》卷一二《答程方峰》信中有段话也值得注意：

> 天泉证道大意，原是先师立教本旨，随人根器上下，有悟有修。良知是彻上下真种子，智虽顿悟，行则渐修。譬如善才在文殊会下得根本知，所谓顿也；在普贤行门参德云五十三善知识，尽差别智，以表所悟之实际，所谓渐也。此学全在悟，悟门不开，无以征学。然悟不可以言，思期必而得。悟有顿渐，修亦有顿渐。着一"渐"字，固是放宽；着一"顿"字，亦是期必。放宽便近于忘，期必又近于助。要之，皆任识神作用，有作有止，有任有灭，未离生死窠臼。若真信良知，从一念入微承当，不落拣择商量，一念万年，方是变识为智，方是师门真血脉路。①

对于这段话的重要性，彭国翔指出："龙溪自己对于天泉证道的回顾与评价，在通行各种龙溪的全集中，也只有《答程方峰》这一封书信。"② 但是，因其必备要素过于缺少，本文不将它列为四句教的出处。

（五）《龙溪会语·东游问答》

《王畿集》附录二的《龙溪会语》卷三《东游问答》有云：

> 楚侗曰："阳明先生天泉桥印证无善无恶宗旨，乃是最上一乘法门，自谓颇信得及。若只在有善有恶上用功，恐落对治，非究竟。何如？"

---

① ［明］王畿著，吴震编校整理：《王畿集》，第 311 页。
② 彭国翔：《良知学的展开——王龙溪与中晚明的阳明学》，第 221 页。

龙溪曰:"人之根器不同,原有此两种。上根之人悟得无善无恶心体,便从无处立根基。意与知、物,皆从无生。无意之意是为诚意,无知之知是为致知,无物之物是为格物,即本体便是功夫,只从无处一了百当,易简直截,更无剩欠,顿悟之学也。下根之人未曾悟得心体,未免在有善有恶上立根基。心与知、物,皆从有生。一切是有,未免随处对治。须用为善去恶的工夫,使之渐渐入悟,从有以归于无,以求复本体,及其成功一也。上根之人绝少。此等悟处,颜子、明道所不敢言,先师亦未尝轻以语人。楚侗子既已悟见心体,工夫自是省力。只缘吾人凡心未了,不妨时时用渐修工夫,不如此不足以超凡入圣,所谓上乘兼修中下也。其接引人,亦须量人根器。有此二法,不使从心体上悟入,则上根无从而接;不使从意念上修省,则下根无从而接。成己成物,原非两事,此圣门教法也。"①

《龙溪会语》凡6卷,各卷均题署"宣城门生贡安国辑,麻城后学蔡应扬、泾县门生查铎校,莱州后学胡来贡、广德门生李天植同校"②。《龙溪会语》前有王畿弟子贡安国(生卒年不详)写于万历三年(1575)的《龙溪先生会语序》,文中指出:"笥中蓄龙溪老师《会语》,盈十余帙。时捧一二,焚香敛衽,阅一过,辄助发多多。近得查子警甫同心商究学脉,所尊信此帙,意同。但嫌散漫无纪,因共谋裒录,编为成书。"③据此可知,《龙溪会语》之编纂,多得力于贡安国、查铎(1516—1589)二门生。

(六)《讣告同门》

《王阳明全集》卷三八《世德纪》有钱德洪的《讣告同门》一文,其中写道:

---

① [明]王畿著,吴震编校整理:《王畿集》,第721页。
② 同上书,第679、696、716、731、750、773页。
③ 同上书,第676页。

前年秋,夫子将有广行,宽、畿各以所见未一,惧远离之无正也,因夜侍天泉桥而请质焉。夫子两是之,且进之以相益之义。冬初,追送于严滩请益,夫子又为究极之说。由是退与四方同志更相切磨,一年之别,颇得所省,冀是见复得遂请益也,何遽有是邪!①

这段话并未涉及四句教的实质性内涵,我们为何仍然将它视为辑考对象呢?部分缘由在于《明儒学案》卷一一《浙中王门学案一》"员外钱绪山先生德洪·论学书"条的两通书信有言:

　　先师曰:"无善无恶心之体。"双江即谓:"良知本无善恶,未发寂然之体也。养此,则物自格矣。今随其感物之际,而后加格物之功,是迷其体以索用,浊其源以澄流,工夫已落第二义。"论则善矣,殊不知未发寂然之体,未尝离家国天下之感,而别有一物在其中也。即家国天下之感之中,而未发寂然者在焉耳。此格物为致知之实功,通寂感体用而无间,尽性之学也。(《复周罗山》)②
　　人之心体一也,指名曰善可也,曰至善无恶亦可也,曰无善无恶亦可也。曰善、曰至善,人皆信而无疑矣,又为无善无恶之说者,何也?至善之体,恶固非其所有,善亦不得而有也。至善之体,虚灵也,犹目之明、耳之聪也。虚灵之体不可先有乎善,犹明之不可先有乎色,聪之不可先有乎声也。目无一色,故能尽万物之色;耳无一声,故能尽万物之声;心无一善,故能尽天下万事之善。今之论至善者,乃索之于事事物物之中,先求其所谓定理者,以为应事宰物之则,是虚灵之内先有乎善也。虚灵之内先有乎善,是耳未听而先有

---

① [明]王守仁撰,吴光、钱明、董平、姚延福编校:《王阳明全集》(2卷本)下册,第1444—1445页。
② [清]黄宗羲著,沈芝盈点校:《明儒学案》(修订本)上册,北京:中华书局,2008年,第235页。

乎声,目未视而先有乎色也。塞其聪明之用,而窒其虚灵之体,非至善之谓矣。今人乍见孺子入井,皆有怵惕恻隐之心。怵惕恻隐是谓善矣,然未见孺子之前,皆加讲求之功,预有此善以为之则耶？抑虚灵触发其机,自不容已耶？赤子将入井,自圣人与涂人并而视之。其所谓怵惕恻隐者,圣人不能加而涂人未尝减也。但涂人拟议于乍见之后,已浐入于内交、要誉之私矣。然则涂人之学圣人也,果忧怵惕恻隐之不足耶？抑去其蔽,以还乍见之初心也？虚灵之蔽,不但邪思恶念,虽至美之念,先横于中,积而不化,已落将迎意必之私,而非时止、时行之用矣。故先师曰"无善无恶者心之体",是对后世格物穷理之学先有乎善者立言也。因时设法,不得已之辞焉耳。(《复杨斛山》)①

《讣告同门》点出"天泉桥",《复周罗山》《复杨斛山》点出"无善无恶心之体",可以确证钱德洪为四句教及天泉证道之当事人的身份。

钱明指出:"在阳明后学者的研究中,钱德洪是较为棘手的一个,这主要是由于缺乏第一手文献资料所致。无论是其次子钱应乐编的《绪山会语》二十五卷,还是其弟子徐用检编的《绪山先生续训》和其后学王金如编的《钱绪山先生要语》,以及乾隆《余姚志》所记的《绪山语录》一卷,今俱已失传。"② 因此,我们据《王阳明全集》《明儒学案》,辑出钱德洪的文献。

另外,凤凰出版社 2007 年出版的《阳明后学文献丛书》,有《钱德洪语录诗文辑佚》一种,并入《徐爱 钱德洪 董沄集》。编校整理者钱明从《王阳明全集》辑出《(阳明)年谱三》《传习录下》,连同辑自《王龙溪先生全

---

① [清]黄宗羲著,沈芝盈点校:《明儒学案》(修订本)上册,第 234—235 页。
② 钱明:《编校说明》,[明]徐爱、钱德洪、董沄著,钱明编校整理:《徐爱 钱德洪 董沄集》,南京:凤凰出版社,2007 年,第 13 页。阳明之后,钱德洪、王畿本是王门之内的导师级人物,但两人并不和谐,钱德洪的历史地位后来急剧下降。参见钱明:《浙中王学研究》第 6 章第 3 节《钱、王关系之不和》,北京:中国人民大学出版社,2009 年,第 245—263 页。

集》卷一的《天泉证道纪》,作为钱德洪《语录》的第 67、91、94 条①。对此,本文不再单独辑考。

二、知情人系列

以上六种文献,大致可以归于三位当事人名下。下面介绍与王畿、钱德洪同时代的知情人留存的几种文献。

(一)《青原赠处》

邹守益(1491—1562)乃是王门后学。《邹守益集》卷三《序类二》有《青原赠处》一文,其中说道:

> 阳明夫子之平两广也,钱、王二子送于富阳。夫子曰:"予别矣,盍各言所学?"德洪对曰:"至善无恶者心,有善有恶者意,知善知恶是良知,为善去恶是格物。"畿对曰:"心无善而无恶,意无善而无恶,知无善而无恶,物无善而无恶。"夫子笑曰:"洪甫须识汝中本体,汝中须识洪甫工夫。二子打并为一,不失吾传矣!"②

对于这段话,《明儒学案》卷一六《江右王门学案一》"文庄邹东廓先生守益"条极其重视。黄宗羲不仅两次过录原文③,而且由"至善无恶者心"一句展开质疑:

---

① 参见[明]徐爱、钱德洪、董沄著,钱明编校整理:《徐爱 钱德洪 董沄集》,第 135—136、145—146、146—148 页。
② [明]邹守益著,董平编校整理:《邹守益集》上册,南京:凤凰出版社,2007 年,第 103 页。《青原赠处》作于 1548 年(参见张卫红:《邹东廓年谱》,北京:北京大学出版社,2013 年,第 298 页)。
③ 参见[清]黄宗羲著,沈芝盈点校:《明儒学案》(修订本)上册,第 332、339 页。

此与龙溪《天泉证道记》同一事，而言之不同如此。蕺山先师尝疑阳明《天泉》之言与平时不同。平时每言："至善是心之本体。"又曰："至善只是尽乎天理之极，而无一毫人欲之私。"又曰："良知即天理。"《录》中言"天理"二字，不一而足，有时说"无善无恶者理之静"，亦未尝径说"无善无恶是心体"。今观先生所记，而四有之论，仍是以至善无恶为心；即四有四句亦是绪山之言，非阳明立以为教法也。今据《天泉》所记，以无善无恶议阳明者，盍亦有考于先生之记乎？①

前文过录的六种文献之中，不计辑自《王畿集》的三种，仅从《传习录下》《（阳明）年谱三》两种看，均是王畿提起王阳明有四句教的话头。在并非当事人的邹守益写的《青原赠处》文中，四句教则由钱德洪提出，请教地点也由绍兴的天泉桥变成了富阳。基于这一区别，黄宗羲指出：第一，"至善无恶者心，有善有恶者意，知善知恶是良知，为善去恶是格物"乃是钱德洪说的四有句，并不是王阳明立下的教法；第二，《传习录》未尝径说"无善无恶是心体"，不能拿《天泉证道纪》的"无善无恶"来议论王阳明。陈来则认为："邹东廓这里所述钱德洪的观点正是'四有'说。这正足以说明四有说不是阳明四句教的观点，而只是钱德洪的观点，阳明则要求把四无、四有'打并为一'。"还说："《青原赠处》的价值在于，在使我们了解钱德洪的全部主张方面，它对前述三录是一个有力的补充。"②

钱德洪的《复周罗山》有言："先师曰：'无善无恶心之体。'"《复杨斛山》亦云："故先师曰'无善无恶者心之体'……"《明儒学案·浙中王门学案一》抄录过它们③。写《江右王门学案一》之际，黄宗羲为何没有记起呢？

---

① [清]黄宗羲著，沈芝盈点校：《明儒学案》（修订本）上册，第332—333页。
② 陈来：《有无之境——王阳明哲学的精神》，第201页。
③ 参见[清]黄宗羲著，沈芝盈点校：《明儒学案》（修订本）上册，第235、234—235页。

这是因为,在对待阳明四句教的问题上,黄宗羲深受乃师刘宗周(1578—1645)之怀疑态度的影响。《明儒学案》卷首《师说》"王龙溪畿"条就说:

> 四句教法,考之阳明集中,并不经见。其说乃出于龙溪。则阳明未定之见,平日间尝有是言,而未敢笔之于书,以滋学者之惑。至龙溪先生始云四有之说,猥犯支离,势必进之四无而后快。既无善恶,又何有心意知物?终必进之无心、无意、无知、无物而后元。如此,则"致良知"三字,着在何处?先生独悟其所谓无者,以为教外之别传,而实亦并无是无。有无不立,善恶双泯,任一点虚灵知觉之气,从横自在,头头明显,不离着于一处,几何而不蹈佛氏之坑堑也哉!夫佛氏遗世累,专理会生死一事,无恶可去,并无善可为,止余真空性地,以显真觉,从此悟入,是为宗门。若吾儒日在世法中求性命,吾欲薰染,头出头没,于是而言无善恶,适为济恶之津梁耳。先生孜孜学道八十年,犹未讨归宿,不免沿门持钵。习心习境,密制其命,此时是善是恶?只口中劳劳,行脚仍不脱在家窠臼,孤负一生,无处根基,惜哉!王门有心斋、龙溪,学皆尊悟,世称二王。心斋言悟虽超旷,不离师门宗旨。至龙溪,直把良知作佛性看,悬空期个悟,终成玩弄光景,虽谓之操戈入室可也。①

师说者,刘宗周之说也。在刘宗周看来,四有句指的是"无善无恶心之体,有善有恶意之动,知善知恶是良知,为善去恶是格物",四无句指的是"心是无善无恶之心,意是无善无恶之意,知是无善无恶之知,物是无善无恶之物",它们构成四句教;王阳明或许有此想法,甚至偶有谈论,但"未敢笔之于书,以滋学者之惑",所以"其说乃出于龙溪"。刘宗周甚至指出:

---

① [清]黄宗羲著,沈芝盈点校:《明儒学案》(修订本)上册,第8—9页。

然则阳明之学,谓其失之粗且浅、不见道则有之,未可病其为禅也。阳明而禅,何以处豫章、延平乎?只为后人将"无善无恶"四字播弄得天花乱坠,一顿扯入禅乘,于其平日所谓"良知即天理""良知即至善"等处全然抹杀,安得不起后世之惑乎?阳明不幸而有龙溪,犹之象山不幸而有慈湖,皆斯文之厄也。(《文编》三《书》一《答韩参夫》)①

(二)《宵练匣·稽山承语》

王门后学朱得之(生卒年不详)的《宵练匣》,现存1卷,凡16条。其第4条为:

> 杨文澄问:"意有善恶,诚之将何稽?"阳明老师曰:"无善无恶者心也,有善有恶者意也,知善知恶者良知也,为善去恶者格物也。"曰:"意固有善恶乎?"曰:"意者心之发,本自有善而无恶,惟动于私欲而后有恶也。惟良知自知之,故学问之要,曰'致良知'。"②

日本东北大学现藏封面题为"阳明先生遗言录二卷稽山承语一卷"的手抄本一册,实为《阳明先生遗言录》《稽山承语》两书。据陈来介绍,《稽山承语》篇首题"虚生子朱得之述",凡45条,"当皆为阳明晚年语录"③。其第25条为:

---

① 吴光主编:《刘宗周全集》第3册《文编上》,杭州:浙江古籍出版社,2007年,第359—360页。又见[明]刘宗周:《文编》卷七《答韩参夫》,戴琏璋、吴光主编:《刘宗周全集》第3册《文编》上卷,台北:"中研院"中国文哲研究所筹备处,1997年,第422页。
② [明]朱得之:《宵练匣》,《四库全书存目丛书》子部第87册,第340页上栏。又见[明]朱得之:《宵练匣》,《丛书集成新编》第22册,第667页中栏。
③ 参见陈来:《〈遗言录〉、〈稽山承语〉与王阳明语录佚文》,氏著:《中国近世思想史研究》,北京:商务印书馆,2003年,第616页。

> 杨文澄问:"意有善恶,诚之将何稽?"师曰:"无善无恶者心也,有善有恶者意也,知善知恶者良知也,为善去恶者格物也。"曰:"意固有善恶乎?"曰:"意者心之发,本自有善而无恶,惟动于私欲而后有恶也。惟良知自知之,故学问之要,曰'致良知'。"①

对于日本藏《稽山承语》,中国学术界的讨论已有多年;相比之下,较少有学者注意到涵芬楼影印明隆庆刻百陵学山本《宵练匣》。两者对杨文澄(生卒年不详)与王阳明对话的记载几乎没有差别。《天泉证道纪》开篇说:"阳明夫子之学,以良知为宗。每与门人论学,提四句为教法……"② 每者,言其多。至少这里提供了一个具体的案例。《(阳明)年谱三》则曰:"我今将行,朋友中更无有论证及此者……"③ 如此,两人的对话当在天泉证道之后。

杨文澄与王阳明这一对话,《明儒学案》卷二五《南中王门学案一》"明经朱近斋先生得之·语录"条其实早有过录:

> 杨文澄问:"意有善恶,诚之将何稽?"阳明先生曰:"无善无恶者,格物也。"曰:"意固有善恶乎?"曰:"意者心之发,本自有善而无恶,惟动于私欲而后有恶也。惟良知自知之,故学问之要,曰'致良知'。"④

黄宗羲仅将这段话作为朱得之的语录,未注明其出处。更有甚者,王阳

---

① 转引自陈来:《〈遗言录〉、〈稽山承语〉与王阳明语录佚文》,氏著:《中国近世思想史研究》,第629页。陈来此文录有日本藏《稽山承语》全文(同上书,第626—633页)。又见钱明编校,吴光覆校:《王阳明全集》(新编本)第5册,杭州:浙江古籍出版社,2010年,第1611页。
② [明]王畿著,吴震编校整理:《王畿集》,第1页。
③ [明]王守仁撰,吴光、钱明、董平、姚延福编校:《王阳明全集》(2卷本)下册,第1306页。
④ [清]黄宗羲著,沈芝盈点校:《明儒学案》(修订本)上册,第586页。

明说的"无善无恶者心也,有善有恶者意也,知善知恶者良知也,为善去恶者格物也",被节略为"无善无恶者,格物也",顿失四句教或四有句的完整含义。从编纂学的角度看,《明儒学案》这类做法实属不该!

历史上,《稽山承语》实乃《宵练匣》的一部分。《钦定四库全书总目》卷一二五《子部三十五·杂家类存目二》提要《宵练匣十卷》指出:"是书凡分三编:曰《稽山承语》,纪其闻于师者也;曰《烹芹漫语》,纪其闻于友者也;曰《印古心语》,纪其验于经典而有得于心者也。皆提唱心学,阳儒阴释。"① 十卷本《宵练匣》之中,《稽山承语》有多少卷呢?换言之,日本藏《稽山承语》是否就是足本,待考。另外,本文将杨文澄与王阳明这段对话的出处标注为"《宵练匣·稽山承语》",意在人们对《宵练匣》《稽山承语》二者的关系多加瞩目。

(三)《龙溪王先生传》

徐阶(1503—1583)的《龙溪王先生传》有云:

> 文成论学曰:"无善无恶心之体,有善有恶意之动,知善知恶是良知,为善去恶是格物。"诸君子胥守之。公独曰:"心意知物,本是一机。若悟得心无善无恶,则意、知与物,亦皆如是。夫无心之心,其机密;无意之意,其应圆;无知之知,其体寂;无物之物,其用神。如前所云,特夫子随人立教权法耳,未可为定本也。"丁亥秋,文成将赴两广,公与钱公乘夜进谒天泉桥上,各陈所见。文成喟然曰:"人之根器不同,故吾之立教亦不得不因之以异。万化生于无,而显于有。上根之人,从无处立基,谓之顿教;中根以下之人,从有处立基,谓之渐教。及其成功,一也。上根之人,世所罕有。汝中所见,

---

① [清]永瑢等撰:《四库全书总目》上册,第1075页下栏。

我久欲言之，恐众信不及，故含蓄至今。此明道、颜子所未易言者，今汝中可谓能发吾蕴矣。汝中天性明朗，德洪天性沉毅，故所悟入，亦各不同，正好相资为用。然人有习心，未易销化。苟非实用其为善去恶之功，而徒悬想本体，未有不流于空虚者。汝中此意，正好保任，未宜轻示人也。"自天泉证道之说，传于海内，学始归一。于是闻者知公所谓"权法"，真得文成之秘，而其教学始不滞于有，不滞于无矣。既而有叩玄理于文成者，文成以"有心无心，实相幻相"诏之。公从旁语曰："心非有非无，相非实非幻。才着有无实幻，便落断常二见。譬之弄丸，不着一处，不离一处，是谓玄机。"文成亟俞之。文成至洪都，邹司成东廓暨水洲、南野诸君，率同志百余人出谒。文成曰："吾有向上一机，久未敢发，近被王汝中拈出，亦是天机该发泄时。吾方有兵事，无暇为诸君言，但质之汝中，当有证也。"其为师门所重如此。①

《天泉证道纪》当是徐阶撰写王畿传记最重要的依据。徐阶有《世经堂集》传世，现收入《四库全书存目丛书》集部第79—80册；经查，这篇传记未被收录。本文乃从《王畿集》附录四《传铭祭文》，辑出《龙溪王先生传》。

三、"抽象作者"之期待

综上所述，我们以当事人及其同时代的知情人为范围，辑出九种叙述四句教的文献：1.《传习录下》；2.《（阳明）年谱三》；3.《天泉证道纪》；4.《钱绪山行状》；5.《龙溪会语·东游问答》；6.《讣告同门》；7.《青原赠处》；8.《宵练匣·稽山承语》；9.《龙溪王先生传》。其中，前六种属于当事人系列，后

---

① ［明］王畿著，吴震编校整理：《王畿集》，第824—815页。

三种属于知情人系列。这一辑考充分吸纳了学术界既有的研究成果,并在全面性以及《宵练匣·稽山承语》等个别文献的考释上有所突破。

毫无疑问,限于个人学识,以及文献亡佚,本文之辑考难以、而且不可能实现全面性的目的。尤其是文献亡佚,如钱德洪,前文已经有过说明;事实上,王畿也不例外。尤时熙(1503—1580)的《拟学小记续录》卷四《质疑下》有《答曾确庵》一通,其中说道:"近见新刻《三山丽泽录》及《天泉一勺》两书,发虚寂之义,盖阳明宗旨也。据所闻只是无意必固我,而行其所无事之意。"① 孟秋(1529—1589)的《孟我疆先生集》卷二《证道续说》有言:"壬午十月,阳和子过余,示以龙溪公《证道说》。"② 彭国翔指出:"但由于《天泉一勺》与《证道说》今已难觅,是否可以据此认为《天泉一勺》与《证道说》是《天泉证道记》的雏形,难以断案。"③ 王畿的《天泉一勺》《证道说》有可能已经亡佚。在万历二十年(1592)前后的南都讲会上,许孚远(1535—1604)作《九谛》,其九指出:"龙溪王子所著《天泉桥会语》,以四无四有之说,判为两种法门,当时绪山钱子已自不服。""窃恐《天泉会语》画蛇添足,非以尊文成,反以病文成。"(《东越证学录》卷一《南都会语》)④《天泉桥会语》亦不见于今本《王畿集》,估计已经亡佚。发生在当事人、知情人身上的类似情形不会少,以致我们今天无法获悉更多的叙述四句教的文献资料。

本文辑出的九种文献之中,有四种(第3—5、9种)辑自《王畿集》,

---

① [明]尤时熙撰,[明]李根辑:《尤西川先生拟学小记六卷续录七卷附录二卷》,《四库全书存目丛书》子部第9册,第879页上栏;[明]尤时熙撰,[明]李根辑:《拟学小记》,收入[明]穆孔晖、尤时熙等撰,邹建锋、李旭等编校:《北方王门集》上册,上海:上海古籍出版社,2017年,第293页。
② 转引自彭国翔:《良知学的展开——王龙溪与中晚明的阳明学》,第174页。按:壬午为万历十年(1582)。
③ 彭国翔:《良知学的展开——王龙溪与中晚明的阳明学》,第174页。
④ [明]周汝登:《东越证学录》,《四库全书存目丛书》集部第165册,第435页;又见《明儒学案》卷三六《泰州学案五》"尚宝周海门先生汝登·九解"条,[清]黄宗羲著,沈芝盈点校:《明儒学案》(修订本)下册,第867页。按:许孚远著有《敬和堂集八卷(存四卷)》(《四库全书存目丛书》集部第136册,第497—548页),集中未见《九谛》。

比例极高。在四句教的成立及传播史上,王畿的作用举足轻重。刘宗周就极端地说过:"盖阳明先生偶一言之,而实未尝笔之于书,为教人定本,龙溪辄欲以己说笼罩前人,遂有天泉一段话柄。甚矣! 阳明之不幸也。"(《语类十二·学言下》)① 具体而言,《(阳明)年谱三》有"四句"及"四句宗旨"之说,但《天泉证道纪》《钱绪山行状》出现的"四句为教法",促成了后世盛行"四句教"这一提法;另外,"四有""四无"的说法亦是《天泉证道纪》最先提出的,"四无"好理解,"四有"不太好理解,"四有"似因"四无"而立名。依常识的理解,四句教由四有句、四无句组成。由此可知,正因王畿具有极强的理论概括水平,《天泉证道纪》成为四句教最重要的文献之一。

本文辑出的九种文献之中,有三种(第1、2、6种)辑自《王阳明全集》,比例也不低。一般而言,收入《王阳明全集》的作品,无论何种文体,均可视为王阳明的思想。具体到四句教,这三种文献塑造了钱德洪维护师说的形象。有关钱德洪对于《传习录下》《(阳明)年谱三》的编纂之功,前面已随文说明。借由编纂过程,钱德洪捍卫了王阳明的四有句。如《传习录下》指出:"已后与朋友讲学,切不可失了我的宗旨:无善无恶是心之体,有善有恶是意之动,知善知恶的是良知,为善去恶是格物。"②《(阳明)年谱三》指出:"二君已后与学者言,务要依我四句宗旨:无善无恶是心之体,有善有恶是意之动,知善知恶是良知,为善去恶是格物。"③《天泉证道纪》只字未提王阳明这一告诫,但引钱德洪之言:"此是师门教人定本,一毫不可更易。"④ 罗洪先(1504—1564)的《与钱绪山论年谱》指出:"天泉桥上与龙溪兄分辨学术,当时在洛村兄所闻亦如此,与龙溪兄《续传习录》所载不悖,此万世大关键,

---

① 吴光主编:《刘宗周全集》第2册《语类》,第450页。又见戴琏璋、吴光主编:《刘宗周全集》第2册《语类》,第531页。
② [明]王守仁撰,吴光、钱明、董平、姚延福编校:《王阳明全集》(2卷本)上册,第117页。
③ [明]王守仁撰,吴光、钱明、董平、姚延福编校:《王阳明全集》(2卷本)下册,第1307页。
④ [明]王畿著,吴震编校整理:《王畿集》,第1页。

故一字不敢改移。"(《罗洪先集》卷六)① 后世有将四有句直接当作四句教的做法,当与钱德洪的努力维护密不可分。

1527年绍兴天泉桥上的四句教之争乃是王畿的四无句与王阳明(包括坚决维护者钱德洪)的四有句之间的相互辩难,并由王阳明最终加以综合。在王阳明看来,他的教法本有两种:"四无之说,为上根立教;四有之说,为中根以下通此一路。"(《钱绪山行状》)② "汝中之见,是我这里接利根人的;德洪之见,是我这里为其次立法的。二君相取为用,则中人上下皆可引入于道。若各执一边,眼前便有失人,便于道体各有未尽。"(《传习录下》)③ 王阳明虽然承认"相取为用",但其根本方案仍是四有句。《(阳明)年谱三》以"先生又重嘱付曰"叙述:"二君以后再不可更此四句宗旨。此四句,中人上下无不接着。我年来立教,亦更几番,今始立此四句。人心自有知识以来,已为习俗所染。今不教他在良知上实用为善去恶功夫,只去悬空想个本体,一切事为,俱不着实。此病痛不是小小,不可不早说破。"④ 相比之下,王畿坚守四无句,强调"上乘兼修中下"(《天泉证道纪》)⑤ 以及"良知是彻上下真种子,智虽顿悟,行则渐修"(《答程方峰》)⑥。

四句教素称王门一大公案。其中,"无善无恶心之体"的哲学党性问题颇受非议,既有与告子相联系者,而更多的则是联系到《坛经》。

《孟子·告子上》第6章引告子曰:"性无善无不善也。"⑦ 假定不善即恶,"无善无恶"的另一种表述就是"无善无不善"吗?钱德洪有言:"告子言'性无善不善',与孟子言'性善',亦不甚远。"(《明儒学案》卷一一《浙

---

① [明]罗洪先著,徐儒宗编校整理:《罗洪先集》上册,南京:凤凰出版社,2007年,第207页。
② [明]王畿著,吴震编校整理:《王畿集》,第586页。
③ [明]王守仁撰,吴光、钱明、董平、姚延福编校:《王阳明全集》(2卷本)上册,第117页。
④ [明]王守仁撰,吴光、钱明、董平、姚延福编校:《王阳明全集》(2卷本)下册,第1307页。
⑤ [明]王畿著,吴震编校整理:《王畿集》,第2页。
⑥ 同上书,第311页。
⑦ 杨伯峻:《孟子译注》,第239页。

中王门学案一》"员外钱绪山先生德洪·会语"条)①《王畿集》卷八有《孟子告子之学》一文，明确提到："告子曰：'性无善无不善。'告子认得性是心之生理，心是无善无不善的，终身行持，只是保护此心，使之不动。"② 与钱、王二氏略带同情的表述不同，许孚远的《九谛》其一指出："《孟子》七篇，大旨道性善而已。性无善无不善，则告子之说，孟子深辟之。"③ 黄宗羲为《泰州学案五》"尚宝周海门先生汝登"条写的小序指出："阳明言'无善无恶心之体'，原与'性无善无不善'之意不同。性以理言，理无不善，安得云无善？心以气言，气之动有善有不善，而当其藏体于寂之时，独知湛然而已，亦安得谓之有善有恶乎？且阳明之必为是言者，因后世格物穷理之学，有先乎善者而立也。"④ 撇清王阳明与告子的关联，则是许、黄二氏的用意。

《坛经·行由第一》指出："不思善，不思恶，正与么时，那个是明上座本来面目？"⑤ 黄绾(1480—1554⑥)的《明道编》卷一说王学之门："又令看《六祖坛经》，会其本来无物，不思善，不思恶，见本来面目，为直超上乘，以为合于良知之至极。"⑦ 据《传习录中·答陆原静书(又)》，王阳明论《坛经》此语："'不思善不思恶时认本来面目'，此佛氏为未识本来面目者设此方便。

---

① [清]黄宗羲著，沈芝盈点校：《明儒学案》(修订本)上册，第226页。
② [明]王畿著，吴震编校整理：《王畿集》，第188页。
③ [明]周汝登：《东越证学录》，《四库全书存目丛书》集部第165册，第429页下栏；又见[清]黄宗羲著，沈芝盈点校：《明儒学案》(修订本)下册，第861页。
④ [清]黄宗羲著，沈芝盈点校：《明儒学案》(修订本)下册，第853页。
⑤ 《六祖大师法宝坛经宗宝本》校印版，上海：普慧大藏经刊行会，1944年，第13页。另一版本的《坛经·悟法传衣第一》亦有此语(参见《六祖大师法宝坛经曹溪原本》校印版，上海：普慧大藏经刊行会，1944年，第7页)。
⑥ 容肇祖断黄绾的生卒年为"1477？—1551？"(氏著：《明代思想史》，上海：开明书店，1940年，第159页)；侯外庐径直断为"1477—1551"，去掉了两个疑问号(侯外庐：《序》，[明]黄绾著，刘厚祜、张岂之标点：《明道编》，北京：中华书局，1959年，第1页)。《宋明理学史》下卷第15章第1节论黄绾，定为"1480—1554"(侯外庐、邱汉生、张岂之主编：《宋明理学史》下卷，北京：人民出版社，1997年，第383页)；但该书附录一《〈宋明理学史〉(下卷)理学家生卒年表》仍标黄绾生于1477年、卒于1551年(同上书，第1033、1036页)。张宏敏考证为"1480—1554"(氏著：《黄绾生平学术编年》，杭州：浙江大学出版社，2013年)。本文从张宏敏说。又，以上资料得益于中山大学哲学系陈立胜教授提示，特此致谢。
⑦ [明]黄绾著，刘厚祜、张岂之标点：《明道编》，第11页。

'本来面目'即吾圣门所谓'良知'。今既认得良知明白，即已不消如此说矣。"①四句教中的"无善无恶"当与《坛经》有关，这是事实。可是，思想史上的"具体作者"，无论维护者还是批评者，对于四句教与禅宗的关系，均是基于尊孔孟、辟佛老的儒家立场予以讨论。

限于篇幅，这里只看维护者的做法②。四有句以"无善无恶心之体"起首，四无句以"心是无善无恶之心"起首，足见"无善无恶"在四句教中的核心地位。顾宪成（1550—1612）的《与管东溟书》指出："吾儒曰性善，释氏曰性无善无恶。两者各自为一宗，其究竟亦各自成一局，不须较量，不须牵合。""阳明谓佛氏倚于无善无恶，不可以治天下。"（《证性编》卷五《质疑上》）③日本江户时代著名阳明学者佐藤一斋（1772—1859）有云："然文成之无善无恶，即所谓至善，而与禅家之无善无恶不同。学者宜潜心以领会其旨，而不猜于语可也。"④在维护者看来，以"至善"释"无善无恶"，四句教就将撇开与禅宗的干系，四有句尤其将成为纯正的儒门宗旨。周汝登（1547—1629）的《九解》其一就说："维世范俗，以为善去恶为隄防；而尽性知天，必无善无恶为究竟。无善无恶，即为善去恶而无迹；而为善去恶，悟无善无恶而始真。教本相通不相悖，语可相济难相非，此天泉证道之大较也。""经传中言'善'字，固多'善恶'对待之'善'。至于发心性处，'善'率不与'恶'对。如'中心安仁'之'仁'，不与'忍'对；'主静立极'

---

① ［明］王守仁撰，吴光、钱明、董平、姚延福编校：《王阳明全集》（2卷本）上册，第67页。《传习录下》指出："性之本体原是无善无恶的，发用上也原是可以为善、可以为不善的，其流弊也原是一定善、一定恶的。""孟子说性，直从源头上说来，亦是说个大概如此。荀子性恶之说，是从流弊上说来，也未可尽说他不是，只是见得未精耳。众人则失了心之本体。"（同上书，第115页）可证阳明坚信无善无恶之体，又对孟荀人性论有所超越。
② 有论者指出："……无善无恶说在中晚明思想界引起了极大的争论。总的来说，反对它的声音，要大于赞成它的声音。就算在阳明学内部，批评它的人一直都很多。至于在阳明学外部，那就更不用说了。"（周炽成：《复性收摄——高攀龙思想研究》，北京：人民出版社，2007年，第146—147页）
③ ［明］顾宪成：《顾端文公遗书》，《四库全书存目丛书》子部第14册，第460页下栏、461页上栏。
④ 转引自陈荣捷：《王阳明传习录详注集评》，第364页。

之'静',不与'动'对。《大学》'善'上加一'至'字,尤自可见。荡荡难名为'至治',无得而称为'至德'。他若'至仁''至礼'等,皆因不可名言拟议,而以'至'名之。'至善'之'善',亦犹是耳。"(《东越证学录》卷一《南都会语》)①

从文献角度看,维护者以"至善"释"无善无恶",显然受过《青原赠处》《答吴悟斋》的影响。邹守益的《青原赠处》引钱德洪之语:"至善无恶者心,有善有恶者意,知善知恶是良知,为善去恶是格物。"②《王畿集》卷一〇《答吴悟斋》指出:"至善无恶者心之体也,有善有恶者意之动也,知善知恶者良知也,为善去恶者格物也。"③假定四有句的首句不是"无善无恶",而是"至善无恶",王阳明自然就与禅宗无关了。当然,批评者也会拿这两条材料坐实四有句根本不是王阳明的教法④。

从芜杂的思想史看,每个人都是"具体作者";从本真的心灵史看,每个人应是"抽象作者"。以"无善无恶"与禅宗的关系为例,"具体作者"尊孔孟、辟佛老,锱铢必较于学脉之纯正,将简单的问题复杂化;而"抽象作者"超越正统、异端之分,孜孜以求于境界的提升,将复杂的问题简单化。"具体作者"让思想史变得厚实起来,厚实的反面是自由的心性被遮蔽;"抽象作者"让心灵史变得真切起来,真切的根底是精神的全幅敞开。古往今来,人有上根者,有中下根者;前者少,后者多。任何真正的哲学必须面向绝大多数人,向下一路是工夫上的重中之重,此乃四有句之用意;与此同时,它得

---

① [明]周汝登:《东越证学录》,《四库全书存目丛书》集部第165册,第429—430、430页;又见《明儒学案》卷三六《泰州学案五》"尚宝周海门先生汝登·九解"条,[清]黄宗羲著,沈芝盈点校:《明儒学案》(修订本)下册,第861、861—862页。按:"至于发心性处",《明儒学案》作"至于发明心性处",多一"明"字。
② [明]邹守益著,董平编校整理:《邹守益集》上册,第103页。
③ [明]王畿著,吴震编校整理:《王畿集》,第253页。按:《王畿集》卷一〇有《答吴悟斋》两通,此为第二通。
④ 《明儒学案》卷一二《浙中王门学案二》"郎中王龙溪先生畿"条指出:"斯言也,于阳明平日之言无所考见,独先生言之耳。然先生他日答吴悟斋云:'至善无恶者心之体也,有善有恶者意之动也,知善知恶者良知也,为善去恶者格物也。'此其说已不能归一矣。"([清]黄宗羲著,沈芝盈点校:《明儒学案》(修订本)上册,第238页)

将向上一路作为境界上的重中之重,此乃四无句之用意。一人之身,时或上根,时或中下;前者少,后者多。所以,需要将向上、向下两路综合起来,智上顿悟,行上渐修。回到日常生活里面,我们读完思想史,掩卷退思,人生的根本大问题"几希"焉。此时就该告别"具体作者",开启对于"抽象作者"这一人文理念的期待……

朱子学与朝鲜王朝的未发之辨*

一

未发已发之辨，典出《礼记·中庸》："喜怒哀乐之未发，谓之中；发而皆中节，谓之和。中也者，天下之大本也；和也者，天下之达道也。致中和，天地位焉，万物育焉。"①因其与"中""和"密切相关，又称中和之辨。

中国思想史上，朱熹是未发已发之辨的集大成者。其《中庸章句》之注，众所周知："喜怒哀乐，情也。其未发，则性也。无所偏倚，故谓之中。发皆中节，情之正也。无所乖戾，故谓之和。大本者，天命之性。天下之理皆由此出，道之体也。达道者，循性之谓。天下古今之所共由，道之用也。此言性情之德，以明道不可离之意。"②《宋元学案》卷四八《晦翁学案上》录有《中和说》四篇。《中和说一》自注云："此书非是，但存以见议论本末耳。下篇同此。"③黄百家（1643—1709）案语："《中和旧说序》，先生自叙幼从学延平，求喜怒哀乐未发之旨，未达；闻张钦夫得衡山胡氏学，往问之，亦未省。退而沉思，谓人自婴儿至老死，莫非已发，特其未发者为未尝发耳。

---

* 原载《学术研究》2015年第7期，第17—22页；题为《朱子学与朝鲜朝的未发之辨》。
① ［清］阮元校刻：《十三经注疏（附校勘记）》下册，第1625页中栏。
② ［宋］朱熹：《四书章句集注》，第18页。
③ ［清］黄宗羲原著，［清］全祖望补修，陈金生、梁运华点校：《宋元学案》第2册，北京：中华书局，1986年，第1505页。

后忽自疑,复取程氏书,虚心平气而徐读之。未及数行,冻解冰释,然后知性情之本然,圣贤之微旨,平正明白如此。"①朱熹的中和之思或未发已发之辨,有旧说、新说之别②,足见这一问题的复杂。

高丽时代末期(约13世纪后期),朱子学传入朝鲜半岛;朝鲜王朝(1392—1910),朱子学取得独尊地位。"朝鲜朝儒者们对朱子学'牛毛茧丝,无不辨析',不仅使朱子学日趋精微,而且能真正发朱子之所未发,从而深化、发展了朱子学,并将其推进到了前所未有的高度。"③其最典型者为朝鲜王朝中期栗谷学派名儒权尚夏(号遂庵,1641—1721)的两个著名弟子——李柬(字公举,号巍岩,1677—1727)、韩元震(字德昭,号南塘,1682—1751),立足于朱子学传统,围绕未发已发问题,进行过持久的论争。

这场论争的内涵极其丰富,但在两位辩手各自的眼里,巍岩的核心观点是"未发之前只有本然之性,而不可谓有气质之性。及其发也,方有气质之性"(《南塘集》卷三〇《本然之性气质之性说》)④,南塘的核心观点是"未发有善恶之论"(《巍岩遗稿》卷四《(上遂庵先生)别纸》)⑤。有论者指出:"巍岩是在'异位异时论'的基础上将未发分为两个层面来论本然之性与气质之性,而南塘则是以'同位同时论'为依据来论本然之性与气质之性。他们共同的目标都是如何来究明性善(本然之性)的问题。"⑥本文拟对南塘的未发有善恶之论、巍岩的未发为纯善之说略作探讨,并先从南塘说起。

---

① [清]黄宗羲原著,[清]全祖望补修,陈金生、梁运华点校:《宋元学案》第2册,第1508—1509页。
② 陈来的《朱熹哲学研究》第2部分第1章《已发未发——兼论朱熹心性论之发展演变》对此有详细论述(氏著:《朱熹哲学研究》,北京:中国社会科学出版社,1993年,第91—130页)。
③ 文碧方:《从"湖洛之争"看朝鲜儒者的朱子性理学诠释》,《现代哲学》2011年第6期,第119页。
④ 参见〔韩〕韩元震:《南塘先生文集》第5册,《韩国历代文集丛书》第167册,首尔:景仁文化社,1998年,第391页。本文引南塘、巍岩原文,标点符号均为引者所加。
⑤ 参见〔韩〕李柬:《巍岩先生文集》第1册,《韩国历代文集丛书》第731册,首尔:景仁文化社,1999年,第301页。
⑥ 邢丽菊:《关于朝鲜儒者巍岩与南塘的未发论辨之考察》,中国人民大学孔子研究院编:《儒学评论》第8辑,保定:河北大学出版社,2012年,第297页。

二

南宋理学家黄榦（号勉斋，1152—1221）是朱熹的学生与女婿，《宋元学案》卷一七《横渠学案上》过录其言：

> 黄勉斋曰：自孟子言性善，而荀卿言性恶，扬雄言善恶混，韩文公言三品。及至横渠，分为天地之性、气质之性，然后诸子之说始定。盖自其理而言之，不杂乎气质而为宗，则是天地赋与万物之本然者，而寓乎气质之中也。故其言曰："善反之，则天地之性存焉。"盖谓天地之性未尝离乎气质之中也。其以天地为言，特指其纯粹至善，乃天地赋予之本然也。曰："形而后有气质之性，其所以有善恶之不同者，何也？"曰：气有偏正，则所受之理随而偏正；气有昏明，则所受之理随而昏明。木之气盛，则金之气衰，故仁常多而义常少。金之气盛，则木之气衰，故义常多而仁常少。若此者，气质之性有善恶也。曰："既言气质之性有善恶，则不复有天地之性矣，子思子又有未发之中，何也？"曰：性固为气质所杂矣，然方其未发也，此心湛然，物欲不生，则气虽偏而理自正，气虽昏而理自明，气虽有赢乏而理则无胜负。及其感物而动，则或气动而理随之，或理动而气挟之，由是至善之理听命于气，善恶由之而判矣。此未发之前，天地之性纯粹至善，而子思之所谓中也。《记》曰："人生而静，天之性也。"程子曰："其本也真而静，其未发也五性具焉。"则理固有寂感，而静则其本也，动则有万变之不同焉。尝以是质之先师，答曰："未发之前，气不用事，所以有善而无恶。"至哉此言也！①

---

① ［清］黄宗羲原著，［清］全祖望补修，陈金生、梁运华点校：《宋元学案》第1册，第694—695页。

《南塘集》卷八《与崔成仲别纸(十月)》先节录黄榦此文,接着指出:

> 勉斋黄氏曰:"方其未发也,此心湛然,物欲不生,则气虽偏而理自正,气虽昏而理自明,气虽有赢乏而理则无胜负。此未发之前,天地之性纯粹至善,而子思所谓中也。以是质之先师,答曰:'未发之前,气不用事,所以有善而无恶。'"观此问答,则可见未发之前,气质有不齐者,而天命之善,本不系于气质者矣。程子曰:"圣人本天,释氏本心。"毫厘之差,千里之谬,正在于此。今日之辨,果孰为本天,而孰为本心乎?以此一言准勘,则是非得失不难辨矣。①

黄榦笔下的先师,指朱熹。朱熹、黄榦这里既以有善无恶、纯粹至善论未发,又将"气虽偏而理自正,气虽昏而理自明"归因于"气不用事"。由此表述,不难推知:其一,即使气不用事,但它在未发状态下客观存在;其二,即使理自正、自明,但气在未发状态下以偏、昏的方式活动。人们甚至可能诘问:气既有偏、昏,怎能说它不用事呢?清代颜元(1635—1704)的《存性编》卷一《性理评》就说:"未发之前可羡如此,则已发可憎矣,宜乎佛氏之打坐入定,空却一切也!黄氏之言,不愈背诞乎!"②南塘得出的结论则是"未发之前,气质有不齐者,而天命之善,本不系于气质者矣",认为未发与天命之善并不是"A=B"的直接等同关系。

南塘就未发有善恶之论做过许多表述,比如:

> 未发之前,心性有善恶乎?心之未发,湛然虚明,物欲不生,则善而已矣。而性之本体,于此卓然无所掩蔽,则又何恶之有可言

---

① 〔韩〕韩元震:《南塘先生文集》第2册,《韩国历代文集丛书》第164册,第252—253页。
② 〔清〕颜元著,王星贤、张芥尘、郭征点校:《颜元集》上册,北京:中华书局,1987年,第11页。

耶？然则气质之性，何时可言也？亦自未发时已言之矣。何者？心之未发，虽皆湛然虚明，而其气禀本色之清浊粹驳者，未尝不自在矣。自其清浊粹驳者而言之，则谓之心有善恶可也。(《南塘集》卷七《上师门（庚寅闰七月）》)①

又谓"未发之时，均乎虚明湛一，此其气质之纯善"云云。殊不知"未发之时，虚明湛一"者，虽圣凡皆同；即其虚明湛一之中，而禀气强者自在其强，禀气弱者自在其弱，得木气多者其多自如，得金气少者其少自如。何可以未发之故，而抑其强、引其弱、损其多、傅其少，而皆至于至善耶？(《南塘集》卷八《与崔成仲别纸（十月）》)②

专言理则曰本然之性，兼言气则曰气质之性。而心有未发、已发，故未发是性之体，而已发是性之用也。但未发之前，气不用事，故但见其理之至善，而不见其气之善恶。及其发而后，方见其气之善恶。故愚又曰："未发之前，气质之性不可见，而已发之后方可见也。"(《南塘集》卷三○《本然之性气质之性说》)③

第一段话中，南塘追问恶的起源问题，并将它与气质之性相联系，认定它们"亦自未发时已言之矣"。第二段话中，南塘反黄榦其意而用之，断言"今见其虚明湛一之气象，便认以为气质纯善，而谓天命之善亦由于此，则此分明是认气质为大本，分明是释氏即心即佛之见也"④。前者努力为气质之性在未发状态下争取地盘，后者却忙于划界，南塘的未发有善恶之论究竟要表达什么意思呢？第三段话中，南塘认可朱熹说的"气不用事"，认为未发之

---

① 〔韩〕韩元震：《南塘先生文集》第2册，《韩国历代文集丛书》第164册，第153—154页。
② 同上书，第251页。
③ 〔韩〕韩元震：《南塘先生文集》第5册，《韩国历代文集丛书》第167册，第394页。
④ 〔韩〕韩元震：《南塘集卷八·与崔成仲别纸（十月）》，《南塘先生文集》第2册，《韩国历代文集丛书》第164册，第252页。

前不见气之善恶、其发而后方见气之善恶;"不见"并非不存在,而是未发有善恶之论较为平和的表述。

三

与南塘相比,巍岩更坚守于朱子学。《巍岩遗稿》卷一二《未发辨(甲午)》以朱熹为依据,将未发分为两种。一种是"不中底未发"。其引朱子曰:"恶者固为非正,而善者亦未必中也。"自云:"此不中底未发,自是一界分也。"① 朱熹此言出自《周敦颐集》卷二《通书(朱熹解附)》:"刚柔固阴阳之大分,而其中又各有阴阳,以为善恶之分焉。恶者固为非正,而善者亦未必皆得乎中也。"② 另一种是"大本底未发"。其引朱子曰:"以此心而应万物之变,无往而非中矣。"自云:"此大本底未发,真个是筑底处也。"③ 这里可能错将北宋理学家吕大临(字与叔)的话当成朱熹之言,盖因《宋元学案》卷三一《吕范诸儒学案》过录吕氏之语:"喜怒哀乐之未发,则赤子之心。当其未发,此心至虚,无所偏倚,故谓之中。以此心应万物之变,无往而非中矣。"④ 回到未发之辨,巍岩认为:"德昭于是二者,盖未尝勘究。故其言或认浅作深,或援精说粗,极其辩给,终不成说话,无乃可笑乎!"⑤

以上两种未发,巍岩持守"大本底未发",而不是"不中底未发"。《巍岩遗稿》卷一三《未发辨后说(己亥)》有云:"噫!未发是何等精义,何等境界!此实理气之大原,心性之筑底处。而谓之大原、筑底处者,无他,正以其理气同实、心性一致而言也。圣人则合下以理为心,故心即性,性即

---

① 〔韩〕李柬:《巍岩先生文集》第2册,《韩国历代文集丛书》第732册,第262—263、263页。
② 〔宋〕周敦颐著,陈克明点校:《周敦颐集》,北京:中华书局,2009年,第20页。
③ 〔韩〕李柬:《巍岩先生文集》第2册,《韩国历代文集丛书》第732册,第263—264、264页。
④ 〔清〕黄宗羲原著,〔清〕全祖望补修,陈金生、梁运华点校:《宋元学案》第2册,第1106—1107页。
⑤ 〔韩〕李柬:《巍岩先生文集》第2册,《韩国历代文集丛书》第732册,第264页。

心，体即中，用即和，无容可议矣。"① 离开"大本底未发"，未发为纯善之说也就无从谈起。

巍岩自然熟悉朱熹说的"气不用事"，《巍岩遗稿》卷七《与崔成仲（己丑）》指出："然则所谓未发，正是气不用事时也。夫所谓清浊粹驳者，此时无情意，无造作，澹然纯一，亦善而已矣。此处正好单指其不偏不倚、四亭八当底本然之理也，何必兼指其不用事之气而为言乎？"② 巍岩拿"气不用事"支持未发为纯善之说，但南塘对恶以及气质之性的重视，促使他进一步辨明未发状态下的理气关系问题。

《巍岩先生文集》卷八《与成子长》有段话，值得特别注意：

> 未发说，愚意明德本体，则圣凡同得；而血气清浊，则圣凡异禀。明德即本心也，天君也；血气即充于百体者，所谓气质也。天君主宰，则气质退听于百体，而方寸虚明；此大本所在，而子思所谓未发也。天君不宰，则血气用事于方寸，而清浊不齐；此善恶所混，而德昭所谓未发也。然则朱子所谓"原头未发，众人与圣人都一般"者，即此血气退听之时，方寸虚明之体也。而但圣人，则本心无时不宰，方寸无时不明，而血气无时不退听，故动亦定，静亦定矣。众人则不然，以其有同得之本心，故或时有虚明之境，与圣人无异；而其所谓不齐者，则此时直不用事而已。俄顷之间，消者复息，敛者复张，则旋失其本明而血气依旧作心体矣。非存养之久，澄治之至，视听言动一循天则之前，则奈可与圣人气质同而言之哉！③

这里先将巍岩引朱熹语的原文过录：

---

① 〔韩〕李柬：《巍岩先生文集》第2册，《韩国历代文集丛书》第732册，第311页。
② 〔韩〕李柬：《巍岩先生文集》第1册，《韩国历代文集丛书》第731册，第481页。
③ 同上书，第566—567页。

"喜怒哀乐未发之中,未是论圣人,只是泛论众人亦有此,与圣人都一般。"或曰:"恐众人未发,与圣人异否?"曰:"未发只做得未发。不然,是无大本,道理绝了。"或曰:"恐众人于未发昏了否?"曰:"这里未有昏明,须是还他做未发。若论原头,未发都一般。只论圣人动静,则全别;动亦定,静亦定。自其未感,全是未发之中;自其感物而动,全是中节之和。众人有未发时,只是他不曾主静看,不曾知得。"(《朱子语类》卷六二《中庸一》)①

未发状态下,圣凡究竟有何同异?巍岩认为:从本心看,圣凡同得;从气质看,圣凡异禀。圣凡同得亦即朱熹说的"原头未发,众人与圣人都一般"或"若论原头,未发都一般",原因在于"天君主宰,则气质退听于百体,而方寸虚明;此大本所在,而子思所谓未发也"。此一未发,实则本心有足够强大的力量击退气质。可是,巍岩接下来论圣凡异禀,认为对于众人而言,如果本心"此时直不用事",就会"旋失其本明而血气依旧作心体"。此一未发,难道真的与"天君不宰,则血气用事于方寸,而清浊不齐;此善恶所混,而德昭所谓未发也"截然不同吗?《巍岩遗稿》卷一二《未发有善恶辨》指出:"愚每以气纯于本然,而后理亦纯于本然。"②气纯而后理纯,足以确保未发为纯善之说。既然如此,何必论未发状态下的圣凡异禀呢?将圣凡异禀放到已发之后来讲,不是更省事,也让人们更易理解吗?

四

以上对南塘的未发有善恶之论、巍岩的未发为纯善之说进行了简单讨论。下面思考两个问题:第一,两位辩手是否有趋同的一面?第二,未发之

---

① 〔宋〕黎靖德编,王星贤点校:《朱子语类》第4册,第1508页。
② 〔韩〕李柬:《巍岩先生文集》第2册,《韩国历代文集丛书》第732册,第255页。

辨与朱子学的差异如何体现？

先看第一个问题。南塘的未发有善恶之论，巍岩的未发为纯善之说，历来给人针锋相对的印象。其实，《中庸》说的"喜怒哀乐之未发，谓之中"，在朱子学以及宋明理学的脉络里面，已用理气、善恶等范畴进行诠释。具体到未发之辨，尤其是在初始研究阶段，如果着眼于中，就会采取巍岩的思路，此亦（子）思、孟（子）传统的折射；如果关注到喜怒哀乐，就会选择南塘的路数，此亦荀（子）、扬（雄）传统的延续。论辩一旦继续并深化，则须面面俱到，充分照顾到程朱的理气善恶之辨。正因此故，南塘折衷于"未发之前，气质之性不可见，而已发之后方可见也"，似乎放弃了未发有善恶之论，已与巍岩为伍；巍岩调停于"明德本体，则圣凡同得；而血气清浊，则圣凡异禀"，仿佛否定了未发为纯善之说，已与南塘同道。对于这种折衷、调停的现象，我们至少可以视为趋同。为何如此？盖因南塘、巍岩均以本然之性为目标导向、以朱子学为思想资源，亦与论题本身必须置身于更广的视域方能有效展开有关。就未发论未发，很难说清楚未发。南塘、巍岩的未发之辨与人物性同异之争密切相关，"他们都毫无例外地承认物这一自然存在也是具有道德性的"[①]，亦可佐证趋同这一特征。

再看第二个问题。在具体论证上，南塘对朱子学有质询，巍岩则多依傍。这一未发之辨与朱子学究竟有何差异呢？朱熹有言：

> 性、情一物，其所以分，只为未发、已发之不同耳。若不以未发、已发分之，则何者为性，何者为情耶？仁无不统，故恻隐无不通，此正是体用不相离之妙。若仁无不统而恻隐有不通，则体大用小、体圆用偏矣。（《晦庵先生朱文公文集》卷四〇《答何叔京》）[②]

---

① 参见邢丽菊：《朝鲜朝时期"人物性同异"论争的理论来源及其差异——巍岩李柬与南塘韩元震之人物性同异论比较》，《哲学研究》2008年第11期，第69页。
② ［宋］朱熹撰，朱杰人、严佐之、刘永翔主编：《朱子全书》（修订本）第22册，第1830页。按：该卷有《答何叔京》三十二通，这是第十八通。

> 情之未发者,性也,是乃所谓中也,天下之大本也;性之已发者,情也,其皆中节,则所谓和也,天下之达道也。皆天理之自然也。妙性情之德者,心也,所以致中和、立大本而行达道者也,天理之主宰也。(《晦庵先生朱文公文集》卷六七《太极说》)①

> "喜怒哀乐未发谓之中",程子云:"敬不可谓之中。敬而无失,即所以中也,未说到义理涵养处。"大抵未发、已发,只是一项工夫。未发固要存养,已发亦要审察。遇事时时复提起,不可自息,生放过底心。无时不存养,无事不省察。(《朱子语类》卷六二《中庸一》)②

朱熹对于未发、已发,既讲本体论,又讲工夫论。从本体论看,因未发、已发不同,故有性、情之分,"情之未发者,性也","性之已发者,情也";性、情又本为一物,"妙性情之德者,心也",当以心统性情。从工夫论看,未发固要存养,已发亦要审察,无时不存养,无事不省察。本体论与工夫论更须和衷共济,"此正是体用不相离之妙"。

据此可知,南塘、巍岩的理论兴趣更重本体论,并以未发为瓶颈,从善恶博弈的视角丰富、拓展了未发状态下的人性论问题,可谓言朱子学之所未言。栗谷学派奠基者李珥(号栗谷,1536—1584)尝言:"未发之体,亦有善恶之可言者,甚误。"(《栗谷先生全书》卷九《答成浩原》)③南塘论未发有善恶,明显不同于这一观点。巍岩的心性一致论被对手视为阳明学的"心即理",而有违于正统朱子学的"性即理",尤为令人深思。有论者推测:"巍岩的'心性一致'是朱子学向阳明学发展的一个逻辑过程,它在哲学性和思想性上起着连接朱子学和阳明学的作用,也体现了朝鲜中后期朱子学的'心学

---

① [宋]朱熹撰,朱杰人、严佐之、刘永翔主编:《朱子全书》(修订本)第23册,第3274页。
② [宋]黎靖德编,王星贤点校:《朱子语类》第4册,第1511页。
③ [韩]李珥:《栗谷先生全书》第2册,《韩国历代文集丛书》第211册,首尔:景仁文化社,1999年,第130页。

式'发展趋向。这在思想史上具有非常重要的意义。"① 总之,南塘、巍岩的未发之辨与正统朱子学存在差异,但又不宜夸大,毋宁说它是朱子学传统下合乎历史与逻辑的自我修正与发展。

　　黑格尔(1770—1831)的《法哲学原理·序言》曾说,哲学是"被把握在思想中的它的时代"②。同样,没有朝鲜王朝中期特定的社会历史文化背景,就不会发生南塘、巍岩的未发之辨。更值措意者,两位辩手之间的趋同一面,昭示了朝鲜王朝民族文化精神的整合;这一未发之辨与朱子学之间的差异一面,证实了朝鲜王朝哲学思辨水平的提升。

---

① 邢丽菊:《关于朝鲜儒者巍岩与南塘的未发论辨之考察》,中国人民大学孔子研究院编:《儒学评论》第 8 辑,第 293 页。
② 参见〔德〕黑格尔著,范扬、张企泰译:《法哲学原理:或自然法和国家学纲要》,北京:商务印书馆,1961 年,第 12 页。

戴震对孟子性善论的重构*

一、"准孟"与"申戴"

把握戴震(字东原)与孟子的文化关联,重点是解读他对孟子性善论的重构。清人汪缙(1725—1792)有《准孟》八篇,其《汪子三录叙》指出:"准也者,立万世准则也。孟子道孔子之道,天道也。天道至公,公则达之至顺。至顺之征,人心正,道术昌,民生乐。循其道,唐、虞、三代之治断可复也。"①东原究竟如何"准孟"呢?

《孟子字义疏证》是东原"准孟"当之无愧的代表作。去世前一个月,东原在给得意弟子段玉裁(1735—1815)的信中说:"仆生平著述,最大者为《孟子字义疏证》一书,此正人心之要。"②焦循的《申戴》先引东原的临终之言:"生平读书,绝不复记,到此方知义理之学,可以养心。"又指出:"夫东原,世所共仰之通人也,而其所自得者,惟《孟子字义疏证》《原善》。"③梁启超总结清代学者整理旧学的总成绩时说:"戴东原的《孟子字义疏证》,为

---

* 原载《地方文化研究》2015年第6期,第1—9页。
① [清]汪缙撰,黄曙辉点校:《汪子二录三录》,上海:华东师范大学出版社,2009年,第31—32页。
② [清]段玉裁:《戴东原先生年谱》"(四十二年)丁酉四月二十四日"条,[清]戴震撰,汤志钧点校:《戴震集》,上海:上海古籍出版社,1980年,第481页。
③ 《雕菰集》卷七《申戴》,[清]焦循著,刘建臻点校:《焦循诗文集》上册,扬州:广陵书社,2009年,第125、126页。

清代第一流著述……"①此乃言其著述最大,用功亦巨。此前,东原撰有《法象论》《读易系辞论性》《读孟子论性》以及《原善》三篇、《原善》三卷、《绪言》三卷、《孟子私淑录》三卷。如果说这是一组射线,它们共同汇聚的焦点就是《孟子字义疏证》三卷;以上著述是东原写作《孟子字义疏证》的理论准备,《孟子字义疏证》是对它们的理性升华②。

在东原的心中,孟子有着崇高的地位:一方面,"发明孔子之道者,孟子也,无异也"③;另一方面,"孟子以闲先圣之道为己任,其要在言性善,使天下后世晓然于人无有不善,斯不为异说所淆惑"④。但是,东原给段玉裁的那封信说道:"今人无论正邪,尽以意见误名之曰理,而祸斯民,故《疏证》不得不作。"⑤所谓"尽以意见误名之曰理",矛头直指东原那个时代被奉为政治护法的程朱理学。

有感于孟子性善论已被程朱心性论淆惑,《孟子字义疏证序》别有会心地引用韩愈《送王秀才序》的一段话:"道于杨、墨、老、庄、佛之学,而欲之圣人之道,犹航断港绝潢以望至于海也。故求观圣人之道,必自孟子始。"⑥东原的求道即"准孟","准孟"是在疏证孟子性善论与批判程朱心性论的互动中求道。李锦全指出:"戴震写《孟子字义疏证》,以批判程朱理学作为中心主题。但他批判的武器,是以孔孟特别是用孟子的思想作为参照系,这是不争的事实。"⑦

在孟子学术思想史研究的宏大叙事中,我们对东原的"准孟"工作予以解读,亦即焦循说的"申戴":"东原生平所著书,惟《孟子字义疏证》三卷、

---

① 梁启超:《中国近三百年学术史》,北京:东方出版社,1996年,第240页。
② 关于《原善》三篇(章)、《原善》三卷与《孟子字义疏证》的关联,李畅然做过详细的考释(参见氏著:《戴震〈原善〉表微》,北京:北京大学出版社,2014年。)。
③ 《孟子字义疏证》卷中《性》,[清]戴震撰,汤志钧校点:《戴震集》,第298页。
④ 《孟子私淑录》卷上,[清]戴震撰,汤志钧校点:《戴震集》,第407页。
⑤ [清]段玉裁:《戴东原先生年谱》"(四十二年)丁酉四月二十四日"条,[清]戴震撰,汤志钧点校:《戴震集》,第481页。
⑥ [清]戴震撰,汤志钧校点:《戴震集》,第264页。
⑦ 李锦全:《人文精神的承传与重建》,广州:广东人民出版社,1995年,第265—266页。

《原善》三卷最为精善，知其讲求于是者，必深有所得，故临殁时，往来于心。则其所谓'义理之学，可以养心'者，即东原自得之'义理'，非讲学家《西铭》《太极》之'义理'也。"①

二、性在气中

"气"是东原判分孟子性善论与程朱心性论的本质差异，是从而重构孟子性善论的关键词之一。

作为著名的"申戴"派学者，胡适的《戴东原的哲学》认为："宋儒说性有两种：一是气质之性，一是理性。气质之性其实不是性，只有理性才是性；理无不善，故性是善的。"②宋儒不以气质之性为性，张载的《正蒙·诚明》说："形而后有气质之性，善反之则天地之性存焉。故气质之性，君子有弗性者焉。"③然而，宋儒特别重视气质之性，以为先天自足的理通过气化具于人心，却被气质之性遮蔽，因此，只有克服气质之性，才能"复其初"，证获天命之性。天命之性侧重道德建构功能，气质之性侧重逻辑助缘功能，宋儒坚信"论性不论气，不备；论气不论性，不明"④。

宋儒未尝不以发明孟子的性善论为己任，但同时认为孟子论性而不论气是不完备的。朱熹说得很清楚："韩退之《原性》中说三品，说得也是，但不曾分明说是气质之性耳。性那里有三品来！孟子说性善，但说得本原处，下面却不曾说得气质之性，所以亦费分疏。诸子说性恶与善恶混。但张、程

---

① 《雕菰集》卷七《申戴》，[清]焦循著，刘建臻点校：《焦循诗文集》上册，第125页。
② 姜义华主编，章清、吴根樑编：《胡适学术文集·中国哲学史》下册，北京：中华书局，1991年，第1016页。又见《戴震全书》附录五《杂评下》，[清]戴震撰，杨应芹、诸伟奇主编：《戴震全书》（修订本）第7册，合肥：黄山书社，2010年，第481页。
③ [宋]张载著，章锡琛点校：《张载集》，北京：中华书局，1978年，第23页。
④ 《河南程氏遗书》卷六《二先生语六》，[宋]程颢、程颐著，王孝鱼点校：《二程集》第1册，第81页。《朱子语类》卷四《性理一·人物之性气质之性》指出："程子曰：'论性不论气，不备；论气不论性，不明。'"（[宋]黎靖德编，王星贤点校：《朱子语类》第1册，第70页）

之说早出，则这许多说话自不用纷争。故张、程之说立，则诸子之说泯矣。"（《朱子语类》卷四《性理一·人物之性气质之性》）① 在宋儒看来，他们与孟子的根本分歧在于是否明言气质之性。

宋儒批评孟子，本于《孟子·告子上》所言："心之所同然者何也？谓理也，义也。圣人先得我心之所同然耳。"（《孟子》11·7）东原却说："后儒见孟子言性，则曰理义，则曰仁义礼智，不得其说，遂于气禀之外增一理义之性，归之孟子矣。"② 意思是说，东原不仅认为孟子以气言性，而且认为所谓理义之性是宋儒强加于孟子的。

深入说明孟子何以专举理义以明性善，可能成为区分东原与程朱各自的性气之辨的有效契机。东原认为："至孟子时，异说纷起，以理义为圣人治天下[之]具，设此一法以强之从。害道之言，皆由外理义而生。人徒知'耳之于声，目之于色，鼻之于臭，口之于味'之为性，而不知心之于理义，亦犹耳目鼻口之于声色臭味也。故曰：'至于心，独无所同然乎？'盖就其所知以证明其所不知，举声色臭味之欲归之耳目鼻口，举理义之好归之心，皆内也，非外也，比而合之以解天下之惑，俾晓然无疑于理义之为性，害道之言庶几可以息矣。"③ 依据这一考察，孟子倡言"理义之为性"，历史原因是以告子为代表的害道之言"徒知耳之于声……之为性"，论证方法是"就其所知以证明其所不知"，理论目的是"比而合之"——声色臭味与理义都是性。

东原还指出："孟子明人心之通于理义，与耳目鼻口之通于声色臭味，咸根诸性，非由后起。"④ 孟子虽然专举理义，但没有遗弃声色臭味，而这正是东原常说的"性之全体"⑤。在此意义上，与宋儒以为"气质之性其实不是性"不

---

① ［宋］黎靖德编，王星贤点校：《朱子语类》第1册，第70页。
② 《孟子字义疏证》卷上《理》，［清］戴震撰，汤志钧校点：《戴震集》，第271页。
③ 同上书，第271页。
④ 同上书，第271页。
⑤ 《孟子字义疏证》卷中《性》，［清］戴震撰，汤志钧校点：《戴震集》，第299页。

同，东原重气，且以气论性。他说："阴阳五行，道之实体也；血气心知，性之实体也。"① "性者，分于阴阳五行以为血气、心知，品物区以别焉。举凡既生以后所有之事，所具之能，所全之德，咸以是为其本……"② 东原与程朱围绕孟子展开的性气之辨，焦点落到了气。

在性气之辨上，程朱强调自己与孟子的差异性，东原强调自己与孟子的亲近性。如果说程朱是用自己的哲学——理本论来解读孟子，那么，东原则用自己的哲学——气化论来诠释孟子。前者得出性气二本，后者得出性在气中。东原曾说："人道本于性，而性原于天道。"③ "古人言性惟本于天道如是。"④ 所谓古人，东原大凡指《六经》、孔孟之言，这是以复古为解放的今文学致思。

三、标举"理之欲"

"欲"是东原判分孟子性善论与程朱心性论的本质差异，从而重构孟子性善论的又一个关键词。

程朱的性气二本，经由理欲之辨的话语转换，意思是说天理在人欲之外先天而又自足地存在。朱熹给功利主义儒家陈亮（1143—1194）的信中说过："盖天理人欲之并行，其或断或续，固宜如此。至若论其本然之妙，则惟有天理而无人欲。是以圣人之教，必欲其尽去人欲而复全天理也。"（《晦庵先生朱文公文集》卷三六《答陈同甫》）⑤ 宋儒承认欲在成人过程中的必要性，但理欲之间的界限十分鲜明："仁义根于人心之固有，天理之公也。利心生于物我之相形，人欲之私也。"⑥ 宋儒常谈"人欲所蔽"。为了复归"惟有天

---

① 《孟子字义疏证》卷中《天道》，[清]戴震撰，汤志钧校点：《戴震集》，第287页。
② 《孟子字义疏证》卷中《性》，[清]戴震撰，汤志钧校点：《戴震集》，第291页。
③ 《孟子字义疏证》卷下《道》，[清]戴震撰，汤志钧校点：《戴震集》，第312页。
④ 《孟子字义疏证》卷中《天道》，[清]戴震撰，汤志钧校点：《戴震集》，第287页。
⑤ [宋]朱熹撰，朱杰人、严佐之、刘永翔主编：《朱子全书》（修订本）第21册，第1586页。
　按：该卷有《答陈同甫》与《与陈同甫》十三通，这是第八通。
⑥ [宋]朱熹：《四书章句集注·孟子集注·梁惠王上》，第202页。

理而无人欲"的本然境界,他们认为:"天理人欲,相为消长。克得人欲,乃能复礼。"(《朱子语类》卷三〇《论语十二·雍也篇一》)① 在程朱心性论中,人欲与气质之性相对应,性气之辨由此逻辑地过渡到理欲之辨。

程朱理欲之辨的实质是存理去欲:"是以圣人之教,必欲其尽去人欲而复全天理也。"这一立论本于《孟子·尽心下》:"养心莫善于寡欲。其为人也寡欲,虽有不存焉者,寡矣;其为人也多欲,虽有存焉者,寡矣。"(《孟子》14·35)理学先驱周敦颐的《养心亭说》甚至主张无欲:"予谓养心不止于寡焉而存耳,盖寡焉以至于无。无则诚立、明通。"② 形象地说,宋儒打着孟子的"红旗",试图颠覆并消解无处不在、无时不在的人类欲望。

东原指出,宋儒"无欲"说的思想渊源并非《六经》、孔孟之言,而是老、释:"天下古今之人,其大患,私与蔽二端而已。私生于欲之失,蔽生于知之失;欲生于血气,知生于心。因私而咎欲,因欲而咎血气;因蔽而咎知,因知而咎[心]。老氏所以言'常使民无知无欲',彼自外其形骸,贵其真宰。后之释氏,其论说似异而实同。宋儒出入于老、释,故杂乎老、释之言以为言。"③ 程颢、张载、朱熹出入老、释的具体情形是:"程叔子撰《明道先生行状》云:'自十五六岁时,闻周茂叔论道,遂厌科举之业,慨然有求道之志,泛滥于诸家,出入于老、释者几十年,返求诸《六经》,然后得之。'吕与叔撰《横渠先生行状》云:'范文正公劝读《中庸》。先生读其书,虽爱之,犹以为未足。又访诸释、老之书,累年,尽究其说,知无所得,返而求之《六经》。'《朱子语类》廖德明录癸巳所闻:'先生言:二三年前见得此事尚鹘突,为他佛说得相似,近年来方看得分晓。'考朱子慕禅学在十五六岁时。年二十四,见李愿中,教以看圣贤言语。而其后复入于释氏。至癸巳,年四十四矣。"④

---

① 《论语十二·雍也篇一》(卷三〇),[宋]黎靖德编,王星贤点校:《朱子语类》第3册,第774页。
② [宋]周敦颐著,陈克明点校:《周敦颐集》,北京:中华书局,2009年,第52页。
③ 《孟子字义疏证》卷上《理》,[清]戴震撰,汤志钧校点:《戴震集》,第274—275页。
④ 同上书,第274—275页。

以上这段话是东原对"宋儒出入于老、释"一语的注释。

"儒家"是理想类型意义上的学派命名,现实中并不存在纯粹无瑕的儒家。就此而言,无论程颢、张载、朱熹,少年时期或是成年以后出入老、释,都不是奇怪的事。甚而至于,没有出入老、释的思想经历,他们或许不可能最终坚定自己对于儒家的信念。东原比一般人的观察与认识深刻得多。他说:"人知老、庄、释氏异于圣人,闻其无欲之说,犹未之信也,于宋儒,则信以为同于圣人,理欲之分,人人能言之。"① 在国家意识形态的合法性范围内,理欲之辨给予尊者、长者、贵者相对于卑者、幼者、贱者而言的话语霸权:前者惯常以理为依据谴责后者,从而显示自己的权威;后者不能进行任何反抗,即使前者是在理的幌子下吹毛求疵,抑或后者的做法本身是正确的。"人死于法,犹有怜之者;死于理,其谁怜之? 呜呼!杂乎老、释之言以为言,其祸甚于申、韩如是也!"② 东原认为宋儒"存理去欲"理论的最大社会危害是"以理杀人"③。

批判宋儒的理欲对立观之后,东原回到《六经》、孔孟之言。他指出:古代圣贤从来没有、也不会"以理为如有物焉,外乎人之性之发为情欲者,而强制之也哉";恰恰相反,就像《诗经·小雅·天保》"民之质矣,日用饮食"与《礼记·礼运》"饮食男女,人之大欲存焉"所揭示的,欲望是合乎人性的自然存在④。"养心莫善于寡欲"这句话,首先要表达的是"明乎欲不可无也",其次才是"寡之而已"⑤。来自《孟子》的证据有:"孟子告齐、梁之君,曰'与民同乐',曰'省刑罚,薄税敛',曰'必使仰足以事父母,俯足以畜妻子',曰'居者有积仓,行者有裹(囊)[粮]',曰'内无怨女,外无旷夫',仁政如是,王道如是而已矣。"⑥ 质言之,东原与程朱围绕孟子展开的理欲之辨,

---

① 《孟子字义疏证》卷上《理》,[清]戴震撰,汤志钧校点:《戴震集》,第275页。
② 同上。
③ 参见《文集》卷九《与某书》,[清]戴震撰,汤志钧校点:《戴震集》上编,第188页。
④ 参见《孟子字义疏证》卷上《理》,[清]戴震撰,汤志钧校点:《戴震集》,第275页。
⑤ 同上书,第273页。
⑥ 同上书,第275页。

根本分歧在于是否承认人欲的合法性存在。

梁启超曾说《孟子字义疏证》,"其目的不专在释《孟子》"①。以理欲之辨为例,东原还得依靠自己的哲学来自圆其说。根据性气一本论,他说:"欲根于血气,故曰性也……"② 对于活生生的生命个体而言,欲不是、也不可能孤立地存在,因为"人生而后有欲,有情,有知。三者,血气心知之自然也"③。东原虽然承认欲的存在合理性,但同时指出:"欲之失为私,私则贪邪随之矣。"④ 欲是必要的生活需求(need),私是过分的生活期待(want)。只要越过前者的边界进入后者的地盘,贪邪这朵"恶之花"就会扑面而来。因此,东原认为节欲是必需的,节欲亦即无私而有欲:"一人之欲,天下人之之同欲也,故曰'性之欲'。"⑤ 与程朱的理欲对立观不同,东原坚持理欲统一论,对人类以欲为基点的存在与本质给予双重肯认。

四、才性互见

"才"也是东原判分孟子性善论与程朱心性论的本质差异,从而重构孟子性善论的关键词。

《河南程氏遗书》卷一八《伊川先生语四》指出:"性无不善,而有不善者才也。性即是理,理则自尧、舜至于涂人,一也。才禀于气,气有清浊。禀其清者为贤,禀其浊者为愚。"⑥ 小程论才,与《孟子·告子上》的几段话有关:

若夫为不善,非才之罪也。(《孟子》11·6)
或相倍蓰而无算者,不能尽其才者也。(《孟子》11·6)

---

① 参见梁启超:《中国近三百年学术史》,第240页。
② 《孟子字义疏证》卷中《性》,[清]戴震撰,汤志钧校点:《戴震集》,第305页。
③ 《孟子字义疏证》卷下《才》,[清]戴震撰,汤志钧校点:《戴震集》,第308页。
④ 同上书,第309页。
⑤ 《孟子字义疏证》卷上《理》,[清]戴震撰,汤志钧校点:《戴震集》,第266页。
⑥ [宋]程颢、程颐著,王孝鱼点校:《二程集》第1册,第204页。

富岁，子弟多赖；凶岁，子弟多暴。非天之降才尔殊也，其所以陷溺其心者然也。(《孟子》11·7)

人见其濯濯也，以为未尝有材焉，此岂山之性也哉？……人见其禽兽也，而以为未尝有才焉者，是岂人之情也哉？(《孟子》11·8)

《孟子集注·告子上》指出："程子此说'才'字，与《孟子》本文小异。盖孟子专指其发于性者言之，故以为才无不善；程子兼指其禀于气者言之，则人之才固有昏明强弱之不同矣，张子所谓气质之性是也。二说虽殊，各有所当，然以事理考之，程子为密。盖气质所禀虽有不善，而不害性之本善；性虽本善，而不可以无省察矫揉之功。学者所当深玩也。"① 这里的"二说虽殊，各有所当"是老实话，但说"以事理考之，程子为密"，则必须面对某种逻辑悖谬。朱熹既承认"孟子专指其发于性者言之，故以为才无不善"，亦即视孟子之才为天命之性；又肯定程子说的才禀于气，则是以孟子之才为气质之性。质言之，程朱的才性之辨最重要的两个命题是"才禀于气"与"有不善者才也"；程朱论才，不是指天命之性，而是近似于他们力图消绝的欲。

对于这桩公案，东原的看法是："后儒以不善归气禀。孟子所谓性，所谓才，皆言乎气禀而已矣。"② 如果说孟子坚持性才一本，那么，宋儒"此以不善归才，而分性与才为二本"，即是信奉才性二元③。与程朱一样，东原对《孟子·告子上》论才的三章(第6—8章)进行过详细疏证。这段文字较长，值得细细揣摩：

孟子举恻隐、羞恶、辞让、是非之心谓之心，不谓之情。首云"乃若其情"，非"性情"之"情"也。孟子不又云乎："人见其禽兽

---

① [宋]朱熹：《四书章句集注》，第329页。
② 《孟子字义疏证》卷下《才》，[清]戴震撰，汤志钧校点：《戴震集》，第307页。
③ 同上书，第310页。

也,而以为未尝有才焉,是岂人之情也哉?"情,犹素也,实也。孟子于性,本以为善,而此云"则可以为善矣"。"可"之为言,因性有等差,而断其善则未见不可也。下云"乃所谓善也",对上"今曰性善"之文。继之云:"若夫为不善,非才之罪也。"为,犹成也。卒之成为不善者,陷溺其心,放其良心,至于梏亡之尽,违禽兽不远者也。言才则性见,言性则才见,才于性无所增损故也。人之性善,故才亦美。其往往不美,未有非陷溺其心使然,故曰"非天之降才尔殊"。才可以始美而终于不美,由才失其才也,不可谓性始善而终于不善。性以本始言,才以体质言也。体质戕坏,究非体质之罪,又安可咎其本始哉?①

杜国庠(1889—1961)有篇研读《孟子字义疏证》的文章,题为《披着"经言"外衣的哲学》②。东原颇具以意逆志的今文学风格,但性才一本的解读比较符合《孟子》本文。从《孟子字义疏证》看,这类情形并不多见,否则我们会说东原是"泥孟"而非"准孟"。

"才可以始美而终于不美,由才失其才也,不可谓性始善而终于不善"一句,最值得探赜发微。这是直接针对程朱的"以不善归才"而言,我们需要深入东原的哲学视界方能明白个中奥秘。"才可以始美",这是因为"性以本始言,才以体质言",才质是本性的敞开与呈现。为什么"终于不美"?东原有"本受之气"与"所资以养者之气"两个范畴③。"才可以始美"是就本受之气而言,"终于不美"是就资养之气而言。资养之气养的是作为体质的血气、心知:血气资饮食以养,心知资问学以养。如有此养,才既可始美,而且终美;如缺此养,才终于不美,原因不在于自身,而是在于后天没有得到充分、

---

① 《孟子字义疏证》卷下《才》,[清]戴震撰,汤志钧校点:《戴震集》,第309—310页。
② 参见杜国庠:《杜国庠选集》,广州:广东人民出版社,1994年,第359—362页。
③ 参见《孟子字义疏证》卷中《性》,[清]戴震撰,汤志钧校点:《戴震集》,第300页。原文为:"夫资于饮食,能为身之营卫血气者,所资以养者之气,与其身本受之气,原于天地非二也。"

必要的养育。至于"不可谓性始善而终于不善",理由是"性以本始言"。换句话说,不管才在后天是美还是不美,都不会对——性在本质与存在双重意义上是善的——产生任何影响。

以下这段话是东原的才性之辨最精要的说明:"才者,人与百物各如其性以为形质,而知能遂区以别焉,孟子所谓'天之降才'是也。气化生人生物,据其限于所分而言谓之命,据其为人物之本始而言谓之性,据其体质而言谓之才。由成性各殊,故才质亦殊。"① 在东原看来,合命、性、才于一体,就是《孟子·尽心上》说的天性:"形色,天性也;惟圣人然后可以践形。"(《孟子》13·38)人的身体容貌是天生的,外在的美需要内在的美充实,但只有圣人可以做到这一点,只有圣人无愧这一天赋。像圣人那样践形尽性,充分实现形体的一切作用,这是东原的性才一本观的最高追求。

五、重构孟子的性善论

对"气""欲""才"三个关键词进行梳理之后,现在审视东原如何重构孟子的性善论,这是东原"准孟"的重点工程。东原的重构是逻辑意义的重构,我们的解读也是逻辑意义的解读。

从逻辑的解读看,东原的重构一开始言必称孟子:"孟子不曰'性无有不善',而曰'人无有不善'。性者,飞潜动植之通名;性善者,论人之性也。"② 性善是人类的专利,原因在于人人有心知。东原说:"孟子言'人无有不善',以人之心知异于禽兽,能不惑乎所行之为善。"③ 人有心知,所以性善,"人以有礼义,异于禽兽,实人之知觉大远乎物则然,此孟子所谓性善"④。

心知是东原重构孟子性善论的重要突破口。心知即智,东原说:"……

---

① 《孟子字义疏证》卷下《才》,[清]戴震撰,汤志钧校点:《戴震集》,第307页。
② 《孟子字义疏证》卷中《性》,[清]戴震撰,汤志钧校点:《戴震集》,第302页。
③ 同上书,第296页。
④ 同上书,第302页。

言乎其能尽道,莫大于智,而兼及仁,兼及勇。"①智、仁、勇是血气心知的道德动因:"质言之,曰血气心知;精言之,曰智、曰仁、曰勇。"②血气心知之事即是人伦日用:"质言之,曰人伦日用;精言之,曰仁、曰义、曰礼。"③仁、义、礼是人伦日用的道德内涵:"言乎其尽道,莫大于仁,而兼及义,兼及礼……"④至此,在重构孟子性善论的逻辑思辨中,东原首先标识"智"的独特作用,然后彰显"仁"的非凡功能,进而凸现了"语德之盛者,全乎智仁而已矣"⑤的整体思维。

这里的智仁对文,本于《孟子·公孙丑上》的"仁且智"(《孟子》3·2)。有论者指出:"在仁、义、礼、智四者之中,基本品格是仁与智,所谓羞恶之心与恭敬之心(辞让之心)无非是仁智融合的具体形态。正是在这一意义上,孟子有时直接以仁和智来概括理想的人格:'仁且智,夫子既圣矣。'这里的夫子即指孔子,而孔子之所以已达到完美的人格境界,便在于他已具备了仁与智的双重品格。"⑥东原的智仁对文,显然是对孟子"仁且智"的合法化认同。他说:"人之患,有私有蔽。私出于情欲,蔽出于心知。无私,仁也;不蔽,智也。非绝情欲以为仁,去心知以为智也。是故圣贤之道,无私而非无欲。"⑦这句话表明东原的智仁对文是为了实现孟子"仁且智"的理想人格。

东原对举智、仁、勇与仁、义、礼,同样令人深思。先看以下三段话:

就人伦日用,究其精微之极至,曰仁,曰义,曰礼。合三者以断

---

① 《孟子字义疏证》卷下《诚》,[清]戴震撰,汤志钧校点:《戴震集》,第320页。
② 同上书,第320页。
③ 同上书,第320页。
④ 同上书,第320页。
⑤ 《孟子字义疏证》卷下《仁义礼智》,[清]戴震撰,汤志钧校点:《戴震集》,第317页。
⑥ 杨国荣:《孟子评传——走向内圣之境》,南宁:广西教育出版社,1994年,第95页。另,对于"仁且智"在孟子思想中以及思想史上重要作用的详细讨论,参见杨海文:《"仁且智"与孟子的理想人格论》,《孔子研究》2000年第4期,第40—49页;杨海文:《〈孟子〉与〈古今人表〉的理想人格论——以圣、仁、智为中心》,《江汉论坛》2016年第1期,第43—48页。
⑦ 《孟子字义疏证》卷下《权》,[清]戴震撰,汤志钧校点:《戴震集》,第323页。

天下之事，如权衡之权重，于仁无憾，于礼、义不愆，而道尽矣。若夫德性之存乎其人，则曰智，曰仁，曰勇。三者，才质之美也。因才质而进之以学，皆可至于圣人。①

仁、义、礼者，道于是乎尽也；智、仁、勇者，所以能尽道也。故仁、义、礼无等差，而智、仁、勇存乎其人，有"生知安行""学知利行""困知勉行"之殊。②

是故善之端不可胜数，举仁、义、礼三者而善备矣；德性之美不可胜数，举智、仁、勇三者而德备矣。曰善，曰德，尽其实之谓诚。③

仁、义、礼是善端，智、仁、勇是美德，东原这一辨析较为切合孟子的四端、四德之旨。随着逻辑建构的逐渐展开，东原与孟子之间的距离变得越来越大。因仁、义、礼而"道尽"，因智、仁、勇而"尽道"，前者是充分实现人道的准则，后者是所以能够实现人道的手段。东原这一阐释并不为《孟子》所内蕴。胡适写《戴东原的哲学》，时常警醒自己丢开"性善"的套话。④ 此言不虚，正如梁启超所说："《孟子字义疏证》，盖轶出考证学范围以外，欲建设一'戴氏哲学'矣。"⑤ 以智、仁、勇为才质之美，显示了东原建设自身哲学的某种企图。《原善》卷中指出："惟据才质为言，使确然可以断人之性善。"⑥ 在东原看来，正因血气心知蕴涵智、仁、勇的才质之美，道德实践主体得以在人伦日用之间充分实现仁、义、礼的精微极致。

在以性为经、以善为纬的思维框架下，东原视智、仁、勇为才质之美，亦

---

① 《孟子字义疏证》卷下《仁义礼智》，[清]戴震撰，汤志钧校点：《戴震集》，第317页。
② 同上书，第314页。
③ 《孟子字义疏证》卷下《诚》，[清]戴震撰，汤志钧校点：《戴震集》，第320页。
④ 参见姜义华主编，章清、吴根樑编：《胡适学术文集·中国哲学史》下册，第1022页。又见[清]戴震撰，杨应芹、诸伟奇主编：《戴震全书》（修订本）第7册，第487页。
⑤ 梁启超：《清代学术概论》，第35页。
⑥ [清]戴震撰，汤志钧校点：《戴震集》，第340页。

即凭借才性互见,建立了仁、义、礼与性之间的内在关联。仁、义、礼与善之间是否也存在这一联系呢?试看《孟子字义疏证》卷下《道》的三段话:"人伦日用,其物也;曰仁,曰义,曰礼,其则也。""曰性,曰道,指其实体实事之名;曰仁,曰义,曰礼,称其纯粹中正之名。""善者,称其纯粹中正之名;性者,指其实体实事之名。"① 东原在此树立两个哲学坐标。一个是"物"的哲学坐标:作为"实体实事之名",它统摄道、性,其中最重要的是性;对于人之性而言,它具体落实为人伦日用。另一个是"则"的哲学坐标:作为"纯粹中正之名",其实质是善,善即是仁、义、礼。这样看来,东原不仅确立了智、仁、勇与性之间的内在关联,而且确立了仁、义、礼与善之间的本质联系。仅仅依据这两种关联,就能完全发明"人无有不善"的性善之旨吗?

东原喜引《诗经·大雅·烝民》的"天生烝民,有物有则。民之秉彝,好是懿德"。《孟子·告子上》引孔子曰:"为此诗者,其知道乎!故有物必有则;民之秉彝也,故好是懿德。"(《孟子》11·6)不同于朱熹《孟子集注》的断句,东原认为"故有物必有则;民之秉彝也,故好是懿德"是孟子之言②,隐约显示出重构孟子性善论的主观意图。在东原看来,这一诗句的深刻含义在于:"以秉持为经常曰则,以各如其区分曰理,以实之于言行曰懿德。物者,事也。语其事,不出乎日用饮食而已矣。舍是而言理,非古圣贤所谓理也。"③ 与《诗经》本文相比,东原的诠释横空溢出"理"字。这一误读事实上是精心策划的。

皮锡瑞的《经学历史·经学复盛时代》指出:"戴震作《原善》《孟子字义疏证》,虽与朱子说经抵牾,亦只是争辨一'理'字。"④ 程朱之理,是先天而自足的本体;至于东原之理,正如冯友兰(1895—1990)所说:"理就是事物的发展规律和本质,它们都是真实的。但是,它们只能是在事物之中,而

---

① [清]戴震撰,汤志钧校点:《戴震集》,第 315、312、312 页。
② 参见《孟子字义疏证》卷上《理》,[清]戴震撰,汤志钧校点:《戴震集》,第 267 页。
③ 同上书,第 267 页。
④ [清]皮锡瑞著,周予同注释:《经学历史》,第 313 页。

不能超乎事物之上。"① 如果立足《诗经》本文,东原的"理"即是"则"。如上所述,东原曾以善说则,借以确立仁、义、礼与善的内在关联。基于则、理、善三者之间蕴涵这种相互对等的关系,我们不妨说在东原的哲学中,理即善,善即理。以理释善,同时内蕴了以事释性。在此意义上,东原的性善即是事理,其实质是认识、把握客观存在于事物之中的条理与规律。东原重知,原因就在于此。然而,他如此诠释性善,却离孟子以道德理想主义为归宿的性善论越来越远。

东原宁愿沿着自己的思路一直走下去。《孟子字义疏证》卷下《道》指出:"善,其必然也;性,其自然也。归于必然,适完其自然,此之谓自然之极致,天地人物之道于是乎尽。"② 这里的"必然"是人文意义上的"当然"(善的德性),"自然的本性无疑应当提升到当然,但从自然(天)到当然(人)并不是以当然去消融或吞并自然,而是在当然之中实现作为天然之美的自然潜能(完其自然)"③。在东原看来,人类不可能放弃自我生存的自然基础,人类的使命只能是将自然的情欲变革并改良为人性的要求。东原的性善论建构重视欲望本身,但"自然"与"必然"的义理架构也是东原重构孟子性善论的最后一个逻辑环节。

总之,东原对孟子性善论的重构,目的在于证明:"孟子之所谓性,即口之于味、目之于色、耳之于声、鼻之于臭、四肢于安佚之为性;所谓人无有不善,即能知其限而不逾之为善,即血气心知能底于无失之为善;所谓仁义礼智,即以名其血气心知,所谓原于天地之化者之能协于天地之德也。"④ 这一既重视血气心知、又重视仁义礼智的性善论建构,在当时"以理杀人"的哲学—政治话语中,是为了使得人类的存在与本质从伦理异化走向人文统一。

---

① 冯友兰:《中国哲学史新编》第 6 册,北京:人民出版社,1989 年,第 38 页。
② [清]戴震撰,汤志钧校点:《戴震集》,第 312—313 页。
③ 参见杨国荣:《善的历程——儒家价值体系的历史衍化及其现代转换》,上海:上海人民出版社,1994 年,第 325 页。
④ 《孟子字义疏证》卷中《性》,[清]戴震撰,汤志钧校点:《戴震集》,第 306 页。

六、从集中意识到支援意识

就"申戴"而言,探明孟子与东原之间的逻辑关联,有助于我们把握东原"准孟"的思辨奥秘。

东原重构孟子的性善论,最终建立了自己的"戴氏哲学"。因此,东原的"准孟"可分为两个阶段:先是准备阶段,后是建立阶段。所谓准备阶段,具体体现是:东原以孟子为集中意识,指出程朱论气、欲、才违背《孟子》文本,从而对当时奉为国家意识形态的程朱心性论进行了批判。以孟子为集中意识,亦即合法化认同孟子,显示了东原与孟子之间的亲近感,奠定了《孟子字义疏证》"准孟"的思想基调。所谓建立阶段,具体体现是:东原以孟子为支援意识,完成了以情感哲学替换理性哲学的性善论建构。在这一阶段上,东原与孟子之间的亲近感越来越被距离感取代,东原逐渐从对孟子的合法化认同走向自己的创造性转化。这一创造性转化使得东原没有成为"泥孟"的解释者与单纯的笺注主义者,而是成为具有"准孟"品格的思想家。

对于任何思想家来说,思想的准备阶段与建立阶段不仅前后相续,更重要的是交叉重叠。东原也不例外。美国学者艾尔曼(Benjamin A. Elman)曾说:"疏证"一词作为书名,表明东原仍将自己的努力视为考据学运动的一部分[1]。在东原这位从考据走向义理的文化守成主义者身上,传统的资源与自己的思想两者的关系显然更加复杂。孟子之于东原的集中意识与支援意识的功能变化,东原之于孟子的合法化认同与创造性转化的方式递嬗,尤其是两者之间亲近感与距离感的情态演变,最好是从逻辑的先后而不是从时间的先后来理解。质言之,从东原重构孟子性善论的过程看,孟子既是东原的

---

[1] 参见〔美〕艾尔曼著,赵刚译:《从理学到朴学——中华帝国晚期思想与社会变化面面观》,南京:江苏人民出版社,1995年,第14页。

集中意识、也是支援意识，东原对孟子既是合法化认同、又是创造性转化，二者亦亲亦疏。

一部戴震解释史有其特别的告诫：关于东原的"准孟"，我们应该强调支援意识、创造性转化。其一，王国维的《聚珍本戴校水经注跋》有言："其一生心力，专注于声音、训诂、名物、象数，而于《六经》大义所得颇浅。晚年欲夺朱子之席，乃撰《孟子字义疏证》等书。虽自谓'欲以孔、孟之说还之孔、孟，宋儒之说还之宋儒'，顾其书，虽力与程、朱异，而亦未尝与孔、孟合。"① 刘师培的《左盦外集》卷一七《东原学案序》指出："东原之说名为伸孟子，实则与孟子相戾也，岂可从乎？"② 东原先以孟子为集中意识，然后必然过渡为支援意识，人们难道可以否认这一事实吗？其二，段玉裁的《经韵楼集》卷七有《戴东原先生配享朱子祠议（阙）》③，该篇有目而无文。这种倡议实际上不明东原对孟子予以合法化认同，目的在于别程朱；予以创造性转化，目的同样在于别程朱。

《孟子字义疏证》即"准孟"即"求道"。我们解读东原对于孟子性善论的重构，只有首先意识到东原与孟子的亲近感，然后才能深刻认识到《孟子字义疏证》"不专在释《孟子》"、并成为清代第一流的哲学著作，其原因在于东原以孟子为支援意识，通过创造性转化孟子的性善论，从而建构了冲决理学网罗、引领启蒙思潮的"戴氏哲学"。

---

① 《观堂集林》卷一二，王国维：《观堂集林（附别集）》上册，第580页。
② 刘师培：《刘申叔遗书》下册，南京：江苏古籍出版社，1997年，第1762页下栏。又见［清］戴震撰，杨应芹、诸伟奇主编：《戴震全书》（修订本）第7册，第348页。
③ ［清］段玉裁撰，钟敬华校点：《经韵楼集》，上海：上海古籍出版社，2008年，第4页下栏，"目录"。

"程氏《读史偶见》谓"与清代孟荀关系*

最近五六十年来,《史记》最流传的本子是中华书局标点本。据此,《孟子荀卿列传》位居《列传》第14篇。但是,相传有人因为孟子、荀子的地位次于孟尝君,所以在《太史公自序》中,将《孟尝君列传》排在《孟子荀卿列传》之前。正如唐人司马贞(生卒年不详)的《史记索隐》卷七四《孟子荀卿列传第十四》指出:"《序传》孟尝君第十四,而此传为第十五,盖后人差降之矣。"① 清代梁玉绳的《史记志疑》卷三六《太史公自序传第七十》则说:"此当次《仲尼弟子列传第七》之后,不应在第十四也。"② 司马贞依史而言,梁玉绳以情而论,但均可视作孟子地位不断上升并日益巩固的例证。

2015年上半年笔者为中山大学哲学系研究生上专业选修课"孟子研究",第一堂课讲《孟子荀卿列传》。历史上,孟、荀二氏此长彼消。《史记志疑》卷三六《太史公自序传第七十》引过一段话,并表示赞成:"程氏《读史偶见》谓:'此传专为孟子作,绍遗文而明统纪,举陈、蔡之厄,比齐、梁之困,旁及诸子,牵连书之,荀卿亦附见。《传》目孟、荀并列,或后人所加。'其论

---
* 原载《学术评论》2015年第6期,第67—71页。
① [汉]司马迁撰,[宋]裴骃集解,[唐]司马贞索隐,[唐]张守节正义:《史记》第7册,第2343页。
② [清]梁玉绳:《史记志疑》第3册,第1481页。

似已。"①笔者写《司马迁对"孟荀齐号"语法的确立》之际，想过"程氏《读史偶见》谓"的出处问题，但未找到答案。②这次上课道出了当年的懒惰与困惑，希望同学们多多注意这类细节。

中国哲学专业2012级博士研究生徐翔积极回应，钩沉史料，贡献了两条极具价值的线索：一是借助梁玉绳的《史记志疑》《人表考》，得知程氏即清代应城人程大中，著有《在山堂集》。《史记志疑》卷一一《高祖功臣侯者年表第六》释"不疑坐挟诏书论罪"句指出："应城程氏大中《读史偶见》云：'诏书无挟以行之理，此当如"挟贵""挟长"之"挟"，谓挟诏书以威令人，借端生事者。师古注非。'"③《人表考》卷三《上下智人》"关龙逢"条指出："应城程氏大中《在山堂集》曰：龙逢、比干皆死节之臣，一在第二，一在第三，或传写之讹。"④

二是借助《湖北艺文志》《贩书偶记》等书目，推测梁玉绳引的《读史偶见》可能出自《在山堂集》卷一五、一六《读史》。宣统《湖北艺文志》卷七《子二·杂家类》"《在山堂集》三十卷"条引吴毓梅（生卒年不详）序云："爰于风雪围炉时，持杯握管，随编随录，数日蒇事，总名《在山堂集》，共三十卷。首古作、杂著及韵语，次《周礼外义》，次《读史》《测言》，《蠹书》又次之，末《逸笺》《考遗》，而以原刻时文终。"⑤《贩书偶记》卷一五《别集类（雍正至乾隆）》"《在山堂集》三十卷"条指出："应城程大中撰。道光乙未刊。卷一至十文，卷十一、十二诗，卷十三、十四《周礼外义》，卷十五、

---

① ［清］梁玉绳：《史记志疑》第3册，第1481页。
② 参见杨海文：《司马迁对"孟荀齐号"语法的确立》，《邯郸学院学报》2012年第4期《赵文化研究·荀子思想国际学术研讨会论文（上）》，第129页，杨海文：《司马迁对"孟荀齐号"语法的确立》，康香阁、梁涛主编：《荀子思想研究》，北京：人民出版社2014年。
③ ［清］梁玉绳：《史记志疑》第2册，第596页。
④ ［清］梁玉绳：《人表考》，［清］梁玉绳等撰，吴树平、王佚之、汪玉可点校：《史记汉书诸表订补十种》下册，第572页。
⑤ ［清］［宣统］湖北通志局编纂，石洪运校点、补遗：《湖北艺文志附补遗》上册，武汉：湖北教育出版社，2002年，第417页；按：该书抄录的吴毓梅《在山堂集序》，与原文有较大差异，且系误录。

十六《读史》,卷十七、十八《测言》,卷十九《螽书》,卷二十至二十五《四书逸笺》,卷二十六至二十九《旧事考遗》,卷三十四书、时文。《四书逸笺》六卷,四库已著录。"①

这两条线索让人茅塞顿开,接下来的重头戏是找《在山堂集》。笔者先到中山大学南校区图书馆4楼特藏部,用四角号码检索复旦大学图书馆古籍部编的《四库系列丛书目录·索引》:4021₄"在"字,无《在山堂集》;0468₆"读"字,无《读史偶见》;2691₄"程"字,程大中仅有《四书逸笺》收入《景印文渊阁四库全书》第210册②。又到5楼珍藏部,获悉藏于特藏部的《清代诗文集汇编》第349册收有《在山堂集》,徐翔同学的推测得以证实。

《清代诗文集汇编》的本子据道光乙未(1835)忠耿堂刻本(18.7×25.8)影印,各卷题署"应城程大中拳时著,同邑后学吴毓梅咏仙编次,杨国栋润斋、王泽春熙台校刊"。《湖北艺文志》的著录以及孙殿起(1894—1958)《贩书偶记》说的"道光乙未刊",均指这一刻本。《清人诗文集总目提要》卷二八《生于雍正四年至八年(1726—1730)》曾注明《在山堂集》30卷的刻本与馆藏情况:北京师范大学图书馆、湖南省图书馆藏道光十五年(1835)忠耿堂刻本,中国国家图书馆、中国科学院图书馆藏咸丰九年(1859)补刻本,湖北省图书馆、广东中山图书馆藏光绪九年(1883)敦德堂刻本③。这些本子均晚于《史记志疑》的成书④及付梓,最短亦相距半个世纪。

现全文抄下《在山堂集》卷一五《读史》"读孟子荀卿列传"条:

---

① 孙殿起录:《贩书偶记》,上海:上海古籍出版社,1982年,第369页。
② 参见复旦大学图书馆古籍部编:《四库系列丛书目录·索引》,上海:上海古籍出版社,2007年,第715页左栏、620页右栏—622页中栏、866页中栏。
③ 参见柯愈春:《清人诗文集总目提要》上册,北京:北京古籍出版社,2001年,第715页右栏。按:百度查询:2010年9月20日,中国嘉德国际拍卖有限公司拍卖过光绪九年敦德堂刻本(1函8册,12.8×18.5)。
④ 乾隆四十八年(1783),梁玉绳作《史记志疑·自序》([清]梁玉绳:《史记志疑》第1册,第2页)。

此传尚为孟子作，故发端即曰"读其书"。中间旁及诸子，盖牵连书之，以见异说并兴之时，而孟子独述仲尼之意，故能绍遗文而明统纪。卒举陈、蔡之厄，比齐、梁之困，感慨系之，可谓深知孟子者矣。诸子之中，荀卿著书犹为近正，故叙之篇终。然《序传》无一语及荀子者，故知此传亦附见。今《传》目孟、荀并列，或后人加之。①

对照《在山堂集》的原文与《史记志疑》的引文，文字表述差异显著，且有前曰《读史》、后曰《读史偶见》的区别。前贤引书，多断章取义，很少与原文完全相同；又多辗转引述，很少去复核原文。据忠耿堂刻本，梁玉绳属于断章取义。刘咸炘（1896—1932）的《〈太史公书〉知意六·列传·孟子荀卿列传》亦引"程氏《读史偶见》曰"一段，则是辗转引述于《史记志疑》②。由《史记志疑》卷一一引《读史偶见》不见于忠耿堂刻本③《人表考》卷三引《在山堂集》见于忠耿堂刻本，前曰《读史》、后曰《读史偶见》之别更需解释。

再全文抄下《在山堂集》卷一五《读史》"书古今人表"条：

《古今人表》差违失序，诚如张晏所讥。他若龙逢、比干皆死节之臣，一在第二，一在第三；羿、逢蒙皆篡弑之贼，一在第八，一在第九；妹喜、妲己之亡国一也，亦一在第八，一在第九。盖次人为九等，毫厘之差，本难适中。其乖违失序，宜也。又，张晏谓鲁仲连在第

---

① ［清］程大中：《在山堂集》，《清代诗文集汇编》编纂委员会编：《清代诗文集汇编》第349册，上海：上海古籍出版社，2010年，第564页上栏。
② 参见刘咸炘：《推十书》（增补全本）丙辑第1册，上海：上海科学技术文献出版社，2009年，第106页。
③ 中国哲学专业2012级博士研究生王学伟亦加复核，并云：据"师古注非"，梁引当是程大中读《汉书·高惠高后孝文功臣表》的按语。《在山堂集》卷一五至一六《读史》部分，《史记》《汉书》《后汉书》等杂乱其中，恐是吴毓梅据火灾后的残本编次而成。

五,今在第二;寺人孟子在第三,今在第四;田单在第五,今在第四;嫪毐在第七,今表无其名。晏所见与今本异,则所谓失序者,或亦传写之讹也。①

本文所举《史记志疑》两引《读史偶见》,考诸忠耿堂刻本,有见、有不见。这表明《在山堂集》卷一五至一六《读史》不一定是梁玉绳之所本。《人表考》卷三引的《在山堂集》见于忠耿堂刻本,而梁玉绳不言《读史偶见》,表明程大中那些史评类作品有可能经历过他本人或后人比较复杂的编纂。

吴毓梅1834年写的《在山堂集序》指出:"程拳时先生稿,陆续梓行。越七十余载,嘉庆间,其家不戒于火,版片毁残,士林惜之。"又云:"适因遵例引见,刻期北上,爰于风雪围炉时,持杯握管,随编随录,数日蒇事,俱名《在山堂集》,共三十卷。"② 既云"随编随录,数日蒇事",吴毓梅的本子与梁玉绳引的本子不会有太大的差异。程大中著述硕富③,其中有《湖北艺文志》卷五《史三·史评类》从《应城志》著录的《廿一史偶见》8卷④。从忠耿堂刻本看,《四书逸笺》仍是6卷,而《读史》仅2卷,分别为45、49则。假定《廿一史偶见》与《读史》有关,后者(2卷)有可能是前者(8卷)的节略本,并包含了前者未有的部分条目。循此,梁玉绳要么将《廿一史偶见》《读史偶见》当作同一书,要么将《廿一史偶见》误记为《读史偶见》。因《廿一史偶

---

① [清]程大中:《在山堂集》,《清代诗文集汇编》编纂委员会编:《清代诗文集汇编》第349册,第566页上栏。
② 同上书,第395页下栏。
③ 据《湖北艺文志附补遗》附录的《著者索引》,程大中的著述有:(1)《诗传》;(2)《周礼外义》;(3)《四书逸笺》;(4)《四书偶见》;(5)《会史》;(6)《廿一史偶见》;(7)《孔子外语》;(8)《蠢书》;(9)《测言》;(10)《四事笺》;(11)《旧事考遗》;(12)《文林隐义》;(13)《备问录》;(14)《讳补正》;(15)《器用原始》;(16)《是庵别录》;(17)《在山堂集》;(18)《逸姓名录》;(19)《广宾实录》;(20)《是庵甲乙集》;(21)《程拳时集》;(22)《[乾隆]蕲州志》。参见[清][宣统]湖北通志局编纂,石洪运校点、补遗:《湖北艺文志附补遗》下册,第1431页左栏。
④ [清][宣统]湖北通志局编纂,石洪运校点、补遗:《湖北艺文志附补遗》上册,第291页。

见》未必传世,上述猜想仅为抛砖,期待方家赐教。

又,徐翔同学前往广东省立中山图书馆查阅1883年的敦德堂刻本,告知书前有应城乡贤王承禧(1827—1897)的《补刻在山堂集序》。王氏说道:"咸丰初元,兵燹频仍,板又散失。去岁修志,余暇取旧板细检,竟缺四万四千余字之多。""……而先生是集乃完而缺、缺而复完。"先有嘉庆火焚,复有咸丰战乱,足见《在山堂集》的流播多灾多难。但是,即便经过王承禧的补遗,《史记志疑》卷一一引《读史偶见》不见于忠耿堂刻本的一条,同样不见于敦德堂刻本。徐翔同学反复核对敦德堂刻本各卷,验证了笔者最不敢掉以轻心的这一论断。

乾隆时期(1736—1796),尊孟贬荀的主调未变,孟、荀研究却各有突破性进展。戴震写的《孟子字义疏证》,被公认为清代孟学史的扛鼎之作。汪中写的《荀卿子通论》,堪称清代尊荀思潮的宣言书。卢文弨、谢墉的《荀子》合校本,是唐代杨倞之后的第二个校本①。《四库全书总目》卷九一的《荀子》提要有云:"平心而论,卿之学源出孔门,在诸子之中最为近正,是其所长;主持太甚,词义或至于过当,是其所短。韩愈'大醇小疵'之说,要为定论。余皆好恶之词也。"②梁玉绳、程大中生活于这一时期,但仍受制于传统的孟荀关系观,其尊孟贬荀并不费解。刘咸炘就以为梁说"非也"、程说"似是而非"③。梁玉绳既认为"夫荀况尝非孟子矣,岂可并吾孟子哉",又指出"孔、墨同称,始于战国;孟、荀齐号,起自汉儒。虽韩退之亦不免"(《史记志疑》卷三六《太史公自序传第七十》)④,这一矛盾心境实则更令人玩味。

这篇小文着力于"程氏《读史偶见》谓"的考据,为何还要谈清代孟荀

---

① 梁启超指出:"专书自谢金圃(墉)、卢抱经之合校本始,今浙刻《二十二子》本所采是也。""在咸同以前,洵为最善之本。"(氏著:《中国近三百年学术史》,第282页)
② [清]永瑢等:《四库全书总目》上册,第770页中栏。
③ 参见《《太史公书》知意六·列传·孟子荀卿列传》,刘咸炘:《推十书》(增补全本)丙辑第1册,第106页。
④ [清]梁玉绳:《史记志疑》第3册,第1481页。

关系呢？盖因笔者由程大中兼治经史，想起古人有过"刚日读经、柔日读史"之说①，觉得有必要再谈一下方法论。读经离不开解释，读史离不开考据。解释如果不"下乡"，不沉落到历史—思想史的实地，就会空洞无物；考据如果不"上山"，不上升到哲学—观念史的高度，就会支离破碎。既"下乡"又"上山"②，将解释与考据结合起来，确立起研究经史之学的考释进路，我们这代人方能在"后新国学时代"有所本、有所为，在"经典考释学"③的道路上走得更稳、更好。正如《孟子·告子上》所言："先立乎其大者，则其小者不能夺也。"（《孟子》11·15）

---

① 参见［清］曾国藩：《曾国藩家书家训日记》，北京：北京古籍出版社，1994年，第116页。
② 关于"下乡""上山"，参见杨海文：《中哲史研究的"格言下乡"与"故事上山"》，《福建论坛（人文社会科学版）》2009年第4期，第10—13页；杨海文：《化蛹成蝶——中国哲学史方法论断想》，济南：齐鲁书社，2014年，第104—112页。
③ 笔者2014年6月2日、20日先后在扬州大学文学院、华南师范大学政治与行政学院讲座《经典与考释：汉代孟学史研究漫谈》，提出过"经典考释学"概念，但专门论述，此为首次。

"庄生传颜氏之儒"：
章太炎与"庄子即儒家"议题[*]

庄子与儒家有着密切关系：从庄子是道家看，这种关系隶属于儒道互补之思；从庄子是儒家看，这种关系转换为"庄子即儒家"议题。前者是传统观点，众所周知；后者始于韩愈，津津乐道者不少，知其详情者不多。"庄子即儒家"在儒道互补之外，创新并丰富了庄子与儒家的思想史关联，开显并证成了奇正相生的辩证之境。庄学大师章太炎（1869[①]—1936）至少有五种文献（早年两种、晚年三种）涉及这一议题，并以"庄生传颜氏之儒"为画龙点睛之笔，可让我们管窥"庄子即儒家"议题的历史衍化及其独特内涵。

一、"率尔之辞"

1906年9月，旅居日本的章太炎接任《民报》主编，并成立国学讲习会。《章太炎年谱长编（增订本）》记述："国学讲习会出有《国学讲习会略说》，铅字排印本，日本秀光社印行，1906年9月出版，署黄帝纪元六百四

---

* 原载《文史哲》2017年第2期，第123—133页。
① 章太炎生于清同治七年农历十一月三十日，系公历1869年1月12日。年谱常用农历，其他著述通行公历。

年①，收《论语言文字之学》《论文学》《论诸子学》三篇。《论诸子学》，即同年七月二十、八月二十日出版之《国粹学报》丙午第八、第九号所载章氏所著《诸子学略说》……"②

《论诸子学》指出：

> 或谓子夏传田子方，田子方传庄子，是故庄子之学，本出儒家。其说非是。《庄子》所述如庚桑楚、徐无鬼、则阳之徒多矣，岂独一田子方耶？以其推重子方，遂谓其学所出必在于是，则徐无鬼亦庄子之师耶？南郭子綦之说为庄子所亟称，彼亦庄子师耶？③

韩愈是"庄子即儒家"议题的第一推手，其《送王秀才序》有言："盖子夏之学，其后有田子方；子方之后，流而为庄周。故周之书，喜称子方之为人。"④寻思这段话，最成问题的是第二句，第三句因佐证第二句变得亦有问题。蔡元培留德期间写的《中国伦理学史》评价："其说不知所本。"⑤章太炎拿第三句开刀，借此证伪第二句，得出"其说非是"的结论，明显不赞成韩愈的说法。究其实，这类评论尚在"庄子即儒家"议题之外，并未入乎其内。

《章太炎年谱长编（增订本）》记述：光绪三十三年（1907）"十二月二十日（1908年1月23日），《国粹学报》丁未年第十二号出版，'社说'栏有《某君与人论国粹学书》二封，即《别录》卷二《与人论国学书》和《再与人论国学书》"。⑥

---

① 1906年是黄帝纪元4603年，而非604年。这一笔误，汤志钧一直未予更正。参见汤志钧编：《章太炎年谱长编》上册，北京：中华书局，1979年，第216页；汤志钧编：《章太炎年谱长编》（增订本）上册，北京：中华书局，2013年，第125页。笔误是否源自秀光社排印本，待考。
② 汤志钧编：《章太炎年谱长编》（增订本）上册，第125页。
③ 朱维铮、姜义华编注：《章太炎选集》（注释本），上海：上海人民出版社，1981年，第371页。
④ [唐]韩愈著，钱仲联、马茂元校点：《韩愈全集》，第212页。
⑤ 蔡元培著，高平叔编：《蔡元培全集》第2卷，北京：中华书局，1984年，第29页。
⑥ 汤志钧编：《章太炎年谱长编》（增订本）上册，第146页。

《与人论国学书》指出：

> 至以庄子为子夏门人（《经解上》），盖袭唐人率尔之辞，未尝订实。以庄生称田子方，遂谓子方是庄子师，斯则《让王》亦举曾、原，而则阳、无鬼、庚桑诸子，名在篇目，将一一皆是庄师矣。①

这里对庄子为子夏门人之说的否定及其证词，与《论诸子学》如出一辙。所不同者，它将矛头指向了章学诚。《文史通义·经解上》指出："荀、庄皆出子夏门人，而所言如是。《六经》之名，起于孔门弟子亦明矣。"②《校雠通义·汉志六艺》指出："荀、庄皆孔氏再传门人，（二子皆子夏氏门人，去圣未远。）其书明著《六经》之目，则《经解》之出于《礼记》，不得遂谓剿说于荀卿也。"③章学诚像韩愈一样认为庄子乃子夏门人，章太炎讥评其为"未尝订实"的"率尔之辞"。

章太炎手定的《国故论衡》及《太炎文录》未收《论诸子学》④，《与人论国学书》则被收入《太炎文录初编》别录卷二。章太炎早年虽然注意到"庄子即儒家"这一议题，但并不觉得它具有足够的学术含量。《论诸子学》以"或谓"、《与人论国学书》以"唐人"指称韩愈，又先后断以"其说非是""率尔之辞"，轻蔑之意跃然纸上。大体而言，清末的章太炎只是"庄子即儒家"议题的消极评论者，还不是积极的参与者。

二、接着韩愈讲

1922 年 4—6 月，章太炎应江苏省教育会之约，在沪讲授国学，共十讲。《章太炎年谱长编（增订本）》记述："《国学讲演记录》（《申报》，1922 年 4 月 2 日、8 日、9 日、16 日、23 日，5 月 1 日、7 日、14 日、15 日、28 日，6 月 4

---

① 本社编：《章太炎全集》第 4 册，上海：上海人民出版社，1985 年，第 354 页。
② ［清］章学诚著，叶瑛校注：《文史通义校注》上册，第 93—94 页。
③ 同上书，第 1021 页。
④ 参见汤志钧编：《章太炎年谱长编》（增订本）上册，第 138 页。

日、11日、18日)。《国学概论》(曹聚仁编,1922年11月1日上海泰东图书局铅字排印本,一册)。"① 又云:"章氏讲演,曹聚仁曾将记录整理,于本年11月1日由上海泰东图书局铅字排印,以《国学概论》为题出版,记录较《申报》为详,间有《申报》所录而为《国学概论》刊落者。此外,另有张冥飞笔述的《章太炎先生国学讲演集》,1924年平民印书局再版本。"②

由曹聚仁(1900—1972)整理的《国学概论》,流布极广,影响极大。曹聚仁晚年的《从一件小事谈起》曾将它与钱穆的同名著作进行比较:"钱先生的《国学概论》并不坏,坊间还有许多同一课题的书;不过,全国大中学采用最多的,还是章太炎师讲演,我所笔录的那部《国学概论》,上海泰东版,重庆文化服务版,香港创垦版,先后发行了三十二版,日本也有过两种译本。"③

《国学概论》第3章《国学之派别(二)——哲学之派别》指出:

> 儒家之学,在《韩非子·显学篇》说是"儒分为八",有所谓颜氏之儒。颜回是孔子极得意门生,曾承孔子许多赞美,当然有特别造就。但孟子和荀子是儒家,记载颜子的话很少,并且很浅薄;《庄子》载孔子和颜回的谈论却很多。可见颜氏的学问,儒家没曾传,反传于道家了。《庄子》有极赞孔子处,也有极诽谤孔子处;对于颜回,只有赞无议,可见庄子对于颜回是极佩服的。庄子所以连孔子也要加抨击,也因战国时学者托于孔子的很多,不如把孔子也驳斥,免得他们借孔子作护符。照这样看来,道家传于孔子为儒家;孔子传颜回,再传至庄子,又入道家了。至韩退之以庄子为子夏门人,因此说庄子也是儒家,这是"率尔之论,未尝订入实录"。他因为庄子曾称田

---

① 汤志钧编:《章太炎年谱长编》(增订本)上册,第399页。
② 同上书,第397页。
③ 曹聚仁:《中国学术思想史随笔》,北京:生活·读书·新知三联书店,1986年,第3页。

子方，遂谓子方是庄子的先生；那么，《让王篇》也曾举曾、原，则阳、无鬼、庚桑诸子也都列名在篇目，都可算做庄子的先生吗？①

与《论诸子学》《与人论国学书》相比，《国学概论》戏论谁都可为庄子之师，这是大同；点名道姓批评韩愈，这是小异；让颜子出场，这是大异。

在章太炎看来，《孟子》《荀子》论颜子，不仅少，而且浅薄；《庄子》不然，它对孔子既有赞亦有弹，对颜子却有赞而无弹，可见庄子极其敬佩颜子，"老子→（孔子→颜子）→庄子"的传承实际上是"道家→儒家→道家"的复归。另外，孔门有德行、言语、政事、文学四科，颜子属德行科，子夏属文学科（《论语》11·3）；《庄子》从未提过子夏，却有15个与颜子相关的场景（依次为：《人间世》1个、《大宗师》2个、《天运》1个、《至乐》1个、《达生》1个、《山木》1个、《田子方》3个、《知北游》1个、《让王》2个、《盗跖》1个、《渔父》1个）②。章太炎将庄子的师承由子夏变成颜子，就韩愈无视《庄子》从未提过子夏而言，这是正本清源；就章学诚拿子夏传经做文章而言，这里蕴含从文献传授（文学科）转向德性成长（德行科）的深意。

1922年的《国学概论》让颜子出场，可以视为章太炎对其早年思想的否定与超越。章太炎1899年12月25日发表的《今古文辨义》有言："孔子贤于尧、舜，自在性分，非专在制作也。昔人言禹入圣域而未优，斯禹不如尧、舜也；颜渊言欲从末由，斯颜不如孔也。此其比较，皆在性分之内，岂在制作哉！"③颜子不是这段话的主角，但"颜不如孔"四字分外醒目。而立之际，章太炎是尊荀健将。1900年出版的《訄书初刻本》即以《尊荀》开篇④。几年

---

① 章太炎讲演，曹聚仁整理：《国学概论》，北京：中华书局，2009年，第35页。
② 参见崔大华：《庄学研究》，北京：人民出版社，1992年，第347—349页。按：该书以"次"表述欠妥，我们改用"场景/个"表述。
③ 汤志钧编：《章太炎政论选集》上册，北京：中华书局，1977年，第109—110页。
④ 参见朱维铮校点：《訄书初刻本》，本社编：《章太炎全集》第3册，上海：上海人民出版社，1984年，第7—8页。

后的《訄书重订本》虽然删去《尊荀》,但其中的《订孔》仍说:"夫孟、荀道术皆踊绝孔氏,惟才美弗能与等比,故终身无鲁相之政,三千之化。""荀卿学过孔子,尚称颂以为本师。此则如释迦初教本近灰灭,及马鸣、龙树特弘大乘之风,而犹以释迦为本师也。"① 与此相比,《国学概论》认为庄子的"无我"这一主张很高深,"孟、荀见不到此,原来孔子也只推许颜回是悟此道的。所以庄子面目上是道家,也可说是儒家"②。章太炎由早年尊荀到晚年尊颜,这一变化耐人寻味。

《国学概论》讨论颜、庄关系,因其说过"孔子传颜回,再传至庄子",已可提炼为"庄生传颜氏之儒",并与韩愈讲的"庄子本子夏之徒"大异其趣;因其说过"庄子面目上是道家,也可说是儒家",又与韩愈开出的"庄子即儒家"议题同气相投。从论证方式、思想定位看,章太炎显然沿袭了韩愈的路数——不是原封不动地照着讲,而是推陈出新地接着讲。

首先,从论证方式看。不管是韩愈将庄子与子夏相比,还是章太炎将庄子与颜子相比,两者都是拿庄子与儒家相比,这是论证方式之同。一则以子夏,一则以颜子,仅是具体结论之异,无法遮蔽论证方式之同。

其次,从思想定位看。韩愈的《送王秀才序》有言:"故学者必慎其所道,道于杨、墨、老、庄、佛之学,而欲之圣人之道,犹航断港绝潢以望至于海也。故求观圣人之道,必自孟子始。"③ 意思是说:庄子虽是子夏后学,最终却归本道家,因此不能与孟子相提并论,反而是儒家眼里的异端。《国学概论》论"老子→(孔子→颜子)→庄子"与"道家→儒家→道家"的关联,也是认为庄子先求学于儒家、后归依于道家。这是思想定位之同。为何如此?《国学概论·哲学之派别》讲道:"周秦诸子,道、儒两家所见独到;这两家本是同源,后来才分离的。"④ 同源未必同归,庄子是"半途而废"的儒家,此乃韩

---

① 朱维铮校点:《訄书重订本》,本社编:《章太炎全集》第3册,第135页。
② 参见章太炎讲演,曹聚仁整理:《国学概论》,第39页。
③ [唐]韩愈著,钱仲联、马茂元校点:《韩愈全集》,第212页。
④ 章太炎讲演,曹聚仁整理:《国学概论》,第35页。

愈、章太炎之同。

《国学概论·哲学之派别》还指出：

> 道家的庄子以时代论，比荀子早些，和孟子同时，终没曾见过一面。庄子是宋人，宋和梁接近；庄子和惠子往来，惠子又为梁相，孟子在梁颇久，本有会面的机会；但孟子本性不欢喜和人家往来，彼此学问又不同，就不会见了。①

两宋学者讨论过孟子、庄子为何同时却互不相及，这也是与"庄子即儒家"议题相关的内容。1922年的沪上讲座不仅提出"庄生传颜氏之儒"，而且关注"庄孟互不相及"，足见章太炎已从消极的批评者转变为积极的参与者，"庄子即儒家"议题的分量变得越来越重。

三、颜氏之儒的传人

章太炎别号菿汉阁主②，世称菿汉大师，著有《菿汉微言》《菿汉昌言》《菿汉雅言札记》三种③。《章太炎年谱长编（增订本）》记述《章氏丛书续编》（1933年北平刊本）有《菿汉昌言》6卷，并注"章氏国学讲习会另有单行本"④。今人虞云国的《本书说明》据高景成（1916—2009）的《章太炎年谱》

---

① 章太炎讲演，曹聚仁整理：《国学概论》，第37页。
② "菿"有"大""明"二义，通读为dào；但章太炎读为"倬"，音zhuō。1915年10月21日，章太炎致函夫人汤国梨指出："吾寓称'菿汉章寓'，'菿'字音倬。"（汤国梨编次：《章太炎先生家书》，上海：上海古籍出版社，1985年，第81页之二；引文为引者释读并加标点符号。）虞云国的《本书说明》指出："蒙复旦大学朱维铮教授转告：太炎门人与家人皆读为zhuō，始使未能亲炙太炎的后代学人确知其读音。"（章太炎著，虞云国标点整理：《菿汉三言》，沈阳：辽宁教育出版社，2000年，第3页）
③ 章太炎另有《菿汉闲话》一篇（参见《太炎文录续编》卷一，本社编：《章太炎全集》第5册，上海：上海人民出版社，1985年，第106—114页）。
④ 参见汤志钧编：《章太炎年谱长编》（增订本）上册，第544页。

所引《民国名人图鉴》的一段话,认为《菿汉昌言》成书于1925年以后①。《菿汉昌言》1933年刊行,但成书时间较为模糊。有鉴于此,章门大弟子黄侃的《寄勤闲室日记(辛未四月)》值得重视。

1931年5月31日,黄侃日记:"奉先生卅日书,又补《春秋疑义答问》五条,又说《文王受命辨》(师新作,附入《菿汉昌言》者)大意。与鹰若书,问所称《菿汉昌言》在予处之说。"②《文王受命辨》当指《菿汉昌言·区言一》"西伯受命称王……何其自为矛盾欤"一段③,加上"师新作"云云,表明《菿汉昌言》仍在创作之中。"问所称《菿汉昌言》在予处之说"④,则显示手稿早就存于黄侃那里。6月1日日记:"遍搜箧中,果得师《菿汉昌言》手稿,亟书告鹰若。"6月14日日记:"得鹰若快书,内有补《昌言》稿廿九纸。"⑤黄侃果然存有手稿,鹰若(孙世扬,1892—1947)又寄来补稿,可见《菿汉昌言》早已成其大端,但时有增补,只是影响甚微,否则黄侃不会束之高阁乃至久则遗忘。

由黄侃日记与高景成写的年谱可知,《菿汉昌言》的成书不是一蹴而就而是断断续续的。大致说来,它成书于20世纪20年代后期至30年代初期,始于1925年之后,终于1931—1933年之间。这一判定不影响我们描述并评析章太炎论"庄子即儒家"的心路历程。

《菿汉昌言·经言一》指出:

> 庄生传颜氏之儒,(颜氏之儒,见《韩非·显学篇》。)述其进学次第。《田子方篇》:颜渊曰:"夫子步亦步,夫子趋亦趋,夫子驰亦

---

① 参见章太炎著,虞云国标点整理:《菿汉三言》,第1—2页;章太炎著,虞云国校点:《菿汉三言》,上海:上海书店出版社,2011年,第2页。
② 黄侃著,黄延祖重辑:《黄侃日记》下册,北京:中华书局,2007年,第711页。
③ 参见章太炎著,虞云国标点整理:《菿汉三言》,第108—109页。
④ 马勇编《章太炎书信集》(石家庄:河北人民出版社,2003年)收有《与黄侃(25通)》(第194—216页),惜无章太炎询问《菿汉昌言》在黄侃之处一通。
⑤ 黄侃著,黄延祖重辑:《黄侃日记》下册,第711、713页。

驰,夫子奔逸绝尘,而回瞠若乎后矣!"此盖仰高钻坚、瞻前忽后之时也。《人间世篇》:仲尼告以心斋,颜回曰:"回之未始得使,实自回也;得使之也,未始有回也。"此与克己相应者也。《大宗师篇》:颜回曰:"回忘仁义矣。"仲尼曰:"可矣,犹未也。"他日复见,曰:"回忘礼乐矣。"仲尼曰:"可矣,犹未也。"他日复见,曰:"回坐忘矣。"仲尼蹴然曰:"何谓坐忘?"颜回曰:"堕枝体,黜聪明,离形去知,同于大通,此谓坐忘。"仲尼曰:"同则无好也,化则无常也。而果其贤乎丘也,请从而后也。"夫告以为仁之道而能忘仁,告以复礼而能忘礼,离形去知,人我与法我同尽,斯谓"克己"。同于大通,斯谓"天下归仁"。此其造诣之极也。世儒徒见其云瞠乎后者,以为贤圣相去,才隔一臂,望其卓尔,力不能从,于是颜苦孔之卓之论起,遂成大谬,不悟仲尼方请从颜渊后也。盖非与仁冥,不能忘仁;非与礼冥,不能忘礼。所见一豪不尽,不能坐忘。忘有次第,故曰屡空。非谓一有一无,如顾欢之说也。由是言之,云其心三月不违仁者,尔时犹有仁之见也,逾三月则冥焉忘之矣。由仁义行,非行仁义,斯时违与不违皆不可说。("得一善则卷卷服膺而弗失",此子思述先君子语。盖难尽信。)[①]

区别于《国学概论》讲"庄生传颜氏之儒",《菿汉昌言》不只是一语破的,更是条分缕析。"述其进学次第"既钩沉了《庄子》中的颜子形象嬗变史,又将颜子的德性成长纳入儒学解读之中。

谈《庄子》中的颜子形象嬗变,离不开与孔子进行比较。《田子方》以"瞠若乎后"写照颜子对于孔子的敬仰:"夫子步,亦步也;夫子言,亦言也;夫子趋,亦趋也;夫子辩,亦辩也;夫子驰,亦驰也;夫子言道,回亦言道也。

---

① 章太炎著,虞云国标点整理:《菿汉三言》,第69—70页。

及奔逸绝尘而回瞠若乎后者,夫子不言而信,不比而周,无器而民滔乎前,而不知所以然而已矣。"①《人间世》中的颜子,仍是虚心向孔子求教的学生。可到《大宗师》,面对颜子讲的"堕肢体,黜聪明,离形去知,同于大通,此谓坐忘",孔子喟叹"请从而后"②,孔颜关系出现根本变化。

凡是道德实践主体,无不心存德性成长的焦虑。颜子"瞠若乎后"于孔子,向善的企盼油然而生。孔子曾说:"回之为人也,择乎中庸,得一善,则拳拳服膺而弗失之矣。"(《礼记·中庸》)③尽管章太炎不认可这种说法,但是,经由孔子告以心斋,直至颜子悟出坐忘,它确是颜子不断成长自身德性的必由之路。道德实践主体的德性一旦获得真切、圆融的成长,就能成为他人的榜样。青出于蓝而胜于蓝,孔子是以"请从而后"于颜子。两个"后"字刻画了《庄子》版的孔颜乐处:颜子因"后"而天天向上,孔子因"后"而虚怀若谷,德性成长是相互的,向善永无止境;在终极意义上,成德达材实无孰先孰后之分,更不存在谁高谁低。

章太炎从《田子方》讲到《大宗师》,不是为了彰显"瞠若乎后"于孔子的颜子——这样做有可能沦于《法言·学行》所说"颜苦孔之卓之至也"④的地步,而是旨在表彰孔子"请从而后"的颜子。对于颜子,庄子尽是赞誉,章太炎则用《论语》《孟子》予以诠释:

  颜渊问仁。子曰:"克己复礼为仁。一日克己复礼,天下归仁焉。为仁由己,而由人乎哉?"(《论语》12·1)

  子曰:"回也其庶乎,屡空。赐不受命,而货殖焉,亿则屡中。"(《论语》11·19)

---

① [清]郭庆藩辑,王孝鱼整理:《庄子集释》第3册,第706—707页。
② 参见[清]郭庆藩辑,王孝鱼整理:《庄子集释》第1册,第284—285页。
③ [清]阮元校刻:《十三经注疏(附校勘记)》下册,第1626页中栏。
④ [汉]扬雄撰,韩敬注:《法言注》,第22页。

> 子曰:"回也,其心三月不违仁;其余,则日月至焉而已矣。"(《论语》6·7)
>
> 孟子曰:"人之所以异于禽兽者几希,庶民去之,君子存之。舜明于庶物,察于人伦,由仁义行,非行仁义也。"(《孟子》8·19)

为何心斋只是与克己相应?盖因它是孔子的教法,而非颜子的自证。从心斋到坐忘,克己又是必须的。坐忘分成两段:前一段,离形去知对应于克己①;后一段,同于大通对应于天下归仁。为何同于大通是颜子造诣之极的体现?盖因它是颜子的自证,而非孔子的教法。世儒仅仅看到"瞠若乎后"于孔子的那个颜子,但孔子"请从而后"的这个颜子才是至关重要的。以往的颜子,"得一善,则拳拳服膺而弗失之矣","其心三月不违仁";此时的颜子,"忘有次第,故曰屡空",已臻"由仁义行,非行仁义"之境。先心斋再坐忘,且由心斋而入坐忘,方能从念念不忘地"行仁义"(理事无碍)升华至无适无莫地"由仁义行"(事事无碍)。坐忘高于心斋,坐忘是最高的道德实践境界。

将坐忘视作颜子的最高成就,如果从儒道互补之思看,它是庄子对颜子所做的道家化解读,属于儒家人物被予以道家化叙事,且在庄子哲学建构中举足轻重②。换句话说,坐忘是道家而不是儒家的工夫—境界,颜子是以儒家身份登峰造极地领悟了道家的精髓。我们为何认为章太炎是从"庄子即儒家"议题看问题呢?这里将它与1915—1916年成书③的《菿汉微言》做个比较。

---

① 《菿汉昌言·经言一》指出:"克己有二:断人我见,则烦恼障尽,故人不堪其忧而颜子自不改其乐;断法我见,则所知障尽,于是离于见相。"(章太炎著,虞云国标点整理:《菿汉三言》,第69页)
② 参见杨海文:《"互文"与"互动":儒道关系新论》,《福建论坛(人文社会科学版)》2005年第6期,第48—49页;杨海文:《化蛹成蝶——中国哲学史方法论断想》,第157—158页。
③ 参见汤志钧编:《章太炎年谱长编》(增订本)上册,第296页。

《菿汉微言》第75、90则,亦论坐忘。第75则指出:"依何修习而能无意无我? 颜回自说坐忘之境……自胜之谓'克己',慢与慢消,故云'复礼'。我与我尽平等,性智见前,此所以'为仁'也。颜回庶几之才,闻一知十,乍聆胜义,便收坐忘之效。"① 它既用"克己复礼为仁"阐释坐忘,又用"平等""性智"将颜子往佛学那边靠,但没有用孔子说的"请从而后"来高度评价颜子的坐忘境界。第90则先是认为"颜渊坐忘,所至卓绝",拿《成唯识论》验证一番以后,结论却是"颜渊始证初地,后证三地",末尾还对"世人以佛法说孔、颜事,往往奢言无限,不相剀切"批评了一通,因为坐忘并未达致四地——"微细我见烦恼永灭者,四地位也"②。仅就这两则材料看,《菿汉微言》一则以佛解儒,坐忘自然算不上最大成就;二则庄子缺席,庄子与颜子没有对接起来,与"庄子即儒家"议题尚有极大的距离。

实际上,《菿汉微言》是章太炎论"庄子即儒家"由消极评论者到积极参与者的过渡环节,作用不可低估③。相比之下,《菿汉昌言》论坐忘,虽然留下佛学的痕迹,但气象焕然一新,今非昔比。前文所述之外,《经言一》有云:"老以诏孔,其所就为无我;孔以诏颜,其所就为克己。"④ 仿此,我们认为章太炎接着会说:"颜以诏庄,其所就为坐忘。"《经言一》又将坐忘与静坐勾连在一块,并云:"《曲礼》曰:'坐如尸。'常人不习止观,坐至一两刻许,不昏沉即妄念,昏沉者四体弛,妄念者容止变,安能如尸也!故知静坐乃礼家恒

---

① 章太炎著,虞云国标点整理:《菿汉三言》,第28—29页。
② 参见章太炎著,虞云国标点整理:《菿汉三言》,第33页。
③ 《菿汉微言》第167则写道:"癸甲之际,厄于龙泉,始玩爻象,重籀《论语》,明作《易》之忧患在于生生。生道济生,而生终不可济。饮食兴讼,旋复无穷。故唯文王为知忧患,唯孔子为知文王。《论语》所说,理关盛衰,赵普称'半部治天下',非尽唐大无验之谈。又以庄证孔,而耳顺、绝四之指,居然可明。知其阶位卓绝,诚非功济生民而已。"(章太炎著,虞云国标点整理:《菿汉三言》,第61页)癸甲之际指民国二年(癸丑)至民国三年(甲寅)(1913—1914)。太炎被袁世凯软禁于北京龙泉寺,开始重读儒家经典《周易》《论语》并重估其价值,"以庄证孔"日渐受其重视。
④ 章太炎著,虞云国标点整理:《菿汉三言》,第68页。

教,何容咤为异术？"① 借此静坐、坐忘的礼家(儒家)本领,章太炎切断了儒家人物被予以道家化叙事(从属于儒道互补)的思路,成就了其论"庄子即儒家"的画龙点睛之笔——"庄生传颜氏之儒"。

"庄生传颜氏之儒"意味着：颜子一系儒学由庄子传承,庄子是颜氏之儒的传人。传颜氏之儒的庄子当然是儒家,而不是道家；坐忘不是道家的本事,而是儒家的至境。或者说,传颜氏之儒那个时期的庄子必然是儒家,即使他后来成了道家；但这同样必须承认庄子当时是以儒家身份,将颜子坐忘的工夫与境界记载并传承了下来。"庄子即儒家"议题不同于、并独立于人们习以为常的儒道互补之思,不是儒道互补之思所能范围,而是具有独特的思想史内涵,同时理应获得自身的思想史地位。

四、不骂本师

《章太炎年谱长编(增订本)》记述：1935 年 9 月 16 日,章氏国学讲习会正式开讲,会址设在苏州锦帆路 50 号,"以研究固有文化、造就国学人才为宗旨"；其中有《诸子学略说》上、下篇,王乘六(1894—1980)等人记录,刊于《章氏国学讲习会讲演记录》第 7、8 期②。据《太炎文录续编》卷首插页③、《章太炎学术年谱》④以及本文征引的《章太炎：在苏州国学讲习会的讲稿》可知,《诸子学略说》当作《诸子略说》。

《国学讲习会讲演记录》第 4 章《诸子略说》指出：

> 绝四之说,人我、法我俱尽。"如有所立卓尔,虽欲从之,末由也

---

① 章太炎著,虞云国标点整理：《菿汉三言》,第 70 页。《礼记·曲礼上》指出："若夫坐如尸,立如齐……"([清]阮元校刻：《十三经注疏(附校勘记)》上册,第 1230 页下栏)"如尸"意即直而不曲；"如齐"意即不左右长短,坐端立正,不歪不斜。
② 参见汤志钧编：《章太炎年谱长编》(增订本)上册,第 554、559 页。
③ 《章太炎全集》第 5 册卷首有一插页影印《太炎先生讲演记录五种》的广告,第四种是《诸子说》。
④ 参见姚奠中、董国炎：《章太炎学术年谱》,太原：山西古籍出版社,1996 年,第 475 页。

已"者,亦除法我执矣。此等自得之语,孔、颜之后,无第三人能道(佛、庄不论)。①

子思作《中庸》,孟子作七篇,皆论学而及政治者也。子思、孟子既入天趣,若不转身,必不能到孔、颜之地,惟庄子为得颜子之意耳。②

然则论自得之处,孟子最优,子思次之,而皆在天趣。荀子专主人事,不务超出人格,则但有人趣……至于孔、颜一路,非惟汉儒不能及,即子思、孟子亦未能步趋,盖逊乎远尔。③

《庄子》书中,自老子而外,最推重颜子,于孔子尚有微辞,于颜子则从无贬语。④

前面三段话包含先秦儒学传承的两条路线:一条是作为主流看法的"孔子(→曾子)→子思→孟子",另一条是作为章太炎观点的"孔子→颜子→庄子"。第四段话是对1922年《国学概论》的温故知新。传承之旅上"惟庄子为得颜子之意耳",《庄子》书中"最推重颜子",加上"超出人格而不能断灭,此之谓天趣"⑤的说明,它们相得益彰、相互支援,均是为了否弃主流看法,让"既竭吾才,如有所立卓尔。虽欲从之,末由也已"(《论语》9·11)的颜子成为居于子思、孟子之上的先秦儒学传承者乃至集大成者,进而坐实庄子传颜氏之儒,传的是孔门最优异的德行一科。

就"庄子即儒家"议题而言,韩愈之后,苏轼成为第二推手。其《庄子祠堂记》说道:"余以为庄子盖助孔子者……故庄子之言,皆实予而文不予,阳

---

① 章太炎著,杨佩昌整理:《章太炎:在苏州国学讲习会的讲稿》,北京:中国画报出版社,2010年,第187页。
② 同上书,第187—188页。
③ 同上书,第190页。
④ 同上书,第209页。
⑤ 同上书,第187页。

挤而阴助之,其正言盖无几。"① 苏轼将庄子看作"阴奉阳违"的儒家,但《庄子祠堂记》又云:"然余尝疑《盗跖》《渔父》,则若真诋孔子者。"②

《国学讲习会讲演记录·诸子略说》指出:

> 《杂篇》有孔子见盗跖及渔父事,东坡以为此二篇当删。其实《渔父篇》未为揶揄之言,《盗跖篇》亦有微意在也。七国儒者皆托孔子之说以糊口。庄子欲骂倒此辈,不得不毁及孔子。此与禅宗呵佛骂祖相似。禅宗虽呵佛骂祖,于本师则无不敬之言。庄子虽揶揄孔子,然不及颜子。其事正同。禅宗所以呵佛骂祖者,各派持论均有根据,非根据佛即根据祖,如用寻常驳辨,未必有取胜之道,不得已而呵佛骂祖耳。孔子之徒,颜子最高,一生从未服官,无七国游说之风。自子贡开游说之端,子路、冉有皆以从政终其身。于是七国时仕宦游说之士,多以孔子为依归,却不能依傍颜子,故庄子独称之也。东坡生于宋代,已见佛家呵佛骂祖之风,不知何以不明此理,而谓此二篇当删去也。③

章太炎不赞成苏轼删去《渔父》《盗跖》,而是认为它们与禅宗呵佛骂祖相似。由苏轼出发,并将庄子骂孔子视作呵佛骂祖,这一比拟可以焦竑的《读庄子七则》为代表:

> 史迁言庄子诋訾孔子,世儒率随声和之,独苏子瞻谓其实予而文不予,尊孔子者无如庄子。噫!子瞻之论,盖得其髓矣。然世儒往往牵于文而莫造其实,亦恶知子瞻之所谓乎!何者?世儒之所执

---

① [宋]苏轼著,孔凡礼点校:《苏轼文集》第2册,第347页。
② 同上书,第348页。
③ 章太炎著,杨佩昌整理:《章太炎:在苏州国学讲习会的讲稿》,第212页。

者,孔子之迹也,其糟魄也;而庄子之所论者,其精也……释氏之论酬恩者,必诃佛詈祖之人。夫以诃佛詈祖为酬恩,则皈依赞叹者为倍德矣。又孰知夫诃与詈者,为皈依赞叹之至也!不然,秦佚之吊,尝非老聃矣;栗林之游,又尝自非矣。而亦谓诋訾聃、周也,可乎?①

你要对佛教感恩,就得诃佛詈祖。骂得越厉害,感恩越彻底。诃、詈之至,是皈依、赞叹之至。焦竑贯彻苏轼"实予文不予,阳挤阴助之"的思路,认为《渔父》《盗跖》两篇不是真要诋毁孔子,而是诃佛詈祖以酬恩,"尊孔子者无如庄子"。

庄子骂孔子,有似禅宗呵佛骂祖,此乃章太炎与焦竑之同。《诸子略说》又云:"惟所谓儒者乃当时之儒,非周公、孔子也。其讥弹孔子者,凡以便取持论,非出本意,犹禅宗之呵佛骂祖耳。"②言外之意,庄子骂的不是孔子,而是骂假托孔子之说以糊口的七国儒者。"于本师则无不敬之言",则是章太炎与焦竑之异。祖师可骂,所以《庄子》对孔子尚有微辞;本师不可骂,所以《庄子》对颜子从无贬语。章太炎突出本师一义,旨在夯实他晚年一直坚持的"庄生传颜氏之儒",亦即庄子是传承颜氏一系儒学的传人;又由战国游士"多以孔子为依归,却不能依傍颜子,故庄子独称之也",重在凸显庄子以颜子为师的根据不是世俗政治,而是内在超越的德性。

庄子尽管以颜子为本师,但并未沿着儒家的精神方向一路走下来。从庄子的思想追求看,《国学概论》认为:自由、平等是庄子的根本主张③。《诸子略说》指出:"……逍遥者,自由之义;齐物者,平等之旨。""必也一切都空,才得真自由。故后文有外天下,外物之论,此乃自由之极至也。""庄子

---

① 《澹园集》卷二二,[明]焦竑撰,李剑雄点校:《澹园集》上册,第293页。
② 章太炎著,杨佩昌整理:《章太炎:在苏州国学讲习会的讲稿》,第213页。
③ 参见章太炎讲演,曹聚仁整理:《国学概论》,第37—38页。

以为至乎其极,必也泯绝是非,方可谓之平等耳。"① 从庄子与老子的关系看,《国学概论》尝言:"庄子自以为和老子不同,《天下篇》是偏于孔子的。但庄子的根本学说,和老子相去不远。"②《诸子略说》亦云:《庄子》是"自老子而外",方"最推重颜子"。③ 在章太炎看来,庄子有其根本主张,且与老子相去不远,因而仍是"半途而废"的儒家。

五、"章太炎曾有此说"

以上逐一分疏了章太炎论"庄子即儒家"的五种文献:第一种是1906年发表的《论诸子学》,第二种是1908年发表的《与人论国学书》,第三种是1922年讲演并出版的《国学概论·哲学之派别》,第四种是成书于20世纪20年代后期至30年代初期的《菿汉昌言·经言一》,第五种是1935年讲演并发表的《国学讲习会讲演记录·诸子略说》。

就"庄子即儒家"议题而言,早年章太炎尚属消极评论者,晚年章太炎已成积极参与者。他晚年始终将庄子当作"半途而废"的儒家——此乃与韩愈之同,甚至将庄子当作"阴奉阳违"的儒家——此乃与苏轼之同,却从未将庄子当作"彻头彻尾"的儒家——此乃与第三推手觉浪道盛(1592—1659)及其《正庄为尧孔真孤》之异④。从现代庄学史看,"庄生传颜氏之儒"这一画龙点睛之笔的影响最大。

郭沫若1944年9月写成的《庄子的批判》(收入《十批判书》)指出:

---

① 章太炎著,杨佩昌整理:《章太炎:在苏州国学讲习会的讲稿》,第210页。
② 章太炎讲演,曹聚仁整理:《国学概论》,第37页。
③ 参见章太炎著,杨佩昌整理:《章太炎:在苏州国学讲习会的讲稿》,第209页。
④ 参见[明]觉浪道盛:《天界觉浪盛禅师全录》卷三〇,蓝吉富主编:《禅宗全书》第59册,北京:北京图书馆出版社,2004年,第729—730页。按:笔者拟对韩愈、苏轼、觉浪道盛与"庄子即儒家"议题进行深入探讨,这里只是粗略言之。

韩愈疑庄子本是儒家。出于田子方之门,则仅据《外篇》有《田子方篇》以为说,这是武断。我怀疑他本是"颜氏之儒"。书中征引颜回与孔子的对话很多,而且差不多都是很关紧要的话,以前的人大抵把它们当成"寓言"便忽略过去了。那是根据后来所完成了的正统派的儒家观念所下的判断。事实上在孔门初一二代,儒家并不是那么纯正的,而儒家八派之中,过半数以上是已经完全消灭了。①

《庄子》书中虽然很多地方在菲薄儒家,如像《杂篇》中的《盗跖》《渔父》两篇更在痛骂孔子,但那些都是后学者的呵佛骂祖的游戏文字,而认真称赞儒或孔子的地方,则非常严肃。②

庄子是从颜氏之儒出来的,但他就和墨子"学儒者之业,受孔子之术"而卒于"背周道而用夏政"一样(《淮南·要略》),自己也成立了一个宗派。③

读完上面三段话,不熟悉郭沫若的人可能会说:这不是章太炎讲的吗?在"我怀疑他本是'颜氏之儒'"之下,郭沫若自注:"章太炎曾有此说,曾于坊间所传《章太炎先生白话文》一书中见之。"④这个自注有点简单(从现代学术规范看),甚至疑点重重(当另文详论)⑤,但足以说明:郭沫若从颜氏之儒切入并展开"庄子即儒家"议题,章太炎是其功不可没的第一引路人。

1958年,李泰棻(1896—1972)出版《老庄研究》。该书下卷《庄子研究》引过郭沫若"我怀疑他本是'颜氏之儒'"那段话⑥,又写道:"韩愈据《田子方篇》为说,疑周系儒家,出于子夏之门;姚鼐附和其说(见《庄子章

---

① 郭沫若:《十批判书》,第194页。
② 同上书,第194—195页。
③ 同上书,第201页。
④ 同上书,第194页。
⑤ 详细讨论,参见杨海文:《庄子本颜氏之儒:郭沫若"自注"的思想史真相》,《江苏行政学院学报》2016年第3期,第24—29页。
⑥ 参见李泰棻:《老庄研究》,北京:人民出版社,1958年,第149页。

义·序》)。章实斋亦同(《文史通义·经解》)。章太炎疑系颜氏之儒,郭沫若附和其说(见《十批判书》一八七页)。""章氏辩其非出于子夏之门之说固是,但认为庄周系颜氏之儒者更非。我认为他并不是颜氏之儒。"①李泰棻依据《章氏丛书·别录》②,认可章太炎对于庄子出子夏之门的批判。这里说的《章氏丛书·别录》,亦即《太炎文录初编》别录卷二《与人论国学书》。李泰棻批评章太炎提出的庄周系颜氏之儒,但并未出具第一手文献,而是转引自《十批判书》。这是"章太炎曾有此说"由郭沫若传承下来的显著例证。

1960年,钟泰(1888—1979)写的《庄子发微序》有云:

> 予向亦尝以为庄子殆兼孔、老两家之传,及今思之,是犹不免影响之见。庄子之学,盖实渊源自孔子,而尤于孔子之门颜子之学为独契。故其书中颜子之言既屡见不一,而若"心斋",若"坐忘",若"亦步亦趋","奔轶绝尘,瞠若乎后"云云,皆深微精粹不见于他书。非庄子尝有所闻,即何从而识之?更何得言之亲切如此?故窃谓庄子为孔门颜子一派之传,与孟子之传自曾子一派者,虽同时不相闻,而学则足以并峙。③

20世纪60年代初期,钟泰、李泰棻同在东北文史研究所讲国学④。从"庄子即儒家"议题看,李泰棻属于消极评论者,反复提到"章太炎曾有此说";钟泰属于积极参与者,而且是"庄子本颜氏之儒"的集大成者,却闭口不谈章太炎、郭沫若。钟泰写《庄子发微》不引近人之说,私下里却时有点评。"文革"前夕,《庄子发微》由东北文史研究所出资影印200册。据李吉

---

① 李泰棻:《老庄研究》,第181—182、182页。
② 同上书,第182页。
③ 钟泰:《庄子发微》,上海:上海古籍出版社,1988年,第2—3页。
④ 参见黄中业、孙玉良:《共和国教育史上的国学书院式学府——东北文史研究所述要》,《社会科学战线》2015年第1期,第78—80页。

奎回忆:"书中序言是钟老亲笔写的。在定稿本上,他指给我看,某句是有所指的。说这句话,大概是让后人知其本心。"① 其时,《十批判书》一版再版,郭沫若如日中天。钟泰长期研究《庄子》,岂能按捺得住读《庄子的批判》的冲动? 即便读后不以为然,却附带知道或者更加知道了章太炎,当是情理中事。所以,"章太炎曾有此说"由郭沫若传承下来的隐微例证,有可能正在"某句是有所指的"之中。

回到章太炎与"庄子即儒家"议题。成书于20世纪10年代中期的《菿汉微言》第74则有段话,可以窥测章太炎由消极评论者转变为积极参与者的某种心迹:

> 喻以此土成事,如孔子所言著在《论语》,而深美之说翻在庄周书中。庄周述孔,容有寓言,然而频频数见,必非无因。则知孔氏绪言遗教,辞旨闳简,庄生乃为敷畅其文。总纰于彼,而成文于此,事所宜有。子曰"六十而耳顺",明为自说阶位之言,而耳顺云何,莫知其审。庄周述之则曰:"听止于耳,心止于符。""孔子行年六十而六十化……鸣而当律,言而当法,利义陈乎前,而好恶是非直服人之口而已矣。使人乃以心服而不敢蘁,立定天下之定。"耳顺之旨居然可明。②

《论语·为政》的"六十而耳顺"(《论语》2·4),《庄子·人间世》的"若一志,无听之以耳而听之以心,无听之以心而听之以气。听止于耳,心

---

① 李吉奎:《我师钟泰》,《羊城晚报》2015年8月27日,B3版。
② 章太炎著,虞云国标点整理:《菿汉三言》,第28页。《庄子·寓言》指出:"庄子谓惠子曰:'孔子行年六十而六十化,始时所是,卒而非之,未知今之所谓是之非五十九非也。'"([清]郭庆藩辑,王孝鱼整理:《庄子集释》第4册,第952页)《庄子·则阳》指出:"蘧伯玉行年六十而六十化,未尝不始于是之而卒诎之以非也,未知今之所谓是之非五十九非也。"(同上书,第905页)

止于符。气也者,虚而待物者也。唯道集虚。虚者,心斋也"①,都是孔子说的话。将它们勾连起来,心斋即是耳顺之旨。再由"孔子所言著在《论语》,而深美之说翻在庄周书中",可知"庄周述孔"成为章太炎新的问题意识,与过去"以佛解庄"②有所不同。加上前面讨论过的第75、90则,《菿汉微言》论孔子、颜子,论心斋、坐忘,论"庄周述孔",仿佛已为后来的"庄生传颜氏之儒"埋下伏笔。一旦章太炎成为"庄子即儒家"议题的积极参与者,这一切就会由量变到质变,脱胎换骨地孕育"庄生传颜氏之儒"的画龙点睛之笔。

崔大华(1938—2013)认为:康有为的《万木草堂口说》、谭嗣同的《北游访学记》、梁启超的《论支那宗教改革》均支持韩愈首倡的庄子出子夏之门的说法,而章太炎讲"庄生传颜氏之儒",目的在于显示他与改良派的全面对立③。顺此思路,章太炎与康有为的对立还体现为:"百日维新"失败之后的几年,康有为将《论语》《礼运》《中庸》《孟子》当作"新四

---

① [清]郭庆藩辑,王孝鱼整理:《庄子集释》第1册,第147页。
② 章太炎早年以《齐物论释》名家。梁启超尝言:"炳麟用佛学解老、庄,极有理致。所著《齐物论释》,虽间有牵合处,然确能为研究庄子哲学者开一新国土。"(氏著:《清代学术概论》,第86—87页)又云:"章太炎的《齐物论释》,是他生平极用心的著作,专引佛家法相宗学说比附庄旨,可谓石破天惊。至于是否即《庄子》原意,只好凭各人领会罢。"(氏著:《中国近三百年学术史》,第287页)《齐物论释》言庄子:"又其所志本在内圣外王,哀生民之无拯,念刑政之苛残,必令世无工宰,见无文野,人各自主之谓王,智无留碍然后圣,自非顺时利见,示见白衣,何能果此愿哉!"(王仲荦校点:《齐物论释》,本社编:《章太炎全集》第6册,上海:上海人民出版社,1986年,第57页)这段文字,《齐物论释定本》也大致相同(王仲荦校点:《齐物论释定本》,本社编:《章太炎全集》第6册,第119—120页)。这里所谓"内圣",意即自度;所谓"外王",意即度他。质言之,章太炎是以佛解庄。
③ 参见崔大华:《庄学研究》,第346页注①。按:康有为论庄子与孔门的关系,先是主张庄子出自子夏,后是主张庄子出自子贡(子赣)。1896年秋的《康南海先生讲学记·古今学术源流》指出:"田子方受业子夏,庄子受业子方。谓庄子学老子,非也。然清净仿佛之性成,不必学于老子。"([清]康有为撰,姜义华、吴根樑编校:《康有为全集》第2集,第216页)同年的《万木草堂口说·诸子三·庄子》指出:"庄子,四方弟子,孔子三传弟子,故《天下篇》最尊孔子,不安于老子,而簸弄老子。"(同上书,第363页;按:"四方"当作"子方"或"田子方")几年后的1902年,康有为写的《论语注序》提出"田子方、庄周传子贡之学"的观点,《论语注》对此做了发挥(参见楼宇烈整理:《论语注》,北京:中华书局,1984年,第1、61—63页)。

书"①，殚精竭虑地作注；20世纪30年代，章太炎将《孝经》《大学》《儒行》《丧服》当作"新四经"②，不遗余力地宣扬。

"五四"新文化运动以降，打倒孔家店、激烈反传统成为时代潮流。当年叱咤风云的改良派、革命派风光不再，不少人从政治型思想家变身为思想型学者，其文化社会工作的政治含量剧减，文化学术工作的社会含量日增。梁启超1920年以《清代学术概论》完成自我转型③，章太炎大讲国学以维系神州慧命④。1922年的《国学概论》第5章为《结论——国学之进步》，章太炎提出经学"以比类知原求进步"、哲学"以直观自得求进步"、文学"以发情止义求进步"。⑤1934年2月9日，章太炎手书《论以后国学进步》的题词："一，经学以明条例求进步；二，史学以知比类求进步；三，哲学以直观自得求进步；四，文学以发情止义求进步。"⑥章太炎晚年借助听者云集的国学讲

---

① 康有为曾注解《大学》，但正文已佚，仅存序言，可见历史影响不大。《康有为全集》据现藏台湾"中研院"近代史所的手稿，发表康有为1902年8月（光绪二十八年七月）写于印度大吉岭的短文《〈大学注〉序》。序言说道："戊戌之难，旧注尽失；遘亡多暇，补写旧义。"编者写的题注指出："此文又载《不忍》杂志第六册（1913年7月出版），内容较手稿有增益。今据手稿点校，与《不忍》本互校。"（康有为撰，姜义华、张荣华编校：《康有为全集》第6集，北京：中国人民大学出版社，2007年，第355页）以上材料承蒙康有为研究专家、中山大学哲学系马永康先生告知，特此致谢。另，有关康有为对于《大学》的基本看法，参见马永康：《康有为论〈大学〉》，《现代哲学》2016年第2期，第118—123页。
② 章太炎写于1933年1月的《国学会会刊宣言》有云："于是范以四经而表以二贤，四经者谓《孝经》《大学》《儒行》《丧服》，二贤者则范、顾二公。"（《太炎文录续编》卷三上，本社编：《章太炎全集》第5册，第158页）
③ 参见杨海文、毛克明：《从"政治型思想家"到"思想型学者"：梁启超1920年的身份嬗变》，《现代哲学》2002年第4期，第57—65页。
④ 章太炎逝世后，鲁迅写的《关于太炎先生二三事》有言："太炎先生虽先前也以革命家现身，后来却退居于宁静的学者，用自己所手造的和别人所帮造的墙，和时代隔绝了。""一九三三年刻《章氏丛书续编》于北平，所收不多，而更纯谨，且不取旧作，当然也无斗争之作，先生遂身衣学术的华衮，粹然成为儒宗，执贽愿为弟子者綦众，至于仓皇制'同门录'成册。"（氏著：《且介亭杂文末编》，北京：人民文学出版社，1973年，第67、69页）"五四"健将鲁迅其实并不理解他过去的老师章太炎。
⑤ 参见章太炎讲演，曹聚仁整理：《国学概论》，第76页。
⑥ 汤志钧编：《章太炎年谱长编》（增订本）上册，第545页。该书原阙"二，"，引者据文意补充。按：《章太炎全集》第5册卷首有该题词的手迹影印件，编者将"后"误释为"张"。有论者亦将"条例"误释为"修伪"（参见蒋国保：《章太炎国学观述评》，《孔子研究》2012年第4期，第87页）。

座,积极参与"庄子即儒家"议题,反复讲"庄生传颜氏之儒",饱含反弹时尚、情深古典的苦心孤诣,亦是其精神文化生命的自画像——心斋乃六十耳顺之工夫,坐忘乃七十不逾矩之境界。

时至今日,"庄子即儒家"议题一则大多数人闻所未闻,二则消极评论者占绝对优势。它看起来是可爱而不可信的思想史八卦,其实是自身具有独特内涵的思想史议题,颇为值得现代庄学、儒学(尤其是孟学)研究者联合作战,辑录其文献资料,理清其发展线索,敞开其思想含义,唤醒其时代诉求。我们将章太炎的相关论述摘录出来并略作探讨[①],就是为了不再犯"以前的人大抵把它们当成'寓言'便忽略过去了"(前引郭沫若语)的过错,进而使得"庄子即儒家"议题逐渐能被人们熟悉、理解乃至认可。

附录:2017年5月25日补记

章太炎1901年撰写的《征信论》上、下两篇,后被收入《太炎文录初编》文录卷一。《征信论上》写道:

> 昔唐人言庄周之学本田子方,推其根于子夏。近世章学诚作《经解篇》取之,以庄子称田子方,则谓子方是庄子师。然其《让王》亦举曾参、原宪,其他若则阳、徐无鬼、庚桑楚,名在篇目,将一一是庄子师耶?[②]

[①] 细读章太炎晚年论"庄子即儒家"的三种文献,我们发现:涉案内容着墨不多,只是《国学概论·哲学之派别》《菿汉昌言·经言一》《国学讲习会讲演记录·诸子略说》的一小块,但都置于讲儒家而不是讲道家的部分。章太炎讲儒家,时刻想到庄子,这是因为他认定庄子是传承颜子一系儒学的传人。章太炎娓娓道来,但未环环相扣;我们断章取义,却得瞻前顾后。"庄子即儒家"议题的研究难度,由此可见一斑。另外,从章太炎整个的庄学看,以佛解庄是显著特色,但"庄子即儒家"议题究竟与它是什么关系,这一根本问题只能留待日后再思。

[②] 本社编:《章太炎全集》第4册,第55—56页。

《文史哲》拙文提到章太炎早期有两条文献论及"庄子即儒家"议题,先后是1906年发表的《论诸子学》、1908年发表的《与人论国学书》;但未征引早了好几年的《征信论上》,这是必须检讨并且补上的。《与人论国学书》大体沿袭了《征信论上》的表述,因而,加上1901年的这条文献,所谓"清末的章太炎只是'庄子即儒家'议题的消极评论者,还不是积极的参与者"①的结论依然成立。

章太炎论"庄子即儒家"议题,如何从早年的消极评论者转进到晚年的积极参与者? 此乃《文史哲》拙文最想解决、但又心有余而力不足的重要问题,这里补充两条最近读到的文献。

先看第一条文献。1920年10月25日,章太炎在长沙第一师范学校发表演说《研究中国文学的途径》,其中说道:

> 我从前倾倒佛法,鄙薄孔子、老、庄,后来觉得这个见解错误。佛、孔、老、庄所讲的,虽都是心,但是孔子、老、庄所讲的,究竟不如佛底不切人事。孔子、老、庄自己相较,也有这样情形。老、庄虽高妙,究竟不如孔子底有法度可寻,有一定底做法。那么孔子可以佩服,宋儒不可佩服了吗? 这却不然。②

对于《研究中国文学的途径》这篇演说的来龙去脉,《章太炎全集·演讲集》编订者章念驰做过相应的说明:"由夏丏尊记录,载《宗圣学报》第三卷二册第二十五号,一九二二年五月出版。此文即《太炎学说》上卷《说新文化与旧文化》,但更详尽。"③值得特别注意的是,收入《章太炎演讲集》(亦是章念驰编订)的《在四川演说之九——研究中国文学的途径

---

① 参见杨海文:《"庄生传颜氏之儒":章太炎与"庄子即儒家"议题》,《文史哲》2017年第2期,第124页。
② 章太炎:《研究中国文学的途径(一九二〇年十月二十五日在长沙第一师范学校演说)》,上海人民出版社编,章念驰编订:《章太炎全集·演讲集》上册,上海:上海人民出版社,2015年,第288页。
③ 同上书,第285页。

（一九一七年十月至一九一八年十月）》（以下简称《在四川演说之九》）的题下亦有这一说明，文中同样有"我从前倾倒佛法……这却不然"的相关内容①。另外，《章太炎演讲集》收有《研究中国文学的途径（一九二〇年十月二十五日在长沙第一师范演讲）》，编订者的题下注为"载《民国日报》一九二〇年十月三十一日《章太炎底旧学新评》，又见《大公报》（长沙）十月二十七日《名人演讲录第一号》"，但无相关内容②。

就相关内容而言，上海人民出版社2011年出版的《章太炎演讲集》存在重大错漏。原因很简单，《在四川演说之九》的开篇不是说四川，而是说湖南："兄弟这次初到湖南，湖南的文化，一向是很高的。近来有人提倡新文化，究竟新文化和旧文化应该怎样才得调和，今天预备关于这层来讲讲明白。"③职是之故，上海人民出版社2015年出版的《章太炎全集·演讲集》删除了《在四川演说之九》，同时恢复了《研究中国文学的途径（一九二〇年十月二十五日在长沙第一师范学校演说）》的本来面目。

人们再征引"我从前倾倒佛法……这却不然"的相关内容以及通常所称的湖南演讲《说新文化与旧文化》，绝对不能用《章太炎演讲集》，而要用《章太炎全集·演讲集》。附带饶舌一句，上海人民出版社新版的《章太炎全集》有个不好的地方，就是未对各册进行连续性的标识，而是仅仅冠以收入该册的书名，书名有时竟然一大串，极不便于做脚注。

再看第二条文献。1921年11月出版的《史地学报》第1卷第1期发表柳诒徵（1880—1956）的《论近人讲诸子之学者之失》，批评章太炎的《诸子学略说》④。1922年6月15日，章太炎的《致柳翼谋书》指出：

鄙人少年本治朴学，亦唯专信古文经典，与长素辈为道背驰，其

---

① 参见章念驰编订：《章太炎演讲集》，上海：上海人民出版社，2011年，第187、189页。
② 同上书，第205页。
③ 同上书，第187页。
④ 参见汤志钧编：《章太炎政论选集》下册，第765页。

后深恶长素孔教之说,遂至激而诋孔。中年以后,古文经典笃信如故,至诋孔则绝口不谈,亦由平情斠论,深知孔子之道,非长素辈所能附会也。而前声已放,驷不及舌,后虽刊落,反为浅人所取。①

在中国近现代史上,康有为以尊孔著称。终其一生,章太炎均与康有为格格不入。譬如,汤志钧曾说章太炎1901年的《征信论》两篇,"亦为批判康有为等借今文经学以'治史'而写"②。《致柳翼谋书》告诉我们:章太炎对于康有为提倡孔教一直深恶痛绝,并将自己早年的诋孔归咎于这种"爱屋及乌"的情结;中年之后,章太炎"深知孔子之道,非长素辈所能附会",所以不仅不再诋孔,反而尊孔。

以上列举了笔者最近读到的两条文献,旨在为章太炎从早年消极评论到晚年积极参与"庄子即儒家"议题的转进提供某种解释。从"庄子即儒家"议题看,心中若无孔子,若不尊孔,就会是消极评论者;反之,心中若有孔子,若是尊孔,就会是积极参与者。

康有为被章太炎讨厌,章太炎也会被别人讨厌吗? 熊十力就说章太炎讲佛教如同放狗屁,这一差评直接影响了徐复观,徐复观后来又影响了牟宗三。且看徐复观1960年借着点评韦政通(1927—2018)一篇文章的机会,如何绘声绘色地讲述这段趣事:

> 以后也看过他的《国故论衡》之类,总是在懂与不懂之间表示一种莫名其妙的敬佩。民国三十四年,有一次和熊十力先生谈天,熊先生说章氏除了文章写得好,及懂得一点小学外,并无学问。又听说熊先生在杭州时看到章氏谈佛学的文章,批上"尔放狗屁"四个

---

① 章太炎:《致柳翼谋书(一九二二年六月十五日)》,汤志钧编:《章太炎政论选集》下册,第764—765页。
② 参见汤志钧编:《章太炎年谱长编》(增订本)上册,第72页。

大字,引起了我对熊先生的若干反感,觉得这是熊先生的自处过高。后来买到一部《章氏丛书》,从头到尾看了一遍,又觉得熊先生的话实在说得不错。有一次,我和牟宗三先生谈:"想不到章太炎先生对中国传统思想的了解,是如此的幼稚。"牟先生当时也很不以我的话为然。去年暑假中,牟先生从孙克宽先生处借了章氏的著作去看,之后对我说:"果然太幼稚了。"……因此,以章太炎先生为一标志,讲中国文化的人,早经讲到绝路上去了。所以几十年来,对中国文化的赞成或反对,都是在一条黑巷子中混战……但由此而指出章氏对中国文化之实无所知,因而他是一个极为有害的国学大师的偶像,这是完全正确而且值得提出来的。①

做思想史过于意气用事,未必是好事;切磋琢磨,其实更好! 2017年1月22日,中山大学中国哲学专业博士研究生李智福给笔者的邮件说,"我从前倾倒佛法……这却不然"这段话可谓章太炎的"晚年定论"。李智福的博士学位论文题为《内圣外王:郭子玄王船山章太炎三家庄子学勘会》,今年上半年已经顺利通过答辩。笔者有幸评阅此文,受到不少启发。为《文史哲》拙文写这篇补记,很大程度上就是与李智福切磋琢磨的结果。

借这篇补记,笔者将章太炎早年讲"庄子即儒家"的文献由两条增至三条。仅有三条吗?顾炎武的《亭林文集》卷四《与潘次耕书》指出:"著述之家,最不利乎以未定之书传之于人。""今世之人速于成书,躁于求名,斯道也将亡矣。"②时刻让这类话萦绕于心头,我们在今天这个时代中也许会将论文写得更好一些,将研究做得更深一些。

---

① 徐复观:《按语:〈评章太炎对中国文化的认识〉》,氏著:《偶思与随笔》,北京:九州出版社,2014年,第411—412页。
② [清]顾炎武撰,华忱之点校:《顾亭林诗文集》,北京:中华书局,1983年,第76、77页。

李泰棻《庄孟互不相及问题斟酌》引文溯源*

焦竑的《庄子翼序》指出:"老之有庄,犹孔之有孟也。"① 依据传世的史料,我们知道:老子与孔子同时,孔子见过老子,两人有过交谈;庄子与孟子同时,彼此没有提过对方,甚至不曾会面。与"孔子见老子"早已众所周知、并衍生出丰富的思想史意义相比,"庄孟互不相及"的文献辑录及其思想史价值至今未能得到足够的关注。这里选择李泰棻的《庄孟互不相及问题斟酌》一文② 略作探究。

1958年12月,人民出版社出版李泰棻的专著《老庄研究》。该书分上、下两卷,上卷为《老子研究》,下卷为《庄子研究》。《庄孟互不相及问题斟酌》(以下简称"李文")是《庄子研究》第1章《庄周事迹考》的第5节,仅有两千多字,但14次引用13位学者的观点,作者亦有相关评论,可谓言简意赅、词约义丰。

受时代所限,李文对于引文的来源,只是简单地随文夹注篇名或书名③,难以满足当今学者更全面、更内在的学术诉求。我们遵循学术规范,逐一并完备地出具作者、整理者、书名、卷次(章节)、篇名、出版单位、出版时间、页码等信息,并将它当作本文的主要任务。另外,为了让读者尽可能直观

---

* 原载《中共宁波市委党校学报》2016年第3期,第25—31页。
① 《澹园集》卷一四,[明]焦竑撰,李剑雄点校:《澹园集》上册,第138页。
② 参见李泰棻:《老庄研究》,北京:人民出版社,1958年,第147—150页。
③ 李文有不少标点符号,亦不规范;另有个别引文,异于原文。

地了解"庄孟互不相及"这一问题的历史发展脉络,我们排列文献,不是按照李文引用的先后次序,而是按照引文之写作年代或成书时间的先后次序。李文的不少引文过于简略,而我们觉得有必要增补的部分,则用"【……】"标识,以示区别。

以下对李文所涉 13 位学者的 14 条引文予以溯源。

一、韩愈《送王秀才序》

这是李文第 5 条引文,属于间接引用,且未注明出处。《韩愈全集》文集卷四《送王秀才序》指出:

> 盖子夏之学,其后有田子方;子方之后,流而为庄周。【故周之书,喜称子方之为人。】①

二、苏轼《庄子祠堂记》

这是李文第 6 条引文,引自《庄子祠堂记》,个别文句的引用不尽规范。《苏轼文集》卷一一《庄子祠堂记》指出:

> 【余以为】庄子盖助孔子者,【要不可以为法耳。楚公子微服出亡,而门者难之。其仆操棰而骂曰:"隶也不力。"门者出之。事固有倒行而逆施者。以仆为不爱公子,则不可;以为事公子之法,亦不可。故庄子之言,】皆实予而文不予,阳挤而阴助之,其正言盖无几。【至于诋訾孔子,未尝不微见其意。】其论天下道术,自墨翟、禽滑厘、

---

① [唐]韩愈著,钱仲联、马茂元校点:《韩愈全集》,第 212 页。

彭蒙、慎到、田骈、关尹、老聃之徒,以至于其身,皆以为一家,而孔子不与,其尊之也至矣。①

三、杨慎"庄子愤世"条

这是李文第 7 条引文,转引自胡应麟的《少室山房笔丛》卷二七。《少室山房笔丛》卷二七《九流绪论上》指出:

《庄子》,愤世嫉邪之论也。人皆谓其非尧、舜,罪汤、武,毁孔子,不知庄子矣。庄子未尝非尧、舜也,非彼假尧舜之道而流为之、哙者也;未尝罪汤、武也,罪彼假汤武之道而流为白公者也;未尝毁孔子也,毁彼假孔子之道而流为子夏氏之贱儒、子张氏之贱儒者也。【右杨用修之论。夫庄周文章绝奇而理致玄眇,读之未有不手舞足蹈、心旷神怡者,故古今才士亡弗沉冥其说,第以为空青水碧、物外奇观可矣,必为说文之,是以火济火也。余论庄若此,世将以为俗,岂得已哉!】②

杨慎的《谭苑醍醐》卷七"庄子愤世"条指出:

《庄子》,愤世嫉邪之论也。人皆谓其非尧、舜,罪汤、武,毁孔子,不知庄子矣。庄子未尝非尧、舜也,非彼假尧舜之道而流为之、哙者也;未尝罪汤、武也,罪彼假汤武之道而流为白公者也;未尝毁孔子也,毁彼假孔子之道而流为子夏氏之贱儒、子张氏之贱儒者也。【故有绝圣弃智之论。又曰:"百世之下,必有以《诗》《礼》发冢者

---

① [宋]苏轼著,孔凡礼点校:《苏轼文集》第 2 册,第 347—348 页。
② [明]胡应麟:《少室山房笔丛》,上海:上海书店出版社,2001 年,第 264—265 页。

矣。"《诗》《礼》发冢,谈性理而钓名利者以之,其流莫盛于宋之晚世,今犹未珍,使一世之人吞声而暗服之,然非心服也。使庄子而复生于今,其愤世嫉邪之论,将不止于此矣。】①

此条又见杨慎的《升庵集》卷四六,文字与《谭苑醍醐》完全相同②。

四、沈一贯《庄子通序》

这是李文第8条引文,引自《庄子通序》。

《庄子通》乃是沈一贯(1531—1615)自著,其写作于万历十六年(1588)的《庄子通序》指出:

【儒者之说,载在《六经》《语》《孟》中。宋君子既详之,无以加。】庄子本渊源孔氏之门,而洸洋自恣于方外者流。【竺乾氏未东来,而语往往与之合,故当居三教间。】③

五、姚鼐《庄子章义序》

这是李文第9条引文,引自《庄子章义序》。

《庄子章义》乃是姚鼐(1731—1815)自著,其《庄子章义序》指出:

《庄子》之书,言明于本数及知礼意者,固即所谓达礼乐之原,而

---

① [明]杨慎:《谭苑醍醐》,《景印文渊阁四库全书》第855册,第738页下栏—739页上栏;标点符号为引者所加。
② [明]杨慎撰,[明]张士佩编:《升庵集》,《景印文渊阁四库全书》第1270册,第352页下栏;标点符号为引者所加。
③ [明]沈一贯:《庄子通》,《续修四库全书》第956册,第307页上栏;标点符号为引者所加。

配神明、醇天地与造化为人，亦志气塞乎天地之旨。韩退之谓庄周之学出于子夏，殆其然与？【周承孔氏之末流，乃有所窥见于道，而不闻中庸之义，不知所以裁之，遂恣其猖狂而无所极，岂非"知者过之"之为害乎？】①

六、刘鸿典《庄子约解序》

这是李文第1、10条引文，引自《庄子约解序》。

《庄子约解》乃是刘鸿典（1809—1884）自著，其写作于同治三年（1864）的《庄子约解序》指出：

> 所不可解者，庄子与孟子同时，《孟子》之书未尝言庄，而《庄子》之书亦不及孟，岂天各一方而两不相知欤？抑千里神交而心心相照欤？②

【世皆谓庄子诋訾孔子，独苏子瞻以为尊孔子。吾始见其说而疑之，】及读《庄子》日久，然后叹庄子之尊孔子，其功不在孟子下也。慨自孔子没而微言绝，七十子丧而大义乖，非特儒与墨分门，即儒与儒亦分门。百家簧鼓，皆自命为得孔子之传，而极其流弊，至于《诗》《礼》发冢，可见伪儒之附于孔子者，实为孔子之蠹。攻木之蠹，势不能不累及夫木。则庄子之用心为甚苦，而后人反谓其为诋訾也，不亦谬乎！③

---

① 《惜抱轩诗文集》卷三，[清]姚鼐著，刘季高标校：《惜抱轩诗文集》，上海：上海古籍出版社，1992年，第33页。
② [清]刘鸿典：《庄子约解》，方勇总编纂，吴平副总编纂：《子藏·道家部·庄子卷》第122册，北京：国家图书馆出版社，2011年，第11页；标点符号为引者所加，并对影印本错页予以更正，下同。
③ 同上书，第7—8页。

七、王闿运《庄子内篇注叙》

这是李文第 11 条引文,引自《庄子注序》。

《庄子内篇注》乃是王闿运(1833—1916)自著,其写作于同治八年(1869)的《庄子内篇注叙》指出:

> 《寓言》者,周之自叙也。其所称孔子、老子、曾子、扬子,又多称颜回。或曰:庄子受学于田子方,子方为子夏之门人。庄子真孔氏之徒哉![①]

又,王闿运的《湘绮楼诗文集》文集卷三《庄子注序》指出:

> 《寓言》者,周之自叙也。其所称孔子、老子、曾子、杨子,又多称颜回。【其篇首言《春秋》经世,则学孔子受《春秋》,具有渊原。】或曰:庄子受学于田子方,子方为子夏之门人。要其学过子夏、并颜子矣。[②]

《庄子内篇注叙》的"庄子真孔氏之徒哉",《庄子注序》作"要其学过子夏、并颜子矣",由此可证李文所引的是前者而非后者。

八、杨文会《南华经发隐叙》

这是李文第 13 条引文,引自《南华经发隐序》,"序"当作"叙"。

[①] [清]王闿运:《庄子内篇注》,严灵峰编:《无求备斋庄子集成续编》第 36 册,台北:艺文印书馆,1974 年,第 1 页;标点符号为引者所加。

[②] [清]王闿运著,马积高主编,谭承耕、陶先淮副主编:《湘绮楼诗文集》第 1 册,长沙:岳麓书社,1996 年,第 84 页。

《南华经发隐》乃是杨文会（号仁山，1837—1911）自著，其写作于光绪三十年（1904）的《南华经发隐叙》指出：

> 太史公言庄周作《渔父》《盗跖》《胠箧》，以诋訾孔子之徒，以明老子之术。岂知《渔父》《盗跖》皆他人依托，大违庄子本意。观其《内篇》推尊孔子处，便可知矣。【司马氏不于《内篇》窥庄子之学，而据伪撰以判庄子，宜其将老、庄、申、韩合为一传也。】①

九、蔡元培《中国伦理学史》

这是李文第2条引文，属于间接引用，且未注明出处。

蔡元培的《中国伦理学史》撰写于1907—1911年留德期间，该书第1期《先秦创始时代》第8章《庄子》"小传"指出：

> 【庄子盖稍先于孟子，故书中虽诋儒家而不及孟。】而孟子之所谓杨朱，实即庄周。古音"庄"与"杨"、"周"与"朱"俱相近，【如"荀卿"之亦作"孙卿"也。】②

这一"庄子小传"，又被题作"《杨朱即庄周说》（前二，七，《中国伦理学史》第八章《庄子》之一段，录下标为此题）"，列为《古史辨》第4册《诸子丛考》下编（起民国前二年七月，迄廿二年一月）第234篇③，产生过广泛影响。

---

① ［清］杨文会撰，周继旨校点：《杨仁山全集》，合肥：黄山书社，2000年，第297页。
② 蔡元培著，高平叔编：《蔡元培全集》第2卷，北京：中华书局，1984年，第29页。
③ 参见罗根泽编著：《古史辨》第4册，上海：上海古籍出版社，1982年，第539—540页。

十、沈德鸿《〈庄子(选注本)〉绪言》

这是李文第 4 条引文,引自《庄子绪言》。

1926 年 1 月,商务印书馆出版《庄子(选注本)》,署名沈德鸿(笔名茅盾,1896—1981)。现从《茅盾全集》录出《〈庄子(选注本)〉绪言》(写作于 1925 年 5 月 14 日):

【如上所述,庄周与梁惠王、齐宣王同时,即与孟子同时;】然热心排斥异端如孟子,而竟无一言及庄周,殊为可疑。惟细考之,则亦不然。盖孟子之辟异端,与荀子异。荀子是网罗的排击异端。孟子特举异端中之近似"圣道"者,辞而辟之,所谓恶紫之夺朱也;故对于杨、墨则特举而攻击之,于许行亦然。余如兵家、纵横家等,仅有一度概括的排击,见于《离娄上篇》,而亦未举家派及人名。至若庄周的学说,与孔门显然大异,故不在特举排斥之列。这是一个理由。又庄子主逍遥出世,而孟子要"用世"。二人在思想上虽截然相反,而在行动上却不相妨碍。孟子所热心攻击的,正是那班与己争用世的异端。庄子既与孟子无所争,故孟子也就放过了。这是又一理由。①

十一、阮毓崧《庄子集注序》

这是李文第 12 条引文,引自《庄子集注稿本序》。

---

① 《茅盾全集》第 19 卷《中国文论二集》,北京:人民文学出版社,1991 年版,第 83 页。

《庄子集注》乃是阮毓崧(生卒年不详①)自著,其写作于1928年的《庄子集注序》指出:

【质言之,则庄之传,出于子夏之门人。其所言至道之精微,多与《中庸》相表里;其推尊孔氏之处,且蔑以加。】是则孔门之嫡派大宗也。【惟以孔氏者,常不忘情于后世;而庄子则宁曳尾泥中,深寄慨于世之乱焉耳。其迹似未尝无辨。】②

十二、冯友兰《中国哲学史》

这是李文第3条引文,引自《中国哲学史》。

冯友兰的两卷本《中国哲学史》上册,上海神州国光社1931年初版。该书第1篇《子学时代》第10章《庄子及道家中之庄学》第1节《庄子与楚人精神》指出:

【据《史记》所说,庄子与梁惠王、齐宣王同时,似亦与孟子同时。马夷初先生作《庄子年表》,起周烈王七年(西历纪元前三六九年),迄赧王二十九年(西历纪元前二八六年)(见《天马山房丛著》)。】孟子与庄子同时,然二人似均未相辩驳,似甚可疑。然庄子之学为杨朱之学之更进步者,则自孟子之观点言之,庄子亦杨朱之徒耳。庄子视孟子,亦一孔子之徒。孟子之"距杨墨",乃笼统"距"之;庄子之"剽剥儒墨",亦笼统"剽剥"之。故孟子但举杨朱,庄子

---

① 截至本文写作的2015年10月中旬,百度不出阮毓崧的生卒年。有博客文章指出阮毓崧生于同治(1862—1874)末年,却未出具文献依据。权威工具书甚至无"阮毓崧"条(参见《姓氏目录》,徐友春主编:《民国人物大辞典》,石家庄:河北人民出版社,1991年,第18页左栏;《姓氏目录》,徐友春主编:《民国人物大辞典》(增订版)上册,石家庄:河北人民出版社,2007年,第21页右栏)。有关阮毓崧的人生经历,期盼庄学界、民国史学界给予更多研究。

② 阮毓崧辑:《庄子集注》,台北:广文书局,1972年,第17页;标点符号为引者所加。

但举孔子。非孟子、庄子二人,必各不相知也。①

十三、郭沫若《十批判书·庄子的批判》

这是李文第 14 条引文,引自《十批判书》。

《十批判书》乃是郭沫若自著。其中,写毕于 1944 年 9 月 26 日的《庄子的批判》指出:

【韩愈疑庄子本是儒家。出于田子方之门,则仅据《外篇》有《田子方篇》以为说,这是武断。】我怀疑他本是"颜氏之儒"。书中征引颜回与孔子的对话很多,而且差不多都是很关紧要的话,以前的人大抵把它们当成"寓言"便忽略过去了。【那是根据后来所完成了的正统派的儒家观念所下的判断。事实上在孔门初一二代,儒家并不是那么纯正的,而儒家八派之中,过半数以上是已经完全消灭了。】②

郭沫若注"我怀疑他本是'颜氏之儒'"指出:"章太炎曾有此说,曾于坊间所传《章太炎先生白话文》一书中见之。"③郭沫若不是从子夏之儒而是从颜氏之儒切入并展开"庄子即儒家"议题,章太炎是其引路人。这个自注包含多重疑点,则当另文考释④。

对于上述 13 位学者的观点,李文的总评是:"我们仿韩非的话说:庄、孟不可复生,又谁能道其真象哉? 这就是我对这一问题的结语。"⑤思想史是开

---

① 冯友兰:《中国哲学史》上册,北京:中华书局,1961 年,第 278—279 页。
② 郭沫若:《十批判书》,第 194 页。
③ 同上书,第 194 页①。
④ 参见杨海文:《庄子本颜氏之儒:郭沫若"自注"的思想史真相》,《江苏行政学院学报》2016 年第 3 期,第 24—29 页。
⑤ 李泰棻:《老庄研究》,第 150 页。

放的，不必追求盖棺定论的东西。但是，李文将"庄孟互不相及"当成问题意识所做的探讨，以及对于相关文献的忽略，值得我们深思。

其一，与其将李文所涉 13 位学者的问题意识归结为"庄孟互不相及"，不如归结为"庄子即儒家"议题。韩愈认为庄子出自儒门，苏轼认为庄子暗中帮着孔子，觉浪道盛认为庄子是尧、孔的接班人，观点越来越明确，立场越来越显著，形成了"庄子即儒家"议题的三大理念与三个阶段；宋代人讨论过孟子、庄子为何不相遇，严复（1854—1921）、蔡元培索隐出庄子就是杨朱，表明"庄子即儒家"议题仍让人们意犹未足①。

前面提到，刘鸿典说过"庄子之尊孔子，其功不在孟子下也"，阮毓崧说过"是则孔门之嫡派大宗也"。这些观点实际上是对觉浪道盛的继承与发挥。就此而言，李文不该不提觉浪道盛。《天界觉浪盛禅师全录》卷三〇《正庄为尧孔真孤》指出：

> 庄子目空万古者，舍老聃之不托，更欲托谁以自全此寓言乎？夫既谓之寓，则所寓相似而非真也。能寓之人，岂可以相似而忘其真出处哉？使天下万世无人知庄子为尧、孔真孤，而以相似之老聃为所嗣，亦何愧乎！然此一副真骨血、真气脉之为《大宗师》《应帝王》者，又何所归焉？②

其二，就"庄孟互不相及"本身而言，李文没有列举相应的文献。自从韩愈、苏轼抛出"庄子即儒家"的思想史议题之后，两宋学者注意到有个长

---

① 2015 年上学期，笔者为中山大学哲学系开设研究生专业选修课"孟子研究"，第 5 讲为《孟庄相遇问题》，授课三个上午；另外，2015 年 5 月 18 日于西藏民族大学第一届哲学周、7 月 19 日于河北大学、9 月 22 日于扬州大学、10 月 18 日于广东省立中山图书馆厚朴学堂（公益）第 24 课、11 月 10 日于广东外语外贸大学图书馆（北校区）悦读讲堂第 5 讲，多次讲演"庄子即儒家"（当时称作"庄子儒家化"）这一议题，兼及孟庄新关系。但因学力迟钝，至今未能将它写成自己理想中的学术论文。

② 蓝吉富主编：《禅宗全书》第 59 册，第 730 页上栏。

期被忽视的文化现象,亦即孟、庄虽然同时却互不提及对方,并提出过不少猜测。朱熹也是其中的代表,《朱子语类》卷一二五《老氏(庄列附)·庄子》指出:

> 问:"孟子与庄子同时否?"曰:"庄子后得几年,然亦不争多。"或云:"庄子都不说着孟子一句。"曰:"孟子平生足迹只齐、鲁、滕、宋、大梁之间,不曾过大梁之南。庄子自是楚人,想见声闻不相接。大抵楚地便多有此样差异底人物学问,所以孟子说陈良云云。"①

瑕不掩瑜。李泰棻的《庄孟互不相及问题斟酌》一文,引证硕富,问题意识鲜明,学风淳朴。这在20世纪50年代后期特别难能可贵:"李泰棻先生1959年到张家口师范专科学校中文科(现在的中文系)古典文学组任教,当时他的名字叫李革痴。""在张家口师范专科学校期间,某出版社(名字不详)曾经预付其1000元定金,请李泰棻先生写一本著作《庄子研究》,后来该书出版,但是印数很少。"②今天,有心人如果沿着李泰棻既有的成果与思路往前走,穷追猛打,纵横捭阖,就有可能做好"庄子即儒家"这篇大文章,让庄学史、孟学史研究珠联璧合起来。亦因此故,李泰棻大起大落的人生、道通为一的心境同样值得我们缅怀。

李泰棻属于少年得志、大器早成那类学者。1916年冬,虚龄21岁,《西洋大历史》上古、中古二期出版。"当代名家如章孤桐、陈独秀、李守常等,深赞其书,并为作序。彼时中国出版界,消沉寂寞,匪特学生不知译作,除北京大学教授外,多固步自封,默而不宣。先生此书出版,出版界居然轰动一

---

① [宋]黎靖德编,王星贤点校:《朱子语类》第8册,第2988—2989页。
② 陈韶旭、寇振宏:《游走在学宦之间——曾在原张家口师范专科学校任教的史学名家李泰棻述评》,《河北北方学院学报(社会科学版)》2009年第6期,第57、58页。按:李泰棻当于1958年开始在张家口师范专科学校任教。

时，谓学生界之别开生面者。"①1917年暑假卒业于北京高等师范史地科，"遂留本校服务，自此入于教授时代矣"②。1922年暑假，虚龄27岁，出任北京大学教授，"先生此时遂舍西史，而专力于中史"③。

民国时期的李泰棻，是闻名学界的中国史研究大家。1934年，王森然（1895—1984）自费出版《近代二十家评传》④，最后一家即是虚龄39岁的李泰棻。王森然将李泰棻与康有为、梁启超、王国维、陈独秀（1879—1942）、周树人（鲁迅）、章士钊（别号孤桐，1881—1973）、李大钊（1889—1927）、胡适等人相提并论，并在《李泰棻先生评传》的结尾深情地写道：

> 呜呼！世衰道微，先生以最少之年，卓然立于二十名家之中，独能精审著述，存此典型，其筚路蓝缕，开数十年后治学涂术，厥功伟矣。先生独不惮加功切劂，专志斯学，将来贯通博瞻，集群学之大成，其纯粹精确，当又甚于此时者也。⑤

李泰棻出任过汪伪北平市教育局长，倍受诟病，晚景凄凉。李吉奎（现为中山大学历史系教授）曾在东北文史研究所听庄学大家钟泰讲《孟子》课，据他回忆：

> 钟老早年留学日本，有不少日本老师、同学在上世纪三十年代活跃于日本政坛。在抗战军兴后，他急于内迁，就是担心走迟了脱不了

---

① 王森然：《李泰棻先生评传》，氏著：《近代二十家评传》，北京：书目文献出版社，1987年，第346页。按：《近代二十家评传》亦即《近代名家评传》初集（北京：生活·读书·新知三联书店，1998年），两书异名而同实。
② 王森然：《李泰棻先生评传》，氏著：《近代二十家评传》，第346页。
③ 同上书，第347页。
④ 近代二十家以生年前后为序，先后为王闿运、吴昌硕、沈曾植、柯劭忞、廖平、林纾、严复、康有为、罗振玉、章炳麟、梁启超、王国维、陈独秀、周树人、章士钊、刘师培、李大钊、胡适、郭沫若、李泰棻。
⑤ 王森然：《李泰棻先生评传》，氏著：《近代二十家评传》，第366页。

身。钟老对我说,你没有经历过,不知道"国破家何在"的滋味,我若留在沦陷区,不就像他吗?钟老说的"他",是指住在隔壁的李泰棻。李也是文史所请来讲课的先生,原北大教授,曾列王森然《近代名家评传》四十人之末位,名噪史界,但他曾任汪伪北平市教育局长,一失足成千古恨。可以说,在事关民族大义面前,钟老是十分清醒的。①

最近六十多年来,李泰棻其人其学则已淡出读书人的视野,这是时代使然。局中人应对时代剧变的沧桑内心与人生智慧,最是我们需要咀嚼的大财富。旧知识分子来到新社会,不得不洗心革面,与此同时又痴心不改。置身于此两难的困局之中,有谁能像《庄子·养生主》说的那样"缘督以为经,可以保身,可以全生,可以养亲,可以尽年"②呢?

以"李革痴"而不是"李泰棻"供职于张家口师范专科学校为例:"他对自己的历史从不提起,有人问起也经常回避不谈,甚至连他为李大钊收尸治丧的事情也闭口不讲,这些还是后来他调走后人们才逐渐听说的。当时学校定职称,学校给李泰棻先生定了二级中学教师……李泰棻先生有时也以幽默的形式发牢骚说:我早就是大学教授,给我定二级,给谁定一级?他还说自己是房子越住越小,汽车越坐越大。"③有此醒悟,有此心境,对于懂得放下、舍得放下的读书人来说,从惊心动魄的历史研究转向归根曰静的老庄哲学,是再寻常不过的抉择。解读从"李泰棻"到"李革痴"的人生④,仿佛就是在体证儒道互补的中国哲学。

---

① 李吉奎:《我师钟泰》,《羊城晚报》2015 年 8 月 27 日,B3 版。有论者叙述李泰棻东北讲学的情形为:"1964 年文史所请李先生来所讲学,先后讲授《左传》、金文、甲骨。在讲授甲骨文时,每次讲课前都把讲稿印好发给学员。"(黄中业、孙玉良:《共和国教育史上的国学书院式学府——东北文史研究所述要》,《社会科学战线》2015 年第 1 期,第 79 页)
② [清]郭庆藩辑,王孝鱼整理:《庄子集释》第 1 册,第 115 页。
③ 陈韶旭、寇振宏:《游走在学宦之间——曾在原张家口师范专科学校任教的史学名家李泰棻述评》,《河北北方学院学报(社会科学版)》2009 年第 6 期,第 57—58 页。
④ 《李泰棻先生评传》指出:"李泰棻先生字革痴,号痴盦。"(王森然:《近代二十家评传》,第 343 页)换句话说,李泰棻在张家口工作期间是以字行世,这具有某种象征意义。

能让心灵得到安顿的哲学，才是真正好的哲学。平常心是道：该狂则狂，该狷则狷，此道是中庸；桃花笑春风——该笑就笑，云外看沧桑——该看就看，报与桃花一处开，便引诗情到碧霄，此道是自然。孔孟以中庸，老庄以自然，这就是平常心，就是道，就是能让我们的心灵回到家、拥有家的哲学——真正好的哲学。学习哲学，方式多种多样。假定李泰棻借助《庄孟互不相及问题斟酌》一文，既洞察到时代的新旧大变，又领悟了人生的穷达无常，那么，我们为此所做的引文溯源，就不仅仅是一丝不苟地在抄书，而是寄寓了儒道互补的践履与希冀。

"易简工夫"本质上离不开"支离事业"，甚至是经由它来实现并完成自己。出文献与出思想，通过出文献来出思想，在有思想、会思想的人那里，就像家常便饭那样自然而然，从来不是对峙的①。哪怕你只是与李泰棻笔下的那些引文对视，当然必须是不断地、真切地对视，儒道互补的内在超越之境亦会生生不息地朗现于心头。这个时候，庄子、孟子是否见过面、彼此谈论过对方，何其轻也；孟子、庄子已经一起栖居在我们的精神世界里面，儒、道因其"互文性""互动性"而互补②，何其重也！人生样式千千万万，而知识训练与心性修为足以相得益彰者，至少"做中国哲学"③是当之无愧的。

（本文写作承蒙华东师范大学哲学系陈赟教授惠赠《庄子约解》复印本、中山大学中国哲学专业2014级博士研究生李智福同学查找并过录有关资料，特致谢忱。）

---

① 用《老子》第25章的话说，"人法地"是出文献，"地法天"是出思想，"天法道"是史论结合，"道法自然"是终极关怀。前两句侧重史学即史料学，论从史出；后两句彰显哲学即人学，以人为本。
② 参见杨海文：《"互文"与"互动"：儒道关系新论》，《福建论坛（人文社会科学版）》2005年第6期，第48—51页；杨海文：《化蛹成蝶——中国哲学史方法论断想》，第155—164页。
③ 陈少明著有《做中国哲学：一些方法论的思考》（北京：生活·读书·新知三联书店，2015年），让"做中国哲学"这句话由口头禅变成座右铭，大俗却又大雅起来。详细评论，参见杨海文：《古典生活经验与中国哲学创作——陈少明〈做中国哲学：一些方法论的思考〉读后感》，《开放时代》2015年第6期，第218—223页。

《论》《孟》一根而发:牟宗三的儒家道统观*

作为牟宗三的代表作之一,三卷本的《心体与性体》集中体现了其立论独特而又充满时代担当感的儒家道统观。解析这一包括儒典与儒家的重组、心体与性体的圆融、内圣与外王的紧张等三部分内容在内的儒家道统观,有助于我们进一步认识、反省一部内涵丰富的儒家学术思想史,并从一个侧面了解、把握现代新儒家所谓"儒学第三期发展"的文化内蕴与时代局限。

一、先秦儒典与宋明儒家的重组

牟宗三重组的先秦儒学经典,实际上只有五部,又分为两系:第一系包括《论语》《孟子》《中庸》《易传》,它们代表着先秦儒学的本质,由孔子精诚恻怛的生命智慧"一根而发";第二系仅有《大学》,它不代表先秦儒学的本质,相对于孔子的成德之教而言是"开端别起"①。在牟宗三看来,《论》《孟》《庸》《易》《学》虽是先秦儒学经典,但五典并提却是宋明儒圈定孔子内圣学传统的成果。其实,这一成果不是宋明儒而是牟宗三本人的,只是他将此功劳拱手让给了宋明儒。牟宗三这一观点是否符合宋明思想史的实际情貌呢?它至少与朱熹的思想相矛盾,尤其与朱熹影响深远的《四书》一

---

* 原载《学术研究》1996年第6期,第39—42页;题为《略论牟宗三的儒家道统观》。
① 参见牟宗三:《心体与性体》(第2版)第1册,台北:正中书局,1973年,第19页。

体化文化模式相冲突。在此意义上，牟宗三从《四书》模式中抽出《大学》，形成"五典两系说"，对于儒家道统观的文本系统而言，确是标新立异的"重组"。

至于《论》《孟》《易》《庸》为什么是孔子生命智慧与成德之教的"一根而发"，牟宗三有着较好的诠释，其深层根据在于"心体即性体"命题，这一点留待下文详论。要言之，牟宗三以为，"一根而发"的先秦儒典是从《论》《孟》走向《易》《庸》的圆满发展，对宋明儒学产生了重要影响。《大学》"开端别起"这一说法在"五典两组说"中迥异于传统，显然有必要加以解释。这涉及两个问题：一是《大学》的义理方向是什么，二是《大学》的文化根源在哪里。

先看第一个问题。依牟宗三的逻辑，《论》《孟》《易》《庸》蕴涵"心体即性体"的深刻义理，沿着孔子独特的生命智慧方向前进，因而它们的思想方向是明确的；《大学》则不同，"它本身的方向却不确定"[①]，因为三纲领、八条目这些真实下手工夫，特别是明明德、格物致知、正心诚意，既可做经验主义或实在论的解析，也可做先验主义或道德理想主义的理会，而"原文只是现象学地平说"[②]的《大学》自身却无法对此定夺。

再看第二个问题。牟宗三认为：《论》《孟》《庸》《易》的文化精神发端于孔子，孔子又与先前"自德而言性"的老传统有着精神上的继承关系，跟尧、舜、三代的原始综和构造既相承亦超越，因而它们的文化根源较为明晰。然而，《心体与性体》却并未对《大学》的文化根据问题做出圆满的解释。尽管牟宗三引用徐复观"古代并无太学制度"的考证，进而断言《大学》"实就虚拟的教育制度而客观地以言之，实亦即形式地以言之"[③]，但这并未解决

[①] 参见牟宗三：《中国哲学十九讲》，上海：上海古籍出版社，1997年，第79页。原文为："《大学》里面讲三纲领、八条目，它也是从主观的实践到客观的实践，它把儒家实践的范围给你规定出来，但是它本身的方向却不确定。它主要是列举了这些实践纲领，可是却没有对这些纲领作什么解释。"
[②] 参见牟宗三：《心体与性体》第3册，台北：正中书局，1987年，第52页。
[③] 同上书，第47页。

《大学》的文化根源问题，相反却有"《大学》无根论"之虞，"开端别起"之端也就成了虚无之端。当然，假如我们从"心体即性体"命题来审视，勉强可以承认《大学》相对于孔子而言"似是从外插进来者"的说法①。但是，这个"似"字仍旧表明牟宗三对《大学》的文化根源问题存而不论。要特别说明的是：先秦儒学的"五典两组说"并不是要将《大学》跟《论》《孟》《庸》《易》绝对对立起来；相反，牟宗三认为，三纲领、八条目这些真实下手工夫也可为先秦儒学的本质所内摄，只不过总是"远一层而不免有隔者"②，"只列出一个综括性的，外部的（形式的）主客观实践之纲领，所谓只说出其当然，而未说出其所以然"③。

《心体与性体》一书主要讨论宋明儒学。牟宗三特别注意到这一时期的九位代表性人物，并以先秦儒学"五典两组说"为依据，将他们重组为"四组两宗"："此九人，濂溪、横渠、明道为一组，伊川、朱子为一组，象山、阳明为一组，五峰、蕺山为一组。而以《论》《孟》《中庸》《易传》为标准。《大学》是另端别起，非由《论》《孟》一根而发。"④

所谓四组⑤，第一组包括周濂溪（周敦颐）、张横渠（张载）、程明道（程颢）。濂溪思想来自《庸》《易》，很少涉及《论》《孟》，根本未提《大学》。横渠宗主《庸》《易》，兼及《论》《孟》，也很少谈到《大学》。明道则从《易》《庸》返归《论》《孟》，建构了"心体即性体"的一本义圆教模型。这一组是宋明儒学的前驱先路，但此时宋明儒学还没有出现分系。第二组有程伊川（程颐）、朱子。从伊川开始，宋明儒学产生分系，原因在于伊川以《大学》系统涵摄《论》《孟》《易》《庸》系统。朱子走的是伊川之路，以《大学》为中心，将伊川思想发展为一个完备体系。第三组包括胡五峰（胡

---

① 参见牟宗三：《心体与性体》第 3 册，第 47 页。
② 同上书，第 48 页。
③ 参见牟宗三：《心体与性体》第 1 册，第 19 页。
④ 同上书，第 414—415 页。
⑤ 同上书，第 19—20、49、415 页。

宏)、刘蕺山(刘宗周)。牟宗三特别强调这一组,认为五峰直承明道的圆教模型;蕺山虽然只字未提五峰,但与明道、五峰一脉相承,并兼摄阳明、象山,而不融摄伊川、朱子,从而成为宋明儒学殿军。第四组有陆象山(陆九渊)、王阳明(王守仁)。他们纯是孟子学。即使阳明谈论《大学》,也是孟子学的《大学》观。

对于后面三组,牟宗三有一梳理,值得我们特别重视:

(一)五峰、蕺山系:此承由濂溪、横渠而至明道之圆教模型(一本义)而开出。此系客观地讲性体,以《中庸》《易传》为主;主观地讲心体,以《论》《孟》为主。特提出"以心著性"义,以明心性所以为一之实以及一本圆教所以为圆之实。于工夫则重"逆觉体证"。

(二)象山、阳明系:此系不顺"由《中庸》《易传》回归于《论》《孟》"之路走,而是以《论》《孟》摄《易》《庸》而以《论》《孟》为主者。此系只是一心之朗现,一心之申展,一心之遍润;于工夫,亦是以"逆觉体证"为主者。

(三)伊川、朱子系:此系是以《中庸》《易传》与《大学》合,而以《大学》为主。于《中庸》《易传》所讲之道体性体只收缩提练而为一本体论的存有,即"只存有而不活动"之理,于孔子之仁亦只视为理,于孟子之本心则转为实然的心气之心,因此,于工夫特重后天之涵养("涵养须用敬")以及格物致知之认知的横摄("进学则在致知"),总之是"心静理明",工夫的落实处全在格物致知,此大体是"顺取之路"。①

牟宗三考察宋明九儒与先秦五典的理论渊源,不仅在于判分为四组,还

---

① 牟宗三:《心体与性体》第1册,第49页。

在于深化为两宗。所谓两宗①,即视以《论》《孟》《易》《庸》为中心的宋明儒为该时期内的"大宗",它包括如上第一、三、四组;以《大学》为中心的伊川、朱子一组,它是这一时期内的"别子为宗"。

跟重组"先秦五典两系"一样,牟宗三对"宋明九儒四组两宗"的重组也对许多传统观念提出了挑战。最大的挑战是解构了传统意义上的程朱一体化文化模式,不以伊川、朱子为宋明儒大宗,相反却视之为"别子为宗";特别是在对于朱熹的态度方面,虽然牟宗三不承认自己有"贬朱"之意,但它确实收到了动摇朱熹传统地位的效果。与此相关的挑战还包括:视明道为宋明儒圆教模型的开创者,抬高大程而贬抑小程;本来地位不高的五峰、蕺山受到高度重视,而象山、阳明的地位无形中相对下降。总之,依照这一重组,传统意义上的程朱陆王文化模式已然转换为明道的圆教模型与朱子的别子为宗之间的相互依倚。

二、心体与性体的圆融

牟宗三对先秦儒学经典与宋明儒家人物的重组本质上是对儒家道统观的重构,其深层依据则是"心体即性体"这一义蕴深邃的理论命题。心体与性体的圆融,是牟宗三致力于道德形上学②研究、会通天台宗圆融义之后的理论结晶,体现了牟宗三对儒家道统观及其文化基本精神的整体把握,也是《心体与性体》一书的思想主旨。

牟宗三认为,理解"心体即性体"命题的前提是将两者分开来看,特别是要把握居于关键地位的"性体"概念。所谓性体,不是指生物性之性或气

---

① 参见牟宗三:《心体与性体》第 1 册,第 19—20 页。
② 有论者指出:"尽管牟宗三严格地区分了'道德的形上学'(牟宗三的形上学)与'道德底形上学'(康德的形上学),但不幸的是,'道德的形上学'仍然未能逃脱被人严重误解和攻讦诋毁的命运。"(王兴国:《"不相应行法"与"执的存有论"——论牟宗三哲学以儒摄佛和援西入中》,《中山大学学报(社会科学版)》2015 年第 5 期,第 117 页)按:本章所用"道德形上学"概念,均指牟宗三的"道德的形上学"。

质之性，而是指内在道德性之性，因而它是道德形上学概念。它必须与牟宗三理解的"天"实体相联系，才能得到更深的说明："就其统天地万物而为其体言，曰实体；就其具于个体之中而为其体言，则曰性体。"①换言之，内在道德性之性是由于"於穆不已"的天体下贯到个体之中才成其为性体的。牟宗三还指出：西方并无"性体"概念，因此道德与宗教相分离，道德与形上学不能合一；儒家由于有此概念，才做到了亦道德亦宗教，才成就了道德形上学。由此，"性体"概念是道德实践所以可能的超越根据，是儒家内圣学的中心课题。在牟宗三看来，"性体"概念本身蕴涵了"心体"概念，因为"心"恰恰是相应于性体而成为心体的。"'性体'义既殊特，则'心'亦必相应此'性体'义而成立。"②此心，不是血肉之心，不是心理学之心，不是认知之心，而是内在而固有、超越而自律的本心。这一本心因为是道德的本心，能够产生真实生动的道德创造、"纯亦不已"的道德行为，所以是"性而心"的；这一本心因为是形而上的本心，能跟"於穆不已"的天命实体合而为一，所以是"心而性"的。此即所谓"心体与性体的圆融"。牟宗三曾借用孟子思想来诠释"心体即性体"，认为："自'在其自己'而言，曰性；自其通过'对其自己'之自觉而有真实而具体的彰显呈现而言则曰心。心而性，则'尧、舜，性之也。'性而心，则'汤、武，反之也'。心性为一而不二。"③

传统儒家内圣学由两部分构成：一是心性本体问题，讨论道德实践所以可能的超越客观的根据，这也是内圣学的中心课题；二是工夫入路问题，讨论道德实践所以可能的内在主观的根据④。"客观地言之曰性，主观地言之曰心"⑤，表明性与心有所不同。关于心体在内圣学两课题中特殊的沟通作用，如同牟宗三所说："心是具体化原则，亦是实现原则。它是吾人

---

① 牟宗三：《心体与性体》第1册，第30—31页。
② 同上书，第41页。
③ 同上书，第42页。《孟子》14·33指出："尧、舜，性者也；汤、武，反之也。"《孟子》13·30指出："尧、舜，性之也；汤、武，身之也……"（杨伯峻注译：《孟子译注》，第314、291页）
④ 参见蔡仁厚：《儒学的常与变》，台北：东大图书，1990年，第14—15页。
⑤ 参见牟宗三：《心体与性体》第1册，第42页。

生命得以物物而不物于物之真正的主宰，它指导并决定吾人行为之方向，它是吾人之真正的主体。"[1] 正是由于心这一具体化原则、实现原则，道德实践所以可能的超越客观根据与内在主观根据得以统一，心性本体问题与工夫入路问题之间消除了隔绝，内圣之学成为道德实践与道德形上学的完美体现。

西方学者认为：相对于先秦儒学而言，宋明儒学是"新"儒学。牟宗三对"新在何处"相当重视。作为对传统儒家内圣学的融铸与再造，"心体即性体"即是牟宗三剖析先秦儒学和宋明儒学的主要解释框架。这一解释框架将有助于我们进一步理解牟宗三为什么要重组先秦儒典与宋明人物，尤其是探明为什么说《大学》是"开端别起"、朱子是"别子为宗"的问题。

心体即性体，亦即道体、性体、仁体、心体"通而为一"，其中涉及"天""命""仁""性""心"等传统范畴。牟宗三认为：《论》《孟》《易》《庸》已经蕴涵"心体即性体"之义，宋明儒大宗的贡献在于将它们彰显出来。例如，孔子践仁以知天，并未明言仁天为一，但宋明儒都有这种共同倾向；孟子认为"尽心知性知天"，心性是一，并未明确表示心性与天为一，但宋明儒有此共识；《中庸》说"天命之谓性"，也没有直截说明天命实体内在于个体即是个体之性，但宋明儒普遍认为"天道性命相贯通"；《易传》指出"乾道变化，各正性命"，同样没有明确断定所正之性乃乾道实体内在于个体的结果，所正之命乃天道实体所定之命，但这却是宋明儒的一般认识[2]。以上所列《论》《孟》《易》《庸》各语是牟宗三提炼"心体即性体"命题的基本素材，并认为它们体现了先秦儒学的本质，宋明儒学大宗则能对此给予存在地呼应。因此，在牟宗三看来，宋明儒学大宗作为"新儒学"，实质是调适上遂

---

[1] 牟宗三：《心体与性体》第1册，第281页。
[2] 同上书，第17页。

之新,是将先秦儒学重新发掘、再度恢复的"新"①。

这里要特别注意,牟宗三对孔子和《论》《孟》《易》《庸》的关系有一相当微妙的处理。《论》《孟》《易》《庸》涵蕴了"心体即性体",宋明儒大宗将其显明,这只意味着后者在义理上比前者高明。生命智慧比义理诠释更为本质,因而,牟宗三在《论》《孟》《易》《庸》等经典之上别立了孔子的人格权威:孔子的权威不仅在于创立成德之教,而且在于他独特的生命智慧方向,在于他"具体清澈精诚恻怛的圆而神之境"②。基于此,牟宗三认为:继往开来的鸿儒硕学可以在孔子的成德之教中步步深入,也可以对孔子的生命智慧有存在地契悟,但却无法超迈孔子的德性人格境界。此即牟宗三判宋明儒学大宗为"调适上遂之新"的决定性依据,也是他判伊川、朱子为"歧出转向之新"的关键性理由。

在牟宗三看来,《大学》之所以"似是从外插进来者",就在于它不像《论》《孟》《易》《庸》那样涵有"心体即性体"的奥义。正是《大学》的这一理论特质,使得以《大学》为中心的伊川、朱子系统不能对孔子的成德之教与圆神之境做出真实的体证,反而陷入"心性为二、性道只是理、心理为二、以公说仁、仁性爱情、仁是心之德爱之理"之类的理论误区,未能洞悉"心体即性体"的大义。依此,牟宗三断定伊川、朱子系统相对于先秦儒学本质而言是歧出、转向,从"新儒学"角度看是"歧出转向之新",在宋明儒学史上只能定位为"别子为宗"③。

牟宗三关于《大学》、伊川及朱子和内圣学相互关系的观点,有几点值得注意。首先,尽管牟宗三认为《大学》的思想方向不明确,但其三纲领、八条目也可为内圣之学涵摄,《大学》与《论》《孟》《易》《庸》并不绝对对立。其次,伊川、朱子虽然以《大学》为中心,但其《大学》观并不都符合《大学》

---

① 参见牟宗三:《心体与性体》第1册,第18页。
② 同上书,第116页。
③ 同上书,第45页。

原义，原因之一在于他们以《大学》统摄《论》《孟》《易》《庸》，后者对他们不能不产生一定影响。最后，朱子虽然不是宋明儒学的大宗，但他功不可没地独力完善了伊川草创的本体论存有系统①，而且他所建构的横摄系统对于内圣学不乏补充助缘的作用。

说性体在"心体即性体"命题中居于关键地位，同时需要将性体理解为"即存有即活动"②。"即存有即活动"是"心体即性体"命题的义理深化与逻辑拓展，尤为体现了牟宗三道德形上学建构的学术理路。《心体与性体》认为宋明儒对道体、性体只有两种体会方式：要么是"即存有即活动"，要么是"只存有不活动"；前者表现为宋明儒学的大宗，后者表现为伊川、朱子系统③。牟宗三推崇《诗经》说的"维天之命，於穆不已。於乎不显，文王之德之纯"④，认为这是先秦儒学最根源的智慧——"天道性命通而为一之根据"⑤。"於穆不已"的天命实体和"纯亦不已"的道德实践是了解儒家道体、性体的"法眼"，它蕴涵"即存有即活动"的深邃义理。能否对此进行真实的体证，在牟宗三看来，正是孔子、明道和《大学》、朱子的分野所在，也是"即存有即活动"与"只存有不活动"的分野所在。

以"心体即性体""即存有即活动"为理论基点，牟宗三还对宋明儒学的大宗与别子之分有过精练的概括：第一，从总体看，大宗是纵贯系统，别子是横摄系统⑥。第二，从主观、客观看，大宗就客观言之为性体，就主观言之为心体⑦；别子就客观言之是本体论存有系统，就主观言之是静涵静摄系统⑧。第三，从工夫入路看，大宗为逆觉体证，别子为顺取之路⑨。第四，从其

---

① 参见牟宗三：《心体与性体》第1册，第414页。
② 同上书，第58页。
③ 同上书，第58—59页。
④ 参见《诗经·周颂·清庙之什·维天之命》，[清]阮元校刻：《十三经注疏（附校勘记）》上册，第583页下栏—584页上栏。
⑤ 参见牟宗三：《心体与性体》第1册，第36页。
⑥ 同上书，第45页。
⑦ 同上书，第49页。
⑧ 同上书，第45页。
⑨ 同上书，第59页。

为"新儒学"看,大宗为调适上遂之新,别子为歧出转向之新①。第五,从借用海德格尔(1889—1976)的术语看,大宗为方向伦理,别子为本质伦理②。第六,从借用康德(1724—1804)的术语看,大宗是自律道德,别子是他律道德③。第七,从借用佛教判教理论品评其境界看,大宗是圆教,别子是顿教④。以上种种区别,源于对"心体即性体"和"即存有即活动"两大命题能否既有义理的洞悉,又有生命智慧方向上的契悟。由此看来,在牟宗三建构的儒家道统观中,"心体即性体"不仅是具有相当周延性的解释学命题,更是儒家内圣学传统的折射与升华。

三、老内圣与新外王的紧张

如果说儒典与儒家的重组是历史的开展,心体与性体的圆融是逻辑的延伸,那么,在牟宗三看来,寻求内圣与外王的结合则具有历史与逻辑相统一的意蕴。这一结合的前提是既存在于历史层面、又存在于现实层面的"紧张"。因此,与其说"结合"是牟宗三建构的儒家道统观的归宿,倒不如说内圣与外王的"紧张"是他长期致力于探讨的这一问题的实质性内涵。

"内圣外王"原出《庄子·天下》⑤,牟宗三认为它最足以代表儒家的心愿。在他看来,内圣学包括三重含义:一是以"天道性命相贯通"为义理骨干,二是以"践仁以知天"(成圣)为践履归宿,三是以"大而化之"为最高境界⑥。外王学也有三层含义:第一义表现为政治和政治家的运作,第二义表

---

① 参见牟宗三:《心体与性体》第1册,第16页。
② 同上书,第59页;按:"海德格尔",原书作"海德格"。
③ 同上书,第50—51页。
④ 同上书,第50—51页。
⑤ 参见[清]郭庆藩辑,王孝鱼整理:《庄子集释》第4册,第1069页。
⑥ 参见牟宗三:《心体与性体》第1册,第255—256页。

现为事功和百官有司、社会行业的运作,第三义表现为知识和专家学者的运作。牟宗三乃用比较晦涩的语言以表述外王学三义:

一、客观而外在地于政治社会方面以王道治国平天下:此是其初义,亦是其基本义。就"以王道治国平天下"言,此中含有政治之最高原则如何能架构成而可有实际之表现之问题,亦含有政体国体之问题。

二、在此最高原则以及此最高原则所确定之政体国体之下各方面各部门开展进行其业务之制度之建立:此是其第二义,亦即永嘉派所谓"经制事功"者是。

三、足以助成此各方面各部门业务之实现所需有之实际知识之研究与获得:此是其第三义,此大体是顾亭林与颜、李等之所向往。[①]

内圣学三义、外王学三义是牟宗三关于内圣与外王"结合"理念的义理根基。正是同一主体可以穷尽内圣学三义,而外王学的实践主体却有三个层面,意味着外王学的实现比内圣学的实现更有难度,亦即"结合"理念本身就已蕴涵外王学前提下内圣与外王的某种紧张。牟宗三指出:先秦儒学与宋明儒学本质上都是内圣学,前者"已彰显而成定型",后者"益达完整而充其极之境"[②]。问题的关键显然在于:为什么内圣强而外王弱?考察外王学的历史遭遇,因而成为牟宗三的理论兴奋点之一。

尧、舜、三代通常被视为儒家道统观的前奏。如果以孔子为仁教宗主,那么,孔子跟尧、舜、三代是什么关系呢?《心体与性体》对叶水心(叶适,1150—1223)进行了猛烈批判,原因在于叶水心以尧舜、三代的"道之本统"来贬抑孔子、曾子、子思、孟子和《中庸》《易传》在儒家道统观中的地位与

---

① 牟宗三:《心体与性体》第1册,第194页。
② 同上书,第4—5页。

意义。牟宗三也承认尧、舜、三代为"道之本统",但认为孔子完成了"道之本统的再建",后者意义尤为关键。"道之本统"实际上是尧、舜、三代开物成务的原始综和构造过程,它在典章制度中表现"道德",在名物度数中显示"义理",某种意义上即以外王统摄内圣,但内圣仅仅是王者集团的内圣。儒家从孔子始,内圣与外王走向新的综合,内圣为本为体,外王为末为用,但外王在先秦儒家那里并未达到定型之境,仅有一个大体倾向,只顺着历史现实称赞尧、舜、三代,原因在于孔子集团不是王者而是士人集团。孔子创立仁教开启理想价值之源,弘扬道规昭明文运史运方向,因而视内圣为主体的必然义务,是孟子所谓"求之在我者";视外王为主体的偶然义务,是孟子所谓"得之有命者"[①]。依此,牟宗三认为,先秦儒学对于必然义务与偶然义务的区分,是导致外王学之坎坷历史遭遇的某种缘由。

在牟宗三看来,宋明时期的外王学大体分为两种情形:其一,就整体而言,宋明儒对此贡献不大,认为正心诚意就可以"直接"达成治国平天下,往往将政治问题简单化。其二,就局部而言,对于以经制事功著称的陈同甫(陈亮)、叶适、顾亭林(顾炎武)、黄梨洲(黄宗羲)、王船山(王夫之)等人,牟宗三以为黄、王涉及外王学的第一义,陈、叶、顾只落在第二、三义,总之他们并没有抓住经制事功的关键,没有触及政治问题的症结,仅仅停留于直接的实用主义、散文的事务主义、直觉的英雄主义、原始的体力主义层面[②]。

中国自秦汉以来直到今天,"形成其历史文化之严重症结者唯在政治一关之不透"[③]。这是牟宗三通过对外王学历史遭遇的具体考察得出的基本结论,将内圣与外王的历史紧张主要归咎于外王学。现代新儒家往往设定

---

① 参见牟宗三:《心体与性体》第1册,第263页。《孟子》13·3指出:"求则得之,舍则失之,是求有益于得也,求在我者也。求之有道,得之有命,是求无益于得也,求在外者也。"(杨伯峻译注:《孟子译注》,第279页)
② 参见牟宗三:《心体与性体》第1册,第292页。
③ 同上书,第292页。

儒家道统观代表着中国历史文化的基本精神，因此，如何在现实条件下消解内圣与外王的紧张、促进内圣与外王的结合，成了牟宗三另一个理论兴奋点。

牟宗三"结合"理念的基本思路，亦即众所周知的"内圣开出新外王"。其《道德的理想主义·序》将现代新儒学的发展途径概括为：

  一、道统之肯定，此即肯定道德宗教之价值，护住孔、孟所开辟之人生宇宙之本源。

  二、学统之开出，此即转出"知性主体"以融纳希腊传统，开出学术之独立性。

  三、政统之继续，此即由认识政体之发展而肯定民主政治为必然。

  此皆为随时建立此纲维，而为此纲维之所函摄而融贯者。①

要之，牟宗三认为中国历史文化有道统而无学统、正统，同时坚持伦理道德高于科学知识的中体西用思维，因此，这一"返本开新"纲领，实质即是返传统儒学内圣之本、开现代科学民主之用。

按照现代新儒家的一贯思路，学统、政统属于外王学范畴。从《心体与性体》看，牟宗三所谓外王学的当代发展包括两方面：一方面，就"学统之开出"而言，有必要将朱子的横摄系统与明道的纵贯系统相结合，"纵贯为本，横摄为末；纵贯为经，横摄为纬；纵贯为第一义，横摄为第二义"②，"以纵贯系统融化横摄系统而一之，则是今日之事也"③，此亦牟宗三说的"道德理性不能不自其作用表现之形态中自我坎陷，让开一步，而转为观解理性之架构

---

① 牟宗三：《序》，氏著：《牟宗三先生全集》第9卷《道德的理想主义》，台北：联经出版事业股份有限公司，2003年，第9页。
② 牟宗三：《心体与性体》第3册，第48—49页。
③ 牟宗三：《心体与性体》第1册，第414页。

表现"①。另一方面,就"政统之继续"而言,今天有必要像孔子践仁知天重开文运史运那样,"开物成务重造合理正常之国体政体之事"②,以凸显外王学第一义。一言以蔽之,如同《道德的理想主义》所说:"我们现在的人文主义必须含有近代化的国家政治、法律之建立这一义,即必须含有外王之重新讲这一义,这就构成今日儒家学术之第三期的发展这一使命。"③

"儒学第三期发展"的重点与难点不是内圣学,而是外王学。这种发展是否可能呢?牟宗三没有持盲目乐观主义态度:一方面,他明确意识到内圣与外王在历史上的紧张,实际上等于承认历史并未给当代的"结合"理念提供有益的借鉴;另一方面,他不讳言内圣与外王在现实中的紧张,实际上等于承认当代的"结合"理念还仅仅是一种未被实现的理想。因此,尽管以"内圣开出新外王"作为现代新儒家的精神纲领,牟宗三还是意识到了问题的复杂性、任务的艰巨性与时代的局限性。

更重要的困难当然来自于当代中国国情的时代局限性。现代新儒学以"重建国体政体"作为新外王的最高原则,表明它已由纯粹的学术文化思潮转换为政治的意识形态思潮,不可避免地将与当代中国政治制度产生冲突。而且,这种新外王前提下的"结合"理念也不一定能够取得广泛的社会认同。这些时代局限都是既定的,也是包括牟宗三在内的现代新儒家们的"结合"理念走出书斋之后必然会遇到的。正是在这一意义上,牟宗三的"结合"理念是一个实践难题。这里要特别强调的是,本文仅仅是从学术理路来审视这种"结合"理念的时代局限性。

综上所述,牟宗三建构的儒家道统观,既以"心体即性体"为解释框架,对先秦儒学五典和宋明儒家九人进行了别开生面的重组,深化了儒家

---

① 牟宗三:《牟宗三先生全集》第10卷《政道与治道》,第65页。
② 牟宗三:《心体与性体》第1册,第293页。
③ 牟宗三:《人文主义的基本精神》,氏著:《牟宗三先生全集》第9卷《道德的理想主义》,第201页。

学术思想史的整体研讨；又从内圣与外王的紧张出发，提出"内圣开出新外王"的构想，力图促使传统儒家道统观在当代获得新发展。儒学传统与儒家道统曾对中国历史文化产生过重要作用，因而，反思牟宗三的这一理论建构，有助于我们更好地处理传统与现代的两难选择，继承并弘扬中华民族精神。

试论郭齐勇教授的中国古代儒学研究*
——以孟子为中心

武汉大学哲学学院、国学院的郭齐勇教授以儒学研究饮誉学林。从现代儒学研究看,自从20世纪80年代中期以来,他著有《熊十力思想研究》(又名《熊十力哲学研究》)①、《现当代新儒学思潮研究》②等力作,被公认为研究熊十力与现代新儒家的重镇。从古代儒学研究看,始于新旧世纪之交,他上溯先秦儒学,解读郭店楚简,诠释孔孟之道,又从早期关注的王夫之再出发,写了有关宋明理学的著论,在中国古代儒学研究领域产生了极其重要的影响。本文的任务是探讨其中国古代儒学研究。通过文献检索,我们发现:20世纪90年代出土的郭店楚简给孟子心性论研究带来新机遇,新世纪之初的《孟子》"腐败事件"给孟子现代价值研究提出新挑战,这两件事在相当大的程度上引发了郭齐勇教授深入、持久地研究中国古代儒学。基于这一理由,我们试图以孟子为中心,展开其中国古代儒学研究的学思历程。

---

* 原载《贵州文史丛刊》2019年第2期,第10—19页;第二作者为中山大学哲学系硕士研究生马慧娟。
① 郭齐勇:《熊十力思想研究》,天津:天津人民出版社,1993年;《熊十力哲学研究》,北京:人民出版社,2011年。
② 郭齐勇:《现当代新儒学思潮研究》,北京:人民出版社,2017年。

一、从郭店楚简看孟子心性论、思孟五行说

1993 年出土、1998 年公布的湖北郭店楚墓竹简包含多篇儒家类文献。因为不同于或者不见于传世文献,尤其是与思孟学派存在密切关联,它们倍受学界瞩目。郭齐勇教授的《郭店儒家简的意义与价值》一文指出:"郭店楚简的出土及整理出版之所以为国际汉学界瞩目,乃是因为它为学术界重新改写先秦学术思想史和楚国思想文化史提供了契机和资粮。""子思子面对鲁穆公的'忠臣'之问,铿锵有力、掷地有声地回答:'恒称其君之恶者,可谓忠臣矣。'这正是一身浩然正气、'说大人则藐之'的孟子的先驱!而孟子思想又是中国自由主义、中国民主政治的重要资源。""我体会,孟子的性善之'善'不与'恶'相对,而是超乎善恶对待之上的。郭店楚简丰富了我们对孟子心性论之前史的理解,实在是重要的思想史料。由此也更能感受到孟子的伟大,对孟子心性论亦可以作出更多样的诠释。"① 其《出土简帛与经学诠释的范式问题》一文指出:"《性自命出》是迄今为止最早最系统的心性论著作,它与《五行》构成孟子的先导。"②

1999—2001 年间,郭齐勇教授发表了多篇从郭店楚简看孟子的论文,涉及的郭店楚简主要有《性自命出》《五行》,涉及孟子的主要问题是心性论、思孟五行说。它们或者侧重从《性自命出》研讨心、性、情、气与孟子心性论的关系,或者侧重从《五行》研讨圣、智与思孟五行说的关系。

(一)《性自命出》与孟子心性论

据统计,《性自命出》出现"心""性""情"都是二十多次,出现"气"只

---

① 郭齐勇:《郭店儒家简的意义与价值》,《湖北大学学报(哲学社会科学版)》1999 年第 2 期,第 4、5、6 页。
② 郭齐勇:《出土简帛与经学诠释的范式问题》,《福建论坛(人文社会科学版)》2001 年第 5 期,第 25 页。

有几次;《孟子》出现"心"126次,"性"37次,"情"4次,"气"20次。重视心、性,这是两者的共同之处;对于情、气各有侧重,这是两者的不同之处。从《性自命出》到《孟子》,相同意味着思想的承传,差异意味着思想的创新。

以气定性、以情释性是《性自命出》的显著特色。它说:"喜怒哀悲之气,性也。及其见于外,则物取之也。"① "好恶,性也。所好所恶,物也。"② "目之好色,耳之乐声,郁陶之气也,人不难为之死。"③ 这是以气定性,认定喜怒哀悲之气、好恶是性,乐此不疲、沉溺其间是人之常态。又说:"性自命出,命自天降。道始于情,情生于性。始者近情,终者近义。"④ "恕,义之方也。义,敬之方也。敬,物之即也。笃,仁之方也。仁,性之方也。性或生之。忠,信之方也。信,情之方也。情出于性。"⑤ "凡人情为可悦也。苟以其情,虽过不恶;不以其情,虽难不贵。苟有其情,虽未之为,斯人信之矣。"⑥ 这是以情释性,借助"天→命→性→情→道"的论证结构,认定仁是性之方、信是情之方,情乃出于性。相比而言,《性自命出》更重视以情释性,我们甚至可以将其概括为主情论。

对于《性自命出》说的气—性,孟子已有理论自觉,并重新做了划界工作。他指出:"口之于味也,目之于色也,耳之于声也,鼻之于臭也,四肢之于安佚也,性也,有命焉,君子不谓性也。仁之于父子也,义之于君臣也,礼之于宾主也,知之于贤者也,圣人之于天道也,命也,有性焉,君子不谓命也。"(《孟子》14·24)孟子将气—性当作生物性之性,将仁义礼智圣当作道德性之性,又从性命之辨的哲学高度完成了道德性之性对于生物性之性的扬弃。正如郭齐勇教授所说:"孟子强调了人性之当然,区别了人之所以

---

① 荆州市博物馆编:《郭店楚墓竹简》,第179页。
② 同上书,第179页。
③ 同上书,第180页。
④ 同上书,第179页。
⑤ 同上书,第180页。"恕"字乃据郭沂的释读(参见氏著:《〈性自命出〉校释(续)》,《管子学刊》2015年第1期,第102页)。
⑥ 荆州市博物馆编:《郭店楚墓竹简》,第181页。

异于禽兽的性征,对包括楚简在内的孟子之前的人性论论说,是一次巨大的飞跃。"①

对于《性自命出》说的情—性,孟子尽管很少直接谈情,但频繁说性,四端即情,四德即性,心统性情,秉持性、情、才一体同仁的基本思路。他指出:"乃若其情,则可以为善矣,乃所谓善也。若夫为不善,非才之罪也。"(《孟子》11·6)赵岐注云:"若,顺也。性与情,相为表里,性善胜情,情则从之。《孝经》曰:'此哀戚之情。'情从性也,能顺此情,使之善者,真所谓善也。若随人而强作善者,非善者之善也。若为不善者,非所受天才之罪,物动之故也。"(《孟子正义》卷二二录)②赵注缩短了今人理解《性自命出》与孟子之间的距离。另外,孟子讲"乃若其情"的一章是其正面讨论性善论的重要篇章,而《性自命出》以为"未言而信,有美情者也。未教而民恒,性善者也"③,足见两者都肯认人性本善的一面。叶适《习学记言序目》卷一四所谓"以性为善,自孟子始"④,自然不再成立。郭齐勇教授认为:《性自命出》"申言此性是天命的,是内在的,实际预涵了此能好人的、能恶人的'好恶'之'情'即是'仁'与'义'的可能,'仁''义'是内在禀赋的内容"。⑤这一解释将《性自命出》稳妥地安置在从孔子到孟子的儒家道德形上学的谱系之中。

郭齐勇教授的《郭店楚简〈性自命出〉的心术观》是其《郭店儒家简与孟子心性论》的姊妹篇,涉及以心显性。《性自命出》说:"凡人虽有性,心亡奠志,待物而后作,待悦而后行,待习而后奠。"⑥"四海之内,其性一也。其

---

① 郭齐勇:《郭店儒家简与孟子心性论》,《武汉大学学报(哲学社会科学版)》1999年第5期,第26页。
② [清]焦循撰,沈文倬点校:《孟子正义》下册,第752页。
③ 荆州市博物馆编:《郭店楚墓竹简》,第181页。
④ [宋]叶适:《习学记言序目》上册,北京:中华书局,1977年,第207页。
⑤ 郭齐勇:《郭店儒家简与孟子心性论》,《武汉大学学报(哲学社会科学版)》1999年第5期,第24页。
⑥ 荆州市博物馆编:《郭店楚墓竹简》,第179页。

用心各异，教使然也。"① 又说："道者，群物之道。凡道，心术为主。"② "君子身以为主心。"③ 所谓"心亡奠志""用心各异"，意思与孟子引孔子说的"操则存，舍则亡；出入无时，莫知其乡"（《孟子》11·8）相近；所谓"心术为主""身以为主心"，意思与孟子说的"心之官则思，思则得之，不思则不得也"（《孟子》11·15）相近。郭齐勇教授认为：《性自命出》反复探讨声音、容色、仪表、情气、身形、心思、德性之有张力的统一，由内而外，由外而内，浑然一体。④ 这一评价是中肯的。孟子更强调性由心显、即心言性、以心善言性善，则鲜明体现了思想史在继承基础上的不断创新。

（二）《五行》与思孟五行说

思想史上聚讼纷纭的思孟五行说，源自《荀子·非十二子》说的"案往旧造说，谓之五行"，而"子思唱之，孟轲和之"⑤。何谓五行？唐代的杨倞说是仁、义、礼、智、信⑥，章太炎说是仁、义、礼、智、信与木、金、火、水、土的匹配⑦，郭沫若说是仁、义、礼、智、诚⑧。随着20世纪中后期马王堆帛书《五行》（有《经》有《说》）、郭店楚简《五行》（有《经》无《说》）的先后出土，庞朴令人信服地证实了荀子说的五行就是仁、义、礼、智、圣⑨。基于这一共识，郭齐勇教授试图进一步扩展并丰富郭店楚简《五行》与思孟五行说的相关研究。

---

① 荆州市博物馆编：《郭店楚墓竹简》，第179页。
② 同上书，第179页。
③ 同上书，第181页。
④ 郭齐勇：《郭店楚简〈性自命出〉的心术观》，《安徽大学学报（哲学社会科学版）》2000年第5期，第52页。
⑤ ［清］王先谦撰，沈啸寰、王星贤点校：《荀子集解》上册，第94页。
⑥ 同上书，第94页。
⑦ 参见章太炎：《太炎文录初编》文录卷一《子思孟轲五行说》，本社编：《章太炎全集》第4册，第19页。
⑧ 参见郭沫若：《儒家八派的批判》，氏著：《十批判书》，第136—137页。
⑨ 参见庞朴：《马王堆帛书解开了思孟五行说之谜——帛书〈老子〉甲本卷后古佚书之一的初步研究》，《文物》1977年第10期，第68—69页；庞朴：《竹帛〈五行〉篇比较》，《中国哲学》第20辑《郭店楚简研究》，沈阳：辽宁教育出版社，1999年，第221页。

首先看"仁义礼智圣"与孟子的关联。断言思孟之五行即是仁、义、礼、智、圣,乃是出土文献与传世文献互勘的结果。出土文献指出:

【经1】〔仁形于内〕,谓之德之行;不形于〔内,谓之行。义形于内,谓之德之行;不形于内,谓之行。智〕形于内,谓之德之行;不形于内,谓〔之〕行。礼形于内,谓之德之行;不形于内,谓之行。圣形于内,〔谓之德之行;不形于内,谓〕之行。德之行五,和谓之德;四行和,谓之善。善,人道也。德,天道也。(马王堆帛书《五行》)①

五行:仁形于内谓之德之行,不形于内谓之行。义形于内谓之德之行,不形于内谓之行。礼形于内谓之德之行,不形于内谓之行。智形内谓之德之行,不形于内谓之行。圣形于内谓之德之行,不形于内谓之[德之②]行。德之行五和谓之德,四行和谓之善。善,人道也。德,天道也。(郭店楚简《五行》)③

以简、帛《五行》为依据,我们就能更好地理解前引《孟子》14·24说的:"仁之于父子也,义之于君臣也,礼之于宾主也,知之于贤者也,圣人之于天道也,命也,有性焉,君子不谓命也。"换句话说,思孟五行说之谜其实早已蕴含于《孟子》之中。郭齐勇教授指出:按照孟子的原意,仁、义、礼、智、圣能否实现,属于命运,但也是天性的必然,君子不认为是属于命运的,因而可以突破、超越命运的限制,顺从天性,求其实现④。但是,拿出土文献为传世文献解开谜底的机遇是千载难逢的。譬如,朱熹认为:"知之于贤者

---

① 庞朴:《帛书〈五行篇〉校注》,《中华文史论丛》1979年第4辑,第48页。六角括号内的文字是点校者对于帛书《五行篇》的残夺脱烂各字所做的增补,下同。
② 按:"德之"为衍文(参见荆州市博物馆编:《郭店楚墓竹简》,第151页注释四)。
③ 荆州市博物馆编:《郭店楚墓竹简》,第149页。对于笔画残损、但可据文意辨识的简文,郭店楚简的释文以边框标出;以下同。
④ 参见郭齐勇:《再论"五行"与"圣智"》,《中国哲学史》2001年第3期,第24页。

也"的"者"当作"否","圣人之于天道也"的"人"当为衍文①。又如,《贾谊新书·六术(连语)》说:"人有仁、义、礼、智、信之行,行和则乐与,乐与则六,此之谓六行。"②卢文弨说:"信"在宋代刻本中写作"圣"③。这两个例子足以说明:如果没有简、帛《五行》的出土,古老的思孟五行说之谜难以得到确解;一旦有了出土文献的支持,许多传世文献的意义就能得以敞开。因此,郭齐勇教授强调贾谊这段话对于破解思孟五行说的重要性。④

其次看"圣智"与孟子的关联。《孟子》末章有"见而知之""闻而知之"的提法,《孟子》10·1 有"始条理者,智之事也;终条理者,圣之事也。智,譬则巧也;圣,譬则力也"的提法。回溯传世文献,《文子·道德》引老子曰:"闻而知之,圣也。见而知之,智也。"⑤简、帛《五行》则指出:"未尝闻君子道,谓之不聪。未尝见贤人,谓之不明。闻君子道而不知其君子道也,谓之不圣。见贤人而不知其有德也,谓之不智。见而知之,智也。闻而知之,圣也。明明,智也。虩虩,圣也。"⑥"未尝闻君子道,谓之不聪;未尝见贤〔人〕,谓之不明。闻君子道而不知其君子道也,谓之不圣;见贤人而不知其有德也,谓之不智。见而知之,智也;闻而知之,圣也。明明,智也;赫赫,圣〔也〕。"⑦究竟如何理解孟子与这些文献的思想史关系呢?

郭齐勇教授特别看重孟子说的这几段话:"可欲之谓善,有诸己之谓信,充实之谓美,充实而有光辉之谓大,大而化之之谓圣,圣而不可知之之谓神。"(《孟子》14·25)"仁之实,事亲是也;义之实,从兄是也;智之实,知斯二者弗去是也;礼之实,节文斯二者是也;乐之实,乐斯二者。乐则生矣,

---

① 参见[宋]朱熹:《四书章句集注·孟子集注》卷一四,第370页。
② [汉]贾谊撰,[清]卢文弨校:《贾谊新书》,《二十二子》本,上海:上海古籍出版社,1986年,第755页上栏。
③ 同上书,第755页上栏、730页上栏。
④ 参见郭齐勇:《再论"五行"与"圣智"》,《中国哲学史》2001年第3期,第22页。
⑤ 王利器:《文子疏义》,第229页。
⑥ 荆州市博物馆编:《郭店楚墓竹简》,第150页。
⑦ 庞朴:《帛书〈五行篇〉校注》,《中华文史论丛》1979年第4辑,第59页。

生则恶可已也,恶可已则不知足之蹈之、手之舞之。"(《孟子》7·27)前者所谓"圣而不可知之之谓神",是"圣智"最典型的表述;后者所谓仁、义、礼、智、乐,"乐"具有"和""生"之意,正是处于五行结构之中心位置者具有的特性——包容、为主、和合、生生,因此不妨将它看作"圣"的指代①。

从郭店竹简到马王堆帛书,儒家道德形上学的圣智观处于旁落、下移的过程之中。汉代的传世文献以"仁义礼智信"取代"仁义礼智圣",这是众所周知的。另外,从"见而知之,智也""善,人道也"看,简、帛《五行》均认为:"仁义,礼所由生也,四行之所和也。和则同,同则善。"②"仁义,礼智所由生也。四行之所和,和则同,同则善。"③但是,从"闻而知之,圣也""德,天道也"看,简、帛《五行》的认识出现了差异:"圣智,礼乐之所由生也,五行之所和也。"④〔仁义,礼智所由生也。五行之所和,和则〕乐。"⑤前者以圣智解释天道,而后者不言圣智,仅仅以仁义解释天道。

透过儒家圣智观旁落、下移这一历史现象,郭齐勇教授告诉人们:一方面,思孟五行说正是因其哲学形上学的终极信仰诉求,被荀子等儒者视为不切实用,太过玄虚,终于不免湮灭的命运;郭店楚简《老子》并无"绝圣"的主张,而马王堆帛书《老子》却讲"绝圣弃智",即是反面的佐证⑥。另一方面,圣智是对天德、天道进行体悟与神契的天德之知,切不可从主客对待的认识论角度加以理解;思孟五行说以圣智为枢纽,是具有终极信仰的、以天道观为背景的天人圣智五行观,蕴含着深刻的道德形上学思想⑦。

综上所述,《性自命出》《五行》与孟子思想具有极强的亲缘性。郭齐勇

---

① 参见郭齐勇:《再论"五行"与"聖智"》,《中国哲学史》2001年第3期,第23页。
② 荆州市博物馆编:《郭店楚墓竹简》,第150页。
③ 庞朴:《帛书〈五行篇〉校注》,《中华文史论丛》1979年第4辑,第62页。
④ 荆州市博物馆编:《郭店楚墓竹简》,第150页。
⑤ 庞朴:《帛书〈五行篇〉校注》,《中华文史论丛》1979年第4辑,第60页。
⑥ 参见郭齐勇:《再论"五行"与"聖智"》,《中国哲学史》2001年第3期,第26页。
⑦ 参见郭齐勇:《再论"五行"与"聖智"》,氏著:《儒学新论:郭齐勇学术论集》,贵阳:孔学堂书局,2015年,第61—62页。按:《中国哲学史》刊文无这段文字。

教授有关《性自命出》与孟子心性论、《五行》与思孟五行说的研究,将出土文献带入孟子研究,拓展了孟学史研究视域,提升了孟子思想研究水准。郭店楚简《性自命出》与上博简《性情论》异名而同实①。陈来教授对比简、帛《五行》后,推定《五行》的经部为子思作、说部为孟子作。② 出土文献与孟子研究相结合,前景广阔,任重道远。

二、由《孟子》"腐败事件"彰显"亲亲互隐"的儒家伦理

2002年2月,刘清平(时为武汉大学哲学系教授,现执教于复旦大学)在《哲学研究》发表一篇重评孟子论舜的文章。《孟子》13·35讲舜在父亲瞽瞍杀人之后将其"窃负而逃",《孟子》9·3讲舜将作恶多端的弟弟象"封之有庳"。刘清平指出:"就连孟子也不否认:瞽瞍理应接受正义的审判,并且舜对此也不应该进行干预。然而,他最终还是明确肯定了舜帮助父亲脱逃、躲避法律惩罚的举动。显然,受到孟子赞许的舜的这一举动,几乎从任何角度看,都是典型的徇情枉法。""就连孟子也不否认:象是既无才又缺德的'至不仁'之人。然而,他最终还是明确肯定了舜出于'亲之欲其贵,爱之欲其富'的动机将其提拔为有庳王的做法。显然,受到孟子赞许的舜的这一举动,几乎从任何角度看,都是典型的任人唯亲。"③ 在刘清平看来,儒家肯定血缘亲情的至上地位,就会容忍、认可乃至赞许那些为了维护血亲团体性的特殊利益、而不惜违背社会群体性的普遍准则的腐败现象;对于现实生活中某些腐败现象的滋生蔓延,儒家的血亲情理精神难辞其咎,无法推卸它所应

---

① 《性情论》释文,参见马承源编:《上海博物馆藏战国楚竹书》第1册,上海:上海古籍出版社,2001年,第220—277页。
② 参见陈来:《竹帛〈五行〉篇为子思、孟子所作论——兼论郭店楚简〈五行〉篇出土的历史意义》,《孔子研究》2007年第1期,第22—29页。
③ 刘清平:《美德还是腐败?——析〈孟子〉中有关舜的两个案例》,《哲学研究》2002年第2期,第43、43—44页。

当承担的那一部分责任①。

以刘清平这篇文章为导火索,学术界爆发了以"亲亲互隐"为中心的儒家伦理大讨论。这场讨论从 2002 年持续到 2011 年,其中,2002—2004 年属于第一期,2007—2011 年属于第二期。在这场历时十年的大讨论中,郭齐勇教授拨乱反正,正本清源,既是战士一样的参与者,又是将帅一样的组织者,融文化学术工作与文化社会工作于一体,致力于儒家传统堂堂正正地回到当代社会生活当中。

回顾 2002—2004 年的儒家伦理大讨论,刘清平等学者是反传统的一方,郭齐勇教授等人是坚守传统的一方,双方争鸣的主要文章有"《哲学研究》2002 年第 2 期刘清平文、第 10 期郭齐勇文、第 12 期穆南珂文,2004 年第 2 期郭齐勇文,2004 年第 7 期郭齐勇与龚建平文;《中国哲学史》2003 年第 3 期黄裕生文,2004 年第 1 期郭齐勇与丁为祥文;《陕西师范大学学报》(哲学社会科学版)2003 年第 6 期丁为祥文;杨泽波先生在《江海学刊》2003 年第 2 期、《河北学刊》2004 年第 2 期、《复旦学报》2004 年第 4 期上发表的论文等等"②。从当代孟子思想发展史的角度看,我们重点分析郭齐勇教授 2002 年 10 月在《哲学研究》发表的《也谈"子为父隐"与孟子论舜——兼与刘清平先生商榷》。

对于孟子论舜的两章,古人早就有过不少争论。北宋的杨时曾公允地评价《窃负而逃章》:"父子者一人之私恩,法者天下之公义,二者相为轻重,不可偏举也。故恩胜义,则诎法以伸恩;义胜恩,则掩恩以从法。恩义轻重不足以相胜,则两尽其道而已。舜为天子,瞽瞍杀人,皋陶执之而不释。为舜者,岂不能赦其父哉?盖杀人而释之则废法,诛其父则伤恩。其意若曰天下不可一日而无法,人子亦不可一日而亡其父,民则不患乎无君也。故与其

---

① 参见刘清平:《美德还是腐败?——析〈孟子〉中有关舜的两个案例》,《哲学研究》2002 年第 2 期,第 47 页。
② 参见郭齐勇:《序》,郭齐勇主编:《儒家伦理争鸣集——以"亲亲互隐"为中心》,武汉:湖北教育出版社,2004 年,第 1 页。

执之以正天下之公义,宁窃负而逃以伸己之私恩,此舜所以两全其道也。"①
郭齐勇教授同样认为:"孟子的回答则十分巧妙,不必正面说,让听者读者有更多想象的空间与解释的余地:从法律的层面看,舜不会去阻止皋陶逮捕瞽瞍并绳之以法,因为法官这样做是有(法律)根据的,如果舜不支持皋陶,法令不严格执行、上行下效,他这个最高执政者所治理的社会就会出现很多乱象;从伦理的层面看,舜父杀人的出现是一个个案而不是普遍现象,但舜是天子,是儒家的楷模,舜如果在行动上支持皋陶逮捕瞽瞍,就可能出现普遍化的父子、母子、兄弟、夫妇间的相互告发、相互残害,整个社会将难以收拾、调治。"②

刘清平认为孟子论舜的两章是公开肯定徇情枉法与任人唯亲的腐败行为③,但这只是简单地、非历史地看待儒家思想的社会效应。如要多元地、历史地认识儒家思想的社会效应,就必须从所谓的《孟子》"腐败事件"转入"亲亲互隐"的儒家伦理问题。就此而言,讨论者除了要注意到孟子论舜的两章,还得从《论语》13·18 说起:"叶公语孔子曰:'吾党有直躬者,其父攘羊,而子证之。'孔子曰:'吾党之直者异于是:父为子隐,子为父隐,直在其中矣。'"郭齐勇教授指出:"从人情上、心理上看,一对父子相互告发,他们之间早就有了问题,是一对问题父子。父不慈子不孝,即在为仁之本上出了问题。这对问题父子甚至远不只是在慈孝上发生了问题。孔子显然不愿意看到父子相互告发、相互残杀成为普遍现象,因此宁可认同维系亲情,亦即维系正常伦理关系的合理化、秩序化的社会。""古代社会当然有亲情与道德、亲情与刑法、忠与孝之间的冲突,儒家的处理方式是特殊主义的,需要回复到具体历史场景中具体分析,不能抽象地绝对地以普遍主义的方式处

---

① 《杨时集》卷九《史论·周世宗家人传》,[宋]杨时撰,林海权校理:《杨时集》第 1 册,北京:中华书局,2018 年,第 223—224 页。
② 郭齐勇:《也谈"子为父隐"与孟子论舜——兼与刘清平先生商榷》,《哲学研究》2002 年第 10 期,第 29 页。
③ 参见刘清平:《美德还是腐败?——析〈孟子〉中有关舜的两个案例》,《哲学研究》2002 年第 2 期,第 43 页。

理。"① 这里要特别提醒人们：正是经由《论》《孟》三章的意义阐释，郭齐勇教授扭转了第一期的论题，定位了第一期的方向。

2004年8月，郭齐勇教授写道："近年来，哲学界在争论'父为子隐'与孟子论舜的问题，因为事关儒家伦理的历史考察与价值评判，故引起了很多学者关注。法学界关于'亲情容隐'的反思，早于哲学界，颇值得哲学、伦理学界的同仁们重视。"② 同年11月，《儒家伦理争鸣集——以"亲亲互隐"为中心》出版，收录了18位学者的31篇文章。"本书的出版，也标志着这场争鸣的结束。"③ 细读这部文集，可知反传统的一方以非此即彼的"美德还是腐败"为标签，而坚守传统的一方试图将"亲亲互隐"的儒家伦理尽力纳入现代社会之中。但是，反传统与坚守传统的博弈是长久的。第一期确实结束了，但第二期即将拉开序幕。

第二期的反传统一方，领衔者是著名西方哲学研究专家邓晓芒（时为武汉大学哲学系教授，现执教于华中科技大学）。他在2007年1月发表的批评《儒家伦理争鸣集》的一篇长文中指出："如果孔子的乡人所偷的不只是一只羊，如果舜的父亲所杀的不止一个人，如果这些人的一贯行为激起了很大的民愤，那么孟子等人的评价也许就会有所不同。所以，如果损失不太严重，或者伤害只涉及少数人，在当时也就只好劝这些受害者从'大局'出发'认了''忍了'。但这并不能改变这种行为的本质，即为了自己家庭的和睦而不惜损人利己、蔑视人权、践踏公义，如果加上利用职权逃避惩罚，那就是地道的腐败。""由此观之，不告发是舜的权利，不干预和妨碍司法则是他的义务，舜的'窃负而逃'正因为已经超出了他的权利而违背了他的义务，当然就涉嫌腐败了。至于舜如果真的能够'大义灭亲'，那就是难得的美德了，它超出了权利和义务的范围，可遇而不可求，因此也就不能作为现代法律条

---

① 郭齐勇：《也谈"子为父隐"与孟子论舜——兼与刘清平先生商榷》，《哲学研究》2002年第10期，第27—28、29页。
② 郭齐勇：《序》，郭齐勇主编：《儒家伦理争鸣集——以"亲亲互隐"为中心》，第1页。
③ 同上书，第11页。

款。"① 凡是主张亲情大于正义,就会滋生腐败;儒家有亲情大于正义的主张,所以儒家是腐败的根源。邓晓芒的思维路径与刘清平如出一辙,足见反传统是中国某些知识分子根深蒂固的文化定势。

针对邓晓芒的批评,郭齐勇教授2007年3月15日做客北京大学哲学系,就"亲亲相隐""容隐制"及其对当今法治的启迪发表演讲。演讲指出:

> 《桃应章》是很有深意的伦理两难的设计,其高超的智慧绝非直线式的批评者所能理解。实际上,孟子师徒假设的舜的应对方略,既维护了司法公正,又避免了公权力的滥用,而以自我放逐来保全忠孝、情法之两边。"封之有庳"的设想离不开周代分封制,分封象是一种政治智慧,即对象予以管束。古代的社会、政治、法律之思想或制度与核心家庭的伦理、社群的整合、家国天下秩序的建构,是基本协调的。当然不免有矛盾与紧张。分析、评论这些资料,只能放到彼时的社会结构、历史文化、价值系统的背景上,而且要善于发掘其中有深意的、超越时空的价值。②

> 我建议,为了国家民族的可持续发展与构建和谐社会,为建设更加文明的社会主义文化,保护公民的人权、亲情权、隐私权等,我国立法机构应尽快讨论,继而修订《刑法》第三百零五条、三百一十条,《刑事诉讼法》第四十五条、四十七条、四十八条、九十八条、一百一十条,《民事诉讼法》第六十五条、七十条,《行政诉讼法》第三十四条,人民检查院《刑事诉讼规则》第一百五十七、一百六十、一百七十四条等。允许亲属容隐拒证,可能增加我们的司法成本,但从长治久安的角度出发,从中国特色社会主义的社会文化的合

---

① 邓晓芒:《再议"亲亲相隐"的腐败倾向——评郭齐勇主编的〈儒家伦理争鸣集〉》,《学海》2007年第1期,第11、17页。
② 郭齐勇:《"亲亲相隐""容隐制"及其对当今法治的启迪——在北京大学的演讲》,《社会科学论坛(学术评论卷)》2007年第8期,第93页。

理建构出发，仍是很有必要的。维系亲情，恰好是维系和谐社会的基础。①

2007—2011年的儒家伦理大讨论形成了两部论战集：一部是邓晓芒2010年7月在重庆大学出版社出版的《儒家伦理新批判》，封面有"五十年来国内最有深度的中国伦理争鸣"的字样；另一部是郭齐勇教授主编、武汉大学出版社2011年7月出版的《〈儒家伦理新批判〉之批判》，封底说"这些文章对于正确理解儒家传统的历史作用及其现实价值，正确把握中西哲学与文化的特点和共性，乃至在中华民族走向全面复兴的时代背景下树立既具包容性、又具根源性的文化观念，都有相当积极的作用"。这两部论战集是第二期最有代表性的文献。

经过历时十年的儒家伦理大讨论，"亲亲互隐""亲属容隐"的观念逐渐深入人心，并实质性落地为现行法律规定。2012年3月14日通过并于2013年1月1日起施行的《中华人民共和国刑事诉讼法》第188条规定："经人民法院通知，证人没有正当理由不出庭作证的，人民法院可以强制其到庭，但是被告人的配偶、父母、子女除外。"②这条新增加的规定表明：亲人——被告人的配偶、父母、子女不作证，是法律赋予的权利与自由！中国古代的"亲亲互隐"传统终于得到现行法律体系的认可。毫无疑问，这一法律落地化的成果是与郭齐勇教授长期以来坚持不懈地"从对现实民众的人权、人性的关怀出发"③，积极组织讨论"亲亲互隐"问题密不可分的。基于《论》《孟》三章在此过程中起到的重要作用，这一法律落地化的成果同样可以视作当代孟子思想发展史的突出表现。

---

① 郭齐勇：《"亲亲相隐""容隐制"及其对当今法治的启迪——在北京大学的演讲》，《社会科学论坛（学术评论卷）》2007年第8期，第106页。
② 《〈中华人民共和国刑事诉讼法〉新旧条文对照》，北京：中国民主法制出版社，2012年，第45页。
③ 参见郭齐勇：《"亲亲相隐""容隐制"及其对当今法治的启迪——在北京大学的演讲》，《社会科学论坛（学术评论卷）》2007年第8期，第106页。

这里要补充说明:"亲亲互隐"的儒家伦理讨论其实也有第三期,它始于2012年,至今仍在进行。2012—2014年,郭齐勇教授曾与中国人民大学梁涛、清华大学廖名春等学者就"亲亲互隐"问题展开争鸣①;2014年4月,他主编的另一部论战集出版,相当于《〈儒家伦理新批判〉之批判》的续编,并说对于邓晓芒的中国文化观"还将继续组织中青年学者再反思、再讨论、再评价"②;2018年7月,他发表《正确理解孟子论舜的两章》一文③。由此可见"亲亲互隐"这一论题具有强大的思想力量,只是目前尚未产生《中华人民共和国刑事诉讼法》第188条那类标志性成果。因此,本文仅仅回顾并反思了2002—2011年的儒家伦理大讨论,同时期盼未来有新的时代机遇再次将中国优秀传统文化与中华民族走向全面复兴的伟大事业嫁接起来,而孟子思想仍能挺立潮头,书写新的华章。

三、激活孟子"正义"的政治哲学

在郭齐勇教授看来,性善论、仁政民本思想、人格修养论是孟子思想的三大核心内容④。对于孟子的性善论,他指出:"孟子主张人性本善。他肯定人具有不同于动物或他物的特殊性,这就是道德性。孟子将良心称为本心,本心是性善的基础。良心本心、仁义礼智是天赋予人的本性,'天'是人的善性的终极根据。仁、义、礼、智、信等,既是社会道德规范,同时又是

---

① 参见梁涛:《"亲亲相隐"与"隐而任之"》,《哲学研究》2012年第10期,第35—42页;张志强、郭齐勇:《也谈"亲亲相隐"与"窃负而逃"——与梁涛先生商榷》,《哲学研究》2013年第4期,第36—42页;郭齐勇、肖时钧:《"门内"的儒家伦理——兼与廖名春先生商榷〈论语〉"父子互隐"章之理解》,《华南师范大学学报(社会科学版)》2014年第1期,第131—136页。
② 参见郭齐勇:《序》,郭齐勇主编:《正本清源论中西——对某种中国文化观的病理学剖析》,上海:华东师范大学出版社,2014年,第7页。
③ 参见郭齐勇:《正确理解孟子论舜的两章——兼谈王守仁、李贽、王夫之的相关评论》,孟子研究院、中国孟子学会编:《孟子研究》第1辑,北京:中国文史出版社,2018年,第142—154页。
④ 参见郭齐勇:《孟子思想三论》,《中原文化研究》2014年第5期,第9页。

本心所制定的法则，即道德理性。恻隐等'四端之心'本身即涵有道德价值感，同时又是道德判断的能力和道德践履的驱动力，成为现实的道德主体自我实现的一种力量。孟子深信，心自身具有的价值本身，有其内在的条理，它并非从理论理性的原则推导而出，却同时是合理的。孟子认为，人是否真正发挥其禀赋，就在乎每个个体是否有修养的工夫。所以，他提出了一系列的存养方法。在此基础上，孟子特别重视人格独立和节操。"①关于孔孟儒学的人格境界论，他认为有两个要点：一是终极至上性，即与天道相联系的"圣"的境界；一是经世致用性，即与人道相联系的"凡"的现实。前者是最高的理想，后者是理想的实现，两者之间密切沟通、不可脱离②。限于篇幅，我们仅对郭齐勇教授如何激活孟子"正义"的政治哲学予以探讨。

郭齐勇教授在一篇论文中认为：从历史角度看，儒家思想与专制体制是有距离、有张力的，儒家的社会理想与制度设计多是针对当世的弊病提出，并用来批评、指导当世；既没有抽象的权利观，也没有抽象的公平正义，任何时空条件下的个人权利与社会的公平正义都是历史的、具体的③。孟子的正义论包括四个方面：其一，涉及生存权、财产权的"制民恒产"论及土地、赋税、商业政策之平等观；其二，养老、救济弱者、赈灾与社会保障的制度设计及其落实；其三，教育公平、平民参与政治的制度安排及作为村社公共生活的庠序乡校；其四，尊重民意、察举与官员自律，防止公权力滥用的思想及革命论④。原始儒家政治哲学中的这些公正思想是实质公正而不是形式公正，值得我们珍视与尊重⑤。

---

① 郭齐勇：《孟子性善论所涵道德理性与道德情感问题》，《湖北大学学报（哲学社会科学版）》2013年第5期，第27页。
② 参见郭齐勇：《孔孟儒学的人格境界论》，《华中师范大学学报（人文社会科学版）》2000年第6期，第27页。
③ 参见郭齐勇：《原始儒家的正义论——以孟子为中心》，氏著：《中国哲学智慧的探索》，北京：中华书局，2008年，第174页。
④ 同上书，第174—183页。
⑤ 同上书，第183页。

这篇专门研讨孟子正义论的文章有两个版本:一个版本题为《孟子与儒家的正义论》,原载山东大学出版社2006年12月出版的《儒林》第3辑;另一个版本题为《原始儒家的正义论——以孟子为中心》,收入郭齐勇教授2008年4月出版的论文集《中国哲学智慧的探索》。换句话说,此文应当写于2005—2006年间,亦即写于儒家伦理大讨论第一期结束之后、第二期开启之前那个时段。以《孟子》"腐败事件"为导火索的"亲亲互隐"儒家伦理讨论促使郭齐勇教授将孟子的正义思想、政治哲学视作新的研究领域,这是一个明证。

2009年1月,《中国社会科学》发表郭齐勇教授与人合写的文章,将孔孟儒家的正义论具体落实到公私观。孟子说:"行一不义,杀一不辜,而得天下,皆不为也。"(《孟子》3·2)罗尔斯(1921—2002)说:"每个人都拥有一种基于正义的不可侵犯性,这种不可侵犯性即使以社会整体利益之名也不能逾越。因此,正义否认为了一些人分享更大利益而剥夺另一些人的自由是正当的,不承认许多人享受的较大利益能绰绰有余地补偿强加于少数人的牺牲。"[1] 文章认为:孟子说的这句话蕴涵了罗尔斯的正义优先性原则,只是罗尔斯强调自由的不可剥夺性,而孟子强调个体生命的不可剥夺性;儒家强调仁政、王道与暴政、霸道的分辨,关键是维护小民的生命与生存权[2]。这是从私的一面说。从公的一面说,文章指出:"孔、孟认为私德和家庭伦理只是基础与发端,是学习社群、职业与国家伦理的初步和起点。孔、孟所倡导的君子人格是从事公共事务的品格,是具有公共性的道德人格。儒家之礼偏重于公共秩序,孔孟之德强调的是中道和谐,其根本关怀在于公共世界。"[3]

---

[1] 〔美〕约翰·罗尔斯著,何怀宏、何包钢、廖申白译:《正义论》,北京:中国社会科学出版社,1988年,第3—4页。
[2] 参见郭齐勇、陈乔见:《孔孟儒家的公私观与公共事务伦理》,《中国社会科学》2009年第1期,第59页。
[3] 郭齐勇、陈乔见:《孔孟儒家的公私观与公共事务伦理》,《中国社会科学》2009年第1期,第63页。

2010年11月,郭齐勇教授发表长文《再论儒家的政治哲学及其正义论》。所谓"再论",有两层含义。第一层含义表明作者长期以来关注这一论题,做过相关研究①。第二层含义表明作者力图对于这一论题提出完整、独特的见解。该文的主要观点、精彩论点,如其"摘要"所说:

> 从亚里士多德的两种平等观、罗尔斯的两条正义原则来看,儒家在分配上的"应得"和"配得",以及机会公平、对"最不利者"的关爱及其制度建构方面,均可以与之相呼应。此即儒家正义论的最有特色的内涵,乃实质的正义。儒家对政治权力的源头、合法性、权力分配与制衡等,有其系统论说、制度与实践。儒家重视社会力量的培植、社会自治、士大夫参政及言路开放。儒家的"道德的政治"就是要坚守政治的应然与正当性。中国传统文化,特别是儒家学说中的政治正当性,即认为政治权力之根源在天、天命、天道,之根据、本位在人民、老百姓、农工商,之基础是广阔的民间社会空间、民间力量及其自治,之指导、参与、监督与言责则在士人。由此可得出人民是政治的主体,士大夫是政治的主体。道德仁义系统、仁政学说及以上四方面为中心的儒家的政治哲学在今天还有极高的价值。中国传统的政治文明中(包含理念、制度、实践、民俗诸层面)的许多遗产,值得人们认真地去思考与创造性转化。②

与以上论及的文章相比,郭齐勇教授2015年4月发表了一篇论题特

---

① 参见郭齐勇:《再论儒家的政治哲学及其正义论》,《孔子研究》2010年第6期,第10页脚注①。
② 郭齐勇:《再论儒家的政治哲学及其正义论》,《孔子研究》2010年第6期,第10页。该文后来收入作者的一部论文集,文题中的"再"字被删(参见郭齐勇:《论儒家的政治哲学及其正义论》,氏著:《儒学新论:郭齐勇学术论集》,第81—102页)。

别集中的《论孟子的政治哲学——以王道仁政学说为中心》。文章认为:"以王道、仁政为中心的孟子的政治哲学十分丰富与深刻。与古希腊哲人相比,先秦儒家特别是孟子对老百姓民生的关注是非常突出的特点,然而小民的生活基本上没有进入古希腊哲人的视野;与西方传统政治文化相比,中国文化、儒家对政府的教育职能,特别是对百姓实行道德教化的要求,也是显著的特点,传统西方之政府职责中,基本上没有教育并提升民众的道德水准的约定。"① 文章强调:"政治哲学关注的焦点是政治之正当性,主要是'应然'问题,而不是'实然'状况。对于政治之事件、历史、活动、运作、结构,权力来源、根据及其分配,权力的转移,等,政治哲学讨论的重点不在于陈述,而在于评价,尤其是作道德的评价。从这一视角研究儒学,我们不难发现,政治哲学正是儒学的强项。""在中国乃至东亚思想文化史上,特别是政治文化史上,孟子的王道仁政学说绝对是奠基性的经典,是里程碑!"② 这些观点对于我们深入、全面理解孟子"正义"的政治哲学颇具启发意义。

郭齐勇教授激活孟子"正义"的政治哲学,究竟有何因缘? 首先,从孟子与郭店楚简研究看。郭店楚简《鲁穆公问子思》说:"恒称其君之恶者,可谓忠臣矣。"③《孟子》12·7说:"长君之恶其罪小,逢君之恶其罪大。今之大夫皆逢君之恶,故曰:今之大夫,今之诸侯之罪人也。"郭店楚简能够进一步证明并敞开孟子张扬独立人格的政治哲学,所以我们认为它是其一大因缘。胡适没有读过郭店楚简,但早已指出:"孟子的政治思想可以说是全世界的自由主义的最早一个倡导者。孟子提出的'大丈夫'是'贫贱不能移,富贵

---

① 郭齐勇:《论孟子的政治哲学——以王道仁政学说为中心》,《中原文化研究》2015年第2期,第11页;按:中国知网收录的PDF文件有缺页,请参见郭齐勇:《论孟子的政治哲学——以王道仁政学说为中心》,氏著:《儒学新论:郭齐勇学术论集》,第103—116页。
② 郭齐勇:《论孟子的政治哲学——以王道仁政学说为中心》,《中原文化研究》2015年第2期,第5、11页。
③ 荆州市博物馆编:《郭店楚墓竹简》,第141页。

不能淫，威武不能屈'。这是中国经典里自由主义的理想人物。"① 这表明郭店楚简仅有一定的能力激活孟子"正义"的政治哲学，原因有可能在于它与《孟子》属于同质文献，如无特别的机遇，两者难以产生断裂与对抗的思辨张力。胡适虽然将孟子视作自由主义的先声，但并未建构起孟子"正义"的政治哲学，很大程度上亦是时代并未使得同质性文献涌现、喷射出异质性力量。

其次，从孟子与儒家伦理讨论看。反传统的一方先后以刘清平、邓晓芒为代表，坚守传统的一方始终以郭齐勇教授为代表，这已经构成两股异质性力量。无论第一期还是第二期，先声夺人的都是反传统的一方。如要坚守传统，就必须破解对手所谓的普遍之仁与特殊之孝以及忠孝凌驾于仁义之上的深度悖论。罗尔斯说："正义是社会制度的首要价值，正像真理是思想体系的首要价值一样。"② 他认为正义有两个原则："第一个原则：每个人对与其他人所拥有的最广泛的基本自由体系相容的类似自由体系都应有一种平等的权利。第二个原则：社会的和经济的不平等应这样安排，使它们①被合理地期望适合于每一个人的利益；并且②依系于地位和职务向所有人开放。"③ 郭齐勇教授将罗尔斯与孟子有机结合起来，这一中西合璧的同质性文献更加充满说服与瓦解对手的能量，并水到渠成地促成了《中华人民共和国刑事诉讼法》第188条的出台。正因此故，我们认为儒家伦理讨论与郭齐勇教授激活孟子"正义"的政治哲学存在极其密切的关联，而且是比郭店楚简更为根本的一大因缘。

综上所述，郭齐勇教授以孟子为中心的中国古代儒学研究包括三重内涵：一是从郭店楚简看孟子心性论、思孟五行说，这是新材料带来新机遇；

---

① 胡适：《自由主义》，胡明编选：《胡适选集》，天津：天津人民出版社，1991年，第376页。
② 〔美〕约翰·罗尔斯著，何怀宏、何包钢、廖申白译：《正义论》，第3页。
③ 同上书，第60—61页。按：第一个正义原则被称为"平等的自由原则"，第二个正义原则的第一个部分被称为"差别原则"、第二个部分被称为"公平的机会平等原则"。

二是由《孟子》"腐败事件"彰显"亲亲互隐"的儒家伦理，这是新问题提出新挑战；三是激活孟子"正义"的政治哲学，这是新论域朗现新气象。始于新旧世纪之交，郭齐勇教授以不忧的仁者情怀、不惑的智者理性、不惧的勇者气量，将自己以往当作幕后支援意识的孟子思想显豁并提升为台前集中意识，经过平实而又厚重、多元多维而又特色鲜明的写作、论辩、讲演、组织，使得以孟子为中心的中国古代儒学研究成为其学术生涯的重要组成部分，同时丰富并发展了当代中国孟学史。2017年9月，古稀之年的郭齐勇教授荣膺"孔子文化奖"调整后的首届"世界儒学研究杰出人物"。颁奖词说："他是当代新儒家的中坚力量。他是儒家精神的践行者、推扩者。"我们回顾、总结孟子思想与时代精神互为加持的当代中国孟学史，同样绕不过而且必须珍视郭齐勇教授如何与时俱进地全面深入研究孟子思想的这笔宝贵财富。

孟子研究的史学进路[*]
——兼评刘培桂著《孟子与孟子故里》

孟子学研究的全面发展，不仅依赖于人们驾轻就熟的哲学—观念史进路，而且离不开相对冷落的历史—思想史进路。《孟子与孟子故里》一书探讨包括孟子升圣、《孟子》升经、三孟升级在内的孟子升格运动，三孟升级尤被作者关注。这本书勾勒了孟子故里圣地化的基本内涵，凸显了以运用孟庙刻石资料为特点的史料学功底在孟子学研究中的重要意义。随着孟子学研究朝向深刻度、广延度两个层面不断拓展，孟子研究的史学进路已经或正在引导并转换这一研究领域的话语方式。

一、历史—思想史进路与孟子学研究

著名孟子学研究专家黄俊杰曾指出，当代学者对于孟子学的研究可以分为两大阵营：一是哲学—观念史的研究进路，它在研究方法上将《孟子》视为与社会政治经济变迁关联不大的哲学文献，有意无意之间假定孟子思想体系之内的各个观念或概念有其独立性，并在这个假定上解剖孟子学中

---

[*] 原载《华南理工大学学报（社会科学版）》2003年第4期，第28—32页；题为《孟子研究的史学进路——兼评刘培桂先生新著〈孟子与孟子故里〉》。

的重要概念;二是历史—思想史的研究进路,它将孟子及其思想放在历史或文化史脉络中加以考虑,尤其注意分析孟子学在思想史中的变化沉浮。[①]从理论角度看,以上两种取径不同、方法互异的研究进路在具体实践中可以相辅相成、交相辉映;然而,从现实角度看,对于孟子学这一儒学史研究的重要论题,人们普遍采借哲学—观念史进路,运用历史—思想史进路的人相对少得多。

被冷落的东西不一定不重要。所谓孟子研究的史学进路,亦即孟子说的:"颂其诗,读其书,不知其人,可乎? 是以论其世也。是尚友也。"(《孟子》10·8)要真正走进一个人的著作,不能不了解他的为人及其所处的时代。基于孟子这一教导,从古到今,譬如清代的阎若璩、周广业、崔述[②],当代的姚瀛艇(1923—2012)、徐洪兴、王其俊、黄俊杰[③],一大批学者针对孟子其人、《孟子》其书在哲学史、思想史、文化史上的复杂遭遇,已经和正在进行卓有成效的探讨。这些研究成果侧重史料爬梳与整理,予孟子学研究者以巨大的启发,进而澄清并凸显了历史—思想史进路在孟子学研究中不可低估的重要性。

关于历史—思想史进路在孟子学研究中不可低估的重要性,这里有必要特别说明。清代学者章学诚的《文史通义·答客问(中)》曾说:"由汉氏以来,学者以其所得,托之撰述以自表见者,盖不少矣。高明者多独断之学,

---

[①] 参见黄俊杰:《孟子学研究的回顾与展望——〈钱宾四先生百龄纪念会〉宣读论文》,国际儒学联合会编:《国际儒学研究》第1辑,北京:人民出版社,1995年,第63页。
[②] [清]阎若璩:《四书释地》,《景印文渊阁四库全书》第210册;[清]周广业:《孟子四考》,《续修四库全书》第158册;[清]崔述:《孟子事实录》,顾颉刚编订:《崔东壁遗书》,上海:上海古籍出版社,1983年。
[③] 参见姚瀛艇:《宋儒关于〈孟子〉的争议》,氏著:《宋代思想文化研究》,开封:河南大学出版社,2015年,第28—35页;徐洪兴:《唐宋间的孟子升格运动》,《中国社会科学》1993年第5期,第101—116页;王其俊:《山东方志中的孟子形象》,《孔孟学报》第78期,2001年9月出版;黄俊杰:《孟学思想史论》第1卷,台北:东大图书,1991年;黄俊杰:《孟学思想史论》第2卷,台北:"中研院"中国文哲研究所筹备处,1997年。

沉潜者尚考索之功,天下之学术,不能不具此二途。"① 只要我们承认孟子学研究应该在深刻度、广延度两个层面得到全面发展,就必须意识到:高明者善于独断的哲学——观念史进路,目的在于发掘孟子学研究的深刻度;沉潜者崇尚考索的历史——思想史进路,旨在拓展孟子学研究的广延度。前者是高度,后者是平台。所有的高度都是从平台开始的。平台越广阔、越坚实,高度就会越挺拔、越耸立。不老老实实了解孟子学丰富、曲折的历史,就难以真正把握孟子学深邃、微妙的思想。

明确的问题意识通常围绕特定的重点对象展开。一般地说,众所周知但又语焉不详的"孟子升格运动"(周予同语②)最为孟子研究的史学进路所关注。在笔者看来,这一重点对象可以分为既相区别、又相联系的三个方面:首先,肉身圣人化——孟子是怎样逐渐成为圣人的;其次,作品经典化——《孟子》是怎样逐渐成为圣经的;第三,故里圣地化——邹城是怎样逐渐成为圣地的。换句话说,孟子以道德理想主义、文化守成主义为内核的文化基本精神能够长久、深刻地影响中华民族的文化心理结构,个中关键在于依托了孟子升圣、《孟子》升经、三孟升级这一历史平台。

话得说回来,坚信并实践历史——思想史进路的研究者们,一旦将明确的问题意识指向特定的重点对象,往往因人而异。比如,沿着孟子研究的史学进路往前走的大多数学者,比较重视的不是三孟升级,而是孟子升圣、《孟子》升经。相比三孟升级而言,孟子升圣、《孟子》升经具有更大的叙事学意蕴,由此可以简捷、有效地支援或进入哲学——观念史进路。另外,大多数学者这么做,原因在于他们并非出身并立足于孟子故乡的孟子学研究专家。其实,如同曲阜的三孔——孔庙、孔府、孔林是孔子故里圣地化的重要标志一样,邹城的三孟——孟庙、孟府、孟林也是孟子故里圣地化的物态象征。

---

① [清]章学诚著,叶瑛校注:《文史通义校注》上册,第477页。
② 参见朱维铮编:《周予同经学史论著选集》(增订本),上海:上海人民出版社,1996年,第289页。

正是在这一意义上，山东省邹城市孟子学术研究会副秘书长刘培桂的新著《孟子与孟子故里》值得我们认真解读。

二、孟子故里圣地化的基本内涵

自 1988 年以来，自学成才的刘培桂致力于研究孟子思想以及孟子故里的文物与文献，取得令人瞩目的成绩。《孟子与孟子故里》是其基于孟子研究的史学进路结集出版的论文集，这是一本内容丰富、但又有所偏重的孟子学研究著作。第一，该书讨论了孟子的政治、经济思想，但在哲学—观念史进路与历史—思想史进路之间，关心的重点是后者。第二，该书详细介绍了邹城的历史沿革，譬如指出邹城是孔子的诞生地，邹城火车站至今矗立着前人所立的"孔子诞辰圣地""孟子诞辰圣地"两块巨碑，甚至对邹城出土题名孔门弟子汉画像石进行了探讨，但关心的重点是孟子与孟子故里的相互关联。第三，该书考辨了历代对孟子的封谥与尊崇，甚至纠正了朱维铮（1936—2012）关于孟子何时被官方尊为"亚圣"的个别舛误，但关心的重点并非孟子升圣、《孟子》升经，而是三孟升级。

从采借历史—思想史进路探究孟子与孟子故里的相互关联，并从孟子与孟子故里的相互关联中重点研讨三孟升级，这不仅鲜明体现了刘培桂立足本土历史文化资源以拓展孟子学研究范围的治学特征，而且是《孟子与孟子故里》一书的显著特色。在解读《孟子与孟子故里》的基础上，对作者如何设定三孟升级的具体内涵予以简略评介，因而成为一篇学术性书评必须承担的使命。限于篇幅，以下着重评论三个方面。

（一）孟庙建制沿革考

香港中文大学历史系朱鸿林教授认为：国家礼仪制度的合法化运作，反映了国家对受礼对象的尊崇程度，也显示了国家对个人行为与群体行为的政治规范。① 在儒教中国的历史语境中,孟庙也具有以上两种功能。替换一种表述方式:大多数旅游者今天到了山东,一般会去曲阜朝拜孔庙,未必会去邹城凭吊孟庙;然而,对于孟庙从创建到发展的全部历史予以学理研讨,并不因此就失去必要性。对此,刘培桂清晰地勾勒了孟庙发展史的五大时间线索:第一,创建于北宋;第二,重修于金,扩建于元;第三,定制于明;第四,完备于清;第五,保护于当今。② 另外,作者着重讨论了孟庙之所以岿然千秋的五大人物根基:一是孟庙的创建者——孔子第 45 代孙孔道辅,二是迁建定址者——邑士徐绂(生卒年不详)与乡人,三是废而重修者——地方官吏、孟氏族人与士民,四是定其规制、壮其观瞻者——封建朝廷,五是日常修葺、不断增建者——地方官吏、孟氏后裔与老百姓③。这种勾勒有助于我们进一步认识孟子在封建社会后期的重大影响,以及孟子思想在当代社会的应有价值。

孟庙发展史关联了众多人物,其中孔道辅是第一个"吃螃蟹"的文化勇士。北宋景祐四年(1037),孔道辅在邹城东北 30 里四基山之阳访得孟子墓,并于次年春天在墓侧建成孟子庙;景祐五年(1038),他又在孔庙西偏、齐国公殿前建立五贤祠,专祀孟子、荀况、扬雄、王通、韩愈,这是孟子配食孔庙的发端。④ 这里有关孔道辅与祭祀孟子之始的考索,深化了人们对于孟子升格运动的认知。

先看看北宋时期孟子升格运动的大事记:熙宁四年(1071)二月,《孟子》首次被列入科举;熙宁七年(1074),判国子监常秩(1019—1077)请立孟轲像于朝廷;元丰六年(1083)十月,孟子首次受封,诏封邹国公;元丰七年(1084)五月,孟子首次被允许配享孔庙;政和五年(1115),政府承认充

---

① 参见朱鸿林:《国家与礼仪:元明二代祀孔典礼的仪节变化》,《中山大学学报(社会科学版)》1999 年第 5 期,第 73 页。
② 参见刘培桂:《孟子与孟子故里》,北京:中国文史出版社,2001 年,第 89—104 页。
③ 同上书,第 136—153 页。
④ 同上书,第 85—86 页。

州邹县孟庙,诏以乐正子配享,公孙丑以下17人从祀;宣和年间(1119—1125),《孟子》首次被刻,成为实际的"十三经"之一。① 对照这个大事记,虽然孔道辅首开祭祀孟子的先河,还只具有半官方、半民间的形式,但它显然影响了政和五年北宋政府正式承认兖州邹县孟庙的宏观决策;孟子升圣、《孟子》升经接着正式进入国家意识形态体制的合法视野,与此也存在实质性关联。孔道辅在北宋时期的孟子升格运动中功不可没,后来在孟庙中从祀孟子。

(二)孟庙配享从祀考

无论从时间长短看,还是从影响广度看,孔子、孟子在国家礼仪制度中的命运有所不同,甚至差异很大。例如,自从唐朝下令全国各地遍设孔庙(亦称文庙)、祭祀孔子以来,历代因之,直到民国初年;与此相比,孟庙的设置只是孟子故乡的"专利"。又如,孔子逝世一年后,即公元前478年,鲁哀公下令对其进行祭祀,而孟子却在逝世一千三百多年后才享受这一殊荣。就像孔庙有其完备的主祭—配享—从祀系统一样,刘培桂指出:"孟庙,是祭祀孟子的祠庙。正殿供奉的是亚圣孟子之神位,正殿偏侧有配享者,东西两庑有从祀者,组成了一个受祀群体。这些配享与从祀者,多为孟子弟子,也有历代因推尊孟子而被后人认为有功者。然而,他们并不是自孟庙创建就列于殿庑,而是在孟庙创建近千年的历史中,经历了一个从私祀到官祀,人数由少到多,既有增者又有罢者,逐步被社会接受的发展过程。"②

思想家或者经典作品在人类精神生活中的世代相传,与无数后人在解构中重建、在诠释中开展的文化学术工作密不可分。具体到孟子与中国文化这一论题,假如没有扬雄、赵岐、杨绾、韩愈、皮日休、孙奭、孙复、孔道辅、王安石、朱熹、陆九渊、钱唐、王阳明、刘宗周、黄宗羲、戴震、焦循……承先

---

① 参见徐洪兴:《唐宋间的孟子升格运动》,《中国社会科学》1993年第5期,第106—107页。
② 刘培桂:《孟子与孟子故里》,第105页。

启后的正面建设，没有荀子、王充、李觏、司马光、刘三吾……此起彼伏的反向追询，传播学意义上的孟子思想史显然难以成立，或者说至少要苍白得多。花名册不是光荣榜，而孟庙的主祭—配享—从祀系统只是青睐为孟子及其思想的传承与发展建立过不朽功勋的人。孟门弟子以外，只有扬雄、韩愈、孙奭、孔道辅、钱唐这类尊孟健将享受从祀孟庙的殊荣。孟庙主祭的是孟子，被配享的只有孟门弟子乐正克一人，所以包括其他孟门弟子在内的这些人均属从祀之列。

孟庙的主祭—配享—从祀系统是哲学—观念史进路以往极不关注的问题视域。在孔孟一体、儒教中国的历史文化情境中，儒者能否配享或从祀孔庙、孟庙，意味着国家意识形态与国家礼仪制度是否对其合法化认同。譬如，孟子与颜子、曾子、子思子是孔庙的四配[①]，而朱元璋洪武初年一度废除孟子的配享资格（《明史》卷一三九）[②]。孟庙的祭祀系统同样承载并运行了类似的认同—否定功能。

先看钱唐这个例子。在洪武初年人为制造的孟子罢享事件中，刑部尚书钱唐带着棺材、顶着箭镞为孟子死谏，终于让朱元璋收回成命。到了清朝晚期，经由丁宝桢（1820—1886）、陈锦的力主，钱唐得到孟庙祭祀系统的合法化认同，登进从祀孟子的东庑。再看扬雄这个例子。扬雄在朱熹以前的儒家道统史上十分著名，不仅早已从祀孔庙，而且，依据孙傅（？—1128）《先师邹国公孟子庙记》（孟庙刻石）的记载，北宋宣和三年（1121），迁建后的孟庙"以扬雄、韩愈尝推尊孟子，又设为祠于其西"[③]。但是，以朱熹为代表的理学家老是拿扬雄与王莽的关系做文章，扬雄的声名越来越差，以致朱元璋洪武二十九年（1396）从文庙从祀的名单中赶出扬雄，请进董仲舒[④]。一旦

---

① 参见山东省地方史志编纂委员会编：《山东省志·孔子故里志》，北京：中华书局，1994年，第370—371页。
② 参见［清］张廷玉等：《明史》第13册，第3982页。
③ 转引自刘培桂：《孟子与孟子故里》，第106页。
④ 参见［清］谷应泰：《明史纪事本末》，北京：中华书局，1977年，第222页。

被孔庙祭祀系统合法化否认,扬雄在孟庙的从祀资格也就无法保持,尽管其木主(神位)被撤事实上迟得多。孟庙祭祀系统与国家礼仪制度之间的一致性,显示了思想史在叙事与抒情双重意义上的丰富性。

(三)孟子林庙历代题咏概览

孟子故里圣地化之后,引来无数拜谒者,并在三孟留下题咏之作。这些题咏之作,大凡会收入题咏者的文集或相关地方志之中,也有一部分以刻石形式保存于孟庙、孟府、孟林。系统地收集、整理这些作品,意义重大。《孟子家世》《孔孟之乡石刻碑文选》公布过部分资料[①],刘培桂则完成了《孟子林庙历代题咏集》一书(收入《中国孔子基金会文库》,齐鲁书社2001年版)。这里主要对《孟子与孟子故里》书中的一篇总论性文字予以评析。

这些题咏之作的主旋律是对孟子的尊崇与赞誉。在刘培桂看来,条分缕析地探询洋溢于孟子林庙历代题咏之中的精神意蕴是必要的,更须分门别类地列举孟子林庙历代题咏的技术参数[②]。**首先,从文献位置看**。在目前搜集到的孟子林庙历代题咏372篇中,留存于孟子林庙刻石中的有150石189篇,留存于历代孟氏家志(如《孔颜孟三氏志》《三迁志》《孟志》《重纂三迁志》)、历代《邹县志》与个人文集中的有183篇;其中,有的诗篇既留存于林庙刻石,也见于孟氏家志、地方志书。**其次,从作者身份看**。凡在孟庙刻石留题者,一般是知县以上的官吏。在可知的244位作者中,除50位身份不详者外,有皇帝三人(南宋理宗赵昀,清朝的康熙、乾隆),宰辅九人,六部尚书、侍郎、都察院御史、国子监祭酒、巡抚等高级官员四十多人,监察御史、主事、按察使、佥事、知府、知州等中级官员一百多人,邹县地方官吏二十多人,甚至还有三位安南国使者。**再次,从文章体裁看**。有四言古诗

---

① 参见济宁市政协文史资料委员会、邹县政协文史资料委员会编:《孟子家世》,北京:中国文史出版社,1991年,第270—318页;济宁市政协文史资料委员会编:《孔孟之乡石刻碑文选》,济南:山东友谊书社,1992年。
② 参见刘培桂:《孟子与孟子故里》,第115—125页。

12 篇，五言古诗 35 篇，七言古诗 13 篇，五言律诗 61 篇，七言律诗 147 篇，五言绝句 1 篇，七言绝句 74 篇，八言诗 3 篇，颂 3 篇，赞 16 篇，铭 7 篇。**复次，从刻石年代看**。最早的为金代所刻，距今八百多年；多数系明代所刻，距今 350 年至 600 年；最晚的是清末刻石，距今百年。**最后，从保存程度看**。现存于孟子林庙的题咏刻石，保存完好者 74 石 98 篇，基本完好者 17 石 20 篇，断残者 28 石 32 篇，剥落或严重剥落者 20 石 22 篇，人工刻凿者 2 石 2 篇，战争年代被机关枪扫射留有弹痕者 11 石 15 篇（其中 2 石同为断残者）。另外，原石已毁者 2 篇，幸存于旧拓；还有 3 石为磨平旧碑所刻，个别字迹重叠难识。

依据以上三个方面的评论，刘培桂初步勾勒了三孟升级或孟子故里圣地化这一问题视域的基本轮廓。简单地说，孟庙从创建到定制的整个发展历程，为孟子故里圣地化确立了物质基础；孟庙的主祭—配享—从祀系统及其在常态中的微妙变化，为孟子故里圣地化提供了制度依据；以赞美"三圣以来承圣道，七篇之后绝微言"为主旨的孟子林庙历代题咏，为孟子故里圣地化注入了思想品位。复杂地说，孟庙不只是一座建筑物，更是孟子升格运动最突出的成就之一；孟庙的祭祀系统不只是一套礼仪规定，更有其耐人寻味的思想史含义；孟子林庙的历代题咏不只是情感尾随着文字的游戏，它在石头上、纸上的存在形式极其值得人们咀嚼。事实上，毋宁说富丽堂皇的孟庙建筑、毕恭毕敬的祭祀仪式、文以载道的题咏作品，都是物质、制度、思想三大文化要素的集合体。思想的出场提升了物质、制度的存在，但物质、制度的在场是思想得以实现其意义必须借助、无法省略的坚实载体，而这恰恰再次体现并证明了历史—思想史进路之于研究孟子故里圣地化的重要性。

三、史料学功底与孟子研究的话语转换

正如史学的根本任务在于最大限度地求真，力所能及地还原事实本相

是对于孟子研究的史学进路赋予我们的必然使命。史学界流行一句偏颇但却深刻的名言,亦即"史学就是史料学"。意思是说:通过重新排比、组合常见的史料,研究者能够发现其中相互舛误或彼此支援的所在;通过不断搜集、运用罕见的史料,研究者能够以此对既定的陈说进行证实或证伪。同样,孟子学研究的历史—思想史进路,应该尽力落实这一史料学要求。

从西汉成书的《韩诗外传》《列女传》开始,有关孟母含辛茹苦地教育孟子成才的故事一直荡漾在民间,激励着无数身处逆境中的人们奋发向上。而且,这一故事以孟子年幼丧父为基础,有的传说甚至认为孟子三岁而孤。与此相比,从《孟子》2·16看,面对臧仓有关孟子"后丧逾前丧"的指责,孟门弟子乐正克指出:一方面,孟子办父亲的丧事,用的是士礼,用三个鼎摆设供品;办母亲的丧事,用的是大夫之礼,用五个鼎摆设供品。另一方面,母亲的丧事在物质消费上超过父亲的丧事,并不是因为孟子对于父、母的爱心有所不同,而是由于政治身份的升迁带来生活富裕程度的变化使然。另外,我们读《孟子》4·7,看到弟子充虞不理解老师葬母为什么要用那样好的棺材,孟子则答以"君子不以天下俭其亲"。《孟子》文本与西汉文本都是常见的史料,但二者却互为矛盾。依据"早出史料真实于晚出史料"的一般原理,刘培桂认为《孟子》文本的文字记载暗示了孟父并非卒于孟子三岁之时,而是可能死于孟母丧葬之前的不久,否则"后丧逾前丧"不会引起从无耻小人到孟门弟子如此强烈的对比与反响[①]。

以上这个例子说明了刘培桂解读常见史料的细腻。《孟子与孟子故里》一书大量运用孟庙刻石中的资料,则印证了作者发掘罕见史料的刻苦。只有首先发扬刻苦的精神与作风,风餐露宿地对刻石进行查找、拓印,挑灯夜战地对拓本进行认读、研讨,然后才会写出像《历代对孟子的封谥与尊崇》《孟庙建制沿革考》《孔道辅与祭祀孟子之始》《孟庙配享从祀考》《孟子林

---

① 参见刘培桂:《孟子与孟子故里》,第193—194页。

庙历代题咏概览》《孟子林庙何以千古不泯》《试寻孟庙岿然千秋之根基》《孔子以后一人,功不在禹下——从孟庙碑刻看孔孟关系》这些别具特色的学术佳作。刘培桂在孟子故里圣地化这块倍受人们冷落的学术园地中已经做出令人注目的成绩,究其原因,充分占有并有效使用孟庙刻石资料尤为不可忽视。

孟庙刻石资料在孟子学研究中的充分占有与有效使用,就像刘培桂的研究所表明的,不仅可以帮助我们整体完成孟子故里圣地化的宏大叙事,而且有助于我们加深了解钱唐与孟子罢享事件这类微观叙事。对于钱唐与孟子罢享事件,许多资深的孟子学研究专家也未必清楚其来龙去脉。个中缘由在于:一方面,尽管钱唐只与洪武五年(1372)的孟子罢享事件有着实质性的联系,但包括《明史》在内的许多史料将他与洪武二十七年(1394)的《孟子节文》事件纠缠在一起;另一方面,清代知名学者朱彝尊甚至认为孟子罢享事件在朱元璋时期根本就不可能发生[①]。读一读立于光绪二年(1876)的两篇孟庙刻石,亦即陈锦的《孟庙东庑先儒钱公碑》、丁宝桢的《重修亚圣孟子庙碑》[②],我们就会明白后人在复杂的思想史中最后所做的抉择。

《孟子与孟子故里》一书重视占有并运用孟庙刻石资料,从更广阔的视野看,还关联着整个中国哲学史研究最近几年来不断涌现的话语转向的学术潮流。以往,中国哲学史研究的集中意识是哲学—观念史进路,作为其支援意识的历史—思想史进路所起的作用不是很大。但是,《郭店楚墓竹简》(文物出版社1998年版)与《上海博物馆藏战国楚竹书(一)》(上海古籍出版社2001年版)、《上海博物馆藏战国楚竹书(二)》(上海古籍出版社2002年版)的出版与研究,已经或正在导引并转换中国哲学史研究不断地走向关注简帛文献、强调史料功底的历史—思想史进路。此外,也更为重要的是,

---

[①] 详细说明,参见杨海文:《朱元璋时期的〈孟子节文〉事件》,刘小枫、陈少明主编:《经典与解释》第2辑《柏拉图的哲学戏剧》,第259—296页。
[②] 参见刘培桂:《孟子与孟子故里》,第158—161页。

一大批过去坚持并实践哲学—观念史进路的研究者,越来越内在地意识到:如果不借助历史—思想史进路进行长久、强大的知识资源积累,哲学—观念史进路的可持续发展就是有限的。这一点在孟子学研究领域中也有明显的征兆,譬如,王其俊正在研究《孟学源流》[①],张奇伟计划写作《亚圣运命》[②]。到了这个时候,历史—思想史进路成为研究者的集中意识,而哲学—观念史进路变成支援意识。这一话语转换是在辩证式否定、螺旋式上升的基础上完成的,人们有理由寄予厚望并期待整个中国哲学史研究通过历史—思想史进路取得突破性进展。

传统在现代社会中命运多舛,以致出现将Mencius(孟子)译为"门修斯"的低级错误。越是如此,人文科学工作者越该自觉、不懈地追求有史料的思想与有思想的史料,既要情真意切地落实"得失寸心知"的人文学关怀、独具匠心地实现"功夫在诗外"的解释学技巧,又要老老实实地锻炼"不负有心人"的史料学功底。要是这份呐喊不属于节外生枝的题外话,它就是我们结束这篇学术性书评之际最想道出的肺腑之言。

[①] 参见王其俊:《前言》,氏著:《亚圣智慧——孟子新论》,济南:山东人民出版社,1996年,第7页。
[②] 参见张奇伟:《后记》,氏著:《亚圣精蕴——孟子哲学真谛》,北京:人民出版社,1997年。

结语 孟子思想研究与孟学史研究如何相得益彰?*

一、想写的三本书与《孟子》七篇解读

张兴(以下简称"张"):杨老师,您好!今天上午,以孟子研究为主题的第五届中韩儒学交流大会在孟子故里闭幕。您从孟子的思想精髓、孟子的远亲近邻、孟子的隔代知音、孟子的海外传播等四个部分,给这次大会做的学术总结,十分精彩!现在是下午,很感谢您接受我的采访。借此机会,我主要想向您讨教一下孟子研究方面的问题。请问:您做孟子研究有多长时间了?具体是如何做的?

杨海文(以下简称"杨"):对于孟子研究,我做了二十多年。20世纪90年代,在中山大学中国哲学专业的老一辈学者李锦全先生以及业师李宗桂教授的指导下,我的硕士学位论文(1996)、博士学位论文(1999)都是做孟子。毕业留校以后,在很长一段时间里,我想从文、史、哲三个角度写三本讲孟子的书,每一个角度都写一本书。我送你的那本书,可以说是属于文学类。

张:谢谢杨老师的赠送,我一定好好拜读您的《我善养吾浩然之气——孟子的世界》。

---

* 原载孙聚友主编:《国际儒学论丛》2018年第2期,北京:社会科学文献出版社,2018年,第265—278页;题为《孟子思想研究与孟学史研究如何相得益彰?——泰山学者杨海文教授访谈录》;第二作者(访谈者)为山东社会科学院助理研究员张兴博士。

杨：齐鲁书社2017年1月给我出的这本书，是《浩然正气——孟子》（江西教育出版社2008年版）的修订版、精炼版，算是文学类的孟子研究。哲学类的孟子研究，是我拟在中国社会科学出版社出版的《文以载道：孟子文化精神研究》（2022年出版）。这也是我的博士学位论文。许多人的博士学位论文答辩后不久就出版了，而我出版博士学位论文竟然拖了二十多年，说起来真是有点惭愧！这大概与我做事既较真、又有些懒散的个性有关，大家千万不要学我。史学类的孟子研究，我还没有专书。我写了很多篇孟学史方面的文章，但目前很难将它们编成一本完整的、同时自己又感到满意的书。

张：就是一本融为一体、融会贯通的书。

杨：对，就是融为一体、融会贯通的一本书。所以，我只能一篇一篇地写，慢工出细活。

从2016年起，我成为孟子研究院的特聘专家，还先后被评为济宁市尼山学者（2016）、山东省泰山学者（2017）。孟子研究院坐落在孟子故里邹城，2016年4月从正科级建制升格为正处级全额事业单位，至今只有短短的几年时间，但已经做了很多有影响的事，有些事甚至具有里程碑一样的意义。譬如，2016年9月24日至2017年1月15日，孟子研究院组织我们七位专家做的大型国学讲座《〈孟子〉七篇解读》，非常成功地将孟子思想的学术研究与推广、传播、应用结合起来，有力促进了中国优秀传统文化的创造性转化与创新性发展。面向热爱孟子的社会大众，专家们将《孟子》七篇一句句、一章章讲下来，这在"五四"以后的中国儒学史上是前所未有的一件大事。

这次中韩儒学交流大会，孟子研究院给每位与会者发了一函七册的《〈孟子〉七篇解读》（齐鲁书社2018年版）。它是我们那次大型国学讲座的结晶，由陈来（清华大学）、王志民（山东师范大学）、我（中山大学）、王中江（北京大学）、梁涛（中国人民大学）、孔德立（北京交通大学）、李存山（中国社会科学院）七人依次对《孟子》七篇进行解读，各人的解读成果均以单册出版。我解读的是《孟子》第三篇《滕文公篇》，出版后的书名叫《〈孟子〉七篇解读·滕文公篇》。

到孟子研究院兼职工作后，我有了一个新的设想。这个设想，你也可以参考一下。我打算顺着孟子研究院做《孟子》七篇解读的思路，通过几年时间，自己一个人将《孟子》这本书全部解读完毕。上个学期，我给我们中山大学哲学系 2015 级本科生解读了《孟子》第一篇《梁惠王篇》。我这个解读，同样是一章一章解读、一句一句解读，只不过是自己一个人全部讲下来。长江学者、泰山学者梁涛教授是我多年来的良师益友。记得 2011 年 10 月 10 日下午，我协助他到北京的京西宾馆东楼参加国家社会科学基金重大项目"中国孟学史"的答辩，非常幸运地拿下了那个大课题（批准号 11&ZD083）。他其实也在做《孟子》七篇的解读，而且已经做了很多年。一南一北，北梁南杨，遥相呼应，很有意思！

张：对！梁涛老师有本《孟子解读》的书，2010 年 10 月由中国人民大学出版社出版。

杨：一章一章解读《孟子》，一句一句解读《孟子》，难度是非常大的，比你按照专题来讲孟子的性善论、孟子的王道思想难多了。从今年开始，我打算花好几年的时间来做这项工作。这项工作需要积累的东西很多，很能考验人的功夫深浅，但对我来说，它同时是打基础的事。说到打基础，你打得越牢，那它对你做孟子研究的帮助就会越大，收获就会越多。所以，我想用三到五年的时间，将这项工作进行下去，将《孟子》这本书全部解读完毕，而且尽可能及时出版每一篇的解读成果，也就是说我的《孟子解读》将由七本书构成，任重而道远！今年下半年，我给中山大学哲学系研究生上课，准备解读《孟子》第二篇《公孙丑篇》。

我会通过上课的方式，做完《孟子》七篇的解读。每次课讲的内容都录音下来，再去整理。整理的时间显然远远多于备课、上课的时间，因为我们说话会带很多口语，很多时候拖泥带水、拉拉杂杂。将录音变成文字、写成书稿,就要将这些口语化的东西、重复的东西删掉,还得理顺句子,尤其是要清晰地表述《孟子》每个字、每句话、每一章的含义。因此,整理的难度是比较大的。

二、做实与做活:汉唐孟学史的研究思路

杨:在接下来的三五年里,除了讲好并整理《孟子》七篇解读,我最想做的是汉唐孟学史研究,在孟学史研究方面展现自己的勤奋与实力。汉唐孟学史研究这个领域,既富有挑战性,又能发挥研究者的学术个性。我想将它做好。

张:据我所知,目前学术界在汉唐孟学史研究方面处于比较弱的态势,很少能够看到富有冲击力的专门研究成果。您做这方面的研究,期待早日见到您的研究成果。那么,您对您今年申报成功的国家社会科学基金重点项目"汉唐孟子思想解释史研究"(批准号18AZX011),准备如何研究呢?

杨:这里,先要祝贺你今年也成功申报了国家社会科学基金项目"经学视野下的《中庸》学史研究"。

与孟子思想研究相比,尤其是与宋代、明代、清代孟学史研究相比,汉唐孟学史研究确实有点薄弱。说它有点薄弱,我是说它在短期之内难以写出像徐复观的《两汉思想史》、汤用彤的《汉魏两晋南北朝佛教史》那类既有考证、又有思想的大作品。话得说回来,汉唐孟学史研究的单篇论文有不少写得极好,我们这些同行更是不能绕过两位女学者写的专著《汉唐孟子学述论》、《唐代孟子学研究》[①]。

说到我这个课题,人们知道汉唐时期(前206—979[②])包括两汉、三

---

① 参见李峻岫:《汉唐孟子学述论》,济南:齐鲁书社,2010年;兰翠:《唐代孟子学研究》,北京:北京大学出版社,2014年。
② 960年,赵匡胤建立宋朝;979年,五代十国的北汉被宋朝灭国。这里以后者作为汉唐时期的终点。

国、魏晋、南北朝、隋唐、五代十国,时间跨度很长,将近一千二百年。后来的宋、元、明、清也是一千年时间,孟学史的特点很鲜明。但是,在汉唐这一千二百年间,真正有分量的孟学史作品并不多见,而且分布很零散。要在这么漫长的历史当中,将分布得零零散散的史料找出来,再运用逻辑研究的方式、编年史研究的方式贯通起来,其难度之大是可想而知的。

史料稀少、零散,如何解决这个难题?我觉得,一是要抓住有代表性的人物,譬如董仲舒、司马迁、扬雄、王充、赵岐、牟融(约生于165—170,卒年不详)、葛洪、刘勰(约465—520/521)、刘知几(661—721)、韩愈、李翱(772—836)、皮日休、林慎思(844—880);二是要抓住有代表性的作品,譬如《春秋繁露·实性》《史记·孟子荀卿列传》《法言》《论衡·刺孟》《孟子章句》《牟子理惑论》《史通·惑经》《韩愈全集·原道》《复性书》《请孟子为学科书》《续孟子》;三是要抓住有代表性的事件,譬如《孟子》传记博士。按照赵岐的说法,汉文帝时期,《论语》《孝经》《尔雅》《孟子》被设置为传记博士;后来有了《五经》博士,就废除了传记博士[①]。

有代表性的人物,有代表性的作品,有代表性的事件,这三个方面是汉唐孟学史研究之经。如果每一方面都找得到若干个好的切入点,汉唐孟学史就能大体呈现出来。我就是努力在这三个方面找点。但是,仅仅找到这些点,再将涉案材料罗列出来,意义也不是很大。我们还得重视汉唐孟学史研究之纬。

从汉唐孟学史的研究动态看,很多人找得出有代表性的人物、作品、事件,但讲不透所谓的代表性。为何如此?不善于从复杂的思想史关系当中理解并敞开所谓的代表性,是其重要原因。经度是内涵生产,纬度是关系梳理;内涵生产的目的是保质保量,关系梳理的目的是绘声绘色。先之以经,后之以纬,经纬交织,汉唐孟学史研究方能轮廓清晰,气韵生动。

[①] 具体研究,参见杨海文:《〈孟子〉传记博士问题的学术史考察》,《中国哲学史》2006年第4期,第41—47页。

第一类要梳理的思想史关系是孟子与先秦诸子——包括孟子与荀子、子思与孟子、孔子与孟子、颜子与孟子、孟子与庄子——在汉唐时期的关系。在汉唐孟学史这个长时段之中,孟子与孔子、颜子、子思、庄子、荀子这些周边的思想家存在各种情形的互动:如何从关联不大发展到关联非常大?如何从平起平坐变得有高下之分?如何此消彼长?不将这些关系梳理清楚,我们就难以写出让人满意的研究成果。

有些研究成果,就像写教材一样,只是简单地罗列一堆材料,见不到它们将其间有意思的东西表现出来。譬如,孟子与庄子的关系很有意思,它在汉唐时期是有一个变化过程的。对于这个变化过程,有哪些文献可以作为依据?文献生成的时代是怎么样的?写这些文献的作者是怎么样的?后人是如何解读这些文献的?这些文献是如何汇入更浩大的思想史长河的?这里推荐"非著名学者"李泰棻的《庄孟互不相及问题斠酌》一文①,供大家参考。

第二类要梳理的思想史关系是孟子与文、史、哲在汉唐时期的关系。《孟子》不仅是哲学著作,而且是文学作品、历史学作品。文学家是如何读《孟子》的?史学家是如何读《孟子》的?哲学家是如何读《孟子》的?他们读《孟子》,有哪些相同的感受,不同的体悟又在哪里?我们写汉唐孟学史,如何恰当地表述这些异同,并做出合理的定位呢?

第三类要梳理的思想史关系是孟子与道、佛在汉唐时期的关系。人们都知道孟子"距杨墨",也知道韩愈以孟子为榜样而"辟佛老"。如果讲到这些就打住了,那还只是外在地看孟子与佛、老的关系。孟子与佛、老有内在的关系吗?如果有,它是如何具体表现的?在这次中韩儒学交流大会上,石永之先生的论文《我善养吾浩然之气——以黄元吉对孟子治气养心术的解

---

① 参见李泰棻:《老庄研究》,北京:人民出版社,1958年,第147—150页。具体研究,参见杨海文:《李泰棻〈庄孟互不相及问题斠酌〉引文溯源》,《中共宁波市委党校学报》2016年第3期,第25—31页;孟子研究院、中国孟子学会编:《孟子研究》第1辑,北京:中国文史出版社,2018年,第336—349页。

读为例》给我的启发很大,因为它从道家道教的发展脉络入手,说明孟子思想融入到了另一种异质的思想史关系当中。这使我想起孟子对汉唐佛教的影响问题,至今很少有人涉足这个领域。我也只是做过一点尝试[①],但我相信:一旦占有了丰富的史料,然后加以恰如其分的阐释,汉唐孟学史研究就会变得更加丰盈。汉唐时期孟子与佛教、道教到底有哪些内在的关系,是我要认真思考的大问题。

归结起来,我做汉唐孟学史的研究思路是:做实这个时段有代表性的人物、有代表性的作品、有代表性的事件,做活孟子与先秦诸子、孟子与文史哲、孟子与道佛在这一期间的关系;以三个代表性为经,以三类关系为纬,用三类关系激活并打通三个代表性,促使三个代表性具备并展示厚重、坚实的思想史面相。

我不想将汉唐孟学史研究写成甲乙丙丁、面面俱到的教材乃至所谓的专著,我觉得呈现这一研究的最好形式是史料翔实、考释精当、问题意识鲜明的一篇篇论文。我会尽力抓好每一个点,然后努力将它写好。众所周知的东西,我一般不会写进论文。我最想关注的是人们不知道的东西、不重视的东西,特别是一知半解、语焉不详的东西。在今天的中韩儒学交流大会上,李玉女士的论文《励俗敦素:魏晋南北朝时期倡扬的孟子品尚》,提到《千字文》中的"孟轲敦素"。几年前,我花了很大的功夫,研究过这个问题,填补了孟学史研究的一个空白[②]。

做好汉唐孟学史,对我来说是巨大的挑战。譬如说文献,尽管我已经花了很多时间、精力,做了相对充足的前期准备工作,但随着研究的纵深展开,这是远远不够的。传世文献浩如烟海,我们不可能全都看过。郭店简、上博

[①] 参见杨海文:《中国佛教史上第一篇孟子学文献——〈牟子理惑论〉新探》,《湖南大学学报(社会科学版)》2013 年第 5 期,第 12—18 页;吴重庆编:《顺性遂情——冯达文教授从教五十周年庆贺文集》,成都:巴蜀书社,2018 年,第 476—496 页。

[②] 参见杨海文:《"孟轲敦素":南朝孟学史的点睛之笔》,王钧林主编:《海岱学刊》2015 年第 2 辑,第 155—171 页。

简、清华简这些出土文献,我还得不断地补课。巧妇难为无米之炊,如果没有足够多的文献量,汉唐孟学史研究不仅是做不实的,更是做不活的。怎么办?勤能补拙,唯有花更多的笨功夫而已。

三、孟学史研究:孟子研究的半壁江山

张:杨老师,您过谦了。从刚才的叙述看,您做汉唐孟学史的研究思路,属于战略方面的考量;至于战术方面的落实,则是通过具体的文献找到每一个或大或小的问题,然后将它们整体性串起来,是这样吧?现在换个话题:您认为孟学史研究在孟子研究中具有怎样的地位与作用呢?

杨:这个问题是我一直在思考的问题。梁涛教授与我前几年在《文史哲》杂志联名发表过一篇文章,主要讲20世纪孟学史研究的现状及其展望[①]。我们认为:一方面,孟子研究包括两大块,一块是孟子思想研究,另一块是孟学史研究;另一方面,孟子研究的主流是孟子思想研究,孟学史研究受到重视只是最近十多年的事。为什么如此呢?

哲学系的传统是做孟子思想研究。近现代以来,随着人们对西方文化的了解,诠释与解释孟子思想逐渐变成了潮流与大势。这方面也产生了很多优秀成果,譬如复旦大学杨泽波教授的《孟子性善论研究》[②]。但是,如果要进一步拓展孟子研究的空间、提升孟子研究的品格,仅靠孟子思想研究是远远不够的,而是必须加强孟学史研究。孟子思想研究本身,其实是离不开并且依赖于孟学史研究的。假如对于孟学史缺少比较好的了解,那么,孟子思想研究给人的印象就是飘浮在空中,没有接上地气。我在做孟子思想研究的时候,总是想:我如何做到并证明我的研究方式比前辈更好一些呢?我

---

① 参见梁涛、杨海文:《20世纪以来的孟学史研究》,《文史哲》2012年第6期,第126—135页。
② 参见杨泽波:《孟子性善论研究》,北京:中国社会科学出版社,1995年;杨泽波:《孟子性善论研究》(修订版),北京:中国人民大学出版社,2010年;杨泽波:《孟子性善论研究》(再修订版),上海:上海人民出版社,2016年。

的体会是:孟学史研究应当成为孟子研究的有机组成部分,它是孟子思想研究必不可少的参考坐标。

在孟子研究中,孟学史研究与孟子思想研究是不分彼此、等量齐观、美美与共、相得益彰的。我们做个比喻:孟子研究是一级学科,它的下面有两个二级学科,一个是孟子思想研究,一个是孟学史研究。孟子思想研究作为二级学科,大家对它的认识相当清晰、定位相当牢固。很多人喜欢从事孟子思想研究,但对孟学史研究不很关注。我想特别强调的是:孟学史研究是孟子研究的半壁江山。孟子思想研究是半壁江山,孟学史研究是半壁江山,合并在一起,就是孟子研究的整个江山。

孟学史研究在孟子研究这个一级学科之下,其重要性是不言而喻的。孟学史研究的基本方法是历史学的方法、文献学的方法,而这些方法恰恰是孟子思想研究比较缺乏的。很多做孟子思想研究的学者,不太关注文献的总量、真伪,不太关注历史的发展脉络。任何一个大的思想史、哲学史概念,譬如孟子首倡的"性善",在不同时期的不同思想家那里,都有不同的含义。你不运用历史学的方法、文献学的方法,怎能将这些变化展现出来呢?这也就是我所说的孟子思想研究与孟学史研究要相得益彰的问题。

总而言之,孟学史研究必须运用好历史学与文献学的方法,就像你今天发表的会议论文《从孟子"良知"到〈大学〉"诚意""致知"——论阳明"致良知"思想的来源与内涵》一样……

张:我这篇论文的主要内容,就是要将阳明"致良知"思想的来源与含义弄清楚。

杨:"致良知"思想确实与《孟子》有关,与《大学》有关。王阳明是通过哪一种方式,将孟子的"良知"与《大学》的"致知"巧夺天工地结合为"致良知"的思想?这种创造性的想法是在什么样的社会背景下实现的?为什么孟子的"良知"概念到了王阳明那里,就能跟《大学》的"致知"概念结合在一起?其他人为什么就没有想到过?王阳明为什么进行这一创新之后,就将"致良知"思想变成了明代思想史上的标杆?这些问题值得我们好好探讨,因为它们同样属于孟学史研究的范畴。学术界关于王阳明思想研究的成果太多了,但说到王阳明与孟子关系的研究,似乎尚未形成那种标杆性的作品。如果别人看你研究孟子与王阳明关系的文章,觉得你将这个问题真正讲清楚了,你的文章就是标杆性的作品。你可以在这方面多做一些研究,它有助于你做好你的国家课题"经学视野下的《中庸》学史研究"。

张:谢谢杨老师的指点与鼓励!接下来,我会按照您的方法与要求,继续将这一块做下去。

四、孟子思想有哪些现代意义?

张:再提一个问题:孟子思想对于我们的人生有哪些意义呢?

杨:这个问题提得好!《孟子》是历代知识分子读得极多的大经典,也是今天文、史、哲各专业的必读书目。孟子思想对于我们的人生,意义是很大的。我觉得可以从三个方面讲:心态应该怎么样?世态应该怎么样?生态应该怎么样?

张:就是从心态、世态、生态三个方面看孟子思想对于人生的意义?

杨:对!我有个观点,认为我们的心态要审美化、世态要道德化、生态要自然化。从"三态"的角度看人生意义,孟子思想十分值得我们好好研究、好好提升,并且运用到实际生活当中。

第一,我们的心态要审美化,孟子有哪些思想能够帮助我们?众所周知,孟子讲"孟子道性善,言必称尧、舜"(《孟子》5·1),讲"我善养吾浩然之气"(《孟子》3·2),讲"养心莫善于寡欲"(《孟子》14·35),讲的都是心态的事情。孟学是心学,养心的本体依据是性善论。古往今来,人们对于性善论做过数不清的解释,但接地气的说法不多。人们相信性善论能够养心,有助于心态审美化,最接地气的理由是什么呢?就是性善让人心情快乐、身体安康。孟子说:"君子所性,仁义礼智根于心。其生色也晬然,见于面,盎于背,施于四体,四体不言而喻。"(《孟子》13·21)《大学》说:"富润屋,德润身,心广体胖,故君子必诚其意。"① 你心情快乐、身体安康,自然也会长寿。孔子说的"仁者寿"(《论语》6·23)、大德"必得其寿"(《中庸》)②,就是这个意思。《四书》以德立人,最接地气的理由正是心态审美化。

第二,我们的世态要道德化,孟子有哪些思想能够帮助我们?人心不古,世风日下,是当前社会存在的大问题。世态为什么越来越不道德?根子在于我们这个社会越来越功利,唯利是图,原本和谐的人伦关系遭到唯功利主义肆无忌惮的践踏与破坏。我们有必要重提孟子讲的"父子有亲,君臣有义,夫妇有别,长幼有叙,朋友有信"(《孟子》5·4)、"大孝终身慕父母"(《孟子》9·1),重提《大学》讲的"自天子以至于庶人,壹是皆以修身为本"③。你修身,我修身,人人都修身,尤其是孝敬好父母、做好本职工作,五伦关系就会变得和谐起来,世态才会越来越道德化。

第三,我们的生态要自然化,孟子有哪些思想能够帮助我们?孟子讲生态,有两句名言。一句是:"亲亲而仁民,仁民而爱物。"(《孟子》13·45)自然界的资源真是取之不竭、用之不尽吗?绝对不是!所以,朱熹给"爱物"的解释是:"物,谓禽兽草木。爱,谓取之有时,用之有节。"④ 另一句是:"禹之行水也,行其所无事也。"(《孟子》8·26)鲧治水,用堵塞的方式,失败了;大禹治水,用疏导的方式,成功了。按照水本身固有的自然规律来治理它,而不是改变水的自然规律来治理它,就是"行其所无事"。生态自然化的含义是:我们对于自然界绝不能巧取豪夺、盲目自大,而是要悉心呵护自然界的万事万物,让它们如其所是、生生不息地存在与发展。

张:请杨老师再概括一下上面讲的内容。

---

① [清]阮元校刻:《十三经注疏(附校勘记)》下册,第 1673 页上栏—中栏。
② 参见[清]阮元校刻:《十三经注疏(附校勘记)》下册,第 1628 页上栏。
③ 同上书,第 1673 页上栏。
④ [宋]朱熹:《四书章句集注》,第 363 页。

杨：好的。2017年11月26日，我在深圳图书馆南书房做讲座，讲过这个题目；再过几天的（2018年）8月15日，我讲授孟子研究院"准博士"培养专题课程第五讲，还会讲这个题目。在我看来，孟子思想的现代意义包括三个方面：一方面，孟子讲性善、养心，有助于我们的心态审美化；它涉及人与自身的关系，我们要以无欲则刚抵达美的境界。另一方面，孟子讲五伦、平治，有助于我们的世态道德化；它涉及人与社会的关系，我们要以孝敬父母抵达善的境界。再一方面，孟子讲爱物、"无事"，有助于我们的生态自然化；它涉及人与自然的关系，我们要以万物生长抵达真的境界。

五、重新审视孟子的社会政治思想

张：我们平常谈论孟子思想，一般认为它的道德性比较强。孟子除了要统治者行仁政以外，其他方面还有需要着重描述的吗？

杨：你是说孟子的政治思想？

张：是的，请杨老师谈一下孟子思想在政治方面的体现。

杨：就像孔子一样，孟子也有着丰富、深刻的政治思想。区别在于，孔子的政治思想比较平和，孟子的政治思想比较刚直。譬如讲君臣关系，孔子的主张是"君君，臣臣，父父，子子"（《论语》12·11）、"天下有道则见，无道则隐"（《论语》8·13）。孔子也讲从道不从君、不唯上是从，但他对待君主的态度，大体是平和的。相比之下，孟子的政治思想刚直得多，孟子是具有革命性的思想家。

汤、武为什么能够建立自己的新王朝？孟子讲"汤放桀，武王伐纣"（《孟子》2·8），商汤将夏桀流放到很远的地方，武王讨伐商纣王，这都是通过革命性方式实现的。孟子还说贵戚之卿："君有大过则谏；反覆之而不听，则易位。"（《孟子》10·9）如果一国之君犯了错误，贵戚之卿有责任批评他；如果反反复复批评，他还不听，贵戚之卿可以推翻他，由自己做国君。至于异姓之卿,则是:"君有过则谏;反覆之而不听,则去。"(《孟子》10·9)如果一国之君犯了错误,异姓之卿有责任批评他;如果反反复复批评,他还不听,异姓之卿就不在这里做官了,而是跑到别的国家去做官。历史上那些仁人志士能够挺立自己的大丈夫气概,孟子刚直的、革命性的思想个性起到了很大的作用。

张:孟子讲杀纣不是弑君,而是杀独夫民贼,就是这种革命性的体现吧?

杨:"闻诛一夫纣矣,未闻弑君也"(《孟子》2·8)的意思是说:只听说杀了一个叫纣的独夫民贼,没有听说杀了哪个君主。孟子的"汤武革命"之论,是跟《周易》一脉相承的。《周易·革卦·彖传》说:"汤武革命,顺乎天而应乎人。革之时大矣哉!"①《周易》《孟子》的这一思想为中国历史上的改朝换代确立了哲学的依据、人道的依据:你是好君主,你统治得好,我们就支持你;你不是好君主,你统治得不好,我们就推翻你。

在社会建设方面,孟子提过井田制、什一税等建议。井田制对于既得利益者的损害太大,只能是孟子的良好愿望。什一税是很得体的制度设计。任何国家要维持正常的运行,就必须从劳动人民那里征收一定的赋税。这种管理费用究竟应该征收多少呢?据《孟子》12·10的记载,一百块钱征十块钱,孟子认为这是尧舜之道;如果一百块钱只征五块钱,看起来比十块钱少了,但它不足以维持国家的正常运转,孟子认为这不是仁义之道,而是妇人之仁。什一税保证了国家机器的正常运转,这种认识对于历朝历代的税收政策产生了积极的影响。

张:您能从整体的角度对于孟子的社会政治思想做一番重新审视吗?

杨:2017年1月15日,我在"《孟子》七篇解读的当代价值研讨暨《孟子》七篇解读活动收官仪式"上有个主题发言,其中说道:

首先,孟子是面向大建设的设计师。因为他提出了"五伦"的

---

① [清]阮元校刻:《十三经注疏(附校勘记)》上册,第60页下栏。

概念,就是"父子有亲,君臣有义,夫妇有别,长幼有叙,朋友有信"(《孟子》5·4),这是一个"五"。另外,他提出了仁、义、礼、智四德,或者说是恻隐之心、羞恶之心、辞让之心、是非之心的四心(《孟子》3·6,11·6),这是一个"四"。从面向大建设的理论设计来说,"五伦"与"四德"构成了一个"五四"。

其次,孟子是面向大革命的思想家。因为他在历史上高度肯定汤武革命,而且首次提出了儒家的道统论。汤武革命也涉及四个人,"汤放桀,武王伐纣"(《孟子》2·8),汤、武是两个大圣王,桀、纣是两个大暴君,这是一个"四"。道统论,我们读《孟子》14·38,知道尧、舜、汤、文王、孔子属于"闻而知之"这条线,这是一个"五"。从面向大革命的思想创新来说,这也是一个"五四"。

以上所说,假定我们将孟子定位为面向大建设的设计师、面向大革命的思想家,加上他又讲了两个"五四"的概念,那么,我们按照这样的理念、这样的思考来看孟子,可能有助于我们进一步加深对于孟子的理解,孟子的现代意义也由此可以引申出来。我希望我们在好好阅读、理解《孟子》的基础上,将孟子讲五伦、明四德以及对汤武革命的肯定、对道统论的弘扬,真正落实到我们的思想与实践当中。

重新审视孟子的社会政治思想是一件很难的事,我这里只能简略地讲讲,请体谅!

六、孟子研究是毕生要做的一件事

张:今天,听您讲了这么多关于孟子思想与孟学史研究的见解,收获颇丰,获益匪浅。您还有哪些方面需要补充吗?

杨：我在孔孟故里的朋友殷延禄先生（孟子研究院）、宋立林副教授（曲阜师范大学）、刘成先生（邹城市意轩书屋）常说：有三位姓杨的学者做孟子，就是杨伯峻、杨泽波、杨海文，正所谓"三阳（杨）开泰"。我理解这是朋友们对我的鼓励与期待。改革开放以来，孟子研究的队伍不断壮大。50岁以上的学者当中，我认识的有王其俊（山东社会科学院）、刘培桂（邹城市文物局）、刘瑾辉（扬州大学）、周淑萍（陕西师范大学）等人，始终做的是孟子研究，坚持不懈将孟子研究做下来了；我勉强也算一位。另有李畅然（北京大学）、李峻岫（北京大学）、李华（山东师范大学）等中青年学者，他们的孟学史研究做得相当出色。我今年步入了知天命之年。我想孟子研究是我毕生要做的一件事，我非常希望能将它做好。最近几年时间，我打算从文献、义理着手，将汉唐孟学史研究做得更实一些、更深一些。时不我待！

另外，我像你的博士生导师梁涛教授一样，也在孟子研究院承担了一些工作。我们这个专家团队已经解读了《孟子》（2016）、《中庸》（2018）①，还计划解读《大学》（2019）、《论语》（2020）。这些工作不只是为了推广儒学，同时促使我们必须更加深入地理解《四书》这类儒家思想的大经典。我会尽力做好孟子研究院泰山学者特聘专家的分内之事。

因为有孟子研究院这个平台，又有中山大学哲学系这个平台②，我觉得十分有利于我将孟子研究持久地做下来，并且做得更好一些。

补充几句：我从2014年9月起，就在中山大学哲学系上课、带研究生，但直到今年（2018年）8月3日，才告别从事了十七八年的学术期刊编辑工作③，正式调回系里做教师。孟子说过："得天下英才而教育之，三乐也。"（《孟子》13·20）我的朋友、西北政法大学李智福博士给我的微信说得好：

---

① 参见陈来、王志民主编：《〈孟子〉七篇解读》（全7册）；陈来、王志民主编：《中庸解读》，济南：齐鲁书社，2019年。
② 2017年9月，中山大学成为全国范围内五所哲学学科入选"双一流"的高校之一，其余四所为北京大学、中国人民大学、复旦大学、南京大学。
③ 杨海文先生2002年9月12日从中山大学中国古文献研究所调至《中山大学学报（社会科学版）》做编辑，2002—2017年还长期做过《现代哲学》中国哲学学科兼职编辑。

"编辑是金针度人,教书是孟学本色。"我对我带的硕士研究生钮则圳(现为清华大学中国哲学博士研究生)、杨中(现为《深圳社会科学》编辑)等人说过:你们在学生阶段,一定要好好读一读《孟子》;如果能将《孟子》的某些章节背下来,那就更好了。尽量多培养一些研究孟子的高端人才,我也想将这件事做好。

张:希望杨老师的国家课题早日结项,期待经常见到您最新的研究成果。非常荣幸有此机会采访您,而且您是我参加工作一年多来采访的第一位专家。谢谢杨老师!

杨:从编辑行业回归教学科研队伍,是我人生的重大转折点。十分谢谢张兴博士在这个节点上对我的采访!关于孟子研究,其实还有很多值得说的话题。举两个例子:第一,从文献的角度看,新出土文献与传世文献对于我们研究孟子能够起到哪些作用?运用新出土文献研究孟子,应该注意哪些问题?第二,从目前的研究看,文学、哲学、历史的孟子研究究竟有哪些不同?期待以后有机会再就孟子思想研究与孟学史研究如何相得益彰这个大话题进行对话与交流。

(据2018年8月8日下午在邹城市捍邻山庄浩然堂的采访录音整理而成)

参考文献

古籍

［周］不著撰人，［宋］陆佃解：《鹖冠子》，《景印文渊阁四库全书》第848册，台北：台湾商务印书馆，1986年。
［周］慎到撰，王斯睿校正，黄曙辉点校：《慎子》，上海：华东师范大学出版社，2010年。
［汉］班固撰，［唐］颜师古注：《汉书》，北京：中华书局，1962年。
［汉］班固著，［清］陈立疏证，吴则虞点校：《白虎通疏证》，北京：中华书局，1994年。
［汉］崔寔、仲长统撰，孙启治校注：《政论校注·昌言校注》，北京：中华书局，2012年。
［汉］高诱注：《战国策》，上海：上海书店，1987年。
［汉］韩婴撰，许维遹集释：《韩诗外传集释》，北京：中华书局，1980年。
［汉］桓谭撰，朱谦之校辑：《新辑本桓谭新论》，北京：中华书局，2009年。
［汉］贾谊撰，［清］卢文弨校：《贾谊新书》，《二十二子》本，上海：上海古籍出版社，1986年。
［汉］贾谊：《新书》，《四部丛刊初编》第57册，上海：上海书店，1989年。
［汉］贾谊著，刘晓东校点：《新书》，沈阳：辽宁教育出版社，1998年。
［汉］贾谊撰，阎振益、钟夏校注：《新书校注》，北京：中华书局，2000年。
［汉］刘向著，张涛译注：《列女传译注》，济南：山东大学出版社，1990年。
［汉］刘向撰，［清］姚振宗辑纂：《七略别录佚文》，《续修四库全书》第916册，上海：上海古籍出版社，2002年。
［汉］刘向集录，范祥雍笺证，范邦瑾协校：《战国策笺证》，上海：上海古籍出版社，2006年。
［汉］刘向、刘歆撰，［清］姚振宗辑录，邓骏捷校补：《七略别录佚文·七略佚文》，上海：上海古籍出版社，2008年。

[汉]陆贾著,王利器校注:《新语校注》,北京:中华书局,1986年。
[汉]司马迁撰,[宋]裴骃集解,[唐]司马贞索隐,[唐]张守节正义:《史记》,北京:中华书局,1959年。
[汉]王充:《论衡》,上海:上海人民出版社,1974年。
[汉]许慎:《说文解字(附检字)》,北京:中华书局,1963年。
[汉]荀悦著,张烈点校:《两汉纪》,北京:中华书局,2002年。
[汉]扬雄撰,韩敬注:《法言注》,北京:中华书局,1992年。
[三国魏]嵇康著,戴明扬校注:《嵇康集校注》,北京:中华书局,2014年。
[三国魏]王弼注,楼宇烈校释:《老子道德经注校释》,北京:中华书局,2008年。
[晋]陈寿撰,[南朝宋]裴松之注,陈乃乾校点:《三国志》,北京:中华书局,1982年。
[晋]孔衍撰,[清]郑婉校:《春秋后语》,[清]王谟辑:《增订汉魏丛书 汉魏遗书钞》,重庆:西南师范大学出版社、北京:东方出版社,2011年。
[南朝宋]范晔撰,[唐]李贤等注:《后汉书》,北京:中华书局,1965年。
[南朝宋]刘义庆著,[南朝梁]刘孝标注,余嘉锡笺疏,周祖谟、余淑宜、周士琦整理:《世说新语笺疏》,北京:中华书局,2011年。
[南朝梁]沈约:《宋书》,北京:中华书局,1974年。
[南朝梁]僧祐:《弘明集》,[唐]道宣:《广弘明集》,上海:上海古籍出版社,1991年。
[南朝梁]释僧祐撰,苏晋仁、萧鍊子点校:《出三藏记集》,北京:中华书局,1995年。
[南朝梁]萧统编,[唐]李善注:《文选》,上海:上海古籍出版社,1986年。
[南朝梁]萧子显:《南齐书》(精装本),北京:中华书局,1972年。
[南朝梁]萧子显:《南齐书》,北京:中华书局,2017年。
[南朝梁]萧绎撰,许逸民校笺:《金楼子校笺》,北京:中华书局,2011年。
[南朝梁]周兴嗣、[宋]胡寅等编纂,周艺点校:《千字文》,长沙:岳麓书社,1987年。
[北齐]刘昼著,傅亚庶校释:《刘子校释》,北京:中华书局,1998年。
[北周]庾信撰,[清]倪璠注,许逸民校点:《庾子山集注》,北京:中华书局,1980年。
[唐]房玄龄等:《晋书》,北京:中华书局,1974年。
[唐]韩愈著,钱仲联、马茂元校点:《韩愈全集》,上海:上海古籍出版社,1997年。
[唐]李延寿:《南史》,北京:中华书局,1975年。
[唐]李绰撰,萧逸校点:《尚书故实》,本社编:《唐五代笔记小说大观》,上海:上海古籍出版社,2000年。
[唐]刘知几著,[清]浦起龙通释,王煦华整理:《史通通释》,上海:上海古籍出版社,2009年。
[唐]柳宗元:《柳宗元集》,北京:中华书局,1979年。
[唐]卢照邻、杨炯著,徐明霞点校:《卢照邻集 杨炯集》,北京:中华书局,1980年。
[唐]骆宾王著,[清]陈熙晋笺注:《骆临海集笺注》,上海:上海古籍出版社,1985年。

［唐］马总编撰，王天海、王韧校释：《意林校释》，北京：中华书局，2014年。
［唐］皮日休著，萧涤非、郑庆笃整理：《皮子文薮》，上海：上海古籍出版社，1981年。
［唐］王勃著，［清］蒋清翊注，汪贤度校点：《王子安集注》，上海：上海古籍出版社，1995年。
［唐］魏征、令狐德棻：《隋书》，北京：中华书局，1973年。
［唐］韦绚撰，阳羡生校点：《刘宾客嘉话录》，本社编：《唐五代笔记小说大观》，上海：上海古籍出版社，2000年。
［唐］姚思廉：《梁书》，北京：中华书局，1973年。
［唐］虞世南辑：《北堂书钞》，《续修四库全书》第1212册，上海：上海古籍出版社，2002年。
［唐］湛然：《止观辅行传弘决》，《大正新修大藏经》第46卷，台北：佛陀教育基金会出版部，1990年。
［后晋］刘昫等：《旧唐书》，北京：中华书局，1975年。
［五代］孙光宪撰，贾二强点校：《北梦琐言》，北京：中华书局，2002年。
［宋］曹勋：《北狩见闻录》，《丛书集成新编》第117册，台北：新文丰出版公司，1985年。
［宋］曹勋：《北狩见闻录》，［清］曹溶辑，［清］陶樾增订：《学海类编》第2册，扬州：广陵书社，2007年。
［宋］曹勋撰，朱凯、姜汉椿整理：《北狩见闻录》，上海师范大学古籍整理研究所编，朱易安、傅璇琮、周常林、戴建国（常务）主编：《全宋笔记》第3编第10册，郑州：大象出版社，2008年。
［宋］曹勋：《松隐集》，《景印文渊阁四库全书》第1129册，台北：台湾商务印书馆，1986年。
［宋］晁公武撰，孙猛校证：《郡斋读书志校证》，上海：上海古籍出版社，2011年。
［宋］陈淳著，熊国祯、高流水点校：《北溪字义》，北京：中华书局，1983年。
［宋］陈岩肖：《庚溪诗话》，《景印文渊阁四库全书》第1479册，台北：台湾商务印书馆，1986年。
［宋］陈振孙撰，徐小蛮、顾美华点校：《直斋书录解题》，上海：上海古籍出版社，2015年。
［宋］程颢、程颐著，王孝鱼点校：《二程集》，北京：中华书局，1981年。
［宋］程颢、程颐著，〔朝〕宋时烈编，〔韩〕徐大源点校：《程书分类》，上海：上海辞书出版社，2006年。
［宋］高文虎：《蓼花洲闲录》，《丛书集成新编》第86册，台北：新文丰出版公司，1985年。
［宋］洪迈撰，何卓点校：《夷坚志》，北京：中华书局，2006年。
［宋］侯延庆：《退斋笔录》，《丛书集成新编》第84册，台北：新文丰出版公司，1985年。
［宋］侯延庆撰，朱凯、姜汉椿整理：《退斋笔录》，上海师范大学古籍整理研究所编，

朱易安、傅璇琮、周常林、戴建国（常务）主编：《全宋笔记》第3编第10册，郑州：大象出版社，2008年。

[宋]胡宏著，吴仁华点校：《胡宏集》，北京：中华书局，1987年。

[宋]李觏著，王国轩校点：《李觏集》，北京：中华书局，1981年。

[宋]李觏：《李直讲文集》，《四部丛刊》集部第110册，上海：商务印书馆，1919年。

[宋]李觏：《旴江集》，《景印文渊阁四库全书》第1095册，台北：台湾商务印书馆，1986年。

[宋]李觏：《旴江全集》，光绪十九年重刊，中山大学（广州）图书馆藏。

[宋]李昉：《太平御览》，北京：中华书局，1960年。

[宋]李昉等编：《太平广记》，北京：中华书局，1961年。

[宋]李昉等编：《文苑英华》第3册，北京：中华书局，1966年。

[宋]李衡撰，[宋]龚昱编：《乐菴语录》，《景印文渊阁四库全书》第849册，台北：台湾商务印书馆，1986年。

[宋]李焘：《续资治通鉴长编》，《景印文渊阁四库全书》第317册，台北：台湾商务印书馆，1986年。

[宋]李心传编撰，胡坤点校：《建炎以来系年要录》，北京：中华书局，2013年。

[宋]黎靖德编，王星贤点校：《朱子语类》，北京：中华书局，1986年。

[宋]留正等：《增入名儒讲义皇宋中兴两朝圣政》，《续修四库全书》第348册，上海：上海古籍出版社，2002年。

[宋]陆九渊著，钟哲点校：《陆九渊集》，北京：中华书局，1980年。

[宋]陆游：《避暑漫抄》，《丛书集成新编》第86册，台北：新文丰出版公司，1985年。

[宋]罗璧：《识遗》，《景印文渊阁四库全书》第854册，台北：台湾商务印书馆，1986年。

[宋]罗大经撰，王瑞来点校：《鹤林玉露》，北京：中华书局，1983年。

[宋]吕祖谦：《大事记解题》，《景印文渊阁四库全书》第324册，台北：台湾商务印书馆，1986年。

[宋]吕祖谦著，黄灵庚、吴战垒主编：《吕祖谦全集》，杭州：浙江古籍出版社，2008年。

[宋]欧阳修著，李逸安点校：《欧阳修全集》，北京：中华书局，2001年。

[宋]欧阳修、宋祁：《新唐书》，北京：中华书局，1975年。

[宋]欧阳修撰，[宋]徐无党注：《新五代史》，北京：中华书局，1974年。

[宋]邵博撰，刘德权、李剑雄点校：《邵氏闻见后录》，北京：中华书局，1983年。

[宋]邵博：《闻见后录》，《景印文渊阁四库全书》第1039册，台北：台湾商务印书馆，1986年。

[宋]邵伯温撰，李剑雄、刘德权点校：《邵氏闻见录》，北京：中华书局，1983年。

[宋]邵雍：《击壤集》，《景印文渊阁四库全书》第1101册，台北：台湾商务印书馆，1986年。

[宋]邵雍著,郭彧整理:《邵雍集》,北京:中华书局,2010年。

[宋]施德操:《施先生孟子发题》,《四库全书存目丛书》经部第154册,济南:齐鲁书社,1997年。

[宋]石介著,陈植锷点校:《徂徕石先生文集》,北京:中华书局,1984年。

[宋]司马光编著,[元]胡三省音注,"标点资治通鉴小组"标点:《资治通鉴》,北京:中华书局,1956年。

[宋]司马光撰,李文泽、霞绍晖校点整理:《司马光集》,成都:四川大学出版社,2010年。

[宋]苏轼撰,王松龄点校:《东坡志林》,北京:中华书局,1981年。

[宋]苏轼:《苏东坡全集》,《四部精要》第19册,上海:上海古籍出版社,1994年。

[宋]苏轼著,孔凡礼点校:《苏轼文集》,北京:中华书局,1986年。

[宋]苏辙:《龙川别志》,《景印文渊阁四库全书》第1037册,台北:台湾商务印书馆,1986年。

[宋]苏辙撰,喻宗宪点校:《龙川略志 龙川别志》,北京:中华书局,1982年。

[宋]苏辙著,曾枣庄、马德富校点:《栾城集》,上海:上海古籍出版社,2009年。

[宋]苏辙撰,曾枣庄、舒大刚主编:《三苏全书》,北京:语文出版社,2001年。

[宋]孙复:《孙明复先生小集》,四川大学古籍整理研究所编:《宋集珍本丛刊》第3册,北京:线装书局,2004年。

[宋]唐庚撰,[宋]强行父辑:《唐子西文录》,《续修四库全书》第1713册,上海:上海古籍出版社,2002年。

[宋]王安石著,唐武标校:《王文公文集》,上海:上海人民出版社,1974年。

[宋]王柏:《鲁斋集》,《景印文渊阁四库全书》第1186册,台北:台湾商务印书馆,1986年。

[宋]王明清撰,穆公校点:《挥麈录》,本社编:《宋元笔记小说大观》第4册,上海:上海古籍出版社,2007年。

[宋]王明清撰,田松青校点:《挥麈录》,上海:上海古籍出版社,2012年。

[宋]王尧臣、王洙、欧阳修等:《崇文总目》,《景印文渊阁四库全书》第674册,台北:台湾商务印书馆,1986年。

[宋]王应麟辑:《玉海》,扬州:广陵书社,2007年。

[宋]王应麟著,[清]翁元圻等注,栾保群、田松青、吕宗力校点:《困学纪闻》(全校本),上海:上海古籍出版社,2008年。

[宋]王栐撰,诚刚点校:《燕翼诒谋录》,北京:中华书局,1981年。

[宋]魏泰撰,李裕民点校:《东轩笔录》,北京:中华书局,1983年。

[宋]文莹撰,郑世刚、杨立扬点校:《湘山野录 续录 玉壶清话》,北京:中华书局,1984年。

［宋］吴处厚撰，李裕民点校：《青箱杂记》，北京：中华书局，1985年。

［宋］吴曾：《能改斋漫录》，上海：上海古籍出版社，1960年。

［宋］熙时子注：《孟子外书》，《续修四库全书》第932册，上海：上海古籍出版社，2002年。

［宋］徐梦莘：《三朝北盟会编》，《景印文渊阁四库全书》第350册，台北：台湾商务印书馆，1986年。

［宋］徐天麟：《西汉会要》，上海：上海人民出版社，1977年。

［宋］薛居正等：《旧五代史》，北京：中华书局，1976年。

［宋］杨时撰，林海权校理：《杨时集》，北京：中华书局，2018年。

［宋］姚宽撰，孔凡礼点校：《西溪丛语》，北京：中华书局，1993年。

［宋］叶绍翁撰，沈锡麟、冯惠民点校：《四朝闻见录》，北京：中华书局，1989年。

［宋］叶适：《习学记言序目》，北京：中华书局，1977年。

［宋］佚名撰，孔一校点：《道山清话》，本社编：《宋元笔记小说大观》第3册，上海：上海古籍出版社，2007年。

［宋］余允文：《尊孟辨（附续辨、别录）》，《景印文渊阁四库全书》第196册，台北：台湾商务印书馆，1986年。

［宋］詹大和等撰，裴汝诚点校：《王安石年谱三种》，北京：中华书局，1994年。

［宋］张九成著，杨新勋整理：《张九成集》，杭州：浙江古籍出版社，2013年。

［宋］张栻著，杨世文、王蓉贵校点：《张栻全集》，长春：长春出版社，1999年。

［宋］张载著，章锡琛点校：《张载集》，北京：中华书局，1978年。

［宋］真德秀撰，陈静点校：《四书集编》，福州：福建人民出版社，2021年。

［宋］志磐：《佛祖统纪》，《大正新修大藏经》第49卷，台北：佛陀教育基金会出版部，1990年。

［宋］周敦颐著，陈克明点校：《周敦颐集》，北京：中华书局，2009年。

［宋］周煇著，刘永翔校注：《清波杂志校注》，北京：中华书局，1994年。

［宋］朱熹：《四书章句集注》，北京：中华书局，1983年。

［宋］朱熹编：《二程遗书》，上海：上海古籍出版社，1992年。

［宋］朱熹集注：《宋本论语集注》，北京：国家图书馆出版社，2016年。

［宋］朱熹集注：《宋本孟子集注》，北京：国家图书馆出版社，2016年。

［宋］朱熹撰，［清］圣祖批：《御批资治通鉴纲目》，《景印文渊阁四库全书》第689册，台北：台湾商务印书馆，1986年。

［宋］朱熹撰，朱杰人、严佐之、刘永翔主编：《朱子全书》（修订本），上海：上海古籍出版社，合肥：安徽教育出版社，2010年。

［宋］朱熹、吕祖谦编，［宋］叶采集解：《近思录》，《景印文渊阁四库全书》第699册，台北：台湾商务印书馆，1986年。

［元］白珽：《湛渊静语》，《景印文渊阁四库全书》第866册，台北：台湾商务印书馆，1986年。

［元］不著撰人：《宋史全文》，《景印文渊阁四库全书》第330册，台北：台湾商务印书馆，1986年。

［元］胡炳文著，宋健点校：《孟子通》，上海：华东师范大学出版社，2020年。

［元］李冶：《敬斋古今黈（附拾遗）》，《丛书集成初编》第216册，北京：中华书局，1985年。

［元］马端临著，华东师大古籍研究所标校：《文献通考·经籍考》，上海：华东师范大学出版社，1985年。

［元］苏天爵编：《元文类》，《景印文渊阁四库全书》第1367册，台北：台湾商务印书馆，1986年。

［元］脱脱等：《宋史》，北京：中华书局，1977年。

［元］阎复：《静轩集》，《元人文集珍本丛刊》第2册，台北：新文丰出版公司，1985年。

［元］佚名撰，李之亮校点：《宋史全文》，黑龙江人民出版社，2005年。

［元］俞德邻：《佩韦斋辑闻》，《景印文渊阁四库全书》第865册，台北：台湾商务印书馆，1986年。

［元］俞德邻：《佩韦斋集》，《景印文渊阁四库全书》第1189册，台北：台湾商务印书馆，1986年。

［元］袁俊翁：《四书疑节》，《景印文渊阁四库全书》第203册，台北：台湾商务印书馆，1986年。

［明］陈邦瞻编：《宋史纪事本末》，北京：中华书局，1977年。

［明］陈全之：《蓬窗日录》，台湾"中央"图书馆藏明嘉靖四十四年（1565）祁县知县岳木刻本，《四库全书存目丛书》子部第110册，济南：齐鲁书社，1995年。

［明］陈汝锜：《甘露园短书》，中国人民大学图书馆藏明万历三十八年（1610）陈邦瞻刻、清康熙六年（1667）刘愿人重修本，《四库全书存目丛书》子部第87册，济南：齐鲁书社，1995年。

［明］陈士元：《孟子杂记》，《景印文渊阁四库全书》第207册，台北：台湾商务印书馆，1986年。

［明］都穆：《方洲杂言（及其他二种）》，北京：中华书局，1985年。

［明］冯梦龙编著，栾保群点校：《古今谭概》，北京：中华书局，2007年。

［明］顾宪成：《顾端文公遗书》，《四库全书存目丛书》子部第14册，济南：齐鲁书社，1995年。

［明］胡应麟：《少室山房笔丛》，上海：上海书店出版社，2001年。

［明］黄景昉著，陈士楷点校：《国史唯疑》，北京：商务印书馆，2020年。

［明］黄溥：《闲中今古录摘抄》，丛书集成初编本，北京：中华书局，1985年。

[明]黄润玉:《宁波府简要志》,《四库全书存目丛书》史部第174册,济南:齐鲁书社,1996年。

[明]黄绾著,刘厚祜、张岂之标点:《明道编》,北京:中华书局,1959年。

[明]黄瑜撰,魏连科点校:《双槐岁钞》,北京:中华书局,1999年。

[明]焦竑撰,李剑雄点校:《澹园集》,北京:中华书局,1999年。

[明]觉浪道盛:《天界觉浪盛禅师全录》,蓝吉富主编:《禅宗全书》第59册,北京:北京图书馆出版社,2004年。

[明]李栻:《历代小史》,商务印书馆辑《景印元明善本丛书十种》本,上海:商务印书馆,1940年。

[明]李贽:《焚书 续焚书》,北京:中华书局,2009年。

[明]李贽:《四书评》,上海:上海人民出版社,1975年。

[明]李之藻:《頖宫礼乐疏》,《景印文渊阁四库全书》第651册,台北:台湾商务印书馆,1986年。

[明]刘三吾辑:《孟子节文》,《北京图书馆古籍珍本丛刊》第1辑,北京:书目文献出版社,1988年。

[明]刘三吾等删节:《孟子节文七卷》,《孟子文献集成》编纂委员会编:《孟子文献集成》第15卷,济南:山东人民出版社,2017年。

[明]刘宗周著,戴琏璋、吴光主编:《刘宗周全集》,台北:"中研院"中国文哲研究所筹备处,1997年。

[明]刘宗周著,吴光主编:《刘宗周全集》,杭州:浙江古籍出版社,2007年。

[明]陆楫:《古今说海》,《景印文渊阁四库全书》第886册,台北:台湾商务印书馆,1986年。

[明]罗洪先著,徐儒宗编校整理:《罗洪先集》,南京:凤凰出版社,2007年。

[明]穆孔晖、尤时熙等撰,邹建锋、李旭等编校:《北方王门集》,上海:上海古籍出版社,2017年。

[明]欧大任撰,刘汉东校注、孙顺霞、孔繁士合校:《百越先贤志校注》,南宁:广西人民出版社,1992年。

[明]潘柽章撰,[清]吴炎订:《国史考异》,丛书集成初编本,北京:中华书局,1985年。

[明]屈大均著,欧初、王贵忱主编:《屈大均全集》,北京:人民文学出版社,1996年。

[明]沈一贯:《庄子通》,《续修四库全书》第956册,上海:上海古籍出版社,2002年。

[明]宋濂等:《元史》,北京:中华书局,1976年。

[明]谈迁著,张宗祥校点:《国榷》,北京:中华书局,1958年。

[明]陶宗仪:《说郛》,《景印文渊阁四库全书》第878册,台北:台湾商务印书馆,1986年。

[明]王畿著,吴震编校整理:《王畿集》,南京:凤凰出版社,2007年。

［明］王圻辑：《稗史汇编》，《四库全书存目丛书》子部第140册，济南：齐鲁书社，1995年。

［明］王圻：《续文献通考》，《四库全书存目丛书》子部第188册，济南：齐鲁书社，1995年。

［明］王守仁原著，钱明编校，吴光覆校：《王阳明全集》（新编本），杭州：浙江古籍出版社，2010年。

［明］王守仁撰，吴光、钱明、董平、姚延福编校：《王阳明全集》（2卷本），上海：上海古籍出版社，1992年。

［明］王守仁撰，吴光、钱明、董平、姚延福编校：《王阳明全集》（3卷本），上海：上海古籍出版社，2011年。

［明］王阳明撰，邓艾民注：《传习录注疏》，上海：上海古籍出版社，2012年。

［明］王祎撰，［明］刘杰、刘同编：《王忠文集》，《景印文渊阁四库全书》第1226册，台北：台湾商务印书馆，1986年。

［明］徐爱、钱德洪、董沄著，钱明编校整理：《徐爱 钱德洪 董沄集》，南京：凤凰出版社，2007年。

［明］许孚远：《敬和堂集八卷（存四卷）》，《四库全书存目丛书》集部第136册，济南：齐鲁书社，1997年。

［明］杨承父修，［明］王元宾纂：《［万历］滕县志》，《日本藏中国罕见地方志丛刊》第29册，北京：书目文献出版社，1992年。

［明］杨慎：《丹铅馀录》，《景印文渊阁四库全书》第855册，台北：台湾商务印书馆，1986年。

［明］杨慎撰，王大淳笺证：《丹铅总录笺证》，杭州：浙江古籍出版社，2013年。

［明］杨慎撰，［明］张士佩编：《升庵集》，《景印文渊阁四库全书》第1270册，台北：台湾商务印书馆，1986年。

［明］杨慎：《升庵经说》，丛书集成初编本，上海：商务印书馆，1936年。

［明］杨慎：《谭苑醍醐》，《景印文渊阁四库全书》第855册，台北：台湾商务印书馆，1986年。

［明］叶子奇：《草木子》，北京：中华书局，1959年。

［明］叶子奇：《草木子》，《景印文渊阁四库全书》第866册，台北：台湾商务印书馆，1986年。

［明］尤时熙撰，［明］李根辑：《尤西川先生拟学小记六卷续录七卷附录二卷》，《四库全书存目丛书》子部第9册，济南：齐鲁书社，1995年。

［明］袁了凡、王凤洲：《纲鉴合编》，北京：北京市中国书店，1985年。

［明］湛若水：《湛甘泉先生文集》，《四库全书存目丛书》集部第56—57册，济南：齐鲁书社，1997年。

［明］湛若水：《湛甘泉先生文集》，桂林：广西师范大学出版社，2014年。

［明］湛若水著，锺彩钧、游腾达点校：《甘泉先生续编大全》（全2册），台北："中研院"中国文哲研究所，2017年。

［明］湛若水著，锺彩钧、游腾达点校：《泉翁大全集》（全4册），台北："中研院"中国文哲研究所，2017年。

［明］张岱著，朱宏达点校：《四书遇》，杭州：浙江古籍出版社，2014年。

［明］张居正撰，王岚、英巍整理：《四书直解》，北京：九州出版社，2017年。

［明］张瓒、杨寔纂修：《［成化］宁波郡志》，《北京图书馆古籍珍本丛刊》第28辑，北京：书目文献出版社，1988年。

［明］郑晓撰，李致忠点校：《今言》，北京：中华书局，1984年。

［明］周汝登：《东越证学录》，《四库全书存目丛书》集部第165册，济南：齐鲁书社，1997年。

［明］邹守益著，董平编校整理：《邹守益集》，南京：凤凰出版社，2007年。

［明］朱得之：《宵练匣》，《丛书集成新编》第22册，台北：新文丰出版公司，1985年。

［明］朱得之：《宵练匣》，《四库全书存目丛书》子部第87册，济南：齐鲁书社，1995年。

［明］朱国祯撰，王根林校点：《涌幢小品》，上海：上海古籍出版社，2012年。

［清］毕沅编著：《续资治通鉴》，上海：上海古籍出版社，1987年。

［清］毕沅、［清］阮元：《山左金石志》，国家图书馆善本金石组编：《辽金元石刻文献全编》第1册，北京：北京图书馆出版社，2003年。

［清］曹雪芹、高鹗：《红楼梦》，北京：人民文学出版社，1964年。

［清］陈鼎编著，《东林列传》整理委员会整理：《东林列传》，扬州：广陵书社，2007年。

［清］陈澧：《东塾读书记》，《续修四库全书》第1160册，上海：上海古籍出版社，2002年。

［清］陈澧著，杨国强整理，熊月之、何泉达等审阅：《东塾读书记》，《传世藏书》子库文史笔记第2册，海口：海南国际新闻出版中心，未署出版年月。

［清］陈澧著，黄国声主编：《陈澧集》，上海：上海古籍出版社，2008年。

［清］陈士珂辑：《孔子家语疏证》，上海：上海书店，1987年。

［清］程大中：《在山堂集》，《清代诗文集汇编》编纂委员会编：《清代诗文集汇编》第349册，上海：上海古籍出版社，2010年。

［清］褚人获：《坚瓠集》，北京：全国图书馆文献缩微复制中心，2002年。

［清］褚人获：《坚瓠集》，［清］刘献廷等著：《清代笔记丛刊》第2册，济南：齐鲁书社，2001年。

［清］崔述撰著，顾颉刚编订：《崔东壁遗书》，上海：上海古籍出版社，1983年。

［清］戴震撰，汤志钧校点：《戴震集》，上海：上海古籍出版社，1980年。

［清］戴震撰，杨应芹、诸伟奇主编：《戴震全书》（修订本），合肥：黄山书社，2010年。

［清］董诰等编：《全唐文（附唐文拾遗、唐文续拾、读全唐文札记）》，上海：上海古籍出版社，1990年。

［清］段玉裁撰，钟敬华校点：《经韵楼集》，上海：上海古籍出版社，2008年。

［清］傅恒等奉敕撰：《御批历代通鉴辑览》，《景印文渊阁四库全书》第338册，台北：台湾商务印书馆，1986年。

［清］顾炎武著，华忱之点校：《顾亭林诗文集》，北京：中华书局，1983年。

［清］顾炎武著，［清］黄汝成集释，栾保群、吕宗力校点：《日知录集释》（全校本），上海：上海古籍出版社，2006年。

［清］谷应泰：《明史纪事本末》，北京：中华书局，1977年。

［清］郭庆藩辑，王孝鱼整理：《庄子集释》，北京：中华书局，1961年。

［清］胡秉虔：《汉西京博士考》，上海：商务印书馆，1937年。

［清］黄浚监修，［清］陈际昌、王特先等编修：《滕县志（康熙五十六年）》，上海图书馆藏。

［清］黄奭辑：《汉学堂知足斋丛书》，北京：书目文献出版社，1992年。

［清］黄虞稷撰，瞿凤起、潘景郑整理：《千顷堂书目》，上海：上海古籍出版社，1990年。

［清］黄云鹄：《群经引诗大旨》，《四库未收书辑刊》第10辑第1册，北京：北京出版社，2000年。

［清］黄宗羲原著，［清］全祖望补修，陈金生、梁运华点校：《宋元学案》，北京：中华书局，1986年。

［清］黄宗羲著，沈芝盈点校：《明儒学案》（修订本），北京：中华书局，2008年。

［清］黄宗羲著，吴光执行主编：《黄宗羲全集》，杭州：浙江古籍出版社，2012年。

［清］江藩著，钟哲整理：《国朝汉学师承记（附〈国朝经师经义目录〉〈国朝宋学渊源记〉）》，北京：中华书局，1983年。

［清］江永：《近思录集注》，《景印文渊阁四库全书》第699册，台北：台湾商务印书馆，1986年。

［清］焦循著，刘建臻点校：《焦循诗文集》，扬州：广陵书社，2009年。

［清］焦循撰，沈文倬点校：《孟子正义》，北京：中华书局，1987年。

［清］康有为著，楼宇烈整理：《论语注》，北京：中华书局，1984年。

［清］康有为著，楼宇烈整理：《孟子微 礼运注 中庸注》，北京：中华书局，1987年。

［清］康有为撰，姜义华、吴根樑编校：《康有为全集》，上海：上海古籍出版社，1990年。

［清］康有为撰，姜义华、张荣华编校：《康有为全集》，北京：中国人民大学出版社，2007年。

［清］厉鹗辑撰：《宋诗纪事》，上海：上海古籍出版社，1983年。

［清］李调元辑：《逸孟子》，《续修四库全书》第158册，上海：上海古籍出版社，2002年。

［清］黎庶昌辑：《古逸丛书》，遵义黎氏日本东京使署，1884年（光绪十年）。

［清］梁玉绳:《史记志疑》,北京:中华书局,1981年。

［清］梁玉绳等撰,吴树平、王佚之、汪玉可点校:《史记汉书诸表订补十种》,北京:中华书局,1982年。

［清］刘鸿典:《庄子约解》,方勇总编纂,吴平副总编纂:《子藏·道家部·庄子卷》第122册,北京:国家图书馆出版社,2011年。

［清］卢文弨著,王文锦点校:《抱经堂文集》,北京:中华书局,1990年。

［清］陆以湉撰,崔凡芝点校:《冷庐杂识》,北京:中华书局,1984年。

［清］茅星来:《近思录集注（附说）》,《景印文渊阁四库全书》第699册,台北:台湾商务印书馆,1986年。

［宋］朱熹、吕祖谦撰,严佐之导读:《朱子近思录》,上海:上海古籍出版社,2000年。

［清］孟广均原纂,［清］陈锦、孙葆田重纂:《重纂三迁志》,济南:山东友谊出版社,1989年。

［清］牛运震:《牛空山先生全集》,清嘉庆二十三年（1818）滋阳牛氏空山堂刻本,中山大学（广州）图书馆藏。

［清］牛运震著,李念孔、高文达、张茂华点校:《读史纠谬》,济南:齐鲁书社,1989年。

［清］潘永因:《宋稗类钞》,《景印文渊阁四库全书》第1034册,台北:台湾商务印书馆,1986年。

［清］彭定求编:《全唐诗》,北京:中华书局,1960年。

［清］皮锡瑞著,周予同注释:《经学历史》,北京:中华书局,1959年。

［清］皮锡瑞著,周春健校注:《经学通论》,北京:华夏出版社,2011年。

［清］钱大昕撰,吕友仁标校:《潜研堂集》,上海:上海古籍出版社,1989年。

［清］钱大昕著,杨勇军整理:《十驾斋养新录》,上海:上海书店出版社,2011年。

［清］钱曾著,管庭芬、章钰校证,佘彦焱标点:《读书敏求记校证》,上海:上海古籍出版社,2007年。

［清］全祖望撰,朱铸禹汇校集注:《全祖望集汇校集注》,上海:上海古籍出版社,2000年。

［清］阮元校刻:《十三经注疏（附校勘记）》,北京:中华书局,1980年。

［清］史梦兰:《全史宫词》,《四库未收书辑刊》第2辑第30册,清咸丰六年（1856）刻本,北京:北京出版社,2000年。

［清］宋翔凤:《孟子刘注》,《丛书集成续编》第15册,上海:上海书店出版社,1994年。

［清］宋翔凤:《孟子赵注补正》,《续修四库全书》第159册,上海:上海古籍出版社,2002年。

［清］宋翔凤撰,梁运华点校:《过庭录》,北京:中华书局,1986年。

［清］苏舆撰,钟哲点校:《春秋繁露义证》,北京:中华书局,1992年。

［清］孙星衍、邢澍编:《寰宇访碑录》,《续修四库全书》第904册,上海:上海古籍出版社,2002年。

［清］谭嗣同著，蔡尚思、方行编：《谭嗣同全集》（增订本），北京：中华书局，1981年。
［清］唐晏著，吴东民点校：《两汉三国学案》，北京：中华书局，1986年。
［清］唐甄著，吴泽民编校：《潜书（附诗文录）》，北京：中华书局，1963年。
［清］王朝璩辑：《饶双峰讲义》，《四库未收书辑刊》第2辑第15册，北京：北京出版社，2000年。
［清］王夫之著，舒士彦点校：《宋论》，北京：中华书局，1964年。
［清］王闿运：《庄子内篇注》，严灵峰编：《无求备斋庄子集成续编》第36册，台北：艺文印书馆，1974年。
［清］王闿运著，马积高主编，谭承耕、陶先淮副主编：《湘绮楼诗文集》，长沙：岳麓书社，1996年。
［清］王先谦撰，沈啸寰、王星贤点校：《荀子集解》，北京：中华书局，1988年。
［清］王先慎撰，钟哲点校：《韩非子集解》，北京：中华书局，1998年。
［清］王引之：《经传释词》，长沙：岳麓书社，1984年。
［清］汪缙撰，黄曙辉点校：《汪子二录三录》，上海：华东师范大学出版社，2009年。
［清］汪中著，田汉云点校：《新编汪中集》，扬州：广陵书社，2005年。
［清］魏源：《魏源集》，北京：中华书局，1976年。
［清］吴秉权等辑，施意周点校：《纲鉴易知录》，北京：中华书局，1960年。
［清］熊伯龙：《无何集》，北京：中华书局，1979年。
［清］（宣统）湖北通志局编纂，石洪运校点、补遗：《湖北艺文志附补遗》，武汉：湖北教育出版社，2002年。
［清］严可均辑：《全上古三代秦汉三国六朝文（附索引）》，北京：中华书局，1958年。
［清］阎若璩：《四书释地》，《景印文渊阁四库全书》第210册，台北：台湾商务印书馆，1986年。
［清］阎若璩撰，［清］吴玉搢编：《潜邱札记》，《景印文渊阁四库全书》第859册，台北：台湾商务印书馆，1986年。
［清］阎若璩撰，黄怀信、吕翊欣校点：《尚书古文疏证（附：古文尚书冤词）》，上海：上海古籍出版社，2010年。
［清］颜元著，王星贤、张芥尘、郭征点校：《颜元集》，北京：中华书局，1987年。
［清］杨笃：《［光绪］蔚州志》，国家图书馆善本金石组编：《辽金元石刻文献全编》第3册，北京：北京图书馆出版社，2003年。
［清］杨文会撰，周继旨校点：《杨仁山全集》，合肥：黄山书社，2000年。
［清］姚鼐著，刘季高标校：《惜抱轩诗文集》，上海：上海古籍出版社，1992年。
［清］姚振宗：《隋书经籍志考证》，《续修四库全书》第915册，上海：上海古籍出版社，2002年。

［清］叶德辉：《孟子刘熙注》，《丛书集成续编》第 15 册，上海：上海书店出版社，1994 年。

［清］永瑢等：《四库全书总目》，北京：中华书局，1965 年。

［清］尤侗：《看鉴偶评》［清康熙刻本］，《四库未收书辑刊》第 1 辑第 21 册，北京：北京出版社，2000 年。

［清］恽敬：《大云山房文稿》，《续修四库全书》第 1482 册，上海：上海古籍出版社，2002 年。

［清］袁栋：《书隐丛说》，北京图书馆分馆藏清乾隆刻本，《四库全书存目丛书》子部第 116 册，济南：齐鲁书社，1995 年。

［清］袁枚著，周本淳标校：《小仓山房诗文集》，上海：上海古籍出版社，1988 年。

［清］俞樾著，崔高维点校：《九九销夏录》，北京：中华书局，1995 年。

［清］臧琳撰，梅军校补：《经义杂记校补》，北京：中华书局，2020 年。

［清］曾国藩：《曾国藩家书家训日记》，北京：北京古籍出版社，1994 年。

［清］翟灏：《四书考异》，《续修四库全书》第 167 册，上海：上海古籍出版社，2002 年。

［清］章学诚著，叶瑛校注：《文史通义校注》，北京：中华书局，1994 年。

［清］张金吾：《两汉五经博士考》，上海：商务印书馆，1937 年。

［清］张廷玉等：《明史》，北京：中华书局，1974 年。

［清］赵坦：《保甓斋文录》，《清代诗文集汇编》编纂委员会编：《清代诗文集汇编》第 479 册，上海：上海古籍出版社，2010 年。

［清］赵翼著，王树民校证：《廿二史札记校证》（订补本），北京：中华书局，1984 年。

［清］赵翼撰，栾保群点校：《陔余丛考》（新校本），北京：中华书局，2019 年。

［清］赵佑：《四书温故录》，《续修四库全书》第 166 册，上海：上海古籍出版社，2002 年。

［清］周广业：《孟子四考》，《续修四库全书》第 158 册，上海：上海古籍出版社，2002 年。

［清］朱一是：《为可堂初集》，《四库未收书辑刊》第 1 辑第 21 册，北京：北京出版社，2000 年。

［清］朱彝尊：《曝书亭集》，《景印文渊阁四库全书》第 1318 册，台北：台湾商务印书馆，1986 年。

［清］朱彝尊撰，林庆彰、蒋秋华、杨晋龙、冯晓庭主编：《经义考新校》，上海：上海古籍出版社，2010 年。

北京市艺术研究所编纂：《京剧传统剧本汇编》，北京：北京出版社，2009 年。

蔡美彪：《元代白话碑集录》，北京：科学出版社，1955 年。

陈奇猷校释：《吕氏春秋校释》，上海：学林出版社，1984 年。

陈荣捷：《王阳明传习录详注集评》，台北：台湾学生书局，1983 年。

陈荣捷：《近思录详注集评》，上海：华东师范大学出版社，2007 年。

陈成国：《尚书校注》，长沙：岳麓书社，2004 年。

丁传靖辑：《宋人轶事汇编》，北京：中华书局，1981年。
傅亚庶：《孔丛子校释》，北京：中华书局，2011年。
高步瀛：《孟子文法读本》，香港：香港中文大学新亚书院中文系，1979年。
高步瀛选注，陈新点校：《两汉文举要》，北京：中华书局，1990年。
顾学颉校点：《白居易集》，北京：中华书局，1979年。
广东省太平天国研究会、广州市社会科学研究所编：《洪秀全集》，广州：广东人民出版社，1985年。
国家图书馆善本金石组编：《辽金元石刻文献全编》，北京：北京图书馆出版社，2003年。
胡道静著，虞信棠、金良年整理：《梦溪笔谈校证》，上海：上海人民出版社，2016年。
黄怀信、张懋镕、田旭东撰，黄怀信修订，李学勤审定：《逸周书汇校集注》（修订本），上海：上海古籍出版社，2007年。
黄晖：《论衡校释（附刘盼遂集解）》，北京：中华书局，1990年。
济宁市政协文史资料委员会编：《孔孟之乡石刻碑文选》，济南：山东友谊社，1992年。
济宁市政协文史资料委员会、邹县政协文史资料委员会编：《孟子家世》，北京：中国文史出版社，1991年。
荆州市博物馆编：《郭店楚墓竹简》，北京：文物出版社，1998年。
李国祥、杨昶主编：《明实录类纂·文教科技卷》，武汉：武汉出版社，1992年。
李修生主编：《全元文》，南京：凤凰出版社，2004年。
黎翔凤撰，梁运华整理：《管子校注》，北京：中华书局，2004年。
刘培桂编：《孟子林庙历代题咏集》，济南：齐鲁书社，2001年。
刘培桂编著：《孟子林庙历代石刻集》，济南：齐鲁书社，2005年。
刘文典撰，冯逸、乔华点校：《淮南鸿烈集解》，北京：中华书局，1989年。
刘咸炘：《推十书》（增补全本），上海：上海科学技术文献出版社，2009年。
《六祖大师法宝坛经曹溪原本》校印版，上海：普慧大藏经刊行会，1944年。
《六祖大师法宝坛经宗宝本》校印版，上海：普慧大藏经刊行会，1944年。
骆承烈汇编：《石头上的儒家文献——曲阜碑文录》，济南：齐鲁书社，2001年。
马承源编：《上海博物馆藏战国楚竹书》，上海：上海古籍出版社，2001年。
《明太祖实录》，台北："中研院"历史语言研究所，1983年。
齐齐哈尔师范学院中文系编：《六本儒家反动"启蒙读物"批注》，1974年12月印。
任继昉纂：《释名汇校》，济南：齐鲁书社，2006年。
阮毓崧辑：《庄子集注》，台北：广文书局，1972年。
《三字经》修订工程编审委员会修订，傅璇琮主编：《三字经》（修订版），北京：人民教育出版社，2008年。
释印光著述，张育英校注：《印光法师文钞》（修订版），北京：宗教文化出版社，2008年。
孙永汉修，李经野、孔昭曾纂：《民国续修曲阜县志》，《中国地方志集成·山东府县志辑》第 74 册,南京:凤凰出版社、上海:上海书店、成都:巴蜀书社,2004 年。
唐文治:《唐文治四书大义》,上海:上海人民出版社,2018 年。
王利器:《文子疏义》,北京:中华书局,2000 年。
王利器:《颜氏家训集解》(增补本),北京:中华书局,1993 年。
王利器校注:《盐铁论校注(定本)》,北京:中华书局,1992 年。
汪荣宝撰,陈仲夫点校:《法言义疏》,北京:中华书局,1987 年。
吴承仕著,秦青点校:《经典释文序录疏证》,北京:中华书局,1984 年。
吴毓江撰,孙启治点校:《墨子校注》,北京:中华书局,1993 年。
徐元诰撰,王树民、沈长云点校:《国语集解》,北京:中华书局,2002 年。
杨伯峻译注:《论语译注》,北京:中华书局,1980 年。
杨伯峻译注:《孟子译注》,北京:中华书局,2010 年。
杨朝明、宋立林主编:《孔子家语通解》,济南:齐鲁书社,2013 年。
杨明照:《抱朴子外篇校笺》,北京:中华书局,1991 年。
杨树达:《盐铁论要释》,上海:上海古籍出版社,2013 年。
张沛:《中说校注》,北京:中华书局,2013 年。
张中义、王宗堂、王宽行:《李斯集辑注》,郑州:中州古籍出版社,1991 年。
赵尔巽等:《清史稿》,北京:中华书局,1977 年。
周叔迦辑撰,周绍良新编:《牟子丛残新编》,北京:中国书店,2001 年。
周振甫:《文心雕龙今译(附词语简释)》,北京:中华书局,1986 年。
钟泰:《庄子发微》,上海:上海古籍出版社,1988 年。
钟肇鹏:《鹖子校理》,北京:中华书局,2010 年。

著作

蔡方鹿:《中华道统思想发展史》,成都:四川人民出版社,2003 年。
蔡仁厚:《儒学的常与变》,台北:东大图书,1990 年。
蔡尚思撰,李妙根导读:《中国传统思想总批判(附补编)》,上海:上海古籍出版社,
　　2006 年。
蔡元培著,高平叔编:《蔡元培全集》,北京:中华书局,1984 年。
蔡元培:《中国伦理学史》,北京:东方出版社,1996 年。
曹聚仁:《中国学术思想史随笔》,北京:生活·读书·新知三联书店,1986 年。
陈来:《有无之境——王阳明哲学的精神》,北京:人民出版社,1991 年。
陈来:《朱熹哲学研究》,北京:中国社会科学出版社,1993 年。
陈来:《中国近世思想史研究》,北京:商务印书馆,2003 年。
陈来、王志民主编:《大学解读》,济南:齐鲁书社,2019 年。
陈来、王志民主编:《中庸解读》,济南:齐鲁书社,2019 年。

陈美延编:《陈寅恪集·金明馆丛稿初编》,北京:生活·读书·新知三联书店,2001年。
陈少明:《做中国哲学:一些方法论的思考》,北京:生活·读书·新知三联书店,2015年。
陈垣:《中国佛教史籍概论》,北京:中华书局,1962年。
陈垣著,陈智超主编:《陈垣全集》,合肥:安徽大学出版社,2009年。
陈直:《史记新证》,天津:天津人民出版社,1979年。
程水龙:《〈近思录〉版本与传播研究》,上海:上海古籍出版社,2008年。
崔大华:《庄学研究》,北京:人民出版社,1992年。
杜国庠:《杜国庠选集》,广州:广东人民出版社,1994年。
冯友兰:《中国哲学史》,北京:中华书局,1961年。
冯友兰:《中国哲学史新编》,北京:人民出版社,1989年。
顾颉刚编著:《古史辨》,上海:上海古籍出版社,1982年。
顾颉刚:《顾颉刚古史论文集》,北京:中华书局,1988年。
郭沫若著作编辑出版委员会编:《郭沫若全集》,北京:人民文学出版社,1985年。
郭沫若:《十批判书》,北京:东方出版社,1996年。
郭齐勇:《熊十力思想研究》,天津:天津人民出版社,1993年。
郭齐勇:《中国哲学智慧的探索》,北京:中华书局,2008年。
郭齐勇:《熊十力哲学研究》,北京:人民出版社,2011年。
郭齐勇:《儒学新论:郭齐勇学术论集》,贵阳:孔学堂书局,2015年。
郭齐勇:《现当代新儒学思潮研究》,北京:人民出版社,2017年。
郭齐勇主编:《儒家伦理争鸣集——以"亲亲互隐"为中心》,武汉:湖北教育出版社,2004年。
郭齐勇主编:《正本清源论中西——对某种中国文化观的病理学剖析》,上海:华东师范大学出版社,2014年。
何成轩:《儒学南传史》,北京:北京大学出版社,2000年。
何光辉:《存在与朴真——道家人文观研究》,合肥:安徽大学出版社,2017年。
何漱霜:《孟子文法研究》,长沙:商务印书馆,1941年。
何锡涛编著:《滕国风物》,香港:香港天马出版有限公司,2012年。
贺麟:《文化与人生》,北京:商务印书馆,1988年。
胡乔木:《胡乔木文集》,北京:人民出版社,1993年。
胡适著,姜义华主编,章清、吴根樑编:《胡适学术文集·中国哲学史》,北京:中华书局,1991年。
胡适:《自由主义》,胡明编选:《胡适选集》,天津:天津人民出版社,1991年。
胡适:《中国中古思想史长编》,上海:华东师范大学出版社,1996年。
洪焕椿编著:《浙江方志考》,杭州:浙江人民出版社,1984年。
黄俊杰:《孟学思想史论》第1卷,台北:东大图书,1991年。

黄俊杰:《孟学思想史论》第2卷,台北:"中研院"中国文哲研究所筹备处,1997年。
黄侃著,黄延祖重辑:《黄侃日记》,北京:中华书局,2007年。
黄仁宇:《中国大历史》,北京:生活·读书·新知三联书店,1997年。
黄云眉:《明史考证》,北京:中华书局,1984年。
洪业:《洪业论学集》,北京:中华书局,1981年。
侯外庐、赵纪彬、杜国庠、邱汉生:《中国思想通史》,北京:人民出版社,1957年。
侯外庐、邱汉生、张岂之主编:《宋明理学史》,北京:人民出版社,1997年。
蒋伯潜著,蒋绍愚导读:《十三经概论》,上海:上海古籍出版社,2010年。
姜国柱:《李觏评传》,南京:南京大学出版社,1996年。
江南提学:《大宋真天子——一代仁君赵匡胤》,北京:北京大学出版社,2016年。
金春峰:《汉代思想史》(增补第三版),北京:中国社会科学出版社,2006年。
金德建:《古籍丛考》,香港:中华书局·上海书店,1986年。
金庸:《射雕英雄传》,北京:生活·读书·新知三联书店,1995年。
兰翠:《唐代孟子学研究》,北京:北京大学出版社,2014年。
劳思光:《中国哲学史》,台北:三民书局股份有限公司,1981年。
李畅然:《戴震〈原善〉表微》,北京:北京大学出版社,2014年。
李锦全:《人文精神的承传与重建》,广州:广东人民出版社,1995年。
李峻岫:《汉唐孟子学述论》,济南:齐鲁书社,2010年。
李明辉:《儒家与康德》,台北:联经出版事业公司,1990年。
李泰棻:《老庄研究》,北京:人民出版社,1958年。
李小荣:《〈弘明集〉〈广弘明集〉述论稿》,成都:巴蜀书社,2005年。
李学勤《古文献丛论》,上海:上海远东出版社,1996年。
李裕民:《四库提要订误》(增订本),北京:中华书局,2005年。
黎业明:《湛若水年谱》,上海:上海古籍出版社,2009年。
梁启超:《清代学术概论》,北京:东方出版社,1996年。
梁启超:《中国近三百年学术史》,北京:东方出版社,1996年。
梁启超著,陈引驰编校:《梁启超国学讲录二种》,北京:中国社会科学出版社,1997年。
梁涛:《郭店竹简与思孟学派》,北京:中国人民大学出版社,2008年。
梁涛:《儒家道统说新探》,上海:华东师范大学出版社,2013年。
刘立夫:《弘道与明教——〈弘明集〉研究》,北京:中国社会科学出版社,2004年。
刘培桂:《孟子与孟子故里》,北京:中国文史出版社,2001年。
刘起釪:《尚书学史》(订补本),北京:中华书局,1996年。
刘师培:《刘申叔遗书》,南京:江苏古籍出版社,1997年。
刘师培著,陈居渊注:《经学教科书》,上海:上海古籍出版社,2006年。
鲁迅:《汉文学史纲要》,北京:人民文学出版社,1973年。

鲁迅:《且介亭杂文末编》,北京:人民文学出版社,1973年。
吕思勉:《吕思勉读史札记》(增订本),上海:上海古籍出版社,2005年。
马积高:《荀学源流》,上海:上海古籍出版社,2000年。
马一浮著,吴光主编:《马一浮全集》,杭州:浙江古籍出版社,2013年。
马勇编:《章太炎书信集》,石家庄:河北人民出版社,2003年。
马宗霍:《中国经学史》,上海:上海书店,1984年影印版。
茅盾:《茅盾全集》,北京:人民文学出版社,1991年。
孟森撰,商传导读:《明史讲义》,上海:上海古籍出版社,2002年。
牟宗三:《心体与性体》(第2版)第1册,台北:正中书局,1973年。
牟宗三:《心体与性体》第3册,台北:正中书局,1987年。
牟宗三:《中国哲学十九讲》,上海:上海古籍出版社,1997年。
牟宗三:《中国哲学的特质》,上海:上海古籍出版社,1997年。
牟宗三:《牟宗三先生全集》,台北:联经出版事业股份有限公司,2003年。
南怀瑾:《孟子旁通》,北京:国际文化出版公司,1991年。
南怀瑾讲述:《孟子旁通》,北京:东方出版社,2014年。
庞朴:《帛书五行篇研究》,济南:齐鲁书社,1980年。
彭国翔:《良知学的展开——王龙溪与中晚明的阳明学》,北京:生活·读书·新知三联书店,2005年。
钱明:《王阳明及其学派论考》,北京:人民出版社,2009年。
钱明:《浙中王学研究》,北京:中国人民大学出版社,2009年。
钱穆:《国学概论》,北京:商务印书馆,1997年。
钱穆:《中国近三百年学术史》,北京:商务印书馆,1997年。
钱穆:《论语新解》,北京:生活·读书·新知三联书店,2002年。
钱穆:《孔子与论语》,北京:九州出版社,2011年。
钱穆:《朱子新学案》,北京:九州出版社,2011年。
钱穆:《先秦诸子系年》,北京:商务印书馆,2015年。
任继愈主编:《中国佛教史》,北京:中国社会科学出版社,1981年。
任继愈主编:《中国哲学发展史(秦汉)》,北京:人民出版社,1985年。
容肇祖:《明代思想史》,上海:开明书店,1940年。
容肇祖:《容肇祖集》,济南:齐鲁书社,1989年。
山东省地方志编纂委员会编:《山东省志·孔子故里志》,北京:中华书局,1994年。
申淑华:《〈四书章句集注〉引文考证》,北京:中华书局,2019年。
束景南:《朱熹年谱长编》,上海:华东师范大学出版社,2001年。
孙殿起录:《贩书偶记》,上海:上海古籍出版社,1982年。
汤国梨编次:《章太炎先生家书》,上海:上海古籍出版社,1985年。

汤志钧编:《章太炎年谱长编》,北京:中华书局,1979年。
汤志钧编:《章太炎年谱长编》(增订本),北京:中华书局,2013年。
汤用彤:《汉魏两晋南北朝佛教史》,北京:商务印书馆,2015年。
汤志钧、华友根、承载、钱杭:《西汉经学与政治》,上海:上海古籍出版社,1994年。
王国维:《观堂集林(附别集)》,北京:中华书局,1959年。
王利器、王贞珉著,乔仁诚索引:《汉书古今人表疏证》,济南:齐鲁书社,1988年。
王其俊:《亚圣智慧——孟子新论》,济南:山东人民出版社,1996年。
王森然:《近代二十家评传》,北京:书目文献出版社,1987年
王森然:《近代名家评传》,北京:生活·读书·新知三联书店,1998年。
王天海:《名家讲解荀子》,长春:长春出版社,2009年。
王兴国:《贾谊评传(附陆贾晁错评传)》,南京:南京大学出版社,1992年。
吴晗:《朱元璋传》,北京:生活·读书·新知三联书店,1965年。
吴晗著,常君实编:《吴晗全集》,北京:中国人民大学出版社,2009年。
吴宓著,王岷源译:《文学与人生》,北京:清华大学出版社,1993年。
萧公权:《中国政治思想史》,北京:新星出版社,2005年。
谢善元:《李觏之生平及思想》,北京:中华书局,1988年。
熊十力著,萧萐父主编,景海峰、郭齐勇整理:《熊十力全集》,武汉:湖北教育出版社,2001年。
徐复观:《两汉思想史》,北京:九州出版社,2014年。
徐复观:《偶思与随笔》,北京:九州出版社,2014年。
徐复观:《中国经学史的基础》,北京:九州出版社,2014年。
徐复观:《中国思想史论集》,北京:九州出版社,2014年。
徐复观:《中国思想史论集续篇》,北京:九州出版社,2014年。
徐规:《仰素集》,杭州:杭州大学出版社,1999年。
杨国荣:《孟子评传——走向内圣之境》,南宁:广西教育出版社,1994年。
杨国荣:《善的历程——儒家价值体系的历史衍化及其现代转换》,上海:上海人民出版社,1994年。
杨海文:《浩然正气——孟子》,南昌:江西教育出版社,2008年。
杨海文:《化蛹成蝶——中国哲学史方法论断想》,济南:齐鲁书社,2014年。
杨海文:《我善养吾浩然之气——孟子的世界》,济南:齐鲁书社,2017年。
杨海文:《文以载道:孟子文化精神研究》,北京:中国社会科学出版社,2022年。
杨海文著,陈来、王志民主编:《〈孟子〉七篇解读·滕文公篇》,济南:齐鲁书社,2018年。
杨泽波:《孟子性善论研究》,北京:中国社会科学出版社,1995年。
杨泽波:《孟子性善论研究》(修订版),北京:中国人民大学出版社,2010年。
杨泽波:《孟子性善论研究》(再修订版),上海:上海人民出版社,2016年。

姚奠中、董国炎：《章太炎学术年谱》，太原：山西古籍出版社，1996年。
姚瀛艇：《宋代思想文化研究》，开封：河南大学出版社，2015年。
余嘉锡：《四库提要辨证》，昆明：云南人民出版社，2004年。
余英时：《士与中国文化》，上海：上海人民出版社，1987年。
余英时：《朱熹的历史世界——宋代士大夫政治文化的研究》，台北：允晨文化，2003年。
余英时：《朱熹的历史世界——宋代士大夫政治文化的研究》，北京：生活·读书·新知三联书店，2004年。
章太炎著，汤志钧编：《章太炎政论选集》，北京：中华书局，1977年。
章太炎著，本社编：《章太炎全集》，上海：上海人民出版社，1984—1986年。
章太炎著，虞云国校点整理：《蓟汉三言》，沈阳：辽宁教育出版社，2000年。
章太炎讲演，曹聚仁整理：《国学概论》，北京：中华书局，2009年。
章太炎著，杨佩昌整理：《章太炎：在苏州国学讲习会的讲稿》，北京：中国画报出版社，2010年。
章太炎著，虞云国校点：《蓟汉三言》，上海：上海书店出版社，2011年。
章太炎著，章念驰编订：《章太炎演讲集》，上海：上海人民出版社，2011年。
章太炎著，上海人民出版社编，章念驰编订：《章太炎全集·演讲集》，上海：上海人民出版社，2015年。
张岱年等：《国学今论》，沈阳：辽宁教育出版社，1991年。
张岱年著，杜运辉编：《张岱年集》，石家庄：河北人民出版社，2017年。
张宏敏：《黄绾生平学术编年》，杭州：浙江大学出版社，2013年。
张奇伟：《亚圣精蕴——孟子哲学真谛》，北京：人民出版社，1997年。
张卫红：《邹东廓年谱》，北京：北京大学出版社，2013年。
张荫麟：《张荫麟文集》，台北："国立"编译馆、中华丛书编审委员会，1956年。
张荫麟著，张云台编：《张荫麟文集》，北京：教育科学出版社，1993年。
赵清、郑城编：《吴虞集》，成都：四川人民出版社，1985年。
朱维铮：《走出中世纪》，上海：上海人民出版社，1987年。
朱维铮编：《周予同经学史论著选集》（增订本），上海：上海人民出版社，1996年。
朱维铮、姜义华编注：《章太炎选集》（注释本），上海：上海人民出版社，1981年。
朱自清：《诗言志辨》，上海：华东师范大学出版社，1996年。
周春健：《宋元明清四书学编年》，台北：万卷楼图书股份有限公司，2012年。
周桂钿：《虚实之辨——王充哲学的宗旨》，北京：人民出版社，1994年。
周炽成：《复性收摄——高攀龙思想研究》，北京：人民出版社，2007年。
周作人著，止庵校订：《苦口甘口》，石家庄：河北教育出版社，2002年。
周祖谟：《周祖谟学术论著自选集》，北京：北京师范学院出版社，1993年。

工具书

比丘明复编:《中国佛学人名辞典》,北京:中华书局,1988年。
敦煌研究院编,施萍婷主撰稿,邰惠莉助编:《敦煌遗书总目索引新编》,北京:中华书局,2000年。
方诗铭编:《中国历史纪年表》,上海:上海辞书出版社,1980年。
复旦大学图书馆古籍部编:《四库系列丛书目录·索引》,上海:上海古籍出版社,2007年。
柯愈春:《清人诗文集总目提要》,北京:北京古籍出版社,2001年。
钱仲联主编:《中国文学家大辞典·清代卷》,北京:中华书局,1996年。
上海人民辞书出版社修订:《辞海(修订稿)·语词分册》,上海:上海人民出版社,1977年。
上海图书馆编:《中国图书综录》,北京:中华书局,1960年。
徐友春主编:《民国人物大辞典》,石家庄:河北人民出版社,1991年。
徐友春主编:《民国人物大辞典》(增订版),石家庄:河北人民出版社,2007年。
中国古籍善本书目编辑委员会编:《中国古籍善本书目·经部》,上海:上海古籍出版社,1989年。
中国科学院图书馆整理:《续修四库全书总目提要·经部》,北京:中华书局,1993年。

法律、公报

《参议院公报》。
《〈中华人民共和国刑事诉讼法〉新旧条文对照》,北京:中国民主法制出版社,2012年。

期刊论文

陈来:《竹、帛〈五行〉篇为子思、孟子所作论——兼论郭店楚简〈五行〉篇出土的历史意义》,《孔子研究》2007年第1期。
陈铁凡:《四书章句集注考源》,钱穆等著:《论孟论文集》,台北:黎明文化,1981年。
陈韶旭、寇振宏:《游走在学宦之间——曾在原张家口师范专科学校任教的史学名家李泰棻述评》,《河北北方学院学报(社会科学版)》2009年第6期。
单纯:《中国现代知识分子的心路历程》,《读书》1997年第2期。
邓小南:《"正家之法"与赵宋的"祖宗家法"》,《北京大学学报(哲学社会科学版)》2000年第4期。
邓晓芒:《再议"亲亲相隐"的腐败倾向——评郭齐勇主编的〈儒家伦理争鸣集〉》,《学海》2007年第1期。
丁毅华:《荀子、贾谊礼治思想的传承——兼论中国传统政治文化的思想基础》,《天津师大学报》1991年第6期。

杜文玉:《宋太祖誓碑质疑》,《河南大学学报(社会科学版)》1986年第1期。

范子烨:《论中国古代的"九品文化"》,《求是学刊》1995年第4期。

方龄贵:《云南元代白话碑校证》,《云南民族学院学报(哲学社会科学版)》1994年第4期。

顾宏义:《岳飞之死与宋太祖"不杀大臣"誓约考》,《华东师范大学学报(哲学社会科学版)》2001年第1期。

郭齐勇:《郭店儒家简的意义与价值》,《湖北大学学报(哲学社会科学版)》1999年第2期。

郭齐勇:《郭店儒家简与孟子心性论》,《武汉大学学报(哲学社会科学版)》1999年第5期。

郭齐勇:《郭店楚简〈性自命出〉的心术观》,《安徽大学学报(哲学社会科学版)》2000年第5期。

郭齐勇:《孔孟儒学的人格境界论》,《华中师范大学学报(人文社会科学版)》2000年第6期。

郭齐勇:《再论"五行"与"聖智"》,《中国哲学史》2001年第3期。

郭齐勇:《出土简帛与经学诠释的范式问题》,《福建论坛(人文社会科学版)》2001年第5期。

郭齐勇:《也谈"子为父隐"与孟子论舜——兼与刘清平先生商榷》,《哲学研究》2002年第10期。

郭齐勇:《"亲亲相隐""容隐制"及其对当今法治的启迪——在北京大学的演讲》,《社会科学论坛(学术评论卷)》2007年第8期。

郭齐勇、陈乔见:《孔孟儒家的公私观与公共事务伦理》,《中国社会科学》2009年第1期。

郭齐勇:《再论儒家的政治哲学及其正义论》,《孔子研究》2010年第6期。

郭齐勇:《孟子性善论所涵道德理性与道德情感问题》,《湖北大学学报(哲学社会科学版)》2013年第5期。

郭齐勇、肖时钧:《"门内"的儒家伦理——兼与廖名春先生商榷〈论语〉"父子互隐"章之理解》,《华南师范大学学报(社会科学版)》2014年第1期。

郭齐勇:《孟子思想三论》,《中原文化研究》2014年第5期。

郭齐勇:《论孟子的政治哲学——以王道仁政学说为中心》,《中原文化研究》2015年第2期。

郭齐勇:《正确理解孟子论舜的两章——兼谈王守仁、李贽、王夫之的相关评论》,孟子研究院、中国孟子学会编:《孟子研究》第1辑,北京:中国文史出版社,2018年。

郭沂:《〈性自命出〉校释(续)》,《管子学刊》2015年第1期。

〔韩〕高柄翊:《传统时代东亚的忠义思想》,《国际儒学研究》第4辑,北京:中国社会科学出版社,1998年。

宦荣卿:《〈释名〉的作者及成书年代考》,《复旦学报(社会科学版)》1985 年第 5 期。

黄开国:《论儒家的孝道学派——兼论儒家孝道派与孝治派的区别》,《哲学研究》2003 年第 3 期。

黄俊杰:《孟子学研究的回顾与展望——〈钱宾四先生百龄纪念会〉宣读论文》,国际儒学联合会编:《国际儒学研究》第 1 辑,北京:人民出版社,1995 年。

黄中业、孙玉良:《共和国教育史上的国学书院式学府——东北文史研究所述要》,《社会科学战线》2015 年第 1 期。

蒋国保:《汉儒称"儒学"为"儒术"考》,《中山大学学报(社会科学版)》2009 年第 1 期。

蒋国保:《章太炎国学观述评》,《孔子研究》2012 年第 4 期。

景新强:《曹勋〈北狩见闻录〉质疑——兼辨〈四库提要〉之误》,《西北大学学报(哲学社会科学版)》2010 年第 3 期。

赖区平:《〈四书章句集注〉校读记》,《儒家典籍与思想研究》第 8 辑,北京:北京大学出版社,2016 年。

李峰:《论北宋"不杀士大夫"》,《史学月刊》2005 年第 12 期。

李华瑞:《改革开放以来宋史研究若干热点问题述评》,《史学月刊》2010 年第 3 期。

梁涛:《〈荀子·性恶〉引"孟子曰"疏证》,《邯郸学院学报》2012 年第 4 期《赵文化研究·荀子思想国际学术研讨会论文(上)》。

梁涛:《"亲亲相隐"与"隐而任之"》,《哲学研究》2012 年第 10 期。

梁涛、杨海文:《20 世纪以来的孟学史研究》,《文史哲》2012 年第 6 期。

刘梁剑:《"形神"不定:魏晋南北朝思想的一个面向》,《中山大学学报(社会科学版)》2013 年第 3 期。

刘浦江:《祖宗之法:再论宋太祖誓约及誓碑》,《文史》2010 年第 3 辑(总第 92 辑)。

刘清平:《美德还是腐败?——析〈孟子〉中有关舜的两个案例》,《哲学研究》2002 年第 2 期。

刘清平:《论孟子心性理论的深度悖论》,《江苏行政学院学报》2008 年第 1 期。

马固钢:《"孔孟"并称考源》,《文献》1998 年第 2 期。

马永康:《康有为论〈大学〉》,《现代哲学》2016 年第 2 期。

潘铭基:《〈鬻子〉与贾谊〈新书〉互文考》,《古籍整理研究学刊》2010 年第 2 期。

庞朴:《马王堆帛书解开了思孟五行说之谜——帛书〈老子〉甲本卷后古佚书之一的初步研究》,《文物》1977 年第 10 期。

庞朴:《帛书〈五行篇〉校注》,《中华文史论丛》1979 年第 4 辑。

庞朴:《竹帛〈五行〉篇比较》,《中国哲学》第 20 辑《郭店楚简研究》,沈阳:辽宁教育出版社,1999 年。

庞朴:《话说"五至三无"》,《文史哲》2004年第1期。
彭永捷主持:《王道政治与天下主义》,《现代哲学》2013年第2期。
钱建状、王兆鹏:《宋诗人庄绰、郭印、林季仲和曹勋生卒年考辨》,《文献》2004年第1期。
秦燕:《〈孟子节文〉与朱元璋的专制思想》,《陕西师大学报(哲学社会科学版)》1995年第2期。
仇士华、蔡连珍:《夏商周断代工程中的碳十四年代框架》,《考古》2001年第1期。
曲文军:《"孔孟之道"语源小考》,《文献》1996年第1期。
唐兰:《〈刘宾客嘉话录〉的校辑与辨伪》,《文史》第4辑,北京:中华书局,1965年。
[苏]康·巴乌斯托夫斯基著,李时译:《金蔷薇——关于作家劳动的札记》,上海:上海译文出版社,1980年。
王大庆:《程子"读论语孟子法"中的诠释学维度思考》,《辽宁医学院学报(社会科学版)》2013年第1期。
王其俊:《山东方志中的孟子形象》,台湾《孔孟学报》第78期,2001年9月。
王兴国:《"不相应行法"与"执的存有论"——论牟宗三哲学以儒摄佛和援西入中》,《中山大学学报(社会科学版)》2015年第5期。
文碧方:《从"湖洛之争"看朝鲜儒者的朱子性理学诠释》,《现代哲学》2011年第6期。
吴涛:《贾谊〈新书〉引〈春秋〉述略》,《洛阳师范学院学报》2009年第3期。
吴勇:《试论〈牟子理惑论〉之真伪》,《宗教学研究》2007年第2期。
邢丽菊:《朝鲜朝时期"人物性同异"论争的理论来源及其差异——巍岩李柬与南塘韩元震之人物性同异论比较》,《哲学研究》2008年第11期。
邢丽菊:《关于朝鲜儒者巍岩与南塘的未发论辨之考察》,中国人民大学孔子研究院编:《儒学评论》第8辑,保定:河北大学出版社,2012年。
徐规:《宋太祖誓约辨析》,《历史研究》1986年第4期。
徐洪兴:《唐宋间的孟子升格运动》,《中国社会科学》1993年第5期。
杨海文:《扬雄〈法言〉的文化守成主义》,《学术研究》1997年第9期。
杨海文:《孟子与汉代思想史的散点透视》,《齐鲁学刊》1998年第3期。
杨海文:《"仁且智"与孟子的理想人格论》,《孔子研究》2000年第4期。
杨海文:《孟子的性命之辨及其内圣走向》,《河北学刊》2001年第2期。
杨海文:《孟子的〈春秋〉观与传统儒家的政治激情》,《中山大学学报(社会科学版)》2001年第5期。
杨海文:《〈孟子节文〉的文化省思》,《中国哲学史》2002年第2期。
杨海文:《孟子心性论的逻辑架构》,《南昌大学学报(人文社会科学版)》2002年第3期。
杨海文、毛克明:《从"政治型思想家"到"思想型学者":梁启超1920年的身份嬗变》,《现代哲学》2002 年第 4 期。

杨海文:《在禽兽与圣人之间——略论孟子的主体定位观》,《东方论坛》2003 年第 1 期。

杨海文:《朱元璋时期的〈孟子节文〉事件》,刘小枫、陈少明主编:《经典与解释》第 2 辑《柏拉图的哲学戏剧》,上海:上海三联书店,2003 年。

杨海文:《"互文"与"互动":儒道关系新论》,《福建论坛(人文社会科学版)》2005 年第 6 期。

杨海文:《〈孟子〉传记博士问题的学术史考察》,《中国哲学史》2006 年第 4 期。

杨海文:《一个义仕派知识分子的淑世情怀》,《社会科学论坛(学术评论卷)》2007 年第 4 期。

杨海文:《司马迁对"孟荀齐号"语法的确立》,《国学学刊》2009 年第 3 期。

杨海文:《清华简〈保训〉的学术价值》,《云梦学刊》2009 年第 4 期。

杨海文:《中哲史研究的"格言下乡"与"故事上山"》,《福建论坛(人文社会科学版)》2009 年第 4 期。

杨海文:《激进权智与温和权慧:孟子经权观新论》,《中山大学学报(社会科学版)》2011 年第 4 期。

杨海文:《〈孟子〉引论〈诗〉〈书〉的文献地图——兼评陈澧〈东塾读书记〉考释的得失》,《现代哲学》2011 年第 4 期。

杨海文:《对抗与合作:孟子对君臣关系的新建构》,《江南大学学报(人文社会科学版)》2011 年第 6 期。

杨海文:《中国思想史上的"引用":以〈新语〉引孔孟荀为例》,《福建论坛(人文社会科学版)》2012 年第 1 期。

杨海文:《〈孟子〉末章与儒家道统论》,《国学学刊》2012 年第 2 期。

杨海文:《批判性关怀:孟子论孔子与〈春秋〉》,《西南民族大学学报(人文社会科学版)》2012 年第 4 期。

杨海文:《司马迁对"孟荀齐号"语法的确立》,《邯郸学院学报》2012 年第 4 期《赵文化研究·荀子思想国际学术研讨会论文(上)》。

杨海文:《贾谊〈新书〉对孟荀的显性—匿名引用》,《中山大学学报(社会科学版)》2012 年第 5 期。

杨海文:《中国佛教史上第一篇孟子学文献——〈牟子理惑论〉新探》,《湖南大学学报(社会科学版)》2013 年第 5 期。

杨海文:《贺麟与"梁任公称费希特语"问题》,《现代哲学》2013 年第 5 期。

杨海文:《"距杨墨"与孟子的异端批判意识》,《北京师范大学学报(社会科学版)》2014 年第 2 期。

杨海文:《汤武放伐与王霸之辨——从〈荀子·议兵〉看孟荀思想的相似性》,《哲学杨海文:《司马迁对"孟荀齐号"语法的确立》,康香阁、梁涛主编:《荀子思想研究》,北京:人民出版社,2014年。

杨海文:《"孟轲敦素":南朝孟学史的点睛之笔》,王钧林主编:《海岱学刊》2015年第2辑。

杨海文:《日本藏北朝李暹"注〈千字文〉序"两种校订》,《西夏研究》2015年第2期。

杨海文:《"程氏〈读史偶见〉谓"与清代孟荀关系》,《学术评论》2015年第6期。

杨海文:《古典生活经验与中国哲学创作——陈少明〈做中国哲学:一些方法论的思考〉读后感》,《开放时代》2015年第6期。

杨海文:《〈孟子〉与〈古今人表〉的理想人格论——以圣、仁、智为中心》,《江汉论坛》2016年第1期。

杨海文:《庄子本颜氏之儒:郭沫若"自注"的思想史真相》,《江苏行政学院学报》2016年第3期。

杨海文:《李泰棻〈庄孟互不相及问题斟酌〉引文溯源》,《中共宁波市委党校学报》2016年第3期。

杨海文:《孟子与"救"的哲学》,《江南大学学报(人文社会科学版)》2016年第5期。

杨海文:《爱"无"差等与爱"有"差等的较量——〈孟子·滕文公上篇〉第五章解读》,《学术评论》2017年第2期。

杨海文:《"庄生传颜氏之儒":章太炎与"庄子即儒家"议题》,《文史哲》2017年第2期。

杨海文:《义利之辨与做大丈夫——孟子对于国君、士人的道德劝谕》,《广西大学学报(哲学社会科学版)》2019年第4期。

杨海文:《为修身而正心:〈大学〉传七章的思想史阐释》,《江南大学学报(人文社会科学版)》2020年第1期。

杨海文:《为齐家而修身:〈大学〉传八章的思想史阐释》,《中国哲学史》2020年第3期。

杨海文:《〈孟子〉极简史:历史、思想与读法》,《中共宁波市委党校学报》2020年第5期。

杨海文:《孟子与"孔孟之道"的形成》,《社会科学战线》2022年第4期。

杨海文:《"清洁的精神":校对本体论的三重内涵》,《河南大学学报》社会科学版2005年第2期。

杨海文:《文科学术论文摘要的正确写法》,《中国编辑》2010年第2期。

杨海文:《康乐园里的植物家族》,刘士林主编:《中国城市科学》第3辑,上海交通大学出版社,2012年。

杨海文:《康乐园里的植物家族》,李庆双、吴丹主编:《印象·中大草木》,广州:中山大学出版社,2019年。

杨海文、石明：《重返"孟子第一义"的致思场域——〈孟子·滕文公上·道性善章〉考释》，《华南师范大学学报（社会科学版）》2023 年第 4 期。

杨益清：《大理发现元初同刻一石的加封孔子圣旨及立碑文告》，《文物》1987 年第 11 期。

杨中：《〈盐铁论〉引用〈孟子〉的文献地图》，孟子研究院、中国孟子学会编：《孟子研究》第 1 辑，北京：中国文史出版社，2018 年。

翟奎凤：《"存神过化"与儒道"存神"工夫考论》，《中国哲学史》2015 年第 1 期。

张娜丽：《〈敦煌本《六字千文》初探〉析疑——兼述〈千字文〉注本问题》，《敦煌研究》2001 年第 3 期。

张剑：《欧阳澈略考》，《北京大学学报（哲学社会科学版）》2010 年第 5 期。

张茂泽：《怎样读〈论语〉〈孟子〉》，《华夏文化》1998 年第 1 期。

张其凡：《"皇帝与士大夫共治天下"试析——北宋政治架构探微》，《暨南学报（哲学社会科学版）》2001 年第 6 期。

张希清：《宋太祖誓约与岳飞之死》，岳飞研究会编：《岳飞研究论文集》第 2 集（《中原文物》1989 年特刊）。

张希清：《再论宋太祖誓约："不诛大臣、言官"》，浙江大学宋学研究中心编：《宋学研究集刊》第 2 辑，杭州：浙江大学出版社，2010 年。

张荫麟：《宋太祖誓碑及政事堂刻石考》，《文史杂志》（半月刊）第 1 卷第 7 期，重庆：商务印书馆重庆分馆，1941 年 1 月。

张志强、郭齐勇：《也谈"亲亲相隐"与"[叩䯒]而任"——与梁涛先生商榷》，《哲学研究》2013 年第 4 期。

赵文坦：《元代尊孔"大成至圣文宣王"的由来》，《历史教学（高校版）》2009 年第 22 期。

中文系古典文献教研室贾谊集整理小组著，阴法鲁、陈铁民执笔：《贾谊思想初探》，《北京大学学报》1962 年第 5 期。

钟肇鹏：《南北朝经学述评》，《孔子研究》1987 年第 3 期。

朱高正：《孟子劫文》，《孟子研究》第 2 辑，韩国孟子学会，1999 年。

朱鸿林：《国家与礼仪：元明二代祀孔典礼的仪节变化》，《中山大学学报（社会科学版）》1999 年第 5 期。

学位论文

郭矩铭：《〈孟子集注〉对二程的引用：从文献与思想看》，中山大学哲学系中国哲学专业硕士学位论文，2019 年 5 月。

杨中：《〈盐铁论〉引用〈孟子〉及其思想史意义》，中山大学哲学系中国哲学专业硕士学位论文，2018 年 5 月。

报纸文章

李华瑞:《孟子思想对宋代的影响》,《光明日报》2019年5月29日,第16版《光明悦读》。
李吉奎:《我师钟泰》,《羊城晚报》2015年8月27日,B3版。
李森、傅冬华:《青州文宣王碑额探考》,《中国文物报》2009年2月18日,第6版。
李学勤:《初识清华简》,《光明日报》2008年12月1日,第12版《国学》。
梁涛著,陈菁霞采访整理:《应将〈荀子〉纳入儒学的"新四书"》,《中华读书报》2011年3月2日,第10版《社科》。
梁涛:《"新四书"与"新道统"——当代儒学思想体系的重建》,《中华读书报》2014年4月2日,第15版《国学》。
邢鹏:《北京国子监孔庙元代〈加号诏书〉碑考》,《中国文物报》2006年11月15日,第5版。
杨海文:《"宋太祖誓碑"与"不杀士大夫"》,《中华读书报》2010年11月24日,第15版《国学》。
杨海文:《中国思想史上的"引用"》,《中华读书报》2012年2月1日,第13版《思想》。
杨海文:《另一种"杨墨之道"》,《中华读书报》2012年7月18日,第15版《国学》。
杨海文:《孟子与"初唐四杰"》,《中华读书报》2012年9月19日,第15版《国学》。
杨海文:《刘熙与交州孟子学》,《中华读书报》2013年5月1日,第15版《国学》。
杨海文:《朱熹〈读论语孟子法〉溯源》,《中华读书报》2014年2月12日,第15版《国学》。
杨海文:《"儒"为学派义钩沉》,《中华读书报》2014年5月7日,第13版《思想》。
杨海文:《孟母教子:从故事到传统》,《光明日报》2017年6月17日,第11版《国学》。
杨海文:《为〈孟子〉首章鼓与呼》,《中华读书报》2018年3月28日,第15版《国学》。

域外汉籍

陈荆和编校:《(校合本)大越史记全书》上册,东京:东京大学东洋文化研究所附属东洋学文献中心刊行委员会,1985年。
〔韩〕韩元震:《南塘先生文集》,《韩国历代文集丛书》,首尔:景仁文化社,1998年。
〔韩〕李柬:《巍岩先生文集》,《韩国历代文集丛书》,首尔:景仁文化社,1999年。
〔韩〕李珥:《栗谷先生全书》,《韩国历代文集丛书》,首尔:景仁文化社,1999年。
〔日〕大槻信良:《朱子四书集注典据考》,台北:台湾学生书局,1976年。
〔日〕黑田彰、后田昭雄、东野治之、三木雅博编著:《上野本注千字文注解》,大阪:和泉书院,1989年。
〔日〕藤原佐世:《日本国见在书目录》,《丛书集成新编》第1册,台北:新文丰出版公司,1985年。
上海古籍出版社、法国国家图书馆编:《法藏敦煌西域文献》,上海:上海古籍出版社,2002年。

域外汉籍珍本文库编纂出版委员会编:《域外汉籍珍本文库》,重庆:西南师范大学出版社、北京:人民出版社,2012年。

中国社会科学院历史研究所、中国敦煌吐鲁番学会敦煌古文献编辑委员会、英国国家图书馆、伦敦大学亚非学院合编:《英藏敦煌文献(汉文佛经以外部分)》,成都:四川人民出版社,1994年。

中译文献

〔德〕黑格尔著,范扬、张企泰译:《法哲学原理:或自然法和国家学纲要》,北京:商务印书馆,1961年。

〔美〕艾尔曼著,赵刚译:《从理学到朴学——中华帝国晚期思想与社会变化面面观》,南京:江苏人民出版社,1995年。

〔美〕约翰·罗尔斯著,何怀宏、何包钢、廖申白译:《正义论》,北京:中国社会科学出版社,1988年。

后　记

2023年8月8日收到《盈科后进——中国孟学史丛论》（以下简称"本书"）的校对稿并开始校对，断断续续，11月3日终于校对完毕。校对的时候就琢磨着写《后记》，但写作仰仗机缘与情境。如果说机缘与情境现在已经莅临，那就不妨将萦绕于心的三个问题一吐为快。这三个问题分别是：如何处理引文？如何概括本书？如何研究孟子？此外，诚挚的感谢与反躬的自励也是《后记》必不可少的。

一、如何处理引文？

本书主要研究中国古代思想文化，必然涉及大量引文，尤其是对古文献的引用。我整理这部书稿，曾经用了无数时间复核引文，发现有很多引文的标点符号极不规范，所以每有修改，特别以脚注方式标注："按，个别标点符号略有校改。"最近若干年来，我常用这种方式处理引文，目的在于促使被引文献在自己的作品中获得规范的表述，譬如2022年出版的《文以载道：孟子文化精神研究》（中国社会科学出版社）、《四书选讲》（巴蜀书社）就使用了这一处理方式。商务印书馆给我的本书校对稿，全部删除了"按，个别标点符号略有校改"的标注。这样做未尝没有道理，至少使得脚注不再繁琐。但是，读者一旦复核被引文献，就会以为这部书稿的引用出现了错误；在有关部门例行的编校质量检查中，此事就更大了！

为什么要对被引文献的标点符号做出适当的校改呢？首先，原因来自原作者（点校者）。以当下的古文献点校为例，标点符号不规范的情形比比皆是，有时甚至错得离谱。如果使用这些文献做研究，能不做适当的校改吗？其次，原因来自引用者（研究者）。以我的这部书稿为例，收入书中的文章写于不同时期，不同文章引用过同一类型的文献，但同一类型的文献在不同文章中的标点符号居然不一样。对于这类情形，同样需要做出适当的校改。前者自然是关键之所在。这让我想起鲁迅先生在杂文《点句的难》中说的一句话："标点古文，真是一种试金石，只消几点几圈，就把真颜色显出来了。"①

我先后在中山大学中国古文献研究所（1999—2002）、学报编辑部（2002—2018）工作过很多年，深知打标点符号绝非易事，也写过将校对视作本体论的文章②。如何将标点符号打得规范，虽然不是校对唯一的工作，但却是重要的内容。有一句话说："标点符号就是标出思想，摆正词和词之间的相互关系，使句子易懂，声调准确。标点符号好比音符。它们牢固地缚住文章，不让它撒落。"③我在一本论文集的《后记》中引用过这句话④。2023年11月17日，我到邹城参加孟苑孟子大殿孟子思想展陈馆文案提升座谈会，当地企业家盛来先生（一直情深于文学）说道："标点符号是有表情的。"标点符号旨在标出思想，同时自带表情，岂可等闲视之？

正因此故，我这次校对本书，重点在于确保被引文献的标点符号规范

---

① 鲁迅：《花边文学》，北京：人民文学出版社，1973年，第124页。
② 参见杨海文：《"清洁的精神"：校对本体论的三重内涵》，《河南大学学报》社会科学版2005年第2期，第168—171页。
③ [苏]康·巴乌斯托夫斯基著，李时译：《金蔷薇——关于作家劳动的札记》，上海：上海译文出版社，1980年，第122页。
④ 参见杨海文：《化蛹成蝶——中国哲学史方法论断想》，第392页。

化①。"规范化"是编辑出版界的说法,我的说法是"家园感"。一旦离开原作品,被引文献在引用者及其作品中就获得了新家园,并且具有相对独立性。所谓相对独立性,是指被引文献的标点符号一旦不规范,那就有理由予以校改。所谓新家园,是指被引文献的标点符号一经校改,既能自带表情地标出思想,又能宾至如归,亲如一家,和谐地栖居并且真切地融入新的文本语境之中。一部学术著作总会有很多引文。如果对于被引文献的标点符号将错就错、听之任之,能说作者负责任吗?对于本书处理引文的这种做法,我有责任做出以上说明。

二、如何概括本书?

自从 2018 年 8 月 3 日由学报编辑部调至哲学系以来,系主任张伟教授再三敦促我为《中大哲学文库》编一本文集。编文集,说易也易,说难也难。我几经更换选目,2021 年 7 月编成初稿,2022 年 5 月最终定稿。本书 word 文档的电脑统计字符 58 万字(计空格),收录 38 篇文章,最早有 1996 年发表的,最晚是 2022 年发表的,时间跨度长达 26 年。

我在一本书的《后记》中说过:"正如人生一样,一本书也是逐渐成熟起来的。所以,以上文章的发表时间越早,就与本书的差异越大;其发表的时间越晚,则与本书的相似越大。"② 这种情形也适合于本书。时过境迁之后,再对多年前写的文章进行修订,难度并不小,但又是值得的。对于编入本书的文章,我都做了相应的修订。尤其是对 30 岁出头写的两篇长文——《李泰伯疑孟公案的客观审视》《朱元璋时期的〈孟子节文〉事件》做了极

---

① 当然还有其他方面的修订。譬如对于《"宋太祖誓碑"的文献地图》一文,我居然长期将"鑰"误作"鎗"而不知,此次一并改为简体"钥";另外,将文中的异体"勅"统一改为"敕"。这说明校对是极其重要的,尤其是对于写作时间跨度大的论文集而言。

② 杨海文:《文以载道:孟子文化精神研究》,北京:中国社会科学出版社,2022 年,第 357 页。

大的修改,悔其少作之叹油然而生。又为《"宋太祖誓碑"的文献地图》补写了第五节《宋太祖誓碑与孟学史的虚实之辨》,旨在凸显其孟学史价值。对于本书而言,修订的作用在于加固了研究主题的集中,夯实了内在逻辑的自洽。

发排之前做过认真的修订,这次又进行了仔细的校对,难道我对自己的书还不够熟悉吗?说句实话,熟悉归熟悉,但如何概括本书,于我依然是一件难事。我写过一篇如何写摘要的经验之谈[1],网上流传颇广。为单篇论文写出精准的摘要,本来就难;为几十篇文章组合而成的论文集做出简练的概括,难上加难!我过去做编辑的时候,难免好为人师,曾对一些年轻作者说过:"你写不出摘要,是因为你不了解自己的文章;你不了解自己的文章,是因为你没有写好这篇文章。"如今面对本书,我何尝不是如此?不将本书称作"中国孟学史",而是称作"中国孟学史丛论",我已知耻矣,但这远远不够(后文有进一步的解释)。

出版社要求为本书提供200—300字的"内容简介"。我勉为其难而又"王婆卖瓜",将本书概括为:

> 本书是作者二十多年来潜心研究中国孟学史的论文结集,不求面面俱到、平分秋色,而是采取历史—思想史进路,力图做实有代表性的人物(譬如荀子、司马迁、扬雄、王阳明、戴震)、有代表性的作品(譬如《汉书·古今人表》《牟子理惑论》《千字文》)、有代表性的事件(譬如《孟子》传记博士问题、李觏疑孟公案、《孟子节文》事件),做活孟子与先秦诸子、孟子与文史哲、孟子与道佛的思想关系,文献翔实,考证精当,文史兼综,重点突出,呈现并敞开了中国孟学史厚重而又复杂的多维向度,具有重要的学术参考价值。

---

[1] 参见杨海文:《文科学术论文摘要的正确写法》,《中国编辑》2010年第2期,第49—52页。

三、如何研究孟子？

为孟子既写一本文学的书，又写一本哲学的书，还写一本历史的书，属于我的孟子研究A计划。设定计划之时，少年意气，正在攻读硕士学位；完成计划之时，备尝艰辛，蹉跎已尽半生。具体而言，2008年出版的《浩然正气——孟子》（江西教育出版社）以及2017年修订出版的《我善养吾浩然之气——孟子的世界》（齐鲁书社），是我为孟子写的文学书；2022年出版的《文以载道：孟子文化精神研究》，是我为孟子写的哲学书；即将出版的本书，是我为孟子写的历史书。在这三本书中，为孟子写的文学书、哲学书，我还算满意；但为孟子写的历史书，我花的力气最多，竟然觉得不甚满意。

早在2021年8月9日，我就草拟了本书的《后记》。为孟子写的历史书，我何以觉得不甚满意呢？那篇《后记》指出：

> 孟学史是孟子研究新的学科增长点，值得探讨的问题数不胜数。这本文集对于许多重量级的孟学史人物尚付阙如，倍感遗憾。以汉唐为例，我虽然对董仲舒（前179—前104）、刘向（前77—前6）、赵岐（？—201）、葛洪（283—363）、刘勰（约465—520/521）、颜之推（531—约597）、刘知几（661—721）、韩愈（768—824）、李翱（772—841）、白居易（772—846）、柳宗元（773—819）、皮日休（约834—约883）等人做了不少的文献资料，但至今没有写成专题论文。原因无他，主要是学力不足。

不错，正因学力不足，我至今写不出一本可以称作"中国孟学史"的书，只能勉强编成一本叫作"中国孟学史丛论"的论文集。既然学力不足,就该设法弥补。三年"疫情"期间,我照常每天坚持快走①,只是将行走路线由珠江边改为康乐园(亦即中山大学广州校区南校园)。我曾经给康乐园写过一篇很长的散文②,学校还拿其中的几节做成本科招生宣传的小视频。在此,我必须十万分郑重地感激我生活了30年的这个园子,因为它赐予了孟子研究B计划的萌生。作为一种缘分,那是多少人可遇而不可求的天赐良机! 作为一种福分,那是多少人梦寐以求而不得的天降大任!

"疫情"期间有三个日子的康乐园快走,值得我铭记在心:2020年2月25日,我称作"庚子学悟";2021年3月10日,我称作"辛丑学悟之一";2021年10月22日,我称作"辛丑学悟之二"。悟到了什么?就是"《孟子》单章研究"六个字。这六个字有那么重要吗?当然重要!而且不是一般的重要,乃是特别的重要!理由在于:

> 孟子研究包括三种范式:新中国成立以来,所谓孟子研究一般就是孟子思想研究;20世纪90年代以来,逐渐兴起孟学史研究;最近几年来,笔者提出"《孟子》单章研究"的理念,并在2022年成功申报了致力于《孟子》单章研究的国家社会科学基金重大项目。从定义看,《孟子》单章研究是源于孟子思想研究的孟学史研究新范式。但是,它以孟子思想研究为精神源泉,以孟学史研究为表现形式,这同样不可忽视。③

---

① 2014年2月26日,我确立的人生规划为:"孟学史文献,做足一万个小时;快走锻炼,走足一万个小时。"
② 参见杨海文:《康乐园里的植物家族》,刘士林主编:《中国城市科学》第3辑,上海:上海交通大学出版社,2012年,第311—352页;又分八节,收入李庆双、吴丹主编:《印象·中大草木》,广州:中山大学出版社,2019年,第34—37、38—45、46—51、64—71、72—76、77—81、82—90、126—131页。
③ 杨海文、石明:《重返"孟子第一义"的致思场域——〈孟子·滕文公上·道性善章〉考释》,《华南师范大学学报(社会科学版)》2023年第4期,第171—172页;按,个别标点符号略有校改。

既要做孟子思想研究，又要做孟学史研究，还要做《孟子》单章研究，并且立足于《孟子》单章研究，借以深化孟子思想研究、拓展孟学史研究，这就是我在"疫情"期间逐渐形成并定位的孟子研究B计划。忝为高校教职，不能不做研究，也就不能不申报项目。我做孟子思想研究，申报了国家社会科学基金后期资助项目"文以载道——孟子文化精神研究"（批准号13FZX003，2017年6月28日结项）。我做孟学史研究，申报了国家社会科学基金重点项目"汉唐孟子思想解释史研究"（批准号18AZX011，2023年10月22日结项）。我做《孟子》单章研究，申报了贵州省哲学社会科学规划国学单列课题重大课题"《孟子》深度解读及其思想研究"（批准号20GZGX03）、国家社会科学基金重大项目"新编孟子正义"（批准号22&ZD036）。项目从申报到完成，酸甜苦辣咸，无法用言词表达；其间必然得到方方面面的支持与帮助[①]，我心存无比的感激！

我的孟子研究先有A计划，后有B计划。孟子研究A计划的关键词是：文学、哲学、历史。我将重心放在内涵生产的守正创新，尽力写好每一本书；其中的"孟学史研究"具有范式创新的意义，但我只是此一范式的守正者。孟子研究B计划的关键词是：孟子思想研究、孟学史研究、《孟子》单章研究。它们不仅旨在内涵生产的守正创新，而且旨在范式生产的守正创新；其中的"《孟子》单章研究"更是具有范式创新的意义，它或许可以视作我为孟子研究方法论做出的微薄贡献。孟子研究A计划、B计划的区别与联系，大致如下所示：

[①] 譬如，我申报国家社会科学基金重大项目"新编孟子正义"，得到子课题负责人孔德立（首都师范大学）、刘瑾辉（扬州大学）、陈晓霞（孟子研究院）、周淑萍（陕西师范大学）、魏衍华（孔子研究院）、赵金刚（清华大学）、钮则圳（中共广东省委党校）以及59位课题组成员的鼎力支持；该项目2023年8月13日在孟子故里邹城举办开题论证会，得到陈来（清华大学）、李宗桂（中山大学）、陈卫平（华东师范大学）、邵汉明（吉林省社会科学院）、杨泽波（复旦大学）、杨逢彬（上海大学）、景海峰（深圳大学）、杨朝明（山东大学）、梁涛（中国人民大学）、陈立胜（中山大学）、魏彦红（衡水学院）、肖德生（广西大学）、周春健（中山大学）、杜运辉（北京语言大学）、张利明（吉林省社会科学院）、韩国茹（中国社会科学出版社）等学者的悉心指教。

A 计划：文学+哲学（孟子思想研究）+历史（孟学史研究）
B 计划：孟子思想研究→孟学史研究→《孟子》单章研究

这两个计划的内涵生产有相通的地方，但从范式生产看，尤其是从全面覆盖《孟子》260章的单章研究看，我们可以说A计划是孟子研究的1.0版，B计划是孟子研究的2.0版。B计划之所以能够超越A计划，缘由显然在于"《孟子》单章研究"新范式的提出。话说回来，如果不是对孟学史研究用力最多而又倍感学力不足，如果没有快走于康乐园（中国四大美丽校园之一）获得灵光一闪的天命之助，我哪能萌生"《孟子》单章研究"的念头，并且形成一整套实施方案呢？孟学史研究作为一种范式及其实践，既是A计划中的攻坚战，又是B计划中的重头戏，一身二任而又承先启后，连接两边而又继往开来。回想起来，我置身于孟子研究A计划、B计划的这一交接处，未济之时的怅然若失，说有多苦闷，就有多苦闷；既济之时的先难后获，说有多喜悦，就有多喜悦。没有揪心之失，哪有倾心之得？这是做学问的家常便饭，人生何尝不是如此？前文说到我对本书不甚满意，但一经得失辩证法的点拨，我也就释怀了，算是放下了我执之心。

四、感谢与自励

本书也是国家社会科学基金重点项目"汉唐孟子思想解释史研究"的结项成果之一。最近若干年来，我主持国家社会科学基金项目3项（如前所述），另外担任梁涛教授为首席专家的国家社会科学基金重大项目"中国孟学史"（批准号11&ZD083，2019年12月2日结项）子课题"汉唐孟学史"负责人，以及熊明辉教授为首席专家的国家社会科学基金重大项目"语用逻辑的深度拓展与应用研究"（批准号19ZDA042）子课题"语用逻辑的中国古代论证应用研究"负责人。在此，感谢全国哲学社会科学工作办公室！

本书忝列张伟教授主编的《中大哲学文库》，得到中山大学禾田哲学发展基金资助。中山大学哲学系是我最重要的人生驿站，曾求学于斯（1993—1999），又执教于斯（2018—　　），也许还将终老于斯。在此，感谢中山大学哲学系、中山大学禾田哲学发展基金！

业师李宗桂教授为拙著《文以载道：孟子文化精神研究》赐序，题署的时间是"2022年1月10日凌晨6点16分"；这次为本书赐序，题署的时间是"2023年11月10日凌晨6点"。这次的赐序同样是一篇长文，其中一针见血地指出："我觉得海文对于自己的孟子研究已经有了'辞旧迎新'的构想与践履：一方面，将以《盈科后进——中国孟学史丛论》为代表的孟学史研究，当作先前一个阶段暂时结束的见证；另一方面，将以'新编孟子正义'为代表的《孟子》单章研究，当作未来一个阶段正式开启的标志。"30年来的师生情，只此两个题署时间，只此"辞旧迎新"四字，就是最好的注脚。在此，感谢业师李宗桂教授！

本书由商务印书馆海丹女士及其团队担任责任编辑。我做过十多年的职业编辑（2002—2018），深知专业、敬业是编辑之为大的两张王牌。说到专业，譬如《阳明"四句教"出处辑考》一文引用的《王阳明全集》，既有2卷本，又有3卷本，我的标注虽然规范但不够明晰，而海丹女士及其团队改为"《王阳明全集》（2卷本）""《王阳明全集》（3卷本）"，顿时两全其美；又如《李觏与"骂孟诗"的思想史深意》一文生造"承后省"的术语而不自觉其非，她们将它改正为"蒙后省"，盖因"承前省""蒙后省"对言。说到敬业，商务印书馆的编排规范偏重西学，我觉得它的很多做法不太适合于本书，而海丹女士及其团队不厌其烦地与我沟通，力图使得本书的编排能够符合中国传统学问的固有表述；她们还花费宝贵的时间，为本书编制了《参考文献》，总计740种文献，word文档的电脑统计字符3万字（计空格），长达30页。在此，感谢商务印书馆、海丹女士及其团队！

本书封面中的波浪版块，由广东第二师范学院美术学院国画工作室主任梁松林先生创作。松林是我的老朋友,最擅长画白菜。他专门给本书的创作,无限蓬勃的生机氤氲在那么简单而又如此形象的线条之间,水的"盈科后进"力透纸背、呼之欲出,我十分喜欢。在此,感谢梁松林先生!

  对于本书而言,诚挚的感谢是说不尽的,反躬的自励亦然。本书的书名"盈科后进",典出《孟子》8·18:"源泉混混,不舍昼夜,盈科而后进,放乎四海。"源头的泉水滚滚奔流,不舍昼夜,盈满坑洼然后前进,直至大海。这里有日积月累的朴实,有行稳致远的执着,有厚德载物的包容,有自强不息的担当。所以,过去在执行孟子研究A计划的长旅当中,我时常反躬自问,以"盈科后进"自励;今后在执行孟子研究B计划(尤其是致力于《孟子》单章研究的"新编孟子正义")的征途之上,我仍将不断反躬自问,以"盈科后进"自励。

  谨以本书献给中山大学哲学系中国哲学学科点的奠基者李锦全先生(1926—)!

杨海文2023年12月7日晚写于广州中山大学南校园锡昌堂712教师工作室

图书在版编目（CIP）数据

盈科后进：中国孟学史丛论 / 杨海文著. —北京：商务印书馆, 2023
（中大哲学文库）
ISBN 978-7-100-23057-5

Ⅰ. ①盈⋯　Ⅱ. ①杨⋯　Ⅲ. ①孟轲（约前372-前289）—哲学思想—研究　Ⅳ. ① B222.55

中国国家版本馆 CIP 数据核字（2023）第 181555 号

权利保留，侵权必究。

中大哲学文库
盈科后进
中国孟学史丛论
杨海文　著

商 务 印 书 馆 出 版
（北京王府井大街36号　邮政编码100710）
商 务 印 书 馆 发 行
南京新洲印刷有限公司印刷
ISBN 978-7-100-23057-5

| 2024年6月第1版 | 开本 710×1000　1/16 |
| 2024年6月第1次印刷 | 印张 48¾ |

定价：248.00元